Harald Lesch
Wilhelm Vossenkuhl

Die Großen Denker

Philosophie im Dialog

WILHELM HEYNE VERLAG
MÜNCHEN

FSC
www.fsc.org
MIX
Papier aus verantwortungsvollen Quellen
FSC® C014496

Verlagsgruppe Random House FSC® N001967

3. Auflage
Taschenbuchausgabe 02/2015

Printed in Germany
Umschlaggestaltung und Motiv:
Hauptmann & Kompanie Werbeagentur, Zürich
unter Verwendung eines Fotos
von Roy Hessing /Museum für Abgüsse Klassischer Bildwerke (MfA), München
Druck und Bindung: GGP Media GmbH, Pößneck

ISBN: 978-3-453-60324-0

Vossenkuhl *Lesch*

Vorwort

Dieses Buch soll ansteckend sein. Wie ein freundlicher Virus, der seinen Wirt nicht befällt, sondern befruchtet.

Dem weiten Feld der Philosophie – in einem Zeitraum von immerhin 2.500 Jahren – nähern wir uns im Gespräch. Wir tauschen Wissen und Meinungen aus, wohl bewusst, dass unser langjähriges Forschen es uns verbietet, zu behaupten, wir würden viel wissen oder gar klug und weise sein.

Bei einem Glas Rotwein (Castello Brolio oder auch Aglianico) durchstreifen wir gemeinsam die Zeiten, als die Menschen anfingen, nach Gründen zu fragen und sich Erklärungen für das auszudenken, was sie sahen. Seitdem wurde die Welt, die Götter, das Gute, das Sein und das Nichts immer wieder aufs Neue bis in die Gegenwart auf teilweise gegensätzliche Weise philosophisch gedeutet, erklärt und verstanden. Neben der Theologie, welche die Philosophie viele Jahrhunderte begleitete, inspirierten in der Neuzeit besonders die Naturwissenschaften die großen Denker, denen wir an den langen Abenden unserer Gespräche begegnen.

Dieser Dialog soll die Freude an der Philosophie wecken, befördern und zum eigenen Mit- und Nachdenken anregen. Er kann auch Orientierung im Widerstreit der vielen Charaktere und Meinungen sein, die das weite Spektrum des Möglichkeiten in der Philosophie aufzeigen.

Fragen provozieren Antworten und diese wiederum werfen neue Fragen auf. Wer bin ich? Was kann ich wissen, was darf ich tun?

Kant hat mit diesen Fragen das Streben des suchenden, sich selbstbewussten Menschen genau auf den Punkt gebracht.

Begleiten Sie uns und die großen Denker. Seien Sie unser Gast bei unseren Gesprächen.

Wilhelm Vossenkuhl Harald Lesch

PS: Unser Dank gilt Herbert Lenz, Initiator und Herausgeber dieses Werkes, der – wie wir höchst erfreut erleben durften – bei der gemeinsamen Erarbeitung zu einem „homo philosophicus" geworden ist.

Inhaltsverzeichnis

Über Philosophie: 11
Zur Weisheit: 29
Die Naturphilosophen aus Milet (6. Jh. v. Chr.) 47
Pythagoras (570 - 510 v. Chr.) 65
Heraklit (544 - 484 v. Chr.) & Parmenides (540 - 470 v. Chr.) 81
Empedokles (492 - 432 v. Chr.) & Philolaos (470 - 399 v. Chr.) 101
Leukipp (5. Jh. v. Chr.) & Demokrit (460/59 - ca. 400/380 v. Chr.) 117
Anaxagoras (500 - 428 v. Chr.) & Diogenes (499 - 428 v. Chr.) 135
Die Sophisten 151
Die Vorsokratiker – eine Bilanz 167
Sokrates (469 - 399 v. Chr.) 183
Platon (427 - 347 v. Chr.) 197
Aristoteles (384 - 322 v. Chr.) 213
Stoa (3. Jh. v. Chr. - 2. Jh. n. Chr.) 229
Epikur (341 - 270 v. Chr.) 241
Cicero (106 - 43 v. Chr.) 255
Neuplatonismus 269
Antike Philosophie – ein Rückblick 281
Augustinus – eine Zeitenwende (354 - 430 n. Chr.) 293
Anselm von Canterbury und sein Gottesbeweis (1033 - 1109) 307
Hochscholastik – Albertus Magnus (1193 - 1280) und Thomas von Aquin (1224 - 1274) 323
Nominalismus – Johannes Duns Scotus (1266 - 1308) und Wilhelm von Ockham (1286 - 1347) 339
Nicolaus Cusanus (1401 - 1464) und die Renaissance 353
Beginn der Naturwissenschaften – Keppler (1571 - 1630), Galilei (1564 - 1642) und Bacon (1561 - 1626) 367

Descartes (1569 - 1650) – Aufbruch in die Moderne 383
Thomas Hobbes (1588 - 1679) und John Locke (1632 - 1704) – Der englische Empirismus 401
Die ersten Systeme der Philosophie – Spinoza (1632 - 1677), Leibniz (1646 - 1716), Newton (1643 - 1727) 417
Der Weg zur Aufklärung – Montaigne (1533 - 1592), Pascal (1632 - 1662), Voltaire (1694 - 1778) 435
David Hume (1711 - 1776) – Eine Revolution der Moral 449
Immanuel Kant (1724 - 1804) – Der Höhepunkt der Aufklärung 467
Goethe (1749 - 1832) und Schiller (1759 - 1805) 487
Fichte (1762 - 1814) und Schelling (1775 - 1854) 501
Hegel (1770 - 1831) und Marx (1818 - 1883) 521
Feuerbach (1804 - 1872) und Kierkegaard (1813 - 1855) 537
Arthur Schopenhauer (1788 - 1860) & Friedrich Nietzsche (1844 - 1900) 553
Fundamente der Moderne - Darwin (1809 - 1882), Freud (1856 - 1939), Max Weber (1864 - 1920) 571
Alfred North Whitehead (1861 - 1947) und Bertrand Russell (1872 - 1970) 591
Eine Revolution in der Naturphilosophie – Albert Einstein (1879 - 1955) und Niels Bohr (1885 - 1962) 611
Der Wiener Kreis und Ludwig Wittgenstein (1889 - 1951) 629
Husserl (1859 - 1938) und Heidegger (1889 - 1976) 647
Philosophische Hauptströmungen im 20. Jahrhundert 667
2500 Jahre Philosophie-Geschichte – eine Bilanz 683

Platon „Der Staat"

...die höchste Ungerechtigkeit ist, daß man gerecht scheine, ohne es zu sein.

Augustinus

Es gibt einen Menschenschlag, der sich sorgt, das Leben Anderer auszuspähen, aber zu träge ist, das eigene zu bessern.

Kants „Prolegomena"

Daß der Geist des Menschen metaphysische Untersuchungen einmal gänzlich aufgeben werde, ist eben so wenig zu erwarten, als daß wir, um nicht immer unreine Luft zu schöpfen, das Atemholen einmal lieber ganz und gar einstellen würden.

Nietzsche

Das Problem der Wissenschaft kann nicht auf dem Boden der Wissenschaft erkannt werden.

Wittgenstein

...Philosophie dürfte man eigentlich nur dichten... ich habe mich damit auch als einen bekannt, der nicht ganz kann, was er zu können wünscht.

Horkheimer

Einen unbedingten Sinn zu retten ohne Gott ist eitel.

Über Philosophie:

Vossenkuhl:

Wenn wir an die Geschichte Europas oder der Welt denken, dann fallen uns sofort große Politiker und Schlachten ein. Diese Gedanken oder Erinnerungen sind meistens von zwiespältigen Gefühlen begleitet.

Wir vergessen dabei allzu leicht, dass die Geschichte, vor allem die europäische Geschichte, von Männern gestaltet wurde, die nicht geherrscht oder das Schwert geschwungen haben. Sie benutzten einfach nur ihren Kopf. Denker, Philosophen, Wissenschaftler, Physiker oder Theologen. Überlegen wir doch einmal, was diese Menschen uns in den letzten zweieinhalbtausend Jahren zu sagen hatten.

Einen überaus kompetenten Gesprächspartner habe ich in meinem Freund Harald Lesch gefunden – ein gestandener Naturwissenschaftler, genauer Astrophysiker und bekennender Philosoph. Er ist dies alles auf einmal, ein richtiger Naturphilosoph eben.

Lesch:

Ohne Philosophie ist alles nichts. Ich kann nicht ohne sie, Willi, Du weißt es doch. Auch die Physik ist nichts ohne Philosophie. Sie ist eigentlich erst einmal nur eine Ansammlung von Informationen. Die kann ich bewerten. Irgendwann frage ich mich dann: Was mache ich hier eigentlich, was beschreibe ich denn eigentlich?

Du hast mich als Naturwissenschaftler bezeichnet. Ich bin Wissenschaftler und ich beschäftige mich mit der Natur. Wenn Du mich aber fragen würdest, was Natur ist, dann würde ich sagen, dass Du das doch als Philosoph eigentlich viel besser wissen müsstest. Ohne Philosophie kann man nach meinem Dafürhalten keine Physik betreiben, denn Physik ist ein Ergebnis von philosophischer Forschung. Sie war lange Zeit experimentelle Philosophie.

Aber schnell noch dazwischen eine kurze Klärung. Es gibt ja vielerlei Definitionen von Philosophen und was Philosophie ist. So sagt z. B. der berühmte italienische Autor, der „Don Camillo &

Peppone“ geschaffen hat, Giovanni Guareschi: Die Philosophen sind wie Zahnärzte, die Löcher bohren, diese aber dann nicht füllen können. Ich meine: Bohrt ihr Philosophen tatsächlich Löcher, um sie dann nicht zu füllen? Geht das so?

Vossenkuhl:
Das ist eine ziemlich zutreffende Beschreibung.

Lesch:
Wirklich? Also, dann liegt der Nerv ja frei?

Vossenkuhl:
Der Nerv liegt frei.

Nehmen wir uns doch gleich einmal einen vor, der genau das gemacht hat. Ich weiß nicht, ob Guareschi an ihn gedacht hat - aber Sokrates hat das gemacht. Der hat Leute einfach auf dem Marktplatz angesprochen. Meistens Politiker, aber auch einfache Leute. Er ist ihnen mit seiner Fragerei so nachhaltig auf die Nerven gegangen, dass sie wirklich dieses Gefühl hatten: Er hat was aufgedeckt, was angebohrt, aber er hat’s nicht gefüllt. Seinen Schülern hat er natürlich schon eine Füllung angeboten.

Bei der Art zu fragen, der Wahrheit auf den Grund zu gehen, sind oft die Löcher einfach offen geblieben. Besonders dann, wenn z.B. die Dialoge, die Platon aufgeschrieben hat, in einer *Aporie,* also in einem Widerspruch endeten. Weil es einfach keine Lösung gab.

Lesch:
Die hörten einfach auf?
Der kannte kein Happyend oder wollte es auch nicht haben?

Vossenkuhl:
Kein Happyend, nein.

Lesch:
Es gab auch keine Moral von der Geschicht’?

Vossenkuhl:
Nein. Ich glaube, das eigentliche Thema war: Wie geht man

überhaupt mit solchen Problemen um?

Dialogisch. Das geht hin und her. Man macht Vorschläge, die wieder zurückgewiesen werden, und am Schluss ist man vielleicht nicht wirklich klüger als zuvor, das wäre also dieses offene Loch. Aber man hat eine Sensibilität für das Problem und weiß wenigstens, was man nicht weiß.

Lesch:

Wir fangen jetzt gleich mit zwei Großtätern der Philosophie an. Damit stehen wir am Anfang des europäischen Denkens.

Deine Einleitung fand ich wunderschön, denn ich glaube, dass wir Europäer es dringend nötig haben, auf unsere Geschichte zurückzuschauen und zu sagen: Hey, das ist ja wirklich gut, was wir da haben.

Vossenkuhl:

Volle Zustimmung.

Lesch:

Die Philosophie ist heutzutage nicht unbedingt mehr in aller Munde. Stell Dir mal vor, Du würdest heute, wie Sokrates damals, auf den Marktplatz gehen und würdest die Leute fragen: Was machen Sie hier eigentlich? Wieso sind Sie so geldgierig oder warum machen Sie so einen gehetzten Eindruck? Seien Sie doch froh, dass Sie leben! Was würden die denn mit Dir machen?

Vossenkuhl:

Die würden mich wahrscheinlich für verrückt halten. Philosophen wurden seit den Anfängen ausgelacht. Es war sogar durchaus so, dass man sich bewusst lächerlich machen musste, um einigermaßen anerkannt zu sein als Philosoph.

Die Lächerlichkeit kommt daher, dass man sich nicht einfach mit dem zufrieden gibt, was z.B. in der Öffentlichkeit Geld bringt, was Ansehen bringt. Was also gewissermaßen normal und bekannt ist. Sondern man geht raus, exponiert sich und stellt mit Fragen alles infrage. Man ist in gewisser Weise nicht normal, also verrückt.

So war auch der mit der Tonne, der Diogenes. Über den großen Aristoteles hat sogar seine eigene Magd gelacht. Da gibt's bis ins Mittelalter schöne Darstellungen, wie die Magd den Aristoteles auslacht. In einer Darstellung – zu sehen im Freiburger Augustinermuseum – reitet sie sogar auf seinem Rücken und schwingt eine Peitsche, ganz schön frivol. Selbst in den Zeiten, in denen die Philosophen gefragt waren, wurden sie belächelt, weil die meisten Menschen bis heute keinen so großen Sinn dafür haben, das Gewohnte zu hinterfragen, es schräg ins Leben zu stellen. Sie wollen einfach ihren bekannten Stiefel weiter machen. Sie wollen Erfolg haben. Stelle Dir vor, Du als Physiker würdest danach fragen: Was heißt eigentlich Natur? Was würden dann Deine Kollegen sagen?

Lesch:

Mach erst mal was, und dann kannst du immer noch fragen.

Vossenkuhl:

Genau das.

Lesch:

Du hast das Wort „schräg" benutzt. In der Physik würde man vielleicht sagen, da macht jemand was *Orthogonales,* der geht einfach senkrecht zum Mainstream. Das scheint mir eine ganz klassische Eigenschaft der antiken Denker gewesen zu sein. Sie sind ihren Mitmenschen mit der Fragerei auf die Nerven gegangen. Aber auch ihre Lebensentwürfe waren sehr unterschiedlich.

Vossenkuhl:

Sie haben auch versucht, für die Probleme der damaligen Zeit eine Antwort zu geben. Die Spätantike war ja voller Irritationen. Eigentlich gibt es kaum eine Zeit, ohne große Irritationen. Die Spätantike war aber noch dazu die Endzeit einer großen Epoche.

Was haben die Philosophen gemacht? Sie versuchten rauszukriegen: Was macht Menschen eigentlich glücklich, wie können sie glücklich leben? Interessanterweise fanden sie heraus: Der Mensch kann eigentlich nur glücklich leben, wenn er möglichst wenig will. Also …

Lesch:

… leichtes Gepäck.

Vossenkuhl:

Es ist ein bisschen so wie, wenn man nicht einschlafen kann. Was macht der Mensch dann? Er versucht, sich zu entspannen. Das führt dazu, dass er gerade nicht einschlafen kann. Das ist exakt das Grundproblem, wenn jemand partout glücklich sein will. Also muss man sich mit seinem zwanghaften Wollen zurücknehmen. Für viele Menschen war das ein wertvoller Hinweis, um ihr Leben neu und besser zu gestalten.

Lesch:

Was ist denn so typisch daran gewesen, dass man heutzutage im Allgemeinen, wenn man von Philosophie spricht, den Beginn in Griechenland annimmt. Es wird gesagt, der erste Philosoph sei Thales (624-546 v.Chr.) gewesen, weil er eine Sonnenfinsternis richtig vorher sagte und die Welt durch ein Prinzip erklären wollte.

Wieso glaubst Du, hat so was in Europa einen völlig anderen Verlauf genommen als z. B. in Indien und in China, wo es ja auch große Denker gegeben hat? Der Sokrates hat seine Fragetechnik schon als „Hebammenkunst" bezeichnet. Stimmt. Immer wenn die Philosophie Fragen aus der Taufe hebt, fängt sie an, praktisch ganze Wissenschaften zu begründen und damit ins Leben zu setzen.

Die Physik ist ja ein typischer Fall. Auch viele andere Wissenschaften kommen aus der Philosophie. Jedes Mal, wenn die Philosophie dann wieder ein neues Kind auf die Welt gebracht hat, dann zeigen ausgerechnet diejenigen, die gerade frisch auf die Schiene gesetzt wurden, mit dem Finger darauf und sagen pikiert: Was ist denn das für eine Wissenschaft? Die brauchen wir doch gar nicht mehr.

Was glaubst Du, wieso ist das am Anfang so gelaufen?

Vossenkuhl:

Wahrscheinlich gab es da viele Einflüsse, die zusammen kamen. Es existierte schon eine „Schule", die wohl stark von religiösen

Vorstellungen, die in Ägypten beheimatet waren, beeinflusst war, die Pythagoräer. Pythagoras (570-496 v. Chr.) hat ja einen Großteil seines Lebens gar nicht in Athen oder im alten Griechenland verbracht, sondern in Neu-Griechenland, im heutigen Süditalien, in Kroton und Tarent. Da ging es um die Frage: Was ist eigentlich das Wissen, das die Wirklichkeit im Inneren zusammenhält? Das war sehr nahe an dem geheimen Wissen, das Priester für sich beanspruchten mit ihrer Beherrschung der Symbole, mit den religiösen Riten, den Weisheiten und Offenbarungen, über die sie herrschten. Das waren die Wurzeln für so allgemeine Fragen: Wie ist eigentlich die Welt insgesamt zu verstehen, und wer darf das wissen?

Die Schrift hat diese Frage ganz stark verändert. Zunächst mal gab es gar keine Verschriftlichung, es gab nur die Sprache.

Lesch:

Mund-zu-Mund-Propaganda also.

Vossenkuhl:

Ja. Es gab viele Strömungen, die Religion war eine davon. Die Entwicklung der Schrift war ein wesentlicher Anschub. Ohne sie hätten wir ja keine nachvollziehbare Tradition über längere Zeitspannen. Wir wüssten ja gar nicht, was da früher passiert ist. Möglicherweise gab es in anderen Kulturen, etwa in Indien oder im Vorderen Orient, ähnliche Fragestellungen. Nur wissen wir nichts mehr davon. Es ist nicht überliefert worden.

Lesch:

Was allerdings überliefert worden ist, scheint sich aber deutlich von dem zu unterscheiden, was die ersten griechischen Denker, die Vorsokratiker in die Welt gesetzt haben. Da wurde davon gesprochen, das Wasser sei das Element, aus dem sich alles entwickelt. Der berühmte Heraklit meinte: **„panta rei“,** wie es so schön heißt, „alles fließt“. Wieder ein anderer meinte, es wäre wohl die Luft, ein dritter meinte, es wäre das Feuer.

Die haben damals etwas gemacht, was zumindest für uns Naturwissenschaftler heute noch Programm ist. Sie haben gesucht. Sie wollten wissen, was die Welt zusammenhält, was das Innerste ist, wie es im Faust so schön heißt. Ich finde es erstaunlich, dass dieser Funke in einem Teil der Welt gezündet hat, der sich nicht besonders durch eine Hochkultur auszeichnete. Wie die alten Ägypter am fruchtbaren Nil. Ich bin fest davon überzeugt: Philosophie zu betreiben mit Zahnschmerzen oder mit einem hungrigen Bauch ist etwas ganz anderes als Philosophie in einigermaßen geregelten Verhältnissen.

Vossenkuhl:

In Athen wurde das Geschäft der Philosophie von freien Bürgern betrieben. Vorrangig von Männern. Und die waren alle wohlhabend und hatten Zeit. Muße. Die haben Politik gemacht oder sie haben eben philosophiert. Sie haben teilgenommen an Gesprächen. Das gehörte mit dazu.

Es gab zunächst einen religiösen Hintergrund. Die grobe Einteilung ist: Erst kamen die Mythen und dann die Philosophie. Ob das stimmt, kann ich nicht genau sagen. Mythen waren jedenfalls eine Form der Welterklärung. Und die Philosophie auch. Also wird wohl das eine mit dem anderen ursprünglich verkoppelt gewesen sein.

Die Menschen brauchten Freiheit, also Freizügigkeit, sie mussten Zeit und Muße haben. Dazu dienten die Sklaven. Man zuckt vielleicht heute ein bisschen zusammen, wenn man hört, dass die frühesten Philosophen in Athen eigentlich nur philosophieren konnten, weil es Sklaven gab. Das ist uns nicht mehr so ganz geheuer. Aber Muße, diese Freiheit, diese Ungebundenheit, das ist schon ein wesentlicher Faktor. Man brauchte einen Freiraum der Gedanken. Es gab keine Autoritäten, die bestimmt hätten, was man als freier Bürger denken oder nicht denken darf. Gut, bei Sokrates griffen dann doch Autoritäten ein, die bestimmten, Junge, das kannst du öffentlich so nicht sagen …

Lesch:

... der musste dann den Schierlingsbecher trinken.

Vossenkuhl:

Sie hatten ihm aber die Chance gegeben, zu fliehen.

Aber er wollte nicht. Weil er der Meinung war, auf diese Art und Weise erlangt er endlich die Freiheit, von seinem Dasein, seinem Körper, dem Ärger des Tages, der Gicht oder was immer ihn geplagt hat. Er wollte eigentlich nicht abhauen. Ich glaube, er wollte auch der Willkür des Gesetzes trotzen. Er wollte mutig sein und zu dem stehen, was er gelehrt hatte.

Lesch:

Nach meinem Dafürhalten spielte sich da etwas ganz Bahnbrechendes ab. Du hast eben gesagt: Es gab Mythen, Religionen und parallel dazu die Philosophie. Da hat einer den Mut, sich auf seinen Verstand so verlassen zu wollen, dass er der Meinung ist, man könne tatsächlich was von der Welt verstehen, man könne etwas erklären, etwas erkennen. Das Ganze ohne Zutun von Göttern und Priestern, die einem im Grunde genommen ja sagen: Passt alle mal auf. Wenn ihr daran glaubt, dann wird das alles schon gut werden.

Also richtig hineinzugehen in die Welt. Jetzt gehen einige wenige direkt hinein. Ich will noch nicht sagen ganz selbstbewusst, aber sie wagen durchaus einen Schritt nach vorne.

Wenn ich daran denke, der Odysseus, der ist 20 Jahre lang durch den Mittelmeerraum geschippert und hat sich mit allen möglichen Willfährnissen auseinandersetzen müssen ...

Vossenkuhl:

Er hat aber auch ganz schöne Sachen erlebt.

Lesch:

Wunderschöne Frauen. Eigentlich alles prima. Aber er war immer derjenige, der trotz göttlicher Hilfe - die Athene stand ihm ja immer zur Seite – praktisch das Ruder in der Hand behielt. Es kam auf ihn an. Das ist für mich so ein Punkt, wo ich denke, Europa ist in dem Moment erwacht, wo Menschen angefangen haben, nicht hinter jedem Baum und Strauch einen Gott oder einen Kobold zu vermuten. Sie sagten sich vielmehr: O.k. Freunde, wenn wir hier was werden wollen, dann müssen wir was tun.

Vossenkuhl:

So ist es. Das ist eine schöne Brücke zu einer der Hauptideen, die die Philosophie in der Antike propagiert hat: die Erziehung. Die Erziehung des Menschen. Ähnlich wie wir heute in Schulen und Universitäten junge Menschen erziehen, ihnen Wissen vermitteln, hat man damals gemeint, wenn man dem Nachwuchs philosophisches Wissen vermittelt, dann befähigt man ihn dazu, ein gutes Leben zu führen oder auch den Staat gut zu lenken.

Aristoteles war der Lehrer von Alexander dem Großen. Der Vater von Alexander hätte ihn wohl nie als Hauslehrer angestellt, wenn er nicht gedacht hätte: Das ist der Beste, den ich finden kann. Übrigens, gut honoriert – das, was man sich ja heutzutage auch als Philosoph so wünscht.

Lesch:

Sind die Zeiten denn so schlecht?

Vossenkuhl:

Nein, nein – ich bin´s zufrieden.

Lesch:

Dann ist es ja gut.

Es bleibt auch gar nichts anderes übrig. Wie Aristoteles ja mal auf die Frage, ob man philosophieren muss oder nicht, gesagt hat: Philosophieren muss man. Es bleibt gar nichts anderes übrig.

Vossenkuhl:

Selbst wenn man zu dem Schluss käme, dass man das nicht muss, tut man's schon.

Lesch:

Genau. Schon in dem Moment, in dem man sich fragt, ob man das muss, oder wenn man über die Philosophen spottet, philosophiert man ja schon selbst. Man kommt da gar nicht raus. Das finde ich so irre. Bei Religionen gibt es etwas Trennendes. Da ist alles eine Glaubens- oder Überzeugungssache.

Für mich ist Philosophie so wunderbar, weil sie den Zweifel schon fast zum Prinzip erhebt. Und Zweifel verbinden. Wenn Leute an einem Tisch sitzen und zweifeln, das ist gut. Man muss ja nicht an allem zweifeln. Aber die Zweifel haben etwas unglaublich Beruhigendes und Pazifistisches.

Vossenkuhl:

Natürlich sind für uns jetzt die großen Denker und Geister das Hauptthema. Aber noch mal: Philosophieren, das tut fast jeder.

Man redet gerne etwas despektierlich über den Stammtisch. Aber die Leute dort machen eigentlich genau das, was Philosophie sein kann. Nur nicht ganz so gut, wie sie es vielleicht eigentlich vermögen. Sie versuchen, sich einen Reim zu machen, etwas zu erklären, sich ein Bild zu machen, eine Erklärung zu geben für das, was so passiert oder schon passiert ist. Für sie ist ihre Erklärung oder Meinung zunächst einmal die richtige. Das ist das gleiche Prinzip, wie wenn man – mit sehr viel Hintergrund und Informationen natürlich – philosophiert.

Also Philosophie ist nicht weltabgewandt oder wirklichkeitsfremd. Im Gegenteil. Sie steht mitten im Leben, und deckt die Fragen auf, um die es geht und – wie Du gesagt hast – sie bohrt Löcher. Nicht immer kann sie sie füllen, manchmal schon.

Lesch:

Und sie beschäftigt sich mit Fragen, die - zumindest nach meiner Einschätzung - zu den eindringlichsten gehören, die wir stellen können. Also Fragen, die uns so richtig auf den Solarplexus treffen. Was mache ich hier? **Was ist der Sinn des Lebens?** Was mache ich hier angesichts der Tatsache, dass ich weiß, dass ich sterben muss?

Es gibt ja so die Vorstellung, dass Philosophen sich aus lauter Todesangst in die Vernunft gerettet haben. Da ist noch etwas, das Ewige, die Wahrheit. Wenn es schon sicher ist, dass es irgendwann zu Ende geht, dann will man wenigstens irgendwo mal in Berührung kommen mit dem, was als das Ewige gilt. Das muss dann wohl die Wahrheit sein. Das muss das Gute, das Schöne und das Wahre sein. Das halte ich für eine der ganz wichtigen Ideen, die europäische Denker in die Welt gesetzt haben.

Vossenkuhl:

Die Glückssuche, die Suche nach Wahrheit, nach dem Höchsten – das hat alles die gleiche Tendenz. Man will sich nicht mit dem Hier und Jetzt zufrieden geben. Will nicht einfach so vor sich hin leben. Man gibt sich nicht mit den Dingen zufrieden, die einfach kaputt gehen können, so wie ein Weinglas oder der Wein selbst. Man will zur Sache kommen, zur Wirklichkeit.

Lesch:

Was mich sehr beeindruckt ist, dass es über diese Unmittelbarkeit hinausgeht. Es geht jetzt nicht mehr nur darum, das zu machen, was man sowieso schon tut. Das Neue ist, dass ein Gedanke auftauchen kann wie: Gibt es etwas hinter der Dingen, das unveränderlich ist?

Um die Menschen herum passiert alles Mögliche: Leute kommen und gehen, Kinder kommen auf die Welt, es wird gestorben, Bäume wachsen und werden gefällt. Eine pausenlose Verwandlung.

Dann wird plötzlich praktisch gegen die eigene Anschauung gedacht. Da wird gegen den Berg angerannt. Wenn sich alles verändert, dann muss doch irgendwo hinter den Dingen etwas sein, was unveränderlich ist. Das ist doch eine irre Geschichte.

Vossenkuhl:

Ja, ja. Ich glaube aber, dass Du als Physiker so was eher noch in Händen halten kannst als wir als Philosophen. In der Philosophie hat man genau diese Überzeugung jahrhundertelang gepflegt. Es gibt Substanzen, es gibt Unveränderliches. Wir können sie zwar nicht direkt greifen, aber wir können sie erkennen, ja, wir können dahinter steigen. Wir kriegen sie nicht zu fassen, aber wir wissen davon. Wir können sie wenigstens logisch begreifen.

Die Substantialität der Dinge ist ins Schlingern geraten. Was ist z. B. eine „Person"? Ist in unserem Menschsein etwas drin, etwas ganz Stabiles, Hartes, Unveränderliches? Oder nicht?

Wenn Du als Physiker gefragt wirst: Was ist denn in der Natur das Stabilste, was würdest Du da sagen?

Lesch:

Elektron, ganz klar. Elektron. Ich vermute, dass auch die Quarks stabil sind. Wir sind nahe dran und guter Dinge.

Vossenkuhl:

Bestimmte Gesetzmäßigkeiten?

Lesch:

Es gibt natürlich Gesetze, die überall und jederzeit im Universum gelten. Die Naturkonstanten. Ich habe Legionen von Kolleginnen und Kollegen, die mit mir an diesem Projekt arbeiten. Dabei gilt das Verfahren: Idee, Theorie, testen. Idee, Theorie, testen. Test positiv – Theorie weiterverfolgen. Test negativ – Theorie wegschmeißen. Da sind wir fein raus.

Vossenkuhl:

Ihr seid eigentlich heute die Substanzvertreter. Ihr habt, ohne dass ihr das so nennt, eigentlich mit diesen Überzeugungen die Philosophie beerbt.

Aber eigentlich bis Du ja ein Naturphilosoph.

Lesch:

Ich bemühe mich. Ich bemühe mich hinreichend.

Vossenkuhl:

Wenn Du aber Naturphilosoph bist, bohrst Du ja wohl auch Löcher. Kommt da wieder was rein?

Lesch:

Sicher kommt da was rein. Vor allen Dingen kommt aber was wieder. Es kommt also!

Bei dem, womit ich mich beschäftige, geht es darum: Wie wäre die Welt, wenn die Theorien, die wir uns über sie ausdenken, wahr wären? Das ist genau das, was Physik macht. Wir haben Theorien, wir testen sie und stellen fest: Mensch, diese Theorien, wenn sie falsch sind, müssen verdammt gut falsch sein. Wir können ja nur falsifizieren, rein gar nichts verifizieren. Und dann bleiben immer Reste übrig, die wir naturwissenschaftlich nicht mehr fassen können.

Also, wie interpretieren wir solche Sachen? Und da sind wir in der Naturphilosophie auf dem besten Wege wieder von der Philosophie getrennt zu werden und systematisch mehr in die Physik rein zu gehen. Weil es für viele Fragen, die früher rein philosophische Fragen waren – wie ist die Welt entstanden? - heute Experimente oder zumindestens Beobachtungen gibt, die es uns erlauben, eine Aussage darüber zu machen, wie das Universum als Ganzes entstanden ist. Vor 2.000 Jahren konnten unsere Altvorderen davon nicht einmal träumen.

Vossenkuhl:

Wahnsinn.

Lesch:

Ist doch irre.

Vossenkuhl:

Ich wollte noch mal auf den Anfang zurückkommen.
Große Denker, Geister. Es ist doch erstaunlich und grenzt schon ans Wunderbare, dass mit bloßem Denken das Leben bewegt wird. Dinge bewegt werden. Vielleicht ist es das Wunder des Denkens, dass man mit bloßen Gedanken Gutes und Schlechtes bewirken kann. Das letzte große Beispiel, das leider nicht so gut war, ist Karl Marx. Da setzt sich einer hin, schreibt „Das Kapital“, macht Politik und was entsteht daraus? Oder geh` zurück: Platon wollte in Syrakus Politik machen. Dreimal ist er angereist und es ist trotzdem schief gegangen.

Was haben eigentlich diese Denker bewirkt?

Lesch:

Mit der Philosophie ist es nicht so wie mit einer Handgranate. Man zieht nicht einfach den Ring raus, wirft und dann macht's bumm. Es scheint eher so etwas zu sein, was wie ein ganz langsam sich verbreitender Virus wirkt. Da taucht eine Idee auf, und wenn die einmal in der Welt ist, dann kann man nicht mehr hinter sie zurück. Man kann zwar Versuche unternehmen, die Idee einzusperren oder zu unterdrücken, aber das scheint ein bisschen so zu sein wie bei diesem lustigen Gag-Geschenk, einen kleinen Kasten, in dem man eine widerspenstige Feder solange bändigt und zusammen presst, bis sie dann plötzlich mit voller Wucht herausschießt.

Da scheint mir die Philosophie eine ganz interessante Eigenschaft zu haben. Wenn einmal der richtige Gedanke zur richtigen Zeit gedacht wird, dann scheint die Welt zu sagen: Oh, darauf habe ich ja nur gewartet. Da gibt es schnell Leute, die sagen: Mensch, wieso bin ich eigentlich nicht selbst auf den Gedanken gekommen? Wenn das passiert, dann geht es schnell.

Vossenkuhl:

Manchmal geht es geradezu explosionsartig. Dann aber ist es auch wieder so, dass es schlummert, lange, lange schlummert. Da hat z.B. Immanuel Kant mit seiner „Kritik der reinen Vernunft" 1781 …

Lesch:

Die hat doch kaum jemand gelesen, das ist so … puh!

Vossenkuhl:

Das war erst nur so ein Fürzchen, das verpuffte. Aber Jahre später war es der Hammer.

Lesch:

Ich finde es einfach irrsinnig gut, was manche Menschen am Schreibtisch in ihrem stillen Kämmerchen und damit letztlich ganz alleine für Erfahrungen machen und auf welche Ideen die da kommen. Da werden irgendwelche Kabel angeschlossen, da passieren Manipulationen, da werden Idealisierungen vorgenommen.

Wenn wir in der Physik Experimente machen, dann versuchen wir ja uns als Subjekte so weit wie möglich zurückzunehmen. Wir entmenschlichen das soweit es nur irgendwie geht. Es gibt aber gleichzeitig Menschen, die sich als Subjekt benutzen, um so ein geistiges Experiment an sich selbst durchzuführen. Das finde ich ungeheuerlich. Dass das so verstärkt in den letzten zweieinhalbtausend Jahren aufgetreten ist!

Vossenkuhl:

Es sind alles machtlose Menschen gewesen, die nicht wie ein Bundeskanzler oder ein Präsident irgendwelche Machtmittel in der Hand hatten. Aber ihre Gedanken entfalteten eine unglaubliche Wirkkraft. Das ist doch das Tolle.

Lesch:

Das muss uns natürlich beschäftigen. Vielleicht gelingt es uns sogar hier und da herauszufinden, unter welchen Bedingungen eigentlich Philosophie wirklich durchgreift. Manchmal steht die Situation so auf der Kippe, dass es dann besonders stark wirkt, oder am Ende kommt gar nichts dabei raus.

Immer dann, wenn Gesellschaften in Krisen geraten, dann werden die „Zahnschmerzen", der Existenzdruck sehr groß. Dann haben die Menschen gar keine Zeit und gar keine Möglichkeit, Philosophie zu betreiben. Dann gibt es Zeiten, in denen Lebensberater in Buchform „Wie werde ich glücklich?", „Wie finde ich mein Glück?", „Wegweiser zum glücklichen Leben" – überhand nehmen. Immer dann, wenn ein Werteverfall beklagt wird, dann heißt es auf einmal: Wo sind denn unsere Philosophen? Wir hatten doch neulich mal welche, die haben doch irgendwann mal ... haben die nicht mal irgendetwas Sinnstiftendes von sich gegeben?

Vossenkuhl:

Jetzt sind die irgendwie abgetaucht.

Lesch:
Wo sind denn diese Philosophen?

Vossenkuhl:
Kaum wird's ernst, tauchen sie ab.

Lesch:
Holt mal die Philosophen raus! Wir haben ein paar Probleme. Wir haben Werte-Probleme.

Vossenkuhl:
Genau. Die müssen die Werte wieder aufbauen. So wie Sandburgen.

Lesch:
Und dann kommt eine Welle: Wusch.

Vossenkuhl:
Dann ist die Werte-Sandburg wieder weg.

Lesch:
Das Thema packen wir mit unserem Dialog über die Denker des Abendlandes einmal von Grund auf an. Wir gehen einmal querab durch die europäische Philosophie. Ja. Einmal quer durch. Ich werde mich bemühen, etwas von den Wissenschaften zu erzählen, die ja alle einmal aus der Philosophie gekommen sind. Und Du, lieber Wilhelm musst aber auch bei nächster Gelegenheit einmal erklären, wieso sich die Philosophie eigentlich so verändert hat. Denn heute sind die Philosophen nicht mehr so berühmt wie früher. Nehmen wir Sokrates oder Aristoteles, oder Nikolaus von Kues. Der ist sogar ein großer Kirchenfürst gewesen.

Vossenkuhl:
Die meisten der Vordenker waren in ihrer Zeit auch keine Prominenten.

Lesch:
Waren die nicht so berühmt wie heute?

Vossenkuhl:

Nein, ganz und gar nicht.

Lesch:

Erst immer im Nachhinein?

Vossenkuhl:

Ich bin sicher, wenn Du damals in Syrakus jemanden auf der Strasse gefragt hättest: Kennen Sie den Herrn Platon? Dann wäre wohl die Antwort gewesen: Platon? Platon? Wer beim Zeus ist dieser Platon?

Zur Weisheit:

Lesch:

Weise zu sein lohnt sich auf lange Sicht. Nicht unmittelbar, aber es lohnt sich. Weisheit ist heutzutage geradezu ein Produkt und wird gerne gekauft. Da stapeln sich Bücher, DVDs, CDs, was immer man will. Nur, es nützt so nichts. So macht es nicht weiser.

„Wir brauchen die Weisheit dann am nötigsten, wenn man am wenigsten an sich glaubt“, sagt Hans Jonas, einer der Weisheitslehrer.

Große Liebhaber der Weisheit sind natürlich die Philosophen. Als Wissenschaftler habe ich mit Weisheit gar nichts am Hut. Ich habe mein Wissen, und das ist es dann schon.

Willi, was ist der Unterschied zwischen Wissen und Weisheit?

Vossenkuhl:

Da gibt es viele Unterschiede. Wissen kann man erweitern und vertiefen. Wissen kann man sich aneignen, und das ganz gezielt. Bei der Weisheit geht das nicht so einfach nach Plan. Um weise zu sein, bedarf es einer Menge Dinge, die mit Wissen im engeren Sinn gar nichts zu tun haben. Zum Beispiel Menschenliebe, Nächstenliebe, Sympathie und Wohlwollen für Andere, Desinteresse an bestimmten materiellen Gütern, menschliche Wärme, Mitgefühl und so fort. Das sind alles Dinge, die mit Wissen gar nichts zu tun haben, die aber zur Weisheit gehören. Der Weise beurteilt die Dinge auch auf der Basis von Wissen. Aber die weise Entscheidung, die ist nicht primär wissensabhängig. Wissen ist zwar eine notwendige, aber keine hinreichende Bedingung für Weisheit.

Lesch:

Kann man denn herausfinden, ob jemand weise oder ob er eher ein Wissender ist? Kann man erkennen: Das ist ein Weiser und das ist eher so ein Besserwisser?

Vossenkuhl:

Es gab schon leuchtende Beispiele für Weisheit: Salomon,

Sokrates, Jesus. Es gibt auch Beispiele für weise Entscheidungen. Kennst Du Brechts Geschichte vom kaukasischen Kreidekreis?

Lesch:
Nein.

Vossenkuhl:
Zwei Frauen, die eine ist mit einem Gouverneur verheiratet, die andere ist eine Magd, behaupten – jede für sich - vor einem Richter, sie seien die leibliche Mutter eines Kindes. Das Kind war in Kriegswirren seiner leiblichen Mutter entrissen worden und von der Magd aufgenommen und liebevoll versorgt worden. Der weise Richter, der früher ein einfacher Dorfschreiber gewesen war, überlegt nun, wie er zwischen diesen Ansprüchen entscheiden soll. Äußere Merkmale gibt es keine. Wie soll er dann herausfinden, wessen Kind es ist? Es gibt keine DNA-Untersuchung, keinen genetischen Fingerprint wie heute. Also, wie kann er gut und richtig entscheiden?

Er schlägt vor - und das ist sehr weise – das Kind in einen weißen, mit Kreide gezogenen Kreis zu stellen und die beiden Frauen an jeweils einem Arm des Kindes ziehen zu lassen. Die rechtmäßige Mutter würde – so die Idee – schon kräftig genug ziehen. Tatsächlich reißt die Gouverneursgattin, die übrigens die wirkliche leibliche Mutter des Kindes ist, das Kind mit Gewalt an sich. Die Magd läßt den Arm los, um dem Kind nicht weh zu tun. Sie bekommt das Kind, obwohl sie nicht die leibliche Mutter ist. Sie zeigt aber, dass sie das Kind liebt.

Das ist eine weise Entscheidung.

Lesch:
Das heißt auch, dass Bertolt Brecht ein Weiser war, weil er sich diese Geschichte hat einfallen lassen?

Vossenkuhl:
Zumindest wusste er, was Weisheit ist.

Lesch:

Was man heute gerne wissen möchte, ist doch: Wie werde ich weise? Es gibt ja alle möglichen Übungen, um in acht Stufen zum Erleuchteten zu werden. Kann man aber Kriterien finden, über die es sich zu sprechen lohnt, an denen man Zeichen von Weisheit fest machen kann? Die Philosophie ist doch die Liebe zur Weisheit. Da fühle auch ich mich angesprochen. Tummeln sich doch die Wissenschaften in der Nähe der Philosophie.

Vossenkuhl:

Ein untrügliches negatives oder indirektes Kennzeichen von Weisheit ist, dass man von sich selbst nicht behaupten kann, ein Weiser zu sein. Also, wenn ich sagen würde, ich bin ein Weiser, dann dürftest Du gerne auf meine Kosten lachen.

Lesch:

Das mache ich immer wieder gerne.

Vossenkuhl:

Ich könnte Dir, wenn Du mich fragst, sagen, wie viel Uhr es ist. Das weiß ich.

Aber man kann von sich selbst nicht wirklich sagen, man sei weise. Das muss sich zeigen. Natürlich gilt das auch für das Wissen. Nehmen wir als Beispiel das eigentliche Thema des kaukasischen Kreidekreises, die Gerechtigkeit.

Ein weiser Richter, der so gerecht wie im Fall des kaukasischen Kreidekreises entscheiden will, muss schon eine Menge über das wissen, worum es geht. Er muss aber auch umsichtig sein, er muss Übersicht haben. Er muss in der Lage sein, nach hinreichender Abwägung zu sagen: Ich weiß vieles nicht, ich kann vieles gar nicht wissen, aber ich muss trotzdem jetzt entscheiden. Und in dem, was er tut, muss sich zeigen, dass er gerecht ist, dass er nicht sich sondern den Menschen und der Sache der Gerechtigkeit dienen will. Das ist Weisheitsliebe am Beispiel der Gerechtigkeit. Sie setzt voraus, dass derjenige, der gerecht entscheidet, nichts für sich selbst will. Das ist ein wichtiges Kennzeichen der Weisheit.

Wenn man nur über Wissen verfügt, neigt man zum Recht Haben Wollen und damit indirekt zum Egoismus. Wenn ich meine, mehr zu wissen als andere, glaube ich auch mehr Recht als andere zu haben. Wir leben in einer Zeit, in der genau dieser Charakterzug des Mehr-Wissens Vorrang vor der Weisheit genießt. Wer heute denkt, dass er mit seinem Wissen etwas gewinnen kann, wird es auch versuchen, egal wie groß das Risiko dabei ist.

Lesch:

Wenn man etwas gewinnen kann, dann versucht man's auch. Genau.

Vossenkuhl:

Während der Weise sagt: Wozu soll ich gewinnen?

Lesch:

Das klingt so, als ob es Voraussetzungen für Weisheit gibt. Weisheit erfordert zum Beispiel, dass man überhaupt in die Situation kommt, weise sein zu müssen. Man muss z.B. eine Entscheidung treffen. Entweder für andere oder für sich selbst. Es scheint etwas in uns drin zu sein – zumindest dann, wenn wir genügend Erfahrung haben – das wir fühlen können: Ach, das passt so, das ist gut so.

Es scheint mir so zu sein, dass es durchaus bestimmter Voraussetzungen bedarf, um überhaupt nur in die Nähe dieses Anspruchs der Weisheit zu kommen. Ich habe den Eindruck, dass derjenige schon gar nicht weise wird, der ständig versucht, weise zu werden. Nein, das geht nicht zusammen.

Die Weisheit entzieht sich eher, wenn man danach sucht. Warum haben wir eigentlich – Ausnahmen bestätigen die Regel - so einen unglaublich starken Drang dazu, Wissen zu sammeln? Was Weisheit betrifft, da sind wir doch eigentlich eher sehr, … na, wie soll ich es sagen, zögerlich. Es gibt zweifellos weise Personen, die werden aber nicht so gut bezahlt, wie diejenigen, die „nur" was wissen.

Vossenkuhl:

Das ist richtig, ja.

Lesch:

Wie kommt das?

Vossenkuhl:

Das kann ich Dir auch nicht erklären. Aber ein Unterschied zum Wissen bleibt wichtig. Es gibt sehr viele Arten des Wissens, und es gibt mindestens ebenso viele Arten von Weisheit. Der Unterschied ist, dass das Wissen allein die Weisheit nicht ausmacht.

Es gibt Menschen, die keinerlei Schulbildung haben, also keine sog. „formale Bildung“, die aber trotzdem einfach weise sind, weil sie aus der Lebenserfahrung so viel an Bildung und Wissen mitgenommen haben, dass sie zum Beispiel wissen, wann sie was tun sollen, wann sie sich zurückhalten sollen, wann sie dem anderen seinen Vortritt lassen sollen, wann sie höflich oder hilfsbereit sein sollen, wem sie trauen können und wem nicht.

Das sind Erfahrungsgrößen, zu denen natürlich auch Wissen gehört, Erfahrungswissen, nicht formales Wissen. Und der Einsatz dieses Wissens „wie“, das kann ein Klempner, eine Putzfrau oder ein Schuhputzer genauso einsetzen wie ein Akademiker oder ein Bankdirektor.

Lesch:

Gerade Letzterem könnte ein kräftiger Schuss Grundweisheit nicht schaden. Nun denn.

Das wäre ja durchaus dann ein Begriff aus der heutigen Welt, die sich sehr stark auf Quantifizierbares, also Nachvollziehbares konzentriert. In deinem Lebenslauf muss alles drin stehen, was du kannst, und der Eindruck, den man von dir hat – auch, ob du weise bist – der ist entscheidend. Obwohl du, - sagen wir mal – der Papierform nach nicht unbedingt als Bester unter den Kandidaten erscheinst. Da würde ich mir wünschen, dass die Leute dann sagen: Hm, weise ist er auch noch. Das riskieren wir, wir nehmen ihn.

Weisheit hat so was völlig Unzählbares. Das ist nicht quantifizierbar. Und damit wird es natürlich immer schwieriger. Da muss ich mal ganz kurz einen tiefen Griff in die Kiste machen: Bei den Griechen gab es sieben Weise, mindestens. Thales zählte als einziger Philosoph zu diesem erlauchten Kreis. Die anderen Namen habe ich jetzt nicht parat. Aber es finden sich da so Aussagen wie „Maß halten", „nicht über die Stränge schlagen" usw. Das gehörte da wohl dazu.

Vossenkuhl:

Man hat auch versucht, ein Training, so einen Grund-Codex, einen Aufbau-Kurs „Wie wird man Weise" anzubieten. Da gab es aber keine Abschlussprüfung. Das musste sich einfach zeigen. In der Antike war klar, Tugend, Mut, Dankbarkeit, Gerechtigkeit, das muss man üben. Irgendwann mal hat man's drauf. Und so ist es eben mit der Weisheit auch. Weisheit, irgendwann hat man sie verinnerlicht.

Das geht aber nicht in jedem Beruf, in jedem Lebenslauf. Ein weiser Fußballer ist nicht leicht vorstellbar. Vielleicht ein weiser Trainer, der im Umgang mit seinem Team weise ist. Der nicht einen gegen den anderen ausspielt, zum Beispiel.

Lesch:

Das sollte er seinen Spielern auf dem Platz überlassen. Aber ein weiser Fußballer könnte doch einer sein, der merkt: Hier fühle ich mich wohl. Ich habe zwar Angebote, die mehr Geld versprechen, aber das ist mir nicht so viel wert, wie andere Dinge, deren Wert ich höher schätze. Familie, Freunde.

Vossenkuhl:

Das wäre ein weiser Entschluss als Privatmann. Aber als Fußballer auf dem Feld?

Lesch:

Eher nicht. Da hat Du schon recht.

Vossenkuhl:

Oder noch extremer, ein weiser Rennfahrer.

Lesch:

Der muss Gas geben. Bleifuss. Aber auch rechtzeitig bremsen. Das ist es dann.

Vossenkuhl:

Oder ein weiser Radfahrer.

Lesch:

Da wo ich bin, ist vorne. Und wenn ich hinten bin, ist hinten vorne. Nö. Geht wohl auch nicht.

Vossenkuhl:

Aber weiser Politiker. Das geht.

Lesch:

Das geht, ja.

Vossenkuhl:

Oder ein weiser Arzt, der nicht einfach Rezepte ausstellen will, sondern sagt: Ich glaube, Sie sind gesund.

Lesch:

Aber das hat ja dann durchaus etwas damit zu tun, dass jemand da ist, für den gehandelt oder Entscheidungen getroffen werden müssen. Also gerade bei Politikern, bei Ärzten, Richtern usw., also immer dann, wenn andere Menschen involviert sind. Bei so einem Rennfahrer, mein Gott, der sitzt in seiner Kiste drin und gibt einfach Gas.

Vossenkuhl:

Richtig.

Lesch:

Der kann ja gar nichts machen.

Vossenkuhl:

Und wenn er nicht als Erster ankommt, dann hat er verloren.

Es ist was Komisches mit der Weisheit. Ich glaube, wir leben in einer Zeit, in der der Wert der Weisheit nicht richtig anerkannt wird.

Lesch:

Es glaubt ja auch keiner dran.

Vossenkuhl:

Wie hat Jonas das noch einmal formuliert?

Lesch:

Wir brauchen die Weisheit am nötigsten, wenn man am wenigsten an sie glaubt. Mit Weisheit kannst du doch heute keinen mehr umreißen. Im Gegenteil. Wenn sich jemand Zeit nimmt, um über eine Entscheidung nachzudenken und nicht sofort eine schnelle Antwort parat hat - auch nicht die entsprechenden Floskeln - der wird doch gar nicht mehr ernst genommen.

Ich habe den Eindruck, dass Weisheit etwas mit Langsamkeit zu tun hat.

Vossenkuhl:

Langsamkeit ist ein gutes Wort dafür. Man kann auch sagen: Zurückhaltung oder sich zurücknehmen, also nicht puschen, nicht vordrängeln.

Lesch:

Nicht so leicht, in Zeiten des Wettbewerbs.

Vossenkuhl:

Da wird Zurückhaltung sogar bestraft.

Lesch:

Es gibt ja Unternehmen, bei denen Mitarbeiter, die nicht mehr aufsteigen oder vorwärts wollen, ins Austragshäusel abgeschoben werden. Die Firma möchte unbedingt Leute haben, die motiviert sind, die durchbrechen wollen. Weisheit als Qualifikation? Nein, danke!

Vossenkuhl:

Du siehst schon an der Sprache dieses Milieus, wie unweise das Ganze ist. Wenn Leute entlassen werden, spricht man von „Freisetzen“. Das klingt so nach „Freilandversuch“.

Lesch:

Wie Hühner oder Gen-Mais.

Vossenkuhl:

Das ist doch absurd. Die Sprache verrät den Mangel an Weisheit. Man sollte eher Mitleid oder Mitgefühl für solche Menschen haben. Aber nein. Man redet von Freisetzen.

Langsamkeit ist sicher eine gute Voraussetzung für Weisheit. Nicht übereilen, nicht zu schnell. Aber wer hat denn heute noch Zeit?

Lesch:

Wir sitzen hier ganz entspannt...

Vossenkuhl:

... und trinken ein Gläschen Rotwein.

Und können das in Ruhe angehen.

Lesch:

Wir erzählen anderen Leuten, dass sie weise sein sollen oder dass sie´s langsam angehen lassen sollen. Währenddessen bei denen aber unter Umständen irgendwas unter den Nägeln brennt.

Ich meine, der große Trick scheint mir die Sache mit dem leichten Gepäck zu sein. Da könnte uns die Philosophie ja durchaus einen ganz wichtigen Weg hin zur Weisheit weisen. Wenn man nämlich sagen könnte: Schauen wir uns doch mal unsere Situation an. Je mehr wir uns in Zwänge hinein begeben, umso unfreier werden wir. Und Unfreiheit, unfrei zu sein, das kann doch nicht richtig sein. Man könnte sich auch fragen: Wie würde ich mich eigentlich am wohlsten fühlen?

Sicher nicht unter all den Zwängen, die ich mir möglicherweise selber an den Hals gehängt habe. Da könnte ja Lebensweisheit über eine Art von philosophischer Betrachtung sehr wohl helfen. Ich würde die Philosophie immer noch gerne mit Weisheit in Verbindung bringen und sie nicht nur als reine Wissenschaft behandeln.

Vossenkuhl:
Das würde ich auch gerne. Aber ...

Lesch:
Das hört sich nicht gut an, wenn Du das so sagst.

Vossenkuhl:
Ich habe vorhin gesagt: Niemand kann von sich selber sagen, dass er weise ist. Entweder es zeigt sich oder nicht. Man kann auch nicht von sich selber sagen, dass man gut oder ein guter Mensch ist. Entweder man handelt so oder hält ansonsten den Mund. Das passt allerdings so gar nicht in unsere Zeit. Der Spruch, der viel kolportiert wird: „Tue Gutes und sprich darüber", der ist ja das Unweiseste, was man sich vorstellen kann. Aber es macht Eindruck. Der Weise allerdings will gar keinen besonderen Eindruck machen.

Lesch:
Eindruck machen macht nicht weise.

Vossenkuhl:
Eindruck schinden. Aber wenn du Philosoph sein willst, brauchst du Aufmerksamkeit. Du musst dich bemerkbar machen.

Lesch:
Quak, quak, quak.

Vossenkuhl:
Du musst die Trommel rühren. Das ist natürlich gar nicht weise. Aber du brauchst Aufmerksamkeit. Es kann wiederum weise sein, wenn du dich zeigst. Die Frage ist: Wie? Hinzu kommt erschwerend, dass von den Leuten, die dir zuhören, auch nicht besonders viele weise sein werden. Es ist ein Dilemma.

Man darf aber nicht vergessen, dass in der guten alten Antike die Philosophen, wie man heute sagt, Jobs hatten. Entweder sie waren von Haus aus wohlhabend oder sie haben sich mit dem Wenigen, das sie hatten, zufrieden gegeben.

Heute kannst du als Philosoph nicht überleben. Wie soll der Philosoph leben, wo sind die Nischen? Ich kenne keinen einzigen, der nicht irgendeine formelle Tätigkeit ausübt oder sich mit einer philosophischen Praxis selbstständig gemacht hat. Der also nicht auf eine relativ unweise Art in seine Weisheits-Lehrerrolle gerutscht ist.

Lesch:

Das ist natürlich jammerschade. In dem Moment, wo die Philosophie angefangen hat, sich so zu benehmen wie eine normale Wissenschaft, ist sie dem ganz normalen Trott verfallen. Sie hat offenbar etwas ganz Wichtiges hinter sich gelassen. Immerhin den Kern oder zumindest einen gewichtigen Teil ihres Ursprungs.

Vossenkuhl:

Man könnte eine quasi therapeutische Untersuchung dieses Prozesses machen und überlegen, was da alles schief gegangen ist. Eines ist sicher: Von dem Moment, als die Philosophen nicht mehr daran glaubten, dass sie im gesellschaftlichen Leben eine vernünftige Rolle spielen könnten, von da an haben sie angefangen, nur noch zurückschauen und die Geschichte zu betrachten. Nur noch zu lesen und nachzugrübeln, was andere dachten. Als Training ist das gut. Der Weise muss natürlich auch historisch gebildet sein.

Lesch:

Er muss was wissen, damit er weise werden kann.

Vossenkuhl:

Aber die Geschichtsbetrachtung ist eigentlich mehr oder weniger zu einer Ersatzhandlung geworden. Man flüchtet sich in das, was andere dachten. Damit weicht man dem Druck aus, dem man ausgesetzt ist. Entweder man macht Klamauk oder flüchtet sich in die Geschichte oder man tut so, als wäre man wahnwitzig clever.

Das sind alles Ausweichmanöver. Wenn man nichts weiß, wenn man nichts zu sagen hat, dann sollte man den Mund halten. Der Satz 7 am Ende des „Tractatus" von Wittgenstein sagt: **„Wovon man nicht sprechen kann, darüber muss man schweigen".** Aber das wird natürlich heute mehr oder weniger als Spruch fürs Poesiealbum benutzt.

Was der Satz meint, ist natürlich sehr ernst. Wenn du nichts zu sagen hast, Mann, dann halt den Mund. Und das auch zu tun, ist dann eine weise Entscheidung.

Lesch:

Gilt übrigens auch für das weibliche Geschlecht.

Wäre es nicht jetzt geboten, bei den vielen Problemen, die es namentlich in Europa, vor allem aber auch in Deutschland gibt, dass man sich mal überlegt: Unter welchen Bedingungen werden Entscheidungen getroffen? Das ist ja zunächst einmal bis zu einem gewissen Punkt ein rationaler Prozess. Dann allerdings wird es irrational.

Ich habe schon den Eindruck, dass Weisheit nicht etwas ist, das ich so dahin sagen kann: Ach, guck mal hier, das ist die Weisheit. Also so etwas, das ich mit der Ratio erfassen kann. Das ist eher so ein Gemisch. Eine Mixtur aus möglicherweise Herz und Hirn, um es mal so zu sagen.

Vossenkuhl:

Ja, ja, gut.

Lesch:

Es müsste ein Gefühl für etwas Gutes sein. Wäre es nicht schön, wenn es gelänge, eine geistige Strömung in Europa zu entwickeln, bei der eben nicht alles über den Aktienindex abzurechnen ist und nicht alles über den unmittelbaren Nutzen beurteilt wird. Wenn es zum Beispiel gelänge, Manager dazu zu bewegen, sich doch mal zu überlegen, ob ein unmittelbarer Vorteil eher langfristig ein Nachteil ist. Das wäre doch schön, wenn die Freunde der Weisheit sich mal wieder auf ein solches Gebiet hinaus wagen würden. Sie haben doch was zu sagen.

Ich glaube, die Philosophie hat da schon fast einen Minderwertigkeitskomplex, wenn sie einen ihrer wichtigsten Bereiche, nämlich die Weisheit preis gibt. Ich sage das mal - wir sind ja unter uns – dieses hohe Gut sogar noch irgendwelchen dahergelaufenen Lebens-Beratern überlässt, die von Tuten und Blasen keine Ahnung haben. Die füllen ganze Bücher damit, was Philosophen zum Thema Weisheit gesagt haben. Das wird dann in irgendeinem XYZ-Verlag veröffentlicht. Das ist doch Mist!

Vossenkuhl:

Ja, natürlich. Machen wir einfach ein Gedankenexperiment. Man macht so etwas, was Du vorgeschlagen hast. Da wäre – nehmen wir an – ein Bank-Manager, der vorher noch sagte, wir steigern jetzt die Gewinnmarge von sagen wir mal 20 auf 25 %, für die Inhaber der Bankaktien. Nachdem er erfahren hat, was eigentlich weise wäre, nämlich Menschlichkeit, Mitgefühl und soziale Verantwortung zu pflegen, etwas für die anderen zu tun, Geld für Kultur und Wissenschaft zu stiften, kommt er in seine Bank zurück und sagt: Leute, ich glaube, ich hab einen völlig falschen Weg gewählt. Seinen Aktionären sagt er: Ich empfehle euch, verzichtet auf Gewinne, macht etwas, was den Menschen nützt, einen Akt der Menschenliebe.

Den würde der Aufsichtsrat sofort rausschmeißen, oder? Der würde doch nicht lange auf seinem Stuhl sitzen?

Lesch:

Sagt er nichts, bleibt er sitzen.

Vossenkuhl:

Er macht das, was die Leute wollen. Es wird also der Egoismus bedient. Unweise daran ist, dass aus dem Egoismus, der eine natürliche menschliche Anlage ist, dass daraus ein Recht, ein

Anspruch abgeleitet wird, der nicht der Menschlichkeit dient. Das ist unweise.

Lesch:

Ein weiser namhafter Manager, wenn der aus einer solchen Erkenntnis heraus handeln und sich vor seine Aktionäre hinstellen würde - das wäre schon eine beachtliche Verstärkung der Truppen. Mit solchen Leuten könnte man dann weiterarbeiten. Man könnte sagen: Jetzt ist aber Schluss, es gibt grundsätzliche Handlungsanleitungen. Wichtig wäre es dann noch, diese Weisheit zu untermauern.

Wir haben ja heutzutage durchaus solche Begriffe, die meiner Ansicht schon geradezu inflationär benutzt werden und deswegen ihren Wert wieder verlieren. Eines dieser Schlagworte ist „Nachhaltigkeit".

Es ist ein Irrtum, etwas Gutes kaufen zu wollen, und es auch noch für `nen Appel und ein Ei zu kriegen. Das ist doch irrsinnig, das kann nicht sein. Etwas Gutes kann nicht billig sein.

Vossenkuhl:

Du meinst jetzt dieses „Geiz ist geil"

Lesch:

Ja. Ganz genau.

Vossenkuhl:

Ich erinnere mich. Eine große deutsche Luftfahrtgesellschaft hat mal vor Jahren etwas sehr weises gemacht. Die haben, um diese Nachhaltigkeit zum Thema zu machen, große Anzeigen geschalten. Da stand drin: „Wir fliegen nicht überall hin".

Lesch:

Ja, schön.

Vossenkuhl:

Und da waren die letzten Reservate der Menschheit auf dem Globus drauf. Das fand ich sehr weise zu sagen, wir wollen nicht überall hin. Ich glaube, das war eine sehr weise Entscheidung, weil es die Glaubwürdigkeit dieses Unternehmens unterstrichen hat.

Lesch:

Ganz genau. Getreu dem Motto: Wir machen nicht alles, was Geld bringt. Wir drucken nicht jeden Blödsinn, wir fliegen nicht weiß Gott wo überall hin. Wir haben heutzutage Billigfluglinien, die zu Preisen zu buchen sind, bei denen man nicht mehr nachvollziehen kann, ob die überhaupt noch Gewinn machen können. Ich habe mir die ganze Zeit schon überlegt, wie ich das eigentlich bezeichnen soll. Es ist dieses „Rolls-Royce-Bewusstsein". Es geht einfach darum zu wissen, wo die Grenzen sind, bis wohin etwas Sinn macht. Und da ist dann aber auch Schluß.

Vossenkuhl:

Klingt gut.

Lesch:

Ja, Rolls Royce, jedenfalls wie die früher waren. Die haben dir nicht gesagt, wie viel PS die Maschine hat. Schon gar nicht, was sie kostet.

Vossenkuhl:

Genau. Musst man auch nicht wissen, wenn man in der Liga spielt.

Lesch:

Es ist genug. Its enough. Mehr als genug.

Es ist wichtig zu wissen: Es gibt gewisse Dinge, die macht man, und gewisse Dinge, die macht man nicht. Ich habe den starken Eindruck, dass Weisheitsverlust damit zu tun hat, dass ausgerechnet dieser Fundamentalbestand an dem, was man nicht tut, völlig zu verschwinden scheint. Geiz und Maßlosigkeit sind zwei dieser Todsünden.

Vossenkuhl:

Grauenvoll.

Lesch:

Wie kann man so was machen? Das sollte man nicht tun. Eines ist klar: Weise ist das nicht.

Vossenkuhl:

Ganz anders beim Wissen: Bescheidenheit ist eine Zier, doch weiter kommst du ohne ihr. Das gilt allemal für das Wissen. Wissen ist immer unbescheiden. Um Wissen zu wollen, muss man unbescheiden sein. Man muss immer gegen die Grenzen stoßen – auch darüber hinaus.

Lesch:

Immer nach vorne.

Vossenkuhl:

Weisheit ist bescheiden. Ich neige mein Haupt vor dem Großen, vor den großen Geistern. Der Grund, warum ich die Schriften lese und das Denken der anderen kennen lernen will, ist Bescheidenheit. Es ist weise zu schauen: Was hat ein anderer über Wahrheit, über Freiheit, über das Gute gesagt. Aber man darf sich dann nicht damit begnügen, man darf sich nicht flüchten. Sonst wird es eine Ersatzhandlung, ein Ersatz für die Pflicht, selbst zu denken.

Lesch:

Dann ist natürlich auch klar, warum uns Weisheit heutzutage so wenig bedeutet. Weil viele von uns der Meinung sind, vor ihnen sei nichts gewesen und nach ihnen würde nichts mehr kommen. Sich nicht in einem historischen Prozess zu sehen, dass man letztlich, wie Newton das ausgedrückt hat, dass man als Zwerg auf den Schultern von Riesen steht und nur so ein bisschen zum Ganzen beitragen kann. Wenn dieses historische Bewusstsein nicht da ist, warum auch immer, dann wird natürlich Weisheit auch keinen Stellenwert bekommen.

Vossenkuhl:

Wir sollten also, wenn wir nach Weisheit streben, durchaus in den Rückspiegel schauen, in den Rückspiegel der Geschichte der großen Denker. Aber nicht als Ersatz dafür, auch nach vorne zu schauen. Wenn wir nur den Rückspiegel im Auge haben, dann sind wir Historisten. Dann sind wir nicht weise. Wir müssen schon den Mut haben, uns dem Hier und Jetzt auszusetzen. Egal, wie stark oder schwach wir uns fühlen.

Menschenliebe und Bescheidenheit, das sind die Charakterzüge der Weisheit, auf die wir auch heute nicht verzichten können, auch wenn sie noch so wenig anerkannt werden.

Die Naturphilosophen aus Milet

„Alles ist aus dem Wasser entsprungen, alles wird durch das Wasser erhalten. Ozean gönn' uns dein ewiges Walten. Wenn du nicht Wolken sendetest, nicht reiche Bäche spendetest, die Ströme nicht vollendetest, was wären Gebirge, was Eb'nen und Welt? Du bist's, der das frischeste Leben erhält." – Faust II, Goethe

Lesch:

Am 28. Mai 585 v. Chr. begann die Philosophie mit einer Sonnenfinsternis. Eine Schlacht wurde sogar abgebrochen, weil die verfeindeten Herrschaften aus Lydien und Medien dachten, die Welt ginge unter. Das Ganze ist zurückzuführen auf einen Mann: Thales von Milet.

Milet liegt in Kleinasien, nicht weit von den Stränden entfernt, die heute die Touristen frequentieren. Manche schauen sich sogar die Ruinen von Milet und Ephesus an.

In Kleinasien, der heutigen Türkei, da hat die Philosophie ihr erstes Zentrum gehabt. Ich meine die europäische Philosophie. Man glaubt es kaum, wenn man heute über den Beitritt der Türkei in die Europäische Union nachdenkt. Aber die ersten europäischen Philosophen waren auf der Seite der heutigen Türken.

Vossenkuhl:

Du hast gerade einführend festgestellt, dass die Philosophie 585 begonnen hat. Das ist natürlich ein schönes Datum, eine gute Idee und auch ein guter Einstieg zu Thales. Der hat diese Sonnenfinsternis, die die Schlacht beendete, tatsächlich vorhergesagt.

Lesch:

Hat er sie wirklich berechnet?

Vossenkuhl:

Das wissen wir nicht so genau. Aber ich schätze, Du hast da so Deine Vermutung, wie er zu seinen Kenntnissen kam.

Lesch:

Ja. Es gibt Leute, die meinen, dass Thales wie viele andere in Kleinasien ihr Know-how aus Babylon hatten, also der Stadt im heutigen Irak. Die Herrschaften in Babylon waren so gute Astronomen, dass sie wussten, dass es alle 18 Jahre und ein paar Monate immer mal wieder eine Sonnenfinsternis gibt. Ich kann mir nicht vorstellen, dass Thales gesagt hat: Also Freunde, im Mai, an dem und dem Tag, da wird's zappenduster. Er hat wohl eher gesagt: Ungefähr um diese Zeit herum wird es zu einer Sonnenfinsternis kommen.

Was ich erstaunlich an dem Thales finde, dass er so ein wichtiges Ereignis wie eine Sonnenfinsternis versucht hat naturwissenschaftlich zu erklären. Er hat nicht gesagt: Die Götter zürnen uns oder so etwas. Die wurden in dieser Zeit gerne für alles Mögliche verantwortlich gemacht.

Vossenkuhl:

Das war ein ganz praktischer Mann, der Thales.

Lesch:

Er soll Politiker gewesen sein.

Außerdem Ingenieur, Philosoph und Mathematiker. Habe ich noch was vergessen?

Vossenkuhl:

Er war Nautiker. Er war auf der Nautikerschule. Er hat am Fluss Hyla einen Kanal gebaut. Genau da, wo auch die besagte Schlacht statt fand.

Sein Geburtdatum wird so um 625 - 628 v. Chr gelegen sein. Und er wurde sehr alt. Ganze 78 Jahre.

Lesch:

Ich habe gelesen, lieber Willi, dass Philosophen, Astronomen und Friseure sehr alt werden. Offenbar scheint Philosophie etwas zu sein, das lebenserhaltend ist. Astronomie auch. Das kann ich nur bestätigen. Friseur scheint auch ein sehr interessanter Beruf zu sein.

Vossenkuhl:

Wie meinst Du das?

Lesch:

Tja, es muss offenbar stressfrei sein und man erfährt viel von den Menschen. Das scheint die Lebensdauer zu verlängern.

Vossenkuhl:

Zurück zu Thales. Du hast mit gutem Grund gesagt, dass er der erste Philosoph in unserem modernen Sinn war. Davor gab's – wahrscheinlich – nur Dichter wie Homer, deren Mythen und natürlich die Priester.

Lesch:

Es gibt solche Sätze wie: Wer philosophiert, denkt griechisch.

Mit dem Thales haben wir einen, der in der Handelsstadt Milet den Anfangspunkt gesetzt hat. Er war einer dieser allerersten Denker, die versucht haben, irgendetwas über die Welt zu erfahren, ohne gleich wieder die Götter zu Hilfe zu nehmen. Kann man das als den Beginn der Philosophie bezeichnen oder gibt es da noch etwas?

Vossenkuhl:

Das ist bestimmt ein Markstein. Geht es dabei doch um die von Menschen selber gegebene Erklärung. Die Suche nach den Gründen, also nach den *Archae,* den Ursprüngen, den Prinzipien.

Diese Suche nach den Prinzipien, nach den Urgründen, das ist wohl der Beginn der Philosophie. So wurde sie aber noch nicht genannt. Ich glaube, dass erst die Pythagoräer darauf gekommen sind, sie so zu nennen. Pythagoras wäre der erste „Philosophos".

Lesch:

Ah ja. Der Erste ...

Vossenkuhl:

... der so genannt wurde.

Lesch:

Der erste Freund der Weisheit.

Vossenkuhl:

Ja. Ich glaube, dass dies das Entscheidende ist. Diese Fragen des Menschen: Was ist das erste Prinzip, was ist die Grundursache dessen, was ist, und wie erklärt man sich das?

Lesch:

Eine Frage, auf die ich bisher keine Antwort gefunden habe.

Warum Milet? Ich meine, Athen wäre doch naheliegender gewesen. Da gab es viele Menschen, die Zeit hatten, über die Dinge nachzudenken, und die sich nicht unmittelbar um ihre Existenz kümmern mussten. Warum so eine Handelsstadt wie Milet? Warum nicht Athen oder irgendein anderer Platz auf der Welt?

Vossenkuhl:

Dafür habe ich auch keine zuverlässige Antwort. Aber sicher ist, dass Kleinasien eine Art „melting pot" der Kulturen war, also ein Schmelztiegel.

Lesch:

Multikulti.

Vossenkuhl:

Genau. Da gab es die Phönizier. Wir werden ja gleich noch über einen Mann reden, der Thales kannte und so an die 15 Jahre jünger war. Er hieß Anaximander. Seine Mutter soll Phönizierin gewesen sein. Dann lebten hier natürlich die Ionier und Lydier. Die Leute kamen aus allen Ecken zusammen. Die brachten alle ihre Kulturen mit. Ich glaube, dass das ein interessantes, vielleicht auch ein bisschen aufgeheiztes, kulturelles Klima war, in dem kritische Gedanken über das was ist, und warum das so ist, einen guten Nährboden fanden.

Lesch:

Also könnte man durchaus sagen, dass Philosophie in dem Sinne, wie wir sie heute verstehen, dadurch entstanden ist, dass sehr viele Ideen in einer Stadt umgerührt und neu zusammengesetzt wurden. Man ist nicht nur einer Idee hinterher gerannt. Gewisse Dogmen wurden so auch über den Haufen geworfen.

Vossenkuhl:

Ja. Wenn man sich das so im Nachhinein vorstellt. Das ist ja nun auch schon lange her.

Lesch:

Stimmt.

Vossenkuhl:

6. Jahrhundert vor der Zeitenwende.

Lesch:

Mehr als zweieinhalbtausend Jahre.

Vossenkuhl:

Wir können uns die Mentalität der Menschen nicht mehr so ganz genau vorstellen. Es ist auch nicht gesichert, ob der Thales bei den Milesiern so bekannt war wie jetzt für uns. Aber wahrscheinlich war er doch eine öffentliche Persönlichkeit. Und die Tatsache, dass er wahrgenommen wurde - er hat ja nichts Schriftliches hinterlassen, wir haben keine direkten Zeugnisse von ihm - das zeigt doch schon, dass er einen gewissen Respekt auch als Philosoph genoss. Obwohl damals die Philosophen so quasi mit einem lächelnden und einem weinenden Auge betrachtet wurden.

Lesch:

Komm, nun erzähl´ die Geschichte mit der Magd. Erzähl sie.

Vossenkuhl:

Eigentlich erzählt hat's der Platon in seinem Dialog „Theätet". Der zeigt die zwei Seiten des philosophischen Lebens. Er erzählt also, dass eine Magd gesehen hat, wie Thales beim Nachdenken über die ersten Gründe, die „Archae", dessen was ist, in eine Grube gefallen ist. Sie hat schallend gelacht, und gemeint: Da denkt er nun über den Himmel und über die Unendlichkeit nach und fällt einfach in eine blöde Grube. Sie hat ihn also ausgelacht.

Lesch:

So ist er wohl auch nicht auf seinen Urgrund gekommen, dass nämlich das Wasser der Urgrund aller Dinge ist. Er ist ja nicht in einen Brunnen gefallen.

Vossenkuhl:

Jedenfalls ist das nicht so überliefert. Es ist wohl nur eine profane Grube gewesen.

Lesch:

Ich habe auch noch eine Geschichte zu Thales auf Lager. Man hatte ihm ja vorgeworfen, dass die Philosophie zu nichts nütze sei. Er hatte aber aus astronomischen Informationen - weiß der Zeus wie er das gemacht hat - die Erkenntnis, dass die Olivenernte im nächsten Jahr sehr gut werden würde. Daraufhin hat er offenbar alle Olivenpressen, deren er habhaft werden konnte, zusammengekauft. Die Bauern mussten, als die Oliven geerntet waren, dann bei ihm die Olivenpressen kaufen. Das hat ihn zum reichen Mann gemacht. Er wollte damit eigentlich nur zeigen: Freunde, wenn ich will, kann auch ich Geld verdienen. Merke also: Ein Philosoph kann Geld verdienen, wenn er will. Aber er will nicht.

Vossenkuhl:

Ich bin sicher, dass er auch anderweitig gut Geld verdient hat. Jemand, der Kanäle baut, wird Geld verdient haben. Ich glaube schon, dass der nicht am Hungertuch nagte.

Zurück zum Feuchten, dem Wasser, und dem Prinzip, das den geschäftstüchtigen Thales so bekannt gemacht hat.

Lesch:

Das war ja nur der Beginn einer Sucherei, einer Definiererei von verschiedenen Elementen. Der eine hat das Wasser genommen. Wir werden nachher noch einen treffen, der sich für die Luft entschieden hat und dann noch einige andere. Es gibt ja ganz unterschiedliche Elemente. Der Thales hat nun einmal in einer Hafenstadt gewohnt.

Kann er deswegen das Meer oder das Wasser für etwas Substantielles gehalten haben, oder ist da mehr dahinter gewesen?

Vossenkuhl:

Der erste Gedanke spricht dafür. Er meinte aber auch, dass die Erde, auf der die Menschen leben, auf Wasser schwimmt, so wie ein Stück Holz. Er war der Meinung, dass die Erde ursprünglich nur aus Wasser bestand. Dann ist ein Großteil des Wassers verdunstet. Der Rest hat sich in den Ozeanen gesammelt. Weiter – wie Du sicher weißt – hat er auch über die Herkunft des Lebens aus dem Wasser nachgedacht. Was mir völlig einleuchtet, weil ich selber gerne Fisch esse.

Lesch:

Du kommst aus dem Wasser und deswegen ...

Vossenkuhl:

Ganz richtig. Meine Vorfahren müssen Raubfische gewesen sein.

Lesch:

Ein schlagender Beweis! Meine Vorfahren waren dann wohl Stockfische. Ich bin immer so verstockt.

Vossenkuhl:

Wirklich? Aber nur zuhause.

Lesch:

Der Thales hätte ja damit so etwas wie eine Evolutionstheorie aufgestellt?

Vossenkuhl:

Ja, so eine Art Deszendenz-Theorie, eine Abstammungslehre. Wir Menschen, meinte er, seien aus etwas Primitiverem entstanden, eben aus dem Feuchten, dem Wasser.

Lesch:

Das ist schon enorm. Das ist ja deutlich gegen den, sagen wir mal Trend von Religion, die dazu neigt, alles als ewig und unveränderlich hinzustellen. Jetzt sieht da einer Entwicklungsprozesse, die sich zu einem Weltbild formen. Das ist ja schon erstaunlich.

Vossenkuhl:

In der Zeit damals überhaupt solche Hypothesen aufzustellen! Einfach mal zu fragen: Wo kommen wir eigentlich her? Schon allein auf die Ideen zu kommen, dass nicht alle Menschen vor uns so wie wir ausgesehen haben könnten. Sondern dass es da eine Art Entwicklung vom Einfacheren zum Komplizierteren gegeben haben könnte. Das ist schon eine enorme spekulative Leistung.

Lesch:

Für mich als Astrophysiker ist das naheliegend. Der Wasserstoff hat ja einen Ruf wie Donnerhall bei uns im Weltall. Er ist das häufigste Element. Er ist das erste Element, das überhaupt im Universum entstanden ist und er ist natürlich auch Teil des Wassers – Wasserstoff eben. Und wenn man die Frage stellt, wie kann denn Leben im Universum entstehen, würde man heute sofort sagen: Ohne Wasser geht erst mal gar nichts.

Leben ist keine trockene Angelegenheit, sondern es ist fundamental vom Wasser abhängig. Also kann man sich einen weiten Bogen von Thales bis zur Suche nach außerirdischem Leben gönnen. Denn nach was suchen wir auf dem Mars? Wir suchen nach Wasser.

Vossenkuhl:

H_2O. Ohne diesen Lebenssaft geht gar nichts.

Lesch:

Wenn wir irgendwo da draußen flüssiges Wasser finden würden, dann wären das zumindest sechs Richtige im Lotto. Flüssiges Wasser ist nun mal das entscheidende Lösungsmittel für die Transformation der toten Materie zur lebendigen Materie, der Urgrund.

Ohne Wasser läuft gar nichts. Also, da muss ich schon sagen, Thales, Hut ab, Hut ab!

Vossenkuhl:

Unser Mann aus Milet war ein richtig dicker Fisch, um mal im nassen Element zu bleiben.

Lesch:

Nun haben wir ja mit dem Thales nur einen der Ingenieure, oder besser der Philosophie-Ingenieure von Milet.

Vossenkuhl:

Der praktischen Philosophen. Dazu zählte auch Anaximander. 15 Jahre jünger als Thales. 6. Jahrhundert.

Lesch:

Anaximander. Der hat ja nun was in die Welt gebracht! Als ich das zum allerersten Mal gelesen habe, dachte ich: Boah, der Mann hatte ja einen unglaublichen Durchblick!

Vossenkuhl:

Da warst du platt.

Lesch:

Wie eine Flunder. Der hatte sich überlegt, das mit dem Wasser von Thales mag ja ganz nett sein. Dass sich aus dem Wasser alles entwickelt. Durch Verdichtung von H_2O wird was Festes, durch Verdünnung entsteht die Luft.

Anaximander hat sich aber gefragt: Was steht denn hinter diesem Werden und sich Verändern. Da muss was sein, was schon immer da war und unbegrenzt ist, unendlich.

Der war der Allererste, der das Unendliche gedacht hat. Du weißt, unendlich wird vor allen Dingen gegen Ende hin sehr groß.

Vossenkuhl:

Ewigkeit ist eine sehr lange Zeit, vor allem gegen Ende zu, sagte Woody Allen.

Lesch:

Genau.

Und da hat sich Anaximander dieses *Apeiron* ausgedacht?

Vossenkuhl:

Das „nicht Bestimmte".

Lesch:

Wie kommt man auf so eine Idee?

Vossenkuhl:

Vielleicht wenn man sich überlegt: Wie kann man eigentlich die unabsehbare Vielfalt, die unendliche Vielfalt dessen, was man sehen, hören, riechen kann, wie kann man das prinzipiell erklären? Auf welches Grundprinzip kann man das zurückführen?

Dann ist es keine schlechte Idee, sich all diese Einzelheiten weg zu denken und zu überlegen: Was ist eigentlich der gemeinsame Nenner? Dann kann man sagen: Es ist potentiell so. Aristoteles hat einige Zeit später zwischen Akt und Potenz, zwischen Sein und Möglichsein unterschieden.

Aber immerhin hat Anaximander gemeint, dass das Unbestimmtsein, das unendliche Unbestimmtsein eigentlich die Quelle und der Ursprung von allem Bestimmtsein sein muss. Denn das Bestimmtsein ist selber unendlich viel. Also muss es ja irgendwoher kommen. Es muss wohl so eine Art von Ursprung dieser Bestimmbarkeit gegeben haben.

Lesch:

Wenn Du mal irgendein Geschichtsbuch aufschlägst, und nimmst irgendeine der Kulturen vor den Griechen. Die haben sich alle vor dieser Unendlichkeit geschützt, indem sie sagten: Da gibt es Kreisläufe, da gibt es die Götter und die sind Endstation für das Bild von der Welt.

Jetzt kommt einer in Kleinasien daher und bringt diesen neuen Gedanken ein, vor dem man ja auch heute noch erschauert. Ich meine, wenn man das Unendliche wirklich an sich herankommen lässt, da wird einem doch eiskalt! Weil es einfach nicht denkbar ist.

Vossenkuhl:

Es hat aber eine gewisse Plausibilität. Wenn ich davon ausgehe, dass es unendlich viel Bestimmtes gibt, dann muss ja grundsätzlich, prinzipiell die Unendlichkeit schon mal gegeben sein. Bevor das Bestimmte sichtbar wurde, muss es unsichtbar und unbestimmt gewesen sein. Das unendlich Unbestimmte bedeutet: Alles das, was wir wahrnehmen, diese unendlichen Möglichkeiten dessen, was man sehen, hören, riechen, erklären kann, das muss ja der Möglichkeit nach schon im Ursprung als Unendliches angelegt sein.

Lesch:

Der Anaximander, von dem ich übrigens glaube, dass er einer der unterschätztesten Philosophen ist, war ja auch noch Geograph und Meteorologe und hat sich mit vielen verschiedenen Sachen beschäftigt...

Vossenkuhl:

Er hat ja auch eine Erdkarte angefertigt.

Lesch:

Aber noch mal zurück zu seinem „Apeiron", dieses Unbegrenzte. War das etwas Materielles oder wie muss man sich das vorstellen?

Vossenkuhl:

Nein, das Prinzip, das dem zugrunde liegt, ist nicht materiell. Aber die Erscheinungsweise schon. Vielleicht könnte ich mal den allerersten Satz der Philosophie zitieren.

Lesch:

Höchste Zeit. Ich bin gespannt.

Vossenkuhl:

Von Thales ist nichts Schriftliches überliefert. Aristoteles hat ihn aber erwähnt. Von Anaximander haben wir nur einen einzigen langen Satz. Der hat es allerdings in sich. Hier ist ein Teil davon: *„Ursprung und Urgrund der seienden Dinge... ist das Grenzen-*

los-Unbestimmbare... Woraus aber das Werden ist den seienden Dingen,..., in das hinein geschieht auch ihr Vergehen, nach der Schuldigkeit; denn sie zahlen einander gerechte Strafe und Buße für ihre Ungerechtigkeit nach der Zeit Anordnung.“

Also Ursprung und Ziel: Was mit dem Unrecht gemeint ist, weiß ich nicht so genau. Aber offensichtlich ist da so ein Schuldzusammenhang, eine Schuldigkeit der Dinge einander gegenüber. Wichtig ist, dass Anfang und Ende dasselbe sind. Ursprung und Ziel. Das Unendliche ist am Ausgangspunkt ebenso unbestimmt grenzenlos wie am Ende.

Lesch:

Das ist schon ein Hammer, mit dem Grenzenlosen anzufangen. Ich als Physiker würde natürlich immer das Gleichgewicht der Kräfte im Auge haben. Aber das kann sich ja mal in die eine oder die andere Richtung verschieben: In der Tat könnte man die Vorgänge im Universum und natürlich auch hier auf der Erde – die ist ja ein Teil davon – als ein Geben und Nehmen verstehen. Diese Gegensätze, die da eine Rolle spielen, finde ich schon ganz erstaunlich.

Vossenkuhl:

Thales, Anaximander und der Dritte im Bunde, der Anaximenes – auf den kommen wir noch – waren sehr umtriebige Leute, die mitten im Leben standen. Thales war Navigator und der Anaximander hat griechische Kolonistengruppen von Milet in neue Siedlungsgebiete ans Schwarze Meer geführt.

Lesch:

Die Jungs, wenn ich das mal so sagen darf, standen ja voll im Saft. Die waren mit ganz unterschiedlichen Aufgaben betraut. Und dann geben die solche Sätze von sich! Möglicherweise ist dieses vielseitige, praktische Leben die Voraussetzung dafür, dass man die Scheuklappen aufmacht. Dass man sich nicht abschottet, sondern mitkriegt, was mittendrin und Drumherum so alles läuft.

Vossenkuhl:

Man darf sich diese Leute nicht so vorstellen, dass sie völlig weltabgekehrt irgendwo im stillen Kämmerlein saßen und da so vor sich hin gebrütet hätten. Das Gegenteil ist richtig. Sie standen wirklich mitten im Leben.

Lesch:

Das ist übrigens für mich ein Argument, eine Universität in eine Stadt mitten rein zu setzen und sie nicht draußen in der Pampa anzusiedeln.

Eine intellektuelle Landschaft wie eine Universität gehört mitten unter die Menschen. Das ist doch das, was man von diesen ersten Philosophen lernen kann. Neue Ideen, das ist die Vermischung von verschiedenen Dingen. Und dann sollte Gelegenheit sein, sich mal in Ruhe darüber Gedanken machen zu können.

Vossenkuhl:

Also, jetzt kommen wir zu Anaximenes, der wohl ein Schüler von Anaximander war. Der lebte im 5. Jahrhundert. Es ist schon erstaunlich, dass in einem Jahrhundert drei große Denker in dieser Stadt Milet gelebt haben. München kann ähnliches von sich nun nicht behaupten. Schon gar nicht in jener Zeit. Nicht einmal in jüngerer Zeit.

Anaximenes war die Position seines Lehrers Anaximander nicht so ganz geheuer. Die hat ihm wohl nicht so ganz eingeleuchtet. Allerdings hat auch er daran festgehalten, dass der Ursprung und das Ziel identisch sind, dass aus dem unendlichen Unbestimmten das Bestimmte wieder zu sich zurückkehrt. Aber er hat dann doch gemeint: Der Stoff, so ähnlich wie das bei Thales das Wasser war, der Stoff, aus dem das alles wird und vergeht, das sei die Luft.

Ihm schwebte so eine Art von Äther-Stoff vor.

Lesch:

Oh je. Bei Äther werde ich sehr empfindlich. Der ist tatsächlich hinter seinen Lehrer zurückgegangen? So ein ganz konkreter Urstoff sollte plötzlich wieder das Maß aller Dinge sein?

Vossenkuhl:

Ja ja. Er hat dann noch gemeint, dass alles aus Luft ist.

Lesch:

Ein echter Luftikus. Die Ideen. Sollten die auch nur heiße Luft sein?

Vossenkuhl:

Sind sie ja auch manchmal. Aber im Ernst: Der Luft-Gedanke ließ sich schon mit dem Apeiron seines Lehrers Anaximander verbinden. Anaximenes meinte: Alles was ist, ist entweder verdichtete oder verdünnte Luft. Er hat auch Wärme und Kälte damit in Verbindung gebracht. Nur dummerweise – das widerspricht unserer Anschauung heute – hat er gemeint, die verdichtete Luft ist Kälte, aus der verdünnten entsteht das Feuer.

Lesch:

Es ist genau umgekehrt.

Vossenkuhl:

Ja. Es ist genau das Gegenteil richtig.

Lesch:

Aber er hat sich offenbar dann auch an diese „Denke", um dieses schöne neuhochdeutsche Wort zu gebrauchen, gehalten, dass es ein Prinzip gibt, das der ganzen Wirklichkeit zu Grunde liegt.

Vossenkuhl:

Ja. Und zwar ein stoffliches.

Bei Anaximander hätte man sagen können: Na ja. Der denkt auch an das Stoffliche. Das ist nicht einfach nur so abstrakt. Aber es ist doch eine Begrifflichkeit da, die so einen Prozess beinhaltet, begrifflich. Das Stoffliche ist zwar zentral, aber doch nicht für die Erklärung so wesentlich. Es ist doch eher das erkennbar, was man später „Metaphysik" genannt hat, also das Metaphysische, was jenseits alles Stofflichen liegt.

Es ist übrigens so, dass diese erste Schrift von Anaximander und dann alle anderen Schriften, welche die Philosophen vor Sokrates schrieben, immer den Titel tragen „Über die Natur“.

Dabei muss man sich klar machen, was sie unter Natur verstanden.

Lesch:

Mehr als das, was wir heute unter Natur verstehen?

Vossenkuhl:

Wir unterscheiden heute das Belebte und das Unbelebte, organisch, anorganisch. Die antiken Philosophen haben selbst das, was wir heute das Anorganische nennen, als belebt betrachtet. Was ja nicht so ganz unsinnig ist, wenn man an die molekularen Bewegungen denkt.

Zum Beispiel hat Thales geglaubt, dass ein Magnet lebt. Schließlich zieht er Eisen an. Er konnte sich das nur so erklären, dass der Magnet halt eine lebendige Kraft hat.

Lesch:

So was wie eine Seele hat und beseelt ist? Richtig?

Vossenkuhl:

Beseelt. Genau. Unter Natur wurde alles das verstanden, was beseelt ist. Also Gras, Bäume. Alles hat Seele und damit Lebenskraft.

Lesch:

Das ist ganz angenehm. Die haben sich nie in eine Problematik verbissen, so wie wir das heute tun. Heute wird pausenlos die Auseinandersetzung zwischen Religion und Wissenschaft geführt. Gott und Wissenschaft sind in keiner Art und Weise zusammenzubringen. Wissenschaftler, die an Gott glauben, sind für die atheistischen Kollegen suspekt und ebenso umgekehrt. Die Altvorderen haben sich darüber keinen Kopf gemacht. Der Begriff „Seele“ ließ solche Probleme erst gar nicht hochkommen.

Vossenkuhl:

Wir können da auch nicht wirklich zwischen Theologie und Philosophie unterscheiden. Die Milesier, die waren allesamt der Meinung, dass die Götter überall sind.

Lesch:

Ist ja nichts dagegen einzuwenden.

Vossenkuhl:

Überall sind die Götter. Und unter Göttern wurde eben auch das verstanden, was man als Prinzipien erkennen kann. Das Göttliche ist auch das Prinzipielle. Die haben natürlich jetzt nicht im strengen Sinne monotheistisch oder ähnlich gedacht wie wir heute, sondern sie hatten überall göttliche Prinzipien.

Lesch:

Und die schossen üppig ins Kraut.

Vossenkuhl:

Überall waren Götter.

Lesch:

Trotzdem lässt sich feststellen: In dem Moment, als einige Menschen anfingen, sich mit ihrem Gehirn die natürlichen Vorgänge zu erklären, in diesem Moment führte der Weg hinaus aus einer Welt, die nur von den Göttern durchdrungen war.

Damit begann die Emanzipation des Menschen von den Göttern. Das steckt doch eigentlich in unseren drei Denkern aus Milet.

Vossenkuhl:

Das ist eindeutig so.

Lesch:

Das ist der Markstein für das europäische Abendland. Diese drei Herren samt der nachfolgenden griechischen Philosophie schaffen das Fundament. Hier beginnt Europa. Genau da!

Vossenkuhl:

In Kleinasien.

Also die Türkei in die EU. Zumindest philosophisch. Aber ich gebe Dir völlig recht, Du hast es auf den Punkt gebracht.

Dies ist die Loslösung vom Götterhimmel und von den Mythen. Ich glaube, das ist der Anfang dessen, was man die Emanzipation der Menschen nennen kann. Dass diese Philosophen im Vertrauen auf die eigene Vernunft nach Ursprüngen suchen, sich nicht einfach auf das verlassen, was so von oben kommt und was ihnen auf den Kopf fällt. Sie vertrauen auf die eigene Vernunft, auf das eigene Denken.

Lesch:

Vertrauen, genau genommen Selbstvertrauen war der Anfang aller Philosophie.

Pythagoras

Pythagoras (570 - 510 v. Chr.)

Vossenkuhl:

Pythagoras war nicht nur ein Philosoph. Er war der erste, der „Philosophos" genannt wurde, also „Liebhaber der Weisheit". Er ließ sich selbst gerne so bezeichnen. Daher kommt also der Name. Ein faszinierender Mensch. Pythagoras reiste viel in seinem Leben und wurde sehr alt.

Lesch:

Ein schlagender Beweis dafür, dass Philosophie offenbar lebensverlängernd wirkt. Der vielseitige Grieche hat versucht, Mathematik, Religion und Wissenschaft zusammen zu bringen. Er war auch ein richtiger Guru - Goethe weist darauf hin. Beide haben ja versucht, etwas in die Natur hineinzudeuten.

Viele verbinden mit Pythagoras nur die Formel:

$\mathbf{a^2 + b^2 = c^2.}$ Das wäre übrigens das, was ich einen Außerirdischen auch fragen würde.

Ich würde ihm ein rechtwinkliges Dreieck zeichnen und ihm die beiden Kathetenquadrate vorgeben. Der Außerirdische muss - wenn er überhaupt irgendetwas von der Welt versteht – dann das Hypothenusenquadrat unten abliefern. Ansonsten würde er die euklidische Geometrie nicht kennen.

Vossenkuhl:

Das wäre dann wohl Deine Aufnahmeprüfung in unsere irdischen Sphären?

Lesch:

Ja, das wäre sozusagen mein „Shalom" oder mein „Guten Tag". Eigentlich wäre es das: $a^2 + b^2$. Dann muss der Außerirdische c^2 sagen. Ich denke, dass das eine universelle Sprache ist. Insofern sind wir Naturwissenschaftler zumindest bis an diesen Punkt Pythagoräer geworden. Er ist für uns auf der naturwissenschaftlichen Seite unglaublich wichtig gewesen.

Aber Willi, sag' an: Wer war Pythagoras denn eigentlich?

Vossenkuhl:

Ein Mann aus Samos. Wir waren ja schon ganz nahe bei den Milesiern in Milet. Gar nicht weit vor der Küste liegt die Insel Samos. Sie gehört zu Griechenland.

Pythagoras war schon früh ein unruhiger Geist und viel auf Achse. Vor allem nach Ägypten. Dort hat er wohl auch die Religionen am Nil kennen gelernt. Dann ist er nach Süditalien ausgewandert und hat sich in einem kleinen Städtchen namens Kroton niedergelassen. Das liegt an der Ostküste von Kalabrien an der Stiefelspitze Italiens. Der Ort heißt heute Crotone. Dort hat Pythagoras eine Philosophen-Schule gegündet. Man könnte fast sagen, einen Orden oder Ashram.

Du hast ja ganz zu Recht darauf hingewiesen, dass er auch so etwas wie ein Guru war, ein religiöser Denker und eine Leitfigur. Dann ist er weiter gezogen in die heutige Basilicata, zum Golf von Tarent, nach Metapont. Das ist auch heute noch ein Ort, den man unbedingt besuchen sollte. Die Ausgrabungsfelder zeigen sehr eindrucksvoll, wie groß die Tempel damals waren.

Lesch:

Zu Pythagoras Zeiten.
Wie ist er denn überhaupt Philosoph geworden? Hat er eine Lehre bei irgendjemand gemacht?

Vossenkuhl:

Das ist nicht überliefert. Ich glaube, dass er ein Selfmademan war, der sich früh der Mathematik zuwandte. Bei wem er das gelernt hat, ist nicht überliefert. Er hat sich mit Mathematik nicht um der Mathematik willen beschäftigt. Sie sollte ihm bei der Erklärung der Wirklichkeit helfen.

Er ist nach den Milesiern, die sich mit dem Stofflichen beschäftigt hatten, nun ein ganz anderer Typ Denker. Bei ihm tritt die Zahl in den Vordergrund. Nicht einfach als Zahl: eins, zwei, drei, vier, fünf, sechs, sieben, sondern als Formprinzip. Die Form löst das Stoffliche ab. Du bist doch auch ein Freund der Zahlen?

Lesch:

Schon, schon. Für Pythagoras ist das aber ein Einschnitt, der ziemlich dramatisch ist. Dass auf einmal Inhalte nicht mehr so wichtig sind, sondern dass etwas darüber Liegendes anfängt, wichtig zu werden. Kann man Pythagoras schon als Metaphysiker bezeichnen?

Vossenkuhl:

Ja, natürlich. Das waren die anderen aber auch.

Lesch:

Ja?

Vossenkuhl:

Ja, ja.

Lesch:

Die hantierten doch ganz handfest mit Luft und Wasser. Gut, der mit dem Apeiron, der Anaximander, der hatte sicherlich schon etwas Metaphysisches, aber die anderen waren doch noch sehr im Hier und Jetzt.

Vossenkuhl:

Ich würde sagen, jeder ist Metaphysiker, der über Urgründe nachdenkt. Die findet man ja nicht auf der Straße oder unterm Busch oder im Wald, sondern das muss man sich ausdenken. Insofern waren schon die Milesier Metaphysiker. Ganz besonders aber Pythagoras. Er machte den großen Sprung vom Stofflichen zur Form.

Lesch:

Die Mathematik ist aber keine originär griechische Erfindung. Sie kommt aus dem Vorderen Orient. Die Babylonier kannten den Satz von Pythagoras viel früher, als er dann über Pythagoras in unsere Lehrbücher gekommen ist. Der hat ihn offenbar ganz gut

„vermarktet". Hört mal, Freunde, ich habe hier einen Satz, den könnt ihr nehmen, der ist gut.

De facto sind die Ägypter und die Babylonier in der Mathematik sehr weit gewesen. Die Griechen selber haben ja auch zugegeben, dass große Teile ihrer Philosophie zum Beispiel aus Ägypten kommen. Nicht zuletzt die Mathematik als eine unglaubliche Methode, um nicht zu sagen Waffe, um die Welt zu erobern bzw. zu verstehen. Da hat der Grieche Pythagoras ja wirklich fundamentale Beiträge abgeliefert. Nicht so sehr im Einzelnen. Er hat vielmehr herausgearbeitet, dass Zahlen tatsächlich überall in der Welt stecken.

Vossenkuhl:

Dein Kollege Heisenberg hat auch ganz euphorisch über Pythagoras geschrieben. Er sei der Erste gewesen, der die Mathematik als wissenschaftliches Instrument benutzt hat und ähnliches. Aber so war es tatsächlich.

Lesch:

Wie viele Gemeinden, pythagoreische Gemeinden gab es?

Vossenkuhl:

Zwei. Es waren so eine Art Schule oder besser: Ordensgemeinschaft.

Lesch:

Dabei durften auch die Frauen mitmachen. Das war in der damaligen Zeit beileibe nicht der Normalfall. Die Leitfigur Pythagoras muss schon ein Mann gewesen sein, der, in gewisser Weise ziemlich orthogonal zur Gesellschaftsordnung stand, geradezu senkrecht dazu. Beim Denken wurde das andere Geschlecht allerdings nicht mit einbezogen.

Vossenkuhl:

Die Frauen spielten in Metapont natürlich keine andere Rolle als sonst wo in Griechenland. Die gehörten ins Haus und kümmerten sich um den *Oikos,* die Wirtschaft. Das waren Haus, Familie,

Gesinde und Landwirtschaft. Pythagoras war – würden wir heute sagen - ein Humanist . Er glaubte daran, dass alle Menschen sich untereinander mit Sympathie und Freundschaft begegnen sollten. Das hat er auch so gelebt. Das hat sicher zum Erfolg seiner Gemeinden beigetragen.

Lesch:

In dieser Gemeinde gab es ganz merkwürdige Regeln, die philosophisch nicht so besonders ergiebig sind. Sie halfen aber, das Zusammenleben zu koordinieren und zu strukturieren.

Vor allen anderen Dingen aber standen die Zahlen. Sie standen im Mittelpunkt. Die Eins stand für Gott, weil nur einer da ist. Zwei steht für …

Vossenkuhl:

… das Andere.

Lesch:

Für Verschiedenheit. Drei ist die Synthese von eins und zwei. Vier ist eine heilige Zahl. 1 + 2 + 3 + 4 gibt 10, wiederum eine ganz wichtige Zahl. Dann gibt es ein Dreieck, das ist das göttliche Dreieck. Überall Verbindungen von Zahlen mit etwas, was die Zahl zunächst einmal gar nicht hergibt.

Eine Zahl ist eine Zahl. Meine Güte, es ist doch im Grunde genommen völlig schnurzegal. Bei uns gibt es heute ja auch noch so Zahlen. Wir haben zum Beispiel die 13. Freitag, der 13. ist immer noch schicksalsschwanger. Die Sieben ist eine ganz wichtige Zahl, weil die mit den sieben Tagen in der Woche zusammenhängt. Dann hat es auch noch 12 geschlagen. Trotzdem würde kein Mensch heute den Zahlen eine so große Bedeutung zuordnen, wie das damals die Pythagoräer gemacht haben. Für die war das was ganz Wichtiges.

Vossenkuhl:

Das stimmt. Es ist eines der frühesten Zeugnisse der Zahlenmystik, die es natürlich in anderen Kulturen auch gegeben hat. Im

Judentum gibt es ähnliche mystische Vorstellungen für Buchstaben und Zahlen – die *Kabala.* Die Pythagoräer standen dem nicht nach. Sie waren echte Zahlenmystiker.

Lesch:

Die waren Freaks. Die standen auf Zahlen.

Vossenkuhl:

Wir lernen heute in der Schule nicht mehr unbedingt, dass die Eins oder die Zwei etwas Besonderes sind. Wir verstehen die Zahlen als abstrakte Entitäten, nicht als reale Entitäten. Es gibt nicht die Eins. Für den Pythagoräer schon.

In manchen Schulen oder Schulsystemen, zum Beispiel in den Steiner-Schulen, da werden die Kinder zunächst einmal auch mit dieser Art von Zahlenauffassung vertraut gemacht, weil es offenbar sehr viel greifbarer, verständlicher, vorstellbarer ist, dass es die Eins gibt. Also vor der Abstraktion erst einmal das Konkrete, Anschauliche.

Lesch:

Der Weg, wie die zu dieser besonderen Bedeutung von Zahlen gekommen sind, lief lustigerweise über die Musik. Dass sie eben Saitenlängen festgestellt haben. Immer dann, wenn sie eine Saite in einer bestimmten Art und Weise unterteilten, kriegten sie die Oktaven, Quinten, Quarten usw.

Die Entdeckung einer Zahl, die nicht passte, also einer Zahl, die als ein Bruch von zwei ganzen Zahlen nicht darstellbar war, muss unsere Freunde völlig aus dem Gleichgewicht gebracht haben. Man stelle sich ein Dreieck vor, Seitenlänge 1 + 1 zum Quadrat gibt: 2.

Jetzt will man aber die Seitenlänge wissen, dass $a^2 + b^2 = c^2$. Also ist c gleich Wurzel aus $a^2 + b^2$. Das hieße: Wurzel aus 2. Das ergibt aber keine Zahl mehr, die man als Bruch von zwei ganzen Zahlen darstellen kann.

Vossenkuhl:

Stimmt.

Lesch:

Da taucht etwas ganz Fürchterliches auf. Fast könnte man sagen: Die Götter haben geschlampt. Was sind denn das für Zahlen? Die passen ja nicht. Das kann nicht sein. Also Verbot! Es gab heftige Auseinandersetzungen. Trotzdem waren die Herrschaften und Pythagoras höchst selbst eben der Meinung, dass die Welt Zahl sei.

Vossenkuhl:

Ja. Genau.

Lesch:

Kann man das in der Philosophie heute nachvollziehen? Warum das damals so lief?

Vossenkuhl:

Man kann es schon nachvollziehen. Aber nur eingeschränkt, weil es sehr stark religiös motiviert war. Wir haben in der Philosophie verlernt, die Wirklichkeit des Kosmos über harmonische Klänge zu verstehen.

Lesch:

Was ich übrigens sehr bedaure. Das Universum ist nicht in allem harmonisch, aber es ist trotzdem eine wunderbar stimmige Angelegenheit.

Vossenkuhl:

Man sollte auch in der Philosophie öfters wieder spielen und singen. Mit Wein und Weib.

Lesch:

Da bin ich dabei.

Vossenkuhl:

Alkohol war übrigens bei den Pythagoräern nicht erlaubt. Wein kam nicht auf den Tisch. Pythagoras war Asket und damit saßen auch seine Jünger auf dem Trockenen.

Lesch:

Ach was!

Vossenkuhl:

Die Askese hatte für Pythagoras eine ganz bestimmte Bedeutung. Für ihn ist die Seele durch den Körper belastet. Ja. Die Seele wird schon dadurch unrein, dass sie in einem Körper angesiedelt ist. Deswegen muss der Körper möglichst rein gehalten werden. Die Ernährung war für die Pythagoräer deshalb ganz wichtig. Kein Fisch, kein Fleisch, keine blähenden Dinge. Alkohol und ähnliches gehörte nicht zum Diätplan.

Lesch:

Das klingt für mich so ein bisschen wie ... na ja frustriert, über das eigene Dasein.

Vossenkuhl:

Ich glaube die Idee war, sich zu reinigen. So hat Pythagoras auch Lebensregeln aufgestellt. Eine, die mir völlig plausibel erscheint, postuliert, dass man sich am Ende eines Tages fragen soll: Was habe ich heute falsch gemacht? So eine Art Gewissenserforschung. Also: Ich habe das und das nicht richtig gemacht, ich war nicht freundlich zu dem oder ich habe den und den angelogen oder was auch immer. Also, diese Reinigung der Seele und die Diät, das waren keine getrennten Sachen. Reinheit war die eigentliche Idee – und Geistigkeit. Die Beschäftigung mit Mathematik und Philosophie sollte auch der Vergeistigung dienen. Man hat das nicht um seiner selbst willen gemacht, sondern man wollte damit reiner, lauterer werden.

Lesch:

Das klingt so, als ob die Wirklichkeit um uns herum oder das, was wir mit den Sinnen so aufnehmen, nicht das ist, was wirklich erstrebenswert ist. Da muss es etwas geben, das dahinter steckt.

Was reiner ist als das, was uns vordergründig zugänglich ist.

Das erscheint mir wie eine Flucht vor der realen Welt.

Vossenkuhl:

Das ist sicherlich die Tendenz. Aber wenn man das Göttliche als das Höchste anerkennt - und das war eben das, was die Pythagoräer dachten - und wenn das das Ziel und die Bestimmung des eigentlichen Daseins ist, dann ist es nicht so überraschend.

Man will sich dem Göttlichen annähern. Das ist nicht einfach nur so ein Gedankenideal, das man abends kurz vor dem ins-Bett-gehen beim Lesen realisiert, sondern das ist Ziel des ganzen Lebens. Und das ist ernst zu nehmen. Das Göttliche, das Ewige, das Unveränderliche, danach strebt man. Die menschliche Seele hat nach Ansicht der Pythagoräer die Tendenz dazu.

Etwas, was für die Pythagoräer und Pythagoras selbst enorm wichtig war, war die Seelenwanderung. Diese Möglichkeit, sich durch die Wiederkehr der Seele noch zu steigern. Pythagoras sagte: Wir werden uns sicherlich wieder begegnen. Ihr werdet mich wiederkommen sehen an meinem Stab.

Ich weiß nicht, woher er diese Lehre hatte. Es klingt sehr fernöstlich. Aber schätzungsweise hat er diese Vorstellung auf irgendeiner seiner Reisen mitbekommen, vielleicht in Ägypten.

Lesch:

Da haben wir aber schon einen ganz erheblichen Unterschied. Diese Männer in Milet waren tätige Männer. Die standen mitten im Leben. Pythagoras hat erst auch für eine Weile politisch gewirkt, bis er dann angefangen hat, sich mit seiner Truppe von der Welt zurückzuziehen. In ein Ashram-Camp. Pythagoras als Guru, als Weiser hat die ganze Sache angeführt.

Wenn ich es mir recht überlege, wenn sich so eine Philosophie wirklich durchsetzten würde und sich Menschen zurückzögen, voreinander und voneinander, das wäre doch eine Katastrophe?!

Vossenkuhl:

Ja, das wäre fatal.

Lesch:

Kann man sich eine Zivilisation als eine Summe von sich voneinander isolierenden sozialen Gemeinschaften vorstellen, die alle ihre eigenen Regeln haben? Also, für mich ist das eine Sackgasse.

Vossenkuhl:

Ich glaube, dass es damals keine war. Als Pythagoras sich in Kroton niedergelassen hatte, versammelte er als erstes eine Gruppe um sich. Erst später gab es noch eine zweite. Die eine Gruppe hat wohl diese Askese, so wie Du das befürchtest, als Rückzug aus der sinnlichen Wirklichkeit stark übertrieben. Die sollen sich sogar nicht einmal gewaschen haben.

Lesch:

Das stinkt ja zum Himmel!

Vossenkuhl:

Aber gut. Es gibt oft, wenn ein Guru wirkt, gewisse Übertreibungen. Die andere Gruppe hat aber mehr die Lehre oder das Intellektuelle in den Vordergrund gestellt. Die siedelte sich in Tarent an, nicht weit von Metapont, an diesem schönen Golf in der Basilicata.

Lesch:

Ja, dort ist es sehr schön. Ich meine, da fließt einem ja fast schon Milch und Honig direkt ... ja, da ist es wunderbar.

Vossenkuhl:

Eine malerische Landschaft. Ich glaube, dass Pythagoras selbst noch da war, als diese Gruppe in Tarent schon im öffentlichen Leben verankert war. Was er in Metapont gemacht hat, ist nicht überliefert. Ich bin hingefahren und habe mir das einmal angeschaut. Es ist sehr beeindruckend. Ich stelle mir an solchen Orten bestimmte Bilder vor, die sich nicht geändert haben können. Wenn man z.B. aufs Meer schaut, dann hat man so ein Bild.

Lesch:

Genau. Das ist seit 2.000 Jahren immer noch gut erhalten. Zumindest an der Oberfläche.

Vossenkuhl:

Auch wenn man die Küstenlinien betrachtet. Da hat sich auch nicht viel geändert. Wenn man dann auf dem Ausgrabungs-Gelände ist, wo jetzt noch die Mauerreste der Tempel zu sehen sind, dann kann man sich noch ungefähr die Dimensionen dieser Stadt vorstellen.

Es gibt übrigens ein wunderbares Museum in Metapont. Da kann man schon gut zwei, drei Stunden verbringen.

Lesch:

Wenn Du so von der Mittelmeer-Antike schwärmst, dann bekomme ich das Gefühl, dass Philosophie sehr viel mit dem Wetter zu tun hat. Um Philosophie betreiben zu können, muss man etwas Zeit haben, und einen warmen schönen Platz, damit die Gedanken über das Alltägliche hinaus fliegen können. In Friesland, wo die kalten Stürme die Küste peitschen, da konnte wohl eine Philosophie nicht recht entstehen. Da war man wohl eher mit dem Überleben beschäftigt.

Wenn ich mir weiter überlege: Die Askese, die kann man doch nur dann fordern, wenn man so viel hat, um zu sagen: Freunde, nun beschränkt euch mal! Leute, die ständig nichts zu futtern haben, denen kann man nicht erzählen: Das ist prima, dass du nichts zu futtern hast. Das ist der Weg zur Reinheit.

Ich würde gerne noch einmal zurück kommen zum Thema Zahlen und Mathematik im Allgemeinen.

Gab es wirklich vor Pythagoras nichts in der Philosophie, was darauf hindeutet, dass es eine Methode wie die Mathematik gab, die Vorgänge in der Natur so beschreibt, dass man sie von Mensch zu Mensch tragen kann? Dass man so eine Währung hat, so eine Naturwährung, wenn ich das mal so sagen darf. War er wirklich der Erste, der das so intensiv betrieb?

Vossenkuhl:

Nach allem was wir wissen, ja. Es gibt keine anderen Zeugnisse.

Lesch:

Wir kennen von diesen sogenannten Vorsokratikern immer nur Fragmente, wenn überhaupt. Und dann haben Platon und Aristoteles etwas aufgeschrieben. Aber ansonsten wissen wir nichts.

Vossenkuhl:

Es wurde viel mündlich überliefert. Wahrscheinlich gab es auch Schriftliches, das aber nicht erhalten ist. Einzelne Sätze kennen wir als Zitate anderer, späterer Philosophen.

Vielleicht sind viele Texte der ganz frühen Philosophen in der großen Bibliothek in Alexandria verbrannt.

Lesch:

Zusammengefasst war es eine der ganz einschneidenden Veränderungen. Wenn man sich anschaut, wann Naturwissenschaften, namentlich die Physik, stark geworden sind, dann vor allem in dem Moment, wo sie sich reduziert haben. Als sie angefangen haben, die ganz großen Fragen zurück zu stellen. So Fragen wie: Wie können wir etwas formulieren, so dass jeder Mann, jede Frau auf der Welt das versteht?

Auch heute ist es immer wieder interessant, wenn zu einer Konferenz Menschen aus allen Kontinenten mit völlig unterschiedlichen Sprachen kommen. Selbst wenn das Englisch der Einzelnen noch so schlecht ist, eine Gleichung ist überall gleich.

Vossenkuhl:

Ich verstehe Deine Begeisterung.

Lesch:

Das ist doch ungeheuerlich.

Vossenkuhl:

Es war lange nach der Pythagoräer-Schule - viel später dann in Athen - eine bleibende Übung, dass man die Harmonie der Sphären über Mathematik und Musik - Musik als eine Art hörbarer Ausdruck der Mathematik - begreifen konnte. In dieser puren, hörbaren Form hat sich die Mathematik nicht lange gehalten. Sie ist dann in der Philosophie erst in der Neuzeit wieder auferstanden. Descartes hat wieder Mathematik getrieben. Auch vor ihm haben sich einige Leute daran verzückt. Später dann Leibniz. Leibniz war ein genialer Mathematiker.

Kant war schon wieder weniger genial als Mathematiker, obwohl er Mathematik-Vorlesungen gehalten hat.

Die Mathematik hatte nicht immer eine gleich bleibende hohe Bedeutung innerhalb der Philosophie. Aber Pythagoras war sicherlich der erste Mathematik-Philosoph.

Man darf jetzt aber nicht nur auf die uns heute geläufige Vorstellung von Mathematik schauen. Mit den Zahlen waren Formvorstellungen verbunden, d. h. es hat sich in der Entwicklung des Instrumentariums des Nachdenkens über die Wirklichkeit etwas Wichtiges ereignet.

Man hat nun nicht mehr einfach über die Stoffe nachgedacht, die Verdünnung und Verdickung der Luft oder des Wassers. Nun ist plötzlich das in den Vordergrund getreten, was man einfach „Begriffe“ nennt. Also Begriffe als Formen für Dinge, für Gegenstände.

Lesch:

Die Philosophie wurde abstrakt.

Vossenkuhl:

Abstrakt, ja. Und plötzlich hatte man ein neues Instrument. Man sprach nun eine neue Sprache, die Formensprache. Man hatte plötzlich die Möglichkeit, über diese Formensprache die Wirklichkeit sehr viel präziser zu fassen als durch das Nachdenken über die stofflichen Veränderungen. Da gibt es ja keinen Anfang und kein Ende. Das ist auch irgendwie mit dem Apeiron so – kein Anfang und kein Ende.

Man hat natürlich schon überlegt: Es muss einen Anfang und ein Ende geben. Aber man sieht's nicht, man hat's nicht. Mit den Begriffen hat man Formen, die dem Ganzen eine Architektur, eine Struktur geben, die mit dem Kopf beherrschbar ist.

Lesch:

Aber macht das Philosophie nicht kälter? Wenn Philosophie der Versuch des Menschen ist, etwas über das Urgründliche zu erfahren, über Alles, über das Wichtigste. Bei aller Liebe zur Mathematik, da sind doch keine Subjekte mehr im Spiel. Der Einzelne hört auf und wird nur noch zu einer Ansammlung von Zahlen. Ein Prinzip wird zu einem Gott gemacht.

Wenn Mathematik zu einem Gott wird, dann werde ich unruhig.

Vossenkuhl:

Das war es eigentlich nicht, sondern es war eher im Dienste der Gottheit. Also es war nicht Mathematik um ihrer selbst willen, sondern man wollte sich dem Göttlichen nähern, dem Göttlichen angleichen. Weil die Formen, also die Formensprache, das Formenverständnis dem Göttlichen näher schien als die bloße Aufzählung und Beschreibung des Materiellen.

Lesch:

Das ist schon schwierig. Ich fand es leichter, sich über Thales, Anaximander und Anaximenes zu unterhalten als jetzt über diesen unglaublich abstrakten Pythagoras, der möglicherweise etwas in die Welt gebracht hat, was zu dem Tiefsten gehört, was wir über Natur überhaupt sagen können, die mathematischen Naturgesetze. Aber wenn es zu kalt wird, dann ist mir seine Musik eigentlich ... die passt mir dann nicht.

Vossenkuhl:

Wahrscheinlich ist es denen aufgrund ihrer Askese sowieso etwas kalt gewesen. Obwohl es in Kroton meistens schön warm war.

Lesch:

Also Pythagoras, ein Mann des Maßes, der Zahl und der Musik.

Vossenkuhl:

Und ein Mann, der dem Göttlichen sicherlich um ein gehöriges Stück Philosophie näher gekommen ist als seine Vorgänger. Wir wissen natürlich jetzt nicht so genau, wer seine Vorgänger waren. Wir haben bei den Milesiern über diesen „melting pot" in Kleinasien geredet. Ich glaube, Pythagoras war selber so ein „melting pot".

Er hat so viele Kulturen kennen gelernt und in sich zusammengemischt. Warum er sich nun in Süditalien niedergelassen hat, das ist uns nicht klar. Wahrscheinlich hat er sich dort freier und ungebundener gefühlt als an anderen Orten. Es gab ja dort keine großen Ansiedlungen. Es gab Siracusa, die größte Stadt der griechischen Antike, aber die lag weitab übers Meer auf Sizilien.

Ich glaube, er suchte die Unabhängigkeit. Vielleicht auch das, was Du vorher sagtest, dieses weg von den großen Mengen, Ablenkungen und Umtriebigkeiten, um zur Meditation, zum Nachdenken zu kommen.

Aber vielleicht ist das tatsächlich richtig, wenn Du sagst, dass der Mensch bei ihm als konkrete Person aus dem Zentrum des Interesses eher herausrückt. Aber das sind Spekulationen.

Heraklit

Parmenides

Heraklit (544 - 484 v. Chr.) & Parmenides (540 - 470 v. Chr.)

Vossenkuhl:

„Es ist nicht möglich, zweimal in denselben Fluss zu steigen. Immer ist alles im Flusse. Es fließe das All nach Flusses Art."

Das ist ein Zitat aus dem kargen Nachlass, der uns von Heraklit erhalten ist. Er wird auch „Der Dunkle" genannt.

Lesch:

Der Rätselhafte.

Vossenkuhl:

Geboren in Ephesus, neben Milet eine der größeren Städte Kleinasien an der Küste. Man kann heute noch sehen, wo der große Artemis-Tempel stand. Er fiel einem Brandstifter zum Opfer.

Heraklit war also wieder ein Kleinasiate und noch dazu aus bestem Hause. Antiker Adel und mit der Priesterkaste familiär eng verbundenen.

Lesch:

Das scheint mir ganz wichtig zu sein. Er hat sich nicht wie viele andere seiner Vorgänger mit den Dingen in der Natur beschäftigt. Er war eher ein Metaphysiker. Er hat sich das alles angeschaut und dann hat er gesagt: Das Werden und Vergehen, das ist das Prinzip, von dem alles herrührt. Die Veränderung.

Das ist in gewisser Weise genau mein Mann, auch wenn er dunkel und rätselhaft erschien.

Ich weiß, dass er ein ziemlich schwieriger Mensch war. Wenn die Fragmente stimmen, die wir von ihm haben, dann hat er den Satz:

Wer keine Feinde hat, hat keinen Charakter, überaus ernst genommen. Er hat sich ja offenbar nur Feinde gemacht. Seine Umwelt hat er gnadenlos verachtet. Über viele seiner Mitbürger ist er hergezogen. Am liebsten hätte er sie alle einen Kopf kürzer gemacht. Ein unfreundlicher Zeitgenosse.

Vossenkuhl:

Er war felsenfest davon überzeugt, dass die meisten Menschen nicht verstehen, worum es eigentlich geht. Da könnte er vielleicht gar nicht mal so sehr daneben gelegen haben - natürlich nur auf seine Zeit bezogen.

Lesch:

So rigorose Denker gibt es ja heute auch noch. Hoffen wir, dass die sich wenigstens etwas irren.

Vossenkuhl:

Wir zwei sind doch schon einmal ein Hoffnungsschimmer, oder? (Hust hust!)

Heraklit würde gut in unsere Zeit passen. Er hat viel von Elite gehalten, adlige Herkunft eben. Die Dinge, für die er sich interessierte, sind ja auch nicht so leicht zugänglich.

Lesch:

Aber das, was ich anfangs zitiert habe, das klingt doch nach einigem Nachdenken so, dass man sagen kann: Ja, der Mann hat recht.

Vossenkuhl:

Da hast auch Du wiederum recht, mein lieber Harald.

Lesch:

Ich bin halt ein alter Rechthaber, verändere mich aber ständig dabei. Du übrigens auch. Wir beide verändern uns ständig. Selbst wenn nur eine Sekunde vergangen ist, könnte man das ganz wörtlich nehmen und schauen, was von dem Willi vor einer Sekunde noch übrig ist. Mensch, da hat sich ja schon wieder dieses und jenes getan. Das kann man doch mal so festmachen.

Die Veränderung ist was ganz Grundsätzliches. Das merken wir an uns selbst von einem Tag zum anderen. Der Fluss fließt, wobei erstmal das Flussbett bleibt. Obwohl sich das ja auch im Laufe der Zeit verändert. Das Wasser des Flusses allerdings verändert sich ständig. Es sind immer andere Teilchen, mit denen der Schwimmer, wenn ich das mal physikalisch ausdrücken darf, wechselwirkt.

Insofern hatte unser Mann schon einen tiefen Einblick und ziemlich recht. Warum dann diese Ablehnung? Hat er noch andere Dinge gedacht, die für seine Mitmenschen so verstörend und absurd waren?

Vossenkuhl:

Ich glaube, das Schwierige bei Heraklit ist, dass er als „Archae“, also als Urgrund und Grundprinzip eben das Werden annimmt. Und das ist natürlich schwer greif- und begreifbar. Man kann sich zwar vorstellen, dass sich alles in Veränderung befindet. Aber jedes Ding hat zumindest in den Phasen der Veränderung seine Identität. Selbst wenn man sich manchmal morgens beim Rasieren – was bei Dir offensichtlich nicht so häufig der Fall ist – frägt: Ist das da im Spiegel noch derselbe von gestern? Trotzdem zweifelt man nicht daran, dass man einen guten, alten Bekannten rasiert.

Lesch:

Es gibt gewisse Formen, die nur kleineren Abweichungen in langen Zeitintervallen unterworfen sind. Trotzdem ist das Prinzip der Veränderung um mich herum überall ständig im Gange.

Früher hatte man gedacht, der Himmel, die Dinge am Himmel seien ewig. Da sprach man von Fixsternen. Das ist heute längst erledigt. Wir wissen, dass Sterne entstehen und irgendwann auch vergehen, abhängig von ihrer Masse. Wir wissen sogar, dass das Universum einen Anfang hatte. Wir wissen allerdings nicht, was davor war. Es ist uns aber glasklar, dass Entwicklungsprozesse für unser Universum der Normalfall sind. Da bleibt nichts so wie es ist.

Vossenkuhl:

Das müsste Dich ja eigentlich ganz stark interessieren. Der Heraklit hatte diese Idee, dass es Weltenjahre gibt. Ein Weltenjahr sollte acht Millionen Sonnenjahre umfassen.

Lesch:

Da weiß man nicht so genau, woher das kommt.

Unsere Weltenjahre sind … na ja gut, unsere Sonne braucht 220 Millionen Jahre, um einmal um das Zentrum der Milchstraße herum zu kreisen.

Die Milchstraße ist hunderttausend Lichtjahre im Durchmesser. Unsere Sonne bewegt sich mit der gesamten galaktischen Scheibe – eine Spiralgalaxie - um das Zentrum der Milchstraße.

Vossenkuhl:

Wie oft noch?

Lesch:

Ach, das macht die schon noch ein paar Mal. Die hat ja noch viereinhalb Milliarden Jahre Zeit. Wenn da zwischendurch nichts passiert, dann wird sie das auch weiterhin tun.

Vossenkuhl:

Aber wir gehen doch davon aus, dass alle Sterne und Planeten solcher Galaxien wie der unseren jeweils von einem Schwarzen Loch verschluckt werden?

Lesch:

O nein, o nein. Unsere Milchstraße endet nicht so schnell. Mensch, Du hast vom Schwarzen Loch im galaktischen Zentrum gehört? Ich will jetzt nicht von Heraklit ablenken. Aber jetzt bin ich überrascht! Ein Philosoph und das Schwarze Loch!

Du hast auch noch recht. Da ist eines im galaktischen Zentrum! Mit zwei Millionen Sonnenmassen auch ein recht großes, ein ordentliches Schwarzes Loch. Sein unmittelbarer Einflussbereich reicht allerdings nicht bis zu unserem Sonnensystem. Da brauchen wir uns für die nächsten Jahre keine Gedanken zu machen.

Vossenkuhl:

Dann können wir also beruhigt weiter philosophieren. Sag aber an, Sternendeuter: Warum dreht sich das Ganze um ein Schwarzes Loch?

Lesch:

Zusammen mit der galaktischen Scheibe hat die Sonne eine bestimmte Rotationsenergie. Diese Kraft hält sie davon ab, in das Zentrum der Milchstraße hinein zu stürzen. Das ist ein bisschen so wie bei den Planeten, die um die Sonne kreisen. Die tun das auch nur, weil die Gegensätze - die eine Kraft zieht nach außen, die Schwerkraft zieht nach innen - hier wirksam sind.

Interessant ist, dass Heraklit die Gegensätze ganz stark in sein Denken einbezogen hat. Da hat er ein weiteres Mal auf das richtige Pferd gesetzt.

Vossenkuhl:

Das ist erstaunlich. Der wusste natürlich nichts von Schwarzen Löchern. Aber diese Attraktion und Repulsion, das Anziehen und Abstoßen, das war ihm klar. Dass sich Gegensätze nicht einfach ergänzen, sondern sich gegenseitig hervorrufen und erhalten.

Das ist schon ein tiefer Gedanke. Heraklit hat ja noch einige andere Kernsätze formuliert. Einer, der heute ein bisschen missverständlich ist:

„Der Krieg ist der Vater aller Dinge.“ Aber *Polemos* kann nicht einfach mit Krieg übersetzt werden. Es ist vielmehr die Auseinandersetzung, der Kampf. Eigentlich muss man besser sagen: Der Kampf, die Auseinandersetzung ist der Grund oder Auslöser aller Dinge.

Lesch:

Es reicht ja oft schon eine gehaltvolle Diskussion.

Vossenkuhl:

Ein gutes Gespräch, das gerne kontrovers verlaufen kann.

Lesch:

Im Grunde genommen ist ja das Heraklit'sche Denken sehr demokratisch. Man tauscht Argumente aus. Nicht einer entscheidet, was zu passieren hat. Es geht immer darum, mit der Umgebung in Wechselwirkung zu treten.

Vossenkuhl:

Ja gut. Den Gedanken kannst Du hier natürlich anfügen. Aber faktisch hat unser Mann den zu seinen Lebzeiten herrschenden Demokraten abgesägt, wie man heute sagen würde.

Lesch:

Abgesetzt? Der passte ihm wohl auch nicht?

Vossenkuhl:

Ganz und gar nicht. Der musste verschwinden. Er hat einen anderen eingesetzt. Heraklit war ein ganz mächtiger Mann. Er hatte in Ephesos schon einiges zu sagen.

Lesch:

Ich finde es erstaunlich, dass jemand in einer solchen, sagen wir mal privilegierten Position sich Gedanken über das Ganze in der Welt macht.

Wir haben ja schon über andere Vorsokratiker gesprochen, also die Philosophen vor Sokrates. Und hier ist wieder so einer, der nach der Einheit strebt. Ich habe das Gefühl, dass diese griechischen Philosophen immer nach etwas gesucht haben, was sie nehmen können, in die Tasche stecken und sagen: So, und jetzt marschiere ich los und erzähle allen anderen: Es ist Wasser, es ist Luft, es ist irgendwas. Bei Pythagoras sind es die Zahlen. Bei Heraklit haben wir jetzt wieder so ein Abstraktes:

Alles ist im Flusse.

Vossenkuhl:

Aber anders, als wir es heute verstehen, wenn wir in den Kosmos schauen und uns sagen: Alles bewegt sich mit zunehmender Geschwindigkeit auseinander, in alle Richtungen. Er war der

Meinung, dass alles wieder zurück fließt. Also eine ewige Wiederkehr. Die Weltenjahre sind das Maß für Anfang und Ende. Das hat gerade im 19. Jahrhundert sehr viele kluge Köpfe fasziniert. Diese ewige Wiederkehr. Für Nietzsche war das eine Steilvorlage.

Lesch:

Dieses Thema ist dann im 21. Jahrhundert allerdings durch. Das Universum wird nicht wieder in sich zusammenfallen. Im Gegenteil. Man hat eher das Gefühl, dass der Zeitpfeil, der im Universum auftritt, der durch die Expansion zustande kommt, eben nur in eine Richtung zeigt.

Vossenkuhl:

Der lässt sich nicht zurückbiegen.

Lesch:

Nix da. Der ist unbeugsam.

Vossenkuhl:

Aber es gibt trotzdem sehr viele zyklische Überlegungen. Wir haben ja den Jahreszyklus, wir haben den Wachstumszyklus, Verfall, Wiedererwachen usw. Es gibt schon viele Analogien.

Für Heraklit war die Natur - auch er hat natürlich wie alle über die Natur nachgedacht - das Ausgangs-Modell. Dass etwas entsteht und vergeht und dass das immer eine Art von Wiederkehr in den Ursprung ist oder Rückkehr in den Ursprung. Dafür gibt es sehr viel Anschauungsunterricht in der Natur.

Lesch:

Das stimmt. Aber trotzdem würde man doch heute eher von Rhythmen sprechen. Die verändern sich ganz leicht, da ist immer so ein kleiner Unterschied.

Im Großen und Ganzen kommt man schon wieder an einen Punkt zurück, aber trotzdem gibt es winzige Veränderungen. Wenn man sich zum Beispiel mit der Evolutionstheorie beschäftigt, zeigt sich, dass oft kleinste Veränderungen im Laufe der Zeit Neues auf den Weg bringen.

Und dann passiert noch mal etwas Neues, eine winzig kleine Veränderung der ersten Veränderung. Dass also eine Veränderung sich verändert. Diese Gedanken liegen mir als Naturwissenschaftler natürlich sehr nah. Die schmecken mir.

Vossenkuhl:

Das verstehe ich voll und ganz. Du liebst die Veränderung.

Lesch:

Ich kann das nicht immer festmachen, aber es erscheint mir auf jeden Fall der bessere Weg als alles andere. Zu fordern, dass die Dinge immer gleich bleiben, das kann es nicht sein.

Es wundert mich aber, dass Heraklit, der so stark auf Veränderung setzt und das zur Grundlage seiner Philosophie macht, dass der zum Menschenverächter wird. Der hätte doch eigentlich auch die Hoffnung haben können: Na ja, das wird schon noch, das wird schon noch werden. Weil er ja ein Freund des Werdens war. Warum hat er dann die Welt, die um ihn herum war, so verachtet? Er hat sich dann ja auch noch zurückgezogen und ist Eremit geworden.

Vossenkuhl:

Na ja, Eremit ist übertrieben. Er hat sich in den Artemis-Tempel zurückgezogen. Den Priestern übergab er dort seine Schriften. Er hat dann nur noch im Tempel gelebt. Ganz zurückgezogen.

Lesch:

Er wollte nichts mehr mit dem öffentlichen Leben zu tun haben?

Vossenkuhl:

Nein. Das war nicht mehr sein Ding. Totale Verweigerung.

Lesch:

Das finde ich schon erschütternd.

Vossenkuhl:

Dabei hatte er lange Zeit in der Öffentlichkeit eine ziemlich wichtige Rolle gespielt. Ich meine, diesen Politiker abzusägen, das ging wahrscheinlich nicht einfach durch ein Telefonat.

Lesch:

Wie ist das damals gelaufen?

Vossenkuhl:

Er hat das mit den richtigen Leuten eingefädelt. Er war wahrscheinlich ein ausgefuchster Netzwerker.

Lesch:

Also, da stand einer – noch dazu als Machtmensch – voll im Leben. Er hat der Erfahrung der Sinne zugesprochen. Aus diesen Sinneserfahrungen hat er abgeleitet: Es gibt ein Prinzip, mit dem man die Welt verstehen kann. Ohne dass ich gleich Naturwissenschaften betreibe. Ich schaue einfach nur, was da ist. Für Heraklit war der Logos das Prinzip der Veränderung. Kann man das so sagen?

Vossenkuhl:

Das ist das richtige Stichwort: *Logos*. Logos als Wortursprung, auch Gottheit. Logos ist ein wunderbares Wort. Weil es genau diese metaphysische Komplexität, diese Vielfalt enthält, die man sich nur wünschen kann. Da ist alles drin. Deswegen haben natürlich dann auch die Christen dieses Wort übernommen, vor allem der Evangelist Johannes.

Lesch:

Im Anfang war das Wort.

Vossenkuhl:

„Im Anfang war das Wort und das Wort war bei Gott, und Gott war das Wort." So heißt es bei Johannes. Im Grunde genau heraklitisches Denken. Obwohl es bis zum Beginn des Christentums noch einige Jahrhunderte dauerte.

Für Dich als Astrophysiker hat Heraklit noch so einige Schmankerl parat. Er ging von der Kugelgestalt der Erde aus. Er hat gewusst, dass der Mond das Sonnenlicht reflektiert. Er war ein Mann, der auch im wissenschaftlichen Sinne einiges zu bieten hatte.

Lesch:

Hat eigentlich irgendjemand im Altertum tatsächlich geglaubt, dass die Erde eine Scheibe ist? Ah doch! Einer von den Vorsokratikern hat doch tatsächlich die Erde als eine Scheibe gedacht. Ich meine, es war der Anaximenes.

Vossenkuhl:

Thales hat gemeint, dass die Erde schwimmt.

Lesch:

Ja. Eine ziemlich verschwommene Angelegenheit. Als Kugel oder Scheibe?

Vossenkuhl:

Scheibenartig vielleicht? Jedenfalls war die Sonne für Heraklit eine Scheibe.

Lesch:

Ach was?

Vossenkuhl:

Die Sonne war für ihn eine Scheibe, die Licht produziert. Für diese Theorie haben wir noch einen zweiten Kandidaten.

Lesch:

Bevor wir auf den Zweiten kommen, lass´ mich kurz zusammen fassen: Es gibt mehrere Elemente. Wir hatten Wasser, wir hatten schon Luft und wir werden noch die Erde etwas später mitkriegen.

Heraklit war der Mann, der das Feuer zum Prinzip erhob. Er war ein dunkler, feuriger, rätselhafter, sich verändernder Philosoph, und als Mensch ein sehr streitbarer Zeitgenosse.

So, das musste noch gesagt werden, bevor wir zum Nächsten kommen.

Vossenkuhl:

Du erzählst immer in Deinen Vorträgen, dass wir aus Staub, aus Sternenstaub bestehen.

Lesch:

Aus Sternenstaub entstanden sind.

Vossenkuhl:

In großer Hitze erbrütet, ja?

Lesch:

Ganz genau. Eine Höllenhitze. Mehrere Millionen Grad Celsius.

Vossenkuhl:

Kürzlich habe ich mal gelesen, dass jedes Atom in unserem Körper bei mindestens drei Supernova-Explosionen mit dabei gewesen ist.

Lesch:

Ja. Mittendrin. 1. Reihe.

Vossenkuhl:

Ist ja auch interessant, oder?

Lesch:

Wem sagst Du das!

Vossenkuhl:

Das Feuer ist so gesehen natürlich eine wichtige Sache.

Lesch:

Dass man immer wieder auf diese ursprünglichen, von den alten Griechen gedachten Prinzipien zurückkommt. Ich wundere mich stets von Neuem. Ob es nun das Wasser als Urstoff des Lebens ist, oder die Luft, ohne die wir keinesfalls leben könnten. Und das Feuer? Ich glaube, das muss man übersetzen.

Feuer zerstört eigentlich eher etwas. Aber wenn man Feuer als etwas nimmt, was die Sterne antreibt, das Verschmelzen von Atomkernen, die Fusionsenergie, dann ist Heraklit jemand, der nach meinem Dafürhalten die Energie, also die Potenz, dass sich etwas verändert, erkannt hat. Die Fähigkeit, Arbeit zu leisten - damit meine ich jetzt nicht industrielle Arbeit - sondern, dass ein System mechanische Arbeit leisten kann. Das war für ihn das A und das O, dass sich da was tut.

Vossenkuhl:
Genau. Er war ein philosophischer Feuerwerker.

Lesch:
Der Nächste bitte.

Vossenkuhl:
Nun kommen wir zu einem ganz anders gearteten Kopf, aber von ähnlichem Gewicht. Parmenides. Geboren in Süditalien, in einem kleinen Städtchen namens Elea. Dort hat er philosophischen Unterricht genossen, Xenophanes war sein Lehrer, ein Dichter und Denker. Er war der wichtige, erste Mann in Elea. Man kann da heute noch hinfahren, Velia heißt dieses kleine Städtchen südlich von Salerno, am Meer gelegen, selbst heute nicht leicht zugänglich.

Lesch:
Von nichts kommt nichts.

Parmenides war einer, der nach etwas gesucht hat, das sich dem Werden von Heraklit, der Veränderung entzieht.

Vossenkuhl:
Man kann sich eigentlich keinen größeren Gegensatz zu Heraklit denken: Parmenides' völlige Ablehnung des Werdens. Das Werden, sagt Parmenides, gibt es nicht.

Lesch:
Ist alles Illusion.

Vossenkuhl:
Ja. Es ist einfach nicht. Aristoteles hat diesen Gedanken übernommen, und variiert. Nur das, was ist, von dem kann man sagen, dass es ist. Und von dem, was nicht ist, kann man nur sagen: Es ist nicht. Aber nichts, was nicht ist, ist und nicht was ist, ist nicht. Dieses Prinzip der Seinslehre herrschte dann fast zweitausend Jahre.

Lesch:

Hallo lieber Leser. Sind Sie noch da? Also, Sie sind da, wir sind da. Sie sind, wir sind.

Wenn unsere Leser nicht sind, dann können sie ja von dem Buch nichts mitkriegen.

Ist das so eine saubere Übersetzung?

Vossenkuhl:

Läuft ungefähr darauf hinaus.

Lesch:

O.k. Nur ... das war jetzt doch ein bisschen gedankliche Spaghetti-Arbeit.

Vossenkuhl:

Zugegeben. Das war ein bisschen zu abrupt.

Lesch:

Also, Parmenides hat sich mit dem Sein beschäftigt.

Er gilt als der Vater der *Ontologie*. *On* heißt Sein.

Und die Ontologie ist die Lehre des Seins. Keine Bange, es wird gleich wieder normal.

Vossenkuhl:

Es ist eigentlich ganz simpel. Zum Beispiel: Dieses Buch ist, Du bist, ich bin. Immer sagen wir: „Es ist".

Was ist nun all diesen Dingen gemeinsam, die sind? Das ist das Sein. Das ist der gemeinsame Nenner. Es ist eigentlich ganz einfach.

Lesch:

Ja. Aber es wurde dann doch etwas schwieriger. Bei Parmenides war das Sein etwas, das sich selbst nicht verändert.

Das ist praktisch wie eine starre Schablone oder wie ....

Vossenkuhl:

Nein. Fangen wir noch mal bei dem gemeinsamen Nenner an.

Lesch:

O.k. Wir einigen uns jetzt da drauf.

Vossenkuhl:

Es ist doch völlig klar. Wenn wir so etwas haben wie einen gemeinsamen Nenner für alles, was ist, dann kann man sagen: Im Hinblick auf die Tatsache, dass die Dinge sind, kommen sie alle überein. Sie haben also eine Gemeinsamkeit: Sie sind.

Lesch:

Sie sind. Jawohl. So sei es.

Vossenkuhl:

Und dieses Sein, das kann sich ja nicht verändern. Die Dinge verändern sich. Sie entstehen und vergehen. Sie sind und sind nicht. Diese Gemeinsamkeit aber, ihr Sein, das ist der Grundstock. Das kann nicht vergehen. Das ist. Basta.

Lesch:

Das hat also mit meinen Sinnen nichts zu tun.

Vossenkuhl:

Nein.

Lesch:

Worüber wir jetzt reden, das ist begrifflich. Im Gegensatz zur Induktion, bei der wir aus Erfahrung etwas über die Welt mitkriegen, machen wir jetzt eine Deduktion. Wir arbeiten mit Begriffen, um über die Welt mit Hilfe der Logik etwas herauszufinden. Ist es das, was wir tun?

Vossenkuhl:

Ja. Wir können aber auch durch die Induktion über das viele, was ist, zu dieser Deduktion kommen. Denn wir haben nur die Wahrnehmung des Vielen.

Dann können wir sagen: Aha, das ist, das ist, das ist, und das auch. Was ist jetzt das Gemeinsame? Wir reden von allem als seiend.

Wir benutzen überall das gleiche Wort. Es muss dann ja wohl etwas Gemeinsames geben. Das heißt, wir kommen zu dem Punkt, an dem wir dann deduktiv weiterdenken.

Lesch:

Für Parmenides, wenn ich das richtig verstanden habe, war die Deduktion wichtiger als alles andere. Dass er durch logisches Denken etwas über das Sein des Seins erfahren konnte.

Vossenkuhl:

Wir sollten das nicht zu oft sagen, damit unsere Leserinnen und Leser nicht kirre werden. Für Parmenides war wichtig, dass die Wirklichkeit tatsächlich eine ist.

Lesch:

Gut. Also, die Wirklichkeit soll sein.

Vossenkuhl:

Dieses Wort „Sein" steht für eine Wirklichkeit. Ganz genau. Wir haben übrigens wieder, wie bei Heraklit, einen ganz starken theologischen Hintergrund. Denn das Göttliche ist identisch mit diesem Alles, mit diesem Gesamten. Und das Eine ebenfalls. Das heißt, wir haben hier austauschbare, identische Ausdrücke, die allesamt immer das Eine meinen. Das Sein. Das Sein hat naheliegender weise Kugelgestalt ... weil das der Idealkörper ist. Das ist quasi die Seins-Kugel.

Lesch:

Die rollt und rollt.

Vossenkuhl:

Nein, rollen darf sie nicht.

Lesch:

Verstehe. Denn dann gäbe es ja außerhalb der Kugel noch etwas, auf dem die Kugel rollt. Das Sein muss wirklich alles umfassen, was ist.

Vossenkuhl:

Das klingt außergewöhnlich abstrakt und unanschaulich. Dabei war dieser Parmenides ein Mann, der mitten im Leben stand. Er gab seinem Heimatort sogar eine Verfassung. Ein praktischer Kopf.

Lesch:

Obwohl er sich mit „On“ beschäftigt hat. Aber eine Verfassung hat ja wohl auch was mit dem Sein zu tun.

Vossenkuhl:

Das Ganze geschah weit entfernt von Ephesus und Kleinasien. Nicht ganz so weit war es nach Athen. In Süditalien geschah das, fernab von Syrakus, einem der großen Zentren. Syrakus auf Sizilien war ja damals die größte Stadt der Welt. Sie soll 900.000 Einwohner gehabt haben. Wenn man sich überlegt, was das alles im Hinblick auf die Versorgung mit Wasser und Lebensmitteln bis zum Abwasser mit sich brachte. Aber das ist wieder ein anderes Thema.

Elea war eine ganz kleine Gemeinschaft, nicht weit weg von Paestum, wo bis heute diese wunderbaren Tempel zu sehen sind. In Elea hat sich die Schule gebildet, die dann Die *Eleaten* genannt wurde. Nach dem Ort Elea eben.

Platon hat einen wunderbaren Dialog geschrieben mit dem Titel „Parmenides“, in dem es um das Eine geht. Wunderbar analytisch. Es ist erstaunlich, mit welch´ spekulativer Kraft Parmenides seinen Gedanken entwickelt hat. Dass die ganze Wirklichkeit ... alle Dinge, die sind, in einer Einheit zusammengefasst sind.

Lesch:

Jetzt muss ich aber mal dagegen halten. Das kann so nicht sein. Naturwissenschaftler sind Vertreter einer Spezies, die sehr stark auf der Sinneserfahrung besteht. Auch wenn wir heutzutage mit Detektoren arbeiten und mit unseren Sinnen natürlich kaum noch Wissenschaft betreiben können. Aber es geht doch schon darum, dass da etwas ist, an dem wir Veränderungen – womit ich dann wieder bei Heraklit bin – wahrnehmen. In irgendeiner Art und Weise.

Mit einer wissenschaftlichen Grundlage à la Parmenides könnten wir doch überhaupt keine Wissenschaft betreiben. Für uns ist es ja sonnenklar, dass alles, was wir mit den Sinnen wahrnehmen, nur Illusion sein kann. Das lässt sich dann komplett ignorieren. Wir sollten uns um das Sein kümmern.

Vossenkuhl:

Parmenides hat ein großes Lehrgedicht geschrieben. Die eine Hälfte haben wir noch so gut wie ganz ... der „Weg zur Wahrheit“. Da geht’s eben auch um das Sein.

Dann hat er - davon haben wir leider nicht mehr alles - über die „Meinung“, über die *Doxa* geschrieben. Das betrifft dann das tägliche Leben. Er ist nicht der Meinung gewesen, dass die sinnliche Wahrnehmung Humbug ist oder Illusion. Nein, er glaubte schon daran.

Lesch:

Aber sie hat nicht das letzte Wort.

Vossenkuhl:

Ja. Sie ist nicht das Zuverlässigste. Es ist nicht die Wahrheit. Also, die sinnliche Wahrnehmung ist nicht Träger der Wahrheit. Wir können uns nicht darauf verlassen.

Lesch:

Ist der Parmenides denn als Philosoph wahrgenommen worden? War er erfolgreich?

Vossenkuhl:

Und wie! Er hatte eine ganze Menge Schüler. Der Zenon z.B., der war einer seiner berühmtesten Schüler.

Lesch:

Ach. Das ist doch der mit der Schildkröte.

Vossenkuhl:

Ja, richtig. Erzähl´ doch mal kurz die schöne Geschichte.

Lesch:

Ja, wie war denn das? Das ist doch eine dieser Paradoxien. Also. Wenn die Schildkröte ein bisschen Vorsprung hat ... Also, erst mal, es geht um ein Wettrennen zwischen diesem Tier und *Achilles*. Achill, ein großer Krieger mit verletzbarer Sehne. Wenn die Schildkröte ein bisschen Vorsprung hat, dann kann Achilles diese Schildkröte niemals einholen, weil nämlich jedes Mal dann, wenn Achilles dahin kommt, wo die Schildkröte gerade war, ist das Panzertier schon wieder ein Stück weiter geschlurft.

Vossenkuhl:

Wie so ein Pfeil, nicht? Jedes Stück, das der Pfeil zurücklegt, kann man unendlich halbieren. Immer weiter, immer weiter. Aber nichts Endliches kann unendliche Strecken zurücklegen. Ergo, der Pfeil kommt eigentlich gar nicht weiter, kann nicht irgendwo hin fliegen.

Lesch:

All diese Nüsse lassen sich natürlich knacken, oder?

Vossenkuhl:

Natürlich. Aber man braucht dazu ein anderes Instrumentarium.

Dem Parmenides ging's in seinem Lehrgedicht einfach darum, das herauszustreichen, was wirklich zuverlässig ist. Ich meine, das ist grundsätzlich ein großes Anliegen von uns Menschen. Worauf kann man sich nun wirklich verlassen?

Parmenides wollte nicht das Andere ignorieren. Er wollte nur das festmachen, was man wirklich wissen kann. Also ein anspruchsvoller Wissensbegriff.

Lesch:

Wir haben jetzt mit Heraklit und Parmenides zwei Positionen: Der eine ist derjenige, der ganz klar checkt: Was ist der Fall? Dann leitet er daraus ein allgemeines Prinzip ab. Und Parmenides sagt: Das kann es noch nicht sein. Das reicht nicht, es muss etwas darüber hinaus geben.

Vossenkuhl:

Wissen kann doch nicht allein darin bestehen, dass ich sage: Es wird alles. Bei Wissen muss ich sagen: Das ist! Das kann sich doch nicht ständig ändern.

Lesch:

Man kann die Veränderungen nicht zum Prinzip erheben, wenn man wissen will, was gerade ist.

Vossenkuhl:

Wenn ich sage: Das ist ein Glas, dann möchte ich mich doch darauf verlassen können, dass das so ist. Das ist ein Glas. Das ist zwar ein blödes Beispiel. Aber wenn es um Aussagen über die Wirklichkeit geht, über den Kosmos, dann möchte man doch schon etwas haben, bei dem man nicht nur einfach darauf verwiesen wird, dass sich das wieder ändert.

Lesch:

Bei einem Rotweinglas stimme ich Dir sofort zu. Es wäre ja auch jammerschade um den guten Chianti, wenn sich während des Einschenkens das Gefäß verändern würde und der edle Tropfen daneben ginge.

Vossenkuhl:

Das würde ja nach Relativismus klingen.

Lesch:

Auch. Es spiegelt aber besonders die Sorgen eines Genussmenschen wieder.

Vossenkuhl:

Das war ja auch der Vorwurf gegen die Heraklitäer: Relativismus. Dagegen bietet Parmenides nun wirklich etwas, was nicht relativistisch ist.

Lesch:

Wahrscheinlich liegt die Wahrheit irgendwo in der Mitte.

Vossenkuhl:

Möglicherweise.

Lesch:

Wir werden ja sehen.

Empedokles (492 - 432 v. Chr.) & Philolaos (470 - 399 v. Chr.)

Empedokles

Philolaos

Vossenkuhl:

Jener göttliche Aspekt schwingt bei unserem nächsten Denker-Freund noch immer mit. Empedokles hat schon über die Dinge, die man sieht, über das Stoffliche nachgedacht. Das hat bei ihm aber auch einen dämonischen Hintergrund.

Lesch:

Also war er noch so einer, der diese Mythos-Logos-Trennung nicht vollzogen hat. Hinter jedem vernünftigen Gedanken stand immer noch die Götterwelt.

Vossenkuhl:

Die Trennung Mythos – Logos war in seiner Zeit schon passiert. Aber es ist immer noch dieser mythische, göttliche Hintergrund da. Du hast ja die Kräfte beschrieben: Liebe und Hass – das sind die Kräfte, die die Elemente in Bewegung bringen und die gleichzeitig deren Verbindung und Trennung bewirken. Empedokles hatte die Vorstellung, dass nicht nur die Objekte, die man sieht, wie Steine oder Feuer sich nach diesen Kräften richten, sondern dass sich damit die gesamte Menschheitsgeschichte erklären lässt.

Lesch:

Nicht mehr, aber auch nicht weniger.

Vossenkuhl:

Die erste Phase, in der die Liebe herrschte, kannte nur Einheit und Harmonie. Geradezu paradiesisch. So ganz nach dem alten pythagoräischen Harmoniegedanken.

Dann fängt irgendwann der Streit an, die Ordnung aufzubrechen. In der dritten Phase herrscht nur noch Streit, es gibt keine Ordnung mehr. Langsam setzt sich dann die Liebe erneut durch und die Ordnung kehrt wieder. Das Ganze wiederholt sich ständig. Es ist also immer ein Werden und Vergehen.

Lesch:

Da ist eine Krise, und aus dieser Krise erwächst eine Chance. Dann geht's wieder von vorne los.

Empedokles hat offenbar als Mediziner aus diesem Gegensatz zwischen Liebe und Hass die Vorstellung gewonnen, dass zwei konkurrierende Prinzipien dafür verantwortlich sind, dass überhaupt etwas passiert.

Das scheint sich in der Medizin noch weit bis ins 19. Jahrhundert fortgesetzt zu haben. Das hat den Prozess erschwert, aus der Medizin das zu machen, was ich sowieso nicht möchte, dass sie es wird. Nämlich eine Naturwissenschaft, die nach sogenannten objektiven Kriterien ein Subjekt behandelt. Ich möchte lieber von Medizinern behandelt werden, die mich noch als Mensch sehen und nicht als Biomasse mit ein bisschen Wasser oder Kohlenstoffeinheiten.

Empedokles hatte dadurch, dass er dieses Gegensatzdenken so stark gemacht hat, eine ungeheure Wirkung bis weit ins 19. Jahrhundert hinein. Dabei steht er unter den griechischen Philosophien nicht einmal in der ersten Reihe. Eigentlich spielt er in der zweiten Liga. Trotzdem ist er aber ein starker Denker, würde ich einmal sagen.

Vossenkuhl:

Dass er bis ins 19. Jahrhundert eine große Rolle spielte, hat bei Empedokles erkenntnistheoretisch einen guten Grund. Er meinte, der Mensch kann nur durch Gleiches Gleiches erkennen. Also: Das Fleischliche an uns erkennt das Fleischliche. Das Luftige an uns erkennt das Luftige. Das Feurige an uns das Feurige.

Man hat daraus dann später etwas verfeinerte, begriffliche Prinzipien entwickelt. Man hat nicht mehr vom Fleischlichen gesprochen, sondern hat das in der Erklärung von Ursachen und Wirkungen neu aufgelegt, wissenstheoretisch. Man postulierte: Die Ursache muss der Wirkung entsprechen, also der Art nach müssen Ursachen und Wirkungen nicht nur eng miteinander verbunden, sondern wesenverwandt und aus demselben Stoff sein. Dieses Prinzip herrschte bis ins 18. Jahrhundert vor.

Lesch:

Sogar der Begründer der Homöopathie, der Herr Hahnemann, hat ja auch gesagt: Gleiches muss mit Gleichem behandelt werden. Das ist schon sehr merkwürdig, dass sich so ein Gedanke so lange hält.

Vossenkuhl:

Ja, unglaublich.

Lesch:

Da musste es eine ziemlich positive Rückkopplung aus der Erfahrung gegeben haben. Ich meine, Erfolge sind auch in der Geschichte mit den Kräften und den Elementen vorzuweisen. Ich will das jetzt nicht übertreiben, aber das muss mal gesagt werden.

Wir kennen in der Physik heute Elementarteilchen. Das sind die Teilchen, aus denen die Welt besteht. Dazu kommen vier Kräfte. Die Schwerkraft, also die Gravitation, dann die Kraft, die die Atomkerne zusammenhält, dann eine Wechselwirkung, die dafür sorgt, dass einige der Atomkerne wieder zerfallen, die schwache Wechselwirkung und der Elektromagnetismus. Diese Kräfte wirken zwischen den Teilchen. Genau das, was Empedokles in die Welt gebracht hat: Da gibt es Elemente und dazwischen wirken Kräfte. Das ist eigentlich das Arbeitsprogramm für die moderne theoretische Physik geworden. Und gleichzeitig dieser Evolutionsgedanke, dass eben tatsächlich Dinge entstehen, im Begriffe sind zu werden, und dabei auch immer was ...

Vossenkuhl:

… vergeht.

Wie findest Du eigentlich diesen Gedanken, den wir schon einmal angeschnitten haben, dass nichts wirklich vergeht und neu entsteht. Jedes Atom in unserem Körper – ich wiederhole das – wurde schon in mehreren Supernovas geröstet. Ist das nicht ein ähnlicher Gedanke, dass eigentlich nichts wirklich verschwindet?

Lesch:

Es ist schon lange her, dass in diesem Universum wirklich etwas Nennenswertes verschwunden ist. Es gibt ab und zu mal Materie, die in Schwarzen Löchern komplett für immer und ewig verschwindet. Aber das ist verschwindend gering im Vergleich zu dem, was tatsächlich da ist.

Vossenkuhl:

Verschwindet es dort wirklich?

Lesch:

Man weiß es nicht. Es kommt ja nichts mehr raus. Da können wir nur spekulieren. Es gab eine Zeit im Universum – kurz nach dem Urknall -, da sind Dinge tatsächlich komplett verschwunden. In den ganz frühen Phasen, als es sehr heiß war, haben sich Teilchen und Antiteilchen gegenseitig vernichtet. Umso erstaunlicher ist es, dass überhaupt etwas übrig geblieben ist. Seitdem ist das Universum sozusagen materiell komplett ausgerüstet.

Was natürlich passieren kann, ist, wie zum Beispiel im Innern von Sternen, dass materielle Teilchen miteinander verschmelzen und daraus etwas Neues entsteht.

Unser Empedokles ist jemand gewesen, der dieses Werden und Vergehen zum Prinzip erhoben hat. Wenn ich das richtig in Erinnerung habe, hat der sogar eine Evolutionstheorie entwickelt. Tierische Geschöpfe zum Beispiel sollen teilweise durch zufällige Veränderungen gewisse Verbesserungen erfahren haben. Dadurch sollen sich gewisse neue Entwicklungen breit gemacht haben. Seine Vorstellung über die belebte Welt war ja eine ganz besondere.

Vossenkuhl:

In dem Punkt war er Pythagoräer. Er hat auch an die Wiedergeburt geglaubt. Ich denke, er war der einzige Pythagoräer, von dem wir das heute sicher wissen.

Er war auch - und das ist wirklich erstaunlich - sehr kritisch gegenüber dem religiös motivierten Töten von Tieren in den Tempeln.

Lesch:

Also gegen Blutopfer?

Vossenkuhl:

Da gibt's eine schöne Passage aus seinem großen Lehrgedicht über die Physik: *„Wollt Ihr nicht aufhören"*, schreibt er, *„mit dem Morden, dem böses Leid bringenden, seht Ihr denn nicht, wie Ihr einander zerfleischt in Unbedachtheit des Sinnes."*

Was er hier meint: Wenn wir Tiere töten, dann töten wir unsere eigenen Verwandten. Denn es sind, schreibt er später, unsere Söhne und Töchter.

Es ist schon interessant, dass jemand in dieser Zeit, 5. Jahrhundert v. Chr. - in dem das rituelle Töten von Tieren praktiziert wurde, eigentlich bis in die christliche Zeit hinein - dieses Töten kritisiert. Es wundert mich, dass er keine Probleme mit den Religionshütern bekam.

Lesch:

Es scheint ein durchgängiges Thema zu sein, dass Philosophen leicht neben der Spur waren. Durch die Reflektion über die Dinge, dem schrittweisen Kennenlernen von dem, was sich möglicherweise hinter der Welt verbirgt, machen Philosophen Aussagen, wo alle anderen nur den Kopf schütteln und meinen: Jetzt hat der aber wirklich einen Sprung in der Schüssel.

Empedokles scheint auch so ein klassischer Fall gewesen zu sein. Er muss aber außergewöhnliche intellektuelle Fähigkeiten gehabt haben. Er macht Aussagen, die deutlich gegen alles sind, was die braven Bürger für gut und richtig hielten. Mainstream eben.

Vossenkuhl:

Dieses Recht, neben der Spur zu sein wurde - neben den wirklich Verrückten - auch den Philosophen zugestanden.

Lesch:

Das ist ja überhaupt ein Grundproblem von Philosophie, dass Menschen auf einmal anfangen, sich mit Fragen zu beschäftigen, die so völlig weg sind von den normalen, alltäglichen Verrichtungen und Gewohnheiten. Wenn Menschen aus dem Fluss heraustreten, um sich mal umzuschauen. So nach dem Motto: Was machen wir hier eigentlich?

Das ist immer ein Problem für die etablierte Umwelt, für den träge dahinfließenden Strom. Der rechtsschaffende Bürger fragt sich dann gerne: Wovon spricht denn der eigentlich?

Vossenkuhl:

Man muss sich natürlich immer bewusst machen, was das dann letztlich für eine Wirkung hatte.

Lesch:

Wir haben noch einen Schüler von Empedokles, Philolaos heißt der.

Vossenkuhl:

Der stammt aus dem heutigen Kalabrien, aus Kroton, da, wo auch Pythagoras gelebt hatte. Von dort musste er schleunigst weg, aber das ist eine andere Geschichte.

Jedenfalls hat er nun wieder ganz stark die pythagoreische Seite bei Empedokles betont. Das Stichwort ist bei ihm: Viele Welten und ein Zentrum.

Für Philolaos war das Zentrum das Feuer, das von den Planeten umkreist wird. Ich finde es interessant, dass der Philolaos einen Gedankenstrang von Empedokles radikalisiert hat. Da sieht man schön, wie sich ein Gedanke weiterentwickelt und fortsetzt.

Lesch:

Was mich besonders an Philolaos begeistert, ist, dass der

versucht hat zu argumentieren. Pythagoras hat nicht argumentiert. Er hat einfach gesagt, was Sache ist. Philolaos hat versucht, das pythagoreische Denken in eine Philosophie zu gießen und daraus wirklich was zu machen. Auf ein Argument folgte ein Gegenargument. Er setzte sich nicht in Positur und manifestierte: Hugh, ich habe gesprochen!

Rückblickend war Pythagoras in diesem Sinne ein Religionsstifter. Für den hatte Wissen etwas mit der Erlösung der Seele zu tun. Bei Philolaos ging es mehr in Richtung Mensch. Es gab bei Pythagoras schon ganz wichtige Gedanken, wie die Sache mit der Harmonie und der so wichtigen Zahl. Er hat das zur Philosophie gemacht.

Es gibt aber auch in den Naturwissenschaften immer wieder Entdeckungen, vor allen Dingen in der Theorie, die einzig und allein von dem Gedanken an die Harmonie und die Mathematisierbarkeit der Welt getragen sind.

Das geschieht völlig ohne Phänomen, ohne dass es einen Anlass dafür gibt. Da setzt sich jemand hin und sagt: Also, wenn dieses Prinzip trägt, dann muss es so und so sein.

Und das Erstaunliche ist, dass dann aus diesen Theorien Experimente abgeleitet worden sind - was soll ich Dir sagen - man hat es gefunden! Nehmen wir die Geschichte mit Materie und Antimaterie. Nicht weil man jetzt ein Phänomen vor sich hatte, auf das sich das zurückführen lässt, sondern im Gegenteil. Alle haben gesagt: Das kann doch nicht sein!

Es wurde aber dann im Experiment bestätigt. Dieser Harmoniegedanke ist ein unheimlich tragfähiger. Und Philolaos war sicherlich derjenige, der diesen pythagoreischen Gedanken von der Harmonie und der Zahl, der Mathematisierbarkeit, als allererster richtig sauber bis zum Ende durchdacht hat.

Vossenkuhl:

Ich finde es gut, dass Du diese direkte Verbindung von heute zu diesen allerersten Prinzipienforschungen herstellst. Da sieht man überdeutlich, wie diese Denker die Gestalt Europas geprägt haben.

Lesch:

Es gibt da einen netten Aphorismus: Genial! Das ist, einen einfachen Gedanken als allererster gedacht zu haben. Wenn er dann mal gedacht ist, dann kommt man nicht wieder dahinter zurück. Wenn er einmal in die Welt gesetzt worden ist, dann kann man sich nicht mehr dagegen wehren.

Gerade in der Entwicklung von Wissenschaften in den letzten 500 Jahren ist dieser Rückgriff auf die Wurzeln aus Griechenland so wichtig. Das ist wirklich eine lange, eine zweieinhalbtausend Jahre lange Karawane. Man kann immer wieder vergleichen: Was haben die denn damals so gedacht? Ist das noch tragfähig? Das ist für mich ein ganz wichtiger Beweggrund gewesen, mich mit Philosophie zu beschäftigen. Die Naturwissenschaften, so wie sie sich heute darstellen, gehen auf dieses Wurzelwerk zurück, das uns wirklich durchdringt.

Vossenkuhl:

Vor allem kann man diese Wurzeln verfolgen. Sie sind nicht einfach abgeschnitten.

Aber ich will noch einmal zu Empedokles zurückkommen.

Es gilt oder galt lange der sogenannte Satz der

„Erhaltung der Substanz".

Also, Substanzen sind unzerstörbar, unvergänglich. Dieser Gedanke spielte in der Philosophie eine ebenso große Rolle wie in der Physik. Empedokles war zwar noch kein Materialist im Sinne der Atomisten, über die wir ja auch noch sprechen werden, also Leukipp, Demokrit – aber er hat mit den vier Elementen natürlich materielle Grundelemente angenommen, und deren Substantialität war in seinen Augen ewig und unvergänglich.

Lesch:

Ja. Stimmt so.

Vossenkuhl:

Und dieser Determinismus, also dieses Prinzip, dieses metaphysische Prinzip, dass alles kausal determiniert und gesetzmäßig bestimmt ist, wird immer durch den Gedanken ergänzt, dass die Substanzen und ihr Gesamtbestand sich nicht verändern.

Also die Menge der Teilchen in der Welt ist immer dieselbe.

Lesch:

Genau. Du hast weiterhin so Recht.

Vossenkuhl:

Und deswegen gibt es viele, die sagen: Wenn das so ist, kann es auch keine Freiheit geben, und so fort.

Lesch:

Es gibt nichts Neues unter der Sonne, oder was?

Vossenkuhl:

Und jetzt die Frage: Was ist aus Deiner physikalischen Sicht heute noch anzufangen mit diesen Gedanken der Konstanz, der Substantialität, der Unvergänglichkeit der Substanzen?

Lesch:

Es mag ja sein, dass die Substanz unvergänglich ist. Entscheidend scheint mir aber zu sein, dass sich im Laufe der Jahrmilliarden zum Beispiel auf unserem Planeten die Substanzen in völlig unterschiedlicher Form miteinander verbunden haben.

Ich sage gerne: Ist es nicht ein Wunder, dass das Atom fast völlig leer ist. Es gibt dieses schöne Bild: Wenn das Wasserstoffatom ein Fußballstadion wäre, und das Elektron saust auf dem äußersten Tribünenrang ganz oben rum, dann ist ein Atomkern gerade einmal ein Reiskorn am Anstoßpunkt. Dazwischen ist nichts.

Warum werde ich dann besoffen, wenn ich eine Flasche Cognac trinke? Wenn da im Wesentlichen nichts drin ist? Es hat offenbar etwas damit zu tun, wie die Dinge sich miteinander verbinden. Also die Gewichtungen, die Relationen zwischen den Elementen. Damit sind wir wieder bei Empedokles' Vorstellung von Kräften. Die spielen eine ganz entscheidende Rolle.

Es mag sein, dass die Bausteine in der Welt mehr oder weniger erhalten bleiben. Mögen ein paar verschwinden, aber im Großen und Ganzen bleibt es so, wie es war. Entscheidend ist, wie sich im Laufe der Zeit Dinge miteinander verbinden.

Ob es ein Karpfen wird oder eine Kiefer oder gar ein Mensch, das ist im Prinzip keine Frage der Anzahl der Kohlenstoffatome, sondern es ist eine Frage, wie die Verbindungen stattfinden. In dieser Welt ist etwas zwischen den Dingen.

Es gibt den Satz: **Das Ganze ist mehr als die Summe seiner Bestandteile.** Ich glaube, da liegt der Hund begraben. Man sollte nicht vergessen, dass es da noch mehr gibt als nur die Substanz.

Eine Diskussion über menschliche Freiheit ist ja keine Diskussion für einen Naturwissenschaftler. Freiheit ist kein naturwissenschaftlicher Begriff. Ein Atom hat keine Freiheit, ein Atom unterliegt gewissen Gesetzen, basta. Aber die Verbindung von Atomen kann durchaus Eigenschaften haben, die weit über die Eigenschaften eines einzelnen Atoms hinausgehen.

Und die Verbindungen zwischen den Atomen sind lernfähig. Die können sich etwas aneignen, die haben Potentialitäten.

Vossenkuhl:

Genau. Potentialitäten sind Möglichkeiten, die vorher nicht da waren.

Das darf man nicht vergessen. Denn in dem Moment, wo man einem System sozusagen die „Freiheit" lässt, sich zu entwickeln, wird es das auch tun.

Ob aus einer Möglichkeit etwas wird, das weiß man allerdings vorher nie. Es müssen die richtigen Bedingungen herrschen.

Und in diesem Sinne ist das, was Empedokles da angestoßen hat, im Grunde genommen nur ein erster Schritt.

Lesch:

Du würdest aber jetzt nicht so weit gehen, Liebe und Hass in so quasi Anziehungs- und Abstoßungskräfte direkt zu übersetzen.

Vossenkuhl:

Auf keinen Fall. Ich glaube, an der Stelle zeigt sich, dass die Möglichkeiten eines Mannes wie Empedokles eben nur durch das Denken etwas über die Welt zu erfahren, deutlich begrenzt sind. Wenn man wirklich etwas über die Welt erfahren will, reicht das reine Denken nicht aus. Man muss mit der Welt in irgendeiner Art und Weise wechselwirken. Sich nur in sein Kämmerlein zu verziehen und zu sagen, ja, die Welt ist so und so, das wird nicht ausreichen. Die Wechselwirkung ist das entscheidende. Man muss dem Phänomen auf die Spur kommen. Man muss etwas darüber wissen.

Übrigens, der Empedokles hat ja auch festgestellt, dass Luft ein Stoff ist und nicht nur ein Element. Der hatte glatt durch ein Experiment festgestellt: Wenn man ein Glas umgekehrt in Wasser hineinsteckt, dann dringt das Wasser nicht in diesen Luftraum ein. Offensichtlich drückt die Luft gegen das Wasser.

So wurde aus dem Element Luft, als einem der Prinzipien, plötzlich etwas ganz Stoffliches.

Das ist ein ganz wichtiger Punkt. Man merkt tatsächlich: Das ist nicht nur irgendein Gedanke, den ich diesem Element da unterschiebe. Das geht ja gar nicht.

Lesch:

Diese Geschichte hat der Philolaos auch noch mal vertieft. Er hat dem Feuer eine Kugelgestalt zugeschrieben und hat den Inhalt und die Oberfläche als Äther bezeichnet, also er meinte, das sei so quasi ein Luftäquivalent.

Vossenkuhl:

Hat der Philolaos nicht auch die Erde und die Sonne gemeinsam um dieses Feuer laufen lassen?

Lesch:

Ja, ja.

Vossenkuhl:

Es drehte sich also nicht alles um die Erde, sondern die Erde war eine von vielen anderen Himmelskörpern, die da rund um das Feuer unterwegs waren.

Das ist natürlich ein Gedanke, der doch eine ganze Weile zur Reifung gebraucht hat. Wir wissen heute, dass sich nichts mehr um ein zentrales Feuer dreht und dass die Erde eben nicht das Zentrum der Welt ist. Es gibt überhaupt kein Zentrum.

Lesch:

Schön, was Du gerade mit der Luft beschrieben hast.

Der Empedokles war nicht einer, der mal kurz beim Kaffee oder beim Ouzo nachdachte, sondern der hat beobachtet, was so passiert. Also, er hatte diesen Gedanken der Gleichheit des Erkennens, also quasi das Weinhafte in mir...

Vossenkuhl:

Ach, das Weinhafte in Dir erkennt den Wein?

Lesch:

Erkennt den Wein, ja. Nach Empedokles. Ganz philosophisch.

Vossenkuhl:

Aha.

Lesch:

Meldet sich das Weinhafte nicht auch so in Dir?

Vossenkuhl:

Hm.

Lesch:

Wahrscheinlich haben manche Leute nichts Weinhaftes in sich.

Vossenkuhl:

Die haben dann vielleicht das Bierhafte?

Und manche haben das Zwanghafte. Gut, dieses Spielchen sollte man nicht zu weit treiben. Aber Empedokles ist tatsächlich darauf aus, dass es in uns Teile gibt, die das jeweils ähnlich geartete erkennen.

Lesch:

Wir sind ja auch aus Erde, Wasser, Feuer und Luft zusammengesetzt.

Wir haben, wie Du das gerade beschrieben hast, eine besondere Art der Zusammensetzung, und zwar über die Atome.

Die besondere Synthese ist im Hinblick auf den Erkenntnisprozess immer wieder so zu verstehen, dass jedes Element immer das Element des zu Erkennenden identifiziert. Also das Stoffliche.

Vossenkuhl:

Wie soll es auch sonst gehen? Ich meine, dass wir ohne Sinne etwas über die Welt erfahren, das geht wohl nicht.

Aber was sind die Sinne? Empedokles hat die Sinne eigentlich ganz klug aufgelöst. Er hat da nicht was Zusätzliches in die Welt gesetzt. Die Sinne drücken sich – wie er meinte - eben in dieser Vergleichbarkeit der Stoffe, im Erkenntnisprozess aus.

Lesch:

Wann lebte der Empedokles eigentlich? Das haben wir noch gar nicht gesagt.

Vossenkuhl:

Ungefähr 492 bis 432. Auch Aristoteles erwähnte ihn mit einem Lebensalter um die 60 Jahre.

Lesch:

Für die damalige Zeit ein langes Leben.

Vossenkuhl:

Sicher, ein hohes Alter. Bei einem Durchschnittsalter von 30 Jahren.

Lesch:

Ein weiterer Grund, um Philosophie zu betreiben. Es hält jung und man bleibt am Leben.

Vossenkuhl:

Man muss halt das Stoffliche erkennen können.

Lesch:

Man muss das Weinhafte in sich haben.

Vossenkuhl:

Bier war noch nicht so angesagt.

Lesch:

Hat man denn zu dieser Zeit so was wie medizinische Forschung gemacht? Hat man sich den menschlichen Organismus einmal genauer von Innen angeschaut?

Vossenkuhl:

Nein.

Lesch:

Man konnte also praktisch nur von außen etwas über eine Krankheit erfahren?

Vossenkuhl:

Ja. Es gab zwar schon Mediziner, die sich auch die Toten genau angesehen haben.

Aber man hat nicht wirklich gewusst, wie das, was im Körper zu finden ist, funktioniert. Der Blick in den Körper hinein, der ist wahrscheinlich erst im 17. Jahrhundert besser verstanden worden.

Lesch:

Wenn Empedokles ein Wunder-Mediziner gewesen ist, muss er einen unheimlich guten Blick für den lebenden Patienten gehabt haben.

Vossenkuhl:

Das Stoffliche muss sich entsprechen. Entscheidend sind die Mischverhältnisse – das war bei ihm die Grundidee. Da fällt mir Dein Vergleich mit der Homöopathie von Hahnemann wieder ein. Vielleicht war das schon bei Empedokles das Erfolgsrezept.

Lesch:

Es ist schwierig, mit dieser Philosophie wirklich in die Naturwissenschaften zu gehen. Man kann das schon machen. Man kann diese Dinge übernehmen. Das haben wir ja vorhin auch gemacht.

Empedokles lebt aber immer noch von einer Vorstellung, die eher, na ja, mystisch ist. Da ist noch etwas dahinter, was sich dem gestandenen Naturwissenschaftler nicht so ohne weiteres erschließt.

Vossenkuhl:

Da hast Du glasklar Recht.

Leukipp

Demokrit

Leukipp (5. Jh. v. Chr.) & Demokrit (460/59 - ca. 400/380 v. Chr.)

Vossenkuhl:

Das Wahrnehmen und das Denken entstehe, wenn Bilder (aus Atomen) von außen heran kämen; denn keins von beiden widerfahre einem ohne das einfallende Atombild. Lieber Harald, was will uns dieses sagen?

Lesch:

Hier versucht jemand, die Sinneswahrnehmung auf etwas Materielles zurückzuführen. Damit der Mensch etwas erfährt, also mit den Augen sieht oder mit den Ohren hört, muss etwas Konkretes, Fassbares ausgetauscht werden.

Noch genauer: Wir reden über Demokrit und Leukipp. Die zwei, die den Materialismus in die Welt gebracht haben. Die zwei, die die Atome, die Unteilbaren, ins Spiel brachten.

Vossenkuhl:

Vielleicht sage ich erst einmal was zu Leukipp, weil man von dem wenig weiß. Das ist relativ schnell abgehandelt.

Leukipp ist höchstwahrscheinlich in Elea in Süditalien geboren, da wo schon Parmenides gelehrt und gelebt hat. Es gibt aber auch Leute, die behaupten, er sei aus Milet in Kleinasien.

Demokrit kommt aus einer völlig anderen Gegend. Er stammt aus Abdera in Thrakien. Das würde man heute in der Gegend von Makedonien suchen. Also zwei Philosophen, die sehr viel miteinander zu tun hatten, obwohl sie aus ganz unterschiedlichen Ecken kamen.

Lesch:

Demokrit gilt immerhin als einer der größten Wissenschaftler seiner Zeit, wenn nicht der Größte.

Ich habe nachgelesen. Wenn die früher von den großen Philosophen sprachen, dann waren natürlich immer Platon und Aristoteles dabei. Aber davor kam Demokrit. Er muss ein bemerkenswerter Mann gewesen sein.

Ein echter Durchblicker.

Zusammen mit Leukipp hat er praktisch einen vollständigen Gegenentwurf zu Parmenides und Xenophanes (570 - 470 v. Chr.) präsentiert. Wenn ich das richtig recherchiert habe, dann ist die Idee, dass es etwas Unteilbares gibt, in der Tat zunächst einmal von Leukipp gedacht worden.

Vossenkuhl:

Etwas Unteilbares, also *atomos,* nicht weiter teilbar. Was natürlich ein ganz wichtiger Gedanke ist, denn in Elea ... ich tippe deshalb darauf, dass er aus Elea kam, weil es dort den Zenon (490 - 430 v. Chr.) gab - auch ein Schüler von Parmenides. Dieser Zenon hat Paradoxien entwickelt, die auf dem Gedanken basierten, dass etwas - eine Entfernung, ein Gegenstand - unendlich teilbar ist.

Wenn man nämlich etwas unendlich oft teilen kann, irgendeine Entfernung und sei sie noch so klein, dann kann man sie auch nie überwinden.

Lesch:

Erzähl doch. Ich bin sicher, dass Dir sofort ein Beispiel dafür einfällt.

Vossenkuhl:

Das mit dem Achilles und der Schildkröte eben.

Lesch:

Bestens. Schneller Hirsch gegen lahme Ente.

Vossenkuhl:

Jetzt kommt dieser Leukipp und sagt: Es gibt ein Ende dieser Teilung und das ist das Unteilbare. Die Paradoxien lösen sich auf einen Schlag auf, wenn man davon ausgeht, dass es stoffliche, substantielle Grundlagen gibt. Die sind so beschaffen, dass es irgendwo ein Ende für diese unendliche Teilbarkeit gibt. Schon hast Du mit dem Unteilbaren die Paradoxie aufgelöst.

Lesch:

Du kannst Dir jetzt sicher gut vorstellen, wie ich mit den Hufen scharre. Ich brenne darauf, die gesamte moderne Physik über Dich auszugießen. Aber das mache ich nicht. Noch nicht. Das kommt später.

Vossenkuhl:

Ich bereite mich zumindest innerlich darauf vor.

Lesch:

Ich kann mir gut vorstellen, dass sich das Gedankenexperiment von Zenon, dieses Paradoxon, das sich in den Gedanken ergibt, durch die Wirklichkeit doch völlig konterkariert wird. Siehe Läufer gegen Schildkröte.

Vossenkuhl:

Natürlich. Das leuchtet sofort ein.

Lesch:

Also konnte doch diese Vorstellung der beliebigen Teilbarkeit nicht stimmen. Insofern ist es naheliegend, dass da umgehend Kontra gegeben wurde. Moment mal, das hat doch wohl mit der Wirklichkeit überhaupt nichts zu tun!

Weiß man sonst noch etwas über Leukipp, außer dass er der Begründer dieser Atomlehre war?

Vossenkuhl:

Es sind ein paar Sätze von ihm überliefert.

Lesch:

Das ist alles?

Wilhelm Vossenkuhl:

Aristoteles hat ihn erwähnt, aber sehr viel mehr über Demokrit geschrieben. Wahrscheinlich, weil Aristoteles in Demokrit sein eigenes Grundmodell erkannte. Er hat über den Demokrit berichtet, dass der über alles nachgedacht hätte. Über das Lebendige ebenso wie über das scheinbar Unbelebte. Über Pflanzen und Tiere, darüber wie der Kosmos entsteht und wie man ihn erkennt. Wir haben sogar viele Textstücke von ihm. Vor allem aber auch Berichte über das, was er gedacht hat. Er ist schon eine gut dokumentierte, historische Person.

Lesch:

Am Rande sei erwähnt, dass er auf Raffaels Bild „Die Schule von Athen" – zu sehen im Vatikanischen Museum in Rom - als Lachender ... ne ne, stimmt gar nicht ...

Vossenkuhl:

Vielleicht doch!

Lesch:

Ist er der Lachende auf dem Bild?

Vossenkuhl:

Da bin ich nicht sicher, aber der eine, der rechts neben Sokrates steht und mit verschränkten Armen und zweiteiligem Bart still und wissend in sich hineinlächelt, das könnte er sein.

Lesch:

Weil er über die Torheit der Menschen lacht?

Vossenkuhl:

So könnte man das interpretieren. Er nahm diese Einsicht wohl etwas lockerer als Heraklit, der unten am Boden sitzt.Aber auch der scheint zu lachen.

Lesch:

Demokrit ist wohl ein sehr positiver Typ gewesen.

Vossenkuhl:

Er hat nicht nur über die Torheit der Menschen gelacht, sondern er hat die Wohlgemutheit als den eigentlichen Kern des Ethischen verstanden.

Lesch:

Ein schönes Wort.

Vossenkuhl:

Was? Die Wohlgemutheit? Ja. Das hört sich doch wunderbar an.

Lesch:

Liest sich sicher auch so. Wohlgemut. Sind Sie liebe Leser noch wohlgemut, wenn Sie uns hier so nachlesen? Ich hoffe es. Ich hoffe es sehr.

Vossenkuhl:

Euthymia, die Wohlgemutheit. Man dreht das heute gerne in Richtung Hedonismus, also hin zur Lust. Aber das war gar nicht die Idee.

Lesch:

Vielleicht ist es mehr Wellness?

Vossenkuhl:

Nein.

Es ist das „sittlich gut gestimmt Sein und das Gute genießen" gemeint. Keine automatische Wünscherfüllung, sondern mehr, dass der Mensch im Maß bleibt. Der Gerechte tut, was er ethisch tun soll. Der Ungerechte, was er nicht soll.

Diese Wohlgemutheit, hat Demokrit so fröhlich gemacht. Er hat keinen Grund gesehen, mehr zu wollen, als das, was er zum Leben braucht.

Lesch:

Demokrit war einfach gut drauf, wie man heute so sagt.

Vossenkuhl:

Rundum zufrieden, ein feiner Kerl und guten Mutes.

Lesch:

Ist auch kein Wunder. Er hat ja nun ein Weltbild entwickelt, bei dem ich einfach nur sagen kann: Junge, Hut ab, das geht in die richtige Richtung.

Wir können knapp 2.500 Jahre nach Demokrit sagen: Der Mann war auf dem richtigen Weg. Er hatte mit seinen Atomen das Richtige gedacht.

Wie hat er sich denn das vorgestellt, wie die Atome miteinander in Wechselwirkung treten? Hatte er schon eine Ahnung von den Kräften, die wir heute zwischen den Atomen ausgemacht haben?

Vossenkuhl:

Er hatte die Idee, dass sich die Atome im leeren Raum bewegen, dass sie alle von gleicher Art, nur unterschiedlich in ihren Formen, Größen und Lagen sind. Da gibt es kugel-, sichel- und hakenförmige Atome. Qualitativ sind sie also gleich, nur quantitativ verschieden. Die Qualität bezieht sich auf Ausdehnung, Form, Masse, Schwere, Härte, aber auch auf die Süße, das Bittere, Warme, Kalte, Farbige. Also all das, was die britischen Empiristen später auch unter den Qualitäten verstanden. Das Grundprinzip ist aber, dass die Atome unteilbar sind, unzerstörbar, ewig.

Und dass sie den Raum ausfüllen. Sie verändern lediglich ihren Ort. Letztlich lässt sich alles, was sich verändert - Entstehung, Vergehen - nur auf die Ortsveränderungen der Atome zurückführen. Und dazu kommen natürlich noch die eben erwähnten Qualitäten.

Lesch:

Also kommen immer mehr Atome dazu.

Vossenkuhl:

Genau.

Alles ist nur eine Frage der Anordnung der Atome. Es gibt da noch so eine Idee, die eigentlich schon der Empedokles hatte: die „Wirbeltheorie".

Das hat nichts mit unseren Nackenwirbeln oder Rückenmark zu tun. Er meinte - und das hat Demokrit wohl wieder aufgegriffen - dass die Anordnung der Atome in Wirbeln vor sich geht. Wie ein Luftwirbel, der die Blätter zusammenkehrt. Bei Empedokles war das wohl so, dass, als er am Strand in Agrigent saß und beobachtet hat, dass bestimme Kieselsteinchen, die runden und die flachen, immer zusammen lagen. Deswegen ging er davon aus, dass die Ursache dafür so eine Art Verwirbelung sei.

Der Empedokles meinte, dass auch die ganzen Weltkörper so entstanden sind. Demokrit hat diesen Gedanken aufgegriffen und postuliert: Die Atome wirbeln sich zusammen. Zu etwas Größerem.

Lesch:

Über die Brücke, die Du mir da baust, gehe ich nicht. Im Nachhinein gibt es ja immer wieder verschiedene Wirbeltheorien. Immer ist diese Balance von zwei Kräften am Werk. Da zieht etwas nach innen und gleichzeitig - durch die Verwirbelung - auch nach außen. Das ist praktisch. Wenn sich da etwas die Waage hält, dann mag es zu irgendeiner Art von „Strukturentstehung" kommen.

Das geht später sogar so weit, dass Kant und Laplace gemeinsam diese Entstehungstheorie des Sonnensystems entwickeln. Das geht nämlich auch aus so einem Gaswirbel hervor und wird eine Scheibe. Will ich gar nicht bestreiten.

Vossenkuhl:

Aber immerhin wird etwas herumgewirbelt.

Lesch:

Wirbel ist nicht schlecht. Man merkt, diese griechischen Philosophen haben alles getan, was in ihrer Macht stand, um Erklärungen zu liefern, die sich eben nicht mehr auf die Götter berufen. Sie wollen sagen: Da ist ein Phänomen und das geht offenbar sogar mit rechten Dingen zu. Also muss es dafür auch eine vernünftige Begründung geben. Wenn ich nur lange genug hingucke, werde ich das schon rausfinden.

Nur, was natürlich nach meiner Einschätzung bei Demokrit entscheidend ist: Hier wird etwas fürchterlich anderes gemacht als bei Empedokles. Bei Empedokles gab es immer noch ein Subjekt mit seiner Geschichte. Weil Empedokles ein Mediziner war, steht der Mensch mit seiner Körperlichkeit im Vordergrund. Bei Demokrit gibt's nur noch Atome. Mir sitzt hier kein Willi Vossenkuhl gegenüber, sondern eben eine Anzahl von Atomen, die irgendwie ineinander verhakt sind. Glücklicherweise so, dass ich Dich gut erkennen kann.

Das hat so etwas - was den heutigen Naturwissenschaften gerne vorgeworfen wird - das hat so etwas Kaltes. Das Subjekt wird völlig ausgeklammert. Aus dem Phänomen wird eine objektive, aus Bausteinen zusammen gesetzte Wirklichkeit gemacht. Wünsche, Hoffnungen, Träume, Visionen, das gibt es alles nicht. Alles hat nur mit den Atomen zu tun.

Das ist natürlich auf der einen Seite eine außerordentlich coole Angelegenheit, auf der anderen Seite ist es aber Programm geworden. Dass man nämlich weggeht von der Einzelperson mit ihrem ganzen „Mensch, das wäre doch toll", hin zu einer Wirklichkeit, die sich von jedermann, jederfrau messen lässt. Zu jeder Zeit, an jedem Ort in der Welt liefert es reproduzierbare Ergebnisse, damit man endlich weiß, worüber man eigentlich spricht.

An der Stelle haben Demokrit und Leukipp mit ihrer rein materialistischen Erklärung der Welt einen echten Durchbruch geschafft.

Vossenkuhl:

Es gibt eine schöne Stelle bei Aristoteles, an der er den Demokrit mit dem Parmenides vergleicht. Er zeigt, dass der Demokrit in die ganz entgegengesetzte Richtung marschiert. Bei Parmenides wird alles zu einer Einheit zusammengedacht, und bei Demokrit zerfällt alles in lauter Atome. Der Zerfall wird allerdings durch die Unteilbarkeit der Atome gestoppt.

Auch interessant ist, dass der Demokrit eine Raumtheorie hatte. Er war der Meinung, dass die Atome im Raum sind. Sie füllen den Raum. Aber der Raum ist leer. Starker Tobak, nicht? Das ist heute schwer zu denken.

Lesch:

Tja. Raum ist ohnehin schwer zu denken. Raum ohne Dinge lässt sich eigentlich nicht denken. Selbst wenn wir elektromagnetische Felder reinsetzen, es bleibt doch immer irgendetwas, in dem was drin ist. Ich glaube nicht, dass wir denken können, es gibt leeren Raum, so einen unendlichen leeren Raum. Es erscheint mir als eines der Experimente, die sich aus dem Vorschlag Demokrits, es gibt etwas Unteilbares, ergeben hat.

Seit Ende des 19. Jahrhunderts wissen wir: Es gibt die Atome und sie sind teilbar. Da gibt es die Elektronen, da gibt es die Atomkerne. Die Atomkerne sind wiederum aus Teilchen aufgebaut, nämlich Neutronen und Protonen. Die Neutronen und Protonen sind wiederum aus Teilchen aufgebaut, den Quarks – für die Experten: aus up- and down-Quarks. Bei denen haben wir den Eindruck, dass sie wirklich elementar sind. Quarks sind elementar und Elektronen sind elementar.

Es ist ja ganz lustig, dass ein Elektron nicht mehr genau geortet werden kann. Wir wissen auch nicht genau, wie klein ein Elektron ist. Sobald wir dem Elektron zu nahe kommen - und da komme ich zum Raum - passiert etwas im Raum. Die Energie, die wir reinstecken müssen, um diesem Elektron nahe zu kommen, ist so hoch, dass um das Elektron herum - gemäß der Relativitätstheorie - Paare aus Teilchen und Antiteilchen stehen. Das heißt der Raum, in dem es eben nur das Elektron gab, ist jetzt angefüllt mit Elektronen-Positronen-Paaren. Ein Positron ist das Antiteilchen vom Elektron. Es ist also positiv geladen, aber genauso schwer wie das Elektron. Wir sehen also gar nicht das wirkliche Elektron, sondern nur ein von dieser Wolke umgebenes Elektron.

Vossenkuhl:

Noli me tangere – fass mich nicht an.

Lesch:

Ja, genau, don't touch me. Das ist ganz schlimm. Das passiert uns aber jetzt schon seit längerer Zeit, dass wir bei den Experimenten inzwischen so hohe Energien aufwenden müssen, dass wir kaum noch eine Chance haben, das Phänomen, dem wir irgendwie erkenntnistheoretisch und physikalisch nahetreten wollen, zu fassen zu kriegen. Wir sind da scheinbar völlig hilflos.

Wir denken natürlich heute Raum und Zeit auch nicht mehr getrennt.

Vossenkuhl:

Eben.

Lesch:

Aber immerhin kann man sagen: Bis zu Newton und ins 19. Jahrhundert war der Raum da.

Und Newton hat auch gemeint, dass der Raum zunächst einmal leer sei.

Und die Dinge sind da drin. Natürlich. Viele Vorstellungen sind zu Beginn der Neuzeit mit den Naturwissenschaften, die ja damals noch experimentelle Philosophie hieß, aufgetaucht. Man denke sich nur Newtons Buch als eine Sammlung von mathematischen Prinzipien der Naturphilosophie. Newton hat nie ein Physikbuch geschrieben, sondern immer nur naturphilosophische Bücher.

In diesem Sinne ist Demokrit natürlich der perfekte Vorläufer, der ein wesentlich stärkeres naturphilosophisches als naturwissenschaftliches Bild über die Welt abgeliefert hat.

Wenn er die Atome hat, brauchte er natürlich irgendein Gefäß, in dem sich diese aufhalten. Da liegt eine Raumtheorie nahe. Ich meine, man kann von keinem Menschen verlangen, dass er ohne Experimente über den Raum so nachdenkt, wie dann 2000 Jahre später Albert Einstein das getan hat.

Ich finde es höchst bemerkenswert, dass jemand so unglaublich stringent darüber nachdenken kann und das auch entsprechend formuliert: Da muss was sein. Dabei nimmt er auch noch einen erheblichen Verlust in Kauf. Er verliert ja alles, er verliert die Menschlichkeit, die Eigenschaften, die zum Subjekt gehören. Nur noch Atome, Atome, Atome.

Ich merke, dass Du mich unterbrechen willst. Aber das muss ich noch sagen: Die Atome sind quantenmechanisch tatsächlich nicht unterscheidbar.

Vossenkuhl:

Aha.

Lesch:

Also bei Atomen von einem Element, kann es sein, dass das eine mal ein Neutron mehr oder weniger hat. Aber wenn man diese Elementarteilchen nimmt, da kann man nichts machen, gar nichts.

Vossenkuhl:

Keine Identität? Nicht auseinander zu halten?

Lesch:

Nein, im Gegenteil. Wir Beide atmen im Moment Stickstoff und vor allem Sauerstoff ein. Diese Sauerstoff-Moleküle, die sich in uns mit dem Hämoglobin verbinden, sind austauschbar. Man stelle sich einmal vor, die wären so etwas wie schlecht oder gut gelaunt. Gott sei Dank sind sie das nicht. Sondern es gibt einen langen, ruhigen Ablauf an Atomphysik, der sich ständig in uns abspielt, auch jetzt.

Vossenkuhl:

Das ist sehr beruhigend. Während Du tief Luft holst, nutze ich meine Chance und gebe Dir Recht.

'Kalt' ist das Stichwort. Demokrit hat im Vorgriff oder besser vorausschauend etwas getan, was eigentlich erst im 17. Jahrhundert dann im Detail entwickelt wurde. Er hat nämlich unterschieden zwischen objektiven und subjektiven Merkmalen dessen, was wir erkennen können. Farben, süß, sauer, warm, kalt, das war für ihn subjektiv.

Das entsprach unseren sinnlichen Fähigkeiten. Für ihn war das nicht Natur, sondern das war nur unsere subjektive Wahrnehmung. Größe, Gestalt, Gewicht usw., das war objektiv. Insofern hat er schon noch gesehen, was subjektiv in unserer Wahrnehmung ist. Es war aber für ihn nicht materiell in irgendeiner Weise relevant. Es war eben unsere besondere Art und Weise, die Dinge wahrzunehmen. Bis im 17. Jahrhundert die britischen Empiristen ähnlich dachten, konnte man mit diesem Gedanken nicht so recht was anfangen.

Lesch:

Ja, wahrscheinlich nicht. Das lässt sich auch schwer der Welt der Klassik zuordnen. Wir werden ja etwas später über solche Leute sprechen wie Protagoras. „Das Maß aller Dinge ist der Mensch".

Für Demokrit ist das offenbar nicht so. Sondern das Maß aller Dinge ist „atomos", das Unteilbare. Und dann auch noch so weit zu gehen, sauber zu trennen, also im Grunde genommen eine genaue Analyse vorzunehmen, was eigentlich von dem, was ich aufnehme, in mir ist. Also, wie interpretiere ich eine Farbe? Ist der Wein rot und ist das Rot, was Du siehst, das gleiche Rot, was ich sehe? Da könnten wir uns nie darauf einigen.

Aber wir können gewisse Merkmale dieser Strahlung genau messen. Dann sind wir praktisch auf dem demokritschen Weg, wenn wir sagen: Diese Farbe Rot, die hat eine bestimmte Wellenlänge. Dann ist es ganz unerheblich wie Du das Rot siehst oder wie ich das Rot sehe. Sobald wir dieses Licht messen können, wissen wir, es handelt sich um die Wellenlänge XYZ.

Vossenkuhl:

Ja. Da kann uns keiner ein X für ein Z vormachen.

Lesch:

Das ist natürlich der große Vorteil.

Dieser argumentativen Stärke, dass man Dinge versucht zu

objektivieren, der kann man sich kaum entziehen.

Vossenkuhl:

Ein schöner Nebeneffekt ist weiter: Wenn man das so objektiv fest machen kann, dann kann man sich ganz entspannen. Demokrit war wahrscheinlich der erste total Coole im neuzeitlichen Sinn. Ein cooler Denker. Der war ganz relaxed im Hier und Jetzt.

Das hat sich dann auch in seiner Ethik gezeigt, diese Wohlgemutheit. Sich zurücklehnen. So wie wir Beide gerade hier auf dem Sofa sitzen, so war seine ganze Grundhaltung. Was wollen wir uns denn groß aufregen? Das hat doch gar keinen Sinn. Die Dinge laufen so. Ja. Und so laufen sie eben.

Lesch:

Da kann ich natürlich ergänzend hinzufügen: Auch Physik entspannt. Wenn man sich lange genug mit Physik beschäftigt, dann wird man ganz ruhig. Man hält den Ball flach und denkt sich: Was soll der Quatsch?

Ich glaube schon, dass daraus ein enormes Vertrauen erwachsen kann. Aber das reicht eben nicht ganz. Materialismus oder dieser starke materialistische Teil seines Weltbildes kann nicht das Wesentliche für seine Freude am Dasein gewesen sein. Ich glaube, das war auch das gute Gefühl: Mensch, ich verstehe ein bisschen was von der Welt. Nicht die ganze Welt, aber so ein bisschen kann ich doch erklären. Damit kommt doch schon Freude auf.

Vossenkuhl:

Dass er so cool drauf war, drückte sich natürlich auch darin aus, dass er der Meinung war: In der Moral geht es im Wesentlichen darum, dass man das Seine tut. Er war nicht so unmenschlich, wie sich das vielleicht aus der Atomlehre ableiten lässt. Er hatte vielmehr ein klares Bild des Menschen. Der soll eben das tun, was sich gehört. Der Gerechte tut, was er soll, und der Ungerechte, was er nicht soll. So einfach stellten sich für ihn die Dinge dar.

Eine enge Verwandtschaft im Denken wird ihm zu Recht mit dem späteren Epikur nachgesagt. Aber er war kein Hedonist, kein

Lusttheoretiker. Es ist sicher falsch, wenn man meint, dass dieser wohlgemute Mensch einfach nur auf Lust aus gewesen sei. Für ihn bedeutete Lust, das zu tun, was einem sittlich aufgetragen ist.

Lesch:

Jetzt benutzen wir die „Golden Gate“-Brücke: Wir nehmen den Materialismus von Demokrit und besetzen ihn durchaus positiv. Dann hat der Materialismus oder eine materialistische Weltsicht offenbar den riesengroßen Vorteil, dass man weiß, dass es in der Welt mit rechten Dingen zu geht. Man braucht nicht auf Wunder zu hoffen – auch nicht auf Götter. Es läuft alles so, wie es nur funktionieren kann. Ab und zu mag es mal einen Ausreißer geben, aber selbst das ist noch mit den Naturgesetzen in Einklang zu bringen. Mit diesem Rüstzeug führt kein Weg an einer gewissen Gelassenheit vorbei.

Vossenkuhl:

Einer großen Gelassenheit.

Lesch:

Ich habe aber nicht den Eindruck, dass wir bei unserer ganzen materialistischen Weltsicht heutzutage gelassener wären als das vor 500 Jahren der Fall gewesen ist. Eher im Gegenteil. Ich glaube, wir haben einen großen Teil von Vertrauen verloren. Wir stehen geradezu unter Kontrollzwang. Wir wissen zwar immer mehr von der Welt um uns herum, aber irgendwie kriegen wir es nicht mehr auf die Reihe, den Dingen zu vertrauen. Immer dieser Lenin mit seinem Spruch: „Vertrauen ist gut, Kontrolle ist viel besser“. Der Materialismus alleine scheint es nicht zu sein, der uns zum Glücke führt.

Vossenkuhl:

Aber wir werden ja bald sehen - und das war auch die Kritik von Aristoteles an Demokrit - dass es andere Sachen geben muss, die man so, wie er das tat, nicht erklären kann. Im Materialismus steckt ja auch drin, dass das Denken nur materialistisch erklärt werden kann.

Selbst die Denkvorgänge im Hirn sind atomare Prozesse, die für Demokrit so zu erklären sind, dass wir Atombildchen, also atomar zusammengestellte Bildchen im Kopf haben, die wir quasi durch die Bilder bilden, die wir sehen. Das ist ein Prozess. Was wir im Kopf haben, das bleibt dann da drin. So wissen wir, aha, Baum, Mensch usw. Das ist etwas, was in dieser Radikalität eigentlich erst wieder im 20. Jahrhundert so gedacht wurde.

Lesch:

Natürlich auch deshalb, weil es da gemessen worden ist. Diese griechischen Naturphilosophen hatten die richtigen Gedanken ohne diesen experimentellen Spiegel. Es ist unglaublich, aber es scheint immer wieder durch: Mensch, die haben die richtige Richtung.

Wie hängt das zusammen, dass 2000 Jahre später durch die technologische Entwicklung auf einmal diese Sätze fast gleichlautend wieder in der Literatur erscheinen? Geholfen hat sicher, dass man meinte, man könne das Denken messen. Ich muss aber klarstellen: Das, was man da misst, sind Bewusstseinszustände. Das ist nicht das Bewusstsein.

Vossenkuhl:

Das ist völlig richtig. Das ist ganz wesentlich, und das war natürlich auch dann die Kritik von Aristoteles und von vielen anderen an Demokrit. Er hat zu gewissen Phänomenen mit der Atomtheorie gar keinen Zugang. Oder wie hätte er wohl „das Schöne" erklärt? Was ist schön?

Lesch:

Ja, was jetzt?

Vossenkuhl:

Oder „das Gute". Was ist gut? Woher haben wir das? Was verbinden wir damit? In der Moderne hat man sich dann damit beholfen, es als Illusion einfach weg zu diskutieren. Die Antike hat sich das aber nicht gefallen lassen.

Lesch:

Daran hat sie auch recht getan. Denn das Schöne und das Gute, das sollte man sich doch nicht weglabern lassen. Auf keinen Fall. Und schon gar nicht weg argumentieren.

Vossenkuhl:

Offensichtich haben wir mit Demokrit einen Freund von Dir gefunden.

Lesch:

Unbedingt. Ein lachender Philosoph. Das muss ein Freund sein.

Vossenkuhl:

Also diese Wohlgemutheit, gelassen, cool, zurückgelehnt und wissenschaftlich auch ganz schön ausgeschlafen.
Vielleicht sollten wir noch einen kurzen Gedanken an seine Moral verschwenden. Er war schon der Meinung, dass die Moral eine Ordnung hat. Er war auch der Meinung, dass diese Verwirbelung der Atome eine Ordnung aufweist. Aber woher diese Ordnung in der Moral kommt ...

Lesch:

Das konnte er auch nicht sagen.
Aber das kann man ihm nicht vorwerfen. Für einen Atomisten stellen sich gewisse Fragen nicht mehr. Da gibt es einen Anfang, über den man nichts sagen kann, weil man von vorneherein davon ausgeht, der sei schon da gewesen. Insofern ist man hier wieder an einem Punkt angelangt, an dem noch etwas dazukommen muss. In diesem Sinne hat der Demokrit wichtige Schritte in die richtige Richtung gemacht. Ich ziehe meinen Hut.

Vossenkuhl:

Es ist paradox: Gerade weil er so wichtige Schritte gemacht hat, ist er über Jahrhunderte mehr oder weniger ignoriert worden.

Platon schweigt.

Aristoteles hat ihn zwar oft erwähnt, weil er viel von ihm übernommen hat. Ansonsten wurde Demokrit einfach ignoriert. Das kann wohl auch einem großen Denker passieren.

Unser Freund hätte diesen Sündenfall der Philosophiegeschichte mit Gelassenheit weggesteckt. Wohlgemut hätte er weiter seiner Lust gefrönt und getan, was zu tun war.

Anaxagoras

Diogenes

Anaxagoras (500 - 428 v. Chr.) & Diogenes (499 - 428 v. Chr.)

Vossenkuhl:

Von Anaxagoras sagt man, er habe das geistige Schauen und die aus ihm entspringende Freiheit als das Lebensziel bezeichnet. Anaxagoras, ein Mann aus Kleinasien, ähnlich wie die Leute aus Milet. Er stammte aus Klazomenä. Später, wahrscheinlich 462, zog er nach Athen und wurde der erste Philosoph dieser Stadt.

Lesch:

Er brachte die Philosophie nach Athen und er war, unter anderem, der Lehrer von Perikles, einer der wichtigsten Athener Politiker und des Dichters Euripides.

Platon schreibt über Anaxagoras: *„Perikles machte, wie es scheint, die Bekanntschaft des Anaxagoras, der ein Mann der Wissenschaft war, und indem er sich mit der Theorie der Dinge über der Erde sättigte und zur Kenntnis des wahren Wesens des Verstandes und der Torheit gelangt war, schöpfte er aus dieser Quelle alles, was geeignet war, ihn in der Kunst der Rede zu fördern."*

Der Mann scheint den Durchblick gehabt zu haben.

Vossenkuhl:

Wir müssen uns mal kurz überlegen, in welche Epoche er eigentlich gehört. Wir haben schon etwas über Leukipp und Demokrit gehört. Die waren nun beide jünger als Anaxagoras.

Lesch:

Das heißt, die waren uns näher.

Vossenkuhl:

Die lebten schon oder starben im 3. Jahrhundert, während Anaxagoras schon oder noch im 4. Jahrhundert starb. Geboren wurde er so um 500, und war deutlich älter, sagen wir mal so an die 50 Jahre.

Diese Verschiebung ist deswegen wichtig, weil der Fortschritt, den wir bei Demokrit gesehen haben, hier noch nicht erreicht bzw. wieder zurückgenommen wird. Das ist natürlich etwas unfair, weil wir die Zeit künstlich zurückgedreht haben. Bevor der Fortschritt durch Demokrit Fuß fassen konnte, wurde er lang genug davor fast unmöglich gemacht. Denn mit Anaxagoras kommt ein völlig neues Prinzip in die Diskussion: Der Geist, „Nous".

Man sagt etwas salopp, dass Anaxagoras der erste Dualist gewesen sei. Neben dem Geist stand als Zweites die Materie.

Lesch:

Also, diese Zwei, das Gegensätzliche.

Vossenkuhl:

Ja, Geist und Materie. Wir werden gleich noch sehen, wie die miteinander harmonieren können. Kein Gegensatz, eine Einheit, aber doch verschieden.

Du hast auf Euripides hingewiesen, einen der größten griechischen Dichter. Es ist interessant, dass ein Philosoph einen Dichter unterrichtet hat. Das, was der Euripides machte, hätte Demokrit mit seiner Theorie nicht erklären können. Aber der Anaxagoras konnte das. Denn das Geistige in der Kunst, das Wesentliche, das Unsichtbare, das die Worte zu schönen, gut gesetzten, wohlklingenden und richtigen macht, das kann man nur mit dem Nous erklären.

Lesch:

Das zutiefst Menschliche. Das, was uns Menschen ausmacht.

Was würde man denn einem Außerirdischen sagen, der fragt: Was habt ihr Menschen denn ins Universum eingebracht? Wir würden mit ihm nicht über die Naturgesetze reden. Bei denen sind wir ja der Meinung, dass sie überall im Universum die gleichen sind. Nein - wir würden ihm unsere Gedichte vorlesen, unsere Musik vorspielen, ihm unsere Bilder zeigen. Über Physik würde ich mit dem Außerirdischen nicht sprechen. Obwohl es bei mir so nahe liegt.

Vossenkuhl:

Welche Bilder würdest Du ihm denn zeigen?

Lesch:

Eigentlich Chagall. Ich würde jemandem von da draußen gerne ein Bild von Chagall zeigen. Und natürlich Feininger vom Feinsten.

Aber zurück zu Anaxagoras. Ich weiß von Anaxagoras aus meiner Schulzeit eigentlich nur, dass das einer der Philosophen gewesen ist, die sich nie um irgendwas anderes gekümmert haben als um Philosophie. Obwohl er Perikles ausgebildet hat, war er sozusagen der erste hauptamtliche Philosoph. Der hat nur das gemacht und sonst Feierabend.

Vossenkuhl:

Das stimmt. Ich habe mich oft gefragt, wovon der eigentlich lebte. Für Philosophen war Athen wohl kein so freundliches Pflaster. Wir werden das noch bei Sokrates sehen. Der Anaxagoras hat schon Probleme gekriegt, weil er sagte, dass die Sonne ein feuerglühender Metallklumpen sei. Damit hat er der Sonne die göttliche Bedeutung abgesprochen.

Daraufhin wurde er angeklagt. Anders als Sokrates, der den Schierlingsbecher getrunken hat, konnte Anaxagoras – unter dem Schutz von Perikles - einfach gehen, und zwar nach Lampsakos, dem heutigen Lapseki; das ist an den Dardanellen, also zwischen dem Marmara Meer und der Ägäis, gegenüber von Gallipoli. Wovon er dort gelebt hat, ist leider nicht überliefert.

Ich frage mich immer wieder, wie die Leute damals so rumgereist sind. Wie die ihr täglich Brot verdient haben. Da gab es ja keine Banken und keinen Automaten, in dem man seine Scheckkarte reinstecken konnte.

Lesch:

Ein etwas böses Bild von griechischen Philosophen ist ja, dass da einer, der nichts arbeiten muss, einhergeht mit einer Horde von Jünglingen, die auch die Söhne von irgendwelchen reichen Vätern und Müttern sind, die das Geld beigebracht haben.

Philosophie - so ein gängiges Klischee - entsteht erst dann, wenn die Leute Zeit haben, sich über Dinge Gedanken zu machen, die nicht unmittelbar zu ihrer Existenz beitragen.

Insofern könnte man sich vorstellen, dass Anaxagoras, wie viele andere Philosophen auch, als Hauslehrer vor Ort gearbeitet hat und sich so über Wasser hielt. Ich meine, das geht so durch bis Hölderlin. Der hat auch als Hauslehrer arbeiten müssen.

Vossenkuhl:

Anaxagoras muss noch eine Familie gehabt haben. Es ist überliefert, dass einer seiner Söhne starb. Das ist deswegen überliefert, weil er einen für sein Denken symptomatischen Satz geschrieben hat. Jemand hat ihm erzählt, dass sein Sohn gestorben sei. Darauf sagte er: „Ich weiß, dass ich einen Sterblichen gezeugt habe." Das ist ein cooler Satz, nicht wahr?

Oder noch ein anderer abgeklärter Satz von ihm. Als er gefragt wurde: Ist es für Dich nicht schrecklich, in fremder Erde begraben zu werden? Darauf sagte er: **„Von überall ist der Hinabweg in die Unterwelt gleich weit."** Das halte ich für eine gute Sicht der Dinge.

Lesch:

Da hat einer offenbar über viele Sachen nachgedacht. Wobei ich mir nicht vorstellen kann, dass die Nachricht, dass der Sohn tot ist, sich nur in einem solchen Satz erschöpft hat. Da wird sicherlich noch mehr gewesen sein.

Vossenkuhl:

Immerhin hatte er Familie.

Und mit der Familie ist er wohl aus Athen weggegangen. Über die weiteren Lebensumstände an den Dardanellen weiß man nichts.

Lesch:

Mein Eindruck aus der Literatur ist, dass Anaxagoras als echter Theoretiker, als theoretischer Philosoph gearbeitet hat. Für ihn war Wissenschaft jetzt nicht - wie bei Pythagoras oder Empedokles - immer auch Philosophie oder gar etwas Heilsbringerisches. Philosophie wird hier zur wertfreien Wissenschaft. Wir versuchen einmal sein Weltbild zusammen nachzubauen.

Anaxagoras hat eine Forderung an die Theorie gestellt, also an die Gottesschau oder an die Schau der Phänomene: Natürlich sei es wichtig, Erfahrungen zu sammeln. Also auch mit den Sinnen. Aber das ist nur sekundär. Entscheidend ist, dass man aus den Phänomenen eine Theorie ableitet, die mehr erklärt als nur die Phänomene, die man schon gekannt hat.

Das ist tendenziell ein Schritt in Richtung Neuland. Da wird zum ersten Mal zu dem, was schon da ist, etwas hinausgedacht. Da macht einer das Scheunentor auf für einen Blick in die Zukunft.

Vossenkuhl:

Das bringt uns auch gleich zum Kern dieser neuen Theorie.

Alles, was mit dem Geist zusammenhängt, ist eine neue Theorie. Deren Erklärungskraft machte er an ganz simplen Beispielen fest. Er sagte zum Beispiel: Betrachte einmal ein Haar. Das, was das Haar zum Haar macht, kann nicht ein Nicht-Haar sein.

Lesch:

Stimmt klar und deutlich. Keine Haarspalterei.

Vossenkuhl:

Oder was das Fleisch zum Fleisch macht, kann nicht ein Nicht-Fleisch sein.

Lesch:

Es muss ein Teil davon sein. Leuchtet ein.

Vossenkuhl:

Also, das was das Tier gefressen oder der Mensch gegessen hat, muss stofflich da schon drin sein, was zum Fleisch geworden ist. Solche Stoffe nannte er *spermata,* Baustoffe. Sperma heißt – wie fast jeder weiß – Same oder Keim.

Die Baustoffe des Fleisches sind im Futter oder in den Nahrungsmitteln schon drin. Die bilden dann das Fleisch. Das ist nun ganz anders als bei Demokrit. Kein Atomismus, um die Dinge zu erklären. Anaxagoras postulierte: In allem, was entsteht, steckt ursprünglich das Keimhafte drin. Und der Geist, der „Nous", der dirigiert das Ganze zu seinem richtigen Ort. Das ist dann das Ordnungsprinzip im Stofflichen.

Lesch:

Das ist ein theoretisches Postulat. Auf Kosten der Atome, die er kannte. Erklärt er, was Nous ist oder wird das nur in einem Axiom angenommen?

Vossenkuhl:

Der Geist ist eine Kraft, eine Ordnungskraft, eine Gesetzeskraft. Die ganze Weltordnung wird durch diese Kraft hergestellt. Geist ist nicht nur das Denken, sondern es ist eine Kraft, die in der Natur herrscht. Natürlich ist die Annahme, wie Du vermutest, axiomatisch, wird also von nirgendwo her abgeleitet.

Lesch:

Ende des 19. Jahrhunderts gab es auch den Versuch, biologische Vorgänge durch einen „élan vital" zu erklären, Bergson mit seiner Vitalismusgeschichte.

Da gibt es eine Kraft, die nicht zu den berühmten Vier der physikalischen Kräfte zählt. Da kommt etwas dazu, was aus toter eine lebendige Materie macht. Würde man das so in diese Richtung interpretieren können?

Vossenkuhl:

Ja, das ist genau die Richtung.

Lesch:

Das ist dann schon ein Nicht-Materialismus. Der Geist ist also nicht materialistisch.

Vossenkuhl:

Anaxagoras war - das haben wir vorhin schon gesagt - Dualist. Das heißt, er hat Geist und Materie als zwei, na ja „Stoffe“ kann man schon sagen, angenommen oder zwei Aspekte der Stoffe. Er hat diese aber nicht völlig getrennt.

Nicht so wie später dann Descartes. Bei dem hatte das eine mit dem anderen gar nichts zu tun. Es waren zwei unabhängige Substanzen.

Unser Grieche sah das anders. Er hat nur den Geist mit dem Stofflichen so verbunden, dass das Stoffliche nach dem Geistigen kommt. Die Seele, sagt er, ist früher als der Körper. Das Geistige ist vor dem Körperlichen.

Dann sah er sich natürlich mit der Frage konfrontiert: Ja, aber woher weißt du das? Das sieht man doch gar nicht.

Da beginnt eine besondere Entwicklung, die später in den Gottesbeweisen eine wichtige Rolle gespielt hat. Anaxagoras erkennt: Man sieht natürlich das Geistige nicht, auch nicht die Seele. Aber man erkennt ihre Wirkungen.

Dafür hatte er auch wieder ein Prinzip. Er sagte: Etwas, was ist, entsteht nicht nur aus anderem, was ist, sondern auch aus Nichtseiendem. Ein Gedanke, zum Beispiel, der ja selbst nicht sichtbar ist, hat trotzdem eine Wirkung. Du hast – in Gedanken - das Ziel, irgendwohin zu gehen, also gehst du dahin. Man sieht zwar den Gedanken oder jenes Ziel nicht, aber man sieht, dass der Mensch dahin geht.

Lesch:

Donnerwetter!

Vossenkuhl:

Ein brandneues Prinzip, das dann später vom griechischen Wort, *Telos* abgeleitet, als „Teleologie“, also die „Erklärung vom Ziel her“ bezeichnet wurde. Das ist eben nur mit dem Nous möglich.

Es wäre interessant gewesen zu erfahren, was er gedacht oder geschrieben hätte, wenn er Demokrit schon gekannt hätte.

Für Dich ist das ein Rückschritt. Gut, es war ja auch schon früher.

Lesch:

Es hätte ihn sicher inspiriert, wenn er die Atomisten schon gekannt hätte.

Vossenkuhl:

Hat er aber nicht. Empedokles kannte er wohl auch nicht. Aber immerhin ... Teleologie, das ist das Neue. Und die Idee ist: Nicht alles, was man nicht sieht, ist wirkungslos. Das, was noch nicht sichtbar ist, kann eine Wirkung haben.

Das ist ein hoch interessanter, neuer Gedanke, dass das Noch-nichtseiende eine Wirkung haben kann.

Bei Demokrit gibt es übrigens später ähnliche Gedanken, aber die hatten eine ganz andere theoretische Ausformulierung. Da ist es nicht so, dass man sagen kann: Gedanken, also Dinge, die man nicht sieht, oder seelische Bewegungen, die man nicht äußerlich erkennen kann, haben doch eine Wirkung.

Lesch:

Es ist ganz sicher so, dass sie eine Wirkung haben. Aber haben sie diese Wirkung, weil sie von jemandem gedacht worden sind, oder haben sie die Wirkung, weil jemand über diese Gedanken gesprochen hat?

Es nutzt ja nichts, wenn jemand einen Zweck denkt und diesem Zweck nicht nachgeht und den anderen nicht mitteilt, was er sich unter diesem Zweck jetzt nun vorstellt oder wie er den erreichen will.

Diese Ursache-Wirkungs-Zusammenhänge, die kommen doch erst dann ins Spiel, wenn durch die Kommunikation mit der Außenwelt tatsächlich eine Informationsübertragung passiert ist. Dass dann eine Wirkung auftritt, ist ja quasi geschenkt.

In dem Moment, in dem Du mir sagst: Junge, Du bist aber ... ich weiß nicht, was auch immer ... dann passiert da natürlich etwas. In dem Moment in dem das Wort ausgesprochen ist, sind natürlich auch die Wirkungen da.

Es zeigt sich heute noch, dass es zwei verschiedene Arten von Denkrichtungen über die Welt gibt.

Die Einen machen Experimente und stellen im Grunde genommen nur fest, was da ist. Die Anderen versuchen darüber hinaus zu erklären, wie das alles miteinander zusammenhängt. Sie müssen immer wieder, ob sie wollen oder nicht, auf irgendeine Art von ... meine Güte, heute spricht man dann vom schöpferischen Prinzip und dass der Kosmos *evolviert,* also sich entwickelt.

Immer dann, wenn wir versuchen, in das Kreuzworträtsel der Wirklichkeit ganze Wörter hinzuschreiben – obwohl wir wissen, dass wir nur einzelne Buchstaben haben – müssen wir extrapolieren. Zu dem, was sich da zeigt, müssen wir irgendwie sagen: OK, dann gehören eben diese drei Stücke dazwischen. Anders geht es nicht. Wir kommen nicht ohne Füllhypothesen aus. Von Wissenschaftlichkeit kann beileibe nicht die Rede sein, wenn heute davon gesprochen wird, dass der Kosmos evolviere.

Das Einzige, was wir im Grunde sagen können ist: Da hat eine Entwicklung stattgefunden. Ich würde den Anaxagoras heute fragen: Hör mal, das mit dem Geist klingt ja prima. Aber wo war der Geist, als es noch nichts gab?

Vossenkuhl:

Du meinst also, bei diesem Kreuzworträtsel kann man leicht die falschen Wörter einsetzen?

Lesch:

Ja, die passen zwar rein, aber unter Umständen sind es halt die falschen.

Vossenkuhl:

Da gibt es eine Geschichte von Emil, dem Schweizer Kabarettisten.

Der machte ein Kreuzworträtsel, in dem nach einem Wort für „Grautier" mit vier Buchstaben gefragt wurde. Er hatte schon drei Buchstaben; es fehlte ihm ein Buchstabe zwischen denen, die er schon hatte. Natürlich war nicht klar ob er schon die richtigen hatte. So wurde das Grautier bei Emil leider zu einem „Egel".

So etwas kann natürlich vorkommen, wenn man nicht weiß, wonach man sucht und schon etwas hat, was gar nicht passt.

Aber wenn du die Teleologie, die zielorientierte Erklärung oder die zielorientierte Bewegung zusammen mit dem Spermata-Gedanken nimmst, mit diesem Baustoff- oder Keim-Gedanken, dann passt das doch gut zusammen.

Lesch:

Ja klar. Das ist eine sehr biologische Weltsicht. Wenn sich die Teleologie irgendwo durchgesetzt hat, dann doch sicherlich in der Biologie. Hier wird jeder Organismus im Grunde genommen von seinem Zweck her gedacht. Das ist in der Physik nicht der Fall.

Da haben wir - wie wir noch sehen werden - den Aristoteles mit seiner „causa finalis", mit der Begründung vom Ziel her. Was ist der Zweck von allem? Das haben wir in den Naturwissenschaften völlig rausgenommen. Bei den anderen sind wir hinreichend zufrieden, da ist alles ganz ordentlich.

Anaxagoras ging es aber offenbar um mehr. Er wollte darüber hinaus schauen und mehr erklären als das, was man sieht. Für ihn musste eben noch ein Prinzip dahinter stehen. Was ich allerdings an der Stelle etwas unbefriedigend finde ist, dass man eben nichts darüber weiß, woher dieses Prinzip kommt. Es ist offenbar kein Gott.

Vossenkuhl:

Noch nicht. Den Gott gibt es dann bei seinem Schüler Diogenes von Apollonia. Da wird der Geist dann zum Gott.

Lesch:

Ach!

Vossenkuhl:

Ja. Das ist das Interessante. Den haben wir ja auch noch zu besprechen. Dieser Diogenes - nicht zu verwechseln mit dem noch jüngeren, damals noch nicht lebenden Sokratiker Diogenes im Fass. Unser jetziger Diogenes stammte aus Apollonia Pontiké am Schwarzen Meer, einem Ort im heutigen Bulgarien. Sein Lehrer Anaxagoras hat ihn nach Athen gebracht.

Dieser Diogenes hat nun den Geist zu einem Gott gemacht. Er hat jenes unwandelbare Prinzip vergöttlicht. Eigentlich eine ganz monotheistische Vorstellung. Sie hatte mit den antiken Göttern Griechenlands direkt gar nichts zu tun.

Lesch:

Ist aber verständlich. Wenn man über das Größte nachdenkt, was sein kann, wenn man über etwas nachdenkt, was hinter den Dingen steckt, was auch noch ein Ziel verfolgt, dann hat man doch eigentlich schon sämtliche Eigenschaften einer Gottheit zusammen. Da fehlt fast nichts mehr.

Vossenkuhl:

Du brauchst eben nur die Allheits-Bedingungen allwissend, allmächtig, allgegenwärtig, dann hast Du schon alles für einen Gott zusammen. Der Keim dafür war schon angelegt. Wenn der Geist das Prinzip der Bewegung, der Ordnung ist, dann steckt das Göttliche da schon drin. Bei Anaxagoras war das aber so, dass der Geist, wenn er bei ihm als Gott zu interpretieren wäre - was nicht klar ist - nicht der Weltschöpfer, sondern nur der Dirigent oder Baumeister der Welt sein könnte.

Lesch:

Dirigent hört sich gut an. Es gab also noch einen Komponisten.

Vossenkuhl:

Den Stoff hat der Gott nicht gemacht. Ich glaube, dass bei Diogenes der Stoff nicht von Gott stammt. Also Gott ist nicht der Schöpfer, sondern eben nur der Baumeister.

Lesch:

Da gibt's also noch mehr.

Der Stoff ist da. Es wird im Allgemeinen davon ausgegangen, dass die Welt schon ewig da war. Solche Philosophen wie die beiden sind im Grunde genommen in einem Weltbild mit einem echten Anfang gar nicht mehr denkbar. Da ist überhaupt nichts zu holen. Wir haben es hier mit Theoretikern zu tun, für die die Welt schon immer da war.

Wie ist es mit Entwicklungsprozessen? Ich meine mich zu erinnern: Anaxagoras zumindest hat die Unendlichkeit durchaus als eine Denknotwendigkeit festgestellt. Unendlichkeit ist nichts Paradoxes. Das muss so sein und ist anerkannt. Praktisch ist es ein Teil unseres Denkapparates. Hat er aber Entwicklungen zugelassen? Oder war alles schon da?

Vossenkuhl:

Das Unendliche bei Anaxagoras ist nicht so unendlich wie bei Empedokles. Die Entwicklung ist bei Anaxagoras ein ständiges Werden und Vergehen, eine Entwicklung vom Keim zum Ganzen und wieder von einem neuen Keim zu einem neuen Ganzen. Es ist also eine Art von Kreislauf-Entwicklung. Die konnte man immer schon beobachten: Der Keim in der Ähre einer Pflanze bildet eine neue Pflanze, die hat wieder eine Ähre, aus der erneut eine Pflanze entsteht usw. Das ist das Modell. Das Ganze läuft teleologisch. Der Zweck der Pflanze ist es, neuen Samen zu bilden und natürlich die Menschen zu ernähren.

Lesch:

Diesen Philosophien kann man eigentlich keinen Vorwurf machen. Im Grunde genommen ist das die einzige Möglichkeit, die Welt so wie sie zu denken, wenn man nicht die technischen Mittel hat, um die Natur unter kontrollierten Bedingungen genauer zu befragen. Wenn du darauf angewiesen bist, nur mit natürlichen Erscheinungen zu arbeiten und nichts anderes machen kannst als schauen, einfach nur das aufnehmen, was da ist, dann ist doch eine

Weltsicht, wie sie der Anaxagoras entwickelt hat, wahrscheinlich das Einzige, was sich anbietet.

Vossenkuhl:

Das hat auch theoretisch eine große Plausibilität. Wir haben ja schon öfters festgestellt, dass bestimmte Erklärungen, z.B. Erklärungen mit Hilfe des Gesetzes der Erhaltung der Substanz, eine Jahrhunderte lange Wirkungsgeschichte hatten. Dasselbe gilt für das Gesetz, dass Ähnliches nur aus Ähnlichem entstehen und Ähnliches nur von Ähnlichem erkannt werden kann.

Bei Anaxagoras haben wir ebenfalls ein interessantes Grundmodell, das sich über Jahrhunderte gehalten hat: Der Geist ist das Schaffende, das Aktive und die Materie das Passive.

Das führt uns bis zu Kants Unterscheidung zwischen Sinnlichkeit und Verstand. Die Sinnlichkeit ist dabei das Passive, das, was uns über die Sinne zufließt, während der Verstand, der Geist, das Aktive ist, das aus uns selbst kommt. Das sind Beispiele für Grundanschauungen, die sich Jahrhunderte lang gehalten haben und plausibel erschienen.

Lesch:

Zumal die Natur auch schon da ist. Wenn wir heute über einen Entwicklungsgedanken reden - ob es nun der Kosmos oder die Entwicklung des Lebens auf der Erde ist - dann reden wir doch im Grunde genommen wie der Affe von der Seife.

Wir haben nicht mitgekriegt, wie der Kosmos oder das Leben entstanden sind. Aber wir versuchen, uns das mit Puzzle-Steinchen zusammenzubauen. Dadurch, dass es gelungen ist, Experimente über Zustände zu machen, die weit weg von allem Menschlichen sind, haben wir gewisse Informationen, die man aber nur dann kriegt, wenn man die Natur, wie Werner Heisenberg einmal gesagt hat, „erpresst". Wenn man so harte Fragen an sie stellt, dass sie nur eine bestimmte Art von Antworten geben kann.

Bei Naturbeobachtungen ist das ja etwas völlig anderes. Vor allen Dingen dann, wenn du praktisch nur das beobachtest, was zu dir passt. Was passt zu uns Menschen? Die Dinge, die im Meta-Bereich sind, die sich nicht zu schnell abspielen.

Ich glaube, die Griechen würden sich kaputt lachen, wenn sie mitkriegen würden, dass wir inzwischen in der Lage sind, eine Sekunde auf 15 Stellen hinter dem Komma genau zu messen. Die hatten keine Uhren damals. Sie haben rhythmisch gelebt. Die Sonne ist untergegangen, es wurde dunkel. Da hatte man noch die Fackeln. Im Wesentlichen hat man sich an die Jahreszeiten gehalten.

Diese Einteilung in Takt, in Maschinen, alles das, was eine normierte Uhr ausmacht, das kannten die ja nicht. Insofern ist eine organische Weltsicht eigentlich das Normalste für Menschen, für die die Natur vorgegeben ist. Die sehen zwar gewisse Entwicklungsprozesse, erkennen aber nicht, was dahinter steckt. Abgesehen davon, dass sie sagen: Das ist ein Wunder!

Vossenkuhl:

Darauf trinken wir jetzt mal ein kleines Schlückchen: Aufs Organische und die „veritas“.

Lesch:

Zum Wohlsein. Ein guter Roter erweckt sofort das Weinhafte in mir.

Vossenkuhl:

Auch unseren gewogenen Lesern sei eine kleine Denk- und Trinkpause empfohlen. Salute!

Lesch:

Jetzt noch einmal zu Diogenes von Apollonia. Da muss ich wirklich aufpassen. Ich hätte beinahe gedacht, dass das tatsächlich der Mann in der Tonne ist, der dann später zu Alexander dem Großen sagt: „Geh mir aus der Sonne.“

Unser Diogenes von Apollonia hat aus dem Geist eine Gottheit gemacht. Das muss dann ja jemand gewesen sein, der später von den Kirchenvätern hoch geschätzt worden ist, oder?

Vossenkuhl:

So war es auch. Es gibt augenfällige Parallelen zwischen dem, was der Diogenes schrieb oder das, was von ihm berichtet wurde und dem, was zum Beispiel im „Römerbrief" über Gott steht. Das ist verblüffend. Man darf das aber nicht nur im Hinblick auf das Christentum erstaunlich finden. Ähnliche Stellen gibt es schon im „Alten Testament". Es hat da wohl nicht eine Art Einbahn-Entwicklung gegeben.

Genau lässt sich nicht festmachen, wie diese göttlichen, diese theologischen Gedanken dann zu den Christen kamen, ob die wirklich aus dieser Quelle stammten. Aber immerhin kann festgehalten werden, dass dieser Diogenes über das göttliche Prinzip Dinge sagte, die sich im Christentum später wiederfinden.

Lesch:

Eine klare Hinwendung zum Monotheismus. Diogenes hat tatsächlich seine ganze griechische Götterfamilie, die so gut im Tagesgeschäft war, komplett weggelassen?

Vossenkuhl:

Ja. Er hat sich in Athen ebenso unbeliebt gemacht wie Anaxagoras und ist wohl auch mit ihm aus Athen abgehauen. Diogenes stand wegen Gotteslästerung auf der schwarzen Liste. Er hat sich seine Freiheit, die wie für seinen Lehrer Anaxagoras mit dem Geist verbunden war, erhalten wollen.

Lesch:

Die Freiheit des wissenschaftlichen Tuns. Sich der Wissenschaft zuzuwenden und daraus Freiheit zu gewinnen, das ist schon eine ganz tolle Angelegenheit. Dass sich aus dem, was theoretisch oder experimentell über die Welt erfahrbar ist, ein freierer Blick und möglicherweise eine Erkenntnis über Alternativen gewinnen lässt. Das finde ich schon sehr beeindruckend.

Vossenkuhl:

Die Freiheit bezog sich natürlich nicht nur auf das, was man denkt. Diese Freiheit bezog sich auch auf die Unabhängigkeit vom Stofflichen, vom Materiellen. Also die Möglichkeit, über die Zwänge des Körpers und der Gesellschaft hinaus zu denken und Abstand zu gewinnen von den Nöten des Alltags.

Diese Freiheit war wesentlich größer und wichtiger als die, um von Athen aus zu den Dardanellen oder auf irgendeine Insel zu flüchten. Der Geist als Ort, an dem man nicht mehr verfolgt wurde, diese geistige Freiheit war wohl das eigentliche Ziel unseres griechischen Denkers.

Die Sophisten

Lesch:

Es geht jetzt um Leute, die vor 2.400 Jahren in Griechenland ihr Wesen, oder Unwesen – da scheiden sich die Geister – getrieben haben. Zumindest waren sie bekannt wie bunte Hunde. In die heutige Zeit übersetzt wäre es ungefähr so vergleichbar: Sie schalten das Radio an, erfahren, ein Philosoph ist in die Stadt gekommen und Sie rennen sofort auf die Straße, auf der bereits Hunderte andere Menschen eiligst unterwegs sind. Alle rufen: Der große Philosoph ist gekommen! Ein Superstar, ein Meister des Wortes. Einer der berühmten Sophisten!

Willi, was sind oder waren die Sophisten?

Vossenkuhl:

Die Sophisten waren kluge Leute. Eine der Bedeutungen von „sophistes" ist: Jemand, der weise, aber auch kunstverständig ist. Ein Künstler eben. Dann gibt es allerdings auch noch die Bedeutungen Scheinphilosoph und Betrüger. Mixt man das alles wie einen Cocktail zusammen, dann ahnen wir schon etwas von dem Ruf, den die Sophisten in ihrer Zeit, in Athen vor allem, hatten. Es war kein besonders Guter. Wir wollen hier und jetzt etwas zu ihrer Ehrenrettung tun.

Lesch:

Das haben die auch dringend nötig. Es klingt geradezu wie ein Schimpfwort: Du bist ja ein richtiger Sophist! Gemeint ist: Spiegelfechter, Wortverdreher. Diese Leute können das Opfer vor Gericht genauso vertreten wie den Täter.

Aber sind die Sophisten nicht eigentlich Sprachphilosophen? Sie beschäftigen sich doch als allererstes mit der Sprache.

Vossenkuhl:

Und wie. Die waren geradezu Sprachkünstler. Die Sprachphilosophen gehen theoretisch mit der Sprache um und fragen z.B.: Wie kann eine Sprache Trägerin von Bedeutungen sein, enthält sie selbst die Bedeutungen oder bildet sie Bedeutungen nur ab? Wie verstehen wir diese Bedeutungen? Was sind die Grundeinheiten, die Bedeutungen enthalten können? Sind es die Wörter oder die Sätze? Bedeuten Sätze, die in verschiedenen Sprachen denselben Sachverhalt ausdrücken, auch wirklich dasselbe oder nicht? So fragen die Sprachphilosophen. Die Sophisten dagegen interessierte vor allem, was man mit der Sprache machen kann.

Protagoras (490-411 v. Chr.) oder Gorgias (ca.480-380 v. Chr.), über die beiden reden wir vor allem. Sie glaubten, dass Sprache ein Mittel zum Zweck, so ähnlich wie Gift, sein kann. Manchmal kann man Gifte benutzen, um jemanden zu heilen, dann aber auch, um jemanden zu schädigen.

Lesch:

Vor allem dann, wenn die Dosis erhöht wird. Dann kann die Sprache wie ein zerstörerisches Gift wirken. Wenn das Wort zur Waffe wird, dann ist die Rhetorik sozusagen der Gebrauch dieser Waffe. Die Dialektik ist die Benutzung der Waffe in Form eines Sports. Die Politik ist dann die Wirkung dieser Waffe. Und die Grammatik…

Vossenkuhl:

… das Instrument.

Lesch:

Das Instrument, genau. Die Sophisten waren echte Wortpragmatiker. Die haben ihren Opfern die Worte einfach im Munde herumgedreht.

Vossenkuhl:

Das geschah aber nicht immer in böser Absicht. Nehmen wir den bereits eben schon erwähnten Protagoras. Der stammte aus dem gleichen Kaff wie Demokrit, aus Abdera in Thrakien.

Er war der Meinung, dass man jede Sache oder jeden Sachverhalt einmal so, aber auch andersherum, also als Gegenteil darstellen kann, also einmal als wahr und dann als unwahr.

Lesch:

Also, jede Medaille hat zwei Seiten. Könnte man das so verstehen?

Vossenkuhl:

Das trifft des Pudels Kern. Für Protagoras lässt sich jede Sache auf zweierlei Wahrheiten zurück führen, die sich widersprechen. Es kam ihm gar nicht in den Sinn, dass das eine Betrügerei sein könnte. Er war vielmehr der Meinung, dass es immer auf die Perspektive ankommt.

Da gibt es diesen Satz des Protagoras: **„Aller Dinge Maß ist der Mensch“.** Es ist nicht vom Menschen im Allgemeinen die Rede, sondern von Dir und mir. Jeder Mensch ist ein Maß. Und dann heißt es weiter: „Wie alles einzelne mir erscheint, so ist es für mich, wie Dir, so ist es wieder für Dich.“

Das heißt: Wie die Dinge wirklich sind, unabhängig, wie jeder sie für sich sieht, davon wissen wir gar nichts. Wir wissen nur, wie sie uns erscheinen. Deren Erklärung ist dann die Sache des Sophisten. Er vermittelt uns die Dinge, weiß aber auch nicht, wie sie in Wahrheit sind. Sie könnten ganz anders sein, als sie uns erscheinen.

Lesch:

Bevor sich uns die Sinne vollends verwirren, ein kleiner historischer Exkurs. Wir haben ja schon die berühmten Vorsokratiker abgearbeitet. Die Sophisten gehören teilweise ebenfalls zu den Vorsokratikern, obwohl einige von ihnen bereits auf Erden wandelten als Sokrates noch lebte. Er hat die wohl auch gekannt.

Ich werde einmal die These vertreten, dass ohne die Sophisten Sokrates gar nicht hätte so wirken können, wie er es dann getan hat. Wir sind in der Zeit 400 ...

Vossenkuhl:

4. und 3. Jahrhundert vor Christus.

Lesch:

Wir sind also noch nicht wirklich im klassischen Athen angekommen, oder?

Vossenkuhl:

Doch, doch. Das ist schon klassisches Athen.

Die lebten eben gleichzeitig mit anderen Kollegen. Platon lebte da auch schon, wirkte, und schrieb. Gorgias war für ihn ein Zeitgenosse.

Lesch:

Der wurde über 100 Jahre alt. Kann man sich das in der damaligen Zeit vorstellen? Ohne Herzschrittmacher und Vitamin C aus der Dose? Vor immerhin 2.500 Jahren wurde ein Mann, der als der berühmteste Redner seiner Zeit galt, über 100 Jahre alt. Daran merkt man mal wieder, wie gesund es ist, sich mit Philosophie zu beschäftigen.

Vossenkuhl:

Der hat wahrscheinlich so einen ähnlichen Wein getrunken wie wir gerade.

Gorgias stammte nämlich aus Sizilien, aus Leontinoi, und der hat dort sicher – solange er überhaupt dort war – den guten sizilianischen Wein getrunken, nehme ich mal an.

Heute heißt der Wein z.B. „Nero d'Avola". Allerdings ging Gorgias bald nach Griechenland. Wie der Wein dort war, ist schwer zu beurteilen.

Lesch:

In Vino veritas und ein langes Leben. Das ideale Philosophen-Getränk.

Mir ist aufgefallen: Es gab ja einige hundert Jahre griechische Philosophie. Da hat man sich mit Fragen beschäftigt wie: Was ist das Sein? Was steckt in den Dingen? Was ist deren Natur? Mit naturphilosophischen Konzepten versuchte man, dem nahe zu kommen. Gibt es Veränderungen oder eben keine? Fließt alles oder gibt es überhaupt nichts? Und dann kommen die Sophisten.

Die Sophisten scheinen mir geradezu eine Gegenbewegung zu sein. So etwas wie eine reinigende Aufklärung. Jetzt haben wir diesen ganzen ontologischen Kram über das Sein, die Existenz von dem, was hinter den Dingen steckt. Aber das hilft uns doch im alltäglichen Leben überhaupt nicht! Wir brauchen jetzt endlich einmal auf neuhochdeutsch eine „down to the earth"-Philosophie, also das Runterholen der Philosophie vom Himmel auf die real existierende Erde.

Damit hat die Philosophie aber auch gleichzeitig einen austauschbaren Inhalt bekommen. Denn wenn der Mensch das Maß aller Dinge ist und somit jeder Mensch das Maß aller Dinge, dann sind natürlich Deine und meine Vorstellungen von der Welt mindestens genauso wichtig und richtig wie die Vorstellung von jedem anderen.

Vossenkuhl:

Deshalb nannte man diese ganze Haltung *relativistisch*, skeptisch. Insofern waren diese Sophisten, da hast Du ganz Recht, Aufklärer. Man kann das sogar ganz konkret mit dem in Verbindung bringen, was bei uns in Europa im 18. Jahrhundert – also im Zeitalter der Aufklärung - im Hinblick auf die Gottesvorstellung passierte.

Die Sophisten, gerade Protagoras, waren die Ersten, die sagten: Über die Götter können wir nichts wissen. Was immer wir Menschen unter den Göttern verstehen, ist das Produkt der eigenen Fantasie und Vorstellung. Es gab sogar Sophisten, die meinten, dass der ganze Glaube an die Götter von einem klugen Menschen erfunden worden sei. Der wollte damit nur bewerkstelligen, dass die Menschen besser zu disziplinieren wären, wenn sie sich von den Göttern quasi ständig beobachtet fühlen. Das ist schon sehr aufklärerisch.

Protagoras sagte: „Über die Götter allerdings habe ich keine Möglichkeit zu wissen, weder dass sie sind, noch dass sie nicht sind, noch wie sie etwa an Gestalt sind; denn vieles gibt es, was das Wissen hindert: die Nichtwahrnehmbarkeit und dass das

Leben des Menschen kurz ist.“ Ist das nicht auch aufklärerisch?

Lesch:

Also, die Herren … wieder sind es nur Männer! Bis zu einem gewissen Zeitpunkt reden wir eigentlich nur über Männer in der Philosophie.

Vossenkuhl:

Das stimmt. Obwohl einige Sophisten zumindest meinten, die Menschen sind alle gleich, Frauen und Männer. Das hat übrigens Platon dann interessant gefunden.

Lesch:

Also, diese Männer haben sich dann mit viel weniger zufrieden gegeben als diejenigen, die vorher versucht hatten, einen Gesamtzusammenhang zu entdecken. Die beschränkten sich auf das, womit man auch unmittelbar etwas anfangen konnte. Nicht zuletzt deshalb, weil die auf Honorar-Basis gearbeitet haben.

Den Ratschlag eines Thales oder eines Anaximander oder Anaximenes, den gab es höchstwahrscheinlich umsonst. Zumindest ist nichts davon bekannt, dass sie damit ihren Lebensunterhalt bestritten haben.

Die Sophisten waren dann die Vorläufer der Profis, also eigentlich der Lehrer. Derjenigen, die Geld dafür erwarteten, dass sie andere in einer Kunst wie zum Beispiel der Rhetorik oder der Philosophie unterrichteten.

Vossenkuhl:

Heute ist das schwer vorstellbar, weil es so was nicht mehr gibt. Es war eine Mischung aus Rechtsanwalt, Philosophie-Lehrer und Politiker. Junge Menschen wurden in der Kunst, ein Argument möglichst erfolgreich über die Rampe zu bringen unterrichtet. Da gehörten alle möglichen Dinge dazu. Wenn heute einer als Pianist Erfolg haben will, dann muss er nicht unbedingt Grimassen schneiden. Der Liszt hat das gemacht. Ich nehme an, die Sophisten hatten auch eine Menge Mimik und Gestik drauf.

Die Sophisten haben sich mit den aktuellen Tagesthemen beschäftigt. An den großen Fragen waren die nicht interessiert. Aber pfiffig wie sie waren, haben sie eine geschliffene Dialektik entwickelt, um nachzuweisen, dass es eigentlich gar nichts Wirkliches gibt.

Lesch:

Da steckt dieser Gorgias dahinter.

Vossenkuhl:

Genau dieser Methusalem Gorgias aus Sizilien. Der sagte also: Es gibt nichts. Nichts ist da. Sollte überhaupt etwas sein, dann können wir es nicht fassen. Sollten wir es aber trotzdem fassen können, dann können wir es nicht mitteilen. Und damit ist Ende der Fahnenstange.

Lesch:

Wie ist der 100 Jahre alt geworden? Der muss sich ja jeden Tag dem Trunke hingegeben haben, nach dem Motto: Ob ich was trinke oder nicht, spielt keine Rolle. Es kann ja sowieso nichts sein. Und wenn was ist ... Am Ende konnte er wohl berauscht tatsächlich nichts mehr mitteilen, das stimmt.

Aber das ist Skepsis in Reinkultur. Da bleibt ja überhaupt nichts mehr zu tun übrig.

Vossenkuhl:

Man kann sich gut vorstellen, dass so eine geistige Haltung nicht von großer Dauer ist. Für diese Art von Aufklärung war das Ende absehbar. Das konnte nicht lange anhalten. Es brachte aber frischen Wind in die intellektuelle Kultur. Vor allem in Athen. Und das war wichtig in der damaligen, etwas erstarrten Zeit.

Lesch:

Was mir gut daran gefällt, weil ich auch ein Vertreter der These bin, dass die Wissenschaft und die Philosophie unter die Menschen müssen, ist, dass die ganze Bewegung der Sophistik etwas ganz Pragmatisches an sich hatte.

Diese Leute sind aus dem Umfeld heraus zu verstehen. Es gibt demokratische Bewegungen, die Polis kommt in Schwung. Es gibt mehr und mehr Gerichtsverhandlungen. Die Philosophie ist nicht mehr nur das Werk von Einzelnen, von Leuten, die etwas „neben der Spur gehen", die sich mit irgendwas beschäftigen, was den Otto Normalverbraucher nicht besonders berührt.

Jetzt wird die Philosophie ganz schnell ganz praktisch. Die Sophisten gehen zur Sache. Wenn man sich überlegt, wie viele Politiker in einer Stadt wie Athen zugange waren. Ständig gab es Gerichtsverhandlungen. Die *Archonten* haben sich getroffen, um die Stadt zu regieren. Es gab Auseinandersetzungen auf der Wortebene. Ein idealer Nährboden.

Die Sophisten taten genau das, was die Gemeinschaft von Lehrern erwartete. Nämlich genau diejenigen auszubilden, die diese Stadt regieren sollten. Auf der einen Seite gab es die Ehrgeizlinge, die als einfache Bürger in der Demokratie nach oben wollten, auf der anderen Seite die Verlustängste der Aristokratie. Beide mussten quasi „gecoached" werden. Die Sophisten brauchten nur die Hände aufzuhalten: Give me ten piaster, please.

Vossenkuhl:

Du hast das vorher sehr schön mit dem Beispiel geschildert: Ein Philosoph kommt an. Alle rennen zum Bahnhof.

Man erwartete von diesen Männern Wunderdinge allein durch die Rede. Man hat sich völlig dem, was die sagten, hingegeben und ließ sich bewegen. Das war wie in der Tragödie, wie im Theater.

Der Protagoras war der Meinung, die Kunst bestehe darin, etwas, was schwach erscheint, stark zu machen.

Denk doch mal, was heute los ist! Diese Art von Sophismus ist wieder enorm gefragt! Wir sollen in den Universitäten etwas, was schwach erscheint, stark machen. Der Chef der Deutschen Bank will etwas, was schwach erscheinen könnte, schon vorab, bevor es so erscheint, stark machen. Man will doch ständig etwas anders erscheinen lassen, als es möglicherweise ist. Das ist doch eine hochmoderne Haltung!

Dass diese Männer vor 2.500 Jahren es verstanden, durch ihre Redekunst die Menschen so zu beeindrucken, das deutet darauf hin, dass sie richtige Superstars gewesen sein mussten. Das gibt es heute nicht mehr.

Übrigens habe ich vorher vorschnell gesagt, dass die Wortkünstler keine Zukunft hatten. Die Sophistik, die Kunst der Rede, hat noch in römischer Zeit, einige Jahrhunderte später gut funktioniert. In Rom wäre sogar einmal ein Grieche fast gesteinigt worden, weil er an einem Nachmittag eine These vehement vertreten hatte und am anderen Tag die gegenteilige ebenso überzeugend. Diese Art von Humor verstanden die Römer nicht. Oder besser: Sie wussten diese hohe Kunst nicht zu schätzen.

Lesch:

Schade eigentlich.

Vossenkuhl:

Die Griechen hatten da mehr Humor. Sie waren da lockerer – oder vielleicht auch klüger.

Lesch:

Das kann aber auch ausarten. Dieses: Was kümmert mich mein Geschwätz von gestern. Wie oft haben wir schon erlebt, dass jemand gesagt hat: Hier stehe ich und kann nicht anders. Tags darauf konnte er dann doch ganz anders. Das sah sehr nach einem 180 Grad-Schwenk aus.

So gesehen haben die Sophisten ganz gut durchgehalten. In 2.500 Jahren haben sie sich offenbar noch vermehrt. Die Politik scheint ja weltweit zu einer gepflegten Sophistik geworden zu sein.

Vossenkuhl:

Einspruch, Euer Ehren! Ein guter Sophist hätte die Vorzüge der Magnetschwebebahn zwischen dem Münchner Hauptbahnhof und dem Flughafen sicher etwas überzeugender rüberbringen können als ein unfreiwillig als Komiker dilettierender bayerischer Spitzen-Politiker. Das gilt sicher für den Bahnhof in Stuttgart 21, das Atomendlager-Problem und einiges Deutschland-Bewegendes auch.

Lesch:

Einspruch stattgegeben. Nach dem Studium der Sophisten würde ich sogar sagen, man hätte sie dringender nötig als bisher. Die Leute, die Meinungsbildner und Entscheider darin ausbilden könnten, ein Wort so zu führen, dass es auch tatsächlich etwas aussagt und verstanden wird. Dass es nicht so ein Sprachbrei wird, in dem du am Ende nicht weißt, was er jetzt eigentlich sagen wollte.

Die Sophisten haben in dieser Hinsicht etwas geleistet.

Vossenkuhl:

In jedem Fall. Wir sollten noch fragen: Worin unterscheiden sie sich eigentlich von dem, was gleichzeitig und davor war? Dieser Blick auf den Menschen. Kann man sich eigentlich Sokrates ohne die Sophisten vorstellen? Nein. Weil Sokrates etwas ganz Wesentliches von den Sophisten übernommen hat. Übrigens wurde er von manchen auch noch als Sophist gehandelt.

Es ist die Hinwendung zum Menschen. Nicht mehr der Kosmos, nicht mehr die Urgründe und die Urelemente zählen, sondern das, was der Mensch ist, und wie der Mensch die Welt sieht, das zählt. Das ist schon eine gewaltige Wendung. Weg vom metaphysisch Abstrakten, hin zum konkreten Menschen.

Lesch:

Ist das damals ein Thema gewesen? Hingen solche naturphilosophischen Großkonzeptionen nach einer Weile wirklich zum Halse heraus? Musste dann wieder einer kommen, der ein anderes Element zu etwas ganz Wichtigem erhob?

Vossenkuhl:

Seit es Menschheitskulturen gibt, war es immer wieder – in Sinuskurven schwingenden Intervallen – so, dass sich bestimmte Ideen verbrauchten. Ich glaube, wenn man eine Idee einmal verstanden hat, dann ist eine gewisse Spannung weg. Man gewöhnt sich an sie, zerlegt und verfeinert sie. Dann gibt's Widerlegungen, dann Alternativen. Irgendwann verflüchtigten sich diese Verästelungen der Entwicklung, diese Diversifikationen oder diese Vervielfältigungen einer Idee so, dass man die Übersicht verliert. Dann wendet man sich wieder dem Klaren, Einfachen, Simplen zu. Das hat eine gewisse Eigendynamik.

Die Hinwendung zum Menschen hatte sicherlich auch zeitgeschichtliche Gründe. Man wollte einfach in der Zeit denken, in der man lebte. Und das war ja eine hochproblematische Zeit.

Kriege und sonstige Auf's und Ab's. Ich glaube, die Zeit verlangte nach etwas Menschennahem. Nicht mehr diese doch sehr abstrakten Theorien, ob nun das Sein Werden ist oder welche Grundelemente es gibt, also diese „Archai". Ich glaube, dass das Bedürfnis nach etwas Konkretem immer stärker geworden ist.

Lesch:

Aber ist es wirklich das Einfachere, zu dem man sich da hingewandt hat? Ich behaupte ja immer, Physik sei relativ einfach, vor allen Dingen die Kosmologie. Das Universum ist halt groß, leer, alt und kalt und es lässt sich berechnen. Das kann man in Differentialgleichungen hinschreiben. Über Menschen geht das nun mal nicht.

Man vergleiche nur das, was die Sophisten gemacht haben mit den naturphilosophischen Vorstellungen von dem, was hinter dem sichtbaren Sein ist, also mit der Seinslehre von Parmenides. Der war ja gewissermaßen der Urvater der Ontologie. Verglichen damit ist doch das, was die Sophisten versucht haben, wahnsinnig viel schwieriger.

Dieser Satz: „Aller Dinge Maß ist der Mensch, der Seienden, dass sie sind, der Nichtseienden, dass sie nicht sind". Wenn man diesen Satz ganz falsch versteht, dann könnte man sagen, der Mensch ist die Krone der Schöpfung. Er bestimmt alles das, was um ihn herum ist. Das wäre ein ganz starker Subjektivismus. Die Welt ist so wie sie ist, weil ich sie so empfinde, oder so wahrnehme, wie ich sie wahrnehme, und damit ist die Sache erledigt. Es gibt gar keinen objektiven Grund, über den wir beide uns einigen könnten. Noch nicht einmal über Farben oder sonst irgendwas.

Daraus erwächst eine Methode, eine Kunst, die es sich zur Aufgabe macht, das Instrumentarium des Menschen bei der Kommunikation mit der Welt zu schärfen: die Sprache.

Dass die Sophisten das gewagt haben, finde ich enorm. Das müssen sehr selbstbewusste Männer gewesen sein.

Vossenkuhl:

Es ist ihnen auch nicht immer so gut bekommen. Wegen seiner Infragestellung des Wissens von den Göttern bekam Protagoras große Schwierigkeiten. Das passte den damaligen Autoritäten gar nicht ins Konzept. Protagoras hat dann auch die Stadt verlassen. Gorgias hat solch heiße Eisen erst gar nicht angepackt. Auch deswegen ist er wohl so lange friedlich auf Erden gewandelt.

Es gab aber andere Sophisten, die vor allem in den „Platonischen Dialogen" zu Wort kommen. Mit denen hat sich Platon sehr intensiv beschäftigt. Das ist ein Zeichen dafür, dass die ernst genommen wurden. Auch die Gefahren, die von ihnen ausgingen.

Heute ist man daran gewöhnt, dass ein Unterschied gemacht wird zwischen den Gesetzen der Menschen und den Naturgesetzen. Das war damals so noch nicht in den Köpfen.

Lesch:

Aber es gab schon Gesetze, die von Menschen gemacht wurden. Von so jemand wie dem Gesetzgeber von Athen, dem Solon.

Vossenkuhl:

Das schon. Gerade Solon war einer der ganz großen Gesetzgeber. Theoretisch haben die Sophisten aber versucht zu erklären: Wann begann das denn mit den Gesetzen? Zumindest einer von ihnen dachte: Vorher gab's einen Urzustand. So wie später bei Thomas Hobbes. Alle kämpften gegen alle. Da waren die Menschen sehr tiernah, sehr tierisch. Dann kamen die Gesetze und alles wurde besser.

Die Sophisten haben auch überlegt: Was ist nun der wirkliche Unterschied zwischen den Gesetzen, die die Menschen machen, die durch Übereinkunft zustande kommen, und denen der Natur. Da ist ein großer Unterschied!

Den merkt man vor allem - und das ist eine sehr interessante sophistische Einsicht - an den Folgen des Verstoßes gegen Gesetze. Wenn man gegen menschliche Gesetze verstößt, dann muss nicht unbedingt etwas passieren, vor allem dann nicht, wenn es keiner sieht. Sich nicht erwischen lassen. Es war eine sophistische Einsicht, dass das möglich ist.

Wenn du aber gegen Naturgesetze verstößt, da fällt dir einfach etwas auf den Kopf – im Zweifelsfall das Dach oder gleich der ganze Himmel.

Lesch:

Keine Chance. Gesetze, die von Menschen gemacht oder von Menschen und Göttern geschrieben werden, sind ja immer „du sollst nicht Gesetze", die auch die menschliche Freiheit zum Thema haben. Du kannst dich zwar so verhalten, aber eigentlich solltest du dich anders verhalten.

Naturgesetze sind „du kannst nicht Aussagen". Da gibt es keine Alternativen.

Während es bei Menschen oder eventuell auch bei Göttern einen Gerichtshof gibt, falls doch jemand mitkriegt, wie das Gesetz gebrochen wurde, so gibt es bei Naturgesetzen weder einen Gerichtshof, noch ein in „dubio pro reo". Man kann nicht um Gnade winseln, es hilft alles nichts.

Vossenkuhl:

Die Einsicht, dass es da einen großen Unterschied gibt, hat zu viel Verwirrung geführt. Dieser Schwung der Aufklärung hat die Ordnung, die Denkordnung, so verändert, dass damit auch die politische Ordnung ins Wanken geriet.

Lesch:

Ach was.

Vossenkuhl:

Ja. Denn wenn die menschlichen Gesetze nicht mehr als ehern gelten, und nicht mehr für so stabil gehalten werden wie die Naturgesetze, also wie die Gesetze der Kosmologie, dann fragt der Mensch sich: Warum muss ich mich denn daran halten? Warum muss ich bei Rot an der Ampel stehen bleiben? Warum kann ich nicht weiter fahren?

Lesch:

Würde man heute sagen, dass die Sophisten nicht nur Wortkünstler und –Lehrer waren, sondern so eine Art „think tank", also eher strategische Berater? Es waren ja sogar einige Sprach-Kämpfer dabei, die versucht haben in der Politik mit zu mischen.

Vossenkuhl:

Natürlich. Die waren zum Teil Politiker. Die haben mit vollem Risiko politisch agiert. Das waren nicht die selbstzufriedenen Bachus-Jünger in ihrem schattigen Gedanken-Hain. Die Pragmatiker haben sich richtig ins Getümmel geworfen.

Lesch:

Würdest Du heute sagen, dass dieser Zweig etwas ganz Besonderes, Einmaliges in der Philosophie gewesen ist? Können wir darauf hoffen, dass so was wieder passiert? Oder hat sich die Philosophie für immer in den kühlen Schatten ihrer Gedanken zurückgezogen?

Vossenkuhl:

Ich glaube, die Professionalisierung der Philosophie als Hochschulfach ist für ihre Rückkehr ins Getümmel des täglichen politischen Lebens eher ein Hindernis. Das waren ja damals keine verbeamteten Hochschullehrer. Es gab zwar Schulen. Die wurden aber erst in jener Zeit gegründet. Die Sophisten gehörten zu keiner Schule. Die waren auch nicht organisiert, hatten keine Gewerkschaft.

Lesch:

Das waren Einzelkämpfer. Also freischaffende Redner, die man engagieren konnte.

Vossenkuhl:

Das war immer eine „one man show".

Lesch:

Die Guten waren auch im breiten Volk bekannt. Stars, die bei ihrem Erscheinen für Massenauflauf sorgten. Wenn ein Sophist in die Stadt kam, dann rannten wirklich alle hin und wollten ihn sehen und hören.

Vossenkuhl:

Ja, das war so wie heute „Bayern München" gegen „Borussia Dortmund".

Lesch:

Man muss sich das noch einmal vor Augen führen, was für einen Schritt die Philosophie da eigentlich getan hatte. Auf einmal schlagartig weg vom Universum und dem, was hinter den Dingen steht. Auf einmal steht da einer auf dem Marktplatz und sagt: Es ist nichts. Wenn etwas ist, dann können wir es nicht erkennen. Und wenn wir es erkennen können, dann können wir es nicht wiedergeben. Die Leute müssen doch gedacht haben: Jetzt ist es aber gut. Jetzt schlägt es dem Fass den Boden raus.

Vossenkuhl:

Um mit einer netten Dame irgendwo ins Gespräch zu kommen, ist das auch nicht die richtige Einleitung.

Trotzdem: Die Sophisten als Meister des Wortes und dessen Verdrehung schafften es – zumindest einige Zeit – die antike Welt in Atem zu halten.

Die Vorsokratiker – eine Bilanz

Vossenkuhl:

Wir haben uns beide redlich bemüht, die Ehre der Sophisten zu retten. Jetzt müssen wir wieder ein bisschen zurückrudern, leider. Die Sophisten waren zweifellos große Redner und haben viel geleistet für die Aufklärung in der Antike, also vom großen Ganzen hin zum einzelnen Menschen. Soweit wir Platon und seinen Berichten vertrauen können, haben aber einige übertrieben. Sie haben bei der Bedeutung des Menschen etwas überzeichnet. Darüber müssen wir noch einmal sprechen.

Harald, was meinst Du, wo haben die Sophisten daneben gelegen?

Lesch:

Ich denke da sofort an „der Mensch ist das Maß aller Dinge“. Dann tauchen umgehend die Gesetze auf, die der Mensch in die Welt einbringt. Damit wäre er auch das Maß aller Gesetze, einschließlich der Gesetze der Natur, zumindest der Gesetze, die sich in der Natur ablesen lassen. Die werden dann sehr stark relativiert.

Wenn jeder Mensch seine eigenen Gesetze hervorbringen kann, dann kann er auch sagen, was Recht und was Unrecht ist. Ich denke mit Schaudern an das Recht des Stärkeren.

Der kann dann machen, was er will. Zu was das geführt hat, kann man hinreichend in der Menschheitsgeschichte ablesen. Man könnte natürlich auch sagen: Nein, im Gegenteil. Der Schwächere hat das Recht, weil er eben der Schwächere ist. Damit er nicht von den Stärkeren gleich niedergemacht wird, hat er eben das besondere Recht des Schwächeren. Das ist ein großes Problem.

Wir stehen heute, namentlich in Europa, wieder vor dieser Frage: Wie gehen wir mit Schwachen, Kranken, Alten, also schlicht und ergreifend mit Menschen um, die nicht an der Leistungs- und Wohlstandsgesellschaft, dem „Konsumfluss“ oder an dem allgemeinen, wohlversorgten, gehobenen Dasein teilnehmen können?

Was haben die für Rechte, was für Pflichten? Eine so subjektive Haltung, wie sie die Sophisten eingenommen haben, diese Wortverdreher, Spiegelfechter, Künstler, Superstars, ... das konnte so nicht gut gehen.

Vossenkuhl:

Wenn man aus heutiger Sicht überlegt, wo die Sophisten überzeichnet haben, kann man das ganz gut an den kleinen Schritten erkennen. Wenn einer heute sagt: Der Stärkere soll mehr Erfolg als der Schwächere haben, würden dem heute nur wenige widersprechen. Das steht zwischen den Zeilen im Wirtschaftsteil jeder guten Zeitung. Der Stärkere soll mehr Erfolg haben und sich durchsetzen. Das haben die Sophisten auch so gesehen.

Kallikles (Sophist, Ende des 5.Jh. v. Chr., Schüler des Gorgias), war einer über den Platon – im Dialog „Gorgias" – Kritisches geschrieben hat. Dieser Kallikles war nicht nur der Meinung, der Stärkere solle mehr Erfolg haben. Er war darüber hinaus der Meinung: Der Stärkere ist von Natur aus stark und der, der von Natur aus stark ist, soll genau das machen, was er von Natur aus am Allerliebsten täte.

Lesch:

Da verzieht sich aber alles bei mir.

Vossenkuhl:

Ja, Du siehst, es geht scheibchenweise und plötzlich ist man bei einer ziemlich übergriffigen Weltanschauung.

Lesch:

Das ist doch eine Diktatur des Stärkeren in Reinkultur. Da sind wir ganz schnell beim Übermenschen.

Vossenkuhl:

Nietzsche hat das nicht erfunden…

Lesch:

Aber es hat ihm gut gefallen.

Vossenkuhl:

Das hat ihm sehr gut gefallen. Dieser Kallikles soll, wenn wir Platon vertrauen können, gemeint haben: Jemand, der seine Freiheit, seine Lüste auslebt, der hat eigentlich recht. So zu leben, ist gerecht. Da dreht sich dann der Aufklärungsgedanke der Sophisten in sein Gegenteil um. Ursprünglich hat die Sache verheißungsvoll angefangen, und jetzt steht sie plötzlich auf dem Kopf.

Lesch:

Das ist ja zutiefst unnatürlich. So was würde sich letztlich auch im Darwinismus niederschlagen. Survival of the Fittest – derjenige, der am besten ist, der überlebt. Das ist natürlich völlig falsch verstandener Darwinismus. Im Gegenteil. In der Natur werden ganz darwinistisch überall Nischen besetzt. Man könnte es auch systemtheoretisch so formulieren: Das Spiel würde schnell zu Ende sein, wenn es tatsächlich so abliefe, wie es dieser Kallikles niedergeschrieben hat.

Vossenkuhl:

Der Darwinismus ist nicht so krude wie die Weltanschauung des Kallikles. Denn der Darwinismus erklärt ja auch, zumindest als eine der Varianten der Veränderung von Arten, dass sich Einzelne für das Überleben der ganzen Art opfern. Einzelne Lebewesen werfen sich für ihre Artgenossen in die Bresche, setzen ihr Leben aufs Spiel, nur damit die anderen überleben können. So kann die Art insgesamt erhalten bleiben. Der Kallikles war eben ein eingefleischter Individualist und Egoist.

Lesch:

Dann ist er ein Philosoph der Moderne. Das ist doch genau das, was dem kapitalistischen Wirtschaftssystem inhärent ist. Es wohnt ihm inne.

Vossenkuhl:

So ist es.

Lesch:

Der Starke kann machen, was er will. Die anderen müssen halt zusehen, wie sie ihm aus dem Weg gehen und selber klar kommen. Die Angebot-Nachfrage-Situation ist im Grunde genommen auch nichts anderes. Wer das Beste anbietet, der, bei dem nachgefragt wird, hat – wenn die Nachfrage steigt - das Recht, die Preise beliebig nach oben zu schrauben. Aber das kann doch nicht das erstrebte Ziel sein!

Vossenkuhl:

Das hat folgerichtig später heftige Kritik ausgelöst Es kam das erste kritische Zeitalter, das vor allem mit Sokrates und Platon anfing. Sie stellten sich gegen diese Auflösung von Ordnungen.

Wir haben jetzt einen Punkt erreicht, der wie in einem Kreislauf zeigt, dass und warum es nicht mehr weitergeht. Natürlich kann man in einem Rad wie ein Hamster immer in die gleiche Richtung rennen und doch nicht vom Fleck kommen.

Wir haben bei der Suche nach Gründen, nach den allerersten Gründen angefangen, und sind von kosmologischen Themen zum Menschen gekommen. Nachdem diese Frage nach dem Menschen gestellt worden war, tat sich plötzlich dieser merkwürdige Abgrund auf, gegen den dann Sokrates und Platon gekämpft haben. Sie haben gesehen, dass keine menschliche Ordnung existieren kann, wenn nur das Recht des Stärkeren gilt.

Lesch:

Da ist erst diese Hinwendung zum Kosmos und am Ende wird der Mensch auf sich selbst und seinen Egoismus zurückgeworfen.

Eine reine Nabelschau. Lass uns mal bilanzieren. Wir haben jetzt einen richtigen schönen, sauberen Schnitt. Den findet man in jedem ordentlichen Philosophie-Geschichtsbuch.

Vossenkuhl:

Ich würde gerne kurz darauf hinweisen, wie Karl Jaspers das in seiner Einführung in die Philosophie beschrieben hat: Der Beginn der griechischen Philosophie, mit Thales, 6. Jahrhundert v. Chr., gehört zu der von Jaspers so genannten „Achsenzeit".

In China gab es Laotse und Konfuzius. In Indien trat Buddha auf, in Persien Zarathustra. In Israel finden wir die Propheten. Im Abendland war es die griechische Philosophie. Wie Jaspers sagt, war das der tiefste Einschnitt in die Geschichte, dieser Befreiungsschlag der Vernunft. Warum ist das ausgerechnet in Griechenland passiert und nicht irgendwo anders? Woran kann man das festmachen?

Lesch:

Da ist viel spekuliert worden. Meine eigene Spekulation ist, dass die Entwicklung zu einem Vernunftbegriff im modernen Sinn da am weitesten gediehen war. Die Griechen waren schon ganz weit weg von mythischen Erklärungen. Sie haben sehr viel mehr an methodisch saubere Analysen von Begriffen gedacht. Sie haben versucht, den Zusammenhang zwischen Wort und Welt heraus zu arbeiten. Das war eine ganz solide Basis. Das findet man eigentlich bei allen, die Du gerade genannt hast, so nicht, oder?

Vossenkuhl:

Nein. Ich senke die Stimme ein bisschen und denke an Homer und Hesiod. Jacob Burckhardt nannte das einmal den merkwürdigen griechischen Pessimismus. Überall Unheil. Man war den Göttern auf Gedeih und Verderb ausgeliefert. Was immer einem passierte, man konnte nichts dagegen machen.

Odysseus war der erste, der versucht hat, ein bisschen gegenzusteuern. Er war schon ein ganz Pfiffiger.

Lesch:

Er war der erste moderne Mensch.

Vossenkuhl:

Er war zumindest einer, der versucht hat, den Göttern auf die Schliche zu kommen, sie ein bisschen auszutricksen. Ansonsten herrschte dieses Schicksals ergebene griechische Denken. Zumindest ersehen wir das aus dem, was uns überliefert ist. Das griechische Denken war zutiefst fatalistisch und pessimistisch. Es sei besser, erst gar nicht geboren zu werden, meinten einige. Und wenn man schon geboren wird, dann sei es das Beste, ganz früh zu sterben. Das ist zumindest eine uns überlieferte Haltung aus dem 6. Jahrhundert v. Chr.

Dann ist da etwas passiert, was ich nicht so richtig verstehe.

Lesch:

Ich will ja auch nicht behaupten, dass ich's verstehe. Ich versuche nur eine Spekulation. Eine unter vielen. Wichtig ist, dass diese Gründe-Suche begann. Ich weiß nicht alles über fernöstliche und sonstige Versuche dieser Art, aber das Gründe-Suchen mit dem eigenen Kopf und Verstand, das, glaube ich, gab es nirgendwo sonst.

Vossenkuhl:

Stimmt.

Lesch:

Noch dazu in der Zeit. Das ist eine Befreiung von Mythen, von Kräften, die der Mensch nicht beherrschen kann. Wir reden ja nicht über Dinge, die nur vor zweieinhalbtausend Jahren passiert sind. Das passiert ja heute noch. Überall, wo Menschen sich ihre eigenen Gedanken machen, passiert das gleiche. Es gibt immer noch von Mythen bestimmte Denkweisen und Vorstellungen. Selbst in der Wissenschaft ist das so.

Vossenkuhl:

Ja klar.

Lesch:

Dieser oft durchglühte Glaube an merkwürdige Phänomene. Heute klammern sich mehr Menschen denn je an den größten Humbug, den man sich vorstellen kann. So weit sind wir noch immer nicht von diesem schwurbeligen Mythischen entfernt. Ich bekomme Briefe an: Prof. Dr. Harald Lesch, Institut für Astrologie der Universität München.

Vossenkuhl:

Siehste. Die wollen dann ihr Horoskop von Dir.

Aber im Ernst. Man muss das einfach mal in die Jetzt-Zeit projizieren. Wenn man erkennt, was es für einen Vorteil bringt, selbst nach Gründen zu suchen, kann man das gut nachvollziehen. Und ich glaube, dass es in der Retrospektive historisch nicht anders zugegangen sein kann. Der Erfolg liegt einfach in der selbständigen Suche nach Erklärungen.

Lesch:

Genau.

Vossenkuhl:

Wie gut oder schlecht die Ergebnisse waren, gut, das wird sich dann zeigen.

Lesch:

Im Nachhinein ist man immer ungerecht oder gescheiter. Zurückblickend kann man natürlich sagen: Mensch, was haben die damals für einen Unsinn geredet! Dass die Erde eine Scheibe sei, oder wie Erdbeben zustande kommen oder Nilüberflutungen. Da kursierten ja die tollsten Geschichten. Ich glaube, dass in dem griechischen Zeitfenster dieser Phase der Vorsokratiker das helle Licht des Anfangs aufleuchtete. Sie waren die Ersten, die mit ihren Füßen in dem Sand, der sich über die Jahrhunderttausende abgelagert hatte, die ersten Abdrücke hinterlassen haben.

Vossenkuhl:

Sehr bildhaft. Da bricht wieder Dein Freund Goethe in Dir durch.

Lesch:

Natürlich sind andere dann irgendwann hinterher gelatscht, aber die Vorsokratiker waren eben die Ersten. Ihnen gebührt das Neil-Armstrong-Gefühl: Der war schließlich auch der Erste – allerdings auf dem Mond.

Für mich ist das Magische, dass dieses Unternehmen Philosophie von allen anderen Umtriebigkeiten des Menschen unterscheidet, dieser Versuch, Ordnung zu schaffen. Auf der einen Seite steht der Mythos. Da sind die Götter, die machen, was sie wollen und das Schicksal. Das heißt nichts anderes, als der Willkür hilflos ausgeliefert sein. Man kann sich zwar was unter diesen Göttern vorstellen. Es hat etwas sehr Persönliches. Man könnte mit denen vielleicht sogar ins Geschäft kommen. Aber im Grunde genommen ist man ihnen völlig ausgeliefert. Das steht schlichtweg für Chaos. Mythos und Chaos stehen in ganz enger Wechselbeziehung. Und dann sind selbst die Götter noch dem Schicksal unterworfen, also doppelte Ungewissheit!

Auf der anderen Seite die Philosophie. Die versucht nun, mit Hilfe der Vernunft Ordnung zu schaffen, Gesetze zu erlassen oder welche in der Natur erst einmal zu finden. Daraus ergibt sich ein Kosmos. Das ist Ordnung. Die Philosophie schafft einen Kosmos, der Mythos beschreibt ein Chaos.

Der Mythos liefert immer nur eine Antwort. Sobald Du eine weitere Frage stellst, fällt ihm nichts mehr ein. Die Philosophie ist dieses wunderbare Spiel, aus einer Frage und einer Antwort die nächste Frage zu entwickeln. Praktisch wie ein gutes Tennismatch: Ab und an schaltet sich ein Schiedsrichter ein, wenn man Experimente machen kann wie in den Naturwissenschaften. Aber ansonsten ist es eben dieser Ballwechsel. Hin und her. Beim Mythos wird der Ball einmal aufgeschlagen – und das war´s dann auch.

Vossenkuhl:

Das ist sehr gut beschrieben. Aber Du wolltest noch was zu dieser Achsenzeit sagen.

Lesch:

Die Achsenzeit scheint ja durchaus etwas Besonderes gewesen zu sein. An verschiedenen Stellen auf der Erde hat sich ein Homo Sapiens aufgemacht, die Welt und ihre Erscheinungen zu hinterfragen. Es tauchten Denksysteme auf, die mathematisch gesprochen, orthogonal zu dem waren, was bis dahin bestand hatte.

Vossenkuhl:

Und dann hat sich das Blatt gewendet.

Lesch:

Dann entfaltete sich die Philosophie wie eine Blüte. Die Vorsokratiker waren der Nährboden für die Gedanken und das Wirken der drei ganz Großen: Sokrates, Platon und Aristoteles.

Vossenkuhl:

Wir denken heute ja, dass die Sonne der Erkenntnis nur in den wirtschaftlich erfolgreichen Regionen der Welt aufgeht. Es scheint irgendwie wie ein Naturgesetz zu sein, dass wir Europäer, die Amerikaner, die Japaner und inzwischen auch die Chinesen meinen, dass in ihren Ländern die interessantesten geistigen Entwicklungen stattfinden. Da stapelt sich das Geld, da gibt es Kultur. Wenn man sich aber die enormen Fortschritte in der Vernunftentwicklung der griechischen Klassik vor das geistige Auge ruft, dann muss man feststellen, dass – zumindest anfangs – die interessantesten Figuren gar nicht in den Machtzentralen jener Zeit saßen, sondern an der Peripherie. Milet war – verglichen mit Athen – Peripherie, Elea war weit weg im Südwesten des heutigen Süditalien, von Griechen damals nur dünn besiedelt.

Daneben gab es noch eine Menge anderer interessanter Orte. Auf Sizilien zum Beispiel, eine immer schon heftig umkämpfte Insel, nie wirklich politisch konsolidiert. Bevor in Athen die klassische Periode begann, waren die großen, ersten Schritte der Gründesuche bereits ganz wo anders und ziemlich abgelegen getan worden. Wenn Du das jetzt in unsere Zeit projizierst, ist doch die Frage, wo.....

Lesch:

… wo tut sich heute was Neues?

Vossenkuhl:

Bei uns etwa? Wenn es analog zur Antike läuft, dann wohl weniger. Wir müssten vielleicht ein bisschen die Ohren spitzen und die Augen aufmachen und schauen, wo heute die Eleaten oder die Milesier sind. Wir müssten herausfinden, wo sich am Rande unserer doch recht behäbig gewordenen Kultur etwas Neues tut. In Afrika? Südamerika?

Lesch:

Da läuft mir natürlich rhetorisch das Wasser im Munde zusammen bei dem, was Du da sagst. Ich bin mir sicher, dass diese Entwicklung damals vor 2500 Jahren sehr viel damit zu tun hatte, dass die Griechen aus Griechenland raus gegangen sind und dabei festgestellt haben: Oh, es gibt ja noch eine Welt außerhalb von Griechenland. Die Auseinandersetzung mit dem Neuen, mit dem Anderen, hat dazu geführt, dass einer auf die Idee kam: Jetzt habe ich die ganze Zeit die Gabel rechts gehalten, ich könnt´ sie doch auch mal links nehmen. Und siehe da, unter Umständen erweist sich das als viel günstiger beim Essen.

Die ganz schlichte und einfache Erfahrung war sicherlich das eine. Der andere Aspekt: Die Auswanderer stellten fest, dass sie durch ihrer eigenen Hände Arbeit zu einem gewissen Erfolg kommen konnten. Das war in den heimischen, strengen Hierarchien gar nicht möglich gewesen. Die sind aus Städten ausgewandert. Was war wohl der Grund? Sicher nicht, weil es ihnen da so gut gegangen ist, sondern weil sie – auf deutsch gesagt – die Schnauze voll hatten.

Auch die Länder der kultivierten, so genannten „Ersten Welt", sind von Verwaltung, von Regeln geknebelt. Ich denke, das Neue wird auch heute da zu finden sein, wo Menschen noch genügend Freiheit haben, etwas auszuprobieren. Wo sie nicht ständig eingeengt werden durch Regularien und Konventionen, eingespannt in irgendwelche Prozesse, die von Leuten entschieden werden, die von der Wirklichkeit, über die sie entscheiden, überhaupt nichts wissen.

Vossenkuhl:

Da kommt noch etwas hinzu, genau in der Weise, wie Du es beschrieben hast. Nur dort, wo Menschen noch staunen können, passiert etwas Neues. Stell Dir vor, der Parmenides wäre in Athen auf die Agora, den Marktplatz gegangen, da wo die wichtigen Sachen besprochen wurden, und hätte seine Vorstellungen vom Sein erklärt. Die Leute hätten doch nur gelacht und gedacht: Was ist denn das für ein Komiker?

Wir leben heute kulturell auch in so einer Art Athen. Du kannst eigentlich kaum mehr etwas sagen, was ernst gemeint ist, weil schon das Ernstgemeinte eigentlich ein Lacher ist. Jemand, der etwas ernst meint und ernst nimmt, wirkt schon komisch. Dem hört keiner zu. Das heißt, es fehlt die Bereitschaft, zu staunen und sich in Staunen versetzen zu lassen.

Das ist etwas, was unsere Zeit genauso kennzeichnet wie das damalige Athen. Man war und ist der Meinung, man sei der Nabel der Welt. Das verstopft das Gehirn. Erst als es für die Athener knüppeldick kam und ihnen die Sophisten mehr oder weniger die Hosen ausgezogen haben, ja, da sind sie aufgewacht. Dann war das Thema des kritischen Denkens plötzlich mitten in der Stadt.

Lesch:

Das ist schon eine tolle Vorstellung. Da führt uns eine zweieinhalbtausend Jahre alte Sache mitten in das Heute, ganz unabhängig von den Details, die mit den einzelnen Philosophen verbunden sind. Man müsste einmal überprüfen, ob das der normale Verlauf einer Kultur ist. Dass sie wieder eine kräftige Ohrfeige links und rechts braucht, um sich zu berappeln und zu fragen: Was ist uns eigentlich noch wichtig? Vegetieren wir nur noch vor uns hin? Haben wir etwas zum Prinzip erhoben, das es im Grunde genommen gar nicht wert ist ein Prinzip zu sein?

Und dann gibt es noch die Geschichte mit den Fischhändlern. Die geht so: Es gibt 20 Fischhändler, die verkaufen sich gegenseitig Fisch, allerdings in geschlossenen Dosen. Solange keiner da reinguckt, läuft alles gut. Dann kommt aber ein neuer Fischhändler hinzu. Der macht die Dose auf und schreit: Iiiihhh, der Fisch ist ja faul! Der stinkt zum Himmel! Von dem guten Mann hat man nie wieder etwas gehört.

Oder die Geschichte mit dem König, der ja tatsächlich keine Kleider anhatte. Es müsste sich nur einer trauen, ihm das zu sagen. Kurzum: Mutige, geistige Menschen braucht das Land.

Vossenkuhl:

Die die Dose aufmachen.

Lesch:

Die einfach klar sagen, dass der Fisch zum Himmel stinkt, ohne an irgendwelche Nachteile, Rufschädigung oder Bedrohlichkeiten zu denken. Ich glaube, dass es inzwischen wirklich so weit gekommen ist, dass uns jeder originelle, ernstzunehmende Mensch so wertvoll sein muss, dass man ihn fast schon beschützen muss. Freigeistiger Artenschutz, quasi: Zumindest pflegen und zuhören.

Vossenkuhl:

Es gibt noch einen interessanten Punkt, der für unsere selbstkritische Betrachtung unserer Gegenwart interessant ist. Nehmen wir irgendeinen der Denker, die wir besprochen haben, Empedokles, Anaximander, wen auch immer. Jeder von denen war völlig unangepasst und hat quasi mit vollem Risiko gedacht. Das heißt, mit dem Risiko, dass man sich über ihn lustig machte oder ihn gar nicht wahrgenommen hat. Sogar das belächelt und verlacht Werden, haben diese Denker einkalkuliert, wenn Du Dich erinnerst.

Die Milesier sagten: Wenn wir ausgelacht werden, dann gehört das bei uns eben dazu. Wer hat bei uns heute noch den Mut, sich auslachen zu lassen?

Ich glaube, dass Respekt vor ernstzunehmenden Gedanken angebracht ist. Der Mangel an Mut, ausgelacht zu werden, führt notgedrungen zur Anpasserei, einem schlimmen Feind des selbständigen Denkens. So gesehen leben wir eigentlich in einer sehr, sehr angepassten Zeit.

Lesch:

An allen Ecken und Enden.

Vossenkuhl:

Eine Erneuerung des Denkens kann es gar nicht geben, wenn es nur Angepasstsein gibt.

Lesch:

Wobei es natürlich auch die Situation gibt, dass sich ein Königshof seine Narren hält. Die sagen ständig Dinge, die komplett senkrecht zu dem stehen, was sonst so angesagt ist. Und alle freuen sich darüber. Es gibt die Geschichte von dem Kabarettisten, dem nach seiner Vorstellung gesagt wird: Wissen Sie, wir hatten eigentlich mehr von Ihnen erwartet. Wir haben schließlich Eintritt bezahlt. Wir hätten ein bisschen mehr Kritik erwartet, ein bisschen schärfer hätte es schon sein dürfen. Der gute Mann hätte sich am liebsten hinterher umgebracht. Er dachte: Wieso tue ich mir das an, ich blöder Hund. Er hat sich ins Bett gelegt und ist vier Wochen nicht aufgetreten.

Auch das System, das heutzutage Wissenschaft zulässt und finanziert, ist nicht besonders daran interessiert, dass man ihm den Spiegel vorhält und auch noch den Teppich wegzieht. Das System verlangt einen gewissen Grad an Anpassung. In diesem Rahmen ist es gestattet, laut zu rufen: So geht das aber nicht! Wohl wissend, dass das „so geht das aber nicht“ sowieso verhallt. Damit hat sich dann die Sache.

Vossenkuhl:

Das ist aber bei den Philosophen damals nicht passiert. Natürlich wurden sie schief angeschaut, aber der Virus des Neuen war in die Welt gesetzt. Diese Ehre gebührt ihnen. Sie waren diejenigen, die den Virus hatten: „Benutze deinen Kopf, setze deine Vernunft ein und lass dir nicht von irgendjemand erzählen, was du zu glauben hast, was du zu wissen hast. Versuche selber heraus zu finden, was eigentlich ist und was die Welt ist“. Diese Ehre gebührt diesen Herrschaften.

Darauf wollen wir jetzt mal kurz das Glas heben. Sie lieber Leser, dürfen gerne mit uns darauf anstoßen. Ich finde, dass diese Männer - bisher ja noch Männer, später kommen dann auch noch Frauen dazu - dass die wirklich nicht nur ein Prost verdient haben, sondern größten Respekt.

Lesch:

Das Weingeistige in mir lässt mich schnell zum Glase greifen. Diesmal „Castello Brolio", ein guter Tropfen aus dem sonnen verwöhnten Chianti.

Etwas übertrieben gesagt, würde man heute ein gönnerisches Schulterklopfen bekommen, wenn man sagt: Die Erde ist rund. Da würden die Leute sagen: Junge, du hast recht, völlig richtig. Du kriegst unsere Unterstützung. Du gehörst zu uns.

Wenn aber einer sagt: Es scheint nur so, dass die Erde rund ist, dann würde er zu hören bekommen: Jetzt studiere noch ein bisschen, lies noch ein paar gute Bücher. Vielleicht wird dann aus dir doch noch ein wertvolles Mitglied der Gesellschaft.

Vossenkuhl:

Wenn einer wie Heraklit daherkommt und sagt: Sein ist eigentlich Werden. Da würden die Leute sagen: Ja so ein Spinner!

Ich glaube, dass wir Menschen heute wieder bereit sein sollten, so etwas zu hören und nicht gleich abzuwinken. Dieser ständige Ruf, man sollte die Geisteswissenschaften respektieren, ist nur ein Lippenbekenntnis des Bildungsbürgertums oder der so genannten Intellektuellen. Man lügt sich selbst in die Tasche, wenn man die Voraussetzungen dafür gar nicht hören will. Die wirkliche Offenheit für das noch nicht oder nicht mehr Gehörte ist nicht gefragt. Man will nicht etwas hören, was einem zunächst einmal rätselhaft erscheint. Man will nur das hören - was stimmt, das heißt, von dem man zu wissen glaubt, dass es stimmt.

Die Erde ist rund. Eigentlich will man nur das hören, was man bereits kennt. Die Erde ist rund und damit basta.

Lesch:

Das hat sich also schon bis zu Euch Philosophen rum gesprochen. Das freut den Astrophysiker.

Vossenkuhl:

Die Welt ist unser Zuhause.

Lesch:

Im Grunde genommen ist das, was wir hier gerade machen, ein Plädoyer für den Wagemut des menschlichen Denkens. Vor zweieinhalbtausend Jahren haben in Griechenland Männer angefangen, Fragen zu stellen. Sie haben auch Antworten geliefert, Antworten, die manchem gepasst haben, anderen überhaupt nicht.

Vor allen Dingen haben sie das Tor geöffnet – nicht das Himmelstor, im Gegenteil: Das Tor zur Welt mit ihren fassbaren Phänomenen.

„Aufklärung", sagt später (1784) ein großer deutscher Philosoph, „ist der Ausgang des Menschen aus seiner selbstverschuldeten Unmündigkeit. Unmündigkeit ist das Unvermögen, sich seines Verstandes ohne Leitung eines anderen zu bedienen".

Vossenkuhl:

Und dann sagt er weiter: „Habe den Mut, dich deines eigenen Verstandes zu bedienen!" Das galt damals und gilt auch heute.

Sokrates (469 - 399 v. Chr.)

Sokrates

Lesch:

Was würden Sie von einem Mann halten, der von seiner zänkischen Ehefrau mit einem Kübel Putzwasser übergossen wird? Sie schreit ihm aus dem Fenster auch noch hinterher, er solle bloß noch mal nach Hause kommen, dann könne er was erleben! Sie wirft ihm vor, stinkfaul zu sein. Er wolle nichts arbeiten, sich stattdessen nur auf den Straßen rumtreiben und irgendwelchen fremden Menschen erzählen, wie sie zu leben und zu handeln hätten. Und was sagt er? „Wenn meine Frau es donnern lässt, dann regnet's auch.“ Und geht patschnass auf den Marktplatz von Athen.

Ich spreche immerhin über einen der größten Philosophen, den die Menschheit kennt. Jemand, der als unbeugsam konsequent, aber auch als besserwisserisch gilt. Jemand, der keinen in Ruhe ließ, der über den Marktplatz von Athen ging. Er war so etwas wie eine lästige Stechmücke. Andere verglichen ihn gar mit einer Hämorrhoide.

Er war jemand, der ständig nachhakte und heraus finden wollte, wie wir denken. Denken wir richtig bei dem, was wir denken, oder machen wir Fehler? Er hat aufopfernd und oft penetrant versucht, seine Mitmenschen von Scheinwissen zu befreien. Offenbar hat er das auch tatsächlich zu seiner Zeit geschafft. Allerdings ging er dabei seinen Athenern Zeitgenossen derartig auf die Nerven, dass sie ihn schlussendlich zum Tode verurteilten.

Wir reden über Sokrates.

Vossenkuhl:

Sokrates war der Streetworker der Vernunft, so habe ich gelesen.

Lesch:

Ein philosophischer Stadtstreicher. Immer auf Achse und sehr kontaktfreudig.

Vossenkuhl:

Er war aber auch häufig mit Freunden beim Zechen. Du hast seine Trinkfestigkeit vergessen. Er konnte gut was vertragen. Auch im Krieg hatte er seinen Mann gestanden und für seine Heimatstadt Athen gekämpft. Es wurde berichtet, wie mutig er in der Schlacht gewesen war. Er muss schon ein besonderer Typ gewesen sein.

Lesch:

Ein richtiges Original.

Vossenkuhl:

Geboren in Athen im Jahre 469 v. Chr. Vater Bildhauer, Mutter Hebamme. Das ist wichtig, da kommen wir gleich noch drauf. Er stammte also nicht aus dem höheren Bürgerstand, aber aus einer Schicht, die durch Leistungen, die sie für die Wohlhabenden erbrachte, bei den Herrschaften bekannt war. Er kannte die wichtigsten Leute Athens, und die kannten ihn.

Aufgeschrieben hat er nichts. Zumindest ist uns nichts überliefert. Trotzdem gibt es kaum jemand anderen in der Philosophiegeschichte, der so bekannt ist.

Lesch:

Warum eigentlich? Was war denn der große Unterschied zu den Philosophen, die vor ihm da waren? Wir hatten ja nun schon die ganzen Naturphilosophen, die sogenannten „Vorsokratiker". Er war scheinbar so wichtig, dass man ihn sogar an eine Schnittstelle der Philosophie gesetzt hat.

Es gibt die vor Sokrates und es gibt die nach Sokrates - und es gibt Sokrates selber. Es muss also ein unglaublich wichtiger Mann gewesen sein. Was hat er denn nun wirklich so anders gemacht?

Vossenkuhl:

Er hat ganz einfach neue Fragen gestellt. Du hast ja schon beschrieben, wie er den Leuten auf den Wecker ging. Das war nicht nur der Versuch, die Leute zu ärgern. Er wollte vielmehr zeigen, dass wir meistens nur meinen, über eine Sache Bescheid zu wissen. Wenn man aber genau hinschaut, wissen wir eigentlich wenig oder gar nichts.

Deswegen sagte er eben auch in stiller Selbsterkenntnis über sich: **Ich weiß, dass ich nichts weiß.** Er hatte dieses ständige Nachbohren geübt und konnte es besser als andere. Dabei stellte er fest, dass er in den wesentlichen Fragen nicht bis zum Grunde vordringen konnte.

Also, die Art der Fragestellung war neu. Und der Verzicht auf eine Sicherheit am Anfang der Fragestellung. So etwas hatte es noch nicht gegeben, dass Philosophen zunächst einmal feststellten, dass sie nichts wissen, um dann erst schrittweise das Wissen zu erarbeiten. Das ist eine paradoxe Haltung: Man fängt bei Null an und entwickelt dann eine Methode, die zu sicherem Wissen führen soll.

Sokrates hat wahrscheinlich als Erster überhaupt eine philosophische Methode entwickelt. Grundlage war die Hebammenkunst. Das habe ich von meiner Mutter gelernt, die Hebamme war, sagte er. Mit dieser lebenserhaltenden Fertigkeit bringt man Menschen dazu - natürlich auch sich selbst - Schritt für Schritt Dinge einzusehen. Man versucht zu klären, worum es eigentlich geht.

Lesch:

Das hört sich ja alles sehr gut an. Aber Willi, nimm's mir nicht übel, wenn ich mir vorstelle, ich laufe über die Straße und da kommt irgendjemand daher, stößt mich so von der Seite her an: Sag' mal, weißt du eigentlich, was gut ist?

Wenn ich Zeit habe, sage ich: Na ja, also das und das ist mein Standpunkt. Dann fängt der schräge Typ an, meine Position zu kritisieren. Sagt doch glatt, so ist das gar nicht. Haben die Athener sich das einfach so gefallen lassen?

Wenn Sokrates so gut in der Philosophiegeschichte dasteht, wird gerne vergessen, wie oft die Athener ziemlich schlecht auf ihn zu sprechen waren. Wie die Sophisten vorher war auch er auf dem Marktplatz und suchte die Öffentlichkeit. Sokrates, dieser unbestechliche, gnadenlos konsequente Typ nahm aber kein Geld. Er hat diesen wunderbaren Satz gesagt: **Wie viele Dinge es doch gibt, die ich nicht brauche.**

In seinem konsequenten Denken und Handeln überragte er alle Normalverbraucher seiner Zeit. Die Leute haben wohl durchgehend konsterniert den Kopf geschüttelt und gedacht: Was ist denn das für einer?

Vossenkuhl:

„Weißt Du eigentlich, was gut ist?" Mit dieser Frage hast Du den Sokrates auf Dich losgelassen. Ein schönes Beispiel. Also, er trifft Dich und sagt, er habe gerade gehört, wie Du den Obstverkäufer gefragt hast, ob er heute eine gute Birne zu verkaufen habe. Was meinst Du eigentlich mit gut, fragt Dich der Sokrates dann. Was ist eine gute Birne? Und was sagst Du dann?

Lesch:

Eine Birne, die mir schmeckt.

Vossenkuhl:

Darauf Sokrates: Ist der Geschmack, also Deine Lust beim Birnen Essen, das, was eine gute Birne definiert?

Lesch:

Der Geschmack gehört auf jeden Fall dazu. Die Birne muss für mich gut schmecken. Außerdem weiß ich, dass Birnen gesund sind. Also ist es doppelt gut, gut schmeckende Birnen zu essen.

Vossenkuhl:

Aber es kann ja sein, dass diese Birne Dir schmeckt, aber nicht mir. Wenn Du sagst, die Birne ist gut und ich sage, sie ist nicht gut, dann haben wir ein Problem. Dann benutzt Du das Wort ‚gut' anders als ich. Das kann ja wohl nicht sein.

Lesch:

Warum nicht?

Vossenkuhl:

Weil ‚gut', wenn es nicht nur eine Art Luftwort sein soll, etwas bedeuten muss.

Lesch:

Etwas, was für uns beide gleich ist. Das stimmt natürlich.

Vossenkuhl:

Die Suche nach dem Allgemeinen in diesen Bestimmungen, das habe ich vorhin mit dem methodischen Weg gemeint. Man begnügt sich nicht damit festzustellen: Du hast diesen Geschmack, ich hab jenen Geschmack, Du hast dieses Lustgefühl, ich hab ein anderes Lustgefühlt oder sogar ein Unlustgefühl. Nicht alle mögen Birnen. Manche bevorzugen Äpfel oder Bananen.

Sokrates ging es darum zu zeigen, was die eigentliche Bedeutung von ‚gut' ist. Er sagt: Letztlich haben wir die Auswahl zwischen ‚gut' als Nützlichem und ‚gut' als Lust. Aber all das befriedigt uns nicht. Denn wir wollen wissen: Was ist eigentlich gut für uns Menschen? Nicht nur für Harald und Willi, sondern für den Menschen an sich. Was ist für ihn, also für uns alle gut? Die Frage zielt letztendlich auf das sittlich Gute, das, was im ethischen Sinn gut ist. Der Weg der Frage beginnt bei vielen Perspektiven und zielt am Ende auf einen Punkt: das sittlich Gute.

Lesch:

Aber wie kommt man darauf, eine solche Art von Philosophie zu betreiben? Für mich als Physiker liegen die Fragen der Naturphilosophen praktisch auf der Hand. Was ist die Natur? Wie verhalten sich die Dinge mit- und zueinander? Was steckt tatsächlich dahinter? Daher die Suche nach dem Allgemeinen, weg von den reinen Sinneswahrnehmungen. Die ganzen Element-Theorien der Vorsokratiker zielen ja darauf ab.

Jetzt kommt auf einmal jemand daher und pflückt sich eine Frage vom Himmel. Wie kommt jemand, so eine, ja, fast hätt' ich gesagt, so eine Ein-Mann-außerparlamentarische-Opposition darauf, alle um sich herum zu fragen: Wie meint ihr das eigentlich?

Woher wissen wir überhaupt etwas von Sokrates, wenn er nichts geschrieben hat?

Vossenkuhl:

Von den anderen, die ihn als Zitat-Spender vorgehalten haben. Vor allem von Platon, seinem Schüler, wissen wir etwas über ihn. Sokrates hatte aber auch noch andere Schüler.

Aber noch einmal zu Deinem blumigen Vergleich: Wie kommt Sokrates dazu, neue Fragen vom Himmel zu pflücken?

Lesch:

Das war ja geradezu ein ganzer Strauß.

Vossenkuhl:

Ich glaube, dass er tief enttäuscht war von dem, was die Philosophie bis zu jenem Zeitpunkt an wirklich Brauchbarem geliefert hat. Er war - Du hast es vorher schon erwähnt - von den Sophisten gar nicht so weit entfernt.

Protagoras sagte, der Mensch sei das Maß aller Dinge, das hätte Sokrates vorläufig so stehen lassen können. Aber es genügte ihm nicht. Der Mensch ist eben nicht das alleinige Maß. Es gibt ein Maß, das über ihm ist. Ein ganz wichtiger Gedanke.

Dass das Menschsein aber selbst ein Maß enthält, ist ihm klar und uns hoffentlich auch.

Gerade eben hast Du diese Frage entwickelt, was gut für den Menschen ist. Das hat ja auch etwas mit der Frage zu tun: Was ist eigentlich die Bestimmung des Menschen? Was sollen wir hier? Worum geht's eigentlich?

Genau solche Fragen haben Sokrates angetrieben. Er wollte herausfinden, warum wir hier sind, warum wir leben, was der Sinn unseres Lebens, unseres Bemühens ist. Gibt es einen Wert, der unvergänglich ist, der nicht einfach vergeht, so wie Obst verfault. Gibt es etwas ganz Stabiles, Festes, auf das wir uns verlassen können?

Lesch:

Hatte er denn einen Grund nach diesem Stabilen zu fragen? Politisch gesehen sicher, denn in Hellas ging es rund. Ständig gab es irgendwelche Bedrohungsszenarien und Kriege. Diese äußeren Umstände beförderten sicher das Sehnen und Fragen nach einem gemeinsamen Werte-Kanon, etwas das Bestand hat und dem Leben Sinn und Zweck gibt.

Vossenkuhl:

Nimm als Beispiel die Politik. Worum geht es da eigentlich? Da hat sich Sokrates auf völliges Neuland gewagt und damit auch seinen Schülern einiges mit auf den Weg gegeben. Für Platon war er geradezu der geistige Taufpate.

Lesch:

Sokrates der Täufer.

Vossenkuhl:

Im Unterschied zu Sokrates stammte ja Platon – Du erinnerst Dich - aus sehr vornehmem, uraltem, athenischem Adel. Er wusste schon, was zum guten Leben der Oberschicht gehörte. In jungen Jahren hatte er sich auch als Dichter versucht. Den Ernst des Lebens hat ihm dann Sokrates vermittelt. Besonders gravierend war für Platon der Tod seines großen Lehrers, dem ja vorher der Prozess gemacht worden war. Obrigkeit und Priesterschaft hatten sich gegen ihn verschworen und warfen ihm vor, die Götter Athens zu leugnen und die Jugend der Stadt zu verderben.

Er hat sich dann selber verteidigt. Das allein war schon mutig, ging es doch immerhin um Leben und Tod.

In dieser Verteidigungsrede, die Platon kurz nach seinem Tod in der „Apologie“ aufgeschrieben hat, sagt er den Athenern, dass sie ihn freisprechen oder auch zum Tode verurteilen können. Er nimmt kein Blatt vor den Mund und sagt ihnen frank und frei: Wenn sie ihn freisprechen, sollten sie wissen, dass er sich deshalb nicht ändern werde. Sie könnten nicht erwarten, dass er nun plötzlich den Mund halte. Wenn sie ihn nur unter dieser Bedingung freisprechen würden, würde er ihnen erwidern, und nun wörtlich: *Meine Mitbürger, eure Güte und Freundlichkeit weiß ich sehr zu schätzen, gehorchen aber werde ich mehr dem Gotte als euch. Und solange ich noch Atem und Kraft habe, werde ich nicht aufhören, der Wahrheit nachzuforschen und euch zu mahnen und aufzuklären und jedem von euch, mit dem mich der Zufall zusammenführt, in meiner gewohnten Weise ins Gewissen zu reden.*

Lesch:

Angesichts einer möglichen Todesstrafe ganz schön starke Worte.

Vossenkuhl:

Und dann kommt's noch knüppeldick, wie er denen, die über ihn urteilen, ins Gewissen redet. Wieder wörtlich: *Wie mein Bester, du, ein Athener, Bürger der größten und durch Geistesbildung und Macht hervorragendsten Stadt, schämst dich nicht, für möglichste Füllung deines Geldbeutels zu sorgen und auf Ruhm und Ehre zu sinnen, aber um Einsicht, Wahrheit und möglichste Besserung deiner Seele kümmerst du dich nicht und machst dir darüber keine Sorge?"*

Das ist doch deutlich, oder? Das war jetzt nur ein kleiner Teil seiner Verteidigungsrede, aber die Botschaft, die er seinen Mitmenschen vor ihr geistiges Auge halten wollte, war klar erkennbar.

Lesch:

Stellen wir uns irgendeine kleine oder große Anzahl von Wirtschaftsbossen bei einem wichtigen Meeting vor. Dann kommt einer daher und zieht derartig vom Leder! Betretenes Schweigen wäre noch die friedlichste Reaktion. Statt des Schierlingsbechers müsste sich unser Mann zumindest eher auf Sozialhilfe als auf weitere Erfolgs-Boni einstellen.

Vossenkuhl:

Sokrates hatte sich auch pfeilgerade die Mächtigen und Reichen, die das Sagen hatten, vorgenommen und ihnen den Spiegel vorgehalten. In den Dialogen – von seinen Schülern so aufgeschrieben – hat er denen ganz unverblümt mitgeteilt: Leute, was ihr macht und wonach ihr strebt, das ist nun einmal wirklich nichts wert.

Das Werte-Problem - eine der Neuigkeiten in seinem Denken - das hat er so radikal wie keiner vor ihm und selten einer nach ihm angesprochen.

Man muss die Chuzpe haben, sich vor die Bürger zu stellen, denen es natürlich vor allem um Einkommen, Macht und Anerkennung geht und denen ins feiste Gesicht zu sagen: Leute, ihr lebt ein falsches Leben!

Jesus Christus ist es mit diesem Ansinnen auch nicht gut ergangen, nicht? Der hat so etwas Ähnliches in großer Radikalität gemacht. Er war aber Religionsstifter. Damit hatte Sokrates nichts am Hut. Soweit wollte er nicht gehen. Aber er hat den Leuten knallhart die Wahrheit ins verdutzte oder empörte Gesicht gesagt.

Lesch:

Er war zweifellos eine außerordentlich interessante Figur für die Geistesgeschichte. Er hatte keine eigenen Aktien, sprich, er wollte nichts verkaufen, weder eine Religion, noch irgendeine Ideologie. Das macht ihn unangreifbar. Er ist völlig unabhängig und vertritt keine Institution. Er ist einfach nur er selbst und das ist es auch schon.

Vossenkuhl:

Eine der Stellen, die ich besonders beeindruckend finde, ist die Lobrede von Alkibiades auf ihn. Der war ein junger Mann, um den sich Sokrates besonders gekümmert hat. Das war damals üblich. Ältere Männer, die eine gewisse Bedeutung hatten, pflegten eine sehr intime, aber manchmal auch nicht so intime Beziehung zu einem meist wohlerzogenen jungen Mann und übernahmen auch teilweise dessen Erziehung. Eine Art Liebesverhältnis. Nicht unbedingt verbunden mit Homosexualität, sondern mehr im Sinne eines Ideals als reine, emotionale Beziehung zwischen einem älteren und jüngeren Mann. Eine „platonische Liebe“, daher wohl der Ausdruck.

Lesch:

Also eher Lehrer-Schüler mit beidseitiger Zuneigung.

Vossenkuhl:

Auch Gönner und Förderer. Alkibiades war also Sokrates’ junger Partner. Sie kämpften auch zusammen im Krieg.

Im Dialog „Symposium“, also im Gastmahl, wurde diese Lobrede von Platon geschrieben. Das sind die Stellen, die Sokrates in der Philosophiegeschichte so groß gemacht haben.

Alkibiades erzählt vorab die ganze Geschichte dieser Partnerschaft, sagt, er wäre eigentlich davon ausgegangen, dass er Liebhaber wird. Aber Sokrates wollte das gar nicht. Und dann, nach vielen Geschichten, auch über den gemeinsam erlebten Krieg, legt ihm Platon diese Worte in den Mund: *Das Wunder an ihm ist, daß er keinem Menschen weder unter den Alten, noch unter den Lebenden gleicht.*

Das ist doch starker Tobak, nicht? Also, er ist völlig unvergleichlich: Und dann weiter: *Sokrates hüllt sich da in Namen und Ausdrücke, wie ein wilder Satyr in sein Fell... Wer sie aber erschließt und in sie hinein kann, der wird gleich finden, wie gerade seine Worte ein Sinn verbinde und daß sie göttlich seien und Bilder höchster Tugend, und daß sie überallhin reichen und vor allem dorthin, wohin der Mensch, der nach Veredlung und Besserung strebt, seinen Blick richtet.*

Abbildungen von Sokrates haben manchmal etwas Satyrhaftes, aber das ist nur das Äußere: Es kommt, wie Alkibiades sagt, darauf an, den wahren Sinn seiner Worte zu erschließen. Denn es geht Sokrates um die Veredelung des Menschen. Das heißt, der Mensch sollte nicht einfach so weiter wurschteln wie bisher, sondern er sollte zu einem Höheren streben, die Tugend sollte sein Ziel sein.

Lesch:

Sokrates als ein Mann der philosophischen Praxis. Der wollte ja nun wirklich wissen: Warum lebst du so wie du lebst? Nach welchen Werten lebst du und gelten diese Werte auch für alle anderen?

Ich schlage jetzt einmal einen riesigen Bogen zum kategorischen Imperativ von Kant. Hast du gewisse Regeln oder Handlungen, die man zum allgemeinen Gesetz erheben kann? Was ist da passiert?

Unser Gespräch ist ja eine einzige - bei aller Ironie und allem Schmunzeln - eine einzige Lobeshymne über einen Mann, der ja offenbar so etwas wie ein Ideal darstellt.

Unbeugsam, konsequent. Er weiß genau, was er will. Auch wenn er dann diesen Satz gesagt haben soll: „Ich weiß, dass ich nichts weiß". Das ist ja im Grunde genommen Weisheit höchster Ordnung. Das wird auch heute noch so verstanden. Das Orakel von Delphi hat ihn als den weisesten Mann in ganz Griechenland bezeichnet.

Vossenkuhl:

Es hat ihm auch vorhergesagt, dass er sterben wird.

Lesch:

Fragte sich nur, wann, wo und wie.

Vossenkuhl:

Sokrates hat dem Orakel geglaubt und ist ihm gefolgt. Als er zum Tode verurteilt wurde, 399, hat er sich nicht geweigert, den Becher mit dem Schierlingsgift zu leeren. Platon beschreibt das im Dialog „Phaidon", obwohl er selber nicht dabei war. Phaidon war aber schon dabei.

Platon beschreibt also in diesem Dialog wie Sokrates kurz vor seinem Tod seinen Schülern erklärt, dass das Sterben für ihn kein Übel sei, dass er vielmehr so zu sich selbst komme, zu seiner Seele. Er müsse jetzt nur noch auf seine Seele achten. Diese Läuterung war sein Ziel und deswegen war die Todesstrafe für ihn nicht wirklich eine Strafe.

Übrigens hätte er auch fliehen können. Die Stadtoberen wollten ihn ja laufen lassen. Doch Sokrates sagte: Nein. Er möchte dem Gesetz und auch dem Gott Apollo gehorchen, der ihm dieses Schicksal bestimmt hat. Er war offensichtlich sehr beeindruckend.

Es gab allerdings auch eine Gruppe in der Schülerschar, die da etwas missverstanden hat. Die meinten, der Suizid, also die Selbsttötung, sei das Ideal der Philosophie. Da sind den Eleven wohl die idealistischen Rösser durchgegangen.

Sokrates ging es nicht um Suizidpropaganda, es ging ihm auch nicht darum, die Leute zu piesacken, sondern die wichtigsten Fragen: Was verstehst du unter ‚Tugend'? Was ist das eigentlich? Ist Ehre eine Tugend? Nein, Ehre kann keine Tugend sein. So fragte er weiter, bis der andere meist in kurzen Hosen dastand.

Lesch:

Es ist aber nun einmal ein – vielleicht peinlicher bis schmerzhafter – Weg zur Erkenntnis. Wenn einer so auf den Punkt zumarschiert, also nicht erst mal Small-Talk macht, um rauszukriegen, wie der andere denn so denkt. Auch wenn man dieses Fragen in den Dialogen von Platon als idealisiert betrachtet. Wenn man diese Fragerei wirklich für bare Münze nimmt, muss man sich wiederum fragen, was für ein Ziel Sokrates tatsächlich dabei hatte.

Es ging ihm um etwas, was für das menschliche Handeln von allergrößter Wichtigkeit ist. Es ging ihm überhaupt nicht um irgendwelche Dinge, die mit der Natur zu tun haben. Ich habe irgendwo diesen Satz gelesen: Ein Baum kann mir nichts darüber erzählen, wie wir handeln sollen, oder so ähnlich. Für ihn ist die Natur nur die Kulisse, vor der sich das Ganze abspielt.

Vossenkuhl:

Soweit wir es in den Dialogen Platons nachvollziehen können, hat sich Sokrates für diese Dinge nicht interessiert.

Dein Bogen zu Kant ist übrigens gar nicht schlecht. Es ging beiden um die Vervollkommnung des Menschen. Wie kann der Mensch - also nicht nur er und Du und ich, sondern alle - wie kann der Mensch an sich besser werden? Wie kann er das anstellen?

Wie kann man sich selbst am eigenen Schopf aus diesem Sumpf ziehen, in dieser schrecklichen Zeit, wo Mord und Totschlag herrscht und Lug und Trug. Sokrates wusste natürlich, dass es viel mehr Böses und Schlechtes als Gutes gibt.

Lesch:

Er hat auf jeden Fall die Philosophie vom Himmel auf die Erde geholt und hat sie mitten auf den Marktplatz gestellt. Er hat gesagt: So, die Weisheit muss hier an uns zu messen sein, an nichts anderem. Das Universum braucht uns nicht zu interessieren. Wenn wir es hier nicht hinkriegen, dann brauchen wir uns darüber keine Gedanken zu machen. *Hic Rhodos, hic salta.* Hier ist Rhodos, hier wird gesprungen – oder ansonsten der Mund gehalten.

Vossenkuhl:

Genau. Sokrates war die erste große, vielleicht die beeindruckendste Gestalt der Philosophiegeschichte. Wir werden später immer wieder von ihm hören, hat doch Platon fast ausschließlich immer nur Sokrates sprechen lassen.

Platon

Platon (427 - 347 v. Chr.)

Vossenkuhl:

Platon, ein klingender Name. Fast jeder, der sich mit Philosophie beschäftigt, weiß, dass mit ihm der Idealismus in der Philosophie seinen Anfang nahm. Was das genau heißt, sollten wir uns vorab klarmachen. Idealismus wird heutzutage meist etwas anders verstanden.

Aber zunächst einige Zahlen: Platon war Spross einer der ältesten Adelsfamilien Athens, geboren wenige Jahre nach Beginn des Peloponnesischen Krieges (431 v. Chr.), den die Spartaner übrigens gewannen (404 v. Chr.), gestorben als 80jähriger. Eine sehr bewegte Zeit.

Platon begann, wie sich das für reiche Jünglinge damals so gehörte, mit Spiel und Spaß. Er genoss das gute Leben und versuchte sich als Dichter. Später hat er sein Dichten nicht nur bereut, sondern die Dichtkunst heftig kritisiert.

Das Erweckungserlebnis war für ihn die Begegnung mit Sokrates. Der hat ihn inmitten turbulenter Ereignisse zum philosophischen, zum geistigen Leben erweckt. Platon berichtet selbst darüber, dass es ihm angesichts der politischen Wirren und der Kriege um ihn herum Angst und Bange geworden sei.

Idealismus, das ist das Stichwort, mit dem ich meinen Freund Harald nun aus der Reserve locken möchte. Harald, wie hältst Du es mit dem Idealismus?

Lesch:

Eine gute Sache. Aber meistens funktioniert's halt nicht, glaube ich. Für das normale Brot und Butter-Dasein ist der Idealismus schon mal nicht schlecht. Es kann nicht schaden, ein paar Ziele oder ein paar Werte zu haben, die möglicherweise unerreichbar sind. Insofern habe ich nichts gegen Platon.

In die damalige Zeit zurückgebeamt, stelle ich mir das so vor:

Philosophie als eine Art Denksportaufgabe für gut genährte Jünglinge aus besseren Kreisen. Das ganze in Athen, wo eigentlich sonst alles zusammenbricht. Die hatten ja diesen ewig langen Peloponnesischen Krieg am Hals, in dem Sparta gegen Athen kämpfte und die ganze hellenische Halbinsel irgendwie involviert war. Ständig gab es irgendwelche Waffenstillstände, die dann doch nicht eingehalten wurden.

Mittendrin denkt sich jemand wie Platon auf einmal die Welt der Ideen. Sein Idealismus, die Idee zu seinen Ideen, wird offenbar von diesen äußeren Umständen stark befördert. Die guten alten Zeiten eines Homer sind lange vorbei. Der Mythos war entzaubert worden. Nicht zuletzt durch die ganzen Vorläufer, die angefangen hatten, die Welt mit Gehirnschmalz zu erkennen und zu erklären.

Jetzt kommt jemand wie Platon daher und setzt ein Ideen-Denkmal mitten in die Wirrungen der Zeit. Zack! Auch wenn man kein Idealist ist, ist das schlichtweg beeindruckend.

Vossenkuhl:

Der Idealismus Platons ist nicht völlig weltfremd und weltfern. Seid ihr Physiker nicht eigentlich auch Idealisten? Es ging ihm eigentlich darum, etwas zu finden, was absolut stabil ist. Das gilt doch auch für Dinge wie die Lichtgeschwindigkeit oder andere Naturkonstanten und -gesetze. Platon wollte eigentlich auch Konstanten finden, etwas, das sich nicht ändert. Etwas, das nicht kaputt geht, wenn man – geistig oder körperlich – draufhaut.

Lesch:

Da hast Du natürlich recht. Es gibt einen idealistischen Anteil in der Physik. Aber hätte Platon eine Naturkonstante, die man im Labor messen kann, als eine Idee verstanden?

Vossenkuhl:

Da hätte er überhaupt nichts dagegen gehabt.

Fangen wir doch einfach mal an, diese merkwürdige Konstruktion zu erklären. Zunächst ist doch völlig klar - für Platon genauso wie für uns - dass alles, was wir wissen, beim Sehen, Riechen,

Hören, Schmecken, Tasten beginnt, bei den Sinneseindrücken eben. Da fängt das Wissen an, jedenfalls in dem Sinn, dass es da seinen Anlass findet. ‚Anlass' bedeutet aber nicht ‚Ursprung' oder ‚Grund', da müssen wir aufpassen!

Vor uns stehen zwei Weingläser. Wenn wir uns darauf geeinigt haben, sagen wir: Das ist ein Glas und das ist ein Glas. Wir haben zwei Gläser. Dann schauen wir natürlich nicht immer hin und her und sagen: Glas, Glas, Glas, sondern wir sagen, dass das zwei gleiche Gläser sind. Wir fügen also etwas zum bloßen Sehen dazu, die Gleichheit und daraus folgend die Anzahl.

Nun sagt Platon mit Recht: Gleichheit, das ist nichts, was wir sehen, wenn wir z.B. Gläser sehen. Die Gleichheit kommt also nicht vom Sehen, sondern vom Denken, vom Geist. Aber was soll das heißen? Offenbar gibt es eine Ebene des Wissens, die vorausgesetzt werden muss, wenn wir so etwas Läppisches wie diese beiden Gläser wahrnehmen. Alles, was in dieser Wahrnehmung gleich oder vielleicht sogar identisch ist, ist ja nichts, was wir schmecken, riechen, hören. Wir müssen also voraussetzen, etwas zu wissen, was wir nicht durch die bloße Wahrnehmung der Gläser erwerben. Das ist der erste Schritt, um uns Platons idealistische Denkweise vertraut zu machen.

Wir lernen, dass wir mit Voraussetzungen hantieren, die in der sichtbaren, in der wahrnehmbaren Welt selber gar nicht da sind. Wenn wir mit diesem ersten Schritt zurecht kommen, geht alles Weitere fast wie von selbst.

Lesch:

Das verstehe ich. Aber ich würde Dir natürlich entgegen halten, dass unsere Vorstellung von dem, was ein Glas ist, mit uns wächst. Wir kommen auf die Welt und irgendwann wird unsere Mutter zum ersten Mal zu uns sagen: Das ist ein Glas. Das sieht wahrscheinlich noch ganz anders aus als das Glas, das wir jetzt hier stehen haben.

Das heißt, die Begriffe wachsen mit uns, die entwickeln sich mit uns. Je mehr wir in der Lage sind, Dinge zu verstehen, umso mehr wachsen Worte und Begriffe, auch sehr abstrakte Begriffe in uns, weil sie immer und immer wiederholt werden.

Vossenkuhl:

Auch das hätte Platon gar nicht bestritten. Diesen Bildungs- und Erziehungsprozess, den Du gerade beschrieben hast, der gehört auch zum Menschen. Aber der Bildungsprozess leitet uns an zu erkennen, was wir in ihm selbst schon voraussetzen.

Du erinnerst Dich noch an die sokratische Frage, was eigentlich an dieser Birne gut ist. Platon radikalisiert das noch einmal. Er bleibt nicht einfach stehen und sagt: Na ja gut, wir setzen Gleichheit voraus. Er fragt weiter: Wo kommt eigentlich dieses Wissen her? Was ist das für ein Wissen?

Wenn man heute das Wort ‚Idealismus' hört, denkt man unwillkürlich an zwei Welten. Die eine ist die Idealwelt, die andere die Realwelt. Das ist genau das Gegenteil von dem, was Platon dachte. Dieses recht oberflächliche Verständnis von ‚Idealismus' auf Platon anzuwenden, wäre ein großes Missverständnis.

Platon war kein Dualist, der die Idealwelt von der Realwelt unterschied. Nein, für ihn war die einzig reale Welt die Welt der Ideen. Denn die Ideen sind der Hintergrund, auf dem wir alles verstehen. Die Idee des Guten vor allen anderen.

Ein Beispiel. Platon sagt: Was gut ist, ist einesteils sinnliche Wahrnehmung. Dann ist auch ein Wissen gut, das er damals schon ‚technisches Wissen' nannte. Heute würden wir fragen: Was kennzeichnet ein gutes Auto oder ein gutes Bier? Fragen dieser Art zu stellen, hat er natürlich von Sokrates gelernt. Jetzt fragt er weiter: Was ist denn nun eigentlich ‚gut'? Das kann man doch direkt gar nicht erkennen. Alle Ideen lassen sich nicht direkt erkennen, nur indirekt über ihre Wirksamkeit.

Dafür bringt er ein völlig einleuchtendes Beispiel. Er sagt: So, wie die Sonne alles Gegenständliche sichtbar macht, so beleuchtet das Gute als Idee in dem Bereich des Unsichtbaren die Wahrheiten, die Ideen.

Wir haben also eine Art Gesamtfolie des Wissens oder eine

große Grundlage, auf der alles Wissen steht. Die anspruchsvollste Idee ist sowohl Quelle als auch Gegenstand des Gedachten. Das Anspruchsvollste ist das Gute, diese Ur-Idee, die alles beleuchtet. Sie gibt dem ganzen Licht. Diese Lichtmetapher ist enorm wichtig.

Gleichzeitig sagt er: Aus dem Guten kommt alles. Es gibt also über das hinaus, was der Mensch feststellen kann, über dieses allgemeine Sein von allen Dingen hinaus, noch etwas Höheres. Das ist das Gute.

Das ist eine unglaublich anspruchsvolle Gedanken-Konstruktion, die man natürlich jetzt nicht so rasch mal in drei, vier Sekunden nachzeichnen kann.

Also noch einmal: Der Grundgedanke ist, dass das Sein selbst gut ist. Es erhält sein Gutsein durch das Gute, durch diese Idee selbst. Diese Idee, das *Agathon*, ist der Hintergrund und die Basis für alles, was ist und was wir wissen können. Es herrscht kein Dualismus! Nicht dort oben die schönen Ideen im Himmel und hier unten real die schmutzige Erde. Sondern es gibt nur eine einzige Wirklichkeit, die auf der Basis des Guten steht.

Lesch:

Was viele von Platon kennen, ist doch das Höhlen-Gleichnis. Da sitzen die Gestalten gefesselt in der Höhle. Hinter ihnen brennt ein Feuer. In seinem Schein sehen sie Figuren und Bewegungen an der Wand. Es sind die Schatten der Gegenstände, die sie selbst nicht sehen, die aber hinter ihnen vorbeigetragen werden. Das geht eine ziemliche Zeitlang so, bis einer von ihnen irgendwann seine Fesseln löst und dieses Gefängnis verlassen kann. Er kriecht aus der Höhle und steht geblendet im vollen Sonnenlicht. Er ist die Dunkelheit der Höhle gewöhnt und braucht eine Zeit, bis er etwas im hellen Licht sehen kann. Dann marschiert er wieder in die Höhle zurück und erzählt denen, die da unten angekettet in ihrem Schattenreich der Sinneswahrnehmung hocken: Freunde, was ihr da seht, das ist ja weniger als die Hälfte des tatsächlich Seienden. Da gibt's noch eine ganz andere Welt!

Für diejenigen, die in diesem Gleichnis agieren gibt es zwei Welten. Einmal die alltägliche „Brot-und-Butter-Welt“ und diese **„Welt der Ideen“**, wie Platon sie versteht.

Vossenkuhl:
Was wir aus dem Gleichnis lernen ist, dass es nur eine Welt gibt, zu der auch die Höhle gehört.

Lesch:
Wenn ich das ganze Bild sehe, ja. Aber diejenigen, die in diesem Gleichnis drin stecken, die haben keine Chance, an diesen zwei Welten vorbei zu kommen.

Vossenkuhl:
Das ist richtig. Das ist ja gerade das Missliche. Deswegen müssen die Höhleninsassen aufgeklärt werden. Deswegen muss der Ausreißer wieder zurück und denen sagen: Leute, das sind nur Schattenbilder, die ihr da seht. Das ist nicht die Wirklichkeit. Die Wirklichkeit besteht natürlich erst einmal aus den Gegenständen, die hinter dem Feuer hin und her getragen werden. Ihr seht nur die Schatten von diesen Gegenständen. Schaut euch doch mal die Gegenstände selber an. Wenn ihr die sehen wollt, dann braucht es dazu mehr als das Licht des Feuers, nämlich das Licht der Sonne. Das ist die einzig wahre Beleuchtung. Und dieses Licht ist das Gute.

Lesch:
Ein sehr schönes Bild.

Vossenkuhl:
Als Platon dieses Höhlen-Gleichnis in seiner vielleicht wichtigsten Schrift mit dem Titel „Der Staat“ schildert, versäumt er nicht darauf hinzuweisen, wie gefährlich es für denjenigen ist, der wieder in die Höhle zurückgeht. Denn die Leute dort wollen gar nicht hören, dass es eine Wirklichkeit jenseits der Schatten, an die sie sich gewöhnt haben, gibt!

Lesch:

Da erkenne ich den Sokrates!

Vossenkuhl:

Dieses Dilemma des Rückkehrers in die Höhle beschreibt genau seine Rolle in Athen. Die Leute wollen ihm gar nicht zuhören. Er lebt gefährlich, weil er das in Frage stellt, was den Leuten so bequem ist. Ihnen genügt die Scheinwirklichkeit.

Das Höhlen-Gleichnis bringt die Aufklärungsarbeit von Sokrates sehr gut zum Ausdruck. Seine Forderung ist: Ich muss unbedingt allen sagen, was wirklich und was wahr ist!

Er war auch in der Hinsicht ein Idealist, weil er glaubte, dass er dieses Ziel erreichen könnte. Auch in der Politik. Er glaubte, dass nur wahres Wissen jenes Ränkespiel der Parteien und den politischen Verfall jener Zeit ad absurdum führen könnte, damit endlich ein gutes Leben in Athen möglich würde.

Und er war natürlich der Meinung, dass diese Wissenschaft nur die Philosophie sein konnte. Wenn schon nicht die Philosophen selber die Herrschaft übernehmen, so sollten sie den Herrschern wenigstens sagen, wo es lang geht.

Lesch:

Die „Politeia", der Staat, das ist ja noch mal ein Fall für sich. Bevor wir in den Staat von Platon hineingehen ... mir ist aufgefallen, es gibt natürlich – um auf das zurückzukommen, was Du am Anfang sagtest – sogar erhebliche idealistische Anteile in der Physik. Das muss ich einfach noch loswerden. Das geht zurück auf diese Sucherei nach den Naturgesetzen, der Vorstellung, die Welt sei letztlich gesetzlich determiniert. Die mathematische Form von Naturgesetzen ist der blanke Idealismus.

Es gibt überhaupt keinen Grund dafür, anzunehmen, dass es tatsächlich so ist. Es könnte auch eigentlich nur so ein Drehen an Stellschräubchen sein.

Das kann man zwar im Hintergrund durch eine Theorie beleuchten, aber im Einzelfall muss man es eben doch messen.

So könnte es uns ja auch blühen, dass wir nur auf Empirie angewiesen sind, weil die Welt sich uns letztlich verschließt.

Tut sie aber nicht. Im Gegenteil. Mit der idealistischen Vorstellung sind die Quantenmechanik oder solche Leute wie Werner Heisenberg und Carl Friedrich von Weizsäcker ziemlich weit gekommen, als es darum ging, seltsame Dinge zu deuten.

Insofern kommen wir auch bei unserer zunächst scheinbar idealistischen Naturwissenschaft nicht ohne diesen idealistischen Hintergrund aus. Wir basteln sogar an Theorien und Voraussetzungen, die genau daher kommen. Ohne die könnten wir gar nicht erst anfangen zu arbeiten.

Vossenkuhl:

Da hast Du, obwohl Du es gar nicht vorhattest, genau diesen Prozess beschrieben, den Platon gemeint hat.

Er will überhaupt nichts von dem bestreiten, was wir messen oder wie auch immer wahrnehmen können. Aber er sagt: Irgendwie ist das nicht das allein selig Machende. Platon ist derjenige, der nicht einfach nur schaut: Was gibt's denn alles? Sondern er fragt: Wie kommt es eigentlich, dass wir das alles wissen können, dass wir es identifizieren können? Wo kommt das her, wie ist das möglich? Woher weiß ich etwas vom Leben, vom Menschsein, vom Recht? Ich muss den Inhalt dieses Wissens einfach voraussetzen. Es kann nicht von den vielen einzelnen Wahrnehmungen und Begegnungen mit dem Leben, den Menschen und dem Recht herkommen.

Lesch:

Die vielen Sophisten, die er ja auch erlebt hat, diese Wortverdreher, mit denen dürfte er nicht klar gekommen sein.

Vossenkuhl:

Er ist entschieden gegen deren Relativismus, gegen den Zweifel und Skepsis, gegen die Rückführung von allem, was ist, auf die sinnliche Wahrnehmung. Man nennt diese Einstellung *Sensualismus*. Platon ist strikt dagegen.

Jetzt noch mal zurück zur Politik.

Lesch:

Jetzt kommen wir endlich zum Staat, der aufregenden politischen Bühne.

Vossenkuhl:

Platon ist 390 bis 388 auf Reisen gegangen, auf einer ähnlichen Route wie Pythagoras. Er reiste erst nach Ägypten, dann nach Süditalien, kam nach Sizilien und hat über einen Pythagoräer den Herrscher von Syrakus, Dionysius I., kennengelernt. Offenbar hatte Platon schon Kontakt zu den Pythagoräern. Das erkennt man in seinen Schriften, die an diese Zeit anschließen. Da taucht plötzlich die Unsterblichkeit als Thema auf, die Unsterblichkeit der Seele natürlich. Wahrscheinlich hat Platons Seelenlehre wesentliche Impulse von den Pythagoräern erhalten.
Sein politisches Ziel war nun, dass er diesen Dionysius mit seinen Ideen zu einem guten Herrscher machen wollte. Er wollte mit seiner Theorie eine Art Lackmus-Test machen, und zwar mitten in der Praxis des harten Herrscher-Tagesgeschäftes. Das Unterfangen scheiterte kläglich. Zu allem Unglück wurde er auf der Rückreise auch noch von Seeräubern gefangen genommen und als Sklave verkauft.

Lesch:

Platon als Sklave?

Vossenkuhl:

Verkauft! Auf dem Sklavenmarkt wurde er aber von einem Kunden erkannt, der ihn sogleich freikaufte. Platon wollte ihm das Geld wieder zurückgeben. Der lehnte es aber ab. Und mit diesem so eingesparten Geld hat er 387, so geht die Geschichte, dann die Akademie gegründet. Ein Treppenwitz, nicht? Die erste bedeutende Hochschule der Menschheitsgeschichte – eine andere gleichwertige kennen wir nicht – wurde mit dem nicht zurückbezahlten Sklavenerlös gegründet. Die Schule stand in Athen immerhin bis ca. 44. v. Chr. an der selben Stelle, bis sie zerstört wurde. In vielen Varianten lebte sie bis ins 6. Jh. n. Chr. fort.

Lesch:

Noch heute ein schöner Platz. Am Eingang prangte der Satz: Kein der Geometrie Unkundiger soll diesen Ort betreten.

Vossenkuhl:

Das war wichtig. Dazu gehörten auch noch die Mathematik und andere nützliche Wissenschaften, die heute leider nicht mehr zur Philosophie zählen.

Lesch:

Von dieser Akademie hat Platon gelebt, oder?

Vossenkuhl:

Er hat vom Reichtum seiner Familie gelebt. Er war ein vermögender Erbe. Ganz einfach.

Lesch:

Er hat also keine Studiengebühren dafür genommen, dass er da unterrichtet hat?

Vossenkuhl:

Er selbst nicht. Ich nehme aber schon an, dass die Schüler etwas bezahlen mussten. Seine politischen Ambitionen hat er übrigens bei zwei neuerlichen Reisen nach Sizilien beharrlich weiterverfolgt. Dann war der Traum, durch das Wissen den guten Herrscher zu küren, endgültig verflogen. In einigen Texten hat er uns Kostproben von dem gegeben, wie er sich das eigentlich vorstellte.

Lesch:

Wieso hat er nicht in Athen versucht, Politik zu machen? Wieso trieb es ihn nach Sizilien?

Vossenkuhl:

Weil es in Syrakus einen entscheidenden Vorteil für seine Ideen gab: Er musste nur mit einem reden – dem jeweils dort regierenden

Tyrannen. In Athen redeten zu viele mit. Und denk an Sokrates…

Lesch:

In seinem Idealstaat wollte Platon auch nur einen Herrscher haben.

Vossenkuhl:

Er war der Meinung, die größte Chance, das Gute durchzusetzen hat wohl nur Einer.

Das Eine hat in seinem Denken überhaupt eine große Bedeutung. Ich möchte jetzt mal ein kurzes Zitat vorlesen…

Lesch:

Aus dem „Staat“? Aus der „Politeia“?

Vossenkuhl:

Nein, aus den „Nomoi“, also aus den Gesetzen, eine der spätesten seiner Schriften. Da steht sehr viel Interessantes über die Lehren, die er aus seinem Leben gezogen hat, drin: *Denn was die große Menge,* also die Menschen, *Güter nennt, das sind keine wahren Güter. Als oberstes Gut nennt man die Gesundheit, als zweites die Schönheit, als drittes den Reichtum. Außerdem spricht man noch von zahllosen anderen Gütern. So bezeichnet man zum Beispiel als Gut ein scharfes Gesicht,* also ein markantes Gesicht, *und Gehör. Und überhaupt die tadellose Beschaffenheit alles dessen, was man mit den Sinnesempfindungen zusammenbringen kann. Ferner die selbstherrliche Macht zur Befriedigung aller Gelüste. Und als Gipfel aller Glückseligkeit wird es dann hingestellt, wenn einer einmal in den Besitz dieser Herrlichkeiten gelangt, alsbald auch noch mit dem Vorzug der Unsterblichkeit ausgerüstet würde. Ihr aber und ich, wir vertreten doch wohl die Ansicht, dass alle diese Dinge für gerechte und gottesfürchtige Männer ein herrlicher Besitz sind.*

Für Ungerechte aber, samt und sonders, die Gesundheit voran höchst verderblich. Denn sehen, hören, fühlen und überhaupt leben, und zwar bei Besitz der Unsterblichkeit und aller genann-

ten Güter, nur nicht der Gerechtigkeit und jeglicher Tugend, ist das größte Unglück.

Wenn du die Gerechtigkeit nicht hast, ist alles andere nichts wert. Das ist noch einmal eine Radikalisierung des Denkens von Sokrates.

Lesch:

Da hatte er seine Niederlagen schon erlebt. Damit ist für ihn auch klar, was eigentlich wichtig ist.

Vossenkuhl:

Die Gerechtigkeit, das ist es, worum es in der Politik gehen sollte. Auch als Idee ist die Gerechtigkeit ganz entscheidend. Denn sie ist das, was man im Staat als die Erscheinungsweise des Guten verstehen kann. Die Gerechtigkeit ist das Gute des Staates.

Lesch:

Aber sein Staat, wenn ich das so richtig verstanden habe, ist keiner von der Sorte wie wir ihn gerne heute als Menschen des 21. Jahrhunderts erträumen. Das ist ein idealistischer Nirgend-Ort, eine Utopie.

Vossenkuhl:

Ja, völlig utopisch.

Lesch:

Ist die „Politeia" die erste Utopie, die es gibt?

Vossenkuhl:

Die erste, die uns überliefert ist, ja. In den „Nomoi" hat er schon wieder vieles Utopische zurückgenommen.

Im utopischen Staat gibt es z.B. die Gleichheit von Mann und Frau. Kinder und Geld usw. wird alles gemeinsam verwaltet.

Lesch:

Wir haben drei Stände: Herrscher, Wächter und der Nahrungsstand. Das sind diejenigen, die das Geld verdienen. Was ich so unglaublich fand, ist die Vorstellung, dass Bildung ganz wichtig ist.

Damit war wohl nicht einfach nur Ausbildung gemeint. Am Ende des Bildungsprozesses soll jemand stehen, der den Staat überzeugend, machtvoll und gerecht führen kann. Das Ganze durch knallharte Auslese, 20 Jahre lang Gymnastik, Musik, Dialektik und Mathematik für das heranwachsende Jungvolk. Dann wird in der Schule ausgelesen.

Weiter geht's mit zehn Jahren Philosophie, dann wird wieder ausgelesen. Dann gibt's noch mal fünf Jahre Philosophie. Auf diese Art und Weise kann man mit 50 endlich die „Numero uno" sein im Staat. Der ideale Herrscher. So einfach geht das.

Was haben wir da doch heute für krumme Hölzer. „Der Mensch - aus krummen Holz geschnitzt" hat Kant schon gesagt.

Ich glaube, das steckte bei Platon durchaus auch drin. Das Individuum, die Einzelinteressen sind nicht mehr wichtig. Der Staat ist ein Organismus, der zusehen muss, dass er sich am Leben erhält. Dafür ist es eben notwendig, die Jüngsten anzuleiten und sie ganz langsam im Sinne eines gerechten Staates heranzuzüchten.

Vossenkuhl:

In diesem Geiste ist Platon wohl auch nach Sizilien zu den Tyrannen gereist. Seine zweite Reise war 367 zu Dionysios II. und die dritte 361 zu Dion.

Lesch:

Die sollten das Konzept in die Tat umsetzen. Das konnte gar nicht gut gehen, weil die ja – ohne Bildung – schon in Amt und Würden waren.

Vossenkuhl:

Das war wohl in der Zeit, als Platon noch von seinem Idealstaat durchglüht war.

Lesch:

Das war noch in dieser Zeit, ja.

Vossenkuhl:

In den „Nomoi", in den Gesetzen, hat er diese idealistischen

Vorstellungen so nicht mehr propagiert. Da hat man den Eindruck, dass er die Dinge viel realistischer sieht. Aber er ist sehr betrübt über die Situation und nach wie vor der Meinung, dass die Zerrüttung der Staaten nur durch die Gerechtigkeit beendet werden kann.

Lesch:

Bei allem Idealismus betreibt er, ganz ähnlich wie Sokrates, Philosophie im Hier und Jetzt. Nicht irgendwo da draußen im geistig abgehobenen Wolkenkuckucksheim. Auch wenn sich seine politische Ideenwelt nicht manifestieren und organisieren lässt.

Vossenkuhl:

Ja. Er hatte schon noch ein Bein im richtigen Leben.

Lesch:

Und musste auch ganz hautnah leiden. Denk‘ an den Sklavenmarkt.

Vossenkuhl:

Wir leben natürlich in der Ideenwelt, wir können uns gar nicht davon lösen. Jeder Erkenntnisprozess ist davon abhängig. Wir leben aber auch in der Scheinwelt. Wir sind noch nicht da angekommen, wo wir eigentlich hingehören.

Es gibt eine Stelle, wo er sagt: Das schlimmste ist nicht, wenn jemand Unrecht tut, das kann passieren. Das Allerschlimmste ist, wenn sich jemand den Schein der Gerechtigkeit gibt. Der Schein der Gerechtigkeit ist viel übler als alle anderen Übel. Noch einmal aus den Gesetzen: *Wenn aber ein einzelner Mensch oder eine Oligarchie oder eine Demokratie dem innerlichen Zuge von Lust und Begierde sich hingebend und immer auf Befriedigung derselben bedacht und dabei doch niemals mit dem Erreichten zufrieden, sondern geschlagen mit einem Leiden ohne Ende und ohne Sättigung.*

Wenn also eine Herrschaft solcher Art ist und die Gesetze mit Füßen getreten werden, dann gibt es keine Möglichkeit der

Rettung. Es geht ihm also um die Rettung des Staates. Wenn es keine Gerechtigkeit gibt, ist nichts zu retten.

Lesch:

Sich dann aber vorzustellen, dass diese Rettung ausgerechnet aus dem Bereich des Geistes kommen soll? Platon ist ja bei Deinen Versuchen, die Welt der Ideen wieder in unsere heutige Scheinwelt einzubringen, ein tagesaktueller Mahner.

Ich zitiere abschließend einen prägenden Text: *Platon ist und bleibt für alle Zeiten der Begründer der idealistischen Philosophie, der Vorkämpfer der Herrschaft und des Geistigen im Leben, der Verkünder unbedingter sittlicher Normen für das Menschliche im Handeln und durch das alles einer der größten Erzieher der Menschheit.*

In diesem Sinne…

Aristoteles (384 - 322 v. Chr.)

Aristoteles

Lesch:

Wer hätte gedacht, dass der Sohn eines Leibarztes am makedonischen Hof einmal zum Ober-Lehrer des Abendlandes erklärt wird: Aristoteles, geboren in Stagira in Thrakien. Einer, der unglaublich viel geschrieben hat. In der Antike sind mehrere hundert Schriften von ihm bekannt gewesen. So viel ist für uns leider nicht übriggeblieben. Ein unglaublich vielseitiger Geist. Nicht so genial wie Platon, aber ein großer, scharfsinniger Theoretiker, auch ein Katalogisierer und ein Registrierer, jemand, der eine Menge zusammen getragen hat. Und er war ein Schüler Platons.

Willi, wie hat er es mit seinem Meister gehalten?

Vossenkuhl:

Zunächst war er ein gelehrsamer und eifriger Schüler. Man vermutet, dass die Schriften aus der ersten Phase sehr stark von Platon beeinflusst waren. Dann hat er sich Schritt für Schritt von seinem Lehrer abgesetzt, pflegte aber weiterhin eine große Wertschätzung für Platon.

Lesch:

Bei Platon war Wissen Wiedererinnerung. Fast könnte man sagen, dass es bei ihm nichts Neues unter der Sonne gibt. Es ist alles schon da, wir müssen uns nur daran erinnern. Beim Eintritt der Seele in den Körper ist die Erinnerung an Alles, an das Wissen erst einmal verloren gegangen.

Bei Aristoteles steht am Anfang seiner Metaphysik das natürliche Bestreben des Menschen nach Wissen. Da ist das Wissen etwas ganz Neues, etwas, das sich auch verändern und erweitern kann. Während bei Platon alles transzendent zu sein scheint, was mit Wissen zusammenhängt, ist es bei Aristoteles immanent, in der

Welt drin und kann auch in der Welt als solches erkannt werden.

Das sind zwei Positionen, bei denen ich sagen würde: Da brausen zwei Züge aufeinander zu! Die müssen doch zusammenstoßen!

Vossenkuhl:

Was Platon angeht, hatten wir schon eine größere Einigkeit.

Lesch:

Stimmt. Aber so können wir ja nicht anfangen.

Vossenkuhl:

Die eine Welt, nicht zwei. Den Dualismus müssen wir wieder verschwinden lassen. Von Platon hat Aristoteles gelernt, dass man die Welt – die Wirklichkeit – nicht einfach in mehrere Teile zerlegen kann. Es gibt für ihn Wissensarten, in denen es Fortschritt gibt und solche, in denen es keinen gibt. Wenn man jetzt einmal von der – unwandelbaren - Metaphysik absieht, die Du gerade erwähnt hast, hat er ein Instrumentarium in der Philosophie geschaffen, das Jahrhunderte lang die methodische Grundlage für Wissensgewinnung überhaupt war, nämlich die *Logik*. Er war der erste große Logiker.

Noch Kant hat gesagt - das war immerhin im späten 18. Jahrhundert - dass es nach Aristoteles und vor ihm selber, also vor Kant, keinen anderen Logiker dieses Kalibers, dieser Bedeutung gegeben hat.

Lesch:

Logisch. Die Zwei sind schon ein Ausnahme-Gespann.

Vossenkuhl:

Kant hat von der aristotelischen Logik viel gehalten. Was ist daran das Besondere? Nun, anders als Platon war Aristoteles der Meinung, dass der menschliche Geist eine Struktur hat. Dass das nicht einfach nur ein Wiedererinnerungsprozess ist, also ein *anamnetischer Prozess*. Anamnesis ist das griechische Wort für Erinnerung.

Die logische Struktur des Geistes kann man nutzen, um Wissen zu gewinnen und zu verändern. Diese logische Struktur ist lange erhalten geblieben und wurde vor allem im Mittelalter ständig erweitert und vertieft. Du kannst Dir die Lehrbücher der Logik bis ins 19. Jahrhundert anschauen; sie fußen alle auf der aristotelischen Logik. Das, was für ihn die grundlegende Struktur des Geistes ist – nämlich Begriff, Urteil, Schluss - ist das, was wir brauchen, um über Beliebiges sagen zu können, was es ist. Zu welcher Gattung und zu welcher Art gehört es? Wie müssen wir es einordnen?

So lässt sich jede Sache definieren. Die Definition soll das Wesen einer Sache anzeigen. Sie besteht darin, dass wir über eine besondere Sache etwas Allgemeines sagen: Zum Beispiel über dieses Weinglas vor uns. Weinglas, das ist das Allgemeine. Mein Weinglas, d.h. dieses hier, ist das Besondere. Damit haben wir das Allgemeine und das Besondere verkoppelt. Man kann es als „mein Weinglas" definieren. Dann ist es erstmal, zumindest definitorisch, vor Dir sicher.

So stellt sich Aristoteles die Verwendung von Begriffen vor. Wenn man definieren kann, kann man noch mehr machen. Man kann urteilen.

Urteilen ist etwas, was sehr weit über den bloßen Begriffsrahmen hinaus geht. Ich kann sagen, was das ist.

Entschuldige, dass ich jetzt so weit aushole. Aber wenn ich wissen will, was eine Sache ist, dann muss ich fragen: Warum ist sie so, wie sie ist? Da genügt es nicht einfach, nur den Begriff und die Definition zu haben. Ich muss auch schließen können, ich muss mir über das Besondere an diesem Ding eine Meinung bilden können.

Lesch:

Es wundert mich nicht, dass Aristoteles das so gemacht hat. Denn wenn es so ist, wie er meint, dass Wissen tatsächlich machbar ist, dann braucht er natürlich ein Handwerkszeug. Er muss also einen Werkzeugkoffer aufmachen können und sich fragen:

Mit welchem Schraubenschlüssel behandle ich denn jetzt das Problem, das vor mir liegt?

Was ich so berauschend an ihm finde, ist, dass er so neugierig gewesen ist. Er hat sich ja überall in den Wissenschaften herumgetrieben. Er hat viel hochgradig interessante Dinge gesagt, die - in seiner Zeit verstanden – jede Menge Ehrfurcht abnötigen. Aus heutiger Sicht ist vieles nicht richtig, aber in seiner Zeit war der Mann eine eigene Universität.

Bei dem Wissensangebot stand er dann oft vor der Frage: Wie komme ich denn zu Urteilen? Gerade für einen Naturwissenschaftler ist es eine hochgradig interessante Frage: Wie komme ich eigentlich zu irgendwelchen Schlüssen über Phänomene?

Bringen wir es einmal auf den Punkt, ganz konkret: Harald Lesch, Astrophysiker, wie kommt der eigentlich dazu, über irgendwelche Dinge, die sich irgendwo draußen im All abspielen, Physik zu betreiben, also ein Phänomen aufzunehmen, es zu durchdenken und dann – Schlussstrich - zu einem Schluss zu kommen? Genau. Ich benutze natürlich das ganze Arsenal der Logik.

Vossenkuhl:

Das ist die *Syllogistik*, die Denkfigur, die für Aristoteles die Grundlage von Wissenschaft bildete. Man hat natürlich gerätselt, wie er auf dieses ausgefeilte Konzept gekommen ist. Er hat ja nicht nur Logik und Methodologie betrieben, sondern auch Metaphysik und die Lehre vom Sein, die Ontologie. Er hat naturwissenschaftliche Schriften, ja sogar hermeneutische, rhetorische und philologische Schriften verfasst. Und – nicht zuletzt – hat er die Ethik, so wie wir sie heute kennen, begründet.

Er hat die Syllogistik so weit entwickelt, dass quasi für jede denkbare theoretische Situation ein Schlussverfahren möglich wurde. Das allgemeinste, das wir kennen, ist: Obersatz, Mittelsatz oder Untersatz, Schluss.

Also: Alle Menschen sind sterblich. Harald Lesch ist ein Mensch, ergo der Schluss: Harald Lesch ist sterblich. Irgendwie schade, aber so ist es, wenigstens syllogistisch. Der Syllogismus hat die eben vorgeführte deduktive Form. Jede Deduktion beginnt bei einem allgemeinen, gesetzesartigen Obersatz und der ermöglicht, dass wir von ihm aus, vermittelt durch einen Untersatz, der eine bestimmte Situation beschreibt, einen Schluss ziehen können.

Lesch:

Und dabei zielen wir auf etwas Besonderes.

Vossenkuhl:

Ja, wir nehmen ein Mittelglied, das zu dem Obersatz passt und bilden daraus einen Schluss. Das ist die Form. Er hat aber auch Schlüsse aus Wahrscheinlichkeiten gezogen. Er hat sich an den größten Feinheiten abgearbeitet.

335 v.Chr. hat er eine eigene Schule in Athen gegründet, das „Lykeion". Die Insassen der Schule nannte man „Peripathetiker", eine Bezeichnung, die besagt, dass es diejenigen sind, die denken, während sie sich bewegen. Aristoteles lieferte sehr viel Rüstzeug für die Bildung seiner Schüler. Der Erfolg ihres Lernprogramms hat die Wissenschaft jener Zeit enorm vorangetrieben.

Selbst wenn er sich über die Reproduktion von bestimmten Affen oder über anderes getäuscht hat, er hat so unglaublich viel systematisiert, dass aus diesem Nährboden in der frühen Neuzeit ein Neuanfang gestartet werden konnte. Aristoteles war der Philosophielehrer für das ganze christliche Mittelalter, vor allem seit Thomas von Aquin ihn dazu machte.

Aber noch mal zurück zu seinem Leben. 384 in *Stagira* als Sohn eines Arztes geboren. Mit 18 ging er zu Platon und blieb dort bis zu dessen Tod. Erst dann folgte er seinen eigenen Wegen.

Lesch:

Lass mich kurz zusammenfassen. Platon war schon 60, als er den blutjungen Aristoteles unter seine Fittiche nahm. Die Beiden waren dann 20 Jahre zusammen. Da kommt ein Jüngling, der sich hinterher ja auch als ein Genie herausstellt, zu einem anderen Genie. Wow, das muss eine spannende Situation gewesen sein!

Vossenkuhl:

Ja, es war ein vergleichbares Verhältnis wie zwischen Platon und Sokrates. Auch ein ähnliches Altersverhältnis. Als Platon starb, ging Aristoteles nach Kleinasien.

Lesch:

Wahrscheinlich war er sauer, weil er nicht Platon-Nachfolger bei der Akademie wurde.

Vossenkuhl:

Platon hatte ja seinen eigenen Nachfolger bestimmt, und das war nicht Aristoteles.

Aber einmal ganz abgesehen davon, hat er viel platonisches Denken bewahrt. Das brachte er bei seinem neuen Job mit ein. Er wurde 342 Lehrer von Alexander, dem 13 Jahre alten Sohn des makedonischen Königs Philipp. Er hat diesen Jungen unterrichtet, bis der die Nachfolge seines Vaters antrat. Erst als der junge Krieger so richtig loslegte, um die Welt zu erobern, ging Aristoteles zurück nach Athen und gründete das „Lykeion", also seine eigene Schule.

Mit dem Tode Alexanders 332 in Bagdad – wahrscheinlich verursacht durch einen Mückenstich – löste sich der Einfluss der Mazedonier auf das griechische Stammland und vor allem auf das stolze Athen urplötzlich in Luft auf.

Lesch:

Die Griechen besannen sich wieder auf ihre eigenen Untugenden.

Vossenkuhl:

Aristoteles als makedonischer Königs-Hauslehrer musste packen. Man hat ihm mit einem Atheisten-Prozess, also mit einem *Asebie*-Prozess gedroht. Er sagte sich, bevor die das Gleiche noch einmal machen, was ja schon mit Sokrates geschehen war, gehe ich lieber. Er wanderte dann aus nach Chalchis auf Euböa, nicht weit von seiner alten Heimat, und starb ein Jahr später, 322 im 62. Lebensjahr. Für dieses nicht eben üppige Alter hat er eine unglaubliche Menge an Schriften hinterlassen.

Lesch:

Was hat es denn nun mit der Metaphysik auf sich? Handelt es sich dabei einfach um das, was nach den Schriften über die Physik in seinem Werk steht? Oder ist es nun die erste – grundlegende - Philosophie, die er gemeint hat oder was?

Vossenkuhl:

Es gibt zwei Erklärungsmöglichkeiten für das Wort ‚Metaphysik'. Die eine ist einfach die Chronologie, das, was danach – also nach den Schriften über die Physik - kommt, weil *meta* so viel wie ‚nach' heißt. Aber es steckt schon in seiner Physik Metaphysik drin.

Die eigentliche Kernbedeutung der Metaphysik ist mit der Frage verbunden: Was meinen wir mit ‚ist', was bedeutet ‚Sein'? Es geht also um dieses Allgemeinste in allem, was wir sagen. Heute nennt man diese Art Untersuchung *Ontologie*, von *on*, Sein oder Ist und *logos* Lehre, also Seinslehre. Im Griechischen sind die Wörter für Sein und Ist übrigens gleich. Ontologie ist die allgemeinste Theorie oder Lehre, die wir uns denken können.

Was ist das Seiende, was heißt eigentlich ‚Sein'? Man sagt von allem, dass es ist, aber in welcher Hinsicht sagt man das dann von allem? Und wie kann man das, was man da sagt, strukturieren?

Da haben wir nun nicht den Syllogismus als Basis, als Motor der Wissensentwicklung. Es ist vielmehr eine andere Struktur. Wir haben die Ursachenlehre und die Verhältnisse zwischen Möglichkeit und Wirklichkeit und zwischen Stoff und Form. Das sind die entscheidenden Herangehensweisen.

Lesch:

Mit der Ursachenlehre fangen wir als erstes an. Es gibt für Aristoteles vier Ursachen: die *causa formalis*, das ist die Formursache, die *causa efficiens*, das ist die Wirkursache, dann die *causa finalis*, die Zweckursache und schließlich noch die *causa materialis*, die Stoffursache, also das, woraus das Ding besteht.

Vossenkuhl:

Diese letzte Ursache ist die *hyle*, der Stoff, die Materie. Du hast die Ursachen gerade auf den Kopf gestellt. Man fängt vielleicht besser mit dem Stoff an, weil der Stoff die Möglichkeit zu etwas bietet, was wir als Form verstehen, als das, was dann wirklich entstanden ist. Stoff und Form sind die beiden Ursachen, die sich in jedem sichtbaren Ding zusammenfinden müssen.

Machen wir ein Beispiel. Nimm an, da ist ein Stück Marmor, also der Stoff für irgend etwas. Du bist der Bildhauer …

Lesch:

… der daraus eine Form gestalten will.

Vossenkuhl:

Du willst diesem Marmor eine Form geben, den Stein zu einer Skulptur, aus dem Möglichen etwas Wirkliches machen. Die Skulptur muss als Form aber dem Stoff entsprechen. Du kannst nicht jede Form mit diesem Marmor verbinden.

Aber Du hast natürlich ein Ziel, die Zweckursache. Du möchtest den Kopf Deiner Frau abbilden, aus dem Marmor schlagen. Die Form- und die Stoffursache müssen sich durch Dich und Dein Können, die Wirkursache, so verbinden, dass die Zweckursache auch erreicht wird und am Ende tatsächlich der Kopf Deiner Frau zu erkennen ist. Das ist soweit klar.

Nun ein kleiner Ausflug zurück zu Platon. Der Stoff und die Form, die können nur zusammen kommen und diese sichtbare Einheit bilden, wenn das, was Platon schon als Wesen von Etwas dachte, das *Eidos*, als entscheidende Ursache angenommen wird. Diese Formursache ist für Aristoteles – wie für seinen Lehrer – das *Eidos*, das Wesen. Das ist es, was die Verbindung der Ursachen erst so richtig in Gang, in Bewegung bringt. Das was Du gerade erklärt hast, ist eigentlich eine Bewegungslehre.

Lesch:

Aristoteles hatte eine Vorstellung davon, dass das, was passiert, zu gewissen Zwecken passiert. Eine ganz stark zweckgerichtete Vorstellung davon, dass das Sein einen Zweck hat. Da geht es also um mehr, als darum, dass irgendwas passiert. Es passieren Abläufe und erscheinen Wesenheiten, weil sie eben zweckgerichtet sind. *Entelechie* heißt dieser Prozess, in dem jedes Ding seine eigentliche Bestimmung erreicht, weil es vor allem auf den jeweiligen Zweck eines Dinges ankommt.

Das ist natürlich eine Vorstellung, bei der Naturwissenschaftler die Augenbrauen ein bisschen hochziehen und sagen: Moment mal: Zweckursachen, da sind wir nicht mehr dabei. Was aber seine Vorstellung davon angeht, dass sich in den Dingen ein Wesen realisiert, eine Potenz aktuell wird - da geht noch was. Aber, dass es dann tatsächlich umgesetzt wird, das ist natürlich nur durch die Form denkbar. Dann muss ein Wesen sich auch tatsächlich in einer Form wiederfinden.

Was ich an Aristoteles interessant finde ist, dass es eben keine reinen Formen gibt, die losgelöst von der Materie existieren. Alles ist immer davon beeinflusst, dass die Materie sich der Formung entgegen stellt. Es gibt eine ganz starke Tendenz der Materie, sich den Gestaltungen zu widersetzen.

Letztlich ist aber die Vorstellung, die dahinter steckt, für einen modernen Naturwissenschaftler wegen der *causa finalis* nicht haltbar. Wir haben uns dieser metaphysischen Frage völlig entkleidet. Wir sind sie aber nicht los. Wir haben sie nur beiseite gelegt.

Vossenkuhl:

Das ist richtig. Ihr habt die *Teleologie* durch die Lehre von der einen Ursache, der Wirkursache, verdrängt.

Lesch:

Ich glaube nicht unbedingt in unseren Hinterköpfen und vielleicht auch nicht in unserem Vorderhirn, aber zumindestens in unserer täglichen Arbeit.

Vossenkuhl:

Wenn man heute von Ursache spricht, meint man meist nur noch die *causa efficiens*, die Wirkursache. Auch diese war für Aristoteles *eidetisch* zu verstehen und nicht nur als beobachtbarer äußerer Prozess, in dem etwas wirkt und etwas anderes bewirkt wird. Also nicht so wie ich das Billard-Queue nehme, es bewege und damit die Kugel anstoße, die sich dann auch bewegt.

Die Wirkursache läßt etwas entstehen, gerade so wie wenn Du als Bildhauer aus dem Marmor Deine Skulptur meißelst. Dabei ist die Formursache das Entscheidende, denn sonst kommt überhaupt nichts zustande. Du als Wirkursache musst die Formursache schon enthalten. Sie muss durch Dich wirksam werden.

Diese Verflechtung von Möglichkeit und Wirklichkeit, von Materie und Form, da hast Du völlig recht, die kann man nicht in getrennte Seiten auflösen. Das eine zeigt sich am anderen, die Möglichkeit, die Materie an der Wirklichkeit, der Form, und nicht umgekehrt; die Wirklichkeit hat Vorrang vor der Möglichkeit. Wenn Du das in moderne Physik übersetzen würdest, käme wahrscheinlich so etwas Ähnliches heraus wie: Da gibt es eine Gesetzmäßigkeit und aus der folgt dann etwas, was stofflich realisierbar ist.

Lesch:

So ähnlich, ja.

Es kann ja kein Wunder sein, dass gewisse Oberflächen so aussehen, wie sie aussehen, weil die Moleküle aneinander haften. Von alleine passiert eben nichts. Es gibt immer etwas, was bewegt, weil die Materie eben diesen Widerstand aufbietet. Es gibt dieses unglaubliche Bild von dem „unbewegten Beweger", der alles in Gang gesetzt hat. Das ist ja moderne Kosmologie in Reinkultur. Wirklich auf den Punkt gebracht. Und das vor 2.400 Jahren!

Vossenkuhl:

Insofern musst Du das wieder ein bisschen korrigieren, was Du vorhin gesagt hast - dass Aristoteles nicht so der ganz große Kopf war. Ich glaube, er war schon schlicht und einfach genial.

Lesch:

Aber er konnte es nicht so gut aufschreiben.

Vossenkuhl:

Er war nicht der große Schriftsteller. Seine Sprache ist sehr trocken, aber auch sehr präzise.

Wir wollen jetzt noch den Themen-Kreis erweitern, Aristoteles war doch auch ein großer politischer Denker. Nicht nur Platon. Und die Tatsache, dass er sich mit den politischen Größen der Zeit eingelassen hat …

Lesch:

… mit einem der Größten, Alexander.

Vossenkuhl:

Auch dafür hat er eine ganz neue Grundlage formuliert - eine Seelenlehre.

Die ist eigentlich ganz einfach. Er sagte etwas, was Thomas von Aquin begierig aufgegriffen hat: **Die Seele ist alles, alles Lebendige ist Seele.**

Und dann gibt es noch Schichten der Seele. Da gibt es die vegetative Schicht, das ist die unterste. Also auch das Gras hat Seele. Dann gibt es das, was wir mit den Tieren gemeinsam haben, das Streben, die strebende Seele. Wir wollen immer irgendwas, sei es Nahrung oder sonst was. Und dann gibt es den Geist. Den haben nur wir Menschen.

Die Seele hat grob genommen drei Schichten, die sich noch differenzieren. Die Brücke zur Ethik. An der vegetativen Seele und am Geist kann man nichts ändern. Der Syllogismus funktioniert so wie er funktioniert, deduktiv. Und das Wissen auch.

Wissen ist bei Aristoteles im strengen Sinn notwendig. Er hat eine richtig anspruchsvolle Wissenschaftstheorie gehabt, notwendiges, zeitloses Wissen. Es sei denn, etwas ist wahrscheinlich. Der Mittelteil der Seele, der strebende Teil allein ist formbar. Da kann man was durch Bildung und Disziplin verändern, verbessern, optimieren.

An dieser nicht-rationalen Stellschraube kann man drehen. Das ist die Formbarkeit, die wir haben. Da setzt die Ethik an. Die Ethik ist eigentlich die Lehre von der Formbarkeit des mittleren Seelenteils.

Lesch:

Ach, das ist aber schön gesagt.

Vossenkuhl:

Wie kann man dem Menschen Tugendhaftigkeit beibringen? Es geht eigentlich nur durch Drill. Man muss das Richtige tun lernen oder auch eingebläut bekommen.

Lesch:

Dann hat Aristoteles aber auch erkannt, dass es so etwas wie einen langen ruhigen Fluss gibt, an dem man nichts verändern kann. Fast hätte ich gesagt, ihm war klar, dass es eine genetische Programmierung gibt.

Dann ist da noch ein Teil, den wir auch nicht beeinflussen können. Das, was offenbar nach seiner Ansicht ganz wichtig ist und einen ganz starken platonischen Charakter hat. Dazwischen liegt der Mensch. Also zwischen den Göttern und dem Matsch sozusagen.

Vossenkuhl:

Also die Götter, von denen …

Lesch:

… weiß er nichts. Davon will er auch gar nichts wissen.

Das wirkliche Wissen - wenn denn Wissen am Ende rauskommt - das reine Wissen ist göttliches Wissen. Deswegen gilt er ja auch als Wegbereiter des Christentums.

Vossenkuhl:

Ja, das ließ sich gut in Theologie übersetzen.

Aber zurück zur Ethik. Er hat natürlich die gleichen Tugenden gekannt wie Platon oder Sokrates, also die Gerechtigkeit, mit dem höchsten Stellenwert - wie bei Platon, dann die Tapferkeit, dann die Klugheit als geistige Tugend und schließlich die Mäßigung. Das waren die sog. „Kardinalstugenden“, um die sich alles drehte: Daher kommt auch der Name, weil *cardo* im Lateinischen soviel wie „Türangel“ bedeutet.

Aristoteles hat die Menge der Tugenden aber stark erweitert. Vor allem die Freundschaft kam dazu. Die Tugenden dienen einzig und allein dazu, das bestmögliche Leben für jeden einzelnen und für alle in der Polis, das gute Leben des Staates zu erreichen. Eben nicht nur Deine und meine Glückseligkeit, sondern Glückseligkeit für alle.

Das gute Leben kann man gar nicht individualisieren. Das kann und soll nur allen zu Teil werden. Niemand kann es alleine haben.

Lesch:

Das klingt auf jeden Fall wesentlich weniger utopisch als die Vorstellungen, die Platon entwickelt hat. Das ist richtig sauberer Realismus. Aristoteles stand mitten im Leben und sah, was machbar ist.

Vossenkuhl:

Er hat sogar Rezepte geliefert, wie man den Pfad der einzelnen Tugenden erklimmt. Er sagte: Der Mensch ist von Natur aus feige. Tapferkeit ist erst einmal nicht sein Fall. Grundsätzlich müssen wir immer eine Mitte finden, zwischen dem zu viel und dem zu wenig. Für den Feigen besteht diese Mitte darin, erst einmal tollkühn sein zu wollen. Das heißt, wir zielen auf die Tollkühnheit, um von der Feigheit weg zu kommen und landen dann irgendwo dazwischen bei der Tapferkeit. Es ist also nicht so, dass wir nur den Mut oder die Tapferkeit im Visier haben. Als Feige müssen wir aber erst einmal weit darüber hinausgehen.

Ein harmloses Beispiel aus der Uni: Du sitzt in einem Auditorium als Schüler oder Student. Der Professor erzählt etwas, das eindeutig falsch ist – was eigentlich nicht vorkommt. Jetzt steht einer auf und sagt: Entschuldigung Herr Professor, Sie haben sich geirrt! Da muss man tollkühn sein wollen, oder? Das ist das Training für die Tugend der Tapferkeit. Man muss seine richtige Mitte finden. Wer von Natur aus tollkühn ist, muss umgekehrt auf die Feigheit zielen, um seine Tapferkeit zu erreichen.

Lesch:

Ein Gedanke aus der Ethik, die Aristoteles für seinen Sohn Nikomachos geschrieben hat. Ich finde das sehr schön, weil er was unglaublich Positives beinhaltet. Es geht um den Begriff der „angepassten Genauigkeit“. Jedes Problem hat seine ihm eigene Genauigkeit.

Einmal ist es gut, ganz genau hinzuschauen. Ein anderes Mal wiederum, erweist es sich als besser, ein bisschen weniger genau zu sein, damit man das Problem in seiner Komplexität nicht aus den Augen verliert. Da steckt die ganz tiefe Weisheit dahinter, dass man nicht immer alles mit dem gleichen Maßstab messen soll.

Vossenkuhl:

Ja, alles hat seinen ihm eigenen Maßstab, auch die Ethik und die Tugenden. Deswegen ist Aristoteles - auch anders als Platon - der Meinung, dass man durch Wissen allein nicht die Tugend erlangen kann. Man kann ganz genau wissen, was gut ist und es dennoch nicht tun. Der Maßstab des Wissens reicht nicht in der Praxis.

Für Platon war alles, Theorie und Praxis, eine große Einheit. Unter der Vorherrschaft des wahren Wissens gehörte Wissenschaft und Ethik für ihn zusammen. Für Aristoteles gehören Theorie und Praxis nur in gewisser Weise zusammen, methodisch unabhängig voneinander. Einen Vorrang des einen vor dem anderen gibt es nicht. Für ihn hat die Ethik ihre eigene Art von Wissen. Man kann nicht mit der Syllogistik Ethik treiben…

Lesch:

Mit der reinen, logischen wahr-falsch-Struktur kommt man da nicht weiter.

Vossenkuhl:

Ethik ist eine praktische Wissenschaft, anders als die reine Theorie.

Lesch:

Aristoteles stand dem realen Leben sehr nah. Ethische Entscheidungen sind ja von der Natur der Sache aus immer etwas unscharf.

Das hat ein bisschen etwas von Fuzzylogik. Das kann man eben nicht so richtig greifen.

Vossenkuhl:

Alles, was er zur Ethik oder Politik geäußert hat, war immer so geschrieben, dass man den Eindruck hat, das es umsetzbar, machbar ist. Genauso ist es in seiner Wissenschaftstheorie. Alles, was einsehbar ist, ist auch machbar.

Aber er hat auch gesagt, wenn jemand nicht kapiert, was gut ist, tja, dann ist das schlecht, weil dann auch Belehrung nichts mehr bringt. Wenn einer zum Beispiel nicht versteht, dass Gewalt gegenüber anderen etwas Schlechtes ist, dann nützen auch Argumente nichts, dann muss er – so meinte Aristoteles – gezüchtigt werden.

Zu seinen Lebzeiten hat Aristoteles eine große Menge Wissen angesammelt. Auch seine Schüler halfen dabei kräftig mit. Ein Großteil seiner Bibliothek, die er geschrieben hat, bestand aus der Summe der angehäuften Ideen und Beobachtungen.

Auf diesem geistigen Nährboden der Naturbeobachtung pflanzte er die Sprösslinge seiner Logik.

Aristoteles war ein sehr kluger und umsichtiger Organisator der Wissenschaft, ein wirklich genialer Gelehrter.

Stoa (3. Jh. v. Chr. - 2. Jh. n. Chr.)

Vossenkuhl:

Der König der Mazedonier, Alexander der Große ist tot. Das Jahr 323 vor der Zeitenwende. Ein Jahr später stirbt Aristoteles. Mit dem Tode seines einstigen Schülers hatte er Athen eiligst verlassen müssen. Eine Situation, die man sich auch in unserer heutigen Welt gut vorstellen kann. Etwa im Anschluss an das Ende des Zweiten Weltkrieges, dem Zusammenbruch einer bestehenden – allerdings gewaltsamen, tyrannischen - Ordnung.

So war die Situation in Athen um 300. Die alte Polis und die Selbstsicherheit ihres Bürgertums existierte nicht mehr, stattdessen gab es Fremdherrschaft in Gestalt der Diadochenreiche in der Nachfolge von Alexander.

In dieser Zeit entstand die Philosophie, die *Stoa* genannt wird. Ein halbes Jahrtausend lang entwickelte sie sich und erneuerte sich dabei immer wieder. Sie beginnt mit Zenon von Kition (333/2 – 262/1 v. Chr.), einem Philosophen aus Zypern, der um das Jahr 300 in Athen eine Schule gründete. ‚Stoa' heißt schlichtweg Halle und in so seinem Bauwerk war diese Schule auch untergebracht.

Das ist die Ausgangslage, in der eine geistige Zypresse gen Himmel wuchs, die einen langen Schatten in den kommenden Jahrhunderten warf.

Lesch:

Es gibt kaum einen Teil der antiken Philosophie, der so unglaublich aktuell ist. Es herrschten Werteverlust, Verlust von Normen und Verbindlichkeiten, stattdessen Misstrauen gegenüber der Regierung, allgemeine Beschwernis über die Jugend usw. Die Leute waren in jeder Hinsicht orientierungslos. Nicht zuletzt weil der große Bruder und Nachbar, der Mazedonier Alexander nun weg war. Sein Reich zerfiel. Die Menschen suchten Halt und Neuorientierung.

Auftritt auf der philosophischen Weltbühne: die Stoiker. 500 Jahre wird man sich immer wieder gerne auf sie berufen. Immer dann, wenn etwas zerfiel. Dann wurden die Stoiker bemüht. Wie ein weißes Karnickel wurden sie aus dem Zylinder gezaubert.

Wir leben ja heute in einer Zeit, in der sich nur einige wenige für Philosophie interessieren. Damals war das ganz anders. Das Interesse an der Stoa glich einer Massenbewegung. Der *Stoizismus* war unglaublich populär.

Vossenkuhl:

Allerdings erst, nachdem die Stoa nach Rom exportiert worden war. In Athen selbst hielt sich das Interesse an ihr 150 Jahre lang in Grenzen. Erst als dann Lukrez und andere die Ideen der Stoa in der Stadt am Tiber verkündeten, nahm das Interesse an ihr rasch zu. Rom hatte damals die ersten Hürden zum Weltreich genommen. Karthago wurde in drei Schüben, in den „Punischen Kriegen", besiegt. Der letzte endete 146 v.Chr. Etwa gleichzeitig mit dem endgültigen Erfolg über Karthago entstand durch Lukrez in Rom so etwas wie eine allgemeine Schulbildung. Die Stoa wurde zum Kanon oder zum Bildungsstandard schlechthin. Deswegen stammen die besten Zeugnisse über die Stoa aus dieser Zeit.

Lesch:

Was gehört denn zur stoischen Philosophie? Ich habe gelernt: Logik, Physik und Ethik.

Vossenkuhl:

Aller guten Dinge sind drei.

Lesch:

Und ich habe mir ein Bild gemerkt. Stoiker veranschaulichen diese drei Begriffe gerne mit dem Garten-Beispiel. Die Logik, das sind die Mauern, die um diesen Garten herumgezogen werden, die festen Regeln, nach denen die Dinge erkannt werden können. Die Physik ist der wachsende, sich verzweigende Baum in diesem Garten. Und die Ethik, das sind die Früchte.

Vossenkuhl:

Wunderschön. Geradezu paradiesisch.

Lesch:

Der Kern der stoischen Philosophie erleichtert es, die Welt zu verstehen. Sie existiert nach einem Plan. Hinter allem steht eine göttliche Vernunft. Für mich als Naturwissenschaftler ist es bei der Beobachtung der Natur wichtig, dass ich weiß, wie ich zu handeln habe.

Angesichts von Klimawandel und Ressourcen-Problematik könnte ein stoischer Blick auf die Welt hilfreich sein. Da gibt es Naturgesetze, gewisse Regularien, mit denen wir offenbar nicht richtig umgehen können. Also sollten wir uns diesen Regularien gemäß verhalten und sie besser nicht ignorieren.

Vossenkuhl:

Klingt ein bisschen grün, nicht?

In Übereinstimmung mit der Natur leben? Klar! Auch kein Unterschied zwischen Geist und Natur. Das kommt uns als Erzählenden sehr entgegen, weil wir dann keine Ideen mehr erklären müssen. Es ist alles materialistisch. Es ist alles nur wahrgenommen oder sinnlich wahrnehmbar. Deswegen nannte man die Stoiker auch *Sensualisten* nach dem lateinischen Wort *sensus*, Sinn.

Die Naturgesetze gelten für alles, auch für die Ethik. Man braucht sich jetzt nicht wie noch bei Aristoteles überlegen: Was sind denn die Gesetze des Denkens im Unterschied zu denen des Handelns? Das ist jetzt alles wieder – wie schon bei Platon – aus einer Hand, nur anders. Das ist im modernen Sinn eine *monistische* Theorie, eine aus einem Guss.

Lesch:

Im Grunde genommen haben die Stoiker noch einmal auf Demokrit und Leukipp zurückgegriffen: Die Welt besteht aus Einzelteilchen, die sich irgendwie zusammensetzen. Daraus ergeben sich dann die entsprechenden Gegenstände. Einerseits der Rückgriff auf die Atomisten und dann wurde auch noch die göttliche Vernunft mit einbezogen. Die musste selbst etwas Materielles sein, was Hauch oder Atem genannt wurde und in der

Materie drin steckte. Das ist das, was der Logos in die Materie hineinsteckt, das *Pneuma*.

Vossenkuhl:

Ja, alles ist materiell, auch das Pneuma, der Atem. Weiter ergeben sich unterschiedliche pneumatische Zustände. Die Seele unterschiedet sich, was das Pneuma angeht, von anderen Zuständen, aber eben nur ein bisschen. Das ist alles graduell. Wichtig ist die Stoßrichtung. Die Stöße können zum Beispiel durch Feuer zustande kommen (*pyr*, das Feuer). Es kann eine Art von Pneuma sein.

Lesch:

Das Feuer war für die Stoiker sowieso das wichtigste Element. Weil sich alles aus dem Urfeuer entwickelt hat und auch ins Urfeuer wieder zurückfällt.

Vossenkuhl:

Das erinnert sehr stark an die vorsokratische Tradition. Überhaupt verflechten sich die Traditionen ständig. Auch Heraklit taucht wieder auf, ebenso wie die Pythagoräer.

Es wird sehr viel über die Unsterblichkeit nachgedacht. Die meisten Stoiker sind ja erstaunlicherweise Menschen, die nicht an die Unsterblichkeit glauben. Einige gehen davon aus, dass ein bestimmter Teil der Seele unsterblich ist, ein anderer aber nicht.

Lesch:

In gewisser Weise bedient sich die Stoa wie in einem Supermarkt der Philosophie. Man nehme ein bisschen Heraklit und eine Prise Demokrit und Leukipp dazu, dann noch ein bisschen was aus der Logik von Aristoteles und etwas von Platon, nicht zu vergessen. Dann mischen wir das gut durch. Das ergibt im Großen und Ganzen ein Gedankengebäude, das Sicherheit gibt. Könnte man den Stoizismus so beschreiben?

Vossenkuhl:

Das passt schon so. Man hat ja dem einen oder anderen Stoiker vorgeworfen *Synkretist* zu sein, also alles zusammenzuglauben und zusammengemischt zu denken. Man darf dabei aber nicht übersehen, dass es trotz alledem eine sehr gut durchgearbeitete Theorie war.

Nehmen wir einfach einmal die Trieb-Theorie. Etwas sehr Modernes. Im vollen Sinn des Wortes. Sie hat sich bis in die Neuzeit gehalten. Im aristotelischen Modell haben wir die vegetative Seite der Seele, dann die sensitive, das Gefühl und die intellektuelle Seele. Das haben die Stoiker übernommen und verfeinert.

Sie haben gesagt: Alles wird durch einen bestimmten Trieb angeschoben. Dieser Trieb kommt aber nicht nur aus dem Metaphysischen, aus dem Reingeistigen, der speist sich auch aus dem Materiellen. Da herrschen die gleichen Gesetzmäßigkeiten wie überall in der Natur. Und dieser Trieb – das Wort dafür ist *Hormon* und kommt aus dieser Ecke – dieser Trieb steuert alles, die Lust ebenso wie die Unlust. Er liegt allem zugrunde, was wir an Interessen, an Wünschen so haben. Es geht darum, wie wir den Trieb steuern und unter Kontrolle kriegen.

Wann genau die Trieb-Lehre entstand, kann ich Dir nicht sagen. Wir wissen aber, dass Chrysipp (281/76 – 208/4 v. Chr.), also ein ganz früher Stoiker, schon in diese Richtung dachte.

Der hatte eine intellektuell sehr interessante und anspruchsvolle Theorie. Aber er hat wohl mehr über logische Fragen gearbeitet und nur so am Rande über diese Trieb-Theorie.

Wie Du schon gesagt hast, haben die Stoiker viel von Aristoteles übernommen. Dann aber formulierten sie dessen Begriff-Urteil-Schluss-Lehre ganz neu.

Zum Beispiel zerlegten sie den Begriff selbst.

Nehmen wir einmal den Begriff ‚Mensch'. Die Stoiker sagten: Mensch, das ist erst einmal ein Terminus. Es ist also eine Frage der Grammatik, was der Terminus bedeutet. Dann ist ‚Mensch' auch ein Begriff, der etwas Geformtes mit Seele bedeutet, also eine Art bezeichnet. Wir haben bei Begriffen wie ‚Mensch' etwas, was man logisch und dialektisch betrachten kann. Dann geht es auch noch um die Substanz. Was ist der Mensch eigentlich? Das ist eine interessante Vertiefung der aristotelischen Urteilslehre. Man sieht daran sehr genau, dass die Stoa schon eine ganz andere Vorstellung von Logik hatte als Aristoteles, da Formalismus und Materialismus, Inhalt und Form nicht mehr getrennt, sondern zusammen gesehen wurden. Deswegen auch die monistische Vorstellung, dass alles aus einer Wurzel kommt. Auch die Trieblehre, die dann später bei Mark Aurel (121-180 n. Chr.) und bei Seneca (ca.1-65 n. Chr.) eine ganz große Rolle spielt, stammt aus dieser Wurzel.

Lesch:

Schauen wir uns doch einmal die Konsequenzen der stoischer Philosophie an. Nehmen wir Seneca, den Lehrer von Nero, ein sehr vermögender Mann. Der stand mitten im Erwerbsleben, und verdiente einen Haufen Sesterzen. Er sagte aber auch diese Sätze:

Jeder überstürzt sein Leben und leidet an der Sehnsucht nach dem Kommenden. Der hingegen, der jeden Augenblick zu seinem Nutzen verwendet, der jeden Tag so einteilt als wäre er sein Leben, sehnt sich nicht nach dem folgenden Tag und fürchtet sich nicht davor. Was könnte denn noch irgendeine Stunde an neuer Lust bringen? Alles ist bekannt, alles bis zur Sättigung genossen. Über das andere mag das Glück nach Belieben verfügen. Das Leben ist schon in Sicherheit. Diesem Menschen kann man noch etwas dazu geben, wegnehmen nichts.

Ist das die berühmte stoische Haltung?

Vossenkuhl:

Wunderbar. Der Mann stand da und konnte gar nicht anders. Ihm konnte wohl keiner mehr was anhaben.

Lesch:

Ihr könnt mir nichts mehr wegnehmen – also könnt ihr mich alle mal, und zwar kreuzweise.

Vossenkuhl:

Ein beneidenswerter Standpunkt.

Lesch:

Er hatte natürlich auch eine gehobene Position im römischen Reich … nun gut, später hat sein Kaiser Nero ihn dann aufgefordert, sich die Adern zu öffnen.

Vossenkuhl:

Die Wechselfälle im Imperium Romanum. Da ging es meist robust und ohne Sentimentalität zur Sache.

Lesch:

Seneca war einer der bekanntesten Lehrer und Philosophen, der mit dieser stoischen Philosophie, die aus dem Späthellenismus kommt, in der zerfallenden römischen Republik wirkt.

Vossenkuhl:

Jedenfalls war das schon die Zeit nach der Republik. In dieser kurzen Phase nach Caesar und Augustus.

Während Herrschaftsformen ins Kippen gerieten - wie die Diadochenreiche nach Alexander - gab es eine sehr interessante, humanistische Entwicklung, die die Stoa angestoßen hat.

Nero hat ja einen schlechten Ruf, den eines furchtbaren Kerls.

Dabei war er ein bedeutender Bauherr in Rom und außerdem hat er ein Gesetz erlassen, das es verbot, Sklaven unmenschlich zu behandeln. Hadrian verbot dann, Sklaven einfach aus einer Laune heraus zu töten, also wie einen Gegenstand zu behandeln. Wahrscheinlich hatte Seneca einen aufklärenden Einfluss auf Nero. Der Anspruch, menschlich und nicht als Ding behandelt zu werden, wurde den Sklaven zugebilligt.

Dann ging es Stück für Stück weiter. Marc Aurel hat sogar Gladiatorenkämpfe verboten. Antoninus Pius – Mark Aurel nannte sich so – hat den Sklaven erlaubt, vor die Altäre zu treten und zu opfern. Sklaven haben immer mehr Ansprüche zugesprochen bekommen. Sie durften ihr Vermögen vererben und konnten, wenn sie Staatssklaven waren, nach einer bestimmten Zeit freigelassen werden.

Lesch:

Staatssklaven? Sie gehörten also dem Kaiser?

Vossenkuhl:

Ja. Es hat sich in dieser Zeit für römische Verhältnisse enorm viel geändert. Blenden wir kurz in das 19. Jahrhundert. Sklavenhalterstaat USA, genauer deren Südstaaten. Dort hatten die Sklaven viel weniger Rechte als in der spätrömischen Zeit.

Lesch:

Der Einfluss der Stoiker ist zu spüren. Noch dazu, wenn sie wie Seneca in Schlüsselpositionen saßen. Mark Aurel, ein leibhaftiger Imperator, hat in seinen „Selbstbetrachtungen" immer und immer wieder darauf zurückgegriffen: Was ist vernünftig? Was macht Sinn?

Da hat natürlich die stoische Philosophie mit der Vorstellung, dass es etwas Planvolles und Zweckvolles in der Natur gibt, das dem göttlichen Logos entspricht, den Schluss nahegelegt, dass seine Mitmenschen nicht unterdrückt und misshandelt werden dürfen.

Vossenkuhl:

Epiktet (50-125 n. Chr.), einer der wichtigsten Stoiker in der römischen Zeit, stammte wohl aus Phrygien, mitten in der heutigen Türkei. Er kam als Sklave nach Rom.

Lesch:

Ein Kaiser und ein Sklave, beide sind Stoiker.

Vossenkuhl:

Das ist doch stark, nicht? Ich zitiere mal einen Satz aus seinem Büchlein „Das Buch vom geglückten Leben": *Verlange nicht, dass die Dinge gehen, wie du es wünschst, sondern wünsche sie so, wie sie gehen, und dein Leben wird ruhig dahinfließen.*

Lesch:

Wunderbar.

Vossenkuhl:

Da steckt sehr viel drin. Da quälen wir uns heute mit der Frage: Haben wir eigentlich Freiheit oder nicht? Hier klingt das so, als müssten wir uns einfach nur den Gesetzen der Natur anpassen. Dem, was uns gemäß ist. Die Griechen nannten das - ein wichtiger Begriff in der Stoa - die *Oikeiosis* (Zueignung). Das ist das, was uns eigentlich gemäß, uns zugehörig und zuträglich ist. Das, was uns zugehörig ist als Menschen, ist uns auch zumutbar.

Oberflächlich verstanden klingt es so, als würde man sich einfach an etwas Gegebenes anpassen. Aber das wäre ein Missverständnis. Denn wir müssen – stoisch gesehen - aktiv dafür sorgen, dass das naturgemäße Leben stattfindet. Genau das ist unsere Freiheit. Wir können natürlich sagen: Ich bleibe im Bett, und lasse den lieben Gott einen guten Mann sein. Das ist aber nicht naturgemäß.

Die Stoiker als aufrechte Ethiker haben einen sehr klaren Pflichtbegriff vertreten. Sie predigten eine Tugend, die man nicht einfach durch Reichtum oder Glück erwerben kann.

Lesch:

Sondern dadurch, dass man daran arbeitet.

Da muss ja der Alte in Königsberg ein ziemlicher Fan der Stoikern gewesen sein,

Immanuel Kant meine ich. Er ist ein guter Freund von mir, zumindestens in meinem Arbeitszimmer. Deswegen ist er für mich der Alte aus Königsberg.

Vossenkuhl:

Der hat sich tatsächlich viele Anregungen von den Stoikern geholt. Das ist in der Forschung erst die letzten Jahrzehnte so richtig verstanden worden.

Lesch:

Ein Satz von Seneca heißt sinngemäß so: **Wer will, den trägt das Schicksal –** den formt oder fördert es. Wer nicht will, den reißt es mit sich fort.

Du kannst dich nicht einfach hinsetzen und drauf warten, dass sich die Dinge so verändern, wie du es dir wünschst. Du musst schon selber was tun. Ansonsten, wenn du gar nichts tust, wirst du eben davongetragen. Dann werden eben andere Kräfte dein Schicksal ganz gewaltig beeinflussen.

Eine planvolle, zweckmäßige Welt, vom göttlichen Logos durchdrungen. Da steckt ein unglaublicher Realismus drin. Du musst die Dinge einfach hinnehmen. Da nützt es überhaupt nichts, dass du dich dagegen wehrst.

Trotzdem gilt: Sorgfalt walten lassen. Sieh zu, dass du die Dinge einigermaßen begreifst, die um dich herum vor sich gehen.

Auf der anderen Seite gibt's halt auch Bereiche deines Lebens, wo du Verantwortung für dich übernehmen musst. Entscheidungen und Taten sind gefragt. Dann wird man schon sehen, was dabei herauskommt.

Und da ist nun der große Marcus Aurelius Antoninus Augustus, Kaiser des Imperium Romanum. Er weilt gerade im heutigen Österreich oder in Ungarn. Schlachten und schlechtes Wetter wechselten sich ab. Es hat geschüttet wie aus Eimern und es war kalt. Der Mann saß in seinem Zelt und hat dann abends beim Schein der Fackeln solche Sätze formuliert: *Ich bestehe aus einem bildenden und einem stofflichen Teil, keines von beiden wird in Nichts vergehen wie es auch nicht aus dem Nichts entstanden ist. Es wird also jeder Teil meines Wesens durch Umwandlung in irgendeinen anderen Teil der Welt gewandelt, und jener wieder in einen anderen Teil derselben Welt und so fort bis ins Unermessliche. Einer solchen Umwandlung verdanke ich auch mein Dasein und ebenso meine Eltern das ihre und so rückwärts ins Unermessliche. Denn nichts hindert uns so zu reden, wenn auch die Welt nach fest begrenzten Umläufen gelenkt wird.*

Also die Einsicht, dass die Welt ihre festen Grenzen hat. Damit die Welt aber die gleiche bleiben kann, muss sie sich verwandeln.

Vossenkuhl:

Das ist eine sehr schöne Passage. Sie zeigt, dass Mark Aurel nicht an die individuelle Unsterblichkeit glaubte. Die Seelenteile wandeln sich in wieder etwas anderes um. Unsere Individualität kommt von etwas Nicht-Individuellem, fügt sich zusammen und wird dann wieder aufgelöst und geht in andere Zustände über. Als Individuum haben wir also nur einen bestimmten Aggregatszustand in diesem materiellen Prozess. Der Kaiser glaubt an die Unsterblichkeit, aber nicht an die individuelle.

Seneca hingegen glaubte fest daran. Deswegen konnte er sich seelenruhig …

Lesch:

… die Pulsadern aufschneiden.

Vossenkuhl:

Sich umbringen, ja. Marc Aurel hätte das sicherlich so nicht gemacht.

Andere lehnten die Vorstellung einer Unsterblichkeit völlig ab. Ihrer Meinung nach vergeht, verlöscht der Mensch schlicht und ergreifend.

Lesch:

Wir haben jetzt das Hohe Lied auf die Stoa gesungen. Darin kamen die Pflicht und die Tugenden vor. Natürliche Grenzen sollte der Mensch erkennen und annehmen, sich aber nicht nur fatalistisch zurück lehnen, sondern auch versuchen, seines eigenen Glückes Schmied zu sein.

Wäre die Stoa ein Ansatz, darüber nachzudenken, wie wir uns heutzutage in einer Zeit des Systemverfalls, des Misstrauens in die Politik und vor allen Dingen in diejenigen, die Politik betreiben, orientieren können? Wäre das eine philosophische Wegzehrung und Lebenshilfe?

Vossenkuhl:

Es ist eine sehr gute Philosophie, um sich selbst seiner eigenen

Kräfte zu versichern. Ich gehe in mich, ich will selbst was tun. Diese Pflichtenethik ist ja nichts Kollektives, sondern ich schöpfe aus mir, was ich zu tun gedenke.

Die Stoiker waren Macher, die wollten was tun. Sich einmischen. In die Welt gehen. Nicht einfach sitzen bleiben. Das ist ein sehr gutes Rezept für die heutige Zeit.

Lesch:

Dabei haben sie sich aber nicht in den Vordergrund gedrängt. Sie haben ihr Ding eher hinter den Kulissen und nicht unbedingt auf der Bühne gemacht.

Vossenkuhl:

Nicht so ganz. Sie suchten schon die Öffentlichkeit. Die wollten gehört und beachtet werden. Zielsetzung war die Formung des eigenen Selbst aus eigener Kraft. Nicht einfach anpassen. Wenn man sagt, dass das Fatalisten waren, die sich in ihr Schicksal ergeben haben, dann stimmt das eben nur im Hinblick auf die Naturgesetze und die göttlichen Gesetze.

Übrigens waren sie die ersten, die überhaupt von einem *lex naturalis*, also einem Naturgesetz sprachen.

Lesch:

Dann will ich noch zum Abschluss den Imperator in ihren Reihen zitieren. Marcus Aurelius schreibt: *„Ich gehe meinen natürlichen Weg, bis ich hinsinke und ausruhe. Ausgehaucht in dasselbe Element, das mir täglich Lebensluft gibt, hingesogen zur Erde, von der mein Vater den Zeugungsstoff, meine Mutter das Blut und meine Amme die Milch erhielt. Zur Erde. Von der ich jeden Tag so viel Jahre lang Speise und Trank empfange, die mich trägt, der sie mit Füßen tritt und so oft missbraucht.“*

Epikur (341 - 270 v. Chr.)

Epikur

Lesch:

„Weder soll, wer noch ein Jüngling ist, zögern, zu philosophieren, noch soll, wer schon Greis geworden, ermatten im Philosophieren. Denn weder ist jemand zu unerwachsen noch bereits entwachsen im Blick auf das, was in der Seele gesunden lässt. Wer aber sagt, zum Philosophieren sei noch nicht das rechte Alter oder vorübergegangen sei das rechte Alter, ist dem ähnlich, der sagt, für das Glück sei das rechte Alter noch nicht da oder nicht mehr da."

Diese Sätze stammen von Epikur, der eine philosophische Richtung in die Welt gebracht hat, die man den *Epikureismus* nennt. Ein Mann, der gründlich missverstanden wurde. Hat man ihm doch unterstellt, er hätte dem reinen Lustprinzip das Wort geredet. Dabei war er genügsam bis zum geht nicht mehr - und er war ein Mann, der viele richtige und wichtige Dinge gesagt hat. Unter anderem das, was das eben gelesene Zitat beinhaltet: Philosophie ist für jedermann - also nicht nur für irgendeine elitäre Klasse von großen Denkern - und sie ist eine Lebensaufgabe.

Vossenkuhl:

Du hast völlig Recht. Wir müssen dafür sorgen, dass das schiefe Bild Epikur sei ein Lustphilosoph gewesen, korrigiert wird.

Lesch:

Ich spiele jetzt einfach mal den „advocatus diaboli". Der Epikur hat doch gesagt: Lust ist das Prinzip des Lebens. Deshalb muss ich zusehen, dass ich alle meine Lüste befriedige, und zwar so schnell und so oft wie möglich.

Vossenkuhl:

Das ist falsch! Das hat er nicht gesagt. Er sagte: Wir brauchen Weisheit, um das zu tun, was wir tun sollen, und wenn wir das tun, dann kommt die Lust. Er hat also die Weisheit vor die Lust gestellt.

Wenn du überlegst, du suchst nach Lust und bist nicht weise, dann eilst du hirnlos von einer zur andern. Dabei stellst du immer wieder fest, dass doch keine die richtige ist. Das hat Epikur klar erkannt.

Es gibt natürlich auch *Hedonisten*, also Lustsucher, die vermeintlich Epikuräer und der Meinung sind: Es ist völlig wurscht, welche Lust, Hauptsache Lust.

Lesch:
Was ist denn Lust laut Epikur?

Vossenkuhl:
Die Abwesenheit von Schmerz, erst mal. Kein Leid und kein Unwohlsein.

Lesch:
Unwohlsein?

Vossenkuhl:
Ja, Unwohlsein. Das ist kein Wohlgefühl. Lust ist ein Wohlgefühl – Betonung auf „Gefühl". Er hat natürlich daran geglaubt, dass es bei der Lust um ein Gefühl geht und nicht einfach um etwas Intellektuelles.

Lesch:
Bis Epikur war der Begriff Lust in der Philosophie nicht vorhanden.

Vossenkuhl:
Doch, doch!

Lesch:
Ah ja?

Vossenkuhl:
Bei Aristoteles. Der hatte eine sehr distanzierte, aber auch wohl-

wollende Ansicht über Lust. Er sagte, wenn man sich die Tugend ehrlich erarbeitet hat, wenn sie zum eigenen Habitus, zum Charakter geworden ist, dann wird man, wenn man tugendhaft handelt, nicht nur glücklich sein, sondern auch eine Lustempfindung dabei haben. Die ist zwar nicht das eigentliche Ziel des Mühens, das ist die Glückseligkeit, aber die Lust spielt bei Aristoteles doch eine wichtige Rolle.

Die Stoa wiederum hat die Lust verdammt. Bei der Stoa durfte man - die erste große Pflicht der Ethik - nicht aus Lustbestreben etwas tun.

Dagegen postuliert Epikur: Wenn ich etwas Vernünftiges tue, wenn die Weisheit mich leitet, werde ich auch Lustempfindung haben.

Lesch:

Lust empfinden. Also Abwesenheit von Schmerz, von Unwohlsein, von Unruhe, sich einfach mit den Gegebenheiten wohl fühlen. Vielleicht würde man heute sagen: Dieses „Floating". Man fühlt sich einfach wohl ohne Zeitempfindung, ohne dass man das Gefühl hat, etwas zu verpassen. Ein ganz großes Gefühl der Zufriedenheit. Wie kann man das laut Epikur erreichen?

Vossenkuhl:

Indem man dafür sorgt, dass man zur Ruhe kommt, zur inneren Ruhe. Du siehst, dass es mit Lustgewinn, mit Remmidemmi und Killekille überhaupt nichts zu tun hat.

Lesch:

Remmidemmi und Killekille! Das in einem philosophischen Gespräch auf höchstem Niveau?!

Vossenkuhl:

Nur damit auch die jungen Leute verstehen, wovon wir reden.

Lesch:

Klar doch. Wobei ich nicht so genau weiß, was Du unter Killekille verstehst. Aber sei´s drum.

Vossenkuhl:

Killekille nenne ich, wenn man sich selbst oder andere kitzelt, um was zum Lachen zu haben. Das hat mit Epikurs Lust nichts zu tun.

Für das epikureische Lustgefühl konzentriere ich mich auf das genaue Gegenteil, auf Ruhe, völlige Ruhe. Eine möglichst große Bewegungslosigkeit des Inneren ist Voraussetzung dafür. Ich muss schauen, dass ich meine Seele in ein stabiles inneres Gleichgewicht, in eine Bewegungslosigkeit bringe. Dann habe ich das Höchstmögliche an Lustempfindung erreicht.

Lesch:

Man könnte von Wohlgefühl sprechen. Man fühlt sich wohl. Man fühlt sich aufgehoben in der Welt, unter denen, mit denen man zusammenlebt. Das ist eigentlich eine Harmonie-Philosophie.

Vossenkuhl:

Das ist eine Freundschaftsphilosophie. Freundschaft war für die Epikuräer ganz wichtig. Man sucht sich einen Freund. Mit diesem Freund empfindet man dann auch die größtmögliche Freude, die es gibt. Deshalb sollte man wohl besser von Glück als von Lust sprechen. Das Glück war zwar auch für die Stoiker wichtig. Bei ihnen ist es aber ein Ziel, das allein mit der Tugend erreichbar ist. Es hat keine sinnliche Qualität. Die sinnliche Qualität ist bei den Epikuräern aber ganz wichtig.

Lesch:

Die Sinne müssen also schon befriedigt werden.

Vossenkuhl:

Ja. Es ist auch eine Art von Selbsttherapie. Zuallererst muss ich alles tun, um Schmerz zu vermeiden. Ich muss dafür sorgen, dass mein Körper gesund ist, dass ich mich gut ernähre.

Lesch:

Es gibt ja diesen inneren Schweinehund, der mich daran hindert, meinen Körper fit zu halten. Da muss man permanent dranbleiben.

Vossenkuhl:

Wenn Du nicht gegen den inneren Schweinehund kämpfst, kannst du natürlich auch nicht glücklich werden und die Lust gewinnen.

Lesch:

Epikur und die Bewegung, die mit ihm zusammenhängt, hatte über viele Jahrhunderte Bestand. Die Eleven seiner Schule haben sich über die späthellenistischen Diadochen-Reiche verteilt. Selbst im römischen Reich wurde sein Denken immer wieder verwendet. Wenn man sich nur die Häuser in Pompeji oder in Herculaneum anschaut, finden sich typische epikuräische Motive: Das zurückgezogene Leben in Haus und Garten. Die Menschen wirken im Verborgenen.

Würdest Du auch sagen, dass Epikur genauso wie die Stoa eine Art von Biedermeier- oder Bonsai-Philosophie vertritt?

Auf der einen Seite haben wir diese unglaublich großen Umwälzungen in der Zeit. Weil ich diese nicht mehr einordnen und verarbeiten kann, schrumpft mein Trachten und Denken auf den Bereich meines Gartens und meiner engen Freunde. Ich ziehe mich zurück und kümmere mich ausschließlich um mein Wohlsein. Man schafft sich ein Refugium und sagt sich: Hier bin ich Mensch, hier darf ich´s sein.

Vossenkuhl:

Etwas überzeichnet könnte man das schon so beschreiben. Im Garten fing es bei Epikur auch an. Er hatte die Schule in seinem Garten gegründet. Sie hieß auch „Der Garten“. Also so ähnlich wie die Halle bei der Stoa.

Es ist schon der Rückzug in das, was man noch kontrollieren kann. Also weg von der großen öffentlichen Bühne. Das war damals auch nicht mehr interessant. Das öffentliche Leben war solange interessant, solange es Bürger gab, die unabhängig und frei waren. Als das nicht mehr galt, waren die Leute untertan. Die *Agora*, der Versammlungs- und Marktplatz, wo sich die Freien trafen und freien Meinungs-Austausch pflegten, wo es auch um die Staatsentwicklung und die Staatsziele, um Politik und Recht ging, hatte jetzt ihre traditionelle Bedeutung eingebüßt.

Es gab schon noch Recht und Ordnung Die lagen aber nicht mehr in der Hand der Bürger, die da zusammen kamen, sondern Recht und Ordnung wurde von oben diktiert. Die Stoiker hatten noch versucht, sich da einzumischen. Die Epikuräer sagen nur: Warum sollen wir uns das antun?

Lesch:

Ich bin jetzt wieder ganz teuflisch: In Brüssel sitzt eine Verwaltung, die über Europa viel ausgießt. Verordnungen, Regelungen, Gesetze. Für den Otto Normalverbraucher, egal wo in Europa, ergibt sich so das Gefühl, dass das, was die machen, mit der Welt um mich herum überhaupt nichts zu tun hat. Was soll ich mich also darum kümmern? Ich ziehe mich ins Private zurück.

In der DDR war es damals die Datsche. Daran hat man emsig gewerkelt und das System war egal. Und jetzt erleben wir in Europa wiederum, wenn man die Wahlbeteiligungen anschaut, dass den meisten Menschen Europa schnurzegal ist.

Wir Naturwissenschaftler werden gerne aufgefordert: Erklären Sie doch mal eben die Allgemeine Relativitätstheorie in zwei Minuten zwanzig. Ich möchte einmal erklärt bekommen, wie die europäische Verfassung funktioniert. Das kann ruhig eine halbe Stunde dauern, aber bitte schön so, dass man es auch versteht.

Die Parteien verlieren Mitglieder, Vereine verlieren Mitglieder, das öffentliche Leben hat zunehmend ein Problem, überhaupt öffentlich zu sein, weil die Öffentlichkeit nicht da ist. Die Leute bleiben zuhause und machen Party oder glotzen. Der Rückzug ins Private ist ganz offensichtlich. Ein Verständnis von epikureischer Philosophie wäre hier wichtig, Ihr Urheber war ja in jeder Hinsicht jemand, der sich für diese - heute vergessenen – wichtigen Tugenden stark gemacht hat.

Vossenkuhl:

Das, was Du gerade beschrieben hast, passt auf Epikur selbst eigentlich gar nicht. Mit Ausnahme von dem Rückzug aus dem öffentlichen Leben. Er war schon der Meinung, dass in der Ruhe das eigentliche Glück liegt.

Heute erleben wir aber gerade die Unruhe als den Glückszustand oder den Lustgewinn. Man rennt von einem Fest, von einer Party zur andern. Und man dröhnt sich mit Alkohol und Drogen zu. Die heile Bürgerwelt spiegelt sich dagegen weitaus harmloser wider. Die Lustsuche durch Unruhe ist auch ein Rückzug, aber einer in eine entspannte Killekille-Welt. Da wird ein bisschen massiert und relaxed. Das ist Hedonismus, aber nicht Epikureismus. Viele haben das eine mit dem anderen verwechselt.

Es gab Nachfolger von Epikur, die genau jene hedonistische Art von bewegungsorientiertem Lustgewinn zum A und O gemacht haben. Natürlich Sexualität - das hat ja auch mit Bewegung zu tun. Für sie war halt dieses Unmittelbare der Nachweis für das Wesentliche.

Demokrit, Dein geistiger Vorfahre hat mit dem Atomismus die theoretischen Grundlagen geliefert: Die Wirklichkeit besteht aus lauter Atomen. Unendlich vielen. Und sonst nichts. Sie haben zwar geringere oder höhere Verdichtung, sind aber ansonsten gleich.

Lesch:

Sie haben keine Qualitäten, die sie unterscheiden.

Vossenkuhl:

Sie reagieren auf Druck und Stoß.

Lesch:

Jawohl.

Vossenkuhl:

Und so entsteht Wärme oder Kälte.

Lesch:

Genau.

Vossenkuhl:

Jetzt stellt sich natürlich die Frage, wie Kunstwerke, Musik und Malerei zustande kommen. Da beginnen die Schwierigkeiten.

Man kann sich zwar erklären, wie ein Baum oder ein Blatt oder sonst wie was zustande kommen, aber Menschen, Kunstwerke, das ist schon schwieriger. Und da hatten die Epikureer ...

Lesch:

Wein!

Wie kommt Wein zustande? Lass uns kurz auf den himmlischen Rebensaft anstoßen.

Vossenkuhl:

Das passt hier ausnahmsweise auch viel besser als bei der Stoa. Prost!

Lesch:

Na ja, die waren auch angehalten, ihren Wein zu trinken, oder? Der ist doch medizinisch durchaus zu empfehlen – und nicht einmal rezeptpflichtig.

Vossenkuhl:

Promille und Öchsle hin oder her: Der Atomismus oder Materialismus, der hatte eben das Problem, zu erklären, wie die kreativen, schöpferischen Dinge zustande kommen. Zurückblickend fragte man sich: Was machen die Atome eigentlich? Sie fallen nach unten. Man hatte so die Vorstellung, dass die gleich sind und nach unten fallen. Parallel zueinander. Dabei sollten Sie irgendwie verklumpen.

Die Epikureer hatten den genialen Gedanken zu sagen: Dabei gibt's eine Abweichung! Aber wie funktioniert die Abweichung? Was löst die aus? Da sagten sie – und das ist nicht uninteressant: Es gibt keine Ursachen dafür. Die Ursachen sorgen dafür, dass alles parallel nach unten fällt. Für dieses Verklumpen gibt's aber keine Ursachen. Ursachelosigkeit – da winkt sofort die Freiheit.

Lesch:

Wie bei der Quantenmechanik.

Vossenkuhl:

Jetzt bist Du dran.

Lesch:

Bei der Quantenmechanik würde man das ja auch so sagen. Es gibt gewisse Dinge, die passieren. Warum sie passieren - das weiß keiner. Man kann sich 50.000 Jahre vor einen Urankern stellen und darauf warten, dass er zerfällt. Der schrumpelt nicht, der verknittert nicht. Irgendwann zerfällt er aus unerfindlichen Gründen, aber garantiert. Man kann nur sagen, statistisch: Von einer bestimmten Menge von Urankernen wird nach einer gewissen Zeit die Hälfte zerfallen sein. Warum das so ist, das wissen nur die Götter, vielleicht nicht einmal die. Wir Irdischen wissen es definitiv nicht.

Vossenkuhl:

Ziemlich unzuverlässige Kerne.

Lesch:

Das stimmt. Aber solche Dinge passieren eben in unserer wunderbaren Welt. Nach Epikur - ich will Dir natürlich eine Brücke bauen, denn Du willst ja über Freiheit reden, nicht über Quantenmechanik - nach Epikur gibt es eine Freiheit. Und damit auch die Freiheit unseres Willens.

Vossenkuhl:

Richtig. Und zwar in diesem ganz modernen Sinne, in dem die Willensfreiheit darin besteht, dass man was tun oder lassen kann. Man kann sich wirklich selber bestimmen. Es gibt keinen Zwang von außen.

Das ist bei den Stoikern nicht so. Da muss ich schon eine gewisse Anpassungsleistung erbringen. Die besteht unter anderem auch darin, dass ich meinen Willen entsprechend anpasse. Das gilt beim Epikureimus nicht. Da kann ich mich einfach hinsetzen und sagen: Jetzt will ich mal nichts, oder ich will etwas.

Lesch:

Dieses Erfüllen der Lust, das ist aber doch in gewissem Sinne etwas, was in der Natur abgebildet ist. Das ist ähnlich wie bei den Stoikern, wo es auch etwas Planvolles, Zweckvolles in der Natur nachzuvollziehen gibt. Daraus leiteten sich die klaren Handlungsanweisungen ab.

So hat Epikur im Grunde genommen nur ein anderes Prinzip auf diese Matrix Umwelt gesetzt und gesagt: So, jetzt sieh mal zu, dass du da hinkommst. Das kannst du mit deinem freien Willen bewerkstelligen. Letztlich willst du doch genau das.

Vossenkuhl:

Das ist ein guter Gedanke. Der zeigt natürlich auch, wie nahe sich die Positionen waren. Die Stoiker waren Materialisten. Und Sensualisten. Sie dachten, das Ganze ist nur ein Gefühl der Wirklichkeit. Insofern waren sie nicht meilenweit von Epikur entfernt.

Wirklich zwingend ist bei den Stoikern nur das Naturgesetz. Ich muss durch Anstrengung ein Tugendniveau erreichen, um das Beste für mich rauszuholen. Bei Epikur hingegen setzte diese Anstrengung eher in der anderen Richtung ein. Ich muss mich bemühen, nicht zuviel zu wollen. Das heißt, ich muss schauen, dass mein Glücksinteresse von allzu großer Unruhe oder allzu großer Selbstkasteiung nicht destabilisiert oder beeinträchtigt wird. Denn da laufe ich Gefahr, dass ich etwas tue, was letztlich nicht weise ist.

Die Weisheit ist ja für Epikur das A und O. Ich glaube, der hat Weisheit genauso verstanden wie wir heute. Man setzt sich hin und überlegt sich: Brauch ich das jetzt? Macht das Sinn?

Lesch:

Man könnte ihn als einen Mäßigungsphilosophen bezeichnen. Eile mit Weile. Alles in Maßen.

Vossenkuhl:

Genau. Das Glück kann man nicht zwingen. Die Lust lässt sich zwar planen. Man weiß natürlich, dass dieses Essen gut ist und dass der Wein schmeckt, also Lust bringt. Aber das Glück, nein, das lässt sich nicht erzwingen. Das direkte krampfhafte Draufzugehen, das ist für Epikur unweise, das ist töricht. Ich muss mir überlegen, wie weit ich mich zurücknehme, damit ich erwarten kann, dass es dann doch gelingt.

Lesch:

Er ist so eine Art Brückenbauer. Damit ich nicht in die Kluft zwischen Anspruch und Wirklichkeit falle, fange ich doch am Besten gar nicht erst damit an, riesengroße Erwartungen aufzubauen. Die ganz großen Ziele, die werden wir sowieso nicht erreichen, also machen wir's langsam, ganz gemütlich. Das hat auch etwas mit ökologischem Denken zu tun. Also Dinge in einem gewissen Maß zu halten und nicht alle Ressourcen, alle Energie, die man hat, gleich am Anfang zu verpulvern. Es zeigt sich ein Marathon-Philosoph, der auf die lange Distanz geht.

Vossenkuhl:

Ohne die geballte Energie des Kurzstrecken-Sprinters.

Lesch:

Dem dann schnell die Luft ausgeht. Er weiß genau, wenn man ein bestimmtes Tempo hält, kann das Leben wesentlich besser sein, im Sinne von existieren. Du gerätst nicht außer Atem. Soweit es die Umgebung zulässt, bleibst du in einem angenehmen Zustand. Das ist doch eigentlich hochgradig erstrebenswert.

Vossenkuhl:

Ja, natürlich. Ich hab´ auch nichts Schlechtes darüber gesagt, oder?

Lesch:

Gibt es Leute, die das getan haben?

Vossenkuhl:

Man hat ihm und der ganzen Denkschule vorgeworfen, dass sie erkenntnistheoretisch ziemlich flach seien.

Lesch:

Aha. In welcher Hinsicht?

Vossenkuhl:

Nehmen wir mal zum Beispiel das, was die unter Wahrheit verstanden. Der Epikureer glaubt, dass alles, was wir sinnlich wahrnehmen, auch wahr ist. Egal, ob das jetzt eine Sinnestäuschung ist oder so. Das Kriterium für das, was wahr ist, na ja, das war etwas handgestrickt. Man hat ihnen übel genommen, dass sie so ein bisschen Larifari getrieben haben, was die Theoriebildung angeht.

Da waren die Stoiker schon sehr viel anspruchsvoller. Die Stoa hat eine richtig ausgefeilte Theorie entwickelt: Was braucht man an Vorwissen, um überhaupt einen Begriff bilden zu können ... das *Proleptische*. Dass man erst einmal etwas vorwegnehmen muss, damit man überhaupt dahin kommt, wo man hin will.

Dann hat man auch einen Evidenzbegriff gehabt. Dass man von der Sache, die einem erscheint, wenn es auch tatsächlich so ist, wie man meint, auch ergriffen wird. Das kannten die Epikureer nicht mehr. Sie gingen einfach davon aus: Was man wahrnimmt, das ist eben so. Basta.

Lesch:

Das war zumindest eine sehr praktische Philosophie. Die hat sich über einen theoretischen Überbau nicht viele Gedanken gemacht. Siehe Augustus. Der mächtige römische Imperator war ein Epikureer.

Vossenkuhl:

Augustus war beeinflusst durch seine Haus- und Hof-Intellektuellen, zu denen Vergil gehörte, ein Dichter und Denker. Vergil war Epikureer, auch Horaz. Beide waren einflussreiche Künstler und Denker der Zeit, die am Hofe von Augustus wohl das intellektuelle Milieu, das Umfeld bildeten.

Augustus war sehr beeindruckt vom Epikureismus. Erstaunlich für einen Kaiser und Alleinherrscher. Er zeigte sich sogar als ein elitärer Epikureer, indem er glaubte, dass es viel besser wäre, wenn man zurückgezogen und auf sich bezogen sein Leben führen würde. Das Gegenteil von dem, was er dann tat.

Von Horaz kennen wir den Spruch **„Carpe diem“,** nütze den Tag, ergreife die Chance, die du jetzt hast. Und die sollte eben darin bestehen, dass man sagt: Nein, das will ich nun gerade nicht. Diese bewusste und planvolle Verzichtserklärung.

Lesch:

Augustus hat sich aber dann – nach einer langen Dienstzeit als Kaiser - zurückgezogen. In seinen Anfängen hatte er alle Hände voll zu tun. Erst einmal musste der Mord an Caesar gerächt und dann der Konkurrent Mark Anton samt dessen ägyptischer Frau und Königin Cleopatra beseitigt werden. Und er führte ständig Kriege an den Grenzen des Reiches. Dann hat er aber, wenn ich das recht in Erinnerung habe, durchaus ein außerordentlich genügsames, kontemplatives Leben geführt.

Nachdem das Haus bestellt war, hat er dem Senat von Rom seinen Rücktritt angeboten. Ein genialer Schachzug, nach dem er förmlich gedrängt wurde, weiter die Zügel in der Hand zu behalten. Das hat ihm viele Freunde verschafft. So ein wenig machtgieriges Leben à la Epikur war ja auch weniger bedrohlich für die anderen. Wenn da nicht jetzt Seilschaften oder „Old Boys Networks“, Netzwerke geschaffen werden, wo die Freunde der Freunde sich gegenseitig unter die Arme greifen. Sondern wo es tatsächlich darum geht, ein schon fast rein philosophisches Dasein zu führen. Das kann eigentlich nur gut sein.

Vossenkuhl:

Du hast das Stichwort Freundschaft genannt. Ich glaube schon, dass Augustus sehr viel an der Freundschaft lag. Nicht nur mit den Mitgliedern seiner Familie, sondern eben auch mit Menschen wie Vergil, der genauso wenig wie Horaz aus dem gehobenen Adel stammte. Beide hatten Unterricht von epikureischen Philosophen genossen. Für was sie standen, ist also nicht auf deren eigenem Mist gewachsen.

Ganz so scharf zu trennen sind die intellektuellen Haltungen, über die wir nicht sprachen. Vieles von dem, was die Stoiker und die Epikuräer dachten, fließt im römischen Denken zusammen, etwa bei Cicero. Als die Römer die Reputation eines Weltreichs, die Selbstsicherheit gewonnen hatten, nahmen sie ganz selbstverständlich das aus dem Denker-Regal, was ihnen gut und teuer erschien.

Lesch:

Alles, auf das sie zugriffen, war auf ihre praktischen Bedürfnisse zugeschnitten. Es gab die Stoiker, es gab die Epikuräer, die in Gestalt der griechischen Lehrer in den vornehmen römischen Haushalten wirkten. Als Folge des Zerfalls von Alexanders Reich floss der Späthellenismus ins römische Imperium.

Vieles von dem, was sowohl in der Stoa wie bei Epikur geschrieben steht, könnte auch im „Neuen Testament" stehen. Das Mäßigende, das Beruhigende, das Menschenfreundliche.

Vossenkuhl:

So ist es. Für mich ist dieser Übergang zum Späthellenismus ein Bruch. Die Epikuräer haben großen Einfluss auf die künstlerische und intellektuelle Entwicklung im Imperium Romanum genommen. Und diesen Nachhall spüren wir sogar noch im 21. Jahrhundert.

Cicero (106 - 43 v. Chr.)

Cicero

Lesch:

„Allen, die das Vaterland gerettet, unterstützt, gefördert haben, ist im Himmel ein sicherer Platz bestimmt, wo sie glücklich ein ewiges Leben genießen. Nichts ist nämlich jenem höchsten Gott, der die ganze Welt regiert, von allem irdischen Geschehen willkommener als die Versammlungen und Vereinigungen von Menschen, die sich auf der Grundlage des Rechts vollziehen und die den Namen Bürgerschaften tragen.“

Vossenkuhl:

Das ist Originalton Marcus Tullius Cicero, geboren 106 v. Chr., etwa 100 km südöstlich von Rom in Arpinum auf dem Landgut seines Vaters. Eine der größten Gestalten der römischen Republik, ein Jurist, ein Pragmatiker, ein großer Politiker und vor allem ein Philosoph.

Lesch:

Ein richtig guter Mann.

Vossenkuhl:

Wir sprechen von Cicero. Manche rümpfen da die Nase und meinen, das müsste „Kikero“ heißen, weil das griechische *Kappa* beim Schreiben seines Namens benutzt wurde. Wir haben uns das aber überlegt und bleiben bei Cicero. Das liegt uns zungenmäßig besser.

Es gibt mit der K-Aussprache des Namens einen kleinen Vers: Käsar und Kikero gingen ins Konkil, Käsar in Kylinder, Kikero in Kivil. Da hört man die Folgen des *Kappa* genau.

Cicero war ein Bürger vom Scheitel bis zur Sohle. Sein Credo – diesmal mit „K“ -: Bürger, kümmere dich um deine Gemeinschaft, kümmere dich um deinen Staat, kümmere dich um das, was um dich herum ist, denn das ist gottgewollt.

Lesch:

Das ist doch ein wunderbarer Gedanke. Und der Mann hat das auch so gelebt.

Vossenkuhl:

Es war ihm nicht in die Wiege gelegt, einer der Großen zu werden. Sein Vater gehörte dem zweiten Stand, dem Ritterstand, an, besaß ein Landgut in Arpinum und ein Haus in Rom. Er legte Wert darauf, dass seine beiden Söhne hervorragend ausgebildet wurden. Er schickte sie nach Rom. Cicero wurde so schon in jungen Jahren an die Philosophie herangeführt.

Dann hat er eine Verwaltungsbeamten-Karriere gemacht und war mit 43, also im Jahre 63 v. vor der Zeitenwende, schon Konsul. Das war das höchste Amt in der Republik. Davor hatte er die spektakulärsten Mordprozesse in Rom geführt und war der gefragteste Anwalt. Ein erfolgreiches Mitglied der römischen Stadt-Society.

Lesch:

Wenn es damals so etwas wie die „Newsweek" oder „Times" gegeben hätte, wäre er wohl als „Man of the Year" auf die Titelseite gesetzt worden.

Vossenkuhl:

Aber es ging auch wieder bergab. Er hatte nicht das beste Händchen beim politischen Ränkespiel. Er hatte sich auf die Seite von Pompejus geschlagen, als dieser sich mit Cäsar um die Macht stritt.

Lesch:

Rubikon. „Die Würfel sind gefallen".

Vossenkuhl:

Das war die Kampfansage des späteren Siegers. Cäsar hat Cicero aber begnadigt. Bei den Kämpfen nach Cäsars Tod stand er – Jahre später – wieder auf der falschen Seite. Die Soldaten von Marc Anton haben Cicero dann am 7. Dezember des Jahres 43 vor der Zeitenwende getötet.

Lesch:

War Cicero mit dabei, als der Meuchelmord an Cäsar begangen wurde?

Vossenkuhl:

Da war er nicht mit dabei, dafür aber sein bester Freund, Brutus. Der war der erste, der zugestochen hat. Cicero widmete ihm eine wichtige Schrift, die „Tusculaner Gespräche", geschrieben im Jahre 45.

Lesch:

Die Zeiten waren bewegt. Rom, das Imperium, stand gut da. Cäsar hatte die Lage im Griff, demontierte aber die Republik und den Senat. Dann wurde der Usurpator der Macht umgebracht. Mit Octavian, dem späteren Augustus, kam dann diese unglaubliche Phase, die das Reich so stark machte.

Auf diesem Höhepunkt römischer Geschichte tauchte ein Mann auf, der fast alles miteinander verband, was damals in der Antike so zu haben war: Römischen Realismus und Pragmatismus. Klare Frage: Was ist notwendig, damit der Tag gelingt? Damit der Staat gelingt? Hinter ihm liegen 400 Jahre griechische Philosophie. Er konnte sich aus einem unglaublichen Arsenal an Ideen und Vorstellungen bedienen. Das hat er vorbildlich gemacht.

Vossenkuhl:

Er zeigt sich auch insofern als ein ganz moderner, politisch und pragmatisch denkender Mensch, als er, nachdem er die ersten großen Hürden der Karriere genommen hatte, erst einmal zwei Jahre eine Auszeit nahm, von 79 bis 77. Er reiste nach Griechenland und nach *Asia Minor*, also nach Kleinasien, und hat dort noch einmal die Schulbank gedrückt. Er hat in der platonischen Akademie Philosophie und Rhetorik studiert und das beim größten Philosophen der damaligen Zeit, Poseidonios auf Rhodos. Da hat er sich noch einmal richtig, bei der ersten Adresse damals in die Philosophie hinein gekniet.

Lesch:

War das in der Zeit so üblich, dass wohlhabende Römer eine Bildungsreise nach Griechenland gemacht haben? So wie später die reichen Mitteleuropäer, namentlich die Deutschen, eine Reise nach Italien?

Vossenkuhl:

Das war ganz und gar unüblich.

Cicero war der erste prominente Römer, der Interesse am griechischen Denken zeigte. Er hat die Philosophie auch nach Rom gebracht. Die Römer waren nicht so versessen auf Intellektuelles. Das waren eher Soldaten, Bauern und Politiker – eben das, was man zuallererst für einen erfolgreichen Staat braucht.

Lesch:

Was hätte nach 500 erfolgreichen, expansiven Jahren schon dazu verleiten sollen, sich ein paar weiterführende Gedanken zu machen?

Vossenkuhl:

Die Römer waren die Amerikaner der Antike, pragmatisch, wirtschaftlich denkend, ihren Gewinn maximierend. Cicero war eine große Ausnahme. Er gehörte zu einer Gruppe, in der das Interesse an Philosophie im Vordergrund stand, dem Scipionenkreis.

Scipio der Jüngere hatte im 3. Punischen Krieg (149 - 146 v. Chr.) Karthago zerstört. Dieser Kriegsherr hatte einige Philosophen um sich versammelt, auf dem Lande, wo man das *Otium*, die Muße, genoss, bei Wein und guten Gesprächen. Das war damals schon etwas Schönes.

Lesch:

Die ganz klassische Vorstellung. Philosophie ist was für Leute, die sich über das Existenzielle, die Beschaffung von Essen und Trinken keine Gedanken mehr machen müssen. Sie können im Kreise von Freunden im besten epikureischen Sinne im Garten lustwandeln und sich über die Probleme der Welt Gedanken machen.

Vossenkuhl

Dabei war Cicero eigentlich ein Praktiker. Einer, der sich im Senat hinstellte und Tacheles redete.

Lesch:

Epikur kann ihm doch nicht gefallen haben. Dieser erlauchte Gesprächskreis im ländlichen Ambiente war doch eigentlich so gar nicht nach seinem Gusto.

Vossenkuhl:

Nein, das Epikureische hat ihm nicht gefallen.

Lesch:

War er denn ein Stoiker?

Vossenkuhl:

Das trifft auf den Mann voll und ganz zu. Die Tugend ist das Höchste, das Erstrebenswerte, das war sein Credo. Aber bei ihm kommt noch einiges mehr ins Körbchen. Eine bunte Mischung. Das nennt man *eklektisch* oder *Eklektizismus*. Man sucht sich die Überzeugungen und Methoden nach eigenem Urteil zusammen. Bei der Frage, ob wir die Wahrheit erkennen können, war er skeptisch.

Da war er Skeptiker durch und durch.

Es gab noch einen einflussreichen Lehrer, Philon Alexandrinus, der 88 vor der Zeitenwende von Athen nach Rom gekommen war. Der war ein Skeptiker durch und durch. Der sagte, man könne eigentlich keine Wahrheit erkennen, sondern nur so was Ähnliches wie die Wahrheit, das *Verisimile*, das, was dem Wahren ähnlich ist. Das war die eine Seite von Cicero die andere der Stoizismus: Die Tugend ist das Höchste. Das gute Leben gibt's nur, wenn man wirklich tugendhaft ist.

Das Erstaunliche bei Cicero ist, dass er es nicht nur gepredigt, sondern auch gelebt hat. Aus seiner Amtszeit in Sizilien wissen wir, dass er geradezu eine „Transparency International", eine Antikorruptions-Institution war. Er kämpfte gegen Korruption und Ausbeutung. Ganz im Gegensatz zu seinem Vorgänger, ein gewisser Verres. Der hatte Sizilien, damals römische Provinz, beherrscht und ausgebeutet, wie es so der allgemeine Brauch war.

Lesch:

Die Statthalter des großen Rom haben die Provinzen geradezu ausgesaugt.

Vossenkuhl:

So wie es manche afrikanischen oder südamerikanischen Präsidenten – gewählt oder geputscht – heute noch tun. Cicero hat den Verres verklagt. Das war gar nicht so einfach. Er musste dazu vorher eine ganze Menge von Hürden nehmen. Als der Verres gemerkt hat, dass es ihm an den Kragen geht, ist er abgehauen.

Lesch:

Cicero muss eine beeindruckende Erscheinung gewesen sein. Er stellt Ansprüche an die Menschen und sagt ihnen: Kümmert euch um euren Nächsten, kümmert euch um euren Staat.

Das, was ich am Anfang als Zitat vorgelesen habe, ist ein Plädoyer für den freien Bürger. Er verlangt von den Bürgern Anteilnahme am Staat. Vom Staat fordert er: Verhalte dich ordentlich, sei gerecht zu deinen Bürgern. Cicero hat Prinzipien vertreten, die wir heute noch unterschreiben können: Gesetz, Gerechtigkeit und freies Bürgertum.

Er war seiner Zeit weit voraus.

Vossenkuhl:

Er war ein richtiger Vordenker. Nicht nur für Rom. Bis heute.

Nehmen wir nur seine Ideen, die er in der Stoischen Tradition vertreten hat. Er hat sich mit der Frage beschäftigt: Welche Rolle spielen im menschlichen Leben Leid, Krankheit, alle Übel und die Leidenschaften? Nachdem er sich aus dem politischen Leben zurückgezogen hatte, schrieb er viel.

Lesch:

Diese Gespräche in seiner Villa…

Vossenkuhl:

… in Tusculum, südlich von Rom. Diese Gespräche drehen sich um Fragen, die im Leben der Menschen zentral sind, Fragen wie: Was heißt es eigentlich, dass wir unter Schmerzen leiden und vor dem Tod Angst haben? Solche Fragen haben ihn sehr bekümmert. Dazu hatte er dann eine glänzende Idee. Die fußt zwar auf der Stoa, aber ansonsten ist sie sein eigenes Gewächs:

Wenn wir Angst vor dem Tod haben, setzen wir etwas Falsches voraus. Wir glauben nämlich, dass der Tod schrecklich sei; das ist er aber nicht. Wenn wir Angst vor Krankheiten haben, glauben wir auch einen falschen Satz, eine unwahre *propositio*. Eine *propositio* muss nicht nur ein einziger grammatikalischer Satz, das können auch mehrere sein.

Seine Idee war: Wir glauben an falsche Sätze. Damit machen wir den größtmöglichen Fehler, den wir machen können. Wir verwandeln damit unsere Empfindungen in etwas wirklich Beängstigendes. Ergo: Wir müssen uns von den falschen Sätzen befreien! Was er vorschlägt ist eine Therapie. Hochinteressante Idee.

Lesch:

Ein psychologischer Ansatz.

Vossenkuhl:

Diese falschen Sätze sind von uns nur erfunden. Man muss nicht glauben, dass der Tod schrecklich ist. Niemand hat den Tod bisher erlebt. Warum also kann man behaupten, dass der schrecklich sei?

Lesch:

Da gab es schon einen alten Griechen, der das gesagt hat: Wenn du lebst, ist der Tod nicht da, und wenn der Tod da ist, lebst du nicht mehr. Punktum.

Vossenkuhl:

Ja, das war nichts Neues. Aber dass man eine Therapie macht, indem man alle falschen Sätze oder solche, die einem in falsche Stimmungen versetzen, nicht mehr glaubt, und dass man vor der

Krankheit, vor dem Tod, vor den Schmerzen keine Angst mehr hat, sondern sie einfach akzeptiert, das war neu. Man nimmt all das einfach an und geht davon aus, dass es einem nicht wirklich Leid antun kann. Das bewirkt, dass man die Fassung nicht verliert, dass man bei sich bleibt.

Lesch:
Hat er das nur auf sich bezogen oder ist das ganz allgemein gemeint?

Vossenkuhl:
Sowohl als auch. Er hat es für sich und seine Freunde formuliert. Selbst hat er es beim Tode seiner Lieblingstochter Tullia praktiziert. Da war er 61. Er hatte noch einen Sohn. Aber die Tochter stand ihm wohl sehr nahe.

Lesch:
Cicero hat praktisch damit angefangen, aus der Philosophie sowas wie Therapieanweisungen abzuleiten. Wie müsste man vorgehen, damit man mit den grundsätzlichen Problemen des menschlichen Daseins, nämlich Tod, Leid, Unglück einigermaßen zurechtkommt? So wie später Seneca oder Marc Aurel in seinen „Selbstbetrachtungen". Das waren ja Stoiker, die sehr stark therapeutisch an sich gearbeitet haben.

Vossenkuhl:
Viele Menschen sind heute unzufrieden, weil andere mehr haben als sie selbst. Da würde Cicero fragen: Warum glaubt ihr, dass es gut ist, wenn man mehr hat als das was ihr habt? Hört doch einfach auf, das zu glauben. Dann schütteln euch keine Neidgefühle mehr. Warum soll man glauben, dass es gut ist, wenn man mehr hat? So ein Glaube ist doch unsinnig! Mit solchen Empfehlungen können wir heute auch besser leben.

Lesch:
Puh. Das ist leicht gesagt, aber …

Vossenkuhl:

… das ist der Therapieansatz. Keine falschen Vorgaben, kein Stress durch Neid.

Lesch:

Aber wie findet man heraus, was falsche Sätze sind?

Vossenkuhl:

Das ist leicht. Alles, was einen bekümmert, traurig macht, aus der Fassung bringt, das muss irgendwie auf falschen Überzeugungen basieren.

Lesch:

Er ist dann wohl davon ausgegangen, dass es so etwas wie einen natürlichen, richtigen Zustand gibt, den es zu erreichen gilt.

Vossenkuhl:

Genau. Es gibt eine natürliche Richtigkeit in den Empfindungen. Das ist diese Gewissheit, die man finden kann, wenn man in der Lage ist zu sagen: Ich bin in der Mitte, ich ruhe in mir. Ich bin nicht gestört durch Leidenschaft, Sucht oder ein zwanghaftes Wollen.

Lesch:

Man muss sich den späten Cicero wie einen abgeklärten, „elder Statesman", vorstellen. In einer Talkshow am Sonntagabend in größerer Runde gibt er den Ellbogen-Kämpfern des poltischen und gesellschaftlichen Tagesgeschäftes zu bedenken: Erinnert euch nicht nur an die wichtigen Grundsätze, die ein Staat hat, so was wie Verfassung, Gerechtigkeit und Freiheit. Auch der Einzelne soll in sich ruhen und sich von falschen Vorstellungen befreien. Das kling alles unglaublich gut und schön, zu gut und schön, als dass es – für uns heute – wahr sein könnte. Dazu bräuchten wir einen Staat voller mündiger und weiser Bürger.

Vossenkuhl:

Ein kräftiger Schuss Utopie. Es ist auch interessant, dass es in seinen Gesprächen in Tusculum, ganz am Ende auch um die Frage geht, welche Rolle eigentlich die Philosophie spielt. In einem Dialog heißt es dort sinngemäß: In Rom, da wird die Philosophie nicht ernst genommen. Die Leute streben nach den weltlichen Dingen, nach Macht, Einfluss, Besitz. Man schaut etwas verächtlich auf die Leute herab, die sich für die Philosophie interessieren.

Man hielt schon damals die Philosophen für entrückt und leicht verrückt. Das hat er zwar beklagt, aber es hat ihn nicht weiter bekümmert. Er war dadurch nicht irritiert.

Bei diesen Schriften, die er wahrscheinlich zwischen 79 und 77 geschrieben hat, findet sich ein ganz wichtiger Text, der mit „de officiis" betitelt ist, also über die Verpflichtungen, die man als Staatsbeamter hat, frei interpretiert. In dieser Schrift hat er versucht, die Tugendlehre der Stoa in das zu übersetzen, was zu tun ist, wenn man als Staatsbeamter dem Staat dient. Es geht um die Frage: Wie kann man dem Staat am besten dienen?

Er hat sich auch darüber Gedanken gemacht, was eigentlich die beste Staatsform ist. Dabei hat er alle drei schon damals seit Jahrhunderten diskutierten Staatsformen, also Monarchie, Aristokratie, Demokratie, abgehandelt. Seine Schlussfolgerung war: Wenn man nur eine dieser Staatsformen nimmt, dann degeneriert sie immer. Zum Beispiel die Monarchie in die *Tyrannei*. Die Aristokratie in die *Oligarchie*, also in die Herrschaft der wenigen Reichen. Und die Demokratie, die wird zur *Ochlokratie*. Dann herrscht der Pöbel.

Also muss man trachten, das Beste aus diesen drei Staatsformen zusammen zu bringen.

Lesch:

Da haben wir ihn wieder. Den Eklektizismus – das Zusammenklauben von Bauklötzen verschiedenster Gedankengebäude.

Vossenkuhl:

Cicero sagt: Das ist Rom! Rom besteht aus diesen drei Elementen. Eigentlich für heute eine interessante Vorlage.

Lesch:

Nachdem auch er die Dialogform benutzt, sehe ich Parallelen zu Platon. War er ein Platoniker? Der Staat von Platon ist aber eine utopische Idealvorstellung. Cicero war in seinen aktiven Jahren eher ein knallharter Praktiker, der sich auch sicherlich gut mit Geschäftsordnungstricks im Senat ausgekannt hat. Also ein zielorientierter Philosoph, der sich in jeder Hinsicht das zusammengeholt hat, was Erfolg versprach. War er denn erfolgreich als Politiker? Du hast ja schon gesagt, dass er sich ein paar Mal, sagen wir mal, ziemlich verschätzt hat.

Vossenkuhl:

Er war eben prinzipientreu. Das hat sich nicht immer zu seinen Gunsten ausgewirkt.

Lesch:

Prinzipien sind in der Politik eher hinderlich.

Vossenkuhl:

Er gibt ein gutes Beispiel dafür ab, dass man als Politiker nicht unbedingt erfolgreich ist, wenn man an seinen Prinzipien festhält. Einmal wurden seine ganzen Besitzungen vom Pöbel geplündert. 58 war das, glaube ich. Fünf Jahre nachdem er als Konsul angetreten war. Der Überfall war natürlich gesteuert.

Es wurde ihm verübelt, dass er überall gesetzestreu und konsequent war. In seinem Konsulat fing er mit der kriminalistisch und rechtlich von ihm selbst bewerkstelligten Aufklärung der Verschwörung des Catilina (63 v. Chr.) an. Dabei hielt er diese berühmte Rede, die jeder im Latein-Unterricht - früher jedenfalls - gelernt hat: „Quousque tandem abutere patientia nostra, Catiliana,...?“ (Wie lange willst Du denn noch unsere Geduld missbrauchen Catilina?) Diese Aufdeckung der Verschwörung wurde ihm sehr übel genommen.

Er war natürlich auch gegen Cäsar's Usurpation, gegen dessen Griff nach der Alleinherrschaft. Cicero war für den Erhalt der Republik. Er wollte, dass die Republik als ideale Staatsform erhalten bleibt.

Es gibt bei ihm schon eine Art von Konsenstheorie der Demokratie und Republik. Also der **consensus omnium bonorum,** die übereinstimmenden Überzeugungen aller Wohlmeinenden. Das war für ihn einer der idealen Ansprüche.

Lesch:

Politik als die Kunst, einen gemeinsamen Nenner zu finden. Nicht immer nach dem Ideal zu streben. Koalitionen mit Kompromissen. Das ist wieder dieser beinharte römische Realismus und Pragmatismus, der sich in keiner Weise mit den Idealen der griechischen Philosophie verträgt.

Vossenkuhl:

Das stimmt.

Du hast vorher nach Platon gefragt. Cicero hat einige seiner Dialoge übersetzt. Und er hat sicherlich den *Timaios*, die Kosmologie Platons, gut gekannt. Auch das *Symposion, das Gastmahl.* Aber er hat sich doch, wenn es um Ethik ging, stärker an der Stoa orientiert und eine eher lebensnahe, praktische Philosophie gewählt.

Platon war ihm bestens vertraut. Er war ja auch schon als junger Bursche Schüler in der platonischen Akademie und hat dort eine Zeitlang studiert. Er hat versucht, die Philosophie und die Rhetorik zusammenzubringen. Das ist aber nicht unbedingt der platonische Ansatz.

Lesch:

Platon hat wiederum die Rhetorik nicht gemocht.

Vor ihm waren die Sophisten auf dem Athener Marktplatz die Rhetoriker. Sokrates, Platons Lehrer, hat sie mehr oder weniger alle weggescheucht. Fast so wie Jesus die Händler aus dem Tempel in Jerusalem.

Vossenkuhl:

Ein guter Vergleich.

Cicero war überzeugt, dass die Rhetorik wichtig ist. Aber eben nur auf der Basis von Philosophie.

Ohne Philosophie ist Rhetorik hohl, leer.

Lesch:

Warum findet man Cicero eigentlich so selten in großen Philosophie-Lehrbüchern? Wenn, wird er nur als ein Vertreter des römischen Eklektizismus erwähnt, jemand, der zusammengeholt, gesammelt und kombiniert hat wie ein Vermittler, der selber auch Philosophie betrieben hat. Ist er nicht besonders anerkannt oder hatte er eine andere, eher politische Ausstrahlungskraft? Mehr Staatsmann als Philosoph?

Vossenkuhl:

Ich glaube, dass seine Ausstrahlung auch als Philosoph enorm war. Genau genommen reicht sie bis zu Petrarca, also bis ins 14./15. Jahrhundert. Petrarca sagte von sich selbst: Ich bin ein Ciceronianer.

Ich verstehe nicht, dass man ihn nicht in den Lehrbüchern findet, denn die schon erwähnte Schrift *de officiis* hatte eine große Wirkung. Der heilige Ambrosius, der den späteren Kirchenvater Augustinus in Mailand taufte, hat *de officiis* mehr oder weniger plagiiert. Das war damals nicht verboten. Er hat daraus die *de officiis ministrorum* gemacht, eine Art von ethischer Gebrauchsanweisung für das kirchliche Amt der Priester. Insofern kann man nicht sagen, dass Cicero ohne Wirkung war. Diese Adaption fand im 4. Jahrhundert nach der Zeitenwende statt. Die Kirche hatte selbst keine Lehre von den Verpflichtungen in den Ämtern.

Lesch:

Oh ja, da war er schon lange …

Vossenkuhl:

… schon lange unter der Erde.

Abschließend muss man feststellen, dass Cicero schon deshalb in die Lehrbücher gehört, weil er einer der bedeutendsten Denker und nicht nur Jurist und Politiker der klassischen Antike war. Er war einer der großen Vermittler, einer der frühen, modernen Akteure. Ohne ihn wäre vieles – weder im Christentum noch später – so gelungen wie es gelungen ist.

Er hat aus den verschiedensten antiken Traditionen Synthesen hergestellt. Deswegen können wir auf ihn nicht verzichten. Er erklärt uns vieles von dem, was wir in der Antike heute nachlesen können. Und er weist in die Moderne. Erinnern wir uns an den Therapie-Ansatz: Wie wird man die Neidgefühle und Leidenschaften los?

Lesch:

Einen Schlussakkord habe ich noch: *„Je mehr du von Cicero verstehst, um so sicherer kannst du deiner Fortschritte sein."*

Neuplatonismus

Lesch:

Einen Grundgedanken griechischer Philosophie aufnehmend, hat Plotin (204 – 269 n. Chr.) inmitten einer das Weltganze dualistisch zur Welt des Körperlichen und Geistigen, des Guten und Bösen aufspaltenden Zeit noch einmal, zum letzen Mal, in hellenischer Sprache die Idee des Kosmos aufgerichtet. Das Ganze als organisches Gebilde, eines Weltleibes mit einer Weltseele. Ich zitiere:

„Das All hier vor uns ist ein einziges Lebewesen, das alle Lebewesen innerhalb seiner umschließt und eine einzige Seele für alle seine Teile hat, soweit sich nur ein Teil von ihm erstreckt."

Vossenkuhl:

Plotin! Deinen Absatz hätte ich jetzt gerne nochmal von vorne.

Lesch:

„Das All hier vor uns ist ein einziges Lebewesen, das alle Lebewesen innerhalb seiner umschließt und eine einzige Seele für alle seine Teile hat, soweit sich nur ein Teil von ihm erstreckt."

Vossenkuhl:

Da geht es offensichtlich ums Eine. Das ist noch viel schwieriger als es dieser Text suggeriert.

Plotin ist ein, wenn nicht **der** Denker des Neuplatonismus, jedenfalls einer der größten. Es gibt eine Tradition von Platon bis zu ihm und über ihn hinaus. Er war Ägypter und stammte wahrscheinlich aus Alexandria im Nildelta. Im Alter von rund 40 Jahren ging er nach Rom. Wir sind jetzt in der nachchristlichen Zeit. Geboren wurde Plotin 204, gestorben ist er 65jährig. Über sein Leben wissen wir aber nicht viel.

Lesch:

Warum nicht?

Vossenkuhl:

Er war Asket. Weltabgewandt. Er hat Ideale vertreten, die es ihm selbst verboten haben, dass ein Abbild von ihm dokumentiert oder in Stein gemeißelt wurde. Deshalb haben wir keine Ahnung, wie er ausgesehen hat.

Lesch:

Wir reden aber nicht über eine Chimäre, die es gar nicht gegeben hat?

Vossenkuhl:

Nein, nein. Er hat sogar einen Feldzug gegen die Perser mitgemacht. Am Kaiser-Hof in Rom wurde er sehr hoch gehandelt und eröffnete auch eine Philosophen-Schule. Mit Unterstützung von höchster Stelle. Dabei war er weltabgewandt, ein Mystiker. Er hat nicht geheiratet und sich keinerlei Vergnügungen gegönnt. Er war Vormund von vielen Kindern, die keine Eltern hatten. Ein erstes SOS-Kinderdorf. Plotin hat die Waisen ernährt und erzogen. Also ein vorbildlicher Mensch.

Lesch:

Aber ein Mystiker.

Wie kommt ein Mystiker in unsere Reihe der Denker? War doch die griechische Philosophie eigentlich anti-mystisch. Oder?

Vossenkuhl:

Ja, da hast Du Recht.

Harald Lesch:

Die Vernunft sollte doch nach all dem Göttertaumel zu ihrem Recht kommen. Jetzt haben wir es mit jemanden zu tun, der 700 Jahre, nachdem die griechische Philosophie so richtig im Schwange war, daher kommt und ein Bild von der Welt als einer Weltseele entwirft. Das Einzelne ist Teil einer Seele ...

Vossenkuhl:

Ist schon erstaunlich.

Lesch:

Wie kommt so was zustande? In welchen Zeiten sind wir denn gerade?

Vossenkuhl:

Einen Reim darauf können wir uns ungefähr so machen: Es gab vor Plotin eine Wiedergeburt des Pythagoreismus, der Lehre des Pythagoras, den wir ja schon kennen gelernt haben. Sie hatte auch schon großen Einfluss auf Platon gehabt. Von Pythagoras ist uns die Idee der Wiedergeburt überliefert. Woher er sie hat, können wir nur ahnen. Er hat auch eine Kosmologie gehabt, wie fast jeder der großen Philosophen. Um die Wende der vorchristlichen zur nachchristlichen Zeit gab es schon Vorzeichen für das, was dann fast 300 Jahre später Plotin gemacht hat, für den Neu-Pythagoreismus.

Diese Strömung war vor allem von einem jüdischen Denker in Alexandria beeinflusst. Der hieß Philon, genauer Philon Alexandrinus. Der hat zum ersten Mal etwas getan, was sehr gewagt war. Er hat das jüdische und das griechische Denken synthetisiert.

Für den Philon war die Tora, die hebräische Bibel, welche die Christen das *Alte Testament* nennen, der Text schlechthin. Er kombinierte die Tora mit den Ideen von Platon und Pythagoras. Dabei spielte die Mystik eine gewaltige Rolle. Da ist zum Beispiel der Gedanke der Weltseele zu finden. Der Kosmos sei ein beseeltes Ganzes. Das ist vor allem für Plotin und den Neuplatonismus dann später wichtig geworden. Gott ist entrückt.

Lesch:

Jenseits von Gut und Böse, also wirklich ganz, ganz woanders.

Vossenkuhl:

Gott ist weg. Er ist der, der nicht hier ist, den man auch nicht beim Namen nennen kann.

Lesch:

Der greift auch nicht ein …

Der Philon kommt aus Alexandria, Plotin kommt ebenfalls aus

Ägypten… Bedeutet Plotins Wirkung, dass der Orient mit seinen mystischen Vorstellungen so langsam die Kurve kriegt in Richtung Athen und Rom? Und bedeutet das auch, dass das, was die griechische Philosophie ausgezeichnet hat, dieses klare, mutige Vernunft-Denken, wieder ein Stück weit eingeebnet wird? Dieser Retro-Mystizismus verschiebt die wesentlichen Gründe des Daseins wieder ganz wo anders hin. Ist das so zu verstehen?

Vossenkuhl:
Zunächst einmal hat man den Eindruck, dass das Rad der Geschichte zurückgedreht wird.

Lesch:
Ja, aber gewaltig!

Vossenkuhl:
In jener Zeit Plotins, also im 3. nachchristlichen Jahrhundert, ging es rund um das Mittelmeer drunter und drüber. Es wurde eigentlich immer schlimmer. Die Völker erhoben sich. Die Völkerwanderung warf ihre Schatten voraus, erst verheerten die Goten, dann die Hunnen und im 5. Jahrhundert die Vandalen die damalige römische Welt. In diesem Szenarium der sich auflösenden Antike war die Sehnsucht nach Erlösung, nach geordnetem Dasein, sehr groß. Plotin wird zum leibhaftigen Zeugen für diese Art von Sehnsucht. Er hat all das verkörpert, was in den Augen seiner Zeitgenossen eine Absage an das Diesseitige und die Zuwendung an ein verheißungsvolleres Jenseits darstellte. Er zeigt, dass man aus diesem schrecklichen Leben heraus zum Göttlichen kommen kann. Die Vereinigung mit dem Göttlichen, das war seine eigentliche Idee.

Lesch:
Ist das so eine „nichts wie weg hier"-Philosophie? Ein höherer Flucht-Reflex?

Vossenkuhl:
Einerseits schon. Plotin soll sich ja auch viermal mit dem Gött-

lichen oder mit wem auch immer vereinigt haben. Diese Art von Transzendenz-Erfahrung, die ekstatische Vereinigung mit Gott, das war die Idee, der er folgte.

Aus der Sicht Plotins erscheint das gar nicht so absurd. Schon die Vorstellung von Gott in der Tora, eines Gottes, den man nicht benennen kann, für den es keinen Namen und keine Beschreibung gibt, über den es nur Aussagen *per negationem* und indirekt gibt, enthält eine Art negativer Theologie. Das hat tiefe Spuren im Neuplatonismus hinterlassen.

Für Plotin ist nicht das diesseitige Sein und die Vernunft das Erste und Höchste, sondern der Gott, der jenseits des Seienden ist. Den kann man sich gar nicht vorstellen. Er ist das Über-Seiende, das, wofür es kein Prädikat gibt, aber dazwischen gibt es Stufen, welche die Kluft zwischen der sinnlichen und übersinnlichen Sphäre schließen.

Lesch:

Klingt nach Thomas Mann. Das Über-Seiende. Entweder es ist oder es ist nicht. Aber dass es über ist?

Bei unserem Überflug haben wir ganz vergessen, auszuführen, was eigentlich die Philosophie von dem Plotin gewesen ist. Es beginnt mit dem Einen. Er war einer, der nur an das Eine dachte. Diesen Kalauer kann ich mir nicht verkneifen.

Aber weiter: Dieses Eine kann nicht benannt werden, es ist unendlich, unbegrenzt, unteilbar, unräumlich, unzeitlich, ohne Größe, ohne Beschaffenheit, ohne Denken und ohne Willen. Ich bin jetzt ohne Atem… Aus diesem Einen, so heißt es…

Vossenkuhl:

… fließt alles.

Lesch:

Der Plotin hatte das Problem, dass wenn dieses Eine so völlig ohne jeden Anlass ist, warum gibt's dann überhaupt etwas? Also musste er es überfließen lassen. Daraus ergibt sich die Weltseele.

Erst der Geist. Aus ihm ergibt sich die Weltseele. Aus ihr

kondensieren die Seelen. Und dann, ganz unten, als unterste Stufe – man riecht förmlich, dass das nichts Gutes sein kann – kommt die Materie. Das ist so ziemlich das Mieseste, was es gibt.

Totale Weltabgewandtheit würde ich das Modell nennen.

Vossenkuhl:

Aber auch die Materie fließt aus dem Einen.

Lesch:

Alles fließt, alles kommt aus dem Einen.

Zuerst habe ich gedacht: Top-down-Philosophie! Wunderbar. Die kann man prima mit der heutigen kosmologischen Vorstellung verbinden. Der Mann hat völlig Recht, so muss es gewesen sein! Am Anfang war ich noch pro-Plotin. Wir Astrophysiker sagen ja auch bei dem Urknall-Modell, dass es einen sehr symmetrischen Anfang gab. Aus dem heraus „floss“ alles, hat sich alles entwickelt. Bei der Expansion des Universums tauchten die Kräfte auf, die Atome, die Galaxien, die Sterne und Planeten. Auf einigen Planeten gibt's Lebewesen. Vielleicht sogar Lebewesen, die darüber nachdenken, was sie hier eigentlich so machen.

Wir beurteilen diesen Weg zu den komplexeren Formen der Materiestrukturen außerordentlich positiv. Das Universum hat in sich schon die Möglichkeit gehabt, Lebewesen zu kreieren, die über sich nachdenken können. Diesen Weg deuten wir positiv. Bei Plotin allerdings ist dieses von oben runter und am Ende kommt was raus, das Mieseste, was es überhaupt gibt. Da verweigere ich mich dem Meister. Da bin ich dann kein Plotinist.

Vossenkuhl:

Das ist gut nachvollziehbar, dass Du da ein Problem hast. Aber fangen wir einmal mit den Dingen an, die man nachvollziehen kann. Was kommt von Platon? Da gibt es natürlich erst mal den Dualismus, diese zwei Aspekte, das Sinnliche und das Übersinnliche.

Lesch:

Genau, das Materielle und das geistig Erfassbare.

Vossenkuhl:

Nun haben wir bei Platon auch schon die verschiedenen Stufen der Verbindung zwischen beiden: Urbild-Abbild usw. Die Idee des Guten, die sich in allem, was gut ist, natürlich zeigt. Da kann man das Gute mit den Augen sehen und dem Verstand erfassen. Plotin wollte auch, dass die Verbindung zwischen dem Übersinnlichen und dem Sinnlichen hergestellt wird.

Die Idee, dass das mit dem Logos, also mit dem Wort, passiert, die ist zunächst ganz gut nachvollziehbar. Denn was ist das Wort? Das Wort hat etwas mit beiden Bereichen zu tun. Man hört es, das heißt, es hat etwas mit dem Sinnlichen, und mit dem Übersinnlichen zu tun. Denn wenn du so ein Wort nimmst wie Geist oder Idee oder das Gute, dann ist es ja nicht damit getan, dass da nur eine Art von Schallwelle produziert wird. Sondern die Schallwelle transportiert etwas, was keinen Wellencharakter hat. Was transportiert wird, hat eine Bedeutung und damit auch eine geistige Qualität, einen übersinnlichen Inhalt.

Lesch:

Genau, es hat eine Qualität. Es ist nicht nur Quantität – also Gequatsche.

Vossenkuhl:

So hat sich Plotin zunächst einmal die Vermittlung zwischen dem Geistigen und dem Materiellen vorgestellt. Der Logos steht zwischen diesen beiden Bereichen und vermittelt. Jetzt stellt sich die Frage: Wie kommt eigentlich etwas aus dem Jenseits, also von daher, wo der Gott ist? Wie kommt etwas hier an, damit man darüber sprechen kann, also in Sprache ausdrücken kann? Plotin hatte da Ideen, die, so merkwürdig das klingt, Jahrhunderte lang von allergrößter Wirkkraft waren.

Zuerst dreht er das Rad der Geschichte in mancher Hinsicht zurück, also weg von dem Rationalismus der Stoiker und weg vom Skeptizismus. Dann dieser Geniestreich: Eine unglaublich anspruchsvolle, dogmatische Metaphysik. Dieses Eine hat er sich als das Allervollkommenste vorgestellt - noch besser als das

Beste, noch wahrer als das Wahrste. Diese Art von Vollkommenheit kann er sich nur so vorstellen, dass sie ständig überfließt.

Vielleicht hat er an die Sonne gedacht, bei der ja auch unentwegt die Strahlen „überfließen". Ein Licht-Strom, der nie versiegt.

Lesch:

Die Sonne strahlt. Klar, stimmt. Aber dafür muss sie auch was tun. Sie arbeitet, und die Arbeit, die sie verrichtet, die führt dazu, dass sie tatsächlich nicht nur Strahlung verliert, sondern damit auch Masse. Mein lieber Plotin: $e = mc^2$. Die Strahlung, die Energie, die die Sonne verliert, ist mit dem Masseverlust verbunden, und irgendwann wird ihr das Feuer ausgehen. Da würde der Mann zutiefst zerknirscht von dannen gehen.

Es gibt eine Geburt eines Sterns und irgendwann wird die Energiequelle zu Ende sein. Das kann er also mit seinem Einen nicht gemeint haben. Das muss dann schon etwas jenseits des Universums sein.

Vossenkuhl:

Dieses Verströmen, die *Emanation*, quillt aus diesem Vollkommensten heraus.

Das ist mystisch, aber, wie ich schon sagte, war die mystische Vereinigung mit dem Göttlichen das höchste Ziel, die

Unio Mystica.

Lesch:

Aber hat dieser Mystizismus wirklich Vorteile? Wir haben über andere philosophische Strömungen gesprochen, bei denen es wesentlich mehr darum geht, wie der Einzelne sich zu verhalten hat. Denk nur an die Stoiker, den Stoizismus. Das war eine klare ethische Ansage. Das war praktisch ein Katalog mit Forderungen an den Einzelnen.

Ein großer Teil der Philosophie, eigentlich fast alles nach Sokrates zielte ganz stark auf den Einzelnen ab. Benutze deine Vernunft, finde heraus, wie du dich in der Welt am besten zurechtfindest. Welche Rolle spielt deine Vernunft im Weltverständnis?

Jetzt haben wir ein Weltbild, in dem der Urgrund allen Seins irgendwo in einem Parallel-Universum sitzt. Das hat sicherlich auch seine Vorteile, wenn die letzte moralische Instanz ganz wo anders ist. Auch wird nichts mehr dem Einzelnen überlassen. Der steht in so einem Wasserfall der Schöpfung ganz unten. Der Schwall des Werdens der Dinge stürzt auf ihn herab. Dann wird ihm auch noch erzählt, dass seine Körperlichkeit das Allerletzte sei.

Vossenkuhl:

Jetzt dreh‘ das mal um. Dann heißt es doch: Achte nicht auf das, was verfallen kann, sondern konzentriere dich auf das, was ewig ist: Den Geist.

Diese Idee nahm das Christentum begierig vom Neuplatonismus auf. Das ist uns heute ganz geläufiges christliches Denken, dass die Teilhabe des Menschen am göttlichen Wesen das eigentlich Erstrebenswerte ist.

Plotin war kein Christ, und viele Neuplatoniker waren sogar heftige Antichristen. Plotin sagt aber, dass wir am Göttlichen teilhaben können, weil wir etwas Göttliches an uns selbst haben. Darauf müssen wir Wert legen.

Eine sehr moderne Vorstellung war: Die Person ist nicht, sondern sie wird erst. Und dieses Werden, das ist etwas, was man „als zu sich selbst kommen“, als geistiges Wesen bezeichnen könnte. Darin steckt auch eine Gebrauchsanweisung für das tägliche Leben.

Lesch:

Für mich hat das so was Antiphilosophisches. Dieses ganze Gebäude hat einen Abschlussstein nach oben. Das untere, also die Seele des Einzelnen in seinem Körper ist quasi eingesperrt und muss zusehen, wie sie da raus kommt.

Die Weltseele und die kosmische Harmonie lassen aber keinen Raum für meine Vernunft. Damit ist die Türe zu. Es steckt eine unglaublich starke Dogmatik hinter diesem Neuplatonismus. Er hat so gar nichts Programmatisches. Wir sind vielmehr als Einzelpersonen dazu aufgerufen, durch Kontemplation und Reinigung zur Ekstase zu kommen.

Das gefällt mir überhaupt nicht. Man schreibt mir einen Weg vor, den ich zu gehen habe, damit es am Ende … ne, ne.

Vossenkuhl:

Ich verstehe schon, dass Dir das nicht so behagt. In dieser Welt gibt es tatsächlich überhaupt nichts Interessantes zu entdecken.

Dennoch – und das ist vielleicht rätselhaft – war die Wirkungsgeschichte Plotins ungeheuer.

Neben diesem Gedanken, dass die Person erst wird und nicht ist, gibt es ja noch mindestens zwei, drei andere Gedanken, die stark auf das Christentum ausgestrahlt haben, zum Beispiel die *Trinitätslehre*. Also die drei göttlichen Personen in einer. Das ist im neuplatonischen Denken vorgeprägt. Der jenseitige Gott, der sich im Logos, seinem Sohn äußert, hat den Heiligen Geist zwischen dem Sohn und sich selbst als Liebe und als vermittelndes Band.

Diese Gedanken sind in ihrer Form und Strukturierung von Plotin vorbereitet worden. Es ist überhaupt nicht überraschend, dass die christliche Theologie auf so eine Steilvorlage eingeht.

Oder ein Gedanke, den später Kant aufgegriffen hat: Die menschliche Freiheit besteht darin, eine Kraft in einer kausalen Kette, die in einem Augenblick neu beginnt, einzusetzen. Wir haben schöpferische Kraft, ähnlich – natürlich in kleinerem Umfang – aber ähnlich wie Gott. Wir sind durch unsere Freiheit schöpferisch tätig. Diese Auffassung, die bei Kant ja auch – wie er meinte – wunderbar vereinbar ist mit dem Determinismus der Natur, gibt es in ähnlicher Gestalt schon bei Plotin. Es ist erstaunlich, wie viel von diesem Denken die Jahrhunderte überdauert hat.

Lesch:

Plotins Körperfeindlichkeit stört mich schon gewaltig. Dann dieses durchglühte: Wenn alle Stricke reißen, dahinten gibt's noch das Eine. Sieh zu, dass du da rein kommst! Was ich an Literatur gefunden habe, das machte auf mich den Eindruck, dass es da sehr viele esoterische, geheimbündlerische Strukturen gab und gibt, die ganz stark neuplatonisch durchtränkt sind.

Ich bin erschüttert darüber, dass am Ende der Antike diese philosophische Bewegung hochkommt. Gut. Die Zeiten waren turbulent. Aber dass dann Intellektuelle sagen: Ja, die Welt ist schlecht und ungerecht. Ich schaue nach oben zum Einen, dessen Eigenschaften ich nicht weiter benennen kann. Dass das dann so starken Einfluss hat auf eine der wichtigsten Bewegungen im Abendland wie das Christentum. Das ist schon sehr merkwürdig.

Vossenkuhl:

Diese Verbindung oder sagen wir mal dieser Wandel von der rationalen Philosophie in die gläubige Theologie hat sich angebahnt. Deswegen griff das Christentum wohl gerne zu. Es ist philosophisch nicht leicht, sich vorzustellen, was Gott ist, was er bedeutet. Aber es ist natürlich klug zu sagen: Gott existiert, aber wir wissen nicht, was er ist, wie er ist oder was es heißt, dass er ist. Alles das wissen wir nicht. Aber wir glauben, dass es ihn gibt.

Das war und ist eine sehr stabile, durch nichts zu erschütternde Grundlage für die christliche Theologie.

Man kann das natürlich Dogmatismus nennen, aber es ist der Versuch, Gott zu denken. Und das war für die Christen erst einmal das A und O. Die Art und Weise der Strukturierung dieses Gedankens, diese Drei-Einheit: Ein jenseitiger Gott mit einem Sohn, der auf die Welt kommt, und dann noch die Verbindung durch den Geist, der Liebe ist, das war natürlich für die theologisch Interessierten ein Spekulationsraum, ein Nachdenkensraum, den davor niemand angeboten hatte. Danach haben sehr viele – auch sehr kluge Leute – einfach nur noch in dieser Weise gedacht. Augustinus war sehr beeindruckt davon.

Lesch:

Diese neuplatonische Vorstellung von dem Einen öffnet aber in gewisser Weise die Flanke für die Auseinandersetzung zwischen Theologie und den Naturwissenschaften. Viel später schrumpfte dann Gott mit jedem Erkenntnisschritt. Gott wurde kleiner und kleiner und kleiner. Die christlichen Religionen bekamen ein Riesenproblem.

Heute wäre man, wenn man so denken will, bei einem Gott angelangt, der 10^{-35} m groß ist und für 5×10^{-44} Sekunden existiert hat, nämlich die Welt in ihre Existenz geworfen hat, und das war's. Was ist das für eine Gottesvorstellung, die nur von theoretischen Astrophysikern erkannt werden kann? Das ist ja Wahnsinn, völliger Irrsinn!

Gerade das Auftauchen einer Person wie Jesus Christus, durch den Gott in die Welt gewirkt haben soll, müsste doch eigentlich diesem Neuplatonismus von dem Einen völlig das Wasser abgegraben haben.

Vossenkuhl:

Der Astrophysiker in Dir hat jetzt die Kurve gekriegt.

Es ist tatsächlich ein Riesenproblem. Und man versteht nicht wirklich, warum Plotin für die Christen diese Denk-Autobahn hat entwerfen können. Es ging aber noch weiter in dieser Richtung. Proklos (411 - 485 n. Chr.) war einer, der nach ihm Ähnliches verkündete. Ein Übergang in eine ganz neue Epoche des Denkens.

Antike Philosophie – ein Rückblick

Vossenkuhl:

Zum Philosophen gehört vor allem: das Staunen. Es gibt keinen anderen Anfang der Philosophie. Platon – und Aristoteles stimmt ihm ausdrücklich zu - stellt mit vollem Recht die Verwunderung, das Entdecken einer Welt voller Rätsel der nüchternen Ansicht entgegen, dass sich alles von selbst verstünde.

Das Staunen war der Anfang der Philosophie. Was gab es da zu bestaunen? Die Welt, die Rätsel, woher kommt was ist, die Urgründe des Seins, des Daseins, all das gab es zu bestaunen.

Dann kam die Wissenschaft und das Staunen hatte ein Ende.

Lesch:

Ich weiß nicht, ob das Staunen wirklich aufgehört hat. Auf jeden Fall wurde mit dem, was damals begann, etwas losgetreten, was bis heute angehalten hat und weiter geht. Die Philosophie hat etwas angestoßen, was man als wissenschaftliches Programm heutzutage ja immer noch durchexerziert. Sie hat die Wissenschaften geboren. Und die Philosophie hat eigentlich – wie Penelope, die treue Ehefrau des Odysseus mit ihrem Webstuhl - in der Antike dieses Knüpfwerk begonnen. Was sie in einer Zeit an Argumenten zusammengefügt hatte, hat sie anschließend wieder aufgedröselt. Dann fing alles wieder von vorne an.

Drei Begriffe sind für mich ganz wichtig, wenn es um die Philosophie der Antike geht: Mut, Offenheit und Klarheit.

Die Griechen waren so unglaublich mutig, sich mit Fragen zu beschäftigen, die vor ihnen vielleicht nur unter vier Augen diskutiert worden sind. Wenn überhaupt. Jetzt wurden sie öffentlich angesprochen.

Philosophie war keine Geheimwissenschaft mehr, also kein geheimes Wissen für eine elitäre, kleine Gruppe, sondern Sprache und Dialog standen im Mittelpunkt. Damit erwies es sich als unabdingbar, Begriffe so klar zu machen, dass sie für jedermann verständlich waren.

Dafür bin ich unheimlich dankbar, ist das doch eines der wesentlichen Fundamente abendländischen Denkens.

Vossenkuhl:

Mut, Offenheit, Klarheit. Das stimmt.

Aber noch mal zurück zu diesem Knüpfwerk. Die Philosophie hat fleißig daran gearbeitet und beileibe nicht wieder alles aufgelöst.

Lesch:

Richtig, nicht alles. Ein Grundmuster ist schon beibehalten worden.

Vossenkuhl:

Gehen wir tausend Jahre zurück. Wir haben ja schon tausend Jahre mit großen Siebenmeilenstiefeln durchschritten. Bei den Milesiern haben wir mit dem Mann, der aus dem Wasser kam angefangen: Thales. Wir haben über Pythagoras, Heraklit, Parmenides gesprochen.

Da gab es eine Entwicklung weg von der Natur, die man sehen, begreifen und dann auch verstehen konnte, hin zum Geistigen, zu den Ideen. Damit aber auch gleichzeitig hin zum Menschen.

Sokrates war ein Wendepunkt. Der Kosmos erschien zwar noch interessant und wichtig. Aber schon zu diesem Zeitpunkt konnte man über ihn nicht mehr so staunen wie noch 200 Jahre vorher.

Lesch:

Erst einmal ist der Begriff Kosmos einer der Urbegriffe griechischer Philosophie. Kosmos, Logos, da wo es um die Begriffe geht. Das Argument, die Sprache. Und dann haben wir *Archae*, den Ursprung, das was die Naturphilosophen angetrieben hat. Wo kommt das alles her?

Zu guter Letzt haben wir die Vernunft, den Kosmos, den Logos und die Archae. In ihnen drückt sich dieses Staunen über die Natur aus. Das war noch relativ klar und überschaubar. Es gab halt verschiedene Elemente.

Aber das Staunen über den Menschen? Über Menschen staunt man ja häufig mit dem Satz: Der ist doch verrückt geworden! Das würde man über die Natur – damals jedenfalls - nie sagen. Insofern hatten es die Naturphilosophen noch recht einfach und gut. Der Weg von den reinen Naturbetrachtungen zur Frage, die Sokrates immer umgetrieben hat: Was ist denn das Gute?

Was die sich da getraut haben. Auf einmal danach zu fragen: Wie soll ich handeln? Nach welchen Kriterien soll ich handeln?. Das ist ja ein Frontal-Angriff auf sämtliche Machtstrukturen, die genau das nicht wollen, dass der Einzelne sich fragt: Was soll ich tun, nach welchen Vorstellungen soll ich eigentlich leben?

Vossenkuhl:

Das ist der Knackpunkt der Offenheit und Öffentlichkeit. Vernunft und Verborgenheit, das passt nicht zusammen. Transparenz gepaart mit dem Mut, Neues zu denken, greift um sich.

Lesch:

Die Demokratie hat ihre Wurzeln in Griechenland. Ein unheimlich mutiges Experiment. Menschen, die sich nicht kennen oder zumindest nicht besonders gut kennen, die möglicherweise gar keine gemeinsamen Interessen haben außer dem Interesse, dass sie zusammen in einer Stadt wohnen. Denen wird die Macht eröffnet, über ihr Schicksal selbst nachzudenken und sogar ihr Schicksal selbst in die Hand zu nehmen. Das ist – ich will nicht sagen Anarchie – aber ein Weg, den sonst niemand auf der Welt gegangen ist. Die Griechen waren schon ungeheuer mutig, finde ich.

Vossenkuhl:

Aber fangen wir noch mal beim Staunen an.

Lesch:

Zum Staunen gehört auch Mut.

Vossenkuhl:

Staunen kann man nur solange etwas einen gewissen Zauber hat. Wenn dieser Zauber verflogen ist, dann schaut die Lage anders aus. Diese hunderte von Jahren, die wir durchschritten, werden von einem langsamen Entzauberungsprozess begleitet. Bis hin zu einem neuerlichen Funken bei Plotin, wo wir plötzlich die *Unio Mystica*, die Vereinigung mit dem Göttlichen als neue Verzauberung sehen konnten.

Aber der Dreh- und Angelpunkt war die klassische, griechische Zeit. Die sokratische Zeit. Mit der Öffnung hin zu einer rationalen Philosophie, die sich vor allem bei Aristoteles - in gewisser Weise natürlich auch bei Platon - in einer ganz modernen Weise präsentiert. Hier kommen gleich mehrere Disziplinen plötzlich ins Spiel.

Lesch:

Aristoteles ist der Vater der Physik, der Ethik, der Logik, sogar der Psychologie.

Vossenkuhl:

Auch der Politik. Der erste Sozialwissenschaftler, der erste Biologe. Diese ganzen Öffnungen, die aber allesamt mit einer Entzauberung verbunden waren.

Lesch:

Das klingt so negativ. Dabei ist der Aristoteles wirklich zu beneiden. Heutzutage ist man schon froh, wenn man in der eigenen Wissenschaft ein bisschen was beitragen kann zum allgemeinen Wissen innerhalb der Zunft, der man angehört. Der Aristoteles hingegen konnte aus dem Vollen schöpfen! Welche Wissenschaft erfinde ich denn?

Dann hat er noch diesen Erkenntnistrieb im Menschen ausgemacht. Es sei natürlich für den Menschen, dass er etwas wissen will. So wie ich mich gerade frage: Wie schmeckt dieser Wein im Glase direkt vor mir?

Vossenkuhl:

Wissensdurstig wie wir beide halt so sind. Prost Harry. Aber nicht zu triebhaft!

Lesch:

Prost.

Ich finde es eine schöne Vorstellung, dass Aristoteles die Philosophie den Menschen in die Gene gelegt hat. Den Trieb zu wissen. So wie den Selbsterhaltungstrieb oder den Geschlechtstrieb. Das ist alles naturgegeben. Auch Philosophie ist etwas Triebhaftes.

Vossenkuhl:

Aber wenn wir nicht staunen, dann entwickeln wir trotzdem kein Interesse an dem „Wissen wollen". Also Staunen ist schon eine weitere, wichtige Voraussetzung. Der Trieb ist eine Vorstellung von Aristoteles, nur nicht so naturalistisch wie das vielleicht heute verstanden wird. Es ist eher die Sicht von oben nach unten und nicht von unten nach oben.

Wir verstehen das Triebhafte von seiner besten Seite her, wenn wir die Neigung des menschlichen Geistes, die Wirklichkeit zu erobern, sehen, und dann hinuntergehen zu dem Allereinfachsten – also reduktiv vorgehen.

Aber das Modell ist nicht das einfachste. Das ist etwas, was die ersten 300 Jahre gar nicht denkbar war. Wenn man im Wasser, in der Luft, in den Verwirbelungen oder in der Erde nach den Ursprüngen der Wirklichkeit sucht, hat man den Blick so nach außen gerichtet, dass man die eigene Leistungsfähigkeit bei dieser Frage gar nicht in den Blick bekommt.

Lesch:

Ich finde, dass mit dieser Entzauberung, von der Du gesprochen hast, im Grunde genommen nur ein Weg zu einem neuen Zauber beschritten worden ist. Zum Beispiel der unglaubliche Zauber, der darin liegt, dass wir überhaupt irgendwas von dieser Welt verstehen können, dass sie nicht ein total chaotisches Wirrwarr ist, ein Tohuwabohu, sondern dass wir mit unseren 1,4 kg Großhirn und allem, was dazugehört…

Vossenkuhl:

Ist es so schwer?

Lesch:

Also, dass man damit etwas verstehen kann. Das ist ein Sprungbrett in einen Teich, in den sich vorher niemand reingetraut hat. Die Griechen haben schrittweise - kulminierend in Figuren wie Sokrates, Platon und Aristoteles - zum ersten Mal Gedanken gedacht, die weit über 2000 Jahre später immer noch beeindruckend sind.

Vossenkuhl:

Man kann diesen Prozess ja von verschiedenen Seiten aus betrachten. Eine Perspektive, die klar auf der Hand liegt ist: Angefangen hat es in kleinen Städten und Siedlungen. Dieser Prozess, der da begann, wurde immer urbaner. Erst nach einiger Zeit landete er schließlich im geistigen Zentrum der Antike…

Lesch:

In Athen.

Vossenkuhl:

Der Nabel der damaligen Welt. Die Urbanisierung war ein wichtiger Schritt, in dem Sinne, dass man dieses Denken gemein macht, mitteilbar macht. Dass es nicht nur einem kleinen Zirkel wie noch bei Pythagoras zugänglich war, sondern dass es eine Öffentlichkeitswirksamkeit erzielte. Ganz stark zeigte sich das dann bei den Stoikern, die ja ihre Hauptaufgabe darin sahen, öffentlich zu wirken, Politik zu machen.

Diese Urbanisierung ist ein erstaunliches Phänomen. Denn offensichtlich war man jetzt der Ansicht, dass die Philosophie auch etwas mit dem Leben aller Menschen, die verstehen und zuhören können, zu tun hat. Man war wohl der Meinung, dass es auch um die Einsichtsfähigkeit der Menschen selbst geht. So eine Art Lernprozess, eine Art von pädagogischem Prozess.

Es gibt ein sehr schönes Werk von einem Kenner der griechischen Philosophie, Werner Jäger. Er hat das Werk „Paideia“ geschrieben. Es geht um die Erziehung, um den Bildungsprozess. Die Bildung stand im Mittelpunkt der Entwicklung der klassischen Zeit. (Wo steht sie heute?)

Und das blieb dann auch lange so. Nicht umsonst wurden philosophische Schulen fast am laufenden Meter gegründet, angefangen von der platonischen Akademie, die immerhin tausend Jahre überdauerte - bis zum Jahre 529 n. Chr.

Lesch:

Im selben Jahr wurde das Kloster von Monte Cassino gegründet.

In diesem Jahr ist sozusagen der Stab an die Philosophie des Mittelalters übergeben worden. Die Auseinandersetzung zwischen Vernunft und Glaube, wo die Philosophie mehr als Machterhaltungsinstrument eingesetzt und leider auch missbraucht wurde. Das war nicht mehr das, was der griechischen Philosophie so wichtig schien: Befreiung und Selbsterkenntnis. Das wurde ab jetzt immer weiter in den Hintergrund gedrängt. Aber ich wollte Dich nicht ...

Vossenkuhl:

Eine Stabübergabe. Denk' das doch mal von Athen aus. Die Stadt wurde durch die politischen Entwicklungen immer unbedeutender. So langsam verbreitete sich dieses Denken nach Nordafrika, wo es ja zum Teil auch hergekommen war - Pythagoras war ja in Afrika - und dann nach Rom. Ein neues Machtzentrum. Eine Stadt, in der die Philosophie nicht gerade im Brennpunkt des Interesses stand, sondern eher die Machtpolitik, die Wirtschaft und die weitere Ausdehnung des Reiches. Erst als Cicero die Philosophie hoffähig gemacht, praktisch in Rom eingebürgert hat, erreicht sie plötzlich eine ganz andere Dimension, eine ganz neue Bedeutung, auch für die Sozialentwicklung.

Durch die Stoiker gab es eine erste Entwicklung der Menschenrechte. Die Sklavenbefreiung hat langsam angefangen. Man sieht, wie das philosophische Nachdenken über den Menschen langsam Früchte trägt.

Das begann schon unter Nero und dann natürlich mit Seneca. Marc Aurel, der selbst als Kaiser…

Lesch:

… einen Krieg nach dem anderen führen musste. Noch dazu in diesem feucht-kalten Gallien. Der arme Kerl. Aber wenigstens ist er noch zu seinen Selbstbetrachtungen gekommen.

Vossenkuhl:

Dann endet dieser Prozess in der Antike bei einem ganz rätselhaften Mann, diesem Plotin. Gefolgt vom Neuplatonismus bis ins 5. Jahrhundert. Man hat nun den Eindruck, dass das philosophische Denken entschwebt.

Lesch:

Wieder zurück in das Dunkel des Mythos, aus dem es gekommen war.

Vossenkuhl:

Erst hatte man Homer überwunden. Dann der Höhepunkt mit Sokrates, Platon, Aristoteles und den Stoikern. Jetzt drehte sich das Rad der Geschichte scheinbar wieder zurück.

Lesch:

Ich empfinde es geradezu als Glücksfall, dass sich nach den Griechen die ganzen Modelle der Weltbewältigung durch Wissenschaft entwickelt haben. Nach diesen Modellbauern kam Rom und damit die Macht. Es war ja überhaupt nicht absehbar, dass aus dieser Kolonie in den Sümpfen des Tiber einmal irgendwas werden könnte, das sich über den gesamten Mittelmeerraum ausbreiten würde.

Das Imperium spiegelte eine völlig andere Welt wider. Die Philosophie der Griechen hatte sich aus relativ kleinen Strukturen entwickelt. Jetzt war sie mitten in der Stadt angekommen, die ein Weltreich regierte. Griechische Philosophie wird zum

Allgemeingut erhoben: Wenn ihr Bürger sein wollt, dann müsst ihr auch wissen, was das bedeutet! Ihr sollt nach Freiheit und Gerechtigkeit in einem Staat streben, der durch Gesetze und deren Durchsetzung auch tatsächlich ein Rechtsstaat ist.
Das heißt, die Griechen haben Philosophie entworfen, erarbeitet, erdacht. Die Römer haben sie verbreitet und realisiert. Die hatten eine ganz starke Maklerfunktion.

Wie man in vielen Büchern zur Philosophiegeschichte lesen kann, trugen die Griechen, namentlich in der Zeit, nachdem Athen politisch völlig bedeutungslos geworden war, die Nase sehr hoch. Es gab eine große intellektuelle Überlegenheit. Den römischen Bauern- und Soldatenlümmeln wurde gerne Kultur- und Fantasielosigkeit unterstellt. Aber genau diese Mischung hat die Philosophie überleben lassen. Auch wenn der Plotin mit seinem Mystizismus in seinem Neuplatonismus ohne Zweifel das Rad noch einmal gewaltig zurückgedreht hat.

Die Sätze, die Aristoteles, die Platon, die Sokrates in die Welt gebracht haben und alle Vorstellungen darüber, wie Materie aufgebaut ist, die Atome des Demokrit, des Leukipp, die Vorstellung, dass es Urelemente gibt, das war nicht mehr aus der Welt zu bringen. Die Römer haben im Rahmen ihrer Möglichkeiten das Beste daraus gemacht.

Vossenkuhl:

Wenn man heute an diese Zeit denkt, dann kann man als Geisteswissenschaftler eigentlich nur neidisch werden. Denn der Stellenwert dieser Einsichten war ganz fraglos anerkannt.

Heute interessiert sich kaum jemand für diese Fragen. Man denkt, sie seien bei Leuten wie Dir in der Physik gelandet, oder in der Chemie, oder in der Biologie. Aber man vergisst, dass die Synthesekräfte dieser Fachwissenschaften nicht reichen, um deren Einsichten mit dem Leben der Menschen zu verbinden.

Lesch:

Richtig, richtig.

Vossenkuhl:

Die natürliche Anerkennung der Aussagen, der Respekt vor den Überlegungen, der war damals da.

Lesch:

Man ist heutzutage der irrigen Meinung, man könne mit den Naturwissenschaften Fragen klären, die gar nicht zu deren Arbeitsbereich gehören. Die Physik kann eben nur vorletzte Fragen stellen. Die Letzten stellt immer noch die Philosophie. Aufgrund ihrer ganzen Arbeitsweise ist die Physik ein Teil der Philosophie gewesen, der experimentellen Philosophie. Die ersten Naturphilosophen waren letztlich auch Physiker.

Ich behaupte, dass wir heute immer noch an den gleichen Fragen arbeiten wie die Herrschaften vor 2500 Jahren, die dieses Arbeitsprogramm aufgelegt haben. Es wurde leider immer wieder dadurch unterbrochen, dass man der Meinung gewesen ist, einen Schlusspunkt erreicht zu haben. Man dürfe hier jetzt nicht mehr weiterfragen.

Das rechne ich den Griechen hoch an. Dass sie dieses Fragen zum Prinzip erhoben. Sie haben zwar den einen oder anderen von ihnen den Schierlingsbecher trinken lassen, weil er ihnen offenbar tierisch auf die Nerven gegangen ist mit seiner Fragerei. Aber die Tatsache, dass sie es gewagt haben, alles zu hinterfragen - auch die Macht - das ist einer dieser Grundbausteine, der uns Abendländer auszeichnet. Das sollten wir niemals aufgeben!

Vossenkuhl:

Ich würde Abendländer mit Europäer ersetzen, denn wenn wir uns als Europäer verstehen wollen, müssen wir uns diese Zeit vor Augen führen.

Da fängt das an, was uns heute noch ausmacht oder ausmachen könnte. Es ist jammerschade, dass die Schulbildung, auch die Hochschulbildung sich nicht mehr als unbedingt nötig mit dieser Zeit beschäftigt. Was nützt uns denn die Europäische Union und die ganzen schönen Programme, die Milliarden kosten, wenn wir nicht wissen, was es heißt, Europäer zu sein!

Da ringt man mit der Frage, ob die Türkei nun zu Europa gehört oder nicht. Damals gehörte die Türkei zum abendländischen Denkraum. Es ist doch absurd, zu meinen, nur weil das mal *Asia Minor* oder Kleinasien genannt wurde, oder weil das heute mehrheitlich von Muslimen bewohnt ist, würde das nicht dazugehören.

Die Integrationsfähigkeit war enorm groß. Man hat nicht nur verschiedene Kulturen mit der Kraft dieses Denkens erfasst, sondern es gab auch einen Schwerpunkt und eine Gravitation, die die ganze Vielfalt zusammengehalten haben.

Es ist ja nicht so, dass es früher weniger Vielfalt gab. Allein Sprachen gab es mehr als heute. In Italien war es neben dem Latein das Etruskische oder das Lukanische im Süden. Da wurde ganz anders gesprochen als in Rom.

Trotzdem waren die Menschen in der Zeit von Cicero in der Lage, das Ganze kulturell zusammenzudenken und zu fühlen.

Lesch:

Aus diesen tausend Jahren lässt sich viel für unsere Weltbetrachtung lernen. Reiche stiegen auf und zerfielen wieder. Über diesen ganzen Veränderungen, teilweise verursacht durch katastrophale Kriege, gibt es diese geistigen Strömungen, die nicht auszulöschen waren, egal was immer unternommen wurde. Gedanken, die einmal in die Welt gesetzt worden sind, sind kaum wieder zu beseitigen. Obwohl unsere Altvorderen kein Internet hatten.

Ich finde, dass es einfach zur Bildung gehört, dass man weiß, wo man herkommt. In welcher Kultur wächst man auf, warum leben wir so wie wir leben? Da haben uns die Griechen und die Römer ein gewaltiges Erbe hinterlassen. Das ist etwas Lebendiges, das immer wieder neu gedeutet werden muss: Wie gehen wir um mit Begriffen wie Freiheit, und Gerechtigkeit? Welche Bedeutung hat der Einzelne in einer Welt, die offenbar immer komplexer und schwieriger zu verstehen und immer globaler wird.

Diese Globalisierung gab's im Mittelmeerraum im römischen Weltreich ja auch schon.

Da darf man sich nicht ängstlich in sein Schneckenhaus zurückziehen. Da hilft nur große Offenheit. Die steckt in der griechischen Philosophie ganz tief drin. Das erste Fragen nach dem Staunen ist ein ganz offenes: Ach, hier bin ich?!

Vossenkuhl:

Diese Gedanken sind nur dadurch wirksam, dass sie immer wieder neu gedacht und gelebt werden. Nicht dadurch, dass sie abgestaubt, ein wenig poliert und museal behandelt werden.

Nur als historische Weisheit verkündet, sind die Gedanken mausetot. Dann ist jeder Buchstabe verdorrt. Das haben die frühen Christen schon gesagt. Daher vielleicht auch dieser Sturm, den Plotin mit seinem Denken entfacht hat, weil das weg von der Weltweisheit zu einer ganz anderen Weisheit geht. Da versteht man dann auch jene Zeit wieder.

Wir müssen diese Gedanken in das 21. Jahrhundert übersetzen. Die Kraft, die aus ihnen strömt. Ich glaube, dass es unter den jungen Menschen viele gibt, die gerne wissen und verstehen würden, welche Entstehungsgeschichte unsere abendländische Kultur geformt und beeinflusst hat.

Lesch:

Ich finde ja, dass der griechische Ansatz, der da erdacht worden ist, das Natürlichste ist, was es überhaupt gibt. Wenn man hinschaut, was sich in der Natur abspielt, fällt eine andauernde Veränderung auf. Es sind nie wirkliche Brüche. Eines entwickelt sich aus dem anderen.

Die griechische Philosophie stellt uns das Handwerkszeug zur Verfügung, auf Veränderungen mit neuem Denken zu reagieren. Offen zu sein und nicht zu erstarren. Durch Selbstreflexion immer wieder dran zu bleiben und nicht einem Selbstmumifizierungsprozess zu unterliegen.

Augustinus

Augustinus (354 - 430 n. Chr.) – eine Zeitenwende

Vossenkuhl:

Aurelius Augustinus, geboren in Tagaste, einem Ort im heutigen Algerien, in Nordafrika. Seine Mutter, Monika, eine Christin, sein Vater Heide. Er selbst blieb, obwohl er christlich erzogen wurde, sehr lange heidnisch. Er wurde erst mit 33 getauft.

Dennoch ist Augustinus einer der bedeutendsten Denker des Christentums, der viele Themen, die uns heute noch beschäftigen, erstmals mit Tiefgang angegangen hat. Einige Probleme hat er vielleicht nicht selbst oder allein geschaffen - aber doch mitformuliert. An denen kauen wir noch heute. So den nicht ganz unbescheidenen Anspruch, dass es nur eine einzige Wahrheit und nur eine wahre Religion gibt.

Lesch:

Ja, da kauen wir dran. Das kann man getrost so sagen.

Wir kommen jetzt an eine Schwelle, an der Neues passiert: Wir begegnen einer Offenbarungs-Religion. Die christliche Offenbarungs-Religion steht jetzt auf einmal da und behauptet: Ich bin's! Ich habe die Weisheit und Wahrheit mit den ganz großen Löffeln zu mir genommen. Ich bestimme ab jetzt, wo's lang geht.

Philosophie, alles ganz nett. Grundsätzlich hast du dich aber unter meine Fittiche zu begeben. Wenn überhaupt, dann kann die Vernunft, die ja für die Philosophie wohl nötig ist, an zweiter Stelle agieren.

In der Philosophie des Mittelalters ist das große Thema die Auseinandersetzung zwischen Vernunft und Glauben. Jetzt sind wir in der ersten Phase, der Zeit der Kirchenväter, in der *Patristik.* Einer der größten, und wie einer mal geschrieben hat, einer der wirkungsmächtigsten Geister des christlichen Abendlandes ist ausgerechnet in Algerien auf die Welt gekommen. Er hat mit seinen Gedanken und auch Taten das Abendland ungeheuer verändert.

Es gab diesen einen Satz von einem der Kirchenväter, Tertullian, lange vorher, der gesagt hat: Was hat denn Athen - also die Philosophie - mit Jerusalem, also mit Christus zu tun?

Vossenkuhl:

Diese Frage und Infragestellung ist jetzt mit Augustus hinfällig geworden. Das ist für Augustinus schon geklärt.

Du hast mit Elan am richtigen Punkt angefangen. Man muss diesen Alleinvertretungsanspruch der wahren Religion zunächst einmal von der politischen Seite her betrachten, mit der Augustinus unmittelbar nichts zu tun hatte.

Lesch:

Ein Spätberufener.

Vossenkuhl:

Augustinus war tatsächlich ein Spätberufener. Sein Werdegang spiegelt die Landschaft der damaligen Christenheit. Neun Jahre war er Anhänger der *Manichäer. Mani*, ein Perser hatte gelehrt, dass es zwei Kräfte gibt, eigentlich zwei Gottheiten, die Gottheit des Lichts und die der Finsternis. Die bekämpfen sich, und zwar mit Waffengleichheit. Ein Gleichgewicht des Schreckens.

Lesch:

Es ist noch nicht ausgemacht, wer gewinnt.

Vossenkuhl:

Der Manichäismus war eine nicht unattraktive Religion, weil sie für die Intellektuellen – bis heute - ein besonders reizvolles Thema enthielt: Welche Rolle spielt das Böse in der Welt? Mit den Manichäern begann das Christentum elitär zu werden.

Das Welt-, Wald- und Wiesen-Christentum kam relativ simpel daher und hatte mit solchen Feinheiten eigentlich gar nichts am Hut. Das spielte sich in den einzelnen Gemeinden eher schlicht ab. Da wurden die Texte gelesen, also die Paulus-Briefe usw.

Philosophiert oder Gedanken gemacht hat man sich nicht.

Der Manichäismus hat unter dem Einfluss des neuplatonischen Denkens - Plotin haben wir ja behandelt - eine Art von Weltanschauung, die intellektuell reizvoll war, kreiert. Augustinus hatte auch persönlich Vorteile vom Manichäismus. Er war von Beruf Rhetor und hat in Karthago unterrichtet.

Lesch:

Das hört sich jetzt alles so unglaublich glatt an. Ich meine, Augustinus war ein Playboy. In seiner Sturm- und Drangzeit hat er wirklich nichts anbrennen lassen. Der Mann war ein Kind seiner Zeit. Der hat gut gelebt und geliebt. Es ging ihm prima. Er war einer, der sich gesagt hat: Was kostet die Welt?

In dieser Zeit breitete sich das Christentum langsam aus und wurde im römischen Reich zur Staatsreligion, 380 nach Christus. Da stellte sich für immer mehr Menschen die Frage, wie man sich dazu stellen soll. Soll man den alten Göttern, dem Jupiter und Mars abschwören und sich zu einem neuen, jetzt auch staatlich abgesegneten Gott und dessen Sohn bekennen?

Da ist ein Riesensturm durchs römische Reich gezogen. Die Götter, ihre Bilder und Statuen wurden zerstört, die Tempel teilweise buchstäblich dem Erdboden gleich gemacht, so nach dem Motto: Aus den Augen aus dem Sinn.

In dieser bewegten Zeit kommt ein junger Mann, strotzend vor Kraft und offenbar auch noch ziemlich schlau, auf neue Ideen.

Es war ja fast so etwas wie ein Schlüsselerlebnis, das er gehabt haben muss, oder?

Vossenkuhl:

Augustinus hat wohl eingesehen, dass der Manichäismus theoretisch auf wackeliger Grundlage steht. Zweifel schlichen sich durch seine Beschäftigung mit Cicero ein. Der hatte den *Hortensius,* eine Einführung in die Philosophie, geschrieben. Ganz offensichtlich lehrte diese Schrift, erst eine skeptische Haltung einzunehmen, bevor man etwas zu wissen meint. Plötzlich wurde

Augustinus Skeptiker. Auch gegenüber dem Manichäismus. Sozusagen seine erste Konversion, nachdem er – nach den christlichen Anfängen seiner Erziehung – Manichäer geworden war.

In der Zeit hat er sich auch mit Philosophie und Rhetorik beschäftigt. Er hatte das Handwerk des Rhetors erst noch nicht so richtig beherrscht, aber er lernte schnell. Erst später ist er katholischer Christ geworden.

Lesch:

Augustinus hat hinterher über Sachen gesprochen, die er im richtigen Leben am eigenen Leibe erfahren hatte.

Vossenkuhl:

So ist es.

Lesch:

Also war er kein weltfremder Theoretiker, der die Welt mit seinen abgehobenen Ideen beglücken wollte.

Vossenkuhl:

Mit 18 war er immerhin schon Vater geworden. Ich weiß nicht, was Du sagen würdest, wenn Dein 17jähriger Sohn verkünden würde: Du Papa, ich werde nächstes Jahr auch Papa. Noch dazu ohne Trauschein.

Lesch:

Das auch noch.

Vossenkuhl:

Mit der Mutter seines Sohnes hat er lange zusammengelebt. Ihren Nachwuchs nannten sie Adeodatus, der von Gott Geschenkte.

Lesch:

Ein schöner Name, zweifellos.

Vossenkuhl:

Was seinen weiteren Werdegang betrifft, hat er es wohl dann doch mit den stärkeren Bataillonen gehalten. Und das waren die römisch-katholischen Christen. Er schloss sich der Staatsreligion in der damals offiziösen Richtung an.

Er hat dabei nicht die Meinung vertreten, dass Staat und Religion getrennt sein müssen. Es gab da nämlich eine Richtung, die *Donatisten*, benannt nach dem Bischof Donatus. Der sah in der Verquickung ein Unheil – was sich ja in den folgenden Jahrhunderten als nicht ganz falsch erwiesen hat. Die Donatisten hat Augustinus bekämpft. Diese Lehre, die der Menschheit wohl besser getan hätte, hat er verworfen.

Getauft wurde er vom heiligen Ambrosius, Bischof in Mailand. Ambrosius war Abkömmling eines der alten römischen Adelsgeschlechter und folgedessen ein vornehmer Mann, der auch ein gewachsenes und ausgeprägtes Machtbewusstsein besaß. Mit seinem Täufling Augustinus konnte er weiter nicht viel anfangen.

Lesch:

Augustinus schrieb dann ein Buch, das es in dieser Art vorher nicht gegeben hatte. Eigentlich eine Autobiographie par excellence, in der er sich selbst sauber und ohne Vorbehalte auseinander genommen hat, die „Confessiones". Dann hat er noch das Werk „Der Gottesstaat" geschrieben.

Vossenkuhl:

Viel später.

Davor hat er über den freien Willen und die wahre Religion geschrieben. Er ist derjenige, der zum ersten Mal sagte: Es gibt nur eine wahre Religion! Das ist etwas, was dem Katholizismus heute noch Kopfzerbrechen bereitet. Es gab zwar dann das „Zweite Vatikanische Konzil" in den frühen sechziger Jahren des letzten Jahrhunderts, auf dem dieser Anspruch relativiert worden ist. Aber der augustinische Anspruch ist immer noch ein Mühlstein am Hals der Kirche zu Rom. Ein Zusammenleben mit Andersgläubigen und in der Ökumene mit anderen Christen macht das nicht leichter.

Lesch:

Augustinus hat das als erster formuliert.

Vossenkuhl:

Aus seiner Zeit heraus. Also Staatsreligion, Ablehnung der Donatisten und die eigene Suche nach der Wahrheit. Für ihn war Wahrheit einfach gleichzusetzen mit Gott. **Gott ist die Wahrheit.** Absolut, unveränderlich, einmalig, basta!.

Lesch:

„Ich suche nur nach Gott und der Seele. Denn unser Herz ist unruhig, solange wir nicht in dir sind." Das ist Augustinus in Reinkultur. Der hatte ein klares Ziel vor dem geistigen Auge.

Er richtet seinen Blick nach innen. Der Mensch braucht Erleuchtung, damit er überhaupt was erkennen kann. Ist doch der menschliche Geist ein Teil des Geistes Gottes, aber eben nur ein Teil davon. Es braucht die Illumination. Das ist der einzige Weg, wirklich zur Erkenntnis zu kommen. Das Handwerkszeug dafür ist die Vernunft – könnte man das so sagen?

Vossenkuhl:

Das kann man genauso sagen, ja. Wir beide haben einmal darüber spekuliert, wie viel bei Descartes - über tausend Jahre später – mit Augustinus zu tun hat. Von Descartes gibt es etwas, was ähnlich klingt wie die Schau nach innen. Von Descartes gibt es Formulierungen wie „ich bin denkend". Man hat daraus dann: „Ich denke also bin ich" gemacht. Aber so steht das bei Descartes gar nicht. Was er meinte ist: „Ich bin als denkendes Wesen". Für Descartes war das ein methodisches Prinzip, um Gewissheit in der Wissenschaft zu finden.

Lesch:

Der moderne Ausdruck im 21. Jahrhundert heißt „video ergo sum". Ich glotze, also bin ich.

Vossenkuhl:

„video ergo sum“ ist weit aber auch nicht zu weit entfernt von dem, was Augustinus gesagt hat. **„Ich zweifle, also bin ich“.** Das ist auch eine Art von geistiger Tätigkeit, geistig-seelischer Tätigkeit wie das Glotzen - nur nicht so dämlich.

Bei Augustinus ging es nicht wie bei Descartes um die Wissenschaftsmethode. Das war ihm fremd. Es ging ihm viel mehr um diese eine und einzige Gewissheit, dass ich da bin, um meine körperliche und seelische Realität. Es ging ihm auch um den freien Willen und um die Zuwendung in das eigene seelische Innere. Er hat das sehr wortreich in den „Confessiones“ beschrieben.

Lesch:

Er hat sich auch eine Theorie über die Zeit ausgedacht. 11. oder 12. Buch der Confessiones?

Vossenkuhl:

11. Buch.

Lesch:

Das finde ich unglaublich stark, dass er da schreibt, dass es Zeit an sich, per se, eigentlich gar nicht gibt. Der Mensch macht sich die Zeit selbst. Diese ganze Vergangenheit/Gegenwart/Zukunfts-Geschichte, die steckt immer und allerweil direkt in der Gegenwart drin.

Die Vergangenheit ist in der Gegenwart immer als Erinnerung. Die Zukunft ist in der Gegenwart als Erwartung, und die Gegenwart ist nur ein winziger Ausschnitt davon. Augustinus hat die Zeit stark subjektiviert, wie er fast alles unglaublich subjektiviert hat. Während die griechischen Philosophen der Meinung gewesen sind, der Mensch sei ein Teil des Kosmos, ist Augustinus jemand, der sagt: Der Mensch ist das A und das O, der Nabel der Schöpfung umgeben von Gott. Ist er auch ein Teil von Gott?

Vossenkuhl:

Zumindest ein Abbild.

Das ist übrigens ein guter Punkt, den Du da gerade mit der Zeit-Theorie gebracht hast. Eigentlich ist es keine ausgearbeitete Theorie, eher eine Zeitstruktur, die ahnen lässt, was Bewusstsein heißt.

Für ihn ist Bewusstsein gleich Zeitbewusstsein. Das muss man im Zusammenhang mit seiner Überlegung verstehen, wie die drei göttlichen Personen zusammengedacht werden können. Zunächst hat das eine mit dem anderen überhaupt nichts zu tun.

Aber schon vor ihm hat man sich den Kopf zerbrochen, wie das mit den drei Personen sein kann, wenn es doch nur einen Gott gibt.

Lesch:

Gott Vater …

Vossenkuhl:

… den Sohn und den Heiligen Geist. Wie kann es denn sein, dass es drei Personen gibt und nur einen Gott, das war die Frage. Die aristotelische Kategorienlehre unterscheidet – und das hat in rudimentärer Form Augustinus gekannt – zwischen Substanzen und Akzidenzien. Da ist auf der einen Seite das Unzerstörbare, das Einfache, und auf der anderen die Akzidenzien, also das, was am Unzerstörbaren dran hängt, was nicht so sein muss, wie es ist und sich deswegen auch ändern kann.

Sagen wir mal, Du hast eine Substanz. An Dir dran hängt nicht die Brille, sondern Deine Hautfarbe, Dein Gewicht, Deine Größe, Dein Geschlecht. Das könnte alles anders sein und ist variabel. Deine Substanz aber ist unzerstörbar. Das ist die Seelensubstanz, die Dich unverwechselbar macht. Das erfreut Dich doch, oder?

Lesch:

Du siehst mich ausnahmsweise sprachlos.

Vossenkuhl:

Das Bewusstsein, dieses Zeitbewusstsein, ist ein Modell, um zu verstehen, wie die göttliche Person oder die Personen – die drei – als eine Substanz gedacht werden können. Augustinus sagt: Wir brauchen, um zu wissen, was Bewusstsein ist, diese drei Perspektiven, diese drei Relationen. Wir brauchen die *memoria*, also das, was Du gerade beschrieben hast, die Erinnerung, zeitlich nach hinten gewandt. Was wir zur Erkenntnis dessen, was jetzt da ist brauchen, ist der Intellekt (*intellectus*). Und wir brauchen den Willen, die *voluntas*, um uns auf die Zukunft auszurichten. Diese drei Grundelemente des Bewusstseins gehören zusammen. Mit einem allein können wir nichts anfangen. Und genau diese Erklärung des menschlichen Bewußtseins passt auf das Modell der drei göttlichen Personen, die in einem Gott vereint sind.

Lesch:

Könnte man die Erfahrung zur Erinnerung zählen?

Vossenkuhl:

Die Erfahrung gehört zur Erinnerung, ja.

Lesch:

Was mich als Physiker etwas sehr an den Kirchenvätern irritiert – allein schon weil sie eben Kirchenväter waren - ist diese völlige Abwendung von der Natur. Die Natur war kein Thema mehr. Das kam erst viel später wieder mit den Scholastikern. Bei Augustinus ist es der Mensch mit seinem Inneren und die Trinitätslehre. Das wird alles sehr theoretisch, anthropozentrisch und theologisch.

Vossenkuhl:

Erinnere Dich an die Zeit der Sophistik bis hin zu Sokrates. Da verschwand das Thema Natur eigentlich auch. Wir haben schon früher analoge Entwicklungen.

Aber noch einmal zu dieser *Trias*, diesem Drei in Einem. Was sich da neu bei Augustinus aufgetan hat, war die Möglichkeit, Gott als eine Substanz mit drei Personen zu denken, nämlich als Relation der drei Personen. So ähnlich wie *memoria*, *Intellekt* und *voluntas*. Das ist im frühen Mittelalter schon ein großer Schritt gewesen. Nach Augustinus sind diese Überlegungen ganz fundamental geworden.

Was die theoretische Herkunft angeht, kann man Augustinus noch als einen Mann der Spätantike verstehen. Plotin und der Neuplatonismus, die thematischen Ausblicke, die Augustinus intellektuell vorgegeben waren, reichen tief ins Mittelalter hinein, und noch darüber hinaus. Luther wäre, wenn ich das mal so ganz salopp sagen darf, ohne Augustinus, schwer vorstellbar.

Lesch:

Der war ja auch erst einmal Augustiner, nicht?

Vossenkuhl:

Genau. Beste Ordensschulung im Erfurter Augustinerkloster.

Lesch:

Was mich bei Augustinus beeindruckt, ist diese Konzentration, die in seinen Schriften zu finden ist. Er bilanziert, schaut zurück und fragt: Wie ist mein Leben gewesen, was ist alles mit mir passiert? Was musste alles passieren, damit ich endlich begriffen habe, worum es wirklich geht? Dann kommt er zum Punkt: Ich interessiere mich nur noch für Gott und die Seele. Wenn ich das schaffe, dann soll mir alles recht sein.

Das ist richtig stringent und zielgerichtet. Dieser ganz subjektive, meiner Ansicht nach fast schon existenzielle Zugang zur Philosophie und die Auseinandersetzung zwischen Vernunft und Glaube, die sich in diesem Mann abgespielt hat, die führt dann zu Erkenntnissen, die sehr modern sind.

Gegen diese Zeitstruktur, die er entworfen hat, kann man schwer was sagen. Man könnte natürlich jetzt anmerken, dass er die Zeitpfeile der Physik nicht kannte oder so etwas. Aber im Grunde genommen ist das für jeden Einzelnen von uns völlig unerheblich. Wie sich das Universum entwickelt, das ist zwar grundsätzlich interessant, aber für den Einzelnen nicht relevant. Das Wichtige sind genau diese drei Begriffe, von denen bei ihm die Rede ist.

Vossenkuhl:

Damit hat er viele Fragen gestellt, die letztlich auch bei ihm unbeantwortet blieben. Er war zum Beispiel der Ansicht, dass auf dem Hintergrund dieses Zeitverhältnisses, also des Bewusstseins als Zeitverhältnis oder des Verhältnisses der Zeiten, die Ewigkeit zu modellieren ist. Die Grundzeit aller Zeiten und zeitlichen Bewusstseinsgehalte ist die Ewigkeit. Diese – für uns etwas schwer begreifliche – Überzeugung hängt mit der Frage der Gnade zusammen und deswegen auch mit der Erbsünde.

Die Erbsünden-Lehre ist bei ihm ein großes Thema. Ihm war wohl nicht so ganz klar, wie die Erbsünde zu uns Menschen gekommen ist, wer wollte ihm das auch verdenken. Es gab eine Zeit, in der er meinte: Na ja, das wird wohl von der Mutter – nicht vom Vater, wohlgemerkt – an die Kinder weitergegeben. Eigentlich sind die Christen zwar mit der Taufe von der Erbsünde befreit. Die Taufe findet ja meistens früher als die Reproduktion in der Familie statt. Wie ist es dann aber denkbar, dass die Kinder von Getauften noch immer von der Erbsünde belastet sind und extra getauft werden müssen, um davon los zu kommen? Also, da sind so ein paar offene Fragen.

Dagegen hat er die Lehre von der *Prädestination*, von der Vorherbestimmtheit und mit ihr die Frage, ob wir bei Gott Gnade finden oder nicht, ganz entschieden entwickelt. Er war der festen Meinung, dass aus der Ewigkeitsperspektive, aus dieser eben genannten Grundperspektive, die eine göttliche Perspektive ist, alles so kommt und so kommen muss, wie's kommt. Wenn jemand der ewigen Verdammnis anheim fällt, dann kann er Gutes getan haben, wie er will, er ist unausweichlich dran.

Gleichzeitig betont Augustinus den freien Willen. Er war der Meinung, auch Gott kann, ohne dass er sich selbst widerspricht, nichts gegen den freien Willen haben, weil er selbst im Hinblick auf die Zeit, die wir erleben, einen freien Willen hat. Das sieht man schon beim Heilsgeschehen. Christus hatte als wahrer Gott und wahrer Mensch auch einen freien Willen, besonders bei seiner

Entscheidung, den Tod am Kreuz einzugehen und sich nicht von seinem Vater von den Leiden befreien zu lassen. So war eine der drei göttlichen Personen schon eine Evidenz für den freien Willen der Menschen.

Allerdings, nimmt man das alles zusammen, diese göttliche Ewigkeitsperspektive, dass alles vorherbestimmt ist und unsere Perspektive, wo nichts vorherbestimmt, sondern alles offen für den freien Willen ist, dann knarrt es theoretisch stark im Gebälk.

Lesch:

Dazu seine Vorstellung, dass der Mensch zwar Gutes wollen, es aber tatsächlich nicht erreichen kann. Er braucht dazu die Gnade Gottes, damit es was wird. Er kann zwar wollen, aber so richtig wird's erst durch die Gnade Gottes.

Vossenkuhl:

Ohne die Gnade ist auch intellektuell nichts los.

Das Verhältnis Glaube/Vernunft ist durch Papst Benedikt XVI. wieder sehr aktuell geworden. Auch er sagt eindeutig: Der Weg zum Wissen führt über den Glauben. Ohne den Glauben ist kein Wissen zu erringen. Den Glauben kriegen wir aber nur durch Gnade. Wir sind also davon abhängig, dass uns jemand das Türchen öffnet.

Das Interessante beim Thema Glauben, beim *credere*, ist die Wissenskonkurrenz. Wenn ich z.B. zu meiner Frau sage: ich glaube, es ist zehn Uhr, dann sagt sie: Glauben heißt, nicht wissen! Das ist die Stelle bei Kant, die sich meine Frau gemerkt hat, um mir eins auszuwischen.

Bei Augustinus ist es genau umgekehrt. Das Wissen ist ohne Glauben gar nicht denkbar. In der Hinsicht neige ich stark zu Augustinus. Denn was immer Glauben heißt, es ist das sich Öffnen für eine Möglichkeit, etwas verstehen zu können. Erst einmal muss ich dieses Tor selber aufmachen. Wenn mir die Gnade gegeben ist, dann muss ich selber noch ein Türchen aufmachen. Denn sonst läuft intellektuell gar nichts.

Lesch:

Auf jeden Fall haben wir mit Augustinus das erste Beispiel aus dem frühen Mittelalter, dass es eben ohne Philosophie doch nicht geht. Der Mensch strebt nicht nur nach Erlösung, sondern er strebt auch nach Wissen. Das ist sozusagen der Apfel vom Baum der Erkenntnis, der immer noch in uns allen drin streckt.

Der steckte auch in denjenigen, die vor 1.500 Jahren oder 1.600 Jahren wieder angefangen haben, angesichts der Herausforderungen durch eine Offenbarungs-Religion, das Christentum, eine neue Philosophie zu entwickeln.

Auch wenn man glaubt, sollte man sein Hirn jedenfalls nicht ausschalten.

Anselm v. Canterbury

Anselm von Canterbury (1033 - 1109 n. Chr.) und sein Gottesbeweis

Lesch:

Im Jahre 1033 wird in Oberitalien ein Mann geboren, der als Anselm von Canterbury in die Geschichte der Philosophie eingegangen ist. Zu ihm fällt mir sofort ein Bild ein, das der damalige Kardinal Ratzinger, später Papst Benedikt XVI., in seinem Buch „Einführung ins Christentum" skizziert hat. Er geht davon aus, dass alle Menschen einen Abgrund überqueren müssen. Der Gläubige, der sich fragt: Ist denn was dran an meinem Glauben? Ebenso wie der Ungläubige, dessen Zweifel ihm einflüstern: Ist denn was dran an meinem Unglauben? In beiden Fällen tut sich ein Abgrund auf.

Anselm von Canterbury hat versucht, über diesen gähnenden Schlund des Zweifels zumindest eine Hängebrücke zu bauen. Wie sich herausstellt, eine Brücke, die ganz schön schwankt. Erschwerend kommt hinzu, dass jeder Mensch sich seine ureigene Brücke selbst bauen muss. Und dann muss er da auch noch drüber.

War das ein guter Anfang, Willi?

Vossenkuhl:

Perfekt. Eigentlich können wir jetzt schon wieder aufhören.

Du hast ein schönes Bild gebracht, mit dieser „Baukasten-Brücke", die jeder von uns selbst zusammenbasteln muss. Damit hast Du eine gute Metapher ins Gespräch gebracht.

Aber könnte man nicht, wenn man faul ist, einfach auf der einen Seite der Schicht stehen bleiben? Was zwingt den Sterblichen auf die andere Seite?

Lesch:

Es ist ein bisschen so wie in Michael Endes „Die Unendliche Geschichte". Dieser Abgrund kommt auf einen zu. Man bewegt sich gar nicht selbst. Diese Ur-Frage im Leben eines jeden Menschen: Wenn ich an Gott glaube, ist an diesem Glauben etwas dran? Vielleicht gibt's diesen Gott gar nicht.

Auch für den Ungläubigen stellt sich diese Frage – nur negativ: Ist denn was dran, wenn ich nicht an Gott glaube? Vielleicht gibt es ihn doch? Diese Zweifel, die Auseinandersetzung zwischen Vernunft und Glauben.

Anselm hat einen ganz interessanten Ansatz gewählt.

Aber kommen wir erst einmal zu seinem Leben.

Vossenkuhl:

Er ist in Aosta, im Westen von Norditalien, zur Welt gekommen. Sein Vater war aus einem langobardischen Adelsgeschlecht, die Mutter hatte ebenfalls blaues Blut. Das war schon gehobener Adel, so ab Graf aufwärts. Der Vater hatte neben seinem Titel auch sonst einiges geerbt. Als Draufgänger und Lebemann brachte er sein Vermögen allerdings schnell durch. Die Mutter war auch sehr vermögend und hat versucht, das Schiff der Familie über Wasser zu halten.

Das ging nicht lange gut. Sie starb früh. Der junge Anselm strebte nun ins Kloster. Er wollte Geistlicher werden. Das hat dem Vater überhaupt nicht gefallen. Die Meinungsverschiedenheiten zwischen Vater und Sohn führten dann dazu, dass der Junge irgendwann abgehauen ist. Wir sehen auch hier eine bewegte Jugend. Er wurde dann Benediktiner. Seine Haupterziehung genoss er im Kloster Le Bec in der Normandie. Dessen berühmter Abt Lanfranc hatte ihn angezogen.

Lesch:

Anselm ist also von Oberitalien bis in die Normandie marschiert. Das ist ja nicht um die Ecke. Das Ganze per pedes auf unsicheren Pfaden.

Vossenkuhl:

Es gab ein paar Stationen dazwischen, aber irgendwann ist er dann wohl im Norden Frankreichs gelandet. Da wirkte eben jener

Lanfranc, sein großes Lebensvorbild, der später auch Erzbischof von Canterbury geworden ist. Die Zeitläufe waren in der Tat sehr bewegt. Der Normanne Wilhelm II. beschäftigte sich mit seinem Heer damit, England zu erobern - was ihm auch gelang.

Lesch:

1066, die Schlacht bei Hastings.

Vossenkuhl:

Wilhelm II. war ein schwieriger Typ, und er brauchte viel Geld für seine Unternehmungen. Da kam ihm kirchlicher Besitz gerade recht. Sein begehrlicher Blick richtete sich auf das Erzbistum mit Sitz in Canterbury, das bedeutendste Bistum Englands in der damaligen Zeit. Wilhelm II. brach den ersten Investiturstreit vom Zaun, eine brisante Angelegenheit mit Ausstrahlung auch in das Heilige Römische Reich deutscher Nation.

Lesch:

Der Papst stellte sich gegen die weltlichen Fürsten, Kaiser und Könige. Die Frage war: Wer darf die Bischöfe ernennen und wer bekommt somit die Pfründe?

Vossenkuhl:

Das war die Frage. Wilhelm II. wollte, dass die Bischöfe einen Lehenseid auf ihn leisten und damit mehr oder minder zugeben sollten, dass das Land dem König gehört und die Kirche es nur als Lehen bekommt. Damit verdrehte er bewusst das geltende Recht. Besitz und Anspruch gehörten der Kirche. Die hatte das unter den damaligen Bedingungen legal erworben.

Lesch:

Ganz kurze, praktische Frage. Unser Mann kommt aus Italien, lebt als Benediktiner in der Normandie und geht dann nach England. Wie hat der sich verständigt, wie hat man zu dieser Zeit in seinen Kreisen gesprochen?

Vossenkuhl:

Lateinisch.

Die Sprache war die „lingua franca“, das Englisch der damaligen Zeit.

Lesch:

Wenn man sich das vorstellt: Da kommt ein Italiener und wird dann in England als Bischof von Canterbury das Oberhaupt der dortigen Kirche. Das ist schon was. Und dann muss er sich mit einem König herumschlagen, der ihm dauernd Amt, Macht und Würden streitig macht.

Vossenkuhl:

Und zwar ständig. Wilhelm II. war hartnäckig und bissig. Jeder Versuch, die Wogen zu glätten, ist von diesem König immer wieder konterkariert worden, eigentlich bis zu seinem Tod. Sein Nachfolger, Heinrich I., machte in diesem Stil weiter. Anselm hatte bei ihm allerdings den Vorteil, dass er sich mit dessen Ehefrau, der schottischen Prinzessin Mathilde, sehr gut verstanden hat. Die war sehr fromm und hat immer vermittelt.

Das dauernde Gezerre durch gleich zwei Könige hat Anselm als zwangsweiser Erzbischof von Canterbury auch gesundheitlich geschadet. Trotzdem ist er mit 76 Jahren genauso alt wie Augustinus geworden.

Lesch:

Zu Lebzeiten hat Anselm auch etwas niedergeschrieben. Seine berühmtesten Beiträge sind zwei Werke: das *Monologion*, also ein Selbstgespräch, und das *Proslogion*, in dem sein berühmter Gottesbeweis steht. Da frage ich mich: Wie kann es sein, dass ein Amtsvertreter einer Kirche sich genötigt fühlt, Gott zu beweisen? Was hat er denn da geschrieben?

Vossenkuhl:

Er hat unmittelbar an Augustinus angeschlossen. Er hat dessen Themen einfach weitergeführt.

Lesch:

Das ist überraschend. Seit Augustinus sind über 450 Jahre vergangen. Da finde einer erst einmal den Anschluss.

Vossenkuhl:

Neben den bereits genannten Werken hat Anselm mehrere Dialoge geschrieben. Einen sehr wichtigen über den freien Willen. Der schließt am besten an Augustinus an. Der hatte ja auch schon über die Willensfreiheit geschrieben. Anselm hat das Thema in einem Dialog behandelt.

Über die Wahrheit hat er auch geschrieben. Ebenso etwas, womit sich auch Augustinus beschäftigt hatte. Der war für Anselm auch die sprudelnde Quelle des neuplatonischen Denkens.

Lesch:

Also wieder jemand, der der Philosophie einen hohen Rang zugebilligt hat, weil er der Meinung gewesen ist, dass Vernunft und Glaube miteinander auskommen müssen. Das habe ich am Anfang ganz vergessen: Anselm von Canterbury gilt als Vater der Scholastik.

Vossenkuhl:

So ist es.

Lesch:

Anselm von Canterbury ist der Vater der Scholastik, der schulmäßig betriebenen Philosophie. Wobei *Scola* nicht nur Schule heißt, sondern auch Muße und wissenschaftlicher Vortrag.

Er ist jemand, der eine ganz neue Denkrichtung in der Philosophie auf den Weg gebracht hat.

Vossenkuhl:

Ich habe ein paar Mal auf Augustinus hingewiesen. Er war der Ansicht, dass Gott die Wahrheit ist, die eine und nur die. Er ist das Sein schlechthin, das höchste Sein, das höchste Gute.

All das findet sich bei Anselm wieder. Daraus ergibt sich ein ganz anderer Begriff von Wahrheit, als wir ihn heute haben oder auch wie er in der Antike gedacht worden ist. Da schreibt Anselm in einem Dialog zwischen Lehrer und Schüler über die Wahrheit:

„*Auch beim Handeln muss man Wahrheit annehmen, denn der Herr sagt, wer schlecht handelt, hasst das Licht, wer die Wahrheit tut, kommt zum Licht. Wenn Falschhandeln und die Wahrheit tun Gegensätze sind, wie dies aus jener Stelle hervorgeht, so ist Guthandeln und die Wahrheit tun dasselbe*."

Das ist etwas, was uns heute natürlich ganz schwer in den Kopf geht. Aber es ist wichtig zu sehen, dass für ihn Wahrheit eben nicht nur die gedachte oder gesagte, sondern auch die getane Wahrheit ist. Eine Entsprechung gibt es nicht nur bei Augustinus, sondern vor allem auch im Johannes-Evangelium, in dem diese Passage fast wörtlich auftaucht.

Wir haben es also mit einem neuplatonisch, neutestamentlichen Kombinat von Gedanken zu tun. Die werden im ersten Text, den Du genannt hast, dem *Monologion*, schon benutzt, um die Existenz Gottes durch Denken verständlich zu machen. Das Wort Beweis, das Du benutzt hast, darf man nicht in unserem modernen Sinne ...

Lesch:

... also nicht juristisch verstehen...

Vossenkuhl:

Auch nicht mathematisch, sondern logisch. Vor allem dem zweiten, dem Anselm'schen Argument kann man eine logische Form geben. Für ihn war es eine Vergewisserung, eine vernünftige Vergewisserung der Existenz Gottes für den Gläubigen.

Er sagte: Nur für den Gläubigen wird dieses Argument völlig überzeugend sein. Der, der nicht glaubt, der wird danach wohl immer noch nicht glauben, aber er wird vielleicht einsehen, dass er ein Problem hat.

Du hast Papst Benedikt, ehemals Professor Ratzinger, bei der Vorstellung Deines Bildes von der Überquerung des Abgrunds zitiert. Das passt hier. Vielleicht bekommt so, angesichts des Beweises, der Ungläubige einmal eine Vorstellung von diesem Abgrund, wenn er nicht schon selbst drüber gehen will.

Lesch:

Das hat ja auch etwas mit der Methodik zu tun, die sich in der Scholastik entwickelt hat, ein Für und Wider zu diskutieren. Was ist denn das Für, was ist das Wider? So ist es dann auch als Argument ganz praktisch in einer Auseinandersetzung zu verwenden.

Vossenkuhl:

Das, was er sagt, kann man im *Monologion* relativ knapp und kurz wiederholen. Es ist eigentlich ein platonischer Gedanke. Es geht um die Teilhabe am Sein. Wenn Gott das Sein ist, dann haben wir auch Anteil am Sein - zwar nicht viel, aber ein bisschen. Wir werden geboren, vergehen wieder, also zumindest als Körper. Dann – so dürfen wir nach Anselm annehmen - ist unsere Existenz nur sinnvoll, wenn man Gottes Existenz annimmt. Die steht quasi im Hintergrund unserer eigenen.

Lesch:

Wir sind keine größere Form von Sein.

Vossenkuhl:

Wir sind ein ganz kleines Teilchen von dem großen Sein Gottes. Wenn wir die Wahrheit sagen, dann nehmen wir auch teil an der Wahrheit, ebenso wenn wir die Wahrheit tun. Du findest da die ganzen Analogien, die letztlich auf dem platonischen Untergrund stehen, der besagt, dass Sein immer Gutsein heißt.

Lesch:

Sein heißt Gutsein. Liebe Leser, merken Sie sich das. Das ist wichtig, damit Sie gleich den ontologischen Gottesbeweis von Anselm richtig im Großhirn einordnen können.

Sein heißt Gutsein.

Vossenkuhl:

Die moderne Trennung zwischen Sein und Sollen wäre für ihn völlig absurd gewesen. Sehr interessant ist dann auch das im *Proslogion* entwickelte Argument, das später ‚ontologischer Gottesbeweis' genannt wurde, abgeleitet von *ontos*, Sein und *logos*, Lehre oder Argument, also den Seins-logischen Gottesbeweis. Das Argument ist originär von Anselm und so vorher noch von keinem anderen gedacht, zumindest nicht niedergeschrieben worden.

Das Argument hat den Charakter eines indirekten Beweises. Beim indirekten Beweis wird etwas als Prämisse angenommen, was am Ende des Arguments zu einem Widerspruch führt. Das funktioniert so: Ich behaupte zuerst einmal, dass dies und das nicht der Fall ist. Am Schluss des Arguments stellt sich aber etwas Widersprüchliches heraus: Es ist und es ist nicht. Dann kann etwas nicht stimmen, dann ist die Behauptung, mit der ich anfing, offenbar falsch gewesen. So ähnlich funktioniert das.

Anselm beginnt mit einem Zitat, mit dem Psalm 53: „*Der Tor spricht in seinem Herzen, es gibt keinen Gott.*" Das ist also die Behauptung am Anfang, die Prämisse des Arguments. Das soll ad absurdum geführt werden. Denke an Deinen Abgrund und die Brücke.

Lesch:

Jawohl, alles klar.

Vossenkuhl:

Derjenige, der glaubt oder nicht glaubt, steht also an diesem Punkt. Er baut sich jetzt diese Brücke. Gut. Was macht Anselm? Sehr raffiniert nimmt er einen Begriff Gottes an. Also er definiert ‚Gott'.

Gott, sagt er, sei das worüber hinaus nichts Größeres gedacht werden kann (quo maius cogitari non potest). Das ist Gott. Es ist eine Art dynamischer Begriff, den Anselm da vorschlägt. Man kann sagen, Gott ist vielleicht unendlich, aber immer mehr als das, was wir uns ausdenken können.

Lesch:

Also Unendlich plus Eins.

Da ist immer noch eins mehr, egal, wo du hinkommst. Es ist eine asymptotische niemals erreichbare Lösung.

Vossenkuhl:

Damit fängt Anselm also an. Was macht jetzt der Tor? Was passiert, wenn der Tor in seinem Herzen spricht: Es gibt keinen Gott? Dann heißt es wohl: Es gibt nichts, was dieser Definition entspricht. Also das, worüber hinaus nichts Größeres gedacht werden kann, gibt's nicht.

Dann sagt Anselm: Na ja, wenn der Tor verstanden hat, was es da nicht geben soll, dann hat er ja den Begriff über den hinaus nichts Größeres gedacht werden kann, schon in seinem Denken.

Lesch:

Gut.

Vossenkuhl:

Was heißt es aber, dass dieser Begriff in seinem Denken ist?

Lesch:

Es gibt ihn schon.

Vossenkuhl:

Ja. Aber nicht so schnell.

Lesch:

Das ist doch knallharter Begriffsrealismus.

Vossenkuhl:

Nicht so schnell. Erst einmal: Was heißt es, wenn ein Begriff dieser Art im Denken ist? Das heißt, wenn er in dem Denken ist, kann er nicht nur im Denken drin sein, sondern er muss über das Denken hinaus gehen. Also kann er nicht nur einfach nur gedacht sein.

Das, worüber hinaus nichts Größeres gedacht werden kann, heißt, es gibt das, worüber hinaus nichts Größeres gedacht werden kann, weil es größer ist als das, was ich denken kann. Ich denke also, es ist größer als das, was ich denken kann.

Aber wir müssen den Beweis zu Ende führen.

Der Tor hat also in seinem Kopf etwas negiert, was er gar nicht negieren kann. Es geht über das hinaus, was er denken kann. Und das geht natürlich nicht. Er müsste jetzt eigentlich zugeben, dass das, was er gerade gedacht hat, über das hinaus geht, was er denkt, oder er hat es nicht gedacht und dann war es auch nicht in seinem Denken. Dann hätte er also den Begriff Gottes sowohl gedacht, als auch nicht gedacht, ein Widerspruch!

Das heißt glasklar: Am Ende gibt es etwas, worüber hinaus nichts Größeres gedacht werden kann. Und wenn der Tor also behauptet, dass es das nicht gibt, dann verfängt er sich wohl oder übel in einem Widerspruch. Für den Tor ist das quasi ein Eigentor, das passt auch. Damit hat Anselm den Widerspruch dargestellt und das Argument, das der Tor vorgebracht hat, ist falsch.

Lesch:

Anselm zieht eigentlich diese ganz klassisch-scholastische Methode durch. Ein Ansatz wird so formuliert, dass der Gesprächsgegner garantiert daran hängen bleibt und sich in seinen eigenen Argumenten derartig verheddert, bis er zugeben muss, dass er Unrecht hat.

Vossenkuhl:

So ist es. Jetzt haben wir erst einmal diese Hürde genommen.

Lesch:

Das ist ja eine ganz hinterhältige Variante.

Vossenkuhl:

Wenn ein wendiger Italiener ins feuchtkalte England kommt, dann passiert das schon einmal. Man sieht daran, dass Anselm ein sehr scharfsinniger Typ gewesen ist. Mit diesem Gedankengang beginnen aber die Probleme erst. Man fragt sich natürlich: Ja, ist man denn eigentlich gezwungen dieses Argument zu akzeptieren?

Lesch:

Von Anfang an...

Vossenkuhl:

...an Gott zu glauben? Nein. Das hat nicht einmal Anselm angenommen.

Lesch:

Lass mich noch eines fragen. Es wird ja gerne so getan, als wenn Anselm mit diesem Argument versuchen würde, Gott zu beweisen, wobei es dann auch noch um das Sein geht. Ist das Größte, was gedacht werden kann, nur dann das Größte, wenn es auch tatsächlich ist?

Vossenkuhl:

Was immer dieses *quo maius cogitari non potest* ist, also das worüber hinaus nichts Größeres gedacht werden kann. Was immer das sein mag, weiß man natürlich nicht. Gott kann man nicht wissen. Dessen Existenz ist vollkommener als der bloße Gedanke.

Das steckt hinter dieser Differenz zwischen bloßem Gedachtsein und Wirklichsein. Das ganze Argument funktioniert nur, wenn man – mit dem Neuplatonismus - akzeptiert, dass die Existenz perfekter, vollkommener ist als die Nicht-Existenz. Soweit klar?

Lesch:

Jawohl.

Vossenkuhl:

Der Gedanke an Dich ist weniger vollkommen als Du in Deiner wahren Existenz.

Lesch:

Das gilt auch für Dich.

Vossenkuhl:

Danke.

Lesch:

Bitte.

Vossenkuhl:

Das freut mich. Zumindest würde uns das schon einmal einleuchten. Da findet sich der neuplatonische Hintergrund, der eben darin besteht, dass man erst mal akzeptiert, ungefragt, dass Existenz immer vollkommener ist als Nicht-Existenz oder bloßes Gedachtsein. Sonst funktioniert das nicht mit diesem „über das Denken hinaus". Dann kann der Tor immer sagen: Was willste eigentlich, ich hab's ja gedacht. Wenn das wegfällt, wenn diese Annahme, dass Existenz vollkommener ist als bloßes Gedachtsein entfiele, dann würde der ganze Beweis in der Luft hängen und das ganze Argument nicht mehr schlüssig sein.

Lesch:

Richtig.

Vossenkuhl:

Genau das hat dann später Immanuel Kant mit dem Argument gemacht. Er hat gesagt: Der Begriff der fünf Taler, sein Inhalt also, wird nicht dadurch verändert, ob die fünf Taler jetzt existieren oder nicht existieren. Der Begriff ist von der Existenz dessen, was mit ihm bezeichnet wird, inhaltlich unabhängig. Und Kant sagt weiter: Der Begriff Gottes mit seinen Prädikaten der Allmacht, Allwissenheit usw. ist völlig unabhängig davon, ob es Gott gibt.

Lesch:

...davon, ob er ist oder nicht.

Vossenkuhl:

Genau. Unabhängig von der Existenz. Da siehst Du überdeutlich, wie sich die Lage völlig verändert, wenn ich eine einzige Voraussetzung nicht mehr akzeptiere und einfach streiche.

Lesch:

Was wir hier wieder vor uns haben, ist wie in der gesamten mittelalterlichen Philosophie diese top-down-Vorstellung. Alles regnet auf uns herunter und wir können eigentlich nur mit unglaublichen Hilfsmitteln, die teilweise doch sehr instabil sind, versuchen, eine Ahnung von diesen Seins-Ebenen bis hin zur vollkommensten Seins-Ebene zu bekommen.

Der Anselm war ja durchaus ein Mann, der innerhalb der Kirche zu reüssieren wusste. In dem Kloster in der Normandie war er nicht nur irgendein Mönch, sondern er ist schnell aufgestiegen. Er war der Boss der Bosse in Le Bec. Seine Qualitäten ebneten dann wohl auch seinen Weg zum Job des Erzbischofs in Canterbury.

Weiß man etwas darüber, wie Anselm es eigentlich geschafft hat, auf der einen Seite solche scholastischen, ich will mal sagen Tricks zu entwickeln, um sich in einer Art neuer Dialektik damit auseinanderzusetzen, wie man auf die Ungläubigen zugeht?

Es ist ja immer noch die Zeit, in der Teile von Europa missioniert werden. Da sind solche Argumente wie er sie bringt, doch hoch willkommen für jeden Missionar. Keiner, der nicht einigermaßen geschult war, kann gegen den ontologischen Gottesbeweis von Anselm etwas vorbringen. Dass Gott etwas sei, das worüber hinaus nichts Größeres gedacht werden kann – das ist ja selbst für einen Ungläubigen zwingend. Dagegen ist erst einmal kein Kraut gewachsen.

Vossenkuhl:

Es ist schon ein richtiger Knaller.

Es gibt eine sehr gute Dissertation, die von einem jungen Kollegen in München über Anselms Argument geschrieben wurde. Der hat eine absolut perfekte, saubere, formal-logische Analyse dieses Arguments gemacht und gezeigt: Logisch stimmt alles. Wenn man das liest, ist man schon berührt. Aber es kommt halt auf die Begriffsinhalte an, um die es geht.

Es war wieder einmal eine Zeit, in der es drunter und drüber ging. Der Versuch etwas als absolut zu setzen und damit etwas aus diesem Wirrwarr heraus zu heben, das steht als ein ganz starkes Bedürfnis im Hintergrund.

Wenn man sagt: Gott ist das Sein oder das höchste Gute oder ähnliches, dann nimmt man Gott ja aus diesem ganzen weltlichen Getriebe heraus. Das ist natürlich nicht der Gott von Abraham,

Isaac und Jacob, sondern es ist einfach die Gott-Idee, der Begriff Gottes.

Das erweist sich aber auch wieder als Nachteil. Man hat einerseits für den Intellektuellen ein perfektes Argument, das schwer zu widerlegen ist, wenn man die Voraussetzungen akzeptiert. Auf der anderen Seite hatte man etwas geschaffen, was dem gemeinen Volk nicht mitzuteilen war. Denn was sollte der einfache Gläubige damit anfangen?

Lesch:

Richtig. Für das Schaf in der Herde war Anselms Hirtenwort wohl etwas zu sperrig.

Vossenkuhl:

Das ist die Kehrseite der Medaille. Aber obwohl wiederum ein halbes Jahrtausend zwischen Augustinus und Anselm liegt, gibt es eine gerade, durchgehende geistige Straße als Verbindung zwischen beiden. Und diese Straße lässt sich auf eine einzige Formel bringen, im Lateinischen: *fides quaerens intellectum* – der Glaube sucht nach vernünftiger Erklärung. Glaube und Vernunft sind kein Gegensatz.

Lesch:

Klingt ganz aktuell.

Vossenkuhl:

Das eine ist mit dem anderen verschweißt. Du kannst ohne den Glauben eigentlich nichts wissen. Der Glaube selbst ist eine intellektuelle Erscheinung. Denn man kann nicht glauben, wenn man doof ist oder nichts weiß. Nur ein vernunftbegabtes Wesen kann überhaupt glauben. Beides passt nicht nur zusammen, sondern ergänzt sich bestens wechsel- und gegenseitig. Ich glaube, das ist die eigentliche Botschaft.

Lesch:

Richtig. Grundsätzlich bin ich sehr beeindruckt von diesem Argument von Anselm, auch wenn es hinterher in vielerlei

Hinsicht richtig hart kritisiert worden ist.

Er hat es auf den Punkt gebracht. Diese beiden Polaritäten des menschlichen Daseins. Diese Erkenntnismaschine in unserem Kopf auf der einen Seite und auf der anderen Seite dieses Verlangen danach, dass es da mehr gibt als das, was um uns herum empirisch erfassbar ist.

Vossenkuhl:

So ist es.

Lesch:

Zwischen diesen beiden Polen sind wir ständig hin und her gerissen. Anselm von Canterbury hat versucht - wie ich finde, ganz genial - diese beiden Dinge zu verbinden. Nicht starr, sondern sehr dynamisch und eigentlich sehr menschlich.

Vossenkuhl:

Wenn wir das als die Quintessenz des Denkens vom Vater der Scholastik nehmen – *fides quaerens intellectum* – dann ist das die Eröffnung einer modernen Vorstellung von Glauben. Weit entfernt von der bloßen Akzeptanz und der Übernahme von irgendwelchen Inhalten, die geoffenbart sind, die aber keiner versteht.

Nein, der Grips, der menschliche Intellekt, der muss da beteiligt sein. Das Licht der Vernunft kann sich nicht vom Licht des Glaubens unterscheiden.

Das ist das Sprungbrett, das schon Augustinus vorbereitet hat hinein in die Moderne des wissenschaftlichen Verhältnisses von Glaube und Vernunft.

Hochscholastik – Albertus Magnus (1193 - 1280) und Thomas von Aquin (1224 - 1274)

Albertus Magnus

Thomas von Aquin

Lesch:

Die Hochscholastik ist sicher der Höhepunkt des christlichen Mittelalters. Aber bevor wir dazu kommen, müssen wir uns vor Augen führen, wann und wo es angefangen hat. Wir blenden zurück zu den muslimischen Arabern. Die haben etwas über Nordafrika nach Europa, ins Abendland, hineingetragen, was lange Zeit als verschollen galt und vielen im christlichen Okzident gar nicht bekannt war: Die Schriften des Aristoteles.

Zunächst reden wir über einen Mann: Abu'l-Walid Muhammad bin Ahmad bin Rushd al-hafid, kurz: Ibn Rushd oder besser bekannt als Averroes, 1126 in Cordoba geboren und 1198 in Marrakesch verstorben. Vater und Großvater waren Kadi, Richter. Averroes ist vor allen Dingen als der große Kommentator der Schriften des Aristoteles in die Geschichte der Philosophie eingegangen. Nur weil dieser Mann solch fundierte Kommentare über die aristotelischen Schriften verfasst hat, kam es überhaupt zum Höhepunkt der Scholastik im christlichen Mittelalter.

Vossenkuhl:

Ohne diesen Averroes oder Ibn Rushd könnte man sich Albertus Magnus und natürlich unseren großen Helden Thomas von Aquin schwer vorstellen. Es gab zwar hundert Jahre vor Averroes schon andere arabische Philosophen, die sich auch mit Neuplatonismus und Aristoteles beschäftigt hatten, aber Averroes war der wichtigste Kommentator vor Thomas.

Lesch:

Wieso gab's eigentlich keine Übersetzungen von Aristoteles? Ich meine, die griechische Philosophie ist doch nach Rom getragen worden, Rom war ja das Zentrum des christlichen Mittelalters, der Königshof der Kirche. Warum gab es keine Übersetzung von Aristoteles ins Lateinische? Du hast da eine eigene These, nicht?

Vossenkuhl:

Die gebildeten Römer haben alle griechisch gesprochen, deswegen brauchten sie es nicht ins Lateinische zu übersetzen. Das liegt für mich sehr nahe.

Lesch:

Klingt einleuchtend.

Vossenkuhl:

Wir haben schon über Cicero gesprochen. Er hat alles, was es im griechischen Original gab, gekannt. Das war damals noch nicht sehr viel. Ich nehme einmal an, dass die Aristoteles-Schriften, die in Alexandria, in dieser riesigen Bibliothek gesammelt waren, erst auf Wanderschaft nach Bagdad gingen. Unter den Kalifen, also schon in muslimischer Zeit, gab´s da ein großes Übersetzerbüro. Mit den vorrückenden Kriegern Allahs wanderten die ins Arabisch übersetzten Texte dann nach Spanien.

Lesch:

Also mit dem Siegeszug des Islam.

Vossenkuhl:

Ich glaube, dass die Originale, die wichtigsten Schriften auf diesem Weg überhaupt erst zugänglich wurden. Anders kann ich mir das nicht vorstellen. Aber möglicherweise stimmt meine Version, dass die gebildeten Römer halt einfach Griechisch konnten und es deswegen keine lateinischen Übersetzungen gab. Ich bin mir auch ziemlich sicher, dass den Römern nicht sehr viele Schriften im Original zur Verfügung standen.

Lesch:

Ich halte die These schon für plausibel. Heutzutage ist die *Lingua franca* ja Englisch. Da werden etliche Bücher gar nicht mehr in anderen Sprachen veröffentlicht. Weil alle, die mit dem gewissen Thema zu tun haben, Englisch sprechen.

Hat denn der Averroes eigene, philosophische Ideen gehabt oder hat er im Wesentlichen nur Vorhandenes kommentiert?

Vossenkuhl:

Angestoßen von Aristoteles hat er sich natürlich Gedanken gemacht über das, was Sein heißt und wie die Welt zustande gekommen sein könnte. Für ihn gab es, ganz im aristotelischen Sinn, einen ersten Beweger. Den nannte er auch ‚Gott'. Dieser erste Beweger ist selber ewig und hat die Welt geschaffen. Mit ihm ist auch die Schöpfung ewig.

Er hat Aristoteles ein bisschen eigenwillig interpretiert, was ihm von Thomas auch angekreidet wurde. Der Mensch habe keine eigene substantielle Seele und keine persönliche Unsterblichkeit, es gebe nur die Unsterblichkeit einer Menschheitsseele. Man nannte das später ‚Monopsychismus'. Das hat Thomas schon aus theologischen Gründen nicht gefallen können.

Lesch:

Das war ja ein schwerer Affront für die Christen! Um Gottes willen! Das war ja Ketzerei!

Vossenkuhl:

Das war einer der Gründe, warum Averroes mehrmals im 13. Jahrhundert auf den Index der Glaubenshüter in Rom kam und verboten wurde. Lange waren auch alle als Averroisten verdächtig, die auch nur entfernt wie er dachten.

An dem Grund für jenes Verbot nahmen Albert der Große und Thomas von Aquin Anstoß, nämlich an dem monistischen Verständnis der Seele, an dem Monopsychismus – schrecklicher Ausdruck. Diese Lehre hat großen Anstoß erregt und konnte natürlich in der christlichen Tradition nicht akzeptiert werden. Ich bin aber fast sicher, dass das auch bei den Muslimen nicht überall Anklang gefunden hat.

Lesch:

Am Ende seines Lebens ist er dann wohl aus Spanien verbannt worden. Mit seiner Auslegung des Glaubens war die Obrigkeit nicht einverstanden. Er starb in Marrakesch. Ein außerordentlich gebildeter Mann. Der hatte alles Mögliche studiert, wie das früher so üblich war. Er war auch noch Richter. Aber irgendwann ist er offenbar mit der obersten muslimischen Glaubensinstanz aneinander geraten.

Vossenkuhl:

Nun wenden wir uns Einem zu, dem das nicht passierte: Albert dem Großen. Er ist der einzige Philosoph, der diesen Ehrennamen bekommen hat: Albertus Magnus. Ein richtig großer, bedeutender Mann. Unglaublich einflussreich. Auch praktisch veranlagt.

Geboren wurde er in einem Städtchen namens Lauingen an der Donau. Schon damals hat man dort Tuche hergestellt.

Wahrscheinlich stammte er aus einer Bürgersfamilie oder aus dem niederen staufischen Dienstadel. Die Familie war wohlhabend genug, um ihm ein langes Studium zu ermöglichen. Vor allem in Padua. Eine Universität, die erst ein gutes Menschenalter vorher um 1220 gegründet worden war, die zweitälteste Universität der Welt – nach Bologna. In Paris hat er dann nach weiteren Studien den Magister gemacht. Damals war das die Pforte, der Einlass zur Lehrtätigkeit. Er wurde dann einer der einflussreichsten Lehrer in Paris und wechselte später nach Köln. Am Ende war er Bischof in Regensburg.

Lesch:

Albertus Magnus gilt ja als der *doktor universalis*. Eine wandelnde Enzyklopädie. Der Mann muss buchstäblich viel gelaufen sein auf seinen Reisen durch Europa. Es gab noch keine Bahn und keine Autos.

Für mich als Physiker ist er insofern ein besonderer Mann, weil er zum ersten Mal ganz deutlich gemacht hat, dass es die empirischen Wissenschaften gibt. Er war selbst ein großer Könner sowohl in Biologie als auch in Chemie. Er hat physikalische Experimente und Naturbeobachtungen gemacht. Er hat ganz klar gesagt: Es gibt ein Recht für diese Wissenschaft! Das hat mit den theologischen Wahrheiten überhaupt nichts zu tun. Im Gegenteil: Wenn ich mir die Natur anschaue, dann brauche ich keine Theologie. Ich brauche keine Wunder. Die Dinge müssen nur ordentlich erklärt werden.

So hat er auch das Buch von den Ursachen geschrieben: „Liber de causis". Das in einer Zeit, wo die Kirche versucht hat, alles an sich zu reißen. Nicht nur die Erklärungsmacht, sondern auch die weltliche Macht über Kaiser und Könige.

Vossenkuhl:

Einer meiner Vorgänger auf dem Philosophie-Lehrstuhl der LMU hat gemeint, wenn das, was Albertus Magnus gemacht hat - gerade im experimentellen Bereich - wenn das ernst genommen und weitergeführt worden wäre, hätte man sich dreihundert Jahre Entwicklungsgeschichte sparen können. Aber es hat halt niemand weitergemacht.

Lesch:

Komisch.

Vossenkuhl:

Ja, sehr komisch. Da waren wohl höhere Mächte am Werk.

Viele Anregungen hat der große Albert von Aristoteles bekommen. Und er hat auch sehr viel von Averroes gelernt. Der Aristoteles-Kommentar von Averroes, das war die Quelle der Behandlung der metaphysischen Grundprobleme. Das war die Bibel der damaligen Aristoteles-Forscher. Man hätte gar nicht gewusst, was man metaphysisch eigentlich zu denken hat, etwa über das Sein oder über die Ursachen und die Kategorien, wenn man diese Vermittlung nicht gehabt hätte. Dabei hat es drei

Aristoteles-Verbote gegeben, 1231, 1245 und 1263. Erst 1266 wurde das Aristoteles-Studium freigegeben.

Lesch:

Aber wieso ist Aristoteles so eine wichtige Quelle gewesen? Hätte man sich nicht schon mit Platon zufrieden geben können? War der nicht vollständig genug, nicht rund genug für das philosophische Bild?

Vossenkuhl:

Das ist eine gute Frage. Tatsächlich war es ja so, dass die neuplatonische Tradition über Augustinus vielen Gelehrten immer vor Augen stand und enormen Einfluss ausübte.

Lesch:

Richtig, der Neuplatonismus war ja auch noch da.

Vossenkuhl:

Bei Albertus Magnus und Thomas sind immer auch Augustinus und mit ihm Platon und der Neuplatonismus im Hintergrund zu sehen. Das erkennt man daran, wie diese Philosophen versuchten, die Schöpfung zu verstehen, wie sie versuchten, die Erkenntnis zu verstehen, wie sie über Unsterblichkeit dachten. Da waren die Einflüsse der neuplatonischen Tradition und Platons viel größer als von Aristoteles.

Aber zurück zu dem aristotelischen Einfluss. Es ging erkenntnistheoretisch um die Frage - und das betrifft natürlich auch das Experimentelle: Wie erkennen wir den Menschen eigentlich? Wie nehmen wir ihn wahr?

Im Mittelalter ist dieses Problem nicht endgültig gelöst worden. Ich würde sogar sagen, dass es bis heute nicht gelöst ist. Über die Aristoteles-Vermittlung hat man aber einen großen Sprung nach vorne gemacht.

Das Problem war Folgendes: Wenn man Wein nimmt, dann sehen wir sofort, um was es geht. Bei Aristoteles gilt die Grundbotschaft: Alle Erkenntnis beginnt bei der Wahrnehmung. Also die Wahrnehmungserkenntnis steht ganz am Anfang. Es kann aber nicht sein, dass uns die Wahrnehmung alles sagt. Denn die Wahrnehmung konfrontiert uns mit einem Glas mit einer roten Flüssigkeit. Wir wissen aber, dass es Wein ist. Wir verbinden also einen allgemeinen Begriff…

Lesch:

… eine Universalie

Vossenkuhl:

… genau, mit diesem Besonderen. Wir haben also eine materielle Beschaffenheit von irgendwas. Dieses individuelle, materielle Ding kombinieren wir mit einem Allgemeinbegriff. Und daraus entsteht dann das Urteil: Das ist ein Glas Wein.

So in der Richtung ist die Erkenntnis zu verstehen. Und mit der Zuordnung der universalen Begriffe, der Allgemeinbegriffe zu dem Einzelnen übersteigen wir in der Erkenntnis die sinnliche Wahrnehmung und die sinnliche Erkenntnis. Man hat dann so langsam begriffen: Aha, die Erkenntnisstruktur ist nicht einfach ein Abstraktionsprozess, in dem wir von dem Einzelnen zum Allgemeinen gehen, sondern wir kombinieren beides.

Lesch:

So ein Ping-Pong-Spiel.

Vossenkuhl:

Ein Ping-Pong-Spiel mit einer übergeordneten Rolle der Allgemeinerkenntnis und damit der Gattungsbegriffe. Albertus Magnus hat die Vorlage geliefert, die dann Thomas aufgenommen hat. Er hat gesagt: Das Universale ist in dreifacher Form in den einzelnen Dingen (Wein, Glas etc.) drin. Es ist zunächst einmal vor einem Ding (ante rem), dann in dem Ding (in re) und dann nach dem Ding (post rem).

Bevor ein Allgemeinbegriff in einem Ding ist, ist er als Idee da.

Das findet man bei Aristoteles so nicht. Bei Aristoteles gibt's nur den sinnlichen Gegenstand und die Kategorien. Diese beiden

Teile werden kombiniert. Die Kategorien sind die Allgemeinbegriffe, die wir verwenden können. Bei Albertus Magnus haben wir dagegen eine Dreier-Stufung. Darin ist der neuplatonische Einfluss zu erkennen.

Lesch:

Warum ist das überhaupt wichtig? Mir scheint es darauf hinauszulaufen, dass man unbedingt die Welt aus reinem Denken heraus erkennen wollte. So wie Du das jetzt darstellst, ist die Wahrnehmung ja offenbar. Im Grunde genommen ist sie aber etwas, was zu überwinden ist, damit man wirklich weiß, was Erkenntnis ist. Ist das so zu verstehen, dass Albertus und Thomas von Aquin, der *Doctor Angelicus* und möglicherweise größte Philosoph des christlichen Abendlandes, versucht haben, mit der Beschreibung der Welt und dem Verständnis für die Welt zu postulieren, dass das alles nur über den Glaubensakt möglich ist? Ist die Philosophie im christlichen Mittelalter also nur die Magd der Theologie gewesen?

Albertus würde das sicher nicht so gesagt haben.

Vossenkuhl:

Ich glaube auch Thomas hätte das so nicht gesagt.

Die Sache war die: Die Ausbildung an den Universitäten – es gab neben der Theologie nur noch drei Fakultäten (die Artes Liberales, Jura und Medizin) - hat natürlich der Theologie viel Zeit eingeräumt. Schau Dir nur mal das Studium an. Das Grundstudium von mindestens vier Jahren war reine Philosophie, also die Kenntnis der Klassiker, einschließlich Aristoteles ab dem Ende des 13.Jh. Es folgten zwei Jahre nur Theologie. Dann noch mal vier Jahre Praxis als Dozent. Das heißt insgesamt zehn Jahre Studium. Das ist ungefähr so, als würde man bei uns heute den Magister, die Promotion und die Habilitation zeitlich in eine Ausbildung packen. Das heißt, dass die Philosophie-Ausbildung viel intensiver war, als wir uns das heute vorstellen.

Die anti-philosophische Stimmungsmache von wegen Magd und Herrin, das war eher Propaganda der Kirche. Das kam mehr im Nachhinein auf, nachdem die Philosophie sich immer mehr von den theologischen Fragen befreit hatte. Das trifft auf Albert und Thomas nicht zu.

Lesch:

Beide waren Dominikaner. Also auch Thomas.

Vossenkuhl:

Thomas war wiederum Schüler von Albert. Der hatte einige namhafte Schüler – z.B. Ulrich von Straßburg, Dietrich von Freiberg, Berthold von Moosburg. Der wichtigste war sicher Thomas. Für beide war die Philosophie die Basis der rationalen, der vernünftigen Erklärung der Glaubensinhalte. Der Glaube sollte rational verstanden werden. Dem *lumen naturale*, dem natürlichen Licht der Vernunft sollte eigentlich alles zugänglich sein. Es sollte nicht so sein, dass es im Glauben dunkle, unklare Stellen gibt. Nein, allein mit dem Licht des Verstandes sollte alles durchschaubar sein.

Lesch:

Da war der Thomas von Aquin im besten Sinne des Wortes eine echte Leuchte. Die katholische Kirche hat aus ihm so etwas wie einen Über-Philosophen gemacht. Seine Lehre, egal welche seiner Schriften, wurde zu einer normativen, verbindlichen, zeitlosen Philosophie gemeißelt. Eine Pflicht für jeden katholischen Geistlichen. Thomas musste jeder Kleriker kennen, Albertus Magnus nicht unbedingt.

Thomas war sogar der Berater des Papstes. Er hat die „Summen" geschrieben und darin das philosophisch-theologische Wissen in Ordnungen gebracht. Er war der größte Meister der Scholastik. Und er war ein zuhörender, bewertender und dann antwortender Philosoph. Er hörte so lange zu, bis er bei dem andern einen Schwachpunkt herausgefunden hatte. Er pflegte eine Art von philosophischem Judoka, indem er den Schwung und die Energie des Gegners dazu benutzte, ihn letztendlich aufs Kreuz zu legen.

Vossenkuhl:

Es gibt aber auch Schilderungen von ihm, die ihn als außerordentlich bescheidenen, demütigen und zurückhaltenden Menschen darstellen. Umberto Eco hat ihn als sehr dicken Mann beschrieben. Offenbar wurde das so tradiert. Er soll so dick gewesen sein, dass man seinen Schreibtisch aussägen musste, damit er den Bauch unterbringen konnte.

Lesch:

Jedenfalls war er kein schlanker Jüngling.

Vossenkuhl:

Vielleicht sollten wir etwas mehr über sein Leben sagen. Er ist 1224 in der Nähe von Neapel in Aquino auf Schloss Roccasecca geboren, adelige, gräfliche Abstammung. Mit fünf Jahren wurde er in Monte Cassino, einer benediktinischen Abtei, gegründet vom Heiligen Benedikt persönlich, in die Schule gesteckt, also quasi kaserniert.

Lesch:

Im Kloster.

Vossenkuhl:

Ja. Mit 20 ist er in den Dominikaner-Orden eingetreten und hat dann eine unglaubliche Karriere gemacht. Studium in Neapel. Damals eine ganz junge Universität. Später ging es dann nach Paris. Dort hat er bei Albertus Magnus gehört. Mit dem ging er nach Köln und wurde rasch einer der führenden Theoretiker.

Lesch:

Er war also kein praktischer Geistlicher, kein Seelsorger.

Vossenkuhl:

Nach dem Studium hat er an einigen Orten gelehrt, in Rom, Viterbo, Orvieto und auch in Neapel, wo er eine dominikanische Schule gründete. Nebenbei war er auch Papst-Berater, wurde zum Konzil von Lyon berufen. Auf dem Weg dorthin ist er am 7. März

1274 gestorben. Manche vermuten, dass er vergiftet wurde. Es kann aber auch gut sein, dass er Malaria hatte und daran gestorben ist. Jedenfalls ist er vor seinem Lehrer gestorben.

Lesch:

Ja. Albertus ist älter geworden.

Vossenkuhl:

Albertus ist erst 1280 gestorben, mit 87 Jahren. Thomas sechs Jahre vor ihm.

Thomas war ein emsiger Schaffer. Mit der Hilfe seines Ordensbruders Wilhelm von Moerbeke, der besser Griechisch konnte und die ganzen wichtigen Griechisch-Texte ins Lateinische übersetzte, konnte er sich in Ruhe hinsetzen und dann den Aristoteles als Kommentator noch klarer herausarbeiten, als der es ohnehin schon war.

Man darf aber nicht denken, dass er nur Aristoteles kommentiert hat. Natürlich hat er alles kommentiert, was wichtig war, die Metaphysik, die Nikomachische Ethik, das „Buch über die Seele" etc. Er hat darüber hinaus viele, eigenständige Schriften verfasst, deren Wirkung letztlich größer war als die der Kommentare. In der *Summa Theologica* findet man alle wesentlichen Fragen, die nicht nur theologisch, sondern auch philosophisch relevant sind. Was eine Handlung ist, wie und was Gott ist. Ob man ihn überhaupt erkennen kann. Das ist nur eine von drei großen „Summen". Dann schrieb er die „Quaestiones Disputatae", also Streit- oder Disputationsschriften über die Wahrheit, über die Macht, über die Seele, über das Böse und vor allem den „Sentenzenkommentar", den jeder Theologe kennen musste, der später lehren wollte.

Weil wir schon bei Albert und vor allem bei Anselm die Gotteslehre behandelt haben, springen wir einfach mal hin. Thomas war zum Beispiel der Erste, der im modernen Sinne wissenschafts- und begriffstheoretisch die Gottesfrage gestellt bat.

Er hat gefragt: Wie ist die Rede von Gott überhaupt möglich? Können wir Gott unmittelbar erkennen? Antwort: Nein. Können wir ihn überhaupt erkennen? Nein. Es sind nur Annäherungen möglich. Dabei gibt es zwei Arten von Erkenntnissen: Die direkte, mit denen wir die Ursachen erkennen, und die indirekte über die Wirkungen. Und er schlussfolgert: Nur dieser Weg steht uns, was die Gotteserkenntnis angeht, offen. Anselm's Beweis scheidet somit aus.

Lesch:

Der ontologische Gottesbeweis scheidet also aus.

Vossenkuhl:

Der fällt schon mal flach. Alternativ bietet Thomas fünf Wege der langsamen Annäherung an Gott an. Das ist keine Gotteserkenntnis, und die fünf Wege sind keine Beweise. Es sind eher Überredungen zur Anerkennung Gottes, wie wir gleich sehen werden.

Lesch:

Indizienprozesse. Indirekt über die Wirkung.

Vossenkuhl:

Was bietet er da an?

Also zunächst einmal den Weg über die Bewegung (*ex motu*). Er sagt: Wir stellen fest, dass die Natur bewegt ist, alles ist bewegt. Auch der Mensch ist bewegt und kann sich selbst bewegen. Alles, was sich bewegt, geht auf anderes Bewegtes zurück. So kommen wir dann, wenn wir den *infiniten Regress*, also das unendlich Weiter-Zurückgehen vermeiden wollen, zu einem ersten Beweger. Den nennen wir Gott.

Beim zweiten Weg geht es um die Ursachen, vor allem um die Wirk-Ursachen (*ex ratione causae efficientis*).

Lesch:

Auch da muss es etwas am Anfang gegeben haben.

Vossenkuhl:

Da stellt Thomas sehr interessante Überlegungen an, in die vieles aus der Tradition mit einfließt. Von Albertus z.B., der sagt:

Wenn die Ursachen alle nur *kontingent* wären, also nur zufällig oder bloß möglich und es nicht irgendwo eine erste, notwendige Ursache gäbe, dann gäb's überhaupt gar nichts. Dann wäre eine notwendige Kette von Ursachen gar nicht möglich.

Lesch:

Aber ist das nicht doch so ähnlich wie der Gottesbeweis von Anselm? Man macht eine Prämisse. Die ist existent. Man möchte einfach diesen infiniten Regress vermeiden. Warum eigentlich nicht? Wir haben ja so einen Horror vor der Unendlichkeit, den *Horror vacui*. Warum eigentlich?

Also, wenn ich eins und eins zusammenzähle und mir die Zahlen zwischen Eins und Zwei anschaue, kann ich immer noch eine Kleinere dazwischen schieben. Kann ja nichts passieren.

Vossenkuhl:

Das ist moderne Zahlenlehre. Du sprichst die Intervall-Schachtelung an, die es damals nicht gab. In der Antike gab's aber schon die „Zenon'schen Paradoxien", die auch mit immer kleiner werdenden, ins Unendliche gehenden Intervallen zu tun haben. Aristoteles hat die Paradoxien widerlegt. Und in dieser Tradition weist auch Thomas den infiniten Regress zurück. Das war der zweite Weg.

Im dritten Weg geht es um Möglichkeit und Notwendigkeit (*ex possibile et necessario*). Der Hauptgedanke ist: Es kann nicht alles nur möglich sein. Dieser Gedanke ist allerdings schon in den beiden ersten Wegen enthalten.

Damit hätten wir die ersten drei Wege. Später hat man sie im sog. „kosmologischen Beweis" zusammengefasst. Die Dinge sind in ihrer Herkunft nur vernünftig erklärbar, wenn man ganz am Anfang einen ersten Beweger, eine erste Ursache, eine notwendige erste Ursache annimmt. Diese drei Dinge sind also entscheidend: Notwendigkeit des Beginns, Notwendigkeit der Verursachung am Anfang und die Erstbewegung. Weiter ist methodisch wichtig: Es darf keinen infiniten Regress geben.

Erst der vierte und fünfte Weg weichen von dieser Art Argumentation ab. Beim vierten geht es um die Stufen der

Vollkommenheit (*ex gradibus perfectionum*). Wenn etwas gut ist, können wir das nur als gut erkennen…

Lesch:

… wenn es etwas Besseres gibt.

Vossenkuhl:

… nämlich ein vollkommenes Gutes. Das nennen wir Gott, das höchste Gute.

Schlussendlich, der fünfte Weg, muss die Welt ein Ziel haben (*ex gubernatione mundi*). Das muss Dich als Astrophysiker wohl am meisten bewegen. Am Anfang muss ein Ziel vorgegeben sein, sonst macht das Ganze keinen rechten Sinn.

Lesch:

Klingt aber auch nach Fließbandproduktion. Man sagt: Hier haben wir ein Produkt – noch etwas grob - und das muss jetzt zur Reife gebracht werden damit es auf dem Markt erfolgreich ist.

Vossenkuhl:

Tja. Das sind also kurz und bündig diese fünf Wege. Beweise sind sie beileibe nicht. Ich finde schon, dass Thomas ein sehr originärer Denker ist, auch weil er grundskeptisch gegenüber dem ontologischen Beweis des Anselm ist.

Lesch:

Der Bertrand Russell, ein großer Philosoph des 20. Jahrhunderts, hat gesagt, dass Thomas von Aquin eigentlich gar kein echter Philosoph war. Bei dem sei ja im Vorhinein schon immer festgestanden, was Wahrheit ist. Und die Wahrheit wäre immer der katholische Glauben gewesen. Würdest Du dem zustimmen oder hat er doch eigene philosophische Gedanken gehabt?

Vossenkuhl:

Russell hat insofern natürlich Recht, dass für Thomas immer unbezweifelt das christliche Glaubensbekenntnis als Wahrheit feststand. Der katholische Glaube war für ihn eine unbezweifelbare Wahrheit. Zum philosophischen Begriff der Wahrheit hatte er aber ganz losgelöst von der Theologie eine sehr originelle, neue Idee eingebracht. Das hat Russell wohl nicht gewusst.

Wahrheit war für Thomas das Produkt eines Urteils, und Urteilen heißt, Begriffe zusammenzusetzen und mit ihrer Hilfe Ereignisse, Sachverhalte und deren Zusammenhänge zu beurteilen. Je nach dem, wie wir's in den Situationen brauchen, in denen wir gerade stehen, sei es im täglichen Leben oder in der Wissenschaft. Diesen Wahrheitsbegriff gab es davor nicht.

Russell hat wohl aus seiner atheistischen Grundeinstellung heraus gemeint, dass der Thomas ein Kirchen-Lakai gewesen sei, ein törichtes Vorurteil.

Ich finde, dass Thomas von Aquin noch heute mit Recht als der große Kopf der Hochscholastik verstanden wird. Er hat ein Werk hinterlassen, das uns immer noch aus guten Gründen beschäftigt. Wir können enorm viel von ihm lernen. Es gibt wunderbare deutsche und englische Übersetzungen.

Er hat in einer solchen Klarheit geschrieben, dass man gut verstehen kann, was er zu sagen hat.

Johannes Duns Scotus

Wilhelm von Ockham

Nominalismus – Johannes Duns Scotus (1266 - 1308) und Wilhelm von Ockham (ca. 1286 - ca. 1347)

Lesch:

Jetzt geht es um zwei Franziskaner. Die beiden Philosophen beschreiten einen Weg, den man den „modernen Weg“ nannte, während die Dominikaner den „antiken Weg“, den alten Weg gegangen sind. Es geht um Johannes Duns Scotus und um William von Ockham.

Johannes Duns Scotus war ein Schotte. Gelebt hat er u.a. in Oxford, Cambridge, Paris und Köln in der zweiten Hälfte des 13. Jahrhunderts. Er gilt als einer der größten Philosophen seiner Zeit. Heute ist er unter Nichtphilosophen ziemlich unbekannt. Er ist der Vorläufer der Individual-Philosophie. Er hat das Individuum, das Einzelding, in die Philosophie zurückgebracht. Die Scholastik wurde von ihm heftig kritisiert. In vielerlei Hinsicht hat er Gedanken gedacht, die darauf hindeuten, dass er eigentlich schon ein Philosoph der Neuzeit gewesen ist.

Vossenkuhl:

Du hast ganz Recht. In einer sehr guten Zeitschrift schrieb kürzlich der Oxforder Philosoph Kenny, dass Johannes Duns Scotus mit großer Wahrscheinlichkeit der gescheiteste Philosoph war, der jemals in Oxford unterrichtet habe.

Lesch:

Und das aus der Feder eines Kollegen.

Vossenkuhl:

Eines heutigen Oxforder Philosophen.

Lesch:

Ein Kollegenlob unter uns Physikern ist ja eine Rarität. Eigentlich ein Ding der Unmöglichkeit.

Vossenkuhl:

Geht nur dann, wenn die Leute einige Jahrhunderte trennen.

Duns Scotus ist jung gestorben, mit 42, in Köln. *Doctor subtilis* wurde er genannt, Zurecht, weil er wirklich unterscheidungsfähig war wie kaum ein anderer. Er hat dabei nicht nur Unterscheidungen um der Unterscheidungen willen geprägt, sondern er hat ganz wesentlich unterschieden zwischen dem, was man wissen kann, und dem, was man besser glauben sollte, weil man es nicht wissen kann.

Lesch:

Also eine klare Trennung zwischen Wissenschaften und Theologie.

Vossenkuhl:

Er sagt zum Beispiel, dass Gott nicht der Gegenstand der Erkenntnis sein kann. Erkennbar seien nur die Welt und das Sein. Was ich hoch interessant finde, ist, dass Johannes Duns Scotus einfach ganz glasklar gesagt hat: Was man mit dem menschlichen Verstand erkennen kann, muss so sein, wie man's erkennt.

Ein einfaches Beispiel: Die Zehn Gebote. Bei Thomas bestand kein Zweifel, dass alle in gleicher Weise durch den Verstand erkennbar als notwendig und verpflichtend gelten. Was sagt Duns Scotus? Er sagt: Die ersten drei – also ich bin der Herr, dein Gott, du sollst kein anderen Götter neben mir haben, du sollst dir kein Bild von mir machen – sind als notwendig erkennbar, alle anderen sieben Gebote des *Dekalogs* könnten auch anders sein.

Man könnte sich sehr wohl auch eine Welt denken, eine Ordnung, in der es kein Privateigentum gibt. Da ist er ganz

Franziskaner. Weiter kann es in dieser Ordnung Polygamie geben, also nicht nur eine Frau für den Mann, sondern viele. Den umgekehrten Fall hat er meines Wissens nach geflissentlich übersehen. Da war er wieder ganz Sohn seiner Zeit. Und dann noch etwas sehr Erstaunliches: Selbst das Töten kann erlaubt sein.

Warum sollte man sich nicht so eine Welt vorstellen?
Er war da unglaublich mutig und hat ganz neue Wege beschritten. Das Subjekt mit dem freien Willen und der Unabhängigkeit in der eigenen Urteilsbildung, das taucht erstmals klar in moderner Form bei ihm auf. Was er lehrte, war ganz unabhängig davon, was die Autoritäten sagten.

Lesch:

Das ist für ihn das Allerwichtigste. Mir scheint es fast so - vielleicht weil wir es endlich mit einem Briten, genauer einem Schotten, zu tun haben - dass auf einmal das Pragmatische in die Philosophie Einzug hält.

Der Mensch will Klarheit in seinem Leben haben. Das gelingt nicht, wenn überall nur Skepsis und Diskussion vorherrschen. Also Bestandsaufnahme: Was ist denn die Faktenlage? Die Faktenlage ist: Da ist was da, die Welt, und das ist jetzt wichtig!

Vossenkuhl:

Für ihn ist nicht mehr der Dreischritt vom Universalen über das Universal-Partikulare zum Partikularen, den wir bei Albertus Magnus und dann bei Thomas gesehen haben, entscheidend. Die primäre und sicherste Erkenntnis ist für Duns Scotus die unmittelbare Erkenntnis durch sinnliche Wahrnehmung. Es gilt einfach der Vorrang des empirischen Wissens, wenn es um Wahrheit oder Falschheit geht.

Lesch:

Wenn es um den Vorrang des empirischen Wissens geht ... da freue ich mich.

Vossenkuhl:

Da bist Du zuhause.

Lesch:

Bei empirischen Erkenntnissen weiß ich, dass was da ist. Damit kann ich etwas anfangen. Dazu brauche ich noch keinen Gott.

Vossenkuhl:

Nein. Gott kann - weil er nämlich trotz seiner Allmacht dem Widerspruchsprinzip folgen muss - mir nichts vorgaukeln ohne sich zu widersprechen; auch das denkt Duns Scotus und etwas später auch Ockham. Er kann also nicht auf der einen Seite die Erst-Ursache von allem sein, auf die alles zurückgeht, und auf der anderen Seite uns so Sekundär-Ursachen vormachen, die es nicht gibt.

Lesch:

Also von wegen: Die ganze Realität oder was um uns herum ist, sei alles nur Einbildung. Das ist nicht drin. Wenn es einen Gott gibt, dann ist das hier um uns herum auch alles ...

Vossenkuhl:

Dann ist er Garant dafür, dass wir uns nicht täuschen.

Lesch:

Das ist aber gut. Wenn ich mal einen ganz kurzen Ausflug in die aktuelle Moderne machen darf: Es gibt Fundamentalisten, die der Meinung sind, dass Fossilienfunde im Grunde genommen nur so ein Spiel Gottes sind. Er will uns nur vorgaukeln, dass die Welt Milliarden Jahre alt sei. De facto müsste man aber alles so nehmen, wie es in der Bibel steht. Danach wäre die Welt nur ein paar tausend Jahre alt. Das ist schon für Duns Scotus ein völlig unvorstellbarer Gottesbegriff.

Vossenkuhl:

Duns Scotus hätte gar kein Problem, wenn er Dich träfe und Du sagst: Da gab's vor Milliarden Jahren einen Urknall. Dann würde Duns Scotus sagen: Interessant, Herr Prof. Lesch – und ihre Argumente?

Aber noch einmal zu dem, was man überhaupt Erkenntnis

nennt. Für Duns Scotus ist die Reichweite der Vernunft begrenzt. Das zeigt sich in sehr vielen Dingen, vor allem in dem Verhältnis zwischen Wille und Vernunft. Wir haben bei Thomas und schon davor gesehen, dass die Vernunft den Willen kontrollieren soll, damit der Wille nicht ...

Lesch:

... aus dem Ruder läuft.

Vossenkuhl:

Nun haben wir zum ersten Mal in der Philosophiegeschichte einen Vorrang des Willens vor der Vernunft. Sowohl was den göttlichen Willen als auch den menschlichen angeht. Wir haben jetzt eine völlig neue Situation. Es ist erstmals so, dass die Willensfreiheit radikal ohne alle Vorbedingungen gedacht wird.

Lesch:

Donnerwetter.

Vossenkuhl:

Das ist schon starker Tobak.

Lesch:

Wie kommt jemand auf so einen Gedanken? Weiß man das? Hat er das in seinen Schriften Schritt für Schritt entwickelt oder hat er einfach aus dem Stand postuliert: Das muss so sein!

Vossenkuhl:

Scotus hat nie einfach etwas postuliert, sondern immer argumentiert! Es gibt für den Vorrang des Willens vor der Vernunft einen plausiblen Grund und der ist theologischer Natur. Er sagt: Dass der Wille der Vernunft übergeordnet sein muss, sei schon daran erkennbar, dass wir die Liebe zu Gott viel inniger empfinden können als den Glauben. Die Innigkeit der Liebe sei viel größer als der Glaube, den wir über die Vernunft erreichen können.

Der Glaube an Gott kann nie die Intensität der Liebe erreichen. Und Liebe und Wille, das hängt für Duns Scotus zusammen.

Daher der Vorrang des Willens vor der Vernunft. Weil die Liebe stärker ist, kann man über die Liebe sehr viel mehr erreichen und zu Gott ein sehr viel engeres Verhältnis gewinnen, als durch den vernünftigen Glauben.

Lesch:

Das ist eine Revolution! Da macht einer ein Tor auf! Man kann etwas wollen, das nicht vorgeschrieben ist. Die Scholastik kennt ja sehr viel Vorgeschriebenes. Das Geordnete, Wohldefinierte der Scholastik wird hier aufgebrochen. Es dämmert am Horizont der Wille zum Guten, den wir uns bei Kant in weiter Ferne in der Philosophiegeschichte anschauen werden.

Vossenkuhl:

Ein guter und passender Vorgriff.

Lesch:

Das einzige, was wir uns in der Welt ohne Zweifel als gut vorstellen können, ist der gute Wille, so Kant.

Jetzt haben wir hier jemanden, der im 13. Jahrhundert aus dem Nichts auf diesen Gedanken kam, dass der Wille über der Vernunft steht. Die Liebe zu Gott ist jetzt ein Willensakt, während dieses ewige „durch Vernunft den Glauben begründen“ – es muss halt so gemacht werden...

Vossenkuhl:

… ist eine kühle Sache, sehr distanziert, ohne Liebe.

Lesch:

Eine Katasteramts-Theologie. Es muss halt alles irgendwie eingeordnet sein. Bei Liebe und Wille tauchen diese Normierungen gar nicht erst auf.

Vossenkuhl:

Die Kehrseite dieser Medaille: Für Duns Scotus kann jemand, der nichts über Gott weiß, schon in Ordnung sein. Ein Gotteshasser ist allerdings das Übelste überhaupt in der Menschheit. Für Scotus ist der Gotteshass das Allerschlimmste. Die Gottesunkenntnis, das ist nicht so schlimm. Die geht irgendwie durch. Ist doch erstaunlich, nicht?

Lesch:

Hat nicht der Thomas auch etwas über die Heiden geschrieben, dass selbst die Heiden …

Vossenkuhl:

... ja, die *Summa contra gentiles*, die „Summe“ gegen die Heiden.

Lesch:

Genau. Auch die Heiden können Gott durchaus erkennen.

Vossenkuhl:

Eigentlich ist es eine Philosophien-„Summe“. Er hat die vielen Philosophen und philosophischen Theoreme, Lehren, die für ihn nicht ganz akzeptabel waren, kritisiert. Vieles, z.B. von Aristoteles, war aber auch prima, obwohl es nicht von Christen kam. Vieles, was aus der großen philosophischen Tradition stammte, und was er aus der theologischen Perspektive nicht akzeptabel fand, hat er aber scharf kritisiert. Bei Duns Scotus gibt es keine Verurteilung von vorchristlicher Philosophie.

Lesch:

In dem Moment, wo der Duns den Willen ins Zentrum stellt, rückt er damit natürlich auch das Individuum ins Zentrum.

Vossenkuhl:

So ist es. Jetzt kommt ein Stein ins Rollen. Wir haben nicht nur eine begrenzte Vernunft und einen Willen, der Vorrang vor der Vernunft hat. Wir haben unsere eigene Denk- und Verstehensautorität. Entsprechend ändert sich natürlich auch der Begriff der Wahrheit.

Bei Thomas ist Wahrheit einfach die Übereinstimmung zwischen Intellekt und Sache, bei Duns Scotus ist Wahrheit das, was der Sache entsprechend durch uns erkannt wird. Es ist eine Proportionalität, also ein Verhältnis zwischen Subjekt und der verstehbaren Welt. Um diese Proportionalität geht es.

Lesch:
Die kann sich aber ständig ändern.

Vossenkuhl:
Die kann sich ändern, natürlich.

Lesch:
Bei Duns ist also Bewegung und Veränderung drin. Das ist ja das Schöne. Da ist Potential. Da kommt Dynamik ins Spiel.

Das Weltbild ist nicht für alle Zeit festbetoniert. Da gibt es ständig was Neues.

Vossenkuhl:
Das ist jetzt ein guter Punkt, um zu Wilhelm von Ockham überzugehen. Auch er ist der Ansicht, dass das Erkennen sich durch die Wahrnehmungsverhältnisse der Subjekte, also der denkenden und der wahrnehmenden Menschen ändert. Bei Duns Scotus ist die Schöpfung allerdings noch das klassische Modell. Das ist ewig und von Gott so gemacht. Die ändert sich bei Duns nicht. Bei Ockham geht es nun einen Riesenschritt weiter. Auch die Schöpfung selbst wird bei ihm kontingent. Sie hätte auch anders ausfallen können, wenn Gott es gewollt hätte.

Lesch:
Die Welt könnte ganz anders sein.

Vossenkuhl:
Ein bisschen klingt das schon bei der Begrenzung der Vernunft im Hinblick auf die Zehn Gebote an, wo sich Duns eine Ordnung hätte vorstellen können. Das wird von Wilhelm von Ockham noch einmal radikalisiert.

Aber ein paar Sätze zu seiner Biographie: Der ist Engländer, kein Schotte.

Geboren in einem Dörfchen, das es heute noch gibt, Ockham. Südlich von London in Surrey. Ich war mal dort. Das ist ein ganz kleines Kaff, in dem es immerhin aber ein Pub gibt.

Er ist sehr früh Franziskaner geworden. Zuerst war er Schüler in einem Ordenskonvikt in Südlondon. Es gab keine anderen Schulen als die von Diözesen und Orden. Dann folgte ein Studium in Oxford. Er hat aber nie den Magister dort gemacht. Er ist nie zur letzten Stufe gekommen und wurde deswegen auch nur der ehrwürdige Anfänger genannt, *venerabilis inceptor*. Er war und blieb *Inzeptor*, also Anfänger. Zugelassen zum Magister war er schon, konnte die Prüfung aber nicht vollenden, weil er davor schon wegen Irrlehren verklagt worden war.

Der Grund: Er hatte wie jeder, der später Theologie lehren wollte, den „Sentenzen-Kommentar“, also die Glaubenssätze, die Petrus Lombardus einst aufgeschrieben hatte, kommentiert. Dann gab es eine Auseinandersetzung, wie so oft an den damaligen Universitäten. Die Lage war ziemlich unruhig. Er wurde vom Oxforder Kanzler, der den lustigen Namen Luterell hatte, also phonetisch so ähnlich wie Luther, der Irrlehre beschuldigt. Deshalb musste er nach Avignon, um dort vor der päpstlichen Kurie Rede und Antwort zu stehen – es war die Zeit, als die Päpste weitab von Rom unter der Fuchtel des französischen Königs residierten.

Das Diskutieren der Klagepunkte zog sich über Jahre hin. In dieser Zeit hat er ein umfangreiches Werk geschrieben. Weil für ihn als Angehörigem des Franziskanerordens die Gefahr bestand, von den Dominikanern, die über ihn zu Gericht saßen, über den Tisch gezogen und verurteilt zu werden, ist er mit allen wichtigen franziskanischen Größen, die in Avignon residierten, von dort über Aigues Mortes, der damaligen Hafenstadt am Mittelmeer per Schiff abgehauen.

Bei Nacht und Nebel ging es zum mächtigsten Gegner des Papstes Johannes XXII – so hieß der damalige Papst, zu Kaiser Ludwig dem Bayern. Der befand sich wie so oft auf einem Italien-Feldzug. Die Barke traf 1326 in Pisa ein. Dann stießen sie zum Kaiser, und folgten dem Tross. Ab 1329 lebte Wilhelm in München.

Immerhin fast 20 Jahre, bis die Pest ausbrach. Das war 1346. Ein oder zwei Jahre später starb er dort.

Lesch:

Im schönen Bayern.

Was zu ihm unbedingt dazugehört - fast hätte ich es ja mitgebracht - ist das berühmte „Ockham'sche Rasiermesser". Willi, bitte erkläre: Was ist das Ockham'sche Rasiermesser?

Vossenkuhl:

Das ist eine Maxime, die allgemein für die Erkenntnislehre und alle Arten von Erklärungen gilt. Man soll mit möglichst wenigen Prämissen, Annahmen oder Hypothesen Erklärungen geben. Es sei besser mit wenigerem *(per pauciora)* als mit mehr zu erklären. Eine Erklärungs-Ökonomie-Maxime. Man soll vor allem die Menge der Dinge, die man dabei benutzt, also die Erklärungsgegenstände, nicht unnötig vergrößern, weil man dabei wahrscheinlich in Gottes Handwerk pfuscht. Schließlich ist er der einzige, der Dinge schafft.

Lesch:

Es ist also Erkenntnistheorie. Wie gewinne ich am besten Erkenntnis? Möglichst wenige Annahmen machen! Ansonsten wird's immer schwammiger.

Vossenkuhl:

Genau. So könnte man die Ökonomie-Maxime auch umschreiben.

Man soll mit möglichst knappen Mitteln erklären. Das Interessante ist aber der Hintergrund. Wir haben ja schon bei Duns Scotus gehört, dass wir uns Gott falsch vorstellen, wenn wir nur sagen, Gott ist das Sein.

Wir müssen davon ausgehen, dass Gott viel mehr ist als das. Er ist allmächtig, allwissend und nicht nur einfach das Sein. Bei Ockham ist es so, dass Gott - und das ist wieder ein Schritt über Duns Scotus hinaus - die absolute Macht *(potestas absoluta)* hat, er kann …

Lesch:

… machen was er will.

Vossenkuhl:

Wieder hat der Wille Vorrang, allerdings der göttliche Wille.

Lesch:

„Dein Wille geschehe".

Vossenkuhl:

Wenn wir nun überlegen, was denn der Hintergrund für diese Ökonomie-Maxime sein könnte, dann ist es der, dass Ockham sagte: Gott hat die Welt so geschaffen wie sie ist. Die einzig wahre unmittelbare Erkenntnis ist die Erkenntnis der Dinge so, wie sie sind, also empirisch. Nur das können wir wirklich erkennen, nur das ist wahr.

Es gibt zwar auch eine wahre Begriffserkenntnis, aber die ist untergeordnet und nicht wesentlich, die könnte auch anders sein. Wir können nicht einfach hergehen und die Menge der von Gott geschaffenen Dinge vermehren. Wer sind wir denn? Wir können uns nicht als Mitschöpfer aufspielen. Hinter dieser Maxime steckt also eine theologische Idee.

Lesch:

Er hat dann auch in diesen Universalien-Streit eingegriffen, indem er sagte, dass auch die Universalien nur Namen und nicht mehr als das seien, also keine Wesen oder andere hehre Dinge. So wie die erkennbaren Dinge Namen haben, hat auch alles andere, was wir erkennen können, Namen. Aber mehr ist es auch nicht. Deswegen ist er derjenige, der den Nominalismus vorangetrieben hat. Während die beiden Dominikaner - vor allem Thomas von Aquin - dem Begriffsrealismus das Wort geredet haben. Sie meinten, die Begriffe hätten eine eigene Realität.

In diesem Sinne war Wilhelm von Ockham sicherlich ein Wegbereiter der Neuzeit. Er sagte, dass wir möglichst wenig annehmen sollten, wenn wir überhaupt irgendwas erklären wollen. Dazu gehört durchaus, dass Gott die Welt ganz anders hätte erschaffen können.

Es ist im Grunde genommen eine Gnadentheologie, die er da

entwickelt. Unter uns: Luther, für den die Gnade Gottes ja ein ganz zentraler Begriff seiner Kirchenreform geworden ist, war ein großer Anhänger von Ockham. Als Augustiner. Wieder ein anderer Orden. Man muss vorsichtig sein. Das Mittelalter ist ja durchsetzt von einer Ordensgründung nach der anderen.

Zum guten Dritten kommt dann noch hinzu, dass Ockham jemand ist, der der Empirie in unserer Erkenntnis den allerersten Platz einräumt.

Vossenkuhl:

Noch viel entschiedener als Duns Scotus. Der Ausdruck *Nominalisten* kommt daher, dass diese Philosophen der Meinung waren, dass die Erkenntnis nicht so funktioniert, wie Thomas sich das noch im Anschluss an Aristoteles dachte, dass wir nämlich nur das denken können, wofür wie *phantasmata*, Abbilder im Kopf haben. Thomas meinte noch, dass die Übereinstimmung dieser Abbilder mit den Dingen der eigentlich Erkenntnisprozess sei, d.h., was wir sehen und wofür wir Namen haben, ist nebensächlich. Das Erkennen funktioniert bei Thomas deswegen in einem komplizierten Dreiecksverhältnis zwischen den Namen und Begriffen, die im Verhältnis zu den phantasmate im Kopf stehen und die beziehen sich schließlich auf die Dinge selbst.

Ockham hat mit diesem Dreieck aufgeräumt und gezeigt, dass wir die Namen direkt auf die Dinge beziehen, und zwar Stück für Stück, also in syntaktisch auflösbarer Form.

Lesch:

Bei Thomas ist schon was vorgegeben, bei Ockham nicht.

Vossenkuhl:

Für die Nominalisten gibt es nur Namen für Dinge und keine phantasmata, also ‚Wein', ‚Glas', ‚rot', ‚voll', ‚leer' usw. Diese Namen werden in Sätzen zusammengebaut. Nur in diesen Sätzen haben sie dann eine Bedeutung.

Das gibt nur die direkte Beziehung zwischen diesen Namen und den Dingen. Mehr brauchen wir gar nicht.

Die Erkenntnis läuft also über die Namen, ist die Herstellung einer Namensbeziehung. Das ist ein ganz großer Sprung nach vorne. Diese ganzen komplizierten Beziehungen zwischen phantasmata und Dingen und zwischen Worten und phantasmata brauchen wir gar nicht.

Das hier ist ein großer Schritt Richtung empirisches Denken und Erfahrungswissen, angedeutet schon bei Duns Scotus, aber jetzt noch mal radikaler.

Lesch:

War Ockham in Oxford alleine mit dieser Denkrichtung?

Vossenkuhl:

Nein. Es gab schon noch eine Reihe anderer, die so dachten.

Er war aber der Wichtigste der diese Art von Logik mit vorbereitet hat, die sog. *Terministische Logik*, also eine Logik der *Terme,* der Namen und Bezeichnungen.

Wir haben von ihm eine ganz ausgefeilte Lehre von den Termen. Gerade hatten wir die absoluten Namen, das sind also die Namen für Mensch, dieser Mensch, dieses Glas, der sich immer auf den Gegenstand direkt bezieht. Dann haben wir die Namen zweiter Intension, also das Glas allgemein, der Mensch allgemein, also die typischen Gattungsbezeichnungen. So unterscheidet diese Logik dann auch die Erkenntnisniveaus.

Nur mit den Termini der ersten Intension können wir direkt erkennen; allerdings können wir diese Namen nicht vollständig definieren. Was wirklich ist, läßt sich nicht voll in Definitionen zwingen. In der zweiten Intension brauchen wir die abstrakten Namen. Die können wir vollständig definieren. Wir haben also eine Fähigkeit, die abstrakten Namen – also ‚Kausalität' oder ‚Ursache' – nominell zu definieren. Nominaldefinitionen erfassen die abstrakten Namen ganz. Wir können also sagen, was das bedeutet, weil wir diese Namen selbst machen.

Wenn es aber um reale Dinge geht, ist die Realdefinition gefragt. Die ist aber immer unvollständig. Das heißt, es kann immer sein, dass durch Gott - durch wen sonst - die Sache sich plötzlich verändert. Denkbar, dass wir zum Beispiel etwas über Wein in Erfahrung bringen, was wir jetzt noch nicht wissen. Das Erfahrungswissen über Wein ist entwicklungsfähig und läßt uns hoffen. Es gibt keine vollständige Definierbarkeit dessen, was wirklich ist.

Lesch:

Damit wird ein Weg beschritten. Ein Programm entwickelt sich. Die Erkenntnis über die Grenzen der menschlichen Erkenntnisfähigkeit liefert fast so etwas wie einen Code. Wie kann ich überhaupt irgendwas erkennen? Ich muss mir ständig darüber Gedanken machen, wo die Begrenzung ist, was da drin steckt. Aus dieser Grenze entwickeln sich ständig neue Fragen.

Das Schöne an dieser Art von Philosophie ist, dass sie nicht abgeschlossen ist, dass sie das Tor nicht schon von vornherein zuschlägt und sagt: Moment mal, wenn du überhaupt was wissen willst, dann kannst du das nur unter den und den Gesichtspunkten tun. Alles andere spielt keine Rolle. Hier werden nur noch Kriterien angegeben. Möglichst wenig Angaben werden gemacht. In der Physik würden wir sagen: Bitte nicht so viele freie Parameter! Damit kann man nichts erklären. Da steckt das gesamte Potential der Naturwissenschaften drin. Dass man den Prozess offen hält und weiter laufen lässt.

Vossenkuhl:

Wir haben hier einen Punkt in der Mittelalter-Entwicklung erreicht, wo der Schritt zur Moderne eigentlich schon ganz nah ist, ganz kurz bevorsteht. Wenn Ockham nicht Opfer der Pest geworden wäre, wer weiß, vielleicht hätten wir die Moderne schon früher gehabt, und das in München!

Duns Scotus und Ockham waren die großen Meister am Ende der Scholastik, die die Tür zur Moderne weit aufgestoßen haben. Die „Terministische Logik" ist eine unmittelbare Stufe vor der modernen Sprachphilosophie. Von Ockham gelangt man relativ leicht zu Russell oder Wittgenstein. Mit Recht nennt man das die *Via Moderna*.

Nicolaus Cusanus

Nicolaus Cusanus (1401 - 1464) und die Renaissance

Lesch:

Jetzt geht es um einen Mann, der im Jahre 1401 in Kues an der Mosel geboren wurde und später als Nicolaus von Kues oder latinisiert als *Cusanus* in die Geschichte der Philosophie eingegangen ist. Er hat die Welt wirklich durchdacht.

Bereits mit zarten 15 Jahren fing er in Heidelberg an zu studieren. Es folgten Stationen in Köln und Padua. Er hatte sich also wie einer der typischen Vertreter des Mittelalters auf den Weg gemacht, Europa zu durchwandern.

Später, im Dienste des Papstes, hat er immer versucht zu reformieren und die Religionen zusammen zu bringen. Cusanus war einer der ganz wichtigen Botschafter des Vatikans und hat in dieser Funktion an Konzilien mitgewirkt.

Er war Bischof von Brixen, und später Kardinal. Dieser Mann hat ganz wesentlichen Anteil an den Friedensbemühungen seiner Zeit gehabt. Leider Gottes ist er gescheitert. Wenn man sich nach Cusanus gerichtet hätte, dann wären der Menschheit die Religionskriege im 16. und 17. Jahrhundert möglicherweise erspart geblieben.

Der Mann aus Kues vertrat den Ausgleich zwischen den verfeindeten Lagern. Er hat alles Mögliche versucht, um Frieden zu stiften. Willi, was hat er gedacht?

Vossenkuhl:

Eine ganze Menge. Er war nicht nur eine bemerkenswerte Persönlichkeit im wirklichen Leben, im spannungsreichen Ringen zwischen Kirche und Heiligem Römischem Reich. Er war auch ein echter Revolutionär im Denken. Er hat zu allen großen Themen wie Welt, Erkennen, Gott, Mensch, völlig neue Perspektiven eröffnet. Manche klingen fremd, für den Unvorbereiteten erst einmal ein bisschen komisch. So hat er über Gott Dinge gesagt, die vor ihm noch niemand gesagt, geschweige gedacht hatte. Gott war für ihn „der Nichtandere“, oder „das Nichtandere“, auf Latein: *non aliud.*

Er sagt: **„Das Nichtandere ist nichts Anderes als das Nichtandere.“**

Das klingt beim ersten Lesen schon etwas seltsam. Gott als der Nichtandere heißt: Gott ist nicht vergleichbar mit irgendwas. Er hat keine Größe, die mit irgendwas vergleichbar ist.

Von den Gottesbeweisen des Anselm von Canterbury …

Lesch:

… über das hinaus nichts Größeres gedacht werden kann...

Vossenkuhl:

Das lehnt er ab, das ist für ihn zu anfällig für Einwände und Missverständnisse. Gott ist unvergleichlich, Schluss. Das ist mit dieser merkwürdigen Formulierung gesagt - das Nichtandere ist nichts Anderes als das Nichtandere.

Es gibt also keine inhaltliche Bestimmbarkeit Gottes. Alles, was man über ihn sagen kann, ist in dieser Form tautologisch. Inhaltsleer. Gott ist weder definierbar noch vergleichbar. Es gibt von Cusanus auch den Ausdruck: *deus absconditus*, der Gott, der nicht greifbar ist, der entrückt und verhüllt ist. Also eine völlig neue Gottes-Perspektive.

Lesch:

Hat er damit nicht Gott aus der Philosophie heraus genommen? Sagt er damit nicht, dass das im Grunde genommen gar kein Thema für uns Menschen ist, über das wir uns das Großhirn zermartern sollen?

Vossenkuhl:

In gewisser Weise, ja.

Lesch:

Wir Menschen können nur in Begriffen denken. Und das auch nur in einer endlichen Anzahl von Begriffen, weil wir ja nur endliche Lebewesen sind. Im Grunde genommen hat er Gott auf die andere Seite, die für uns nicht erkennbar ist, gestellt. Ein Gottesbeweis macht so auch keinen Sinn.

Vossenkuhl:

Gott ist jenseits des Erkennbaren. Gut, das haben andere auch schon gedacht. Ganz besonders Thomas von Aquin. Aber nun kommt eines hinzu:

Man könnte annehmen, wenn jemand diese Art von negativer Theologie denkt, bei der man gar nichts mehr über Gott sagen und über ihn keine inhaltlichen Aussagen machen kann, dann zerbricht das ganze Gefüge. Dann ist Gott, wie Du sagst, draußen. Aber das Gegenteil in der Fall.

Der Zusammenhalt dieses Denkens ist gerade dadurch zustande gekommen, dass er Gott aus dem Relationalitätsdenken, das er sonst für alles andere entwickelt hat, heraus nimmt. Das heißt, du hast auf der einen Seite das völlig Unvergleichbare, und auf der anderen Seite alles Andere. Das ist wiederum durchweg vergleichbar. Also, alles Geschaffene, alles, was Gott geschaffen hat, ist vergleichbar und hat drei entscheidende Merkmale, die alle für Gott nicht gelten.

Ein Merkmal ist der Unterschied zwischen Möglichkeit und Wirklichkeit. Wenn wir Menschen über irgendwas nachdenken, zum Beispiel über diesen Wein im Glase vor uns, dann ist dieser Tropfen hoffentlich ein wirklicher Wein. Aber es hätte möglicherweise auch ein anderer sein können, ein Weißwein oder einer mit einer anderen Traube als dieser. Für Gott fällt dieser Unterschied weg. Für Gott gibt es keine Möglichkeit, die nicht wirklich ist.

Lesch:

Also weder Weißwein noch Rotwein ist bei Gott ... weder Nektar, noch Ambrosia?

Vossenkuhl:

Das fällt bei ihm weg. Auch der Unterschied zwischen Sein und Nichtsein fällt weg.

Lesch:

Gibt's auch nicht.

Vossenkuhl:

Gibt's bei ihm auch nicht. Also Möglichkeit und Wirklichkeit weg, Sein und Nichtsein fällt weg. Das sind ganz wesentliche Unterschiede, die alle für uns zutreffen.

Lesch:

Aber jetzt muss ich mal ganz, ganz saudoof fragen. Als Protestant, also als evangelischer Christ. Wir Christen haben eine Gottesvorstellung, die sehr personal ist. Und ich denke, dass auch Katholiken eine sehr personale Gottesvorstellung haben. Namentlich Jesus Christus, der als Mensch auch der erste Christ war.

Jetzt kommt ein Mann, der in der katholischen Kirche Karriere macht. Er steigt sogar bis in die Nähe des Papstes auf. Wie kann der so eine Philosophie entwerfen, die Gott entrückt und ihn fast zu einer kosmischen Energiequelle macht? Das hat so etwas Jenseitiges. Gott ist ja wo ganz anders, der ist ja gar nicht hier. Der ist dann auch nicht da, wenn ich ihn brauche, oder?

Vossenkuhl:

Da bist Du schon bei der Weltdefinition von Cusanus: **Die Welt ist all das, was nicht Gott ist.**

Lesch:

Ach!

Vossenkuhl:

Wie er das mit dem Jesus Christus und dessen Gottesvorstellung hinkriegt, das kann ich Dir erklären. Gott ist auch bei Cusanus allmächtig. Er kriegt alles hin, was er will. Für ihn ist natürlich auch das Menschsein eine Möglichkeit zu sein. Keine Möglichkeit ist für ihn ja ausgeschlossen. Damit liegt die Lösung des Problems mit seinem Sohn schon auf der Hand: Dadurch, dass Gott Mensch geworden ist, ist eine diese Möglichkeiten auch schon realisiert.

Aber noch einmal zurück. Da gibt es diese unglaubliche Verbindung zwischen Gottesdenken und Weltdenken. Was machen wir dabei? Was spielen die Menschen da für eine Rolle?

Laut Bibel, sind wir Abbilder Gottes. Daran hält Cusanus natürlich fest. Aber was heißt es, wenn das Absolute und das Nichtabsolute miteinander in Beziehung sind? Es gibt eine Stelle, an der er sagt: Das Unendliche und das Endliche lassen sich nicht vergleichen. Das gehört wieder zu diesem Unvergleichlichen. Was spielen wir da für eine Rolle? Was ist unsere Erkenntnis? Wenn wir abbildartig erkennen, was erkennen wir da?

Es ist hoch interessant, was er dazu sagt: Gott ist der Schöpfer aller realen Dinge, auch der realen Bestimmungen. Durch unser Denken sind wir aber auch Schöpfer. Wir sind die Schöpfer der Begriffe. Wir machen die Begriffe, und auch alles, was wir mit den Händen selbst machen. Kunst zum Beispiel, Architektur, all diese Dinge, das sind unsere Schöpfungen.

Lesch:

Wir sind also kleine Götter.

Vossenkuhl:

Ja. Wir sind quasi Götter aus zweiter Hand.

Lesch:

Ich habe gelesen, dass er ein großer Freund der Mathematik war. Die hat er sehr geliebt. Von der Scholastik war er offenbar etwas enttäuscht, genauer von den scholastischen Denkern. Sein Vorwurf war: Sie schaffen keinen Frieden, eher Unfrieden, weil sie so festzementierte Vorstellungen davon haben, was richtig ist, was richtige Religion ist und was nicht.

Er war wohl auch unzufrieden damit, dass ihm das Philosophische überhaupt nichts gebracht hat. In dieser Denkwelt zu verharren, in der die Vernunft grundsätzlich dem Glauben zu dienen hat, und aus. Die Philosophie ist die Magd der Theologie, und Feierabend.

Wie ist es mit dieser Geschichte von der Unwissenheit? Auch damit hat er offensichtlich versucht, Dinge abzugrenzen.

Vossenkuhl:

Der Text, den er geschrieben hat, heißt „Gelehrte Unwissenheit", *Docta Ignorantia.* Eigentlich ganz schön paradox formuliert. Vieles klingt bei ihm paradox. Dieser Zusammenfall des Gegensätzlichen (coincidentia oppositorum), oder das „Können-sein" - so wird das gerne übersetzt. Es heißt aber *possest,* also „das Können ist", eine Formulierung, die es im Lateinischen nicht gibt. Gott ist ein *possest,* ein „Könnenist", also Wirklichkeit und Möglichkeit zusammen.

Aber warum ist die Erkenntnis des Menschen unwissend? Cusanus sagt: Wir Menschen gehen immer vom Einzelnen aus. Also, wenn ich wissen will, wer Du bist, dann schaue ich Dich an. Ich gehe von dem aus, was ich sehe, von den einzelnen Dingen.

Lesch:

Und dann weißt Du schon Bescheid?

Vossenkuhl:

Wenn ich das nur wüsste. Ich versuche dann zum Allgemeinen, also zum Menschen vorzudringen. Das ist der Weg. Das wäre aber ein unendlich langer Weg, den kann ich nicht gehen.

Wer Du aber bist und was überhaupt ein Mensch in seiner Bestimmung ist, lässt sich letztlich aber nur vom Ganzen her erkennen. Beides, sowohl diese vollständige Induktion vom Einzelnen zum Ganzen hin als auch der andere Weg vom Ganzen zum Einzelnen, die Deduktion, ist uns Menschen versagt. Was machen wir aber dann? Wir müssen unentwegt versuchen, uns vom Einzelnen aus approximativ vorzuarbeiten, uns zu orientieren und vorwärts zu tasten.

Wir wissen immer etwas. Es ist aber kein wirklich vollständiges Wissen. Es ist immer nur ein Teilwissen.

Lesch:

Das ist doch auch ganz schön. Das ist ja das, was auch die Wissenschaft so reizvoll macht. Die Lücken treiben die Wissenschaft an. Nicht diese vollständigen Weltbilder. Das sind ja Ideologien. Wissenslücken sind ein gutes Stückchen Dynamit für die Erkenntnis.

Vossenkuhl:

Nun könnte man denken, dass so ein Mensch, der so was denkt, wohl ein großer Skeptiker sein müsste. Der denkt: Na ja, also „nix gwiess woass ma net" – auf gut bayrisch. Was sollen wir da überhaupt noch Wissen nennen?

Er war aber überhaupt kein Skeptiker. Er meinte: Da wir nun so gebaut sind wie wir sind, brauchen wir ein Instrument, das uns hilft und perfekt ist. Einen Maßstab. Das ist die Mathematik. Allein elf Texte hat er über Mathematik verfasst.

Lesch:

Er hat mathematische Verfahren erdacht, lange bevor sie tatsächlich publiziert worden sind. Wie komme ich ran an die Idealformen? Zum Beispiel die Quadratur des Kreises.

Coincidentia oppositorum,

der Zusammenfall der Gegensätze. Da hat er sich ein Gedankenexperiment überlegt.

Zum Beispiel eine Kugel: Wenn diese nur groß genug ist, dann wird sie praktisch zu einer Geraden. Wenn sie unendlich groß ist, kann ich zwischen einer Kugeloberfläche oder der Kugellinie, der Kreislinie, und einer Geraden gar nicht mehr unterscheiden.

So hat er sich Gedanken gemacht, hin zum ganz Kleinen und hin zum ganz Großen. Wie kann man das mathematisch in den Griff bekommen? Das sind Vorgänge, die später von Leibniz und Newton in der Infinitesimalrechnung dann richtig formalisiert worden sind.

Cusanus hat sich bemüht, die Vielfalt der Phänomene einigermaßen zu ordnen. Er hat festgestellt: Wenn ich da weiter denke, dann erscheint etwas immer Größeres, immer Größeres, immer Größeres, bis dahinter irgendwann Gott auftauchen müsste. Auch wenn ich immer kleiner und kleiner und kleiner werde - auch da muss es etwas geben, wo die Welt an irgendeiner Stelle ihr Ende findet. Auch da müsste sich Gott finden lassen.

Vossenkuhl:

Für ihn war klar, dass dieses Allerkleinste und das Allergrößte sowieso in Gott zusammenfallen. Diese Coincidentia oppositorum ist so ein bisschen wie das Ockham'sche Rasiermesser. Das kann man überall anwenden.

Wenn Du mir zu viele Annahmen machst, dann wage ich, Deine Hypothesen stark zu bezweifeln. Und so sagt er auch: Im Grunde genommen kann ich jede Äußerung auf die Spitze treiben und mir dann anschauen, wo sie aufhört noch einen sinnvollen Zusammenhang darzustellen. Dann beginne ich allerdings möglicherweise mehr über das zu erfahren, was ich da übertreibe, als dass mir das ohne diese Übertreibung möglich gewesen wäre.

Eine Sache will ich noch sagen, weil ich immer noch nicht damit durch bin. Ich habe eine ganze Menge über Cusanus gelesen. Dabei ist mir nie so richtig klar geworden, ob diese Suche nach dem Dahinter, nach dem Nichtanderen, ob das nicht damit zu tun hat, dass er sehr intensive Erfahrungen mit anderen Religionen gemacht hat. Sowohl mit dem Islam - er hat sogar ein Buch über den Koran geschrieben - dann mit der Orthodoxen, also mit der oströmischen Kirche. Mit der hat er versucht, Friedengespräche zu führen, und ist grandios gescheitert. Es hat ihn aber umgetrieben.

Die Frage: Gibt es nicht etwas hinter diesen Religionen? Gibt es dahinter nicht noch etwas, das sozusagen die „ewige und einzig wahre Religion“ darstellt? Damit der Mensch aus dem Schlamassel rauskommt, dass sich die Völkerschaften regelmäßig die Köppe einschlagen – ein ultramodernes Thema.

Lesch:

Er muss in diese Richtung gedacht haben. Ich kann mir nicht vorstellen, dass Cusanus namentlich nicht als Mann von der schönen weinseligen Mosel, also jemand, der aus einem Teil Deutschlands kommt, wo man im Allgemeinen sehr fröhlich ist, der wird doch sicherlich versucht haben, das irgendwie zusammenzubringen.

Vossenkuhl:

Am Ende unserer kurzen Überlegungen zu diesem großen Kopf muss ich noch anfügen: Für Aristoteles ist der Kern der Wirklichkeit die Substanz, die Substanz der Dinge. Also jedes Ding, wenn es wirklich ist, hat als eigentliche Wirklichkeit eine Substanz. Darauf verzichtet Cusanus völlig. Für ihn sind Dinge nicht substantiell bestimmt, sondern rein relational. Alles außer Gott steht in Beziehung zu allem andern. Das heißt: Das ganze Universum, die Welt, besteht aus nichts als Relationen. Wir Beide sind nur Knotenpunkte in diesen Relationen.

Lesch:

Also ist die Welt ein Beziehungsgeflecht. Total vernetzt.

Vossenkuhl:

Nun denkt man schnell: Ach, das ist aber ziemlich schwammig. Ist es aber nicht, wenn man die Mathematik ins Spiel bringt. Damit kann man tatsächlich Quadrat und Kreis vergleichen („de circuli quadratura“ heißt die Schrift, in der er das behandelt). Krummlinig und gradlinig sind keine unüberwindlichen Gegensätze. Aus der Koinzidenz der Gegensätze entsteht die Vollendung. Das wollte er zeigen, genau diese Relationalität.

Es sagt, wo man ein Größeres und ein Kleineres geben kann, kann man auch ein Gleiches geben. Das ist eine der Regeln der „Docta ignorantia“, der gelehrten Unwissenheit.

Das Moderne an diesem Denken ist: Nicht die Substanz entscheidet, sondern die Strukturen und die Funktionen. Also genau das, was in den modernen Naturwissenschaften dann das A und O geworden ist: Relationalität zu bestimmen, Verhältnisgrößen, Berechnungen anzustellen, auch bei den Himmelskörpern. Das wird hier begonnen.

Wenn man überlegt: Was war denn davor, das dieses Denken ermöglicht hat? 50 Jahre Stille, nachdem die Pest die Menschen in Europa dahingerafft hatte, ab 1346. Ein, zwei Generationen waren mehr oder weniger stumm.

Lesch:

Jetzt haben wir eine echt schwierige Aufgabe vor uns. Wir müssen jetzt durch das große Tal hinein in eine Zeit, wo der Philosophie nicht mehr die Theologie gegenüber steht, sondern - ich setz mich schon mal grade hin - die Naturwissenschaft. Wir kommen jetzt in die Renaissance. Cusanus ist auch schon mit einem Bein in dieser neuen Epoche.

Es ist eine Zeit, in der wurde entdeckt. Noch und nöcher. Es wurde erfunden. Man denke nur an Gutenberg. Auf einmal konnte man Bücher drucken. Das Wissen ließ sich schneller verbreiten. Es wurden Entdeckungen gemacht, die Welt wurde größer. Man kann sagen: Da begann die Globalisierung, weil auf einmal nicht mehr nur die lokalen Interessen wichtig waren. Handelsgesellschaften operierten auf der ganzen Welt.

Auch damals war die Globalisierung ein bisschen so wie heute: Eine hauchdünne Speckschicht profitierte massiv, die Masse wurde schnell abgehängt und war mit ihrem Existenzkampf beschäftigt.

Es war eine unglaubliche Zeit des Umbruchs. In Europa entwickelten sich Banken und Handelsgesellschaften. Zumindest die europäische Welt war mehr und mehr in Wallung geraten. Die Philosophie hat in dieser Zeit eigenartigerweise gar nicht viel hervorgebracht.

Vossenkuhl:

Nichts Neues …

Lesch:

… und auch nichts Großes.

Vossenkuhl:

Stimmt nicht ganz. Sie hat jede Menge hervorgebracht. Geradezu explosionsartig viel. Aber auf eine merkwürdig veränderte Weise. Man hat sowohl Platon wiederentdeckt und die Antike. Daher der Name: Renaissance, Wiedergeburt.

Lesch:

Das hatte ich vergessen.

Vossenkuhl:

Das hast Du nicht vergessen, aber das ist schon so in Fleisch und Blut übergegangen. Platon hat man in einer Mischung mit Plotin wieder entdeckt.

Lesch:

Plotin, den Neuplatoniker.

Vossenkuhl:

Es gab auch Aristoteliker. Aber die meisten Denker der Renaissance kämpften doch stark gegen den Aristotelismus. Man würde nun annehmen können, Cusanus und seine Argumente gegen Aristoteles, die hätten da irgendeine Rolle gespielt. Gut, er war in Rom, er hat sicherlich seine Gedanken mitgeteilt.

Aber es taucht nun plötzlich eine neue Generation auf: So z.B. Marsilius Ficinus (1433-1499). Florenz ist jetzt der Dreh- und Angelpunkt. In Rom war philosophisch nicht mehr viel los. Dann ein richtiger Hochadliger: Pico della Mirandola (1463-1494). Eine Generation nach Cusanus.

Ficinus hat ein ganz neues Ideal eingeführt. Etwas, was sehr stark an das erinnert, was die letzten Jahrzehnte der Philosophie bei uns charakterisiert. Er verstand diese Renaissance eigentlich als perfekte Adaption einer anderen Zeit durch bloße Übersetzung. Man könnte sagen, *sine ira et studio*, also ohne Veränderung und eigenes Zutun.

Schon merkwürdig: Die ganzen Epochen vorher waren die Philosophen aufgerufen, zu kommentieren, und nun plötzlich...

Lesch:

... die blanke Übersetzung, sonst nichts.

Vossenkuhl:

Was Du vorher über Cusanus gesagt hast, dieser Versuch, die Religion, natürlich die christliche, zu etablieren, dabei aber die Kanten und Spitzen gegenüber anderen wegzunehmen, das wurde bei Pico zu einem ganz merkwürdigen alles Zusammenglauben, zu einem Synkretismus, einer Art humanistischer Weltreligion.

Lesch:

Aber das hat ja durchaus etwas sehr Verbindendes mit der heutigen Zeit. Wir haben diese wahnsinnigen Umbrüche – Entdeckungen und Erfindungen - und auf dem Gebiet der Glaubensmöglichkeiten entfaltet sich ein Jahrmarkt, wo alles zusammengekocht wird. Gut durchgemischt ist ja im Grunde genommen auch die angenehmste und friedlichste Form. Wenn sich die Fundamentalisten der Religionen durchsetzen, dann gibt es meist nur Ärger. Genau das geschah dann in der Spätphase der Renaissance. Dann gab es die Religionskriege. Da ist mir dieser Mischmasch schon lieber.

Einen weiteren Pluspunkt darf ich anführen: Ragte in der Hochscholastik Gott noch wie ein Leuchtturm auf und erhellte so die ganze Welt, emanzipiert sich jetzt noch einmal der Mensch. Bei den alten Griechen hatte es schon einen gegeben, der feststellte: Der Mensch ist das Maß aller Dinge. Offenbar ist in der Renaissance der Mensch wirklich wieder dazu geworden.

Vossenkuhl:

Das ist wirkungsvoll in's Schwarze getroffen! Der Fürst Pico hat nicht nur - so wie Cusanus - den Menschen als zweiten Gott benannt, sondern **„deus in terra“**, Gott auf Erden. Ein Titanismus, unglaublich! Also nicht nur der universale Mensch, der auch bei Alberti, einen weiteren Renaissance-Denker, eine Rolle spielt. Alberti war gleichzeitig Architekt. Überhaupt ist die Architektur in der Zeit als Ausdruck menschlicher Selbstdarstellung enorm wichtig.

Es ist ja auch eine wunderbare Architektur, die Anleihen bei den Griechen genommen hat. Man denke nur an Palladio und seine Bauten in Vicenza, an der Brenta entlang und in Venedig!

Aber der Titanismus, das ist genau der Punkt! Der Mensch ist nicht nur das Maß aller Dinge, sondern der Mensch ist der Gott auf Erden. Einen anderen gibt's nicht.

Lesch:

Er kann alles machen. Schau Dir nur den *L'uomo universale* schlechthin an, den Alberti erdacht und Leonardo da Vinci dargestellt hat oder seinen kongenialen Rivalen Michelangelo. Das ist ja ungeheuerlich, was die gemacht haben!

Vossenkuhl:

Vielleicht kann man das auch so zusammenfassen: Die Tatsache, dass - verglichen mit früheren Epochen - große philosophische Gedanken in dieser Zeit gar nicht gedacht wurden, ist sehr gut in Verbindung zu bringen mit der völlig neuen Bedeutung der Kunst. Die Kunst war ein sehr viel stärkerer, mächtigerer Ausdruck des menschlichen Selbstverständnisses als die philosophische Theorie. Leonardo, der auch ein großer Ingenieur und Techniker war, was gab es damals für einen größeren Maler als ihn? Und dann die Skulpturen von Michelangelo Buonarotti! Und die Architektur jener Zeit!

Irgendwie scheint das alles in der Renaissance zu einem Gesamtkunstwerk geworden zu sein. Die Philosophie wurde nur noch als eine Erscheinung daneben gesehen, aber nicht mehr als etwas zentral Beherrschendes.

Lesch:

Ich habe ohnehin den Eindruck - ohne jetzt irgendwie vorgreifen zu wollen, denn wir haben ja noch ein paar Jahrhunderte der Philosophiegeschichte vor uns – dass die Philosophie manchmal von der Atemlosigkeit der Zeit völlig überrollt wurde. Dann hat sie weder Zeit noch Ruhe, um „ordentliche" philosophische Gedanken ausformen zu können. Wenn Dinge sich so schnell verändern und pausenlos was Neues passiert, fehlte die Muße zum Rückblick, dieses Reflektieren. Der Moment der Philosophie geht verloren in einer Zeit, wo einfach nur noch gemacht und getan wird.

Gerade die Renaissance hat sich in jeder Hinsicht als eine ungeheuer progressive Ära erwiesen, in der es an allen Ecken und Enden nach vorne gegangen ist. Da konnte man möglicherweise vor lauter Atemlosigkeit keine Philosophie mehr betreiben.

Vossenkuhl:

Wir haben jetzt nur einige Namen genannt. Man könnte einen ganzen Abend über die vielen Macher der Renaissance sprechen. Wir haben Machiavelli nicht erwähnt, ein revolutionärer Neuerer der Politik, vergleichbar vielleicht mit Karl Marx. Eine völlige Veränderung im Verhältnis von Politik und Moral.

Die Renaissance war ein Neuaufbruch, ein Neuanfang, obwohl es eine Wiedergeburt der Antike war.

Aber vergessen wir nicht Cusanus. Cusanus war der eigentliche geistige Revolutionär in dieser Zeit. Der aber, leider, muss man sagen, verdrängt wurde durch die Globalisierung und durch die unglaubliche Kraft, mit der Kunst und Architektur die Szene zu beherrschen begannen, und natürlich durch die Politik. Erst sehr viel später ist Cusanus wieder im Bewusstsein der Philosophie aufgetaucht. Vor allem bei Leibniz.

Nikolaus Cusanus, ein wirklicher großer, genialer Kopf am Ende des Mittelalters und dem Beginn der Neuzeit.

Keppler

Bacon

Galilei

Beginn der Naturwissenschaften – Keppler (1571-1630), Galilei (1564-1642) und Bacon (1561-1626)

Vossenkuhl:

Zwischen 1473 und 1648, innerhalb von etwas mehr als 150 Jahren, verändert sich die Welt, jedenfalls das Bild davon. Natürlich passierte in dieser Zeit vieles andere, zum Beispiel Luther's Thesenanschlag, der wahrscheinlich genau so stattgefunden hat, wie wir ihn kennen. Auf jeden Fall hatte die Reformation, und 1618 der Dreißigjährige Krieg begonnen.

Neben oder über all dem hat sich auch das Weltbild verändert. Mit Namen wie Kopernikus, Kepler, Galilei und Bacon.

Lesch:

Nikolaus Kopernikus. Er steht am Beginn einer Entwicklung, die in gewisser Weise den Beginn der großen Entzauberung der Welt darstellt. Bis dahin war eigentlich alles gut. Man hatte ein Weltbild, das ganz komfortabel aus dem Blickwinkel des Erdenmenschen eingerichtet war. Stand doch die Erde im Zentrum dieses Universums. Alles hatte sich um die Erde herum zu drehen. Es gab ein wunderbares Verfahren, benannt nach einem Wissenschaftler aus der Antike, Ptolemäus. Der hatte das aus vielen Daten heraus entwickelt. Ein mathematisches Verfahren, das die Bewegung der

Himmelskörper am Firmament ganz hervorragend erklärte.

Bis einige neue Beobachtungen hinzukamen, die diese Erklärungen nicht mehr so ohne weiteres zuließen.

Ptolemäus hatte Folgendes eingeführt: Alles dreht sich um die Erde, schön kreisrund. Da es einige Abweichungen von dieser Kreisbahn gab, musste man kleine Kreise einführen, sogenannte *Epizyklen*. Je genauer man hinschauen wollte, um so mehr Epizyklen mussten eingeführt werden. Das sind also quasi die Stellschrauben dieses Weltbilds gewesen.

Kopernikus war dann einer der ersten, der die Welt, im wahrsten Sinne des Wortes auf den Kopf gestellt hat. Er postulierte: Es dreht sich nicht alles um die Erde herum, sondern die Erde ist nur einer von sieben Planeten, die sich um die Sonne bewegen. Kopernikus war ein Mann, der sein Weltbild nach sehr ästhetischen Kriterien entwickelte. Deswegen liefen die Planeten bei ihm noch auf absolut kreisförmigen Bahnen.

Kopernikus hat sein Werk erst kurz vor seinem Tode veröffentlichen lassen, weil er mit gutem Grund befürchtete, dass gewisse kirchliche Kreise mit dieser Veränderung in Gottes Schöpfung überhaupt nicht einverstanden wären.

Vossenkuhl:

Er hat aber keine Schwierigkeiten bekommen?

Lesch:

Nein. Das war bei ihm wohl so etwas wie vorauseilender Gehorsam oder einfach nur Vorsicht.

Vossenkuhl:

Was dachte er denn über die Gestirne selbst? In der Antike, bei Ptolemäus, vor allem bei Platon und Aristoteles waren die Sterne ja Idealkörper. Glatte, gleichförmige, feurige Kugeln.

Lesch:

Kopernikus war auch davon überzeugt, dass die Sterne ideale Körper sind. Sie müssen sehr weit von uns entfernt sein, weil sie sich ja kaum am Himmel bewegten - während die Planeten als Wanderer vor den Sternen herumliefen.

Kopernikus war gar nicht der Typ Revolutionär. Erst Kant hat dann aus dem Kopernikanischen Weltbild die echte Revolution gemacht, die Umwälzung.

Vossenkuhl:

Kopernikus war nicht derjenige, der versucht hat, den Durchbruch dynamisch und aktiv durchzusetzen.

Lesch:

Er lebte im heutigen Polen, in Krakau. Stammte aber nicht selbst aus Krakau, sondern aus Thorun.

Vossenkuhl:

Dort hat er später eine Stelle als Domkapitular inne. Da hat der Grübler in Ruhe vor sich hingedacht, weitab eines durchaus schon vorhandenen europäischen Wissensnetzes. Er verfügte wohl über das eine oder andere Fachbuch, war aber nicht Teil einer Wissenschaftsfamilie wie Kepler, der bei Tycho de Brahe in Prag sein Handwerk gelernt hat. Auch nicht wie Galilei, der in Padua lehrte und wissenschaftlich gut vernetzt war. Kopernikus kreiste außerhalb dieser Zentralgestirne. Mit seiner Schrift hat er dann zumindest ein Lebenszeichen und einen Anstoß gegeben.

Lesch:

Was die Kreisförmigkeit der Bewegung angeht, steht er noch mit einem Bein in der alten Zeit. Also nichts Neues, was die Himmelskörper selber betrifft.

Vossenkuhl:

Das war nicht sein Ding. Es war ein Schwebezustand, eine Art Niemandsland zwischen dem, was wir heute Naturwissenschaften nennen und Pseudowissenschaften wie Astrologie. Diejenigen, die sich mit den Sternen beschäftigen, wurden ja häufig und gerne herangezogen, um dieselben auch zu deuten. Kann man aus den Sternenkonstellationen vielleicht ablesen, wie die Zukunft wird? Man lese nur Schillers „Wallenstein", um darüber mehr zu erfahren. Ähnlich dachte auch ein anderer Kollege, der berühmt geworden ist.

Kopernikus war in diesem Sinne noch ein Mann, der der Vorstellung zugetan war, dass, wenn schon Veränderungen notwendig sind, diese doch bitte so gering wie möglich ausfallen sollten. Es reicht schon, dass die Erde sich mit den anderen Planeten um die Sonne herum dreht.

Lesch:

Johannes Kepler ist es wohl, den Du gerade schon zwischen den Zeilen erwähnt hast, der Astrologe und Astronom.

Kepler ist von einer ganz anderen Observanz, um es mit Fontane zu sagen. Eine ganz andere Figur. Jemand, der ungeheuer gut drauf war. Ich würde sagen, wenn Kepler heute leben würde, wäre er sicher einer der herausragenden Mathematiker. Unvorstellbar bei den Möglichkeiten, die heute zur Verfügung stehen. Kepler hat den Himmel auf die Erde geholt. Ihm ist es an seinem Schreibtisch gelungen, zu errechnen, wie die Dinge sich - zumindest im Sonnensystem - verhalten müssen.

Vossenkuhl:

Phantastisch.

Lesch:

Es gibt ein wunderschönes Experiment. Man malt auf ein Blatt Papier die Planetenbahnen so auf, wie sie wirklich sind. Man erkennt mit bloßem Auge nicht, dass es keine Kreise sind, sondern Ellipsen. Da brauchte es einen Kepler, der aus den winzigen Bahnabweichungen am Himmel errechnete, dass es sich dabei um Ellipsen handelt. Daraufhin sind seine drei Kepler'schen Gesetze zum Tragen gekommen und haben die ganze Himmelsmechanik revolutioniert.

Es wurde klar: Aha, in gleichen Zeiten überstreicht der Fahrstrahl gleiche Flächen. Das ist eines der Kepler'schen Gesetze. Er errechnete das Verhältnis der großen Hauptachsen zu den Umlaufperioden. Und dass eben die Sonne in einem der Brennpunkte der Ellipse stehen muss.

Im Nachhinein würde man heute sagen: Ist ganz klar, das muss so sein. Das ist die Dreh-Impuls-Erhaltung. Damals wusste er das aber nicht. Wenn man in die Literatur schaut, dämmert es einem, was der Mann alles berechnet hat. Das muss ein wahrer Workaholic gewesen sein, der hat geschuftet wie ein Verrückter, Tag und Nacht gerechnet, gemacht und getan. Zwischendurch musste er noch die Familie ernähren. Geld hat er mit der Astrologie verdient. Ein guter Kunde war der große Feldherr Wallenstein.

Vossenkuhl:

Kopernikus, ein katholischer Theologe, hatte auch Rechtswissenschaft studiert, genauer Kirchenrecht. Kepler dagegen ist Protestant. Zeitlebens allerdings in katholischen Diensten. Geboren in Weil, ein Ort nicht weit von Stuttgart. Da steht auch sein Denkmal.

Lesch:

Aber am evangelischen Stift in Tübingen...

Vossenkuhl:

...da wurde er erzogen. Später ging er dann nach Graz und arbeitete in einer ebenfalls evangelischen Einrichtung. Dann diente er nicht weniger als drei Kaisern, die natürlich katholisch waren, als Mathematiker. Auch dem Feldherrn Wallenstein. Wie schon erwähnt. Er wechselte die konfessionellen Fronten, die es damals gab.

Lesch:

Alle haben ihn übrigens schlecht bezahlt, das so am Rande. Er ist meistens ziemlich arm durch die Weltgeschichte gelaufen.

Vossenkuhl:

Na gut. Jedenfalls war er ein Mann, der in einer kriegerischen Zeit – immerhin tobte der 30jährige Krieg- überlebte.

Lesch:

Für Kepler war die Verbindung zwischen Mathematik und Religion ganz offensichtlich. Er hat immer nach Gott in der Natur gesucht. Er hatte einen ganz starken Hang, die Dinge am Himmel zu idealisieren. Er beschäftigte sich auch mit den alten platonischen Körpern und versuchte, kosmische Sphären zu errechnen, weil sich für ihn bei der Beobachtung der Natur immer Gott zeigte. Gerade dieses Uhrwerkartige, was sich am Himmel abspielte – was er mit seinen drei Gesetzen auch dargestellt hat – das war für ihn ein Hinweis, dass Gott da eine perfekte Maschine hingestellt hat.

Vossenkuhl:

Passt eigentlich sehr gut zu dem, was Cusanus gedacht hat. Für Cusanus zeigt sich Gott in der Welt in einer ganz bestimmten Weise. Er war auch mathematisch orientiert, aber noch weit von Kepler entfernt. Der lebte zwei Generationen später. Kepler hat dann eine Idee von Cusanus mathematisch gefasst.

Lesch:

Wenn Keppler noch etwas weiter gedacht und nicht so mystische Neigungen gehabt hätte, dann wäre ihm wahrscheinlich aufgefallen, wie das Kraftgesetz zwischen den Massen sein muss. Wenn er ein bisschen pragmatischer, also eher Brite gewesen wäre, dann hätte er wahrscheinlich das Gravitationsgesetz lange vor Newton entdeckt. Wir würden dann heute von einer reinen Kepler'schen Physik sprechen und nicht von einer Newton'schen Physik.

In diese Mischung aus Astrologie und Astronomie ist Kepler in vielen Dingen abgedriftet. Das ist bei ihm schwer auseinander zu halten. Er hatte zum Beispiel auch herausgefunden, dass es eine Konjunktion von Jupiter und Saturn gibt. Er stellte sich die Frage: Könnte nicht diese Konjunktion der Stern von Bethlehem gewesen sein? Er rechnete zurück und stellte fest: Tatsächlich, im Jahre 6 vor unserer Zeitrechnung hat es diese Konjunktion schon einmal gegeben. Ihm als Astrologe war klar: Jupiter ist ein Königszeichen, Saturn ein Zeichen für das Land im Westen, also für das Volk Israel, das Ganze im Zeichen der Fische. Kombiniere: neuer König! Das könnte also genau die Geschichte gewesen sein, die die Weisen aus dem Morgenland dann ins Land Palästina geführt hat.

Vossenkuhl:

Er hat eine richtige Supernova entdeckt, die deshalb nach ihm benannt ist.

Lesch:

Ein neuer Stern, *Nova* ist der neue Stern. Eine *Supernova* erscheint besonders hell. Heute wissen wir, was das ist. Es handelt sich um explodierende, sterbende Sterne, die in einem interstellaren Drama eine lebensspendende Wirkung haben. Diese Sterne produzieren schwere Elemente, die ins Universum geschleudert werden. Ohne die wären wir beide gar nicht hier – unsere Leser übrigens auch nicht. Wir alle bestehen zu 92 % aus diesen Stoffen. Keppler hatte also einen Stern entdeckt.

Die Frage war: Wenn das alles am Fixsternhimmel so fix ist, also so unveränderlich, wo kommt denn so plötzlich ein neuer Stern her? Das Problem stellte sich schon bei den Kometen. Wo kommen die denn her? Da wurde extra eine Schale als Hilfskonstruktion eingeführt. Darin sollte sich ab und zu Gestein lösen und dann ins Innere des Sonnensystems eindringen.

Kepler konnte auf die Datensammlung seines großen Mentors Tycho de Brahe zurückgreifen. Das half ihm bei seinen Berechnungen. Trotz mystischer Neigung darf er zu den Urvätern der Naturwissenschaften gezählt werden.

Vossenkuhl:

De Brahe selbst hat noch nicht an das heliozentrische Weltbild geglaubt. Der dachte noch, dass sich alles um die Erde dreht.

Irgendwas sollte sich aber auch bei ihm um die Sonne drehen?

Lesch:

Da dreht sich auch was rum. Es gab damals ganz unterschiedliche Verfahren. Alle waren aber noch von dem Weltbild überzeugt, bei dem die Erde im Mittelpunkt steht, weil dieses so schön mathematisch entwickelt war. Das durch ein neues Verfahren abzuschießen, war unglaublich schwierig. Flockig würde man heutzutage vielleicht sagen: Da hat sich ein Paradigmenwechsel vollzogen. Keiner lässt aber seine Arbeit so einfach liegen und sagt: Ist ja wunderbar, dass ich jetzt 40 Jahre lang offenbar an was ganz Falsches geglaubt habe. Jetzt mache ich eben etwas Neues. So einfach ist es nicht. Das galt damals genauso wie heute.

Man sollte sich nicht der falschen Hoffnungen hingeben, dass Wissenschaftlerinnen oder Wissenschaftler in der Lage wären, so mal eben kurz ihr gesamtes Lebenswerk hinzuschmeißen. Tycho de Brahe konnte sich auch nur schwer davon lösen, dass die Dinge eben nicht so waren wie er das immer geglaubt hatte.

Übrigens stand Kepler in lebhaftem Kontakt mit Galileo Galilei. Sie schrieben sich Briefe. Der Italiener hat ihm wohl ab und an etwas Neues erzählt. Der war ja auch sehr vielseitig aufgestellt und hat eine Menge entdeckt.

Galilei wäre ein eigenes Kapitel. Die meisten kennen ja nur seinen Prozess und das Gerangel mit der Kurie.

Vossenkuhl:

Wofür ist er eigentlich berühmt geworden? Es wird zwar erwähnt, er hätte sich mit dem freien Fall beschäftigt, hat aber nie irgendetwas frei fallen lassen. Er beschäftigte sich vielmehr mit Gedankenexperimenten, die zeigen sollten, wie Körper, also Massen, sich bewegen.

Lesch:

Man fragte sich die ganze Zeit: Wieso bewegt sich ein Körper? Es muss irgendwas geben, was ihn immer weiter und weiter treibt. Galilei hat dann mit einer naturwissenschaftlichen Dreifaltigkeit gearbeitet: Eine physikalische oder naturwissenschaftliche Theorie muss *axiomatisierbar* sein, es muss also klare Behauptungen geben. Diese Behauptungen sollten mathematisch darstellbar sein. Diese mathematisch dargestellten Axiome müssten experimentell überprüfbar sein. Alles andere ist kalter Kaffee! Das ist Galilei in Reinkultur.

Zum Beispiel der freie Fall eines Körpers. Eine Feder, die schaukelt sich so langsam dem Boden entgegen. Dagegen eine Eisenkugel: Rumms!

Galilei hat nun gesagt: Wenn man den Luftwiderstand wegnimmt – also ein Vakuum voraussetzt – dann schaut die Welt gleich ganz anders aus. Dann würden die Eisenkugel und die Feder im gleichen Moment unten ankommen, weil die Kraft, die sie beschleunigt, die gleiche ist wie für alle Masseteile. Ende.

Dieser gedankliche Schritt ist völlig neu in der Physik. Dass jemand die altbekannte Denke ganz wegschiebt und sagt: Wir wollen unter kontrollierten Bedingungen eine Frage an die Natur stellen. Wenn wir nun alle möglichen Störfaktoren ausschließen, dann haben wir das Phänomen in Reinkultur. Ungeheuerlich!

Vossenkuhl:

In dem Zusammenhang hat er eine neue Methode entwickelt, so eine Art Kombination zwischen Theorie und Experiment. Er hat Größenverhältnisse losgelöst von allen anderen betrachtet. Angenommen: Geschwindigkeit und Länge des Falls. Damit ist er doch weit gekommen, nicht? Er hat nicht alle Phänomene zusammengepackt, sondern er hat sie auseinander genommen. Eine Art analytische Methode. Damit hat er Fortschritte erzielt, die früher nicht denkbar waren.

Vielleicht noch ein paar Sätze zu seinem Leben. Er stammte aus einer Familie in Florenz, wurde aber im Wesentlichen in Pisa erzogen. Dort hat er später Mathematikunterricht gegeben. Anschließend suchte er sein Glück in Florenz. Sein Vater war Lautenspieler und hat sich in der Musiktheorie versucht. Da zeigte sich schon die Schnittstelle Mathematik, Musik und Kunst.

Lesch:

Galilei war sicher ein *L'uomo universale*. Er war auch an Malerei, Musik und sonstigen schönen Künsten interessiert. Er hat sich sehr mit dem geistigen Leben seiner Zeit beschäftigt. Darüber hinaus war er ein herausragender experimenteller Naturwissenschaftler.

Vossenkuhl:

Er hat auch Zeichnen gelernt. Das muss wohl für ihn ganz wichtig gewesen sein, jedenfalls behauptet das der Kunsthistoriker Horst Bredekamp. Der sagt: Wenn Galilei nicht perfekt Zeichnen gelernt hätte, hätte er nicht verstanden, was er gesehen hat, als er mit dem von ihm selbst gebauten Fernrohr die Krater auf dem Mond beobachtet hat. Da gab's dunkle Stellen. 1610 hat er in Venedig ein Buch über den Mond veröffentlicht – „Sidereus Nuntius", also Sternenbote.

Galilei zeichnete den Mond, während er durch sein selbstkonstruiertes Fernrohr schaute. Dabei fiel ihm auf, dass dieser Himmelskörper, den er da beobachtete, nicht glatt wie ein Idealkörper sein konnte. Es gab Schlagschatten. Er hat weiter festgestellt, dass die Erde selbst auf dem Mond einen Schatten hinterlässt. Die künstlerische Ausbildung hat ihn wohl – wie Bredekamp nachwies – genauer sehen gelehrt.

Lesch:

Das Fernrohr hat ihm sehr geholfen. Damit hat er Dinge gesehen, die er gar nicht hätte sehen dürfen. Auch diese Flecken auf der Sonne. Ganz schlecht. Die Sonne, das Symbol für das Göttliche, eine makellose Scheibe, kreisrund, eine Kugel – und jetzt befleckt!

Dann noch die Bewegung der Monde um den Jupiter herum, die nach ihm benannt sind, die „Galilei'schen Monde". Das war so auch nicht vorgesehen. Also zumindestens nicht in den Augen und Ohren einiger seiner klerikalen Zeitgenossen. Das, was Galilei durch sein Teleskop gesehen hat, das war nicht gut. Das wollte man so in gewissen Kreisen nicht haben.

Vossenkuhl:

Wir können natürlich über Galilei nicht ohne den berühmten Prozess sprechen. Es wird oft kolportiert, als wäre unser Mann nur ein Opfer dieser bösen Kirche gewesen. Wenn man genau hinschaut, war dem gar nicht so. In der Kirchenhierarchie waren viele bereits vom Ptolemäischen Weltbild abgerückt und der Meinung, dass wahrscheinlich das heliozentrische das richtige wäre. Sie forderten aber Beweise. Die konnte Galilei noch nicht liefern. Das ist erst sehr viel später gelungen.

Galilei hatte beste Verbindungen zur Kirche. Mit dem späteren Papst Urban VIII. pflegte er schon vorher, als der noch Kardinal war, freundschaftliche Beziehungen. Dieser Papst hatte ihn fünf- bis sechsmal empfangen und ihm seine Hilfe offeriert. Aber dem guten Galilei, der offenbar ein etwas hochfahrender Bursche war, fiel nichts Besseres ein, als diesen Papst zu beleidigen, indem er dessen Lieblingsthese ins Lächerliche zog.

Urban VIII. meinte nämlich, man könne nicht - wie Galilei das aus unserer Sicht völlig zu Recht behauptete – eine Theorie über die von ihr vorhergesagten Wirkungen, also indirekt, beweisen. Der Papst war der Meinung, dass das nicht zwingend sei, weil Gott in seiner Allmacht die Wirkungen auch anders erzeugen könne. Theologisch gesehen war das schon in Ordnung.

Darüber hat sich Galilei aber lustig gemacht und im Grunde diesen Prozess, der dann 1633 gegen ihn geführt wurde, provoziert. Selbst dabei hat man ihn – obwohl er die Gunst des Papstes verloren hatte – mit Samthandschuhen behandelt. Er musste nur ein bisschen beten. Dazu gab es noch einen neunjährigen Hausarrest. Weiter durfte er in seinem Landhaus wohnen bleiben und konnte mit aller Welt kommunizieren.

Wenn ich da an Giordano Bruno (1548-1600) denke, dem erging es ganz anders. Der wurde in Rom auf dem "Campo dei Fiori" verbrannt, weil er verdächtigt wurde, einige Prädikate Gottes – nämlich ‚unendlich' und ‚unbewegt' – auf die Welt angewandt zu haben. Ein metaphysisches Delikt, für das er sterben musste.

Verglichen mit diesem Schicksal war Galilei nicht das große Opfer, als das er gerne dargestellt wird.

Außerdem: Der Knackpunkt bei Galilei war sein Atomismus, weil er mit diesem *Demokritismus* ein theologisches Problem geschaffen hat. Wie will man die *Transsubstantiation* in der Messe – also die Umwandlung von Brot in den Leib Christi - verstehen, wenn man das Brot aus atomistischen Gründen nicht als tatsächlich in den Leib Christi transsubstantiiert verstehen kann?

Lesch:

Was ja heute immer noch ein Problem ist.

Vossenkuhl:

Damals ging das aber ans Eingemachte der Theologie. Galilei hat das provoziert und ist dafür verhältnismäßig milde bestraft worden.

Lesch:

Es ging also gar nicht so sehr darum, ob sich irgendwas um irgendwas anderes dreht. Der berühmte Satz von ihm:

Und sie dreht sich doch ...

Vossenkuhl:

Der war letztlich gar nicht relevant.

Lesch:

Das gibt's eigentlich gar nicht.

Vossenkuhl:

Er hat bei vielen offene Türen eingerannt. Selbst der Papst war überhaupt nicht versessen darauf, ihm die Behauptung zu verbieten, dass sich die Erde um die Sonne dreht.

Lesch:

Aber immerhin hat ihn die katholische Kirche doch erst im 20. Jahrhundert rehabilitiert.

Vossenkuhl:

Sie hat auf jeden Fall die Verurteilung zurückgenommen. Aber so lang dauert das halt manchmal. Schon gar, wenn es um so wichtige Dinge wie religiöse Dogmen oder Gebote geht, die vielleicht einen Kratzer an der güldenen Monstranz hinterlassen könnten.

Lesch:

Der falsch verstandene liebe Gott, der da mit seinen Stellvertretern immer noch dazwischen geht.

Vossenkuhl:

Wir sollten aber noch über Bacon reden.

Lesch:

Francis Bacon. Der ist für mich so ein richtiger Progamm-Macher am Beginn der modernen Naturwissenschaften. Bacon hat sich Gedanken darüber gemacht, was denn das Wesen der Wissenschaften sein soll. Es geht ihm um die Beherrschung der Natur und darum, dass das Forschen der Gesellschaft nutzen soll.

Vossenkuhl:

Also könnte man ihn vielleicht als ersten Wissenschaftspolitiker oder Wissenschaftsmanager der Moderne bezeichnen. Er war ja auch Politiker, Historiker, Jurist und Naturbeobachter.

Lesch:

Ein vielseitiger Mann. Vor allen Dingen war er sich bewusst, dass alle Versuche, objektive Erkenntnis zu gewinnen, durch allerlei Schwierigkeiten belastet werden.

Vossenkuhl:

Die Ursachen für diese Schwierigkeiten nannte er *Idola.*

Lesch:

Idola. Idole? Kommt das von den Idolen?

Vossenkuhl:

Ja. Er nannte vier Idola: die *Idola theatri, die idola fori, die idola specus und die idola tribus*. An den ersten hält man fest, weil sie Teil einer Schultradition sind, die zweiten sind die Idole des Marktes. Sie leiten sich daraus ab, dass wir lieber das nachplappern, was andere sagen, als selbst zu denken. Dann die Idole der Höhle. Das sind die Meinungen, die man am liebsten vertritt und auf die man sich etwas einbildet, und schließlich die Stammesidole. Das sind die allgemeinen menschlichen Vorurteile, die in den Gemeinplätzen und Allerweltsweisheiten zum Ausdruck kommen. Dabei vertritt man einfach das Gewohnte weiterhin. Alle vier Idola sind oder führen zu Vorurteilen.

Man hält an dem fest, was die Leute immer schon gedacht haben, an Althergebrachtem, an Traditionellem. Besonders schlimm aus heutiger Sicht ist das „Idol der Höhle" – das man auch als Tunnelblick auf die Wirklichkeit beschreiben könnte.

Lesch:

Fachidiotismus.

Vossenkuhl:

Mit Scheuklappen sperrt man sich gegen alles Neue und verstößt gegen Kants später formulierte Maxime des Selbstdenkens.

Ein besonders wirkungsvolles Idol ist, wenn man nur denkt und sagt, was sich so gehört. Autoritätsdenken. Die Idole sind für Bacon die eigentlichen Hindernisse für die Entwicklung der Wissenschaften.

Lesch:

Wenn man also Wissenschaft betreiben wollte, dann müsste man sich von diesen Vorurteilen freimachen – was ja nicht so einfach ist. Das heißt: Die Person, die Wissenschaft betreibt, soll frei von Vorurteilen sein. Weiter soll sie aus dem Einzelnen aufs Ganze schließen können – Induktionsverfahren. Das ist der Beginn der modernen Naturwissenschaften.

Vossenkuhl:

Bacons berühmtester Satz, der sich gut in Poesiealben macht, ist: **Wissen ist Macht.** Das kann man sich gut merken.

Er hat gesehen, dass die Neuerung das A und O der Wissenschaftsentwicklung ist. Und dass Wissenschaft sich in Technik umsetzen lässt, zum Wohle der Menschheit. Er war ein *Utilitarist*, ein Nützlichkeitsdenker. Er hat den Nutzen der Wissenschaft entdeckt.

Heute würde man sich wieder so einen Geist wünschen, weil man manchmal Zweifel daran hat, ob die Politiker den Nutzen des Wissens – nicht nur des naturwissenschaftlichen Wissens, sondern des Wissens überhaupt – erkennen. Ganz sicher bräuchten wir wieder einen neuen Francis Bacon – schaden würde er auf keinen Fall.

Descartes (1569 - 1650) – Aufbruch in die Moderne

Descartes

Lesch:

Einer der größten Denker des Abendlandes war ein Mann, den man auch als den Vater der neuzeitlichen Philosophie bezeichnet. René Descartes.

Aus einer geistigen Getriebenheit heraus hat er die Welt förmlich „zerdacht“. Wir werden versuchen, die Denk-Taten des Herrn Descartes nachzuvollziehen. Vor allen Dingen wollen wir schauen, was für uns heute noch wichtig ist. Bei was hat er so weit nach vorne in die Zukunft gegriffen, dass es uns immer noch angeht? Tja, und dann stellt sich auch die Frage: Woran ist der arme Mann letztlich fast verzweifelt?

Vossenkuhl:

Ich zitiere kurz aus seinem Text „Meditationen über die Erste Philosophie“ *(Meditationes de prima philosophia).* Daran hat er sehr lange gearbeitet und alle Einwände seiner Umgebung mit eingearbeitet und widerlegt. Das ist wirklich ein ausgereifter Text. Am Ende dieser Arbeit war er dann nicht mehr so verzweifelt wie Du gerade erwähnt hast.

Lesch:

Auch Descartes hat sich am ganz Großen abgearbeitet. Oberste Liga: Gott!

Vossenkuhl:

Er denkt an einen Fall, der wirklich sehr übel ist. Dass es nämlich einen Gott gibt, der uns nur betrügt. Er schreibt:

Aber es gibt einen, ich weiß nicht welchen, allmächtigen und höchst verschlagenen Betrüger, der mich geflissentlich stets täuscht. Nun, wenn er mich täuscht, so ist es also unzweifelhaft, dass ich bin. Er täusche mich so viel er kann. Niemals wird er doch fertig bringen, dass ich nichts bin, solange ich denke, dass ich etwas sei. Und so komme ich, nachdem ich nun alles mehr als genug hin und her erwogen habe, schließlich zu der Feststellung, dass dieser Satz „ich bin, ich existiere", so oft ich ihn ausspreche oder in Gedanken fasse, notwendig wahr ist.

Das klingt doch gar nicht verzweifelt. Das ist doch pure, notwendige, denkerische Einsicht.

Lesch:

Bin ich jetzt, weil ich denke, dass ich bin, oder denkt sich das ein anderer? Ein anderer kann mich doch nur dann täuschen, wenn ich bin?

Vossenkuhl:

Egal, ob er mich täuscht oder nicht, …

Lesch:

Ich bin!

Vossenkuhl:

Ich zweifle, also bin ich. Ich höre und denke etwas, zu dem was Du gesagt hast, also bin ich.

Lesch:

Sobald ich nur das Wort „ich" irgendwie in mir konstruiere, bin ich doch.

Vossenkuhl:

Dass ich bin, muss mit meinem Denken verbunden sein.

Lesch:

Ja, kann ich denn was anderes machen als denken?

Vossenkuhl:

Na ja, verdauen zum Beispiel. Aber geistig kann ich nur denken. Also alles, was ich denkerisch tue, ist bewusstes, aktives Tun. Es ist aber entscheidend, dass dieses *Cogitare*, dieses Denken, den Inhalt erfasst, um den es geht.

Der Witz ist, dass der Satz „ich denke, ich bin" *cogitans sum*, keine Schlussfolgerung ist, sondern eine Intuition, eine Einsicht ohne alle Voraussetzungen – das ist das Allereinfachste, meint Descartes, wozu wir in der Lage sind und damit auch das Zuverlässigste.

Lesch:

Wenn du sicher bist, dass du überhaupt was sein kannst, dann kannst du sicher sein, dass du bist.

Vossenkuhl:

Genau. Und eben das kann ich nur denkend sein.

Lesch:

Descartes lebte Anfang des 17. Jahrhunderts. Wieder einmal ist die Welt aus den Fugen geraten. Es toben die Religionskriege. Vielleicht war es letztlich diese Unsicherheit, die den wachen Geist dazu getrieben hat, einmal darüber nachzudenken, was denn nun wirklich festgemauert ist in dieser Welt. Könnte man das so sagen?

Vossenkuhl:

Da hast Du den Nagel quasi mitten …

Lesch:

… mitten auf die Stirn getroffen.

Vossenkuhl:

Zunächst hatte er sich eine sehr solide Grundausbildung bei den Jesuiten erworben. Descartes stammte aus La Haye in der Touraine und war adlig. Bildung gab es zu der Zeit zunächst einmal im Kloster, für ihn bei den Jesuiten in La Flèche. Dort wurde das immer noch stabile, scholastische Denken unterrichtet.

Lesch:

Da gibt's noch keinen Anflug von Skepsis.

Vossenkuhl:

Da könnte man meinen, dass das ganz ideal für jemand wäre, der genau in dieser Art und Weise weitermachen will. Aber: Es gab etwa zeitgleich eine andere Denk-Tradition, in der der Zweifel auch theoretisch ganz tief verwurzelt saß.

Etwas später werden wir noch über Montaigne (1533-1592) reden. Der lebte eine Generation vor Descartes. Montaigne war der Meinung, dass das ganze Vertrauen, das wir in das wissenschaftliche Wissen stecken, eigentlich der größte Unsinn ist. Wir können gar nicht glauben, dass wir irgendetwas richtig wissen. Dieser Zweifel plagte neben Montaigne auch noch viele andere.

Ich bin sicher, dass damit auch ein Zweifel am Glauben verbunden war.

Frankreich war damals eine sehr festgefügte, katholische Welt. Erschütterungen lösten die ersten wissenschaftlichen Gehversuche aus. Descartes hat sie selber gemacht. Für eine geistige Avantgarde war es allerdings eine historisch höchst problematische, von Skepsis begleitete Zeit. Und da ist die Sehnsucht nach Sicherheit natürlich groß.

Lesch:

Die Philosophie verändert sich ab Descartes. Sie konzentriert sich jetzt mehr auf denjenigen, der was wissen will und macht ihn selber zum Gegenstand der Philosophie. Was kannst du eigentlich wissen als Wissenwollender? Vorher hat sich die Philosophie viel mehr mit dem beschäftigt, was um sie herum war. Wenn nicht die Auseinandersetzung zwischen Vernunft und Glaube, dann war es eben der Glaube, der um den Glaubenden herum war.

Jetzt auf einmal fängt die Philosophie an, sich mit demjenigen zu beschäftigen, der da etwas wissen will. Erkenntnistheorie wird ganz wichtig. Hat das damit zu tun, dass die Naturwissenschaften anfangen zu blühen? Entlässt die Philosophie ihre Kinder und wendet sich einem anderen Gebiet zu?

Vossenkuhl:

Die ersten Anfänge auf diesem Weg waren schon gemacht. Es gibt ja schon Galilei – ein Zeitgenosse. Descartes ist aber noch Dualist, hier der Körper dort der Geist. Er gehört einerseits in eine Tradition, die bei ihm ganz extrem in einen Kognitivismus und Rationalismus ausschlägt – nur der reine Gedanke zählt.

Lesch:

Nur mit dem reinen Gedanken kann ich die Welt insgesamt erkennen.

Vossenkuhl:

Genau. Auf der anderen Seite geht's bei ihm aber schon in Richtung Materialismus. Glaubt er doch, dass der Mensch zwar aus einer Körpersubstanz besteht, funktionieren tut er aber wie ein Uhrwerk, also ganz mechanistisch.

Lesch:

Wie es einer Maschine so eigen ist.

Vossenkuhl:

Zwei Seelen schlummern in seiner Brust. Emsig hat er selber Versuche gemacht. Er hat sich mit Optik beschäftigt, mit dem Auge und dem Licht. Auch der Blutkreislauf hat ihn interessiert. Das wahre Wissen allerdings verband er damit nicht. Das war einzig und allein das glasklare Denken.

Lesch:

Das reine Denken.

Kurz ein Blick in seinen Lebenslauf. Da gab es doch diese legendäre Erleuchtung.

Vossenkuhl:

1619, in der Nähe von Neuburg an der Donau.

Als Offizier war er in holländische Dienste eingetreten, dann in bayrische. Er war in einer Gegend im Süden Deutschlands stationiert, in die der Dreißigjährige Krieg, gerade ein Jahr alt, noch nicht vorgedrungen war. Etwas später ist er dann gerade rechtzeitig nach Paris zurückgekehrt und so dem Kriegsgeschehen entgangen.

Also, im schönen Neuburg an der Donau haben ihn diese Zweifel so geschüttelt, dass er - bevor er diese Erleuchtung hatte - der Jungfrau Maria ein Gelübde gemacht hat: Wenn er erleuchtet wird, also eine ultimative Antwort auf alle seine Fragen findet, dann würde er eine Wallfahrt nach Loreto in den italienischen Marken machen. Das hat er übrigens dann später auch getan.

Lesch:
Nicht nach Lourdes?

Vossenkuhl:
Nein, das gab es damals noch nicht.

Lesch:
Das klingt alles etwas zerrissen. Auf der einen Seite das reine Denken, ich bin denkend. Und auf der anderen Seite ist er jemand, der offenbar an eine höhere Macht glaubt, und von ihr sogar diese Erleuchtung erwartet – und auch noch bekommt. Das hat so etwas Illuminatenartiges: Mensch, da war ein Tag, an dem es so gehagelt hat. Und ich krieg´ diese Erleuchtung in Neuburg an der Donau.

Vossenkuhl:
Irgendwie fiel es ihm da wie Schuppen von den Augen. Es gab plötzlich etwas, das absolut sicher ist.

Lesch:
Und das heißt: Ich bin.

Vossenkuhl:
Ich denke.

Lesch:
… also bin ich.

Vossenkuhl:
Das „also" kannst Du einklammern, weil das wie eine Schlussfolgerung klingt. Die Intuition ist einfach **cogitans sum, ich bin denkend.** Oder: Ich bin als Denkender. Was heißt das?

Da ist zu allererst einmal ein klarer Gedanke. Descartes meint, die Grundlage allen Denkens sind klare und deutliche Gedanken.

Intuitionen, die so einfach sind, dass man sie nicht abweisen kann. Klarheit gibt es nur durch Intuitionen. Klarheit gibt es nicht durch Nachprüfung, durch empirische Forschungen, sondern nur durch Denken.

Wenn Du also Physik betreibst, kann dabei nichts Klares rauskommen.

Lesch:

Das taugt nichts. Eine ziemlich trübe Angelegenheit.

Vossenkuhl:

Die Klarheit manifestiert sich in einem direkten, intuitiven Zugriff auf etwas. Natürlich will jeder, der das hört wissen: Ja, was denn nun? Und da haben wir: Gott! Der Gedanke „Gott" ist für ihn ein klarer Gedanke. Ein weiterer klarer Gedanke ist: Ich denke. Ein dritter klarer Gedanke ist: Es gibt Ausgedehntes, also Körper.

Das sind die drei wichtigsten klaren Gedanken. Deutlich sind die Gedanken, wenn sie hinreichend voneinander getrennt sind. Das bezieht sich auf die zusammengesetzten Sachen.

Wenn ich zum Beispiel ein Buch nehme und unterscheiden kann zwischen Farbe und Gegenstand oder Ausgedehntem und Farbigem, dann habe ich zwei Aspekte dieses Gegenstandes, die hinreichend getrennt sind. Das heißt, ich kann die Farbe und die Ausgedehntheit dieses Dings klar und deutlich erkennen.

Lesch:

Das hört sich wahnsinnig theoretisch an.

Vossenkuhl:

Ist es auch.

Lesch:

Das ist ja die Theorie der Theorie.

Vossenkuhl:

Ja.

Lesch:

Das ist der konsequente Versuch, alles gedanklich zu durchdringen bis dorthin, wo nichts mehr fragwürdig ist, bis auf den Grund.

Vossenkuhl:

Genau. Bis auf den harten Grund, wo es nicht mehr weiter geht.

Lesch:

Ich bin, ich denke, und dann kommt nur noch Gott.

Vossenkuhl:

Gott. Der Rest ist das Ausgedehnte.

Lesch:

Das muss ich notwendigerweise nicht selbst denken, sondern das ist schon da, weil ich es anfassen kann.

Vossenkuhl:

Ich erfasse es so, dass mir völlig klar ist, um was es geht. Da gibt's keine Mischung mit anderem. Da gibt es kein Durcheinander. Auf dieser Basis kann ich dann aufbauen. Ich kann analysieren und synthetisieren, also das, was ich auseinandergenommen habe, wieder zusammenbauen.

Lesch:

Was wir hier vor uns haben, ist das, was Descartes mit diesen beiden Welten beschreibt. Es gibt die denkende Welt und es gibt die ausgedehnte...

Vossenkuhl:

Es gibt diese beiden Substanzen, die Denksubstanz und die ausgedehnte Substanz. Das ist das, was unzerstörbar und einfach ist. Es braucht, um zu existieren kein anderes. Dahinter gibt es aber noch eine andere Substanz. Und das ist Gott.

Lesch:

Wo alles wieder zusammenführt wird - das ist ja fast Cusanus-artig - also wo die Dinge wieder zusammenlaufen.

Vossenkuhl:

Es gibt die ewige Substanz – das ist Gott – die Denksubstanz und die ausgedehnte Substanz. Diese beiden sind endlich.

Lesch:

Mit denen haben wir uns rumzuschlagen.

Wir sind diejenigen, die sich selber als denkende Lebewesen erfahren. Das in einer Welt, in der es ausgedehnte Substanzen gibt.

Vossenkuhl:

Genau. Wir können ja mal überlegen, was das für eine Bedeutung hat.

Wir können das analysieren. Nehmen wir doch einfach den schönen Rotwein vor uns.

Lesch:

Den guten Tropfen soll ich jetzt also mit klarem Kopf voll trockener Gedanken durchdringen. Gar nicht so leicht.

Vossenkuhl:

So ganz gegen unser eigentliches Wollen.

Lesch:

Oh, das ist schwierig.

Vossenkuhl:

Du hast also im Glas eine Farbe. Dann ist da eine Flüssigkeit, der Wein und das Gefäß, das Glas. Das gehört alles zur ausgedehnten Substanz. Aber unsere Wahrnehmung ist nicht wirklich zuverlässig – auch wenn wir nur mäßig davon gekostet haben. Wir könnten getäuscht werden. Das könnte ja auch nur irgendein Saft oder eine Einbildung sein.

Lesch:

Das wäre aber eine schöne Täuschung.

Vossenkuhl:

Selbst unsere *labialen* Fähigkeiten könnten getäuscht werden.

Lesch:
Labial?

Vossenkuhl:
Wir könnten auch denken, wir träumen. Da wir gerade von Skepsis sprachen: Descartes hat all diese Wahrnehmungen nicht als wirklich zuverlässig betrachtet.

Lesch:
Keine Frau konnte ihn anlächeln, ohne dass er gedacht hat: Denk ich jetzt, dass sie lächelt, oder ist es nur Einbildung?

Vossenkuhl:
Solange er nur gedacht hat, dass sie lächelt, ist ja alles o.k. Aber mehr …

Lesch:
… mehr ist nicht.
Ach Gott. Das ist ja ein armer Wicht gewesen.

Vossenkuhl:
Wir beide wissen: Wenn es wirklich so gewesen wäre – das mit dem Anlächeln - wäre es doch was Schönes gewesen.

Lesch:
Ja eben, da hätte er sich doch eigentlich freuen können. Aber unser Skeptiker hätte dem nicht getraut. Er hätte gedacht: Ich werde nur getäuscht. Sie hat mich gar nicht angelächelt.

Vossenkuhl:
Es gibt Leute, die behaupten, dass Descartes zeitlebens dem Unterschied zwischen Träumen und Wachen nicht wirklich getraut hat.

Lesch:
Du meine Güte.

Vossenkuhl:
Das war für ihn wohl die einzige Rettung. Sicherheit gibt's eigentlich nur durch die erwähnte Grundintuition.

Lesch:

Dann darf ich aber auch nichts erleben, weil ich im Grunde genommen ja jedem Erleben zutiefst skeptisch gegenüber stehe. Immer muss ich mich fragen, ob das Ganze nicht sowieso ein Traum ist. Warum soll ich mich dann überhaupt aufregen, warum soll ich mich verlieben, mit jemandem zusammenleben? Das hat doch alles keinen Wert. Ich setze mich lieber irgendwohin und denke.

Vossenkuhl:

Aber es gibt einen Garanten, der mir einen guten Grund gibt zu vertrauen, dass Du tatsächlich Harald Lesch bist.

Lesch:

Das ist meine Frau.

Vossenkuhl:

Nein. Die könnte sich ja auch täuschen. Nein.

Lesch:

Nein?

Vossenkuhl:

Das ist der liebe Gott.

Also. Für Descartes ist die einzige Garantie, dass es die Außenwelt gibt, nur Gott. Gott steht über der Gewissheit, dass ich denkend bin. Er ist die Rückversicherung dafür, dass es überhaupt etwas außer meinem Denken gibt und dafür, dass die Verbindung zwischen der Denksubstanz und der ausgedehnten funktioniert und möglich ist.

Lesch:

Ich habe mich darauf verlassen, dass Du das erklären kannst, was ich nur angelesen habe. Nämlich, dass der Mann versucht hat, Gott zu beweisen. Und zwar nicht nur einmal, sondern gleich in drei verschiedene Varianten. Obwohl man davon ausgehen könnte, dass eine doch ausreichen müsste.

Vossenkuhl:

Für unsereins auf alle Fälle.

Lesch:

Für mich würde ein Gottesbeweis vollauf genügen. Kannst Du bitte kurz skizzieren, wie diese Gottesbeweise von Descartes laufen.

Vossenkuhl:

Es sind tatsächlich drei. Die hängen eng miteinander zusammen. Der erste besteht aus einem logisch-erkenntistheoretischen Grundgedanken: Wenn du etwas Vollkommenes denken willst, kann die Unvollkommenheit nicht Vorbild sein. Die Vollkommenheit kommt zuerst. Es gibt eine Asymmetrie: Erst kommt das Vollkommene, dann das Unvollkommene.

Lesch:

Das hatten wir bei Anselm von Canterbury ja schon mal, oder?

Vossenkuhl:

Genau. Ähnlich der Asymmetrie zwischen dem Unendlichen und dem Endlichen. Es kann nicht sein, dass das Unvollkommene das Modell ist, für das, was wir sehen. Der *Animismus* ist eine religiöse Einstellung. Man denkt, die Lebewesen, die es so gibt, oder die Kräfte in der Natur, sind Modell für das Göttliche. Das kann aber nicht sein, schon wegen dieser logischen Asymmetrie und der Vollkommenheitsforderung.

Das zweite Beweis steckt in diesem Gedanken: Die Idee des vollkommenen Wesens, des *ens perfectissimum*, kann nicht Resultat des menschlichen Denkens sein. Sind wir Menschen doch endlich und unser Denken ist fallibel, anfällig für Fehler und daher nicht vollkommen. Jene Idee kann aber auch nicht aus dem Nichts kommen. Die Idee des vollkommenen Wesens muss also von diesem Wesen selbst kommen und nicht aus uns und nicht aus dem Nichts.

Lesch:

Alles, was endlich ist, ist aus dem Reich der Vollkommenheit ausgeschlossen. Aus dem Spiel.

Vossenkuhl:

Dann der dritte Beweis, der ontologische - und das ist die denkerische Rückkehr in den Schoß von Anselm von Canterbury: Wenn wir denken, dass das vollkommenste Wesen nicht existiert, denken wir einen Widerspruch. Das ist der Grundgedanke bei Anselm. Erinnern wir uns an seinen indirekten Beweis, mit dem er zeigt: Der Tor sagt in seinem Herzen, Gott existiert nicht. Am Schluss erweist sich dieser Gedanke als Widerspruch, weil der Tor – wenn er überhaupt ‚Gott' denkt - damit sowohl denkt, dass Gott existiert als auch, dass er nicht existiert. Das kann aber nicht beides wahr sein. Das sind diese drei Beweise oder Beweisschritte. Das hat er so schön aufbaut. Damit ist für ihn die Frage der göttlichen Existenz beantwortet.

Lesch:

Er hätte aber auch gar keine andere Möglichkeit gehabt, weil jede Erforschung der Natur für ihn ja sowieso nur eine Informationsquelle aus zweiter Hand gewesen wäre. Er musste auf dem Weg der reinen „Zerdenkung" zu Gott finden, indem er sich nur mit Begriffen beschäftigte.

Ist Descartes eigentlich jemand, den man heutzutage in der analytischen Philosophie schätzt? Hat er versucht herauszufinden, mit welchen Mitteln der Mensch denkt?

Vossenkuhl:

Es ist erstaunlich: Descartes, der schon zu Lebzeiten an verschiedenen holländischen Universitäten verboten wurde und nach seinem Tod sogar in Rom auf den Index kam, ist bis heute putzmunter – im Denken. In der analytischen Philosophie, in der Philosophie des Geistes, da werden seine Grundpositionen nach wie vor von sehr vielen Leuten geteilt. Dass wir als denkende Wesen einen privilegierten Zugang zu diesem „Ich denke" haben, das wird von vielen akzeptiert. Dieser „Ich-Gedanke" ist viel klarer erfassbar als irgendwas sonst. Während die Erfassung des Körperlichen - das hat schon Descartes gesagt - sehr viel schwieriger ist. Das wird von vielen heute geteilt. Du glaubst gar nicht, wie viel Cartesianer es noch gibt.

Lesch:

Ich weiß ja, dass Du das für ein künstliches Problem hältst, deswegen gebe ich Dir freie Bahn: Auch dieses Leib-Seele-Problem wird von ihm ja noch aufgeworfen: Ich habe die denkende Substanz und das Ausgedehnte, also meinen Leib. Und die denkende Substanz muss irgendwie als Seele im Leib drin sein. Das wird ja heute immer und immer wieder diskutiert.

Vossenkuhl:

Stimmt. Da hat unser Freund übrigens keinen besonders glorreichen Vorschlag gemacht. Er hat eine Wechselwirkung zwischen beiden angenommen. Er hat gemeint, die Zirbeldrüse sei quasi die Schnittstelle zwischen den beiden Substanzen. Damit könnten wir durch die Gedanken auf den Körper Einfluss nehmen. Irgendwie musste er diesen Einfluss ja erklären. Denn es ist evident, dass wir geistig Einfluss auf unseren Körper nehmen können.

Lesch:

Logisch, ja. Hört sich so an.

Vossenkuhl:

Aber wenn die zwei Substanzen nun mal Substanzen sind, dann existieren sie getrennt und getrennt heißt eben getrennt, ohne Verbindung.

Lesch:

Unabhängig voneinander.

Vossenkuhl:

Ergo könnten sie, wenn sie wirklich getrennt wären, gar nicht in eine Wechselwirkung miteinander treten. Das hat ihm übrigens eine Dame, der er Unterricht gegeben hat – die Lieselotte von der Pfalz, eine illustre Dame, die damals in Paris weilte – geschrieben. Er hat ihr dann gestanden, dass er dafür leider keine saubere Lösung parat habe. Er sei aber überzeugt, dass das mit der Wechselwirkung trotzdem stimmt.

In einigen Denkschulen war das mit den angeborenen Ideen, den *ideae innatae*, seinen Intuitionen, gerade im Schwange. Man könnte ja fragen, woher denn diese Intuitionen - dass ich denke und dass es Gott gibt - kommen.

Descartes hat da unterschiedliche Arten von angeborenen Ideen gekannt. Die klarsten sind die Intuitionen ‚Gott' und ‚ich denke'. Dann gibt es welche, die uns im Lauf unserer Entwicklung begegnen, die Ideen von Tieren oder von Menschen z.B. Die kommen nicht vom bloßen Nachdenken. Daran schließlich die an, die wir selbst herstellen. Also zum Beispiel die Idee eines Kunstwerks.

Wir haben also drei verschiedene Kategorien angeborener Ideen, die alle einen unterschiedlichen Grad an Allgemeinheit haben. Das Wichtigste sind die beiden Grundintuitionen. Darauf baut er das ganze Reich der Ideen auf.

Lesch:

Aber er fragt nicht danach, woher die Idee der Idee kommt.

Vossenkuhl:

Die ist einfach da. Die Intuition, die Grundidee ist einfach da.

Lesch:

Descartes hat sich neben seinen philosophischen Zerdenkungsprozessen noch mit unglaublich vielen anderen Dingen beschäftigt. Jetzt habe ich mal freie Bahn.

Er gehört zu den Vätern der modernen Mathematik. Er hat die analytische Geometrie in die Welt gebracht, also die Verbindung von Algebra und Geometrie. Er hat versucht herauszukriegen: Ist es möglich Algebraische Gleichungen zu finden, die zum Beispiel Körper und Flächen beschreiben.

Dann hat er die Idee einer Richtung kreiert. Dass es eine Größe geben kann, die eine Richtung hat, einen sogenannten *Vektor*.

Dass es tatsächlich etwas gibt, das von der Richtung abhängig ist.

Er hat das Cartesische Koordinatensystem in die Welt gebracht, die x-y-Achse, Abszisse und Ordinate. In der Mathematik hat er außerordentlich viel aus dem Reich der Ideen an die Oberfläche gebracht, und er hat vor allen Dingen eine Methode entwickelt. Diese Methode nennt man immer noch die „Cartesische Methode".

Es handelt sich dabei um die Vorgehensweise, ein Problem in seine Einzelteile zu zerlegen. Und zwar analytisch immer so weit zu zerlegen, bis es nicht mehr weiter zerlegbar ist und man endlich etwas Einfaches hat, mit dem man arbeiten kann. Es geht darum, ein größeres System in seine Einzelsysteme zu zerlegen. Erst einmal zu schauen, was denn da so ist. Was ist da, und wie funktioniert das?

In einem nächsten Schritt wird versucht, diese Einzelteile miteinander zu verbinden. Das ist für die modernen Naturwissenschaften die ideale Methode. Das Ei des Kolumbus. Jetzt zerleg ich dich erst mal nach Herzenslust, und dann kann ich hinterher immer noch die Fahne des Holismus schwenken. Aber erst einmal will ich wissen, aus was für Einzelteilen denn das Ganze besteht.

Diese Methode ist deshalb so stark, weil sie automatisch mit Fortschritt verbunden ist.

Wir sind am Beginn der Neuzeit. Von Beginn der Renaissance bis zur Französischen Revolution wird diese Zeitspanne so genannt.

Vossenkuhl:

15. - 18. Jahrhundert

Lesch:

Für diesen Zeitraum ist Descartes der richtige Vertreter. Er steht für einen Umschwung in der Philosophie. Er spricht von etwas, was sich später noch verstärken wird. Nämlich, dass tatsächlich etwas Neues erkannt werden kann. Allein schon dafür müsste man ihm …

Vossenkuhl:

… den Oscar verleihen. Quatsch, natürlich den Nobelpreis. Posthum.

Lesch:

René Descartes. Ich finde diese Person so mysteriös. Er hat sich auch oft komplett zurückgezogen. Tauchte einfach ab.

Vossenkuhl:

Du bist jetzt nicht jemand, der glaubt, dass Leute mit einem Schnurrbart unzuverlässig sind?

Lesch:

Nein, es ist nur ... ich habe den Eindruck, dass Descartes zutiefst zerrissen war. Deshalb auch heilfroh, einen oder mehrere Erkenntnis-Strohhalme für sich gefunden zu haben. Mathematik war für ihn das Vorbild. Die Prinzipien, die in der Mathematik gültig sind, die müssen auch in der Philosophie gelten. Je genauer und klarer ich Sätze formulieren kann, umso wichtiger, klarer und fundamentaler wird alles sein.

Vossenkuhl:

Descartes wird immer sehr schnell mit dem Idealismus, der später folgte, in Verbindung gebracht. Aber er kann mindestens mit dem gleichen Recht auch als Vater des Materialismus gesehen werden. Denn mechanistisches Denken war für ihn genauso gültig wie die Suche nach diesen geheimnisvollen Grundintuitionen.

Er war der Begründer der Moderne, des Rationalismus, der reinen Verlässlichkeit des Denkens, der Innenschau, und des Materialismus, der Suche nach den kausalen Gründen dafür, dass etwas sich bewegt.

Descartes war der Begründer beider Traditionen und deswegen einer der wichtigsten Denker überhaupt.

Hobbes

Locke

Thomas Hobbes (1588 - 1679) und John Locke (1632 - 1704) – Der englische Empirismus

Vossenkuhl:

Für diejenigen von Ihnen, die bei den folgenden Worten besondere Gefühle entwickeln: „Rule Britannia, Britannia rule the waves" – für die haben wir jetzt ein Sonderangebot: Thomas Hobbes und John Locke, zwei echte Engländer und Briten.

Sie werden jetzt vielleicht denken, dass nach Descartes doch nicht gleich die Engländer kommen sollten. Schließlich wurde Thomas Hobbes acht Jahre vor Descartes geboren. Er war nicht nur Zeitgenosse - Freund wäre etwas übertrieben - aber doch ein kritischer Wegbegleiter Descartes', der mit ihm viel diskutiert hat. Hobbes wurde 1588 in Malmesbury, einem Ort im Nordwesten des County Wiltshire geboren - sein Vater war dort Dorfpfarrer – und ist 1679, also lange nach Descartes, mit 92 Jahren gestorben. Geprägt war er durch sein Oxford-Studium und die Scholastik, mit der er aber offensichtlich sehr unzufrieden war. Er war Materialist durch und durch, und auch Rationalist. Diese Tradition von Descartes hat er geradezu radikalisiert. Das geht ganz einfach: Man streicht einfach das *cogito* als separate Substanz durch und lässt die *Res extensa* übrig, in der allerdings auch das cogito drin steckt.

Lesch:

Ich bin ganz baff. Die Res extensa. Das Ausgedehnte.

Wir haben es mit zwei Philosophen zu tun, die nicht nur das Denken zerdacht haben, sondern ganz konkret auf ihre Umwelt

Einfluss genommen haben. Das in einer Art und Weise, wie man es heute von den Philosophen durchaus ebenso erwarten könnte. Die beiden lebten in einer Zeit, in der es ganz schön rund ging. England unter den Stuarts, 1603 bis 1648, das war ein einziges Pulverfass samt „Gunpowder“-Verschwörung, 1605. 1628 gab es zum ersten Mal eine „Petition of Rights“. Es ging um die Verhinderung von willkürlicher Verhaftung und Besteuerung. Damals schon.

1642 bis 1648 gab es in England einen Bürgerkrieg zwischen Krone und Parlament. Die Parlamentsangehörigen nannten sich „Roundheads“, die Kurzgeschorenen. Dann gab es da noch den Oliver Cromwell, der – wie er das so schön genannt hat – seine „gottseligen Eisenseiten“ eine fanatische Elitetruppe der Puritaner angeführt hat. Letztlich wurde König Karl I. 1649 hingerichtet. England war dann kurzzeitig Republik.

In dieser Zeit trat ein John Milton auf, der dem englisch-puritanischen Sendungsbewusstsein kräftig auf die Beine half, indem er das englische Volk kurzum als das auserwählte Volk Gottes bezeichnete. Gods own people. Das haben ja später die US-Amerikaner auch für sich in Anspruch genommen.

Dann kam es zur Restauration der Stuarts, 1679 dann die *Habeas-Corpus-Acte*, hochinteressant: Schutz vor willkürlicher Verhaftung und Sicherung der persönlichen Freiheit. My home is my castle. Im Jahre 1688 kam es zur glorreichen Revolution, zur „Glorious revolution“.

Die Engländer wollten auf gar keinen Fall einen katholischen König haben, der möglicherweise auch noch dynastisch die nächsten Jahrhunderte England für Rom vereinnahmen würde. Sie haben sich dann jemanden aus den Niederlanden geholt, Wilhelm von Oranien. Mit diesem Wilhelm kam auch John Locke, der zweite Philosoph im Bunde wieder zurück nach England.

John Locke und Thomas Hobbes, die vor allen Dingen durch ihre politische Philosophie zu den großen Denkern gehören.

Vossenkuhl:

Es gibt viele Gemeinsamkeiten zwischen Hobbes und Locke. Beides waren sie einige Zeit Lehrer, Hauslehrer, also nicht Professoren. Trotzdem – oder gerade deswegen? - hatten sie enormen Einfluss.

Hobbes hat einen Materialismus vertreten, der heute noch seine Anhänger findet. Wenn Du liest, was einige empirische Psychologen heute über den freien Willen schreiben, dass es den nämlich nicht gibt, sondern nur den *Determinismus* - genau das hat Hobbes auch schon behauptet.

Lesch:

Es gibt diesen wunderbaren Text, dieses Buch „Leviathan", seine wichtigste Schrift. Da beschreibt er, wie ein richtig guter Staat ausschauen soll.

Vossenkuhl:

Das ist natürlich nur ein theoretisches Modell. Im Naturzustand sind wir Menschen einander Wölfe. **Homo homini lupus.** Genau deswegen brauchen wir den Staat, der verhindert, dass wir uns gegenseitig um die Ecke bringen.

Ohne diesen Staat, den wir durch Vertrag errichten, können wir nicht am Leben bleiben. Ohne ihn haben wir auch keine Kultur. Es gäbe keine Schifffahrt, keine Architektur, kein Wissen, kein Zeitverständnis. Es gäbe keine Kunst, keine Literatur, keine Gesellschaft.

Das Alternativ-Szenario wäre nach seinen Worten das Allerschlimmste, nämlich „continual fear", dauernde Furcht und „a danger of violent death", die Gefahr eines gewaltsamen Todes. Und jetzt kommt's, was das alle hieße, viel zitiert: „And the life of man, solitary, poor, nasty, brutish, and short" – und das Leben des Menschen wäre einsam, arm, schrecklich, brutal und kurz.

Lesch:

Kurz vor allen Dingen.

Vossenkuhl:

Kurz, und gar nicht gut.

Lesch:

Meine Güte. So ist also das Leben, wenn es keinen Staat gibt. Deswegen braucht man einen Staat, der das alles in die richtigen Bahnen lenkt und kontrolliert. Der alle und alles von morgens bis abends und auch des Nächtens immer unter seinen Fittichen hat. Wehe dir, du verstößt gegen irgendeine der Regularien, die vom Staat vorgegeben werden. Dann ist er sogar berechtigt, dich aus der Gemeinschaft „herauszunehmen". Einer biologischen Lösung zuzuführen.

Vossenkuhl:

Immerhin findet der Mensch Sicherheit …

Lesch:

… und seinen Frieden.

Vossenkuhl:

Du kannst deine Güter mit allen Mitteln, die du hast, vermehren, also freie, Gewinn maximierende Wirtschaft. Du kannst alles nutzen, um z.B. als Kaufmann über die Meere zu schippern und Handel zu treiben und viel Geld zu verdienen.

Lesch:

Es wird dir alles schön gerichtet, damit du in aller Ruhe deinen Geschäften nachgehen kannst. Aber du bist völlig unfrei.

Der erste Schritt vom Bürger zum Untertan geschieht in dem Moment, wo du dich diesem Staat auslieferst. Du gibst alle Rechte, die du jemals gehabt haben magst, ab und überlässt sie einem Souverän, der unkündbar ist. Den wirst du nie wieder los. Du hast nicht einmal die Möglichkeit, den zu kritisieren. Du hast das Recht verloren, Widerstand zu leisten.

Unlängst hörte ich, dass es in Großbritannien vier Millionen Videokameras gibt …

Vossenkuhl:

Bitte was?

Lesch:

Wenn du in London über die Straße gehst ... bitte lächeln. Einer sieht dich auf einem Bildschirm immer. Dieses Land ist offenbar auf dem besten Wege, zu Thomas Hobbes zurückzukehren. Man möchte offensichtlich die Sicherheit haben, die Hobbes in seinem Leviathan verspricht. Du als Bürger kriegst die größtmögliche Sicherheit, vorausgesetzt, du überlässt dem Staat alle deine Rechte.

Vossenkuhl:

So ist es. Es gibt auch keine Gewaltenteilung.

Lesch:

Richtig. Gar nichts, es gibt nur diesen Souverän.

Vossenkuhl:

Das ist übrigens interessant. In dem Buch, das sich ja ganz schön liest, „Leviathan“, 1651, gibt es ein Argument dafür, warum man die Gewalten nicht teilen darf.

Schon seit Jahrhunderten gab es in England ein Parlament, in dem die Stände genauso vertreten waren wie die Adligen. Warum sollte es aber in Zukunft nach dieser Theorie nur einen Souveränen geben?

Tja, wenn es ein Parlament gibt und noch dazu einen König, so argumentiert Hobbes, dann wollen beide Kräfte aus naheliegenden Gründen die Oberherrschaft über den andern. Das heißt, sie wollen sich beide ständig fertig machen. Um das zu verhindern, darf es nur einen geben. Ist doch gut gedacht, nicht?

Lesch:

Der Locke hat dann das Pferd andersrum aufgezäumt.

Vossenkuhl:

Der Locke ist uns - das ist kein Geheimnis - viel sympathischer. Da werden wir gleich noch drauf kommen.

Ich möchte aber noch etwas zu diesem Materialismus von Hobbes sagen. Er war ja erst in Diensten von royalistischen Familien, und ist mit denen vor Cromwells Militärwalze nach Frankreich geflohen. Relativ früh hat er aber einen Text geschrieben, in dem das ganze Programm schon in Ansätzen klar war. Der erste Teil behandelt den Körper (de corpore). Diesen bei Descartes schon präsenten Mechanismus …

Lesch:
… der Körper als Maschine …

Vossenkuhl:
… der wird bei ihm als allererstes ausgebreitet. Erst mal der Körper. Was gehört alles dazu? Ausgedehntsein. Dann natürlich die körperlichen Wahrnehmungen und die ganzen anderen Funktionen. Dann kommt der Mensch, *de homine*. Da gesellen sich die Empfindungen hinzu, und natürlich die sozialen Strukturen. Weiter *de cive*, über den Bürger, über die Verrechtlichung des Lebens. Es baut so aufeinander auf. Für Hobbes war der Bürger eine Erscheinung, die aus den materialistischen Grundlagen heraus zu verstehen ist.

Lesch:
Das verwundert nicht, wurden doch zu dieser Zeit gerade die ersten Entdeckungen über den Körper des Menschen gemacht, wie wir funktionieren. Der Blutkreislauf zum Beispiel.

Vossenkuhl:
Anfang des 17. Jahrhunderts, erstmals korrekt erklärt durch Harvey, nicht durch Descartes.

Lesch:
Als man dem Menschen praktisch unter die Haut ging, war zu sehen, wie das eine mit dem anderen zusammenhängt. Da kann man sich so einer Erkenntnis kaum verschließen. Im Grunde genommen ist es auch naheliegend - man darf nicht vergessen, dass sich eigentlich alle Wissenschaften letztlich immer von der

Mutter Philosophie aus entwickelt haben - dass diese Erkenntnisse wieder in die Philosophie zurückgeführt werden.

Man fragt: Was ist das Wesen der Dinge? Und wenn die Naturwissenschaften uns sagen: Mensch, du bist tatsächlich zu einem gewissen Teil Biomatsch, der so und so funktioniert, dann werden die meisten das glauben. Aber es gleich so zu übertreiben wie Hobbes, ist vielleicht nur aus dem Überschwang des Anfangs, der anfänglichen Triumphe, die die Naturwissenschaften zu verzeichnen hatten, zu verstehen.

Hat Hobbes auch etwas über den Kosmos geschrieben?

Vossenkuhl:

Nein, da hat er sich rausgehalten. Der ist auf dem Boden geblieben.

Lesch:

Descartes hatte etwas über den Kosmos geschrieben. Auch da war alles Maschine. Ich denke, dass Hobbes davon genauso betroffen war wie Descartes, dass die Mathematisierung zu einem unglaublichen Phänomen geführt hat. Man konnte die Sterne vom Himmel holen. Man konnte auf einmal sogar Himmelsmechanik betreiben. Also eine mechanistische Uhrmacher-Vorstellung. Das ganze Universum als eine einzige, gut aufeinander abgestimmte Uhr. Ein Zahnrad greift ins andere. Der Materialismus liegt auf der Hand. Er ist die trivialste Lösung. Wenn man diese ganzen Dinge zusammenbringt, wird man eben Materialist.

Vossenkuhl:

Natürlich gehört zum Materialistsein noch eine ganze Menge mehr. Gott gibt's natürlich nicht, klar, der ist reine Einbildung, genauso wie die Freiheit.

Aber es gibt Religionen. Warum gibt es Religionen? Weil der Staat es so will. Der Staat braucht die Religion. Also Religion ist Staatsangelegenheit, keine Glaubenssache.

Lesch:

Also war damals schon Religion Opium für's Volk?

Vossenkuhl:

Das nicht. Aber dem Staat hilft eine Religion, weil deren Symbolik wirkt. Er braucht diese Institution als nützliche Einrichtung. Das ist der nächste Schritt.

Der Materialist denkt, dass auch die moralischen Verhaltensweisen der Menschen immer nur auf Nützlichkeit ausgerichtet sind. Man vermeidet Schmerz, versucht die Lust zu erhöhen und strebt zumindest eine Balance an, dass der Schmerz nicht überhand nimmt.

Alles, was im 19. Jahrhundert dann durch John Stuart Mill und später im 20. in den Wirtschaftswissenschaften zur Grundlage des Denkens geworden ist, findet sich schon bei Hobbes. Das Nützlichkeitsdenken. Der Utilitarismus. Der Materialismus. Man hat bei ihm eigentlich schon das ganze Paket.

Lesch:

Ist der Hobbes ein Empiriker oder ist er ein Rationalist wie Descartes?

Vossenkuhl:

Sowohl als auch. Rationalist, weil nur die Körper nach der geometrischen Methode verstanden werden können. Aber er denkt eben auch, dass die Begriffe, die wir durch Beobachtung feststellen können, hinreichend erfassbar sind. Wir brauchen keine Intuition. Die Grundlage ist die Erfahrung.

Hobbes hat das aber noch nicht so entwickelt wie der, über den wir jetzt gleich reden müssen.

Lesch:

Ja. Lass uns weiter schreiten.

Vossenkuhl:

Also, dann frohgemut zu Locke. John Locke denkt vieles ganz anders als Hobbes. Bei Locke gibt es zum Beispiel die Religion nicht nur als eine Art von staatlicher Einrichtung. Die Religion als Offenbarung hat noch einen richtig starken Stellenwert. Wir zäumen zwar jetzt das Pferd vom Schwanze auf, aber das macht nichts.

Locke hatte nämlich auch einen Gottesbeweis. Und zwar den kosmologischen, der Dir als Physiker natürlich am meisten einleuchten muss. Ohne ein höchstes Wesen kann der Mensch die kosmische Ordnung nicht verstehen.

Er war auch der Meinung, dass das menschliche Wissen, im strengen Sinne relativ begrenzt ist. Deswegen schließt er Wunder nicht aus. Er meint sogar, wenn man nicht dem Aberglauben verfällt, wenn man nicht etwas vertritt, was der Vernunfteinsicht direkt widerspricht. Wenn man glauben würde, an zwei Orten gleichzeitig sein zu können, wäre man abergläubig. Das geht nicht. Das wäre sehr unvernünftig.

Wenn man allerdings etwas glaubt, was jenseits dessen liegt, was man wissen kann, dann ist das schon möglich. So auch die Existenz Gottes, oder eben auch Wunder. Übrigens dachte auch Wittgenstein in diese Richtung. Das ist ganz interessant.

Lesch:

John Locke ist für mich der gute Mensch schlechthin. Ich weiß wenig über seine Biographie, aber was ich so zusammengetragen habe, zeigt mir, dass er jemand war, der den Naturzustand nicht derartig madig gemacht hat, wie das Hobbes tat. Locke war der Meinung, dass der Mensch nach irdischem Glück strebt, sich aber auch eine jenseitige Glückseligkeit wünscht. Deswegen ist es gut, moralisch zu handeln. Es muss Normen geben.

Locke hat deshalb in seiner Staatstheorie auf der einen Seite eine viel positivere Grundhaltung eingenommen. Auf der anderen Seite hat er den Menschen aber auch nicht ganz getraut. Es muss schon gewisse Regularien geben, die sich gegenseitig kontrollieren.

Für mich ist der Unterschied zwischen Hobbes und Locke ein bisschen so zu verstehen wie der zwischen einem Statiker und einem Dynamiker. Hobbes ist ein statischer Denker. Der sieht da was, und das will er nur mit einem einzigen Modell erklären. Das darf sich auch nicht verändern. Der Souverän ist unkündbar! Basta! Ende der Durchsage.

Locke orientiert sich von Fall zu Fall je nach dem, wie die Lage ist: Das Parlament kontrolliert den Souverän, der muss aber darauf achten, dass im Parlament nichts aus dem Ruder läuft. Man hat sich gegenseitig im Blick. Das hat sehr viel mit Dynamik zu tun. Mit Balance, mit Flexibilität.

Ich denke, dass die Entwicklung der konstitutionellen Monarchie in Großbritannien vor allen Dingen mit dem Namen Lockes verbunden ist. Und nicht mit Hobbes.

Vossenkuhl:

Da wir gerade über Geschichte reden und das Pferd philosophisch ein bisschen am Schwanz aufzäumen: Es gibt bis heute diese beiden Denk-Traditionen, die für Lockes und Hobbes stehen, die "Whigs" und die "Torys". Hobbes steht für die Tory-Tradition, für das, was man später *Besitzindividualismus* genannt hat. Ein Souveränitätsbegriff, der sehr radikal ist.

Lesch:

Das kann man wohl sagen.

Vossenkuhl:

Konservative Politikphilosophen wie Oakeshott waren der Meinung, dass Hobbes den ersten modernen Staatsentwurf vorgelegt hat – in guter, konservativer Tory-Tradition. Locke steht für die Whig-Tradition. Das sind die Liberalen, die aufstrebende neue Klasse. Dieser Dualismus zieht sich durch die moderne 'englische' Geschichte.

Locke war der liberale Theoretiker schlechthin. Von ihm stammen die ersten ernst zu nehmenden Konzeptionen der Menschenrechte. Du hast auf die *Habeas corpus Akte* hingewiesen, an der er sicherlich beteiligt war.

Er hatte auch ein ganz interessantes, modernes Erziehungskonzept: Die Kinder müssen zur Mündigkeit, zur Freiheit erzogen werden. Das darf aber nicht durch ein zwanghaftes System geschehen, sondern durch privaten Unterricht, private Förderung. Das sollte nicht der Staat machen, so wie das heute in unserem Schul- und Ausbildungssystem der Fall ist. In England war deswegen der Schulunterricht sehr lange keine staatliche, sondern eine private Angelegenheit. Die öffentliche, allgemeine Schulpflicht wurde sehr viel später als in Deutschland eingeführt.

Lesch:

Zwischen zwei Sätzen hast Du einen Begriff gebracht, über den wir die nächste halbe Stunde reden könnten, die Menschenrechte. John Locke war der Meinung, dass der Mensch von Natur aus frei ist, und dass alle Menschen gleich sind.

Vossenkuhl:

Na gut, das hat Hobbes auch gedacht. Die Menschen sind frei und gleich, aber eben nur im Naturzustand.

Lesch:

Es gibt also ein Recht. Du hast von Natur aus Rechte als Person. Dass dir dein Eigentum nicht weggenommen wird, dass man dich nicht umbringt. Alles das, was zuallererst in der Amerikanischen Verfassung, später in der Französischen Revolution festgeschrieben wurde und heutzutage in jeder ordentlichen Verfassung der Welt zu finden ist. Das geht auf den Engländer Locke zurück.

Vossenkuhl:

Bei ihm müssen wir auch noch über die – für den Philosophen sicherlich noch interessantere –Theorie des Wissens, die *Epistemologie*, sprechen.

Lesch:

Ich habe gelesen, dass er als der Philosoph des *Common sense* gilt. Das ist wohl unser gesunder Menschenverstand?

Vossenkuhl:

Das trifft es. Obwohl in diesem Zusammenhang später auch noch Andere mitmischten, gilt Locke als der erste theoretisch fundiert denkende Empirist. Das fängt schon mit der Frage an: Woher kommt eigentlich unser Wissen? Er stellte klar: Es kommt nicht aus uns, nicht von innen heraus. Alles kommt von außen. Das heißt, wir fangen als *Tabula rasa* an.

Lesch:
Leerer Tisch.

Vossenkuhl:
Besser: Unbeschriebenes Blatt. Alles, was da später jemals drauf stehen wird, kommt von außen. Locke hat dazu ein ganz wunderbar ausgefeiltes System entwickelt. Wir nehmen alles, was von außen kommt auf. Das sind die *simple ideas.* Idee ist für Locke ein Begriff mit einer ganz anderen Bedeutung als bei Descartes. Obwohl er immer noch eine Art Cartesianer ist. Es gibt bei ihm noch das rationale Denken und die *Res extensa.* Beides. Die simple ideas sind für Locke rein empirisch zu verstehen, während sie für Descartes rein geistige Intuitionen sind.

Bei Locke ist die Richtung, die Asymmetrie, umgedreht. War bei Descartes das klarste das Selbstdenken, sind es bei Locke die ideas, die Eindrücke, die von außen kommen. Natürlich gibt es auch ideas, auf die wir selber kommen.

Lesch:
Die machen wir selbst. Die sind nicht in uns vorgegeben. Er ist also ein rationaler Empirist. Das, was wir an Ideen haben, hat zuallererst damit zu tun, dass die Außenwelt auf uns einwirkt.

Vossenkuhl:
Das sind unsere Wahrnehmungen, die *sensations.* Du siehst etwas. Davon gehen Strahlen aus, die du wahrnimmst. Er denkt sich den äußeren Einfluss als kleine *Korpuskeln*, die auf den Betrachter treffen, der dann die *idea* der Farbe, der Töne, der Gerüche, des Geschmacks, dann auch der Härte, der Weichheit, der Wärme, oder Kälte von Dingen hat. Diese ideas bauen wir uns aufgrund der Wahrnehmungen zusammen. Kombinieren wir die Farben, die Weichheit, die Wärme ergibt sich eine *complex idea*, eine zusammengesetzte Idee. Man benutzt ja mehrere Sinne. Damit gewinnen wir eine Vorstellung der Ausdehnung, der

Gestalt, der Bewegung, des Ortes und der Ruhe.

Die *simple ideas* entsprechen immer einem unserer Sinne. Die Farbe des Rotweins wird vom Sehsinn erfasst. Da brauchst du keinen Tastsinn. Beim Trinken kommt der Geschmack hinzu. Ein Urteil über den Wein besteht aus einer *complex* idea. Der Wein bewirkt auch etwas in dir – selbst in Maßen genossen. Du hast eine Selbstwahrnehmung. Das ist eigentlich die komplexeste Stufe, auf der die Sinnes- und die Selbstwahrnehmung zusammengebaut werden zu Freude, Lust, Schmerz, Kraft, Dasein, zeitlicher Folge usw. Du kombinierst die Ideen und urteilst darüber relativ zu dem, was du selber empfindest. Das heißt, Du machst auch selbst noch etwas daraus. Das ist die höchste Stufe dieser Kombinationsmöglichkeiten.

Lesch:

Ich habe auch meine Erwartungen.

Vossenkuhl:

Basierend auf Erfahrung oder Erinnerung.

Lesch:

Also alles das, was zu unserem normalen Leben dazu gehört.

Vossenkuhl:

So ist es.

Lesch:

Locke ist also einer, der sich mit der konkreten Erkenntnismöglichkeit auseinandersetzt.

Vossenkuhl:

Absolut. Es ist für ihn ganz wichtig, dass man immer zu den simple ideas zurückkommen kann. Der Aufbau - natürlich ganz cartesianisch aus Analyse und Synthese - muss so sein, dass man bei der Analyse bis zum letzten Grund immer bei den ganz einfachen Ideen landet. Die nennt er natürlich nicht *intuitions*, weil das zu cartesianisch wäre. Er ist also kein reiner *Monist*, aber zumindest in der Anlage *monistisch.*

Lesch:

Was ist *Monismus* noch mal?

Vossenkuhl:

Wenn du alles aus einer Wurzel denkst, sei sie materieller oder geistiger Art. Hobbes ist Monist. Er denkt alles nur aus dem Materialismus heraus. Es gibt bei ihm keinen Gedanken, der nicht materiell bedingt ist.

Lesch:

Merkst Du eigentlich, wie in der Philosophie jetzt schon ganz viele Strömungen unterwegs sind?

Vossenkuhl:

Grausig, ja!

Lesch:

Es häufen sich die –ismen. Man muss direkt aufpassen. Wenn ich an die Vorsokratiker zurückdenke, da war noch alles gut. Dann gab's das Gerumpel zwischen Vernunft und Glaube. Jetzt in der modernen Philosophie landen wir auf einmal bei den Rationalisten, den Empiristen, den Materialisten, den Monisten, den Dualisten und so weiter.

Vossenkuhl:

Hör auf, hör auf!

Lesch:

In Europa - um es britisch korrekt zu sagen, auf dem Kontinent entwickelt sich die Philosophie anders als auf der feuchten, vorgelagerten Insel.

Vossenkuhl:

Genau, stimmt eigentlich.

Lesch:

Die einen sind Empiriker geworden, sehr pragmatisch. Die anderen – auf dem Festland - haben den Rationalismus immer weiter und weiter getrieben. Ich freue mich schon auf die Synthese aus Ostpreußen.

Vossenkuhl:

Mein Freund greift den Dingen – sprunghaft wie er als Physiker eben ist - vor. Aber er bringt sie auch auf den Punkt.

Der Weg der englischen Philosophie hat nach Descartes offenbar eine andere Richtung eingeschlagen und diese bis heute beibehalten. Empiristisch gesonnen, rationalistisch, vielerorts auch materialistisch, heute vielleicht nicht mehr so stark metaphysisch ausgeprägt wie früher. Aber es ist doch eine andere Tradition, voller Misstrauen gegenüber der spekulativen und typisch kontinentaleuropäischen Denkweise.

Wir werden noch Einiges darüber hören.

Spinoza

Leibniz

Newton

Die ersten Systeme der Philosophie – Spinoza (1632 - 1677), Leibniz (1646 - 1716), Newton (1643 - 1727)

Vossenkuhl:

Erinnern wir uns an René Descartes und seine Lehre von den drei Substanzen. Das absolute Sein, die ewige und unendliche Substanz ist: Gott. Dann kommen erst das Denken und die Ausgedehntheit, aber nicht etwa als Substanzen, sondern als Attribute der einen Substanz. Das ist wahrer Monismus von oben herab!

Das muss man sich vor Augen führen, wenn man verstehen will, was Baruch de Spinoza - er nannte sich später *Benedictus*, also der Gesegnete, an Philosophie, an Theologie und an politischem Denken entwickelt hat.

Die ewige Substanz allein bleibt. Die beiden anderen werden einfach in sie integriert als weitere Zuschreibungen. Eine ganz simple Formel. Klingt ein bisschen schräg, und ist letztlich nicht so ganz einfach zu verstehen.

Für Spinoza ist alles Gott. Es gibt diese Formel: Gott oder Substanz oder Natur *(Deus sive substantia sive natura).* Das hat dem großen Goethe ganz gut gefallen.

Wie wohl mein Freund Harald ein großer Freund des Dichterfürsten ist, so wenig kann er sich wohl mit Spinoza identifizieren, nehme ich an.

Lesch:

Mich stört dieses Gleichsetzen: Gott ist Natur. Alles ist Gott. Das ist unmenschlich. Spinoza, der nur 44 Jahre alt wurde, war wohl zeitlebens ein außerordentlich feiner, angenehmer Zeitgenosse. Seine Philosophie aber ist für viele völlig untragbar, weil sie im Grunde genommen auf etwas hinführt, was für den normalen Menschen schwer zu ertragen ist. Er soll sich einfinden in eine Existenz, in der alles Gott ist. Sünde, das Böse, alles gehört dazu. Der Mensch hat überhaupt keine Möglichkeit mehr, irgendetwas frei zu tun. Es ist alles vorherbestimmt. Bei Spinoza gibt es keine Willensfreiheit mehr.

Vossenkuhl:

Es gibt nur Notwendigkeit, nicht nur für uns Menschen, sondern auch für Gott. Auch Freiheit ist Notwendigkeit.

Lesch:

Und am Ende steht der zweibeinige Erdenwurm in dieser Philosophie so richtig hilflos da, weil in dieser pantheistischen Vorstellung alles bereits von ganz oben geregelt ist. Ich dachte immer, Philosophie hätte etwas mit Grenzerfahrung zu tun, also die Erfahrung vom Begrenztsein des eigenen Daseins.

Das scheint aber offenbar für Spinoza gar keine Rolle zu spielen. Für ihn ist alles eins.

Wenn es dir schlecht geht, dann finde dich einfach ein in das große Ganze. Denke immer daran, dass dein Leid nur ein ganz winzig kleines Leid in einem riesengroßen Universum ist.

Vossenkuhl:

Es ist schon erstaunlich, dass jemand mit seinem Hintergrund so etwas entwickelt hat. Als Abkömmling jüdischer Eltern, die aus Portugal in die Niederlande eingewandert waren. Die Eltern waren Kaufleute. Er selbst hätte Professor in Heidelberg werden können. Er verzichtete aus Sorge um sein Leben, weil er schon in der jüdischen Gemeinde ausgegrenzt und exkommuniziert worden war. Da war er gerade 22 Jahre alt und hatte noch nichts veröffentlicht. War er doch der Meinung, Gott, dieser pantheistische Gott, der hätte nur Individuen geschaffen, aber nicht separat Juden und Christen. Auch Nationen waren nicht in seiner Schöpfung vorgesehen.

Lesch:

Das sind alles nur künstliche Spätfolgen.

Vossenkuhl:

Das gibt's alles gar nicht. Das passte natürlich weder den Juden noch den Christen. Mit dieser Botschaft konnten die nicht viel anfangen. Spinoza wurde als Atheist abgestempelt.

Lesch:

War er ein Wunderkind?

Vossenkuhl:

Sehr begabt war er schon. Aber gleich ein Wunderkind? Wir werden nachher noch zu einem richtigen Wunderkind kommen. Leibniz. So begabt wie Leibniz scheint Spinoza nicht gewesen zu sein. Aber er war schon sehr früh sehr aufgeweckt, lernte Latein in der Schule eines ehemaligen Jesuiten und las Schriften der jüdischen Philosophen Maimonides und Gersonides, aber auch schlolastische Literatur und Descartes.

Lesch:

Man sagt, dass die Philosophie von Spinoza „durchgerechnet" sei. Also eher ein mathematisches Modell. Kannst Du mal bitte erklären, wie das zu verstehen ist. Er hat doch wohl keine Gleichungen ausgerechnet?

Vossenkuhl:

Nein, nein. Sein methodisches Grundmodell waren die Geometrie und die Arithmetik. Er meinte, dass es vier unterschiedliche Niveaus des Wissens gibt: Wissen vom Hörensagen, z.B. wann du geboren wurdest; dann Wissen aus unbestimmter Erfahrung, z.B. dass wir sterben; dann Wissen des Wesens einer Sache, das Anlass zu Folgerungen gibt, z.B. von Wirkungen auf Ursachen, ohne dass klar wäre, wie die Verbindung genau zustande kommt, und schließlich das Wissen aus dem Wesen von etwas, z.B. 2 plus 2 gleich 4. Nur auf diesem höchsten vierten Niveau können wir alles cartesianisch, also klar und deutlich erkennen. Bei diesem Wissen gibt's überhaupt keinen Zweifel. Das empirische Wissen Lockes ist in seinen Augen vage und unklar. Das ist für ihn kein ernstzunehmendes Wissen. Wenn wir alles nur sinnlich wahrnehmen würden, dann hätten wir eben kein Wissen.

Lesch:
Dem gesunden Menschenverstand hat er überhaupt nicht getraut.

Vossenkuhl:
Nicht die Bohne. Natürlich kann man die Stufen des Wissens nachvollziehen: Kein Mensch kann sein Geburtsdatum selbst wissen. Das kriegt man irgendwann gesagt, das muss aber nicht stimmen. Dann das Wissen, bei dem man nicht so genau weiß, wie man es beurteilen soll, so z. B. dass jeder Mensch sterben muss. Was ist das für ein Wissen? Oder dass jeden Tag die Sonne aufgeht. Das sind alles nur Mutmaßungen.

Lesch:
Aber zu wissen, dass man stirbt, hat für das menschliche Denken, Fühlen und Tun doch enorme Konsequenzen.

Vossenkuhl:
Sicher. Aber Du wolltest wissen, wie sich die Methode der Geometrie auswirkt.

Lesch:
Der hat es also so richtig schön unterteilt.

Vossenkuhl:
Fein säuberliche Kategorien. Er fing mit der normalen sinn-

lichen Wahrnehmung an und hat sich - ähnlich wie Descartes - dann zu einem absolut sicheren Wissen durcharbeiten wollen. Dabei war er der Meinung, dass die klarsten Prinzipien entscheidend sind. Das allerklarste war für ihn Gott.

Ab da verläuft der ganze Prozess rückwärts. Von diesem Punkt an ist alles eins. Also Körper, Geist, Leib, Seele, Denken, Ausdehnung. Deswegen nennt man das „Identitätsphilosophie".

Lesch:

Aber welche Identität bleibt denn am Ende noch? In mir hat das so eine fatalistische Ergebenheit in die eigene Existenz ausgelöst. Ich bin halt hier und ein Teil der Natur. Die wiederum spielt sich irgendwie ab, weil Gott das alles so vorherbestimmt hat.

Für mich habe ich den Spruch geprägt: Der Spinoza ist der Buddha des Abendlandes. Nach dem Motto: Du bist jetzt hier. Jetzt sieh mal zu, wie du klar kommst. Mach dir nicht zu viel draus, denn in the long run we are all dead – auf lange Sicht sind wir alle tot. Wir sind außerdem nur ein kleines Staubkorn im großen Universum.

Ehrlich, das ist mir zu wenig! Ich habe immer Schwierigkeiten, wenn man sich mit so einer kosmischen Dimension abfindet.

Vossenkuhl:

Für Dich als Physiker müsste das doch attraktiv sein. Diese totale Gleichmacherei. Du hast oft gesagt, dass die Atome keine Individuen sind. Der Substanzbegriff von Spinoza ebnet ja auch alle Unterschiede ein. Die Anwendbarkeit der geometrischen Methode setzt voraus, dass man Individuen oder Einzelteile hat, die sich nicht mehr groß unterscheiden.

Lesch:

Ich scharre schon länger mit den Hufen, weil ich es mit der Substanzmetaphysik so gar nicht habe. Ich setze vielmehr auf den Prozess, den Ablauf der Dinge, auf die Wechselwirkung der Substanzen untereinander.

Vossenkuhl:

Du wirst mit Deinem elitären Substanzbegriff schon noch rechtzeitig rausrücken.

Lesch:

Der Herr Spinoza hat versucht, das Problem bei Descartes zu lösen. Also weg von den drei Substanzen, hin zu einer Einzigen, zu Gott.

Ein anderer großer Denker hat sich auch mit Descartes' Substanzbegriff rumgeschlagen. Er gilt als einer der größten Denker aller Zeiten.

Vossenkuhl:

Gottfried Wilhelm Leibniz. Ganz besonders Wilhelm natürlich. Geboren 1646 in Leipzig. Ich weiß nicht, ob er sächsisch geredet hat, aber ich nehme schon an. Gestorben 1716. Er ist also 70 Jahre alt geworden. Spinoza nur 44. Die beiden kannten sich übrigens.

Leibniz war ein Wunderkind. Er hat schon ganz früh angefangen alte Sprachen zu lernen. Dann Mathematik und Physik. Mehr oder weniger hat er sich für alles interessiert, was man überhaupt interessant finden konnte. Deswegen gilt er als Universal-Gelehrter. Wahrscheinlich war er der letzte dieser ausgestorbenen Spezies. Vorbild des typischen Universal-Gelehrten war Aristoteles, Leibniz kam da schon ganz nah ran – in Relation zum möglichen Wissensstand der jeweiligen Zeit.

Lesch:

Lass mich kurz dazwischen fragen. Ein Universal-Gelehrter ist nicht nur jemand, der das Wissen seiner Zeit überschaut und zusammenfassen kann, sondern auch noch jemand, der originäre Beiträge zu den jeweiligen Wissenschaften leisten kann. Das ist dann nicht nur ein lexikalisches Wissen, sondern wir haben jemand vor uns, der das auch noch verdaut und umgesetzt hat.

Vossenkuhl:

Erkenntnis, im besten Sinne. Genau so einer war Leibniz. Er hat eigentlich zu allem irgendetwas Wesentliches gesagt. Du wirst auf seine Physik sicher nichts kommen lassen.

Lesch:

Da war er echt stark.

Vossenkuhl:

In der Mathematik auch. Er hat die Infinitesimalrechnung entwickelt.

Lesch:

Als Deutscher würde ich auch dafür plädieren, dass Leibniz die Differential-Integralrechnung erfunden hat. Und nicht Newton.

Vossenkuhl:

Als 15jähriger studiert er in Leipzig die Scholastik. Er hat ein sehr solides scholastisches Studium absolviert. Das sieht man in seinem ganzen Oeuvre. Dann hat er als 17jähriger schon über das Individuationsprinzip *(de principio individuationis)* geschrieben. Für ihn ist das ganz wichtig geworden.

Lesch:

Alles setzt sich aus Einzelteilen zusammen. Sie sind quasi die Lego-Steine allen Seins.

Vossenkuhl:

Die hängen alle zusammen – Stichwort *Monade*. Das werden wir noch besprechen.

Als 20jähriger wurde er in Jura promoviert.

Lesch:

Das konnte man damals?

Vossenkuhl:

An der Universität Altdorf bei Nürnberg. Da gibt's inzwischen keine Uni mehr. Die ist jetzt in Erlangen und Nürnberg. Die Altdorfer haben ihm sogar eine Professur angeboten. Das hat er abgelehnt. Er ist dann in den Dienst des Kurfürsten von Mainz getreten. Ein gewisser Johann Philipp Schönborn.

Er ist in den staatlichen Dienst getreten, weil der ihm interessanter erschien und vielleicht auch besser bezahlt wurde.

Lesch:

Hat er jemals unterrichtet?

Vossenkuhl:

Nein. Auch Spinoza hat nie unterrichtet.

Hobbes und Locke ebenfalls nicht, außer als Hauslehrer. Das waren alles Gelehrte, die außerhalb der Universität wirkten.

Lesch:

Warum haben die das eigentlich nicht gemacht? Haben die die Universität als Bildungseinrichtung abgelehnt? Damals gab es offenbar eine Bürgerschicht, die das, was von den Philosophen, von diesen Privat-Gelehrten angeboten wurde, gegen Entgelt direkt aufgenommen hat. Die Denker wirkten in die erwachsene Gesellschaft hinein. Aber eigentlich muss doch auch die Ausbildung von Schülern ein Ziel von Philosophen sein.

Vossenkuhl:

Ich glaube, bei Leibniz war der Wille, Einfluss zu nehmen, schon sehr groß. Aber nicht über die Bildungsinstitutionen. Er ist direkt in die Politik gegangen. Er hat versucht, den französischen König Louis XIV. davon abzubringen, in deutsche Gebiete einzumarschieren. Das ist ihm aber nicht gelungen, obwohl sein Französisch perfekt war.

Lesch:

Leibniz ist extra nach Versailles gefahren.

Vossenkuhl:

Er reiste im Auftrag des Mainzer Kurfürsten zu Louis XIV. an den französischen Hof. Ob er den Erlauchten getroffen hat, weiß ich nicht. Aber jedenfalls ist er mit einem politischen Auftrag dorthin gereist. Er sollte den französischen Nachbarn davon abhalten, in Kur-Mainz einzumarschieren. Louis XIV. hatte Europa mit Kriegen überzogen.

Lesch:

Und dann reist ein deutscher Philosoph nach Paris, um dort vorstellig zu werden. Er soll dem französischen Herrscher sagen: Sir, geben Sie Gedanken-Freiheit! Nein, so kann man das nicht sagen. Besser: Sir, geben Sie Deutschland die Freiheit. Kühlen Sie Ihr Mütchen irgendwo anders.

Vossenkuhl:

Das konnte nichts werden. Man darf nicht vergessen: Leibniz fuhr nicht als Philosoph, sondern er hatte einen politischen Auftrag. Er war als Diplomat bereits ein angesehener Mann. Wenn der mit dem Label *Philosophus* angereist wäre, hätten die Franzosen erst mal herzlich gelacht. Was will denn der hier? Nein, Leibniz war als richtiger Unterhändler unterwegs, und er war damals schon als Wissenschaftler bekannt.

Er traf in Paris Huyghens und andere namhafte Physiker, die damals in der Stadt waren. Er traf die Cartesianer und die Materialisten. Darunter waren so große Geister wie Malebranche und Arnault. Er hat unglaublich viele Kontakte gehabt. Kein Wunder, dass er sich ziemlich lang und gern in Paris aufgehalten hat.

Lesch:

Für mich ist Leibniz die Lichtgestalt, die in Deutschland nach dem Dreißigjährigen Krieg auftauchte. Mit ihm verbinden sich zumindest auf den ersten Blick drei Dinge. Erstens:

Wir leben in der besten aller möglichen Welten. Zweitens: Wie konnte Gott das Leid in dieser Welt zulassen? Die große Frage der Theodizee. Und Drittens: Seine *Monadenlehre*.

Das hängt ja alles im Grunde genommen miteinander zusammen.

Vossenkuhl:

Monaden, das sind die kleinsten, absolut einfachen, undurchdringlichen Entitäten, die unabhängig von einander existieren und aktiv sind *(un être capable d'action).* Monaden sind wahrhafte Atome, ursprüngliche Kräfte, nicht teilbar, entstehen nicht aus Synthesen, sind von Gott geschaffen und nur durch ihn vernichtbar, ohne Einwirkungsmöglichkeiten von außen, haben keine Fenster, ihre Tätigkeit ist spontan. Die einfachsten Monaden sind und wirken unbewußt. Dann gibt es auch welche, deren Vorstellung als Empfindungen und Gedächtnis bewusst ist und schließlich die mit Selbstbewusstsein.

Bei den Monaden fangen wir noch mal von vorne an.

Die beiden Grundprinzipien seines Denkens sind der Satz vom Widerspruch und der Satz vom zureichenden Grund.

Lesch:

Der Satz vom Widerspruch heißt: Eine Aussage kann nicht zugleich wahr und falsch sein.

Vossenkuhl:

Vom Satz des zureichenden Grundes gibt es mehrere Versionen. Die einfachste ist: Nichts ist ohne Grund. Das ist ganz wichtig. Da kommt man nämlich irgendwann pfeilgerade auf die Monaden.

Wenn Du Dir überlegst, wie das, was wir jetzt gerade machen, also denken, Bewegung, wie das erklärbar ist, dann kannst Du das mit einer Gedanken-Kette rückwärts versuchen, mit einer Kausalkette.

Da gibt's für das, was wir jetzt gerade gesagt oder gedacht haben, eine Ursache. Und die hat wiederum eine Ursache, und so weiter. Beim Zweifler Descartes wird irgendwann diese infinite Kette durch das „Ich denke" einfach abgebrochen.

Lesch:

Ich bin.

Vossenkuhl:

Ja. Das ist aber für Leibniz nicht akzeptabel. Der sagt: Die Kette ist unendlich. Da können wir gar nichts daran ändern. Aber wir müssen sie irgendwo beginnen lassen. Das heißt, wir nehmen einen Punkt, von dem wir annehmen, dass er der zureichende

Grund für das ist, was wir erklären wollen. Und das ist in diesem Falle Gott. Gott ist ein zureichender Grund.

Gott ist einerseits beweisbar - er nimmt den ontologischen Beweis von Descartes auf - sagt aber, Descartes hat noch eins vergessen. Er hat nämlich den Nachweis der Widerspruchsfreiheit dieses Begriffs vergessen. Wenn ich das nehme und dazu den Satz vom zureichenden Grund, dann kann mit Gott jede Kausalkette anfangen.

Wenn Du im Reich der Wahrnehmungen zurückgehst, dann kommst Du auf immer kleinere Entitäten. Am Ende landen wir bei den Monaden, die ich eben beschrieben habe.

Die Monaden, das sind die zureichenden Gründe für alle Prozesse. Dass sie nicht bewusst arbeiten, ist eine wichtige und überraschende Neuigkeit, die wir allerdings gut nachvollziehen können. Denn wenn wir irgendetwas fühlen, können wir uns ganz leicht vorstellen, dass die Gründe dafür irgendwo liegen, wo wir keine Gefühle haben und was uns nicht bewusst ist.

Lesch:

Also ist jeder von uns Beiden eine Riesenmenge von Monaden, oder? Und diese Monaden enthalten alles, was uns ausmacht. Oder wie muss ich mir das vorstellen?

Vossenkuhl:

Die Monaden sind die Atome, aus denen alles besteht. Jede Monade unterscheidet sich von den anderen. Das sind richtige Individuen, die Monaden.

Jetzt wirst Du natürlich gleich die Frage stellen: Ja, wie kommt das denn, dass wir Gestalten sind?

Lesch:

Genau! Du zerfließt ja nicht. Du sitzt hier ordentlich aufgeräumt und hältst Deine Form.

Vossenkuhl:

Die Monaden sind für Leibniz nicht materieller Natur. Er sagt: Das Materielle, das Ausgedehnte, ist ewig teilbar. Also muss ich wieder - nach dem Satz des zureichenden Grundes - irgendwo anfangen können. Das heißt, die Monaden sind die beste Erklärung dafür, dass es irgendwo anfängt, irgendwo eine erste Ursache gibt. Klingt unglaublich, ist aber verflixt gut gedacht. Die Monaden sind seelische, keine materiellen Entitäten.

Lesch:

Materie besteht nicht aus Materie, sondern aus Monaden. Könnte man das in einer heutigen Wissenschaft mit Energiefeldern übersetzen?

Vossenkuhl:

Kannst Du. Ich würde eher Energieimpulse sagen.

Lesch:

Irgendwas, das die Sache anstößt.

Vossenkuhl:

Jedenfalls nichts statisch festes Körperliches.

Lesch:

Gut. Da ist also ein Urgrund, der aus irgendwas besteht. Und der treibt die Welt an.

Vossenkuhl:

Wenn Du Leibniz heute erzählen würdest, dass Atome keine statischen festen Dinger sind, sondern aus Ladungen bestehen, dann würde er sagen: Ah, prima. Das sind Monaden!

Lesch:

Wenn ich ihm erzählen würde: Das Proton, mein lieber Herr Leibniz … die Masse des Protons besteht im Wesentlichen aus Bindungsenergie zwischen den Quarks.

Vossenkuhl:

Da wäre er sehr zufrieden.

Leibniz hat Descartes immer vorgeworfen, dass er Energie, Kraft, die ja in der Natur beeindruckend vorkommt, einfach außen vor gelassen hat. Für ihn war die Kraft sehr wichtig.

Lesch:

Es gibt da noch einen Begriff, der mit Leibniz verbunden ist. Die sogenannte „prästabilierte Harmonie". Es wird davon gesprochen, dass die Monaden fensterlos sind.

Vossenkuhl:

Richtig. Erst einmal wird gesagt, dass eine Monade anders ist als die andere. Einzigartig. Dann stellt sich die Frage, wie die zusammen passen.

Jede einzelne Monade ist ein Spiegel des gesamten Universums. Deswegen brauchen die auch keine Fenster. Dann kommt natürlich wieder der liebe Gott ins Spiel. Der Schöpfer, so geht das Uhrmachergleichnis, der hat die Monaden von Anfang an alle auf Null gestellt. Wenn zwei Uhren auf die gleiche Uhrzeit gestellt werden, dann ticken die auch gleich. Sie müssen natürlich sehr exakt gehen und wirklich auf exakt die selbe Zeit gestellt sein. Das ist selbst für die Schweizer Uhren schwierig.

Lesch:

Das muss am Anfang für Gott eine Mordsarbeit gewesen sein, diese ganzen Monaden genau so hinzukriegen.

Vossenkuhl:

Da siehst Du mal, was Allmacht alles macht.

Lesch:

Die ist nicht ohne.

Vossenkuhl:

Jedenfalls, jede Monade spiegelt das gleiche Universum wieder, aber jede ist ein bisschen anders. Deswegen brauchen sie einander nicht. Jede ist für sich Harmonie. Die Harmonie ist also von vorneherein richtig „eingestellt".

Lesch:

Kompliziert wird es, wenn Dinge passieren, die nicht passieren dürften. In so einem harmonischen, tollen Universum dürften

Krankheiten oder Naturkatastrophen gar nicht auftauchen. Was ist das für ein allmächtiger Gott, der doch die Möglichkeit gehabt hat, alles prima einzustellen? Am Ende kommt dann so ein – ich will nicht sagen - Pfusch-Universum heraus, in dem viele Dinge passieren, bei denen man sich fragt: Muss das sein?

Vossenkuhl:

Zunächst einmal diese Harmonie, diese prästabilierte Harmonie. Da zeigt sich schon mal ein Problem, was Gottes Freiheit angeht.

Gott hat die Uhren alle gleich gestellt. Danach muss er offenbar die Dinge so laufen lassen, wie sie laufen. Sieht so aus, als hätte Gott keine Freiheit mehr. Das wäre ein Problem.

Leibniz hat es mit diesem Gedanken gelöst: Gott will das Gute! Er will das Gute um des Guten willen. Er will die bestmögliche aller Welten. Er will auch, dass wir die Fähigkeit haben, zu sündigen und böse zu sein. Denn wenn wir nicht die Chance hätten, das zu tun, wären wir nicht frei. Dann wäre das nicht die beste aller denkbaren, aller möglichen Welten.

Du hast hier einen völlig geschlossenen Gedankengang an dessen Ende die Einsicht steht, dass Gott in der Tat frei ist. Denn der Freie tut, was gut ist.

Lesch:

Er entscheidet sich immer für das Gute.

Vossenkuhl:

Und das Gute besteht darin, dass er die bestmögliche aller Welten schafft, in der Freiheit herrscht. Allein deswegen ist er nicht unfrei.

Lesch:

Aber wie verhält es sich dann mit den Naturkatastrophen?

Vossenkuhl:

Leibniz sagt: Gott ist die Ursache von allem, was existiert. Also muss er auch ursächlich etwas mit diesen Übeln zu tun haben.

Er unterscheidet drei Arten von Übeln: das metaphysische, das physische und das moralische. Das metaphysische, das ist das Böse. Das ist natürlich das schlimmste Übel. Er sagt: Es gibt zwei Arten von Ursachen, die hier im Spiel sind: die Form-Ursache und die Wirk-Ursache. Gott ist die Form-Ursache von allem. Das heißt, er macht es möglich, aber er löst es nicht aus. Wir sind die Wirk-Ursache des Bösen. Alle Wirkursachen sind endlich und vergänglich. Die Formursache nicht.

Lesch:

Ja, aber bei den Naturkatastrophen sind wir ja nicht beteiligt, bei Erdbeben ...

Vossenkuhl:

Nein, das sind wir nicht. Aber auch bei physischen Übeln ist er nur die Form-Ursache, weil er natürlich nicht selbst irgendwelche Vulkane explodieren lässt. Das gehört zur monadischen Substanz und zu deren Spontanität.

Lesch:

Auf jeden Fall hat Leibniz mit diesem Satz, dass wir in der besten aller möglichen Welten leben, innerhalb der Physik eine neue Richtung vorgegeben. Es gilt herauszufinden, nach welchen Prinzipien die Natur funktioniert.

Jetzt muss ich ganz schnell den Dritten in diesem Bunde ins Spiel bringen. Es wird nicht viel Platz für ihn übrig bleiben. Darüber wäre er nicht einmal traurig. War er doch ein sehr bescheidener Mann: Isaac Newton, einer der größten Denker, den dieser Planet hervorgebracht hat!

Er war der Entdecker des Gravitationsgesetzes, das besagt, das die Kraft zwischen zwei Massen mit dem Quadrat des Abstandes abnimmt. Er hat einen Teil der Natur des Lichts entdeckt, und er hat ein eigenes Teleskop gebaut, das berühmte Newton'sche Spiegelteleskop, mit dem sich viel bessere Beobachtungsmöglichkeiten ergeben haben als mit allen Teleskopen davor. In seinem Buch „Die mathematischen Prinzipien der Naturphilosophie" hat er sein Wissen zusammengetragen.

Niemals hätte er gesagt, er wäre Physiker. Er hätte immer betont: Ich bin Philosoph. Denn in seiner Zeit fanden sich unter dem Dach der Philosophie alle Wissenschaften zusammen. Auch die Naturwissenschaften. Die Trennung fand erst viel später statt.

Newton hat genau wie Leibniz eine Methode entwickelt, um die infinitesimalen Probleme zu lösen, also die Vorgänge gegen Null. Wenn alles ganz klein wird, oder gegen unendlich geht, oder alles ganz groß wird. Er war auch ein glühender Esoteriker, der sich intensiv mit Alchemie beschäftigt hat.

Vossenkuhl:

Eigentlich hast Du schon so gut wie alles gesagt. Vielleicht noch die Lebensdaten: Er ist ziemlich alt geworden, 84. 1643 in Leicestershire geboren, in einem kleinen Dörfchen. 1727 ist er dann in London gestorben. Am Schluss hat er sogar noch als Chef der königlichen Münze eine richtig einflussreiche und gewinnbringende Anstellung gehabt.

Lesch:

Er war auch Präsident der „Royal Society". In Großbritannien war er der 'Big Shot'. Zeitlebens hatte er mit ziemlichen Widerständen zu kämpfen. Offenbar war er auch kein einfacher Mensch. Wie überhaupt diese - ich würde mal sagen, die „Typen", über die wir hier reden - die Philosophen der Aufklärung keine einfachen Leute gewesen sind.

Jeder hat auf seine Art gerungen mit der Welt oder auch mit sich selbst. Ob es nun der Zweifel bei Descartes war, oder bei Spinoza seine Einsamkeit und das Entrücktsein von der Welt.

Newton war jemand, der bei all seinen Erkenntnissen und seinem Wissen zu der Einsicht fähig war, dass jedes Mal, wenn wir etwas Neues erkennen, das einem hundertfachen Erkennen unseres Nichtwissens entspricht.

Newton war jemand, der wirklich durchschaut hat, dass dieses Wissenschaftsprogramm mehr ist wie eine Ruderpartie auf einem großen Ozean. Sie ist vielmehr etwas Zuverlässiges und

Zielgerichtetes. Wir rudern fleißig, und finden immer mal wieder dieses, mal jenes. Dabei stellen wir aber je länger wir rudern fest: Dieses Meer des Wissens und des Nichtwissens ist so gewaltig, dass es sich uns nur tröpfchenweise erschließt.

Vossenkuhl:

Das macht ihn doch wieder ganz menschlich. Allerdings fällt am Ende ein kleiner Tropfen Bitterkeit in dieses sympathische Bild. Er hatte ja einen richtig üblen Streit mit Leibniz wegen der Frage, wer der Erfinder der Infinitesimalrechnung sei. Wir wissen, dass es Leibniz war.

Newton hat aber behauptet, Leibniz hätte bei ihm abgekupfert. Tatsächlich waren die beiden in London einmal kurz zusammen. Leibniz hatte eine Reise nach London gemacht.

Lesch:

Auch wenn sie sich untereinander letztlich nicht ganz grün waren – seinen Platz in der Ahnengalerie der großen Denker hat jeder ohne Zweifel verdient.

Dagegen könnte auch der Oberzweifler Descartes nichts vorbringen.

Pascal

Montaigne

Voltaire

Der Weg zur Aufklärung – Montaigne (1533 - 1592), Pascal (1632 - 1662), Voltaire (1694 - 1778)

Lesch:

Wir sind im 18. Jahrhundert und sprechen über die Philosophen der Aufklärung. Aber zunächst ist noch jemand an der Reihe, der eigentlich vor Descartes hätte besprochen werden müssen. Wir gönnen uns diesen Sprung zurück, denn Michel de Montaigne ist nun einmal ein wichtiger Mann. Geboren ist er 1533 und wurde knapp 60 Jahre alt.

Über ihn schreibt Stefan Zweig:

„Es gibt einige wenige Schriftsteller, die jedem aufgetan sind in jedem Alter und in jeder Epoche des Lebens. Homer, Shakespeare, Goethe, Balzac, Tolstoi. Und dann wieder andere, die sich erst zu bestimmter Stunde in ihrer ganzen Bedeutung erschließen. Zu ihnen gehört Montaigne. Man darf nicht allzu jung, nicht ohne Erfahrungen und Enttäuschungen sein, um ihn richtig würdigen zu können."

Ein Mann also, für den man Lebenserfahrung braucht. Man muss schon etwas von der Welt verstehen, um nachvollziehen zu können, warum Montaigne sich in seinen Elfenbein-Turm zurückgezogen und sich selbst zum Thema seiner Schriften gemacht hat.

Dabei hat er die Essays kreiert, die Versuche. Indem er alles aufschrieb, was er über sich herausgefunden hat. Er wollte wissen: Wer bin ich? Er saß da wohl in seinem Turm, hatte vier oder fünf Spiegel um sich herum und hat sich ständig gefragt: Michel, wer bist du, was willst du, wie geht's dir? Muss man sich das so vorstellen?

Vossenkuhl:

Ungefähr. Es wundert mich, dass Zweig meinte, man müsste Welterfahrung mitbringen, um ihn zu verstehen. Ich frage mich, wo der Montaigne seine Erfahrung her hatte.

Lesch:

Unter anderem war er zeitweise Bürgermeister. Ansonsten ist er durchaus in der damaligen noch begrenzten, abendländischen Welt herumgereist. Immer wieder hat er sich dann in sein Schloss für mehrere Jahre komplett von der Welt zurückgezogen. Offenbar war er mit allem was er sah, nicht zufrieden. Er wollte erst einmal wissen: Michel de Montaigne, wer bist du? Du bist zumindest das Beste oder das Einzige, wovon du wirklich etwas weißt. Und das hat er aufgeschrieben.

Vossenkuhl:

Er war ein Skeptiker reinsten Geblüts. Er ist eben nicht an einem Punkt der Gewißheit angekommen, wie Descartes, für den das einzig Gewisse ist, dass ich denke. Da war Montaigne weit davon entfernt. Er zweifelte von vorne herein daran, ob wir Menschen überhaupt irgendetwas sicher wissen können. Er war ein Wissens-Skeptiker.

Ich kann mir das nur so erklären, dass er von frühester Kindheit an ganz stark mit der lateinischen, stoischen Tradition in Berührung war. Zeit seines Lebens sprach er übrigens besser Latein als Französisch. Das hat er selber gesagt. Diesen lateinischen Denkduktus hatte er wohl durch einen Lehrer, der ihn schon als Vierjähriger unterrichtete, verinnerlicht. Das war ein Deutscher, der kein Französisch konnte. Diesen Lehrer hat ihm sein Vater angedeihen lassen. Im Unterricht ging es um stoische Denker wie Plutarch und Cicero.

Der Montaigne hat sich nicht um Theologie, Metaphysik und dergleichen gekümmert. Er hatte eine ganz andere Grundausbildung als Descartes und andere Zeitgenossen, die alle noch in der Scholastik erzogen waren.

Lesch:

Er war geradezu ein neuer Mensch. Er hat sich schon so sehr auf sich bezogen, dass ihn die Welt um ihn herum gar nicht so sehr interessierte.

Vossenkuhl:

Den Beruf übernahm er von seinem Vater. Der war Richter in Bordeaux. Sein Schloss steht übrigens noch, das Schloss Montaigne im Périgord. Man kann es mit „Google Earth" finden.

Hinter den dicken Mauern dieses Schlosses lebte er ganz zurückgezogen. Dem irdischen Glück misstraute er. Vielleicht war er ein bisschen miesepetrig veranlagt. Seine Innenschau hat außer einigen schönen Aperçus zu nicht viel geführt. Aber er wurde gelesen wie kaum ein anderer, weil er einfach ein großer Schriftsteller war. Ein Mann des Wortes.

Lesch:

Aber könnte der Reiz nicht auch damit zusammenhängen, dass diejenigen, die seine Werke gelesen haben, es als sehr ehrlich empfanden, was er da alles so geschrieben hat?

Vossenkuhl:

Authentisch. Ganz bestimmt, ja.

Lesch:

Der hat sich ja selbst richtig sauber auseinander genommen. Er war sein eigener Psychotherapeut. Er hat sich bis aufs Allerkleinste seziert. Da gehört schon ein bisschen Mut dazu.

Vossenkuhl:

Natürlich.

Lesch:

Im 16. Jahrhundert sind die Menschen befreit von allem, namentlich von der bisherigen Monopol-Religion, der römischen Papstkirche. Es kam ja die zweite Konfession auf.

Bei dieser Entwicklung stehen die Menschen alle ein bisschen nackt da. Denn völlig befreit zu sein, heißt „Hosen runter". Du bist auf einmal völlig allein. Dann bleibt vielleicht nur die Frage: Wer bin ich denn, was mache ich hier?

Vossenkuhl:

Du hast es schon in der Einführung auf den Punkt gebracht. Die Fragen, die er stellt, sind, wenn man eine solide, scholastische Grundbildung hat, fast nicht denkbar. Denn da wäre niemand auf die Idee gekommen zu fragen: Wer bin ich? Bisher hieß es: Ich bin irgendwas, ein Staubkorn im Kosmos. Aber sonst wirklich nichts Bedeutendes.

Diese Bescheidenheit ist bei Montaigne nicht mehr zu finden. Er sagt: Ich bin das Wichtigste. Damit gilt es sich zu beschäftigen.

Lesch:

Das hört sich wie ein verzogenes Kind an, das im Mittelpunkt stehen will.

Vossenkuhl:

Er war der Älteste und hatte vier Brüder und Schwestern, aber er war eben auch jemand, der den Trost der Religion nicht mehr kannte. Wenn wir später über die Atheisten des 18. Jahrhunderts sprechen, entdecken wir in ihm deren unmittelbaren Vorfahren - immerhin 150 Jahre früher als sie. Insofern ist er ein Frühaufklärer.

Materialist ist er keiner. Jedenfalls kann man ihm das nicht unterstellen. Aber er wählt diese typisch ichzentrierte, menschzentrierte Perspektive und relativiert damit die Frage nach Gott und nach dem Sinn der Schöpfung.

Lesch:

Er war aber durchaus jemand, der nicht nur sich höchstselbst zum Objekt gemacht hat. Zum Beispiel war er in politischen

Diensten, so als Bürgermeister von Bordeaux. Er hat sich - wie es heute so schön heißt – eingebracht. Das hat er ganz erfolgreich getan. Aber ansonsten hatte er sich viele Gedanken zu seinem Lieblings-Thema gemacht: Michel de Montaigne.

Da befand er sich in bester Gesellschaft mit einem früheren Stoa-Anhänger, einem richtigen römischen Kaiser: Marc Aurel. Der hatte sich in seinen „Selbstbetrachtungen" auch viel Mühe mit sich selbst gemacht.

Vossenkuhl:

Ich werde jetzt gleich etwas über Michel de Montaigne zum Besten geben. Der Autor ist Blaise Pascal, geboren 1623, also 31 Jahre nach dem Tod von Michel de Montaigne. Gestorben leider schon 1662. Er ist nur 39 geworden. Ich lese kurz vor:

„Montaignes Vorzüge können nur schwer erworben werden. Seine Mängel, abgesehen von seinem Lebenswandel, hätten in einem Augenblick behoben werden können, wenn man ihm gesagt hätte, dass er zu viel Geschichten erzählte und zu viel von sich sprach."

Das hat dem Pascal gar nicht gefallen.
Montaignes Fehler sind groß. Unzüchtige Worte, das taugt nichts. Leichtgläubigkeit, Unwissenheit, seine Ansichten über den Selbstmord, über den Tod.

Und dann der große Vorwurf:

„Er verleitet zur Gleichgültigkeit gegenüber dem Heil. Montaigne hat Unrecht. Man muss der Gewohnheit nur folgen, weil sie Gewohnheit ist, nicht weil sie vernünftig und gerecht ist."

Also eine volle Breitseite. Gleichzeitig sagt der Schreiber dieser Zeilen aber auch, dass Pascal den Montaigne als Schriftsteller sehr geschätzt und viel gelesen habe.

Man hat den Eindruck, dass das Rad der Geschichte zurückgedreht wird. Pascal, Starschüler von Descartes, hat zunächst zu dessen engstem Freundeskreis gehört. Später war er dann völlig vom Cartesianismus abgefallen. Er wandte sich wieder voll dem Glauben zu – und das vehement.

Lesch:

Ich habe über Blaise Pascal einiges gelesen. Als Physiker weiß ich, dass er ein genialer Mathematiker gewesen sein muss. Bevor er diese Kehrtwende gemacht hat, von der Du gerade gesprochen hast, war er ein Anhänger eines naturwissenschaftlichen Rationalismus, einer ganz klaren Sprache, nämlich der der Mathematik. Er hat Kegelschnitt-Theorie gemacht, also Ellipsen, Parabeln. Solche Formen hat er exakt durchgerechnet. Er war einer der Väter der Rechenmaschine. Die hat Leibniz zwar als erster später gebaut, Pascal hatte sie aber sozusagen erdacht. In Kombinatorik oder Wahrscheinlichkeitsrechnung war er unglaublich stark.

Dann ist ihm offenbar etwas widerfahren. Ab da entwickelte er sich zu einem massiven Gegner dieses naturwissenschaftlichen rationalistischen Weltbildes. Er sprach dann noch diesen Satz – sinngemäß: *„Zurück zu Gott, und zwar zum Gott Isaacs, Abrahams und Jacobs, und das ist nicht der Gott der Philosophen und Gelehrten.“*

Damit hatte er das Ruder um 180 Grad herumgeworfen – die Wandlung vom Saulus zum Paulus.

Vossenkuhl:

Nicht einmal mehr den Gott von Descartes und den der anderen Gottesbeweiser ließ er gelten. Diesen Umschwung kann man übrigens genau datieren. Es war der 23. November 1654.

Lesch:

An diesem Tag muss es wohl heftig gehagelt haben?

Vossenkuhl:

Das Datum weiß man, weil er einen Zettel in sein Gewand hat einnähen lassen. Der wurde später gefunden. Auf ihm stand dieses Datum drauf.

Von da an hat er dem Rationalismus adieu gesagt.

Lesch:

Das muss ein gewaltiger Hammer gewesen sein. Das ist etwas, was ich nicht so auf Anhieb verstehen kann. Wenn man auf der einen Seite Erfolge aneinander reiht und dann auf einmal, ohne dass Außenstehende erkennen können, dass der Kandidat in einer Krise steckt: Zack! Da findet eine Erleuchtung statt!

Als wenn jemand einen Schalter umgelegt hätte.

Vossenkuhl:

Er ist früh Halbwaise geworden. Seine Mutter starb, als er vier war. Sein Vater hat ihn und seine Schwester zeitlebens unterstützt. Gestorben ist er wahrscheinlich an Tuberkulose. Geboren in Clermont-Ferrand, in der Auvergne. Also auch in der Provinz wie Montaigne.

Sein Sinneswandel war wohl auf die Lehre von „Port Royal" zurück zu führen. Der sogenannte *Jansenismus*. Eine sehr puristische Strömung.

Lesch:

Für was steht das? Für Jangtse? Hört sich chinesisch an.

Vossenkuhl:

Nein, Jansenius war Kardinal von Ypern, der eine Lehre vertrat, in der er Augustinus und Calvin zusammenführte. Daher der Name: Jansenismus; eine explosive Mischung aus Augustinus und Calvin!

Lesch:

Bekenntnisse…

Vossenkuhl:

…und dann Vorherbestimmung. Es war eine sehr radikale Abkehr von der Welt. Der Kardinal soll sehr depressiv gewesen sein.

Lesch:

Das scheint mir auch so. Das ist kein Wunder.

Vossenkuhl:

In dieser Zeit gab es einen Giganten-Kampf zwischen den Jansenisten und den Jesuiten. Pascal stellte sich eindeutig gegen die Jesuiten. Er machte das in Brand-Briefen aus der Provinz, in denen er ganz scharf gegen die Gesellschaft Jesu vorgegangen ist. Schließlich ist Pascal wieder vom Jansenismus abgekommen.

Wir sollten aber mehr über seine Alternative zum Rationalismus sprechen.

Da finden sich Sätze, die man später als Bekenntnis bei Saint Exupéry wiederfindet: „Der kleine Prinz" - man soll **mit dem Herzen erkennen.** Pascal meinte, es gibt eine Erkenntnis durch die Vernunft und eine Erkenntnis durch das Herz. Die allerwichtigsten Sachen erkennt man durch das Herz, also durch die Empfindung.

Lesch:

Aber das ist doch eine völlige Abkehr von den Naturwissenschaften. Das hört sich stark esoterisch an. Die Schwingungen, die mich treffen, wenn ich einen Raum betrete. Diese negativen Energien der Leute darin! Mein Herz sagt mir: Du bist hier gar nicht willkommen!

Pascal sagt: Die Naturwissenschaften sind ganz gut und schön, aber im Grunde genommen liefern sie nichts, was wir als Menschen gebrauchen könnten. Auf der Suche nach Gott liefern uns die Naturwissenschaften nur Zahlen. Er als Mathematiker kann das natürlich gut einschätzen. Das ist letztendlich trostlos. Deswegen müssen wir wieder zurück, also „back to the roots", zurück zu den Wurzeln. In diesen Wurzeln liegt die Vernunft des Herzens. Ist das so zu verstehen?

Vossenkuhl:

Wir müssen uns auf unsere eigene Menschlichkeit besinnen. Die besteht darin, dass wir eine Art von Licht in uns selbst haben, das uns mit dem Göttlichen in Verbindung bringt.

Pascal sagt: Mit dem Herzen erkennt man das Gute sofort. Mit dem Verstand nicht unbedingt.

Mit dem Herzen erkennt man die Liebe zu sich selbst und die Liebe zu dem höchsten Wesen. Mit dem Verstand ist dahin kein Durchkommen.

Lesch:

Aber dann kann er ja dem Montaigne nicht wirklich gram gewesen sein. Mag sein, dass der es übertrieben hat.

Vossenkuhl:

Es ist auch interessant, dass er Scharfsinn und Geist, also die rationale Einsicht, das, was man mit der Mathematik erreicht, und das, was man mit dem Herzen erreicht, ganz deutlich unterscheidet. Es gibt seiner Meinung nach eine Genauigkeit in der Erkenntnis des Herzens, die von der Mathematik nie erreicht wird. Die Mathematik gibt nur ein unmenschliches Bild vom Kosmos, von der Welt, von menschlichen Empfindungen, indem sie nur diesen physikalischen Prozess beschreibt.

Lesch:

Sie liefert Werte, Messwerte.

Vossenkuhl:

Sie ist weit von der Dimension des Menschlichen entfernt.

Lesch:

Er misst offenbar dieser intuitiven Qualität mehr Bedeutung bei, als der mathematischen Quantität. Obwohl, der entscheidende Interpretationsprozess muss ja auch bei einer mathematischen Rechnung vollzogen werden. Entweder sehe ich es nur als reine Spielerei von Symbolen und Zahlen, oder ich fange an, wie zum Beispiel in der Physik, die Beobachtungen und auch die Rechnungen zu interpretieren. Ich stelle sie in einen anderen Kontext. Dann würde ja Physik gewissermaßen schon mehr Instinkt-Mathematik.

Vossenkuhl:

Ja ja. Da gebe ich Dir instinktiv recht.

Lesch:

Gut. Jetzt machen wir einen Sprung – sprunghaft wie ich nun einmal bin.

Vossenkuhl:

Wir widmen uns jetzt dem 18. Jahrhundert.

Einer Zeit, in der es, was die großen Geister angeht, leicht unübersichtlich ist. Es gibt einfach zu viele.

Lesch:

Das ist ein grandioses Jahrhundert gewesen.

Vossenkuhl:

Wir picken uns jetzt einmal den Voltaire heraus. Wir hätten auch La Mettrie, d'Alembert, Diderot nehmen können.

Warum Voltaire? Er war sicherlich nicht der bedeutendste Denker, aber politisch am wirkungsvollsten. Er hat das gemacht, was das materialistische, aufklärerische 18. Jahrhundert in Frankreich prägte. Er hat die Kirche attackiert und die falschen Autoritäten.

Zunächst gab er sich einen adligen Namen. De Voltaire. Er war aber gar nicht adlig. Sein Vater war ein wohlhabender Bürger in Paris, ein Notar. Der Sohnemann wollte was Besonderes sein - was er später ja auch wurde. Ganz ohne Adelstitel.

Lesch:

Voltaire hat wenig originelle Gedanken gehabt. Die Gedanken anderer hat er aber so genial ausgedrückt, dass alle der Meinung waren, es seien seine eigenen gewesen.

Dazu übte er einen unglaublichen Einfluss aus. Er war Gast in Sancoussi, Hausherr war Friedrich der Große. Mit ihm hat er auch viel korrespondiert.

Voltaire hielt die Fahne der Toleranz hoch. Er würde sich für das Recht der Meinungsfreiheit jedes Menschen zerfleischen lassen. Das ist so einer seiner Kernsätze.

Vossenkuhl:

Er war auch eine illustre Erscheinung.

Und jemand, der die Gefahr nicht scheute. Wer sich in seiner Zeit mit der Kirche anlegte, geriet schnell in Lebensgefahr. Voltaire hat sich für Leute eingesetzt, die von der Inquisition verfolgt wurden. Er hat auch eine richtige Kampagne für Verfolgte vom Zaun gebrochen, von denen er glaubte, sie werden zu Unrecht beschuldigt. Aber irgendwann war es den Autoritäten dann doch zuviel. Voltaire wurde verbannt.

Lesch:

Er war eine Ein-Mann-Amnesty International. Kann man das so sagen?

Vossenkuhl:

Ja. Dabei half ihm seine Eloquenz, das Florett des Wortes. Er ging nach England und hat von dort aus publiziert. Viele Jahre lebte er übrigens mit einer außerordentlich interessanten und hübschen Frau zusammen – Emily.

Lesch:

Endlich mal eine Frau!

Vossenkuhl:

Emily war allerdings mit einem Adligen verheiratet. Voltaire, der mit seinem Schreibwerk schon gutes Geld verdiente, hat sich in dem Schloss seiner Liebschaft eingemietet oder - besser gesagt - eingenistet. Das hat offenbar der großzügige Gatte toleriert.

Vielleicht hatte er ja einen Text des Toleranz-Verfechters Voltaire gelesen und verinnerlicht.

Lesch:

Donnerwetter!

Vossenkuhl:

Aus der Sicht der katholischen Kirche lebten die Schlossbewohner in Schande. Diese Emily war hochgebildet und hat zusammen mit Voltaire eine Auswahl von Newton-Texten ins Französische übersetzt.

Lesch:

Von Isaac Newton?

Vossenkuhl:

Ich komme deswegen darauf, weil man nie vermutet hätte, dass Voltaire ein Newtonianer war. Diese Emily, die mit ihm zusammen den Newton übersetzt hat, ist sogar auf einem Kunstwerk verewigt worden.

Es gab in jener Zeit am französischen Hof über 20 festangestellte Maler. Einer davon war Maurice de La Tour. Von ihm hängt in der wunderbaren „Alten Pinakothek" zu München ein Bild. Der Titel: „Mademoiselle Ferrand meditiert über Newton". Da liegt im Bild vor ihr dieser Band von Newton, den Voltaire und die Gemalte, seine Freundin Emily, herausgebracht haben.

Lesch:

Seine Lebensabschnittspartnerin.

Vossenkuhl:

Sie ist ihm übrigens wieder davongelaufen. In die Arme eines anderen. Sie verstarb dann leider sehr früh im Wochenbett. Für Voltaire war es die große Liebe. Nach Emily hatte er keine andere Frau mehr.

Wie naturwissenschaftlich orientiert dieses 18. Jahrhundert und die Aufklärungsepoche war, kann man auch daran sehen, dass dieser Maler de la Tour im Louvre wohnte, damals ein königlicher Palast. Er portraitierte auch einen Geistlichen, der gleichzeitig Physiker war, den Abbé Nollet. Der war der Physiklehrer des Thronfolgers, der ebenfalls früh verstarb. Davor hat ihn auch der Physikunterricht nicht bewahrt.

Dieser Abbé Nollet hängt ebenfalls – gemalt natürlich - in der Alten Pinakothek. Man sieht da ein bisschen etwas von der großen Geschichte, in Öl konserviert.

Aber zurück zu Voltaire. Er ging dann zu Friedrich II. ins aufgeräumte Preußen. Das entwickelte sich aber zu einer ziemlich unglücklichen Verbindung. Nach einiger Zeit dämmerte es dem französischen Denker, dass der Preußen-Herrscher doch ein ziemlich verbitterter Tyrann war.

Lesch:

Aber er hat mit ihm sozusagen „auf Augenhöhe" korrespondiert. Das macht Voltaire schon besonders: Er hat sich einladen lassen, aber sich nicht gescheut, dem König klipp und klar die Meinung zu sagen. Er muss ein unerschrockener Typ gewesen sein.

Vossenkuhl:

Ein starker Typ, auf jeden Fall. Er war auch einer der Wegbereiter der Französischen Revolution, die er allerdings nicht mehr erlebte.

Zum Thema Frauen habe ich noch einen Nachtrag.

Im 18. Jahrhundert lebte auch die Marquise de Pompadour. Eine Frau bürgerlicher Abstammung. Familienname Poisson, also Fisch. Sie war schon mal verheiratet, als Ludwig XV., ein sehr scheuer, stotternder, aber hochintelligenter Monarch – da war sie so 23 rum...

Lesch:

... sie zu seiner Chef-Mätresse gemacht hat.

Vossenkuhl:

Genau. Der König hatte viele Mätressen. Aber im Unterschied zu den anderen hat er sie, die Pompadour, als er schon wieder weiterflatterte, zu seiner Chef-Beraterin gemacht. Sogar mit einem offiziellen Status. Und – jetzt kommen wir wieder zum Thema zurück - diese Frau hat Voltaire gefördert.

Lesch:

Voltaire war offenbar eine markante Figur im Frankreich des 18. Jahrhunderts.

Dann 1755. Ein gewaltiges Erdbeben in Lissabon mit Tausenden Opfern erzürnte Voltaire. Er war stocksauer auf Gott. Was ist das für ein Schöpfer, der bei so einem Erdbeben noch nicht einmal die Inquisitionsgebäude, die Gebäude der katholischen

Inquisition verschont? Da stimmt doch irgendwas nicht! Von wegen - Leibniz mit seiner besten aller möglichen Welten! Das ist doch alles Quatsch. Seine Romanfigur „Candide“ schickt er dann auch durch eine skurrile Horror-Romanwelt, die in keinster Weise das Prädikat „die Beste“ verdient.

Voltaire hat sich auch über Rousseau ausgelassen, der unbedingt zurück zur Natur wollte. Er meinte: Immer, wenn ich Rousseau lese, dann …

Vossenkuhl:

… möchte ich auf allen Vieren gehen. Das habe ich mir allerdings vor 65 Jahren schon abgewöhnt.

Lesch:

Voltaire gilt bei uns eigentlich nicht als Philosoph. In Frankreich aber ist schon jemand Philosoph, der viel publiziert, der mit seiner Meinung auch von vielen gehört wird, sich deswegen sehr ernst nimmt und Einfluss hat, auch heute noch. In diesem Sinne war er sicherlich einer der größten französischen Philosophen.

Er hatte wirklich einen unglaublichen Einfluss. Nicht zuletzt dadurch, dass er postulierte: Toleranz ist eine der ganz wichtigen Werte, die wir haben. Was sollte auch ein Lebewesen, das auf Selbstbestimmung angelegt ist, für ein Recht haben, einem anderen Lebewesen vorzuschreiben, wie es zu denken hat.

Hume

David Hume (1711 - 1776) – Eine Revolution der Moral

Lesch:

Der Philosoph, um den es jetzt geht, ist jemand, der selbst einen gefestigten Leser richtig runterziehen kann. Ein Skeptiker durch und durch, der an fast überhaupt nichts glaubte. Unter anderem hat er folgende Sätze formuliert:

„Die metaphysischen Ideen sind entweder das Produkt unfruchtbarer Anstrengungen der menschlichen Eitelkeit, welche in Gegenstände einzudringen sucht, die dem Verstand durchaus unzugänglich sind, oder das Gespinst eines Aberglaubens, der auf offenem Felde sich nicht zu verteidigen vermag und daher das verworrene Dickicht aufsucht, um seine Blößen zu bedecken und zu schützen."

Original Ton David Hume. Willi, Was sagst Du dazu?

Vossenkuhl:

Die Metaphysik stirbt, die Theologie stirbt. Das ist alles Aberglaube und Humbug. Aber Du stirbst auch. Und die Physik gleich noch mit dazu.

Lesch:

Moment, wir sind doch die Guten! Wir sind doch die mit den weißen Hüten. Empirie! Ich darf doch mal bitten. Ich muss die Fahne der Empirie hoch halten.

Vossenkuhl:

Und stehst selbst auf felsenfestem Grunde? Nix da! Naturwissenschaft ist reiner Glaube und nichts wirklich Sicheres.

Du hast wohl gedacht, bei Hume geht es nur gegen die Theologie und die Metaphysik.

Lesch:
Jetzt sage ich gar nichts mehr.

Vossenkuhl:
Aber David Hume. Geboren in Edinburgh in Schottland, im Jahre 1711. Wohlhabende Familie, nicht sehr reich, aber wohlhabend. Schon früh Halbwaise und von der Mutter erzogen. Im zarten Alter von 11 Jahren ist er schon als Student der Universität Edinburgh eingeschrieben.

Lesch:
Mit 11?

Vossenkuhl:
Mit 11. Da war er noch sehr fromm und an Religion interessiert. Mit 15 verlässt er die Universität wieder und setzt seine Studien privat fort. In dieser Zeit, so bis Anfang 20, hat sich bei ihm ganz im Gegensatz zu der Zeit davor eine stark antiklerikale Einstellung festgesetzt. Das war zunächst nicht antireligiös – das wird es später - aber es ist eine ganz antikirchliche Grundstimmung, die in ihm rumorte. Warum es dazu kam, weiß ich nicht. Jedenfalls nagten in ihm immer stärkere religiöse Zweifel, und er wurde zu einem richtigen Bilderstürmer, passgenau in der Tradition der schottischen Staatskirche, die ja auch mit einem großen Bildersturm begonnen hatte.

Lesch:
Er entwickelt sich zum großen Religionsgegner.

Vossenkuhl:
Nicht nur das. Das zieht sich durch alle seine Werke. Entweder gleich volle Breitseite, oder zumindest Randbemerkungen und Seitenhiebe. Religionen oder bestimmte religiöse Erscheinungen waren für ihn Aberglaube. Das ist für ihn alles eines.

Lesch:
Lag das in der Luft, im Zeitgeist? Stellte sich die Intelligenz gegen die Kirchen?

Vossenkuhl:

Das ist in Schottland wohl nicht zu vermuten. Da fällt einem eher Frankreich ein. Später war er viel in Frankreich. Im Alter zwischen 15 und 20 las er Pierre Bayle. Aufklärerisches Gedankengut hat er schon früh als geistige Muttermilch eingesogen.

Vielleicht noch ein paar Sätze zu seinem Leben. Er ist 1776 in Edinburgh gestorben, mit 65. Wahrscheinlich an der gleichen Krankheit wie seine Mutter. Was es genau war, weiß man nicht. In der Beschreibung der Todesursache heißt es „dauerhafte Turbulenzen im Inneren".

Lesch:

Das kann ja alles Mögliche gewesen sein.

Vossenkuhl:

Die Ursache war wahrscheinlich eine chronische Diarrhoe, vielleicht so etwas wie Morbus Crohn, was man damals aber noch nicht diagnostizieren konnte. Er wurde immer kränklicher, soll aber bis zum Ende sehr fröhlich gewesen sein. Eine Professur schaffte er nicht, obwohl er es zweimal gerne geworden wäre, in Edinburgh und in Glasgow. In Edinburgh war er 1744/45 Kandidat für den Moralphilosophie-Lehrstuhl, in Glasgow 1751/52 ebenfalls Kandidat, aber dieses Mal allgemein für einen Philosophie-Lehrstuhl. Beide Male haben ihn die Attacken gegen die schottische Staatskirche den Job gekostet. Man hat ihn als Atheisten verdammt. Sicherlich nicht zu Unrecht. Hat er doch alles getan, um dieses Urteil zu bestärken. Man hat ihn auch als Amoralisten hingestellt. Darüber müssen wir gleich noch reden.

Lesch:

Er hat doch auch ein zwölfbändiges Werk geschrieben, von dessen Tantiemen er gelebt hat: „Die Geschichte Englands". Sie erschien zwischen 1754 und 1762.

Vossenkuhl:

In der Zeit war er Bibliothekar in Edinburgh.

Sein Vermögen hatte er schon fast aufgebraucht. Er arbeitete als Bibliothekar in der Advocate's Library.

Lesch:
Einer Bücherei für Rechtsanwälte.

Vossenkuhl:
Dann ging er als Sekretär des Earl of Hertford nach Paris und arbeitete dort in der britischen Botschaft, am Ende sogar als Geschäftsträger. In Paris hat er alles, was damals Rang und Namen hatte, getroffen. Besonders kümmerte er sich um Rousseau, der ihm das allerdings schlecht gedankt hat. Nachdem Rousseau wegen des Atheismus-Vorwurfs 1766 in Genf ausgewiesen worden war, hat ihm Hume sogar eine Art Stipendium des britischen Königs, Georg III., verschafft. Rousseau lehnte das aber ab, weil er mit den Briten nicht zurechtkam. Dann erschien noch eine Satire über Rousseau, von der dieser vermutete, dass Hume dahinter steckte. Dabei wollte der ihm nur helfen.

Lesch:
Das sind ja richtige Insidergeschichten. Paris ist offenbar der Schmelztiegel, aus dem sich fast alle Philosophen dieser Zeit bedient haben. Hier sogen sie ihren Nektar, kehrten dann wieder in ihre Heimatländer zurück und schwenkten die Fahne der Aufklärung. Weg mit den Kirchen, weg mit der Metaphysik! Das sind alles Spekulationen. Ab in den Orkus damit!

Nach dem, was ich gelesen habe, hätte ich gedacht, dass Hume ein Empirist par excellence gewesen sein müsste. Nur die Erfahrung und das Messinstrument zählen.

Vossenkuhl:
Man nennt seine Philosophie zwar *Empirismus,* aber es ist eigentlich eine Psychologie. Warum? Weil die Basis aller Informationen, die nach seiner Überzeugung überhaupt geistig verarbeitet werden können, die sinnliche Wahrnehmung ist.

Lesch:

Klar, das kommt durch Augen, Ohren, über Nase, Hände und die Geschmacksorgane von außen in uns hinein.

Vossenkuhl:

Hume sagt aber überhaupt nichts über das, was jenseits der sinnlichen Wahrnehmung liegt. Anders als Locke, der davon ausging, dass es die Objekte sind, die in uns die Eindrücke erzeugen. Hume interessiert sich nur für das, was diesseits, also im Inneren, im psychischen Inneren des Menschen bereits als *Perzeption* angekommen ist.

Lesch:

Egal woher es kommt. Hauptsache, es ist überhaupt was da.

Vossenkuhl:

Es kann auch aus dem Inneren selbst kommen. Der Mensch verursacht selber Perzeptionen, also Sinneseindrücke innerhalb des psychischen Bereichs, in dem wir denken und fühlen. Gerade Du als Naturwissenschaftler hast ja sicher ein fundamentales Interesse daran zu wissen: Ist das, was ich gerade messe, rechne oder denke auch außerhalb meines Bewusstseins so, wie es sich mir darstellt?

Lesch:

Oder ist das alles nur Einbildung.

Vossenkuhl:

Das ist für Hume kein Thema.

Lesch:

Das interessiert den gar nicht.

Vossenkuhl:

Darüber will er auch gar nichts sagen. Er ist ein Realist. Er nimmt zwar an, dass es die Außenwelt gibt …

Lesch:

… so wie sich das für einen Naturwissenschaftler gehört …

Vossenkuhl:

… aber er behandelt das gar nicht.

Lesch:

Hume lebt in einer Zeit, die in seinem Land gerade die Glaubenskriege hinter sich und die Triumphe der Naturwissenschaften praktisch vor Augen hat. Im 18. Jahrhundert wird an allen Ecken und Enden viel erkannt und zum allerersten Mal gerechnet. Man bringt wieder den Himmel auf die Erde. Naturwissenschaft lässt sich in Technik umwandeln. Mehr und mehr machen sich so Maschinenvorstellungen breit.

Ist Hume einer der Vertreter, die verzweifelt versuchen herauszufinden, wie man wirklich sicheres, also hundertprozentig sicheres Wissen erlangen kann? Ist es das, was ihn umtreibt?

Vossenkuhl:

Interessiert hat es ihn schon. Er ist aber der Meinung, dass es das – über die unmittelbaren Wahrnehmungen von Dingen und ihren Qualitäten hinaus - gar nicht gibt. Absolut gesichertes Wissen über die Zusammenhänge in der Außenwelt gibt's seiner Überzeugung nach nicht.

Es gibt nur die Vernunft-Wahrheiten, wie Arithmetik und Geometrie. Die sind sicher.

Lesch:

Ach, immer die Mathematik.

Für uns Physiker ist das erst einmal nur eine Sprache, mit der wir Fragen stellen. Damals scheint das aber eine Wissenschaft mit einem quasi religiösen Charakter gewesen zu sein. Weil sie so unglaublich tolle Aussagen macht wie 1 + 1 = 2.

Vossenkuhl:

Hume denkt natürlich schon auch, dass Physik oder Chemie Wissenschaften sind. Die Aussagen dieser Wissenschaften allerdings, können aus seiner Sichtweise nur Wahrscheinlichkeiten enthalten. Keine Sicherheiten.

Ich erkläre Dir mal kurz, warum. Ich muss noch einmal mit der Psychologie anfangen. Hume sagt: Die Psyche, das Denken, folgt drei Gesetzmäßigkeiten. Bei ihm heißt das: *association of ideas,* Assoziation von Ideen. Erst mal assoziieren wir alles, was ähnlich ist. Ideen sind alle Sinneseindrücke, die wir haben, also Farben, Größen und alle anderen Qualitäten der Dinge, die wahrnehmen. Für jede Idee haben wir einen Namen wie ,rot', ,heiß', ,kalt', ,schwer', ,groß', ,hart' usw. Diese Ideen gehören jeweils zu den Dingen, die sich ähnlich sind und die wir vergleichen.

Lesch:
Klar, wir beide sind uns ähnlich, weil wir Menschen sind.

Vossenkuhl:
Dann gibt es die unmittelbare Nachbarschaft.

Lesch:
In Raum und Zeit, oder?

Vossenkuhl:
In Raum und Zeit. Wir stellen uns vor, wenn wir im Zimmer 17 sitzen, dann gibt es auch ein Zimmer 18, oder 16, also ein Zimmer neben unserem. Das nennt er *contiguity*. Das erste ist die *resemblance* – die Ähnlichkeit, dann folgt die contiguity, und das dritte ist die *Kausalität.*

Die Kausalität nehmen wir zwischen zwei Ereignissen, A und B, an. Du nimmst einen Queue und stößt damit eine Kugel auf dem Billardtisch an. Wenn Du Glück hast, touchiert diese eine andere, die sich jetzt auch bewegt. Wir denken, der Stoß gegen die eine Kugel ist die Ursache für deren Bewegung, und deren Auftreffen auf die andere ist die Ursache für die Weiterbewegung.

Lesch:
Das ist doch völlig klar.

Auf jeden Fall ist es die Art und Weise, wie wir überhaupt was zusammenkriegen. Ursachen und Wirkungen. Bei dem Stoß ist es eindeutig. Ich kann ja sehen, wie der Stock auf die Kugel trifft und wie - nachdem der Stock die Kugel getroffen hat - sich die Kugel erst bewegt, nicht vorher.

Stell Dir mal vor, Du stehst am Billardtisch, schaust und plötzlich würde sich eine Kugel bewegen. Das wäre ein Wunder! Mit der Bewegung des Stockes hat man einen eindeutigen Hinweis auf die Ursache der Kugelbewegung. Durch deren Zusammenstoß mit der nächsten Kugel erklärt sich wiederum deren Bewegung.

Vossenkuhl:

Du könntest als Physiker sogar im Detail erklären, wie diese Impulse ablaufen.

Lesch:

Aber astrein. Es gibt einen Impulserhaltungssatz.

Die Homogenität des Raumes ist eine Bedingung dafür, dass der Impuls erhalten bleibt. Dieser Impuls muss dann irgendwohin. Also nimmt die Kugel ihn mit, weil der Stock in dem Moment, wo er an die Kugel gestoßen ist, stoppt. Der Impuls wird mitgenommen und an die nächste Kugel übertragen.

Vossenkuhl:

Wäre ich jetzt Hume, würde ich sagen: Das klingt sehr wahrscheinlich. Du willst das aber als absolut sichere Information.

Lesch:

Davon gehe ich aus.

Vossenkuhl:

Da denkt Hume anders, aber warum? Für ihn gibt es drei Ereignisse, die wir miteinander assoziieren: Die Bewegung des Stocks, erste Kugel, zweite Kugel. Drei Sachen, die sich bewegen.

Er sagt: Diese drei Sachen sind völlig unabhängig voneinander. Wir nehmen zwar an, dass es eine Art von Verbindung gibt, aber wir können überhaupt nichts darüber sagen, wie und was die Verbindung wirklich ist. Wir assoziieren alles zur Kausalität zusammen. Ursache eins, Ursache zwei. Und wir haben zweimal eine Wirkung. Das basteln wir im Kopf gewohnheitsmäßig zusammen.

Lesch:

Ich sehe nur das Nacheinander, aber nicht das wirkliche „Wegeneinander", also diesen Prozess, der den Impuls überträgt, den sehe ich natürlich nicht.

Vossenkuhl:

Die Wahrnehmung gibt uns überhaupt keinen Anhaltspunkt, was da wirklich los ist. Wir assoziieren uns das einfach zusammen. Und deswegen ist nichts sicher. Was ist jetzt noch dran an der Physik? Keine Erklärung geht mehr mit der gewünschten Sicherheit. Es gibt nur gewisse Wahrscheinlichkeiten und Ähnlichkeiten.

Lesch:

Ich mache einen Sprung ins 21. Jahrhundert. Heutzutage reden wir von dem kleinsten, kausal sinnvollen Baustein des Universums. Wir nehmen unsere besten Theorien und machen daran den Anfang des Universums fest. Das läuft zwar nur über die Bedingung der Kausalität. Wir sagen, dass das das Kleinste ist, wo wir gerade noch Ursache und Wirkung unterscheiden können. Der Hume würde im Dreieck springen, wenn er das hörte.

Vossenkuhl:

Das ist der gravierende Nachteil einer psychologisch begründeten Theorie des Wissens. Wenn du das ganze Wissen der Menschen nur auf das aufbauen willst, was sich im Rahmen des Empfindens, der Neigungen und der vernünftigen Kalkulation abspielt, dann bist du am Ende aufgeschmissen. Dann kommst du nie über Wahrscheinlichkeiten hinaus.

Lesch:

Hatte er Kontakt zu Naturwissenschaftlern? Die müssten ihm doch ordentlich kontra gegeben haben. Wenn der zu uns in die Astronomie käme, würde man ihm höflich sagen: Also hören Sie mal, lieber Herr Hume ...

Vossenkuhl:

Darüber ist mir nichts bekannt. Seine öffentlichen Auftritte und

Auseinandersetzungen fanden – einmal abgesehen von Rousseau – primär mit Theologen statt. Eine einzige Auseinandersetzung mit einem etwas jüngeren Moralphilosophen aus Aberdeen, James Beattie hieß der, hat ihn stark getroffen. Das war 1770. Der ist richtig hart mit ihm ins Gericht gegangen und meinte, Hume sei eine Gefahr sowohl für die Religion als auch für die Moral. Das hat ihn wohl sehr verletzt. Die anderen Kritiker begegneten ihm eher gentlemanlike.

Wir gehen jetzt ein bisschen weiter. Wir haben diesen *Psychologismus*, den man ganz schwer versteht. Man denkt immer: Irgendwie ist er doch ein Empirist - der Locke war doch auch so einer. Bei Hume kann man das aber gar nicht mehr so sagen. Die einzige Empirie bezieht sich eben auf die Empfindungen, auf die Eindrücke, die Wahrnehmungen, die wir im Rahmen unseres psychophysischen Apparats haben.

Er denkt aber, dass diese Eindrücke mechanistisch verarbeitet werden. Das heißt, dass wir bestimmten psychophysischen Gesetzmäßigkeiten unterliegen. Er hat natürlich gedacht, die Assoziationen seien so ähnlich zu verstehen wie Newton die Kräfte, die in der Natur eine Rolle spielen, verstanden hat. Die Wahrnehmungen, Empfindungen und Neigungen wirken aufeinander ein. Das zeigt sich bei ihm vor allem in der Moralphilosophie. Er meint, die Empfindungen, die Gefühle und die mit ihnen verbundenen Neigungen sind das Entscheidende. Er nennt das *passions*. ‚Passion' darf man nicht mit ‚Leidenschaft' übersetzen, weil man da gleich an was Hitziges denkt.

Lesch:
Aber *Passions* sind doch eigentlich Leidenschaften.

Vossenkuhl:
Nicht in unserem Sinn. Es sind Empfindungen, Gefühle, verbunden mit Neigungen. Die Neigungen kommen daher, dass wir alle Lust suchen und Schmerz meiden. Wenn mir etwas weh tut, empfinde ich keine Leidenschaft, sondern die Neigung, dass das

möglichst bald aufhört. Dass wir keine Schmerzen mögen, ist noch keine Sache der Leidenschaft. Natürlich gibt es stärkere und schwächere Gefühle und Empfindungen, Zorn ist eine starke, Liebe und Hass auch. Eitelkeit, Neid und Egoismus müssen dagegen nicht unbedingt stark sein, ähnlich wie Faulheit und Verdrießlichkeit. Das alles sind Empfindungen und Gefühle, nicht unbedingt Leidenschaften. Die stehen teilweise in Konkurrenz mit dem Verstand. Der Verstand, der kalkuliert und rechnet, empfindet nicht.

Lesch:
Ah, den gibt es also schon noch?

Vossenkuhl:
Natürlich. Der lässt sich zwar täuschen, aber es gibt ihn. Der Verstand, sagt Hume, kann uns nie zum Handeln motivieren. Die Schubkraft, die psychische Schubkraft, die kann nicht von unserem Verstand her kommen.

In gewisser Weise muss man ihm Recht geben. Er fragt: Was wäre, wenn nur der Verstand uns antreiben würde? Dann wäre die Moral doch eine blutleere, kalte Angelegenheit.

Wir sollten doch mit den Menschen mitempfinden, emphatisch sein. Wir sollten für sie Verständnis haben und ein Gefühl der Sympathie für alle Mitmenschen entwickeln. Das ist auch einer der moralisch entscheidenden Beweggründe.

Lesch:
Das ist doch eine sehr christliche Einstellung.

Vossenkuhl:
Er war als Jugendlicher sehr religiös. Bis er die Universität verließ. Gut 15 Jahre war er ganz brav und religiös.

Lesch:
Gehen wir davon aus, dass die Pubertät auch in der damaligen Zeit die jungen Menschen um 15 peinigte. Dann haben wir einen schwer pubertierenden 15jährigen vor uns, der sich mit aller Wucht gegen die Kirche gestellt hat.

Wenn wir schon beim Psychologisieren sind: Jemand, der sich so stark von der Psyche leiten lässt, der ist ihren Schwankungen natürlich auch heftig ausgesetzt.

Kein Wunder also, dass diese bewegenden Umstände dann auch in sein Denken eingeflossen sind.

Hume hat alle wesentlichen Fragen zur menschlichen Erkenntnisfähigkeit gestellt.

Vossenkuhl:

Genau.

Jetzt sage ich noch etwas Fachliches über Hume.

Im zarten Alter von 23 Jahren, 1734, hat er seinen „Treatise of Human Nature“ veröffentlicht. Das ist eines der Bücher der Philosophiegeschichte, das man kennen muss. Es liest sich scheinbar leicht, ist aber alles andere als leicht verständlich.

Lesch:

Ein Versuch über die menschliche Natur, oder wie soll man das nennen?

Vossenkuhl:

Eine Untersuchung der menschlichen Natur.

Lesch:

Was ist der Mensch?

Vossenkuhl:

Eine Neubestimmung der Natur des Menschen.

Wir waren vorher bei der Kausalität und haben sie aus den Augen verloren. Im Rückblick kann man sich überlegen, wo denn die Stellschrauben waren, an denen Hume gedreht hat. Wir hatten ja bisher bei den Denkern immer eine gewisse Kontinuität. Die Metaphysik war zwar irgendwann materialistisch interpretiert worden - siehe Hobbes und Locke - aber es gab immer noch Substanzen.

Und es gab seit der Antike vor allem eine wichtige metaphysische Gesetzmäßigkeit, die fraglos galt. Man kann sie auf jeden Fall bis Aristoteles zurückverfolgen, dass nämlich zwischen Ursachen und Wirkungen nicht nur eine Ähnlichkeit besteht, sondern dass die beiden sich sogar ihrer Natur nach entsprechen. Im Lateinischen *causa adaequat effectum*, Ursache und Wirkung entsprechen sich ihrer Natur nach. Dabei herrscht eine gewisse Asymmetrie. Die Ursache ist immer das Erste und das Wirkmächtige. Die Wirkung folgt und kann aus kontingenten Gründen gestört sein, es kann etwas dazwischen kommen. Deswegen muss die Wirkung notwendig der Ursache folgen. Aber beide gehören ihrer Natur oder Art nach zusammen. Geistiges zu Geistigem, Psychisches zu Psychischem, Physisches zu Physischem etc.

Lesch:

So ist es gewesen, jawohl.

Vossenkuhl:

Dieses Gesetz wird von Hume aufgegeben. Es war eine der wichtigsten metaphysischen Annahmen, die allen als ungefragt plausibel und gültig vorkam.

Wenn diese Gesetzmäßigkeit fällt, dann gibt es keine Substanzialität von Ursachen und Wirkungen und auch keine Substanzen mehr.

Lesch:

Dann bleibt gar nichts Festes mehr übrig.

Vossenkuhl:

Dann ist jeder Gottesbeweis für die Katz. Die Erkenntnis Gottes funktioniert nur – das haben wir bei Descartes gesehen – wenn dieser Anspruch, dass die Ursache der Wirkung angemessen ist, gilt. Gott kann nur auf diese Weise die Ursache des Gottesgedankens sein. Wenn die metaphysische Angemessenheit der Wirkung der Ursache gegenüber nicht mehr gilt, kann eine Wirkung alle möglichen Ursachen haben. Dann kann der Gottesgedanke auch von Magenschmerzen oder einer Halluzination verursacht sein.

Das läuft darauf hinaus, dass der Atheismus wissenschaftlich begründet werden kann. Es gibt dann auch kein Heilmittel mehr, um irgendwelche anderen Substanzen zu retten, es gibt keine Substanzialität mehr.

Lesch:

Da fliegt alles auseinander.

Vossenkuhl:

Das frühe Hume-Werk ist eigentlich das revolutionärste Buch, das nach den ganzen großen Büchern, also auch nach Descartes und Leibniz, geschrieben wurde. Und es ist viel revolutionärer als das meiste, was danach kam. Man sieht es nur nicht so leicht, weil es nicht mit Aplomb und Tusch daherkommt.

Lesch:

Aber was bleibt denn dann noch? Zeigt er irgendwelche Leitlinien auf, wie man mit dieser Erkenntnis überhaupt noch weiterleben bzw. überhaupt weiter Philosophie betreiben kann? Am Ende steht man dann da und sagt: Im Grunde genommen ist die Sache gelaufen. Wir wissen noch nicht mal, ob die Erkenntnisse, die wir innerhalb der Philosophie machen, noch irgendeinen Wert haben. Nicht einmal seinem eigenen Buch hätte Hume dann noch trauen können.

Vossenkuhl:

Das ist wahr. Dem hat er natürlich schon getraut. Aber es gibt keinen freien Willen mehr. Gut, aber der war ja schon seit Hobbes gestorben.

Lesch:

So seid ihr Philosophen. Zuerst schlagt ihr alles kurz und klein ... dann macht ihr euch vom Acker.

Vossenkuhl:

Wieder so ein altbekanntes Pauschalurteil eines Naturwissenschaftlers, das ich jetzt einfach im Raume verhallen lasse.

Hume war ein großer Humanist. Er war der Meinung, dass das Gemeinwohl, das Wohl der Menschen, das moralisch Wesentliche ist. Es ging ihm um die Frage, wie die moralische Billigung zustande kommt. Billigen heißt in diesem Fall - Du weißt es - etwas schätzen.

Lesch:

Klar. Ich verschätze mich hoffentlich nicht.

Vossenkuhl:

Wie erreicht man die moralische Schätzung? Indem man etwas tut, was dem Allgemeinwohl und der Allgemeinheit nützt. Gerechtigkeit ist dafür ein gutes Beispiel.

Dann stellt sich die Frage: Was nützt mir selbst? Fleiß wäre so eine gute Idee.

Was findet Anerkennung, Billigung von anderen? Wenn man bescheiden ist, und den anderen nicht aufdringlich auf die Pelle rückt. Also Unaufdringlichkeit, ist doch auch nicht schlecht.

Lesch:

Das ist für alle gut. Wenn die Gemeinschaft nur aus bescheidenen Einzelnen bestehen würde, das wäre wunderbar.

Vossenkuhl:

Adam Smith (1723-1790) sagte, dass er keinen anderen Mann kenne, der so viel Tugend besaß wie Hume. Der hat seine Überzeugungen auch gelebt. Trotz aller Rückschläge war er ein vorbildlicher Mann. Es gab für ihn aber keinen Gott und keine Unsterblichkeit.

Einen Text musste er allerdings wieder zurückziehen, die „Fünf Abhandlungen“ *(Five Dissertations)* des Jahres 1757. Darin schrieb er, dass Selbsttötung das Recht jedes Menschen sei. Eine für die damalige Zeit unglaublich revolutionäre Behauptung. Übrig für die Veröffentlichung blieben nur vier dieser Abhandlungen bzw. Kapitel.

Lesch:

All diese bahnbrechenden Erkenntnisse haben ihm in seiner Zeit gewaltige Probleme mit der herrschenden Gesellschaftsordnung eingebrockt. Wenn ich mir überlege, ich würde zu solchen Ergebnissen kommen. Durch eigenes Nachdenken würde ich wesentliche Teile meiner Weltauffassung selbst zerschlagen. Den Verlust von Kausalität würde ich als Naturwissenschaftler kaum verwinden können!

Am Ende könnte ich mich nur darauf zurückzuziehen und sagen: Es gibt gewisse Neigungen und die sollten so sein, dass sie nicht nur dem Einzelnen, sondern der Gesamtheit dienen. Das ist eine kräftige Portion Gutmenschen-Naivität. So klingt es zumindest erst einmal.

Vossenkuhl:

Ich glaube nicht, dass Hume überzeugt war, dass es darüber hinaus noch irgendetwas anderes gab. Nur was geschätzt werden kann, was nützlich ist, was Lust- und Glücksempfindungen erzeugt und was der Vermeidung von Unlust und Schmerz dient, all das ist die alleinige Basis für Moral, sonst nichts.

Der ferne säkulare Nachhall einer puritanischen Grundeinstellung.

Lesch:

Oh ja. Du hast auch den Namen Adam Smith erwähnt.

Vossenkuhl:

Adam Smith. Die Beiden haben sich kennen gelernt. Smith war vom Charakter her ganz anders als Hume. 1723 geboren, also ein Jahr vor Kant. Er stammte aus Kirkcaldy in der Grafschaft Fife. Er war erfolgreich und wurde – anders als Hume - Philosophie-Professor in Glasgow (1751), erst für Logik, dann für Moralphilosophie. 1763 gab er das Professorenamt auf und ging mit Henry Scott, dem 3rd Duke of Buccleuch auf Bildungsreise. Das brachte ihm lebenslang eine schöne Rente ein. 1778 wurde er Zollkommissar und zwischen 1787 und 1789 war er Rektor der Universität Glasgow. Er gilt als der eigentliche Begründer der Nationalökonomie. Gestorben ist er 1790 – in seinem Heimatort Kirkcaldy - im Alter von 67 Jahren.

Lesch:

Ein Schotte wird der Begründer der Nationalökonomie.

Vossenkuhl:

So ist es.

Lesch:

Es gibt gewisse Eigenschaften, die man den Schotten zuordnet, und da heißt es dann unter anderem sparsam sein.

Vossenkuhl:

In gewisser Weise trifft das auch bei ihm zu. Aber Sparsamkeit in dem Sinne, als er dafür plädierte, die Mittel, die man hat, möglichst ökonomisch einzusetzen. Er war der Meinung, dass die *Physiokraten* …

Lesch:

… die Physiokraten?

Vossenkuhl:

Das waren die Ökonomen vor Smith. Die Physiokraten dachten, dass der Wert der Welt aus Immobilieneigentum besteht. Also aus Land und was darauf wächst und gedeiht.

Lesch:

Sachwerte.

Vossenkuhl:

Vor allem das bebaubare Land. An die Arbeit, mit der aus dem Land Werte gewonnen werden können, dachten sie noch nicht. Das hat erst Adam Smith herausgefunden. Er war der Meinung, Arbeit und nicht so sehr der Grund und Boden sei die Quelle des Reichtums der Nationen. Darüber hat er ein Buch geschrieben (*An Inquiry into the Nature and Causes of the Wealth of Nations*, 1776).

Er meinte darin: Die Arbeit muss man allerdings organisieren. Arbeitsteilung ist dabei das Entscheidende. Es begann das Zeitalter der Industrialisierung. Smith konnte z.B. nachweisen, dass bei der Herstellung von Nadeln ein Arbeiter allein pro Tag vielleicht 20 schaffen könnte, 10 Arbeiter aber könnten, wenn sie sich die Arbeit an den Nadeln teilen, nicht weniger als 48000 schaffen, jeder also 4800. Das machte Eindruck. Arbeitsteiligkeit ist seitdem ein Produktionsprinzip.

Er hat auch viele Gesetzmäßigkeiten des Marktes formuliert. Er spricht von der „unsichtbaren Hand“, die wirkt, wenn ein Produkt knapp wird. Dann wird es nämlich wie von einer unsichtbaren Hand gesteuert teurer. Das ist wiederum ein Anreiz dafür, dass das Produkt vermehrt wird. Die unsichtbare Hand bewirkt auch, dass genau das produziert wird, was den Menschen und der Gesellschaft am besten dient. Diese ganzen Mechanismen hat er als erster gedacht. Er hatte damit eine große Resonanz.

Warum wir überhaupt von ihm reden: Er hatte davor noch ein anderes Buch, ein moralphilosophisches, geschrieben: „The Theory of Moral Sentiments“, also „Die Theorie der moralischen Gefühle“ (1759). Darin zeigt er, dass unsere moralischen Urteile eine Empfindungsbasis haben, dass Moral und Ästhetik, das Gute und das Schöne eine gemeinsame Wurzel haben. Das ist eine sehr stabile Wurzel, die unserer menschlichen Natur eine gewisse Konstanz und Zuverlässigkeit gibt. Er konnte auf dieser Grundlage auch den Eifer erklären, mit dem wir unseren Zielen folgen, z.B. bei der Arbeit. Anders als Hume hatte er ein optimistisches, positives Bild vom Menschen.

Lesch:

Von der Skepsis am Anfang unserer Exkursion durch die Revolution der Moral sind wir jetzt bei einer Person angelangt, die weiter einen enormen Einfluss hat. Die Einsicht, dass in unserer Welt die Arbeit eine so große Rolle spielt, die wird uns noch länger beschäftigen.

Das 19. Jahrhundert wird davon geprägt sein, dass sich die Menschen immer mehr und mehr von dem entfremden, was sie unmittelbar produzieren. Sie werden Teil eines riesigen Wirtschafts-Kreislaufes, der wenige sehr reich machen wird und die Massen total verarmen lässt.

Von der Skepsis zur Wirtschaft. Von Hume zu Smith.

Kant

Immanuel Kant (1724 - 1804) – Der Höhepunkt der Aufklärung

Vossenkuhl:

Wie im Film oder im Fußball gibt es auch in der Philosophie eine ewige Besten-Liste. In Analogie zum Fußball ist Immanuel Kant so eine Mischung aus Pelé und Beckenbauer. Ein wirklich Großer.

Wir kennen Sokrates, Platon, Aristoteles und Thomas. Aber dann kommt schon Kant. Vor allem in der deutschen Sprache ist er unangefochten die Nummer 1. Natürlich fallen einem da auch Hegel, Fichte oder Heidegger ein.

Wir beide sind bekennende Fans von Kant. Ganz bescheiden sagen wir: Er ist sicherlich einer der Größten, der nicht nur in der Philosophie etwas zu bieten hat.

Lesch:

Er war unglaublich vielseitig. Kant ist einer der ganz Großen, auch wenn er selbst eher kleingewachsen war. Er hat ungeheure Dinge aufgeschrieben. Und das in einer Zeit, in der man solche Ideen beim besten Willen nicht erwarten würde.

Kant ist der Begründer der Hypothese, dass unser Sonnensystem irgendwann einmal entstanden sei. Und er hat auch noch die richtigen Ideen dazu gehabt, wie es entstanden sein könnte: In einer Scheibe. In seiner „Allgemeinen Naturgeschichte und Theorie des Himmels" hat er 1755 den Prozess der Entstehung des Sonnensystems beschrieben.

Schon vorher, 1747 entstand seine Schrift von der wahren Schätzung der lebendigen Kräfte. Die wurde von der Fachwelt etwas belächelt. Darin hat er angedeutet, dass die Dreidimensionalität des Raumes etwas damit zu tun hat, wie das Gravitationsgesetz mathematisch formuliert ist, nämlich mit dem m_1m_2/r^2: Die Gravitationskraft ist umgekehrt proportional zum Quadrat des Abstandes. Und diese Zwei in diesem Quadrat - meinte Kant damals, ohne irgendwas gerechnet zu haben - hätte etwas mit der Dreidimensionalität des Raumes zu tun. Und was soll ich Dir sagen. Er hatte recht!

Auch mit der Entstehung des Sonnensystems lag er richtig! Das sind die naturwissenschaftlichen Leistungen eines Mannes, der dann auch noch in der Philosophie Revolutionäres hervorgebracht hat. Kant taucht in jedem Buch über Philosophiegeschichte auf.

Nach all diesen „ Großkopferten" hätte ich fast gesagt, Descartes, Leibniz, Hume kommt ein kleingewachsener Geistes-Riese. „Kritik der reinen Vernunft", „Kritik der Urteilskraft" und der kategorische Imperativ. Das sind himmelhoch ragende Wegmarken der Philosophie.

Vossenkuhl:

Ich bin froh, dass Du die tiefe Einsicht teilst, dass Kant – ohne allzu viel von Mathematik zu kennen - viel von Physik verstand. Das wird vor lauter Philosophie gerne übersehen. Die meisten lesen sowieso nur, was er ab 1781 geschrieben hat – ab der „Kritik der reinen Vernunft" nämlich. Da beginnt der „kritische" Kant, die Philosophie, die ihre Grundlagen einer Kritik unterzieht, bevor sie als gültig anerkannt werden. Es ist trotzdem ein Fehler, die Texte davor nicht zu lesen. Was Du über die „vorkritische" Zeit gesagt hast, nimmt er ja in der kritischen nicht zurück.

An die metaphysischen Anfangsgründe der Naturwissenschaft in einem Buch, in dem es um die *apriorischen*, also die erfahrungsunabhängigen Grundlagen der Physik ging, hat er nahtlos anschließen können.

Aber zuerst noch sein Leben.

Lesch:

1724 ist er geboren.

Vossenkuhl:

Gestorben 1804. Also ist er 80 geworden.

Lesch:

Sein letzter Satz auf dem Totenbett: „Es ist gut." Das war's.

Vossenkuhl:

Hat er das am Schluss gesagt?

Lesch:

„Es ist gut", ja.

Vossenkuhl:

Geboren ist er in Königsberg. Der Vater war Sattlermeister, Pietist, ganz strenger, frommer Lutheraner. Ähnlich wie Hume hatte Kant mit Religion im traditionellen Sinn bald nichts mehr am Hut, schlug aber nicht ganz so wild gegen sie aus. Anfang der Neunziger veröffentlichte er ein Buch mit dem Titel „Die Religion innerhalb der Grenzen der bloßen Vernunft". Darin blieb von den historischen Religionen nichts übrig. Übrig blieb eine Art Moralreligion, eine Religion, die auf rein moralischen, vernünftig begründeten Voraussetzungen aufbaut.

Kant ist kein Wunderkind gewesen. Er kam zwar mit 15 oder 16 schon an die Universität in Königsberg, hat da aber relativ lange gebraucht, bis er etwas wurde. Das lag wohl auch daran, dass sein pietistisch gesonnener Professor Knutzen seine „Gedanken von der wahren Schätzung der lebendigen Kräfte" (1746) nicht als Abschlussarbeit akzeptieren wollte. Da war er 22 und verließ erst einmal die Hochschule, um als Hauslehrer sein Brot zu verdienen, denn im gleichen Jahr war sein Vater gestorben.

Nach Knutzens Tod kehrte Kant wieder an die Universität zurück. Er war dann schon 31, als er promoviert (1755) und gleich anschließend auch habilitiert wurde. Die Habilitation war der Nachweis der Lehrbefähigung; Die benötigte man für die Lehrtätigkeit einer Universität. Mit der Habilitation wurde der Titel des Privatdozenten verliehen.

Die folgenden 15 langen Jahre lebte Kant von den eher bescheidenen Einkünften eines Privatdozenten. Er kassierte die Hörgelder seiner Studierenden und war noch nebenher Bibliothekar.

Erst nachdem Kant einen Ruf nach Jena und Erlangen bekommen hatte, wurde er in Königsberg zum Professor befördert. Da war er schon 46, also geradezu überreif. Jetzt erst begann seine Karriere. Wenn man sich überlegt, dass er 1781 die „Kritik der reinen Vernunft" veröffentlichte, dann hatte er von da an gerade noch 23 Jahre bis zu seinem Lebensende. In dieser Zeitspanne haute er...

Lesch:

...raus, was es nur gab.

Vossenkuhl:

Volles Rohr. Also 81 „Kritik der reinen Vernunft", 88 „Kritik der praktischen Vernunft", 90 „Kritik der Urteilskraft". Und das sind nur die drei Kritiken.

Lesch:

Genau, die großen Werke.

Als Lehrer, als Vorlesender muss er auch eine echte Kanone gewesen sein. Es gibt Berichte von Engländern, die davon künden, wie Kant in den Vorlesungen über London fabuliert hat.

Vossenkuhl:

Über die „London Bridge".

Lesch:

Wie er das lebensecht darstellt. Als sie dann fragen, wann er das letzte Mal in London gewesen sei, stellt sich heraus: Der Meister war noch nie in London gewesen! Er muss ein unglaublich heller und strahlender Erzähler gewesen sein, der mitreißend über Dinge berichten konnte, von denen er nur aus zweiter Hand was wusste.

Er war ein richtig toller Lehrer. Er hat es geschafft, seine Studenten zu motivieren. Das finde ich doch schon einmal gut. Dass er entsprechend viele Hörer hatte, war natürlich auch gut für seinen Geldbeutel.

Vossenkuhl:

Dass er so viel aus der weiten – ihm aus eigener Erfahrung unbekannten Welt – erzählen konnte, lag wohl daran, dass er jeden Tag, Zeit seines Lebens, das Mittagessen mit Freunden und Gästen teilte.

Sein Tagwerk begann er um halb fünf. Nach dem Aufstehen trank er eine Tasse Tee...

Lesch:

... und rauchte eine Tabakspfeife wegen der *Evakuation*, wie er das nannte, wegen der Stuhlentleerung.

Vossenkuhl:

Anschließend fing er an, zu arbeiten. Um acht gingen die Vorlesungen los. Um zwölf hatte er natürlich einen Bärenhunger. Da wurde gegessen.

Dazu hat er sich überlegt, wie er der „Grillenfängerei", so nannte er seine Melancholie, Einhalt gebieten könnte, indem er feste Regeln einführte, die bei Tisch eingehalten werden mussten. Erstens: Tüchtig essen und trinken. Übrigens waren lange Zeit auch Damen bei Tisch dabei.

Alle 5 bis 10 Minuten musste das Thema gewechselt werden, damit man sich nicht zu arg in eins verbeißt. Es musste vor allem viel Lachenswertes erzählt werden, denn das Lachen fördert die Verdauung. Über Philosophie durfte nicht gesprochen werden, das war tabu.

Lesch:

Recht hat er.

Vossenkuhl:

Er hat da sehr genaue Vorstellungen gehabt. Weil er glaubte, die innere Dynamik, also dieses Uhrwerk des Körpers gut beherrschen zu können.

Lesch:

Er hat sich so von allerlei Unbill befreit. Er kränkelte aber auch immer ein bisschen. Er war nicht nur melancholisch, er war auch immer etwas kränklich. Durch eiserne Disziplin hat er es geschafft, ein langes Leben zu führen.

Aber jetzt legen wir los: Was kann ich wissen? Was darf ich hoffen? Was soll ich tun? Was ist der Mensch?

Vossenkuhl:

Also: Was kann ich wissen? Die kurze Antwort ist: Nicht viel! Natürlich sind die Bedingungen des Wissens ausschlaggebend.

Lesch:

"Die Kritik der reinen Vernunft", das ist die Schrift, die sich mit dieser Frage beschäftigt: Was kann ich wissen?

Vossenkuhl:

Wir haben ja schon den Hume kennen gelernt. Der hat ihn, wie er selbst am Anfang dieser Schrift sagt, aus dem metaphysischen Schlummer...

Lesch:

...aus dem dogmatischen Schlummer...

Vossenkuhl:

...aus dem dogmatischen Schlummer geweckt.

Und dieser dogmatische Schlummer war der Glaube an die alte Metaphysik, also an die Leibniz-Wolff'sche Metaphysik. Sie behauptete, dass die erfahrungsfrei (‚a priori' hieß das) erdachten Gesetzmäßigkeiten des Denkens und Handelns auch die herrschenden Gesetzmäßigkeiten in der Wirklichkeit sind.

Aber nun hat ihm der Hume nahegebracht, dass es so einfach mit diesen Gesetzmäßigkeiten nicht ist.

Lesch:

Alles nur Erscheinungen.

Vossenkuhl:

Das glaubte Kant dann auch. Außerdem lernte er mit Humes Erweckung, dass man hinter diese Erscheinungen nicht weiter zurück in die wahre Wirklichkeit zu den Dingen an sich kommen konnte. Aber er war mit Humes Skeptizismus nicht zufrieden und davon überzeugt, dass das reine Denken a priori die entscheidende Leistung bei der kritischen Begründung wahren Wissens erbringen kann. Deswegen widmete er sich dem Geschäft der kritischen Begründung. Das gab's bis dahin nicht.

Kant fragte: Wie ist eine Metaphysik als Wissenschaft möglich? Wie kann man Metaphysik als Wissenschaft betreiben? Kurzum: Wie kann man Newtons Erkenntnismodell, die Erkenntnis der Gesetze der Natur, in die Philosophie integrieren und die Gesetze des Denkens und Handelns finden.

Lesch:

So wie bei der Mathematik, in der ganz klare Aussagen gemacht werden. Kann man so etwas in der Metaphysik auch machen?

Vossenkuhl:

Wie ist reine Mathematik möglich? Wie kann man streng denken und der Skepsis, die Hume repräsentierte, entgehen?

Ganz einfach: Man bestimmt die Grenzen des Wissens! Hume hatte sehr enge Grenzen, die wenig Spielraum ließen.

Lesch:

Da blieb nicht mehr viel übrig.

Vossenkuhl:

Nur die Vernunft, Geometrie, Mathematik. Kant war nun der Meinung, dass es mehr sein musste als das. Er hat nun eine „Architektur", wie er das nannte, zur Beantwortung seiner Frage: was kann ich wissen? entwickelt. Er überlegt zunächst: Was sind die Grundvoraussetzungen dafür, dass ich überhaupt Wissen haben kann? Was sind die Bedingungen der Möglichkeit von Erkennen und Wissen?

Lesch:

Es muss im Raum passieren. Und es muss in der Zeit passieren. Sonst schaffe ich es nicht.

Vossenkuhl:

Richtig. Genau. Raum und Zeit sind aber nicht ableitbar von irgendwoher und irgendwas. Ich muss beides im Denken voraussetzen.

Lesch:

Die müssen gegeben sein.
Wie soll es denn sonst sein?

Vossenkuhl:

Im Unterschied zu Newton, der meinte, dass Raum und Zeit absolute Größen außerhalb des Denkens sind, war er der Meinung: Nein, das sind subjektive Größen. Wir haben einen inneren Sinn, die Zeit und einen äußeren Sinn, den Raum. Diese subjektiven Sinne sind bei allem, was wir über die Wirklichkeit wissen können, vorausgesetzt, ohne dass sie selbst begründbar wären.

Lesch:

Das ist doch O-Ton Hume.

Vossenkuhl:

Das ist sogar sehr von Hume beeinflusst.

Aber nun kommt die Überwindung von Hume, nämlich dort, wo Kant anfängt, der Subjektivität des Denkens und Erkennens mit der sogenannten *Transzendentalphilosophie* eine eigene Struktur zu geben und mit Kategorien zu arbeiten. Die Kategorien sind die Grundbegriffe, mit denen wir denken - Quantität, Qualität, Relation, Modalität.

Dass etwas gegeben ist, bedeutet, dass es eine Quantität hat, dass es eines, vieles oder alles von einer Sache ist. Dass dieses etwas eine bestimmte Realität hat oder eben nicht, das ist seine Qualität. Dass etwas Ursache von etwas anderem ist oder dass etwas gleichzeitig mit etwas anderem ist oder dass etwas eine Substanz ist - das sind die möglichen Relationen, in der die Sache steht.

Und dann schließlich die Modalität. Etwas ist entweder möglich, wirklich oder notwendig.

Das sind die Grundbausteine des Urteilens und Wissens für Kant. Die sind völlig unabhängig davon, was ich weiß. Das gehört zu meiner subjektiven geistigen Grundausstattung, wie Arme, Beine und Kopf zur körperlichen. Alles, was zur subjektiven, geistigen Grundausstattung gehört, zeigt die Art und Weise, wie wir erkennen. Kant nennt das 'transzendental', weil es allem konkreten Erkennen jeweils zugrunde liegt. Wir können bei der Erkundung der Voraussetzungen unseres Denkens nicht tiefer und nicht weiter zurück gehen.

Lesch:

Das ist das Instrumentarium, mit dem ich überhaupt versuchen kann, die Welt um mich herum einzuordnen und ihre Abläufe einzuschätzen.

Vossenkuhl:

Das sind die Konzepte, die Begriffe, die allen meinen gedanklichen Operationen vorgesetzt sind. Das sind die Denkakte, mit denen ich die Erfahrungen verarbeite.

Ohne Erfahrung ist nichts. Ohne sie weiß ich nichts.

Lesch:

First of all, experience!

Vossenkuhl:

Aber eben nicht nur Sinneswahrnehmung. Ich muss die Gegenstände der Außenwelt beurteilen können. Er ist da nicht der Meinung wie Hume, dass das, was draußen ist, unsicher ist.

Er meint vielmehr, dass die Außenwelt als wirklich gegeben sein muss. Das postuliert er in der „Kritik der reinen Vernunft". Es ist wichtig, dass er den Skeptizismus von Hume, diesen Zweifel an der Kausalität und aller anderen Relationen ausräumt, indem er zeigt, dass die Kausalität als Kategorie a priori ableitbar ist.

Damit hat er die Physik wieder zu einer …

Lesch:

- Gottseidank -

Vossenkuhl:

...zu einer Wissenschaft gemacht.

Allein schon deshalb müsste man Kant ein Denkmal setzen.

Lesch:

Damit ist jetzt festgelegt, mit welchen Instrumenten wir die Welt anschauen. Wir haben eine der wesentlichen Erkenntnisse von Kant zusammengefasst: Die Welt richtet sich danach, mit welchen Instrumenten wir sie anschauen. Oder wie der Meister sich ausdrückte: Es ist die Brille, die die Gegenstände so werden lässt, wie wir sie dann wahrnehmen.

Vossenkuhl:

Wenn du die Brille absetzest…

Lesch:

…dann sehe ich nichts mehr oder zumindest deutlich undeutlicher.

Vossenkuhl:

Wenn wir meinen, wir könnten zu den Dingen an sich kommen, dann sind wir natürlich auf dem Holzweg. Wie die Dinge wirklich sind – also unabhängig von unserer Brille…

Lesch:

…das können wir nicht wissen.

Ohne unser subjektives Instrumentarium sind wir blind wie die Maulwürfe. Die Dinge sind uns unabhängig davon nicht zugänglich. Wie die Welt wirklich ist, ohne unsere bescheidenen Möglichkeiten von ihr etwas zu erfahren, können wir per Definitionem nichts wissen. Das ist ausgeschlossen.

Vossenkuhl:

Eben hast Du diese schönen Fragen gestellt:

Was kann ich wissen? Was soll ich tun? Was darf ich hoffen?

Am Ende der „Kritik der reinen Vernunft", in der *Methodenlehre*, da stellt er diese drei Fragen. Die vierte: Was ist der Mensch? kommt erst in der Vorlesungsnachschrift eines Hörers seiner Logikvorlesung vor.

Es ist erstaunlich, dass es ihm bei der ersten Frage primär darum geht: Was kann ich unter der Perspektive wissen, dass es einen Gott gibt? Was ist überhaupt geschaffen, was ist überhaupt da?

Er denkt also die Wissensfrage in enger Verbindung mit der Frage nach dem Ursprung alles Wissbaren. Die Wissensmöglichkeiten, die ich mitbringe, müssen ja irgendwie übereinstimmen mit den Wissensmöglichkeiten, die es überhaupt gibt.

Lesch:

Wie ist denn das jetzt? Wir hatten es schon einmal mit den verschiedenen Ismen. Kant ist derjenige, der den Rationalismus, das reine Denken mit dem Empirismus, der Erfahrung zusammenbringt. Er stellt fest: Jede Art von Erkenntnis setzt sich zusammen aus sowohl rationalen wie empirischen Zutaten. Jetzt kommt aber noch das Dritte dazu: Gott.

Was spielt der für eine Rolle?

Vossenkuhl:

Eine unterschiedliche. Am Anfang, in der sog. vorkritischen Zeit schreibt er noch einen ontologischen Beweis „Der einzig mögliche Beweisgrund zu einer Demonstration des Daseins Gottes, 1762". Der eleganteste, den es gibt, weil er allein auf einem einzigen Prinzip beruht, nämlich dem des Widerspruchs.

In der „Kritik der reinen Vernunft" sagt Kant aber dann: Nein, einen Existenzbeweis kann es nicht geben, weil mit dem Sein von etwas gar nichts inhaltlich über dieses Etwas ausgesagt wird. Sein ist nur eine Position, aber kein „reales Prädikat". Z. B. fünf Taler.

Am Begriff der fünf Taler ändert das Sein dieser Taler, also ob sie in meiner Tasche oder sonst wo sind oder nicht sind, gar nichts.

Lesch:

Ob ich sie mir nur vorstelle oder ob sie tatsächlich in Deiner Tasche sind.

Vossenkuhl:

Es geht nur um den Begriffsgehalt. Ähnlich, wenn es um Gott geht. Da steht nicht seine Existenz, sondern die Idee, die wir von ihm haben, die Idee einer Ursache, die am Anfang steht, als Weltschöpfer im Vordergrund. Die Frage: Wer steht dafür gerade, was ist? Um die geht es dabei.

Die Frage, was ich wissen kann, findet in der Annahme eines Weltschöpfers eine Art Schlussstein und Rückversicherung.

Lesch:

Dass das, was wir erkennen, wirklich ist, und nicht nur greifbar und erfahrbar. Was ich anfassen oder bearbeiten kann. Alle meine Erfahrungen haben eine wirkliche Zuverlässigkeit.

Vossenkuhl:

Es nützt mir ja nichts, wenn ich nur die Möglichkeitsbedingung meines Erkennens schildere und da draußen ist gar nichts. Ich bilde mir alles nur ein.

Lesch:

Irgendwas wird schon da sein.

Vossenkuhl:

Bei Hume könnte man sagen: Vielleicht ist da auch gar nichts. Das sind nur Schatten an einer Höhlenwand. Kant hat nicht nur die Frage, was ich wissen kann, mit der Rolle Gottes verbunden, sondern auch die dritte Frage: Was darf ich hoffen? Auch die hat etwas mit der Gottesfrage zu tun.

Irgendeine Art von Rückversicherung dafür, dass ich dann, wenn ich in meinem Leben alles getan habe, was ich sollte, muss es ja geben, sonst ist jede Antwort auf die Frage, was soll ich tun?

unsinnig. Es wäre im Übrigen auch ungerecht, wenn ich mich durch mein Tun als moralisch würdig erweise, am Ende aber in die Röhre schauen müsste. Natürlich kann auch Kant dafür keine Garantie geben, dass meine Würdigkeit belohnt wird. Er kann aber zeigen, worauf es bei der Hoffnung ankommt. Es kann nicht sein, dass ich - trotz allem was ich Gutes gewollt, gedacht und getan habe - auf nichts hoffen darf. Aber diese Hoffnung darf nicht der Grund dafür sein, dass ich mir den kategorischen Imperativ auferlege, sonst wäre mein Wille fremdbestimmt! Also Vorsicht mit der Hoffnung!

Hoffen ist natürlich nur eine Empfindung. Ob ich das Erhoffte kriege, weiß ich nicht. So sieht Kant die Hoffnung auf das Ewige Leben. Die drei für ihn entscheidenden Ideen: Gott, Freiheit und Unsterblichkeit, spielen bei ihm in dieser Architektur – repräsentiert in den drei Fragen - eine sehr konstruktive Rolle.

Lesch:

In der „Kritik der reinen Vernunft" steht am Ende tatsächlich die Frage nach Gott.

Vossenkuhl:

Aber nicht in dem Sinne, ob es ihn gibt oder nicht, sondern wie die Garantieverhältnisse für das, was es zu wissen, zu tun und zu hoffen gibt, aussehen.

Lesch:

In welcher Schrift macht er die Aussage, dass Gott weder zu beweisen ist, noch nicht zu beweisen ist?

Vossenkuhl:

Die findet sich schon in der „Kritik der reinen Vernunft". Dann aber vor allem am Ende der „Kritik der Urteilskraft", wo er zwar – wie schon vorher - den kosmologischen Gottesbeweis ablehnt, und stattdessen einen ethischen anbietet.

Lesch:

Auf ersteres bezieht sich sein Zeitgenosse und Brieffreund

Moses Mendelssohn. Der nennt ihn den großen „Alleszermalmer", bei dem am Ende überhaupt nichts mehr übrig bleibt.

Das Allerwichtigste in diesem Zusammenhang scheint ja wohl die Frage nach Gott zu sein. Und dazu meint Kant: Ihr kriegt keine ordentliche, klare Antwort. Verhaltet euch aber so, als ob es Gott gäbe.

Vossenkuhl:

Die Frage nach der Religion durchzieht sein Denken wie ein roter Faden. In der „Kritik der reinen Vernunft" findet sich am Ende immer noch eine gewisse Stabilität im Denken Gottes als Welturheber.

Der geneigte Leser denkt: Na ja, Kant ist einer, der zumindest vermutet, dass es einen Gott gibt. In der „Kritik der praktischen Vernunft" geht es dann um die Frage: Was soll ich tun? Hier baut er das Moralgesetz, das er schon vorher in der „Grundlegung zur Metaphysik der Sitten" entwickelte - Stichwort: *Kategorischer Imperativ* – weiter aus.

Aber die Frage nach Gott bekommt erst eine Antwort, zu der er wahrscheinlich am meisten stehen konnte, in der „Kritik der Urteilskraft". Hier wir ein *ethikotheologischer* Beweis geführt. Der läuft darauf hinaus – ich sag's so knapp es geht...

Lesch:

Da bin ich aber gespannt.

Vossenkuhl:

Wenn wir überlegen, wie und wo die Moralgesetze und alle damit zusammenhängenden Verbindlichkeiten verankert werden können, müssen wir die Idee Gottes als eines moralischen Gesetzgebers und Herrschers annehmen. Wir Menschen können uns – obwohl wir die moralischen Gesetze formulieren und begründen – nicht selbst auf die höchste moralische Position setzen, das wäre vermessen. Wir sollen Selbstgesetzgeber – also autonom – sein, uns aber nicht einbilden, damit schon moralisch perfekte Wesen zu sein. Kant sagt wiederholt: Welchen moralischen Status der Mensch auch hat, er kann sich immer schrecklich über sich selbst täuschen. Wir können uns einbilden, dass wir ganz tolle moralische Hechte sind und dabei sind wir nur eitle, törichte, selbstverliebte Gesellen. Deswegen brauchen wir ein moralisches Ideal außerhalb und jenseits von uns selbst. Wir können und sollen uns nicht über uns hinaus erheben, weder der eine über den anderen, noch wir alle über uns alle. Deswegen müssen wir einen Gott als moralisch höchste Instanz und ihn als an unserem moralischen Fortkommen interessierten kritischen Beobachter annehmen.

Lesch:

Als Ziel oder nur als Perspektive?

Vossenkuhl:

Als Perspektive.

Lesch:

Das ist quasi der oberste Gerichtshof oder Richter.

Vossenkuhl:

Dem jeder untersteht.

Das ist kein Gottesbeweis, sondern eine Art von zwingender Annahme eines göttlichen Prinzips der Moral.

Lesch:

Wenn du so etwas wie moralische Regeln aufstellst, dann brauchst du gewissermaßen einen Rahmen, in den diese Moral eingefügt ist.

Vossenkuhl:

Erst dann kannst du auch auf etwas hoffen. Es könnte sein, dass einige Menschen gerecht sind, aber das Sagen die Ungerechten haben!

Lesch:

Die Guten sind die Dummen.

Vossenkuhl:

Und die Bösen siegen. Und am Ende wird nicht abgerechnet. Das wäre natürlich für das ganze System der Moral katastrophal.

Lesch:

Ich finde es interessant, dass ausgerechnet bei Hume und Kant, die sich intensiv mit der Erkenntnisfähigkeit auseinandersetzen, immer im Hintergrund etwas Theologisches herum wabert. Es ist immer ein Bemühen, nicht vielleicht doch Argumente zu finden, warum es einen Gott geben muss. Auch wenn man schon längst bewiesen hat, dass es für ihn gar keinen Beweis geben kann, und zwar haarklein. Trotzdem geistert die Idee herum: Den Alten im Himmel können wir nicht ganz außer Acht lassen.

Vossenkuhl:

Kant hat ja immerhin – wie schon erwähnt - einen richtigen Gottesbeweis geschrieben (*Über den einzig möglichen Beweisgrund* ...) Er nimmt einen Kerngedanken von Leibniz in den Gottesbeweis auf, das Widerspruchsprinzip.

Für Kant war es damals in der vorkritischen Zeit das rationalistische Prinzip schlechthin, und damit eine gute Basis für einen Gottesbeweis. Aber da wollen wir jetzt nicht noch einmal anfangen.

Lesch:

Jetzt der kategorische Imperativ.
Was heißt das?

Vossenkuhl:

Nun, für Kant war die Vorstellung anstößig, dass wir Menschen unentwegt –religiös gesagt- Sünder sind, etwas Böses tun und deshalb leiden müssen.

Lesch:

Anstößig. Ein schönes Wort.

Vossenkuhl:

Das ist ein Pfahl im menschlichen Fleische.

Wie können wir uns vorstellen, was Moral eigentlich bedeutet? Kant war ein großer Kritiker der Hume'schen Moral und der englischen Moral im Allgemeinen. Er vertrat den Standpunkt: Neigungen und Empfindungen, wie schön und sympathisch sie auch immer sein mögen, können niemals die Begründung der Moral sein. Damit setzt er sich scharf von Hume, aber auch von Smith und Shaftesbury – den wir nicht besprochen haben - ab. Für sie alle sind die schönen und guten Empfindungen die Basis der Moral.

Lesch:

Es kann nur eine allgemein verbindliche Basis für eine Begründung geben.

Vossenkuhl:

Wir haben bisher vielleicht noch nicht genügend klargestellt: ‚Kritik' heißt für Kant ‚Begründung'. Und zwar so, dass es keinen Zweifel läuft, dass das die Grundlage ist. So wie die Kategorien ohne Zweifel die Grundlage des Erkennens sind.

Der kategorische Imperativ ist für ihn ohne Zweifel die Grundlage der Moralität. Aber was für eine Moralität? Die Frage ist, wie können wir Menschen uns quasi an den eigenen Haaren aus dem Sumpf in dem wir stecken, herausziehen? Wie können wir uns selbst zum Guten nötigen?

Lesch:

Eine „nicht lineare Moral", würde ich das nennen. Weil sie automatisch auf diejenigen zurückwirkt, die das formulieren oder sich so verhalten. Es ist nicht nur eine Moral, die gilt, wie ich mich gegenüber anderen verhalte. Das wirkt auch auf mich zurück.

Das ist eine hochgradig interessante Rückkopplung, die durch diese Formulierung wirkt. Verhalte dich so, dass die Maximen deiner Handlungen als allgemeine Gesetze gelten können. Dass auch du heilfroh wärst, wenn sich alle so verhalten würden wie du selbst.

Das ist doch grandios.

Vossenkuhl:

Natürlich. Sehr beeindruckend. Aber es stellt sich sofort die Grundfrage: Wie können wir uns selbst dazu nötigen? Wir müssen uns nötigen, weil wir endlich sind. Ständig tun wir Schlechtes. Wir haben Neigungen und Schwächen. Wie können wir diese Neigungen besiegen? Diese autonome, selbstgemachte Nötigung, wie ist die möglich? Das war die Grundfrage.

Und die Antwort ist der kategorische Imperativ. Das ist der Befehl, den wir uns selbst geben. Nicht hypothetisch. Also nicht so: Wenn du die Tür aufmachen willst, drücke die Klinke. So nicht. Das ist Mittel-Zweck. Das sind hypothetische Imperative.

Der kategorische ist unausweichlich: Das sollst **du**! Befiehlst du dir selbst. Kein Befehl von außen, also nicht Kirche, nicht Staat, keine anderen Autoritäten. Wir sind die einzige Autorität in moralischer Hinsicht. Wir können dies sein, weil wir zweierlei Voraussetzungen mitbringen: Vernunft und Freiheit!

Lesch:

Aus dir selbst heraus heißt, aus Vernunft und Freiheit.

Vossenkuhl:

Du hast den Wortlaut des Imperativs ja schon sinngemäß zitiert: Handle so, dass die Maxime deiner Handlung zu einem allgemeinen Gesetz werden kann.

Die Maxime könnte zum Beispiel sein: Hilf anderen nur, wenn es dir was bringt. Kant würde das so nicht gelten lassen. Du kannst selbst überprüfen, dass das keine Maxime ist, die verallgemeinerbar ist und als allgemeines Gesetz gelten könnte. Es würde dir nämlich – würde das ein Gesetz sein - dann auch keiner helfen, wenn du es nötig hast. Also kannst du das gar nicht widerspruchsfrei wollen. So eine egoistische Maxime - und jede andere dieser Art - geht also schon einmal schief.

Lesch:

Mein Lieblingsbeispiel ist die Sache mit dem Bankräuber. Also, wenn einer eine Bank überfällt, dann hätte – wenn Banküberfälle zur allgemeinen Handlungsmaxime gehörten – schon der erste Bankräuber das Riesenproblem, dass er das Geld, das er beim Raub erbeutet hat, nirgendwo mehr anlegen kann, weil ja ständig Banken überfallen werden. Da sollte man besser gleich die Finger davon lassen und sagen, o.k. dann überfalle ich eben keine Banken und bin froh, wenn alle anderen auch keine Banken überfallen.

Vossenkuhl:

Für Kant war die Selbstnötigung zur Einhaltung des Moralgesetztes nicht irgendwas, sondern der Ausdruck der menschlichen Würde und der Freiheit. Der Mensch erhebt sich damit über das irdische Jammertal mit seinen Lasten und Belastungen. Er erreicht mit Hilfe der Vernunft, die im kategorischen Imperativ seinen Willen bestimmt und mit der Freiheit seines Willens, sich zu dem zu nötigen, was Pflicht ist, die höchstmögliche Bestimmung des Menschen und seine eigentliche Würde. Ohne den reinen, allein auf der Vernunft und Freiheit basierenden Willen, kann er seine Würde nicht erreichen.

Lesch:

Kant hat noch so viel mehr geschrieben als das, worüber wir gesprochen haben. Er hat eine wunderbare Schrift verfasst: „Zum ewigen Frieden“. Er hat unter anderem auch aufgeschrieben, was eigentlich Aufklärung ist, nämlich der Ausgang aus der selbstverschuldeten Unmündigkeit.

Kant hat unglaublich viele richtige, wichtige und außerordentlich große Sachen gesagt und geschrieben, dass mir als Schlusswort nur Superlative einfallen.

Kant war einer der ganz großen Philosophen, ein wahrhaft großer Denker des Abendlandes, auf den wir wirklich stolz sein können – und den es lohnt, zu lesen und zu studieren.

Schon allein aus Neugierde.

Wer will nicht die Antwort auf die Frage wissen: Wer bin ich?

Wenn ja – wie viele? Hat ein zeitgenössischer Philosophen-Kollege ergänzt.

Ich für meinen Teil, komme locker auf sieben.

Vossenkuhl:

Naja, Du auf jeden Fall!

Goethe (1749 - 1832) und Schiller (1759 - 1805)

Goethe

Schiller

Lesch:

Wir sind jetzt an einem Punkt angekommen, an dem so viele Denker auftreten, dass wir wohl oder übel eine Auswahl treffen müssen. Wir entschuldigen uns jetzt schon einmal für alle, die wir vernachlässigen müssen. Das lässt sich nicht vermeiden.

Wir beschäftigen uns vorwiegend mit zwei Männern, von denen wir fest überzeugt sind, dass sie für das gesamte Abendland von allergrößtem Interesse sind: Johann Wolfgang von Goethe und Friedrich Schiller. Beide grandiose Denker.

Wie ist die philosophische Situation zum Ausgang des 19. Jahrhunderts, oder besser, Ende des 18 Jahrhunderts?

Vossenkuhl:

Kant starb 1804. In der Zeit gab es schon einige, man würde heute etwas salopp sagen, philosophische „Jungtürken". Denker, die schon richtig „im Saft standen", nämlich Fichte, der Kant noch besucht hatte, dann Schelling und Hegel.

Goethe ist nicht wegen seiner Philosophie ein großer Denker, er hat aber etwas getan, was ganz und gar philosophische Arbeit ist. Er dachte die Natur und das Leben als Ganzes.

Lesch:

Ich bin ein großer Goethe-Fan. Die Natur als Ganzes zu betrachten, genau das ist sein großer Verdienst.

Vossenkuhl:

Wir machen also keine Literatur- oder Gedichtinterpretationen, sondern es geht uns um den Naturdenker Goethe. Methodisch gehört er noch mehr ins 18. als ins 19. Jahrhundert. Er ist dennoch ein bahnbrechender Geist gewesen.

Wenn man zum Beispiel Pflanzenphysiologie, die Morphologie der Pflanzen anspricht, kommt man selbst heute nicht um Goethe herum. Er ist auch deshalb ein interessanter Naturforscher gewesen, weil er Experimente gemacht hat. Er hat mit Pflanzen experimentiert. Dabei war er immer Philosoph, weil er die Ur-Formen finden wollte, die Ur-Pflanze, die wahren Ursprünge des Lebendigen.

Lesch:

Er hat nach dem Wesen gesucht. Er wollte mehr wissen als das, was vor ihm lag.

Geboren ist Goethe am 28. August 1749 in Frankfurt am Main. Gestorben am 22. März 1832 in Weimar. Er hat unglaublich viel geschaffen – eine sprudelnde Quelle. Er hat aus allem geschöpft, was um ihn herum war.

Das Wichtigste, was er geschrieben hat, ist sein „Faust". Ich halte auch als Naturwissenschaftler dieses Werk nach wie vor für ganz ganz wichtig.

Vossenkuhl:

Warum als Naturwissenschaftler?

Lesch:

Weil er mich als Naturwissenschaftler genau an dem Punkt anspricht, wo ich mich mit etwas verbinden könnte, das ich aber besser lassen sollte. Nämlich mit den bösen Mächten.

Faust beschwert sich auch darüber, dass er alles Mögliche weiß und trotzdem nicht wirklich was weiß. Also, diese unglaubliche Frustration darüber, dass er alles Mögliche an Informationen zusammengesammelt und vielleicht sogar hier, da und dort etwas über die Welt verstanden hat. Er weiß aber nicht, was …

Vossenkuhl:

… die Welt im Innersten zusammenhält.

Lesch:

Wir sollten versuchen aufzuzeigen, was modern und was nicht modern an Goethe ist. Modern ist, dass er genau hingeschaut hat. Wie sehen die Pflanzen aus? Vergleiche die eine mit der anderen.

Vor allem bei seiner Farbenlehre, mit der er gegen Newton zu Felde zog, hat er sich mehr auf das Auge und die sinnliche Empfindung beim Sehen verlassen als auf analytische, quantitative Aspekte. Deswegen hat ihn die Chemie nicht sonderlich interessiert. Bei der Physik meinte er schon, dass die wichtig sei. Er nennt uns aber nur die allgemeinen Gesetze. Bei der Morphologie geht es darum, die Einzel-Gesetzmäßigkeiten zu entdecken. Aber das sei wiederum nicht Sache der Physik.

Vossenkuhl:

Auf der einen Seite war Goethe sicherlich kein Naturwissenschaftler, so wie wir das heute verstehen. Naturwissenschaft geht von einem intersubjektiven Konsens über Methoden und Gegenstände aus. In seiner Farbenlehre ist der Meister überhaupt nicht auf Konsens aus. Er sagt: Jeder, der sehen kann, der sieht ja, wie die Farben sich verändern. Während die Physik das Licht nur mit der Newton'schen Methode beschreibt. Ein Prisma kann das Licht zerlegen. Das ist praktisch das, was zwischen den Individuen absolut immer und zu jeder Zeit an jedem Ort im Universum das gleiche Ergebnis bringt und damit natürlich auch einen Konsens, ein Konsenswissen darstellen kann. Das hat Goethe nicht interessiert.

Lesch:

Du hast Recht. Dieses „Auseinandernehmen", die analytische Methode, hat ihm überhaupt nicht gefallen. Dass das Licht „auseinander gerissen" wird, das war für ihn geradezu mit körperlichen Schmerzen verbunden. So kann man doch mit Licht nicht umgehen! Dafür ist es doch viel zu heilig und viel zu wichtig.

Aber er hat der damaligen Wissenschaft und vor allen Dingen der damaligen Physik etwas vorweg genommen, nämlich die Betrachtung von Zusammenhängen. Goethe wollte ja immer auch als Naturwissenschaftler und -forscher ernst genommen werden, nicht nur als Dichter. Zu diesem Zeitpunkt fingen die Physik- oder die Naturwissenschaften gerade an, etwas zu entdecken. Je mehr man sich spezialisiert, umso erfolgreicher kommt man vorwärts. Goethe sagte hingegen: Nein, das dürft ihr nicht machen! Dabei verliert ihr das Phänomen, das Ganze, aus dem Blick.

Vossenkuhl:

Natürlich weiß man heute, dass Goethe ein Phänomen wie den Regenbogen nicht erklären konnte, obwohl er sich mit Farben beschäftigt hat. Aber, was Goethe gemacht hat - und was zum Beispiel Wittgenstein aus der Farbenlehre begierig aufgenommen hat – ist, zu erklären, welche Wirkung die Farben auf unsere Wahrnehmungen haben. Gibt es einen Bezug der Farben zum Seelischen?

Das interessiert heutzutage niemand mehr in der Physik. Er aber wollte das Prinzip dahinter finden. Steigerung und Kontrast. Gelb und Blau, das waren für ihn die reinen Grundfarben. Dann gab es da noch die davon abgeleiteten korrespondierenden und die unreinen Farben. Er konnte ganz genau zeigen, was passiert, wenn ich Farben wie blau und gelb anschaue. Was sehe ich da sonst noch, was tut sich da überhaupt? Das waren sehr scharfe Beobachtungen, die man natürlich physikalisch so nicht beschreiben kann.

Heute kann man die Wirkung von Farben auf den Menschen sehr genau untersuchen. Man weiß, dass Frauen viel mehr Farbrezeptoren haben. Ich glaube, sogar doppelt so viele wie Männer.

Lesch:

Das erklärt Einiges.

Vossenkuhl:

Das erklärt Vieles. Blau ist für uns Männer blau, wobei es eine Riesenmenge an Blautönen gibt. Aber Spaß beiseite. Für unseren Dichter- und Forscherfürsten war das ein ernstzunehmendes Thema.

Lesch:

Das war eine sehr ernste Angelegenheit für ihn.

Vossenkuhl:

Für Goethe war die Erfahrung, die der Einzelne oder die Einzelne macht, vorrangig vor aller Wissenschaft. Du stehst als Mensch in dieser Welt und möchtest etwas über die Welt wissen. Da kann ich nicht nur damit ankommen, dass es irgendwelche Werkzeuge gibt, die mir gewissermaßen als Makler vermitteln, was die Welt ist. Wenn ich das unmittelbar selber raus finden will, dann muss ich in die Welt hineingehen, mich hinein fühlen. Goethe hat versucht, mit allen möglichen Methoden, die ihm zur Verfügung standen, herauszufinden, was die Welt in all ihrer Vielfalt eigentlich ist. Jedes Lebendige sei kein Einzelnes, sagt er, sondern eine Mehrheit!

Lesch:

Was mich fasziniert: Er hat in der Pflanzenphysiologie und in der Morphologie gesagt, dass uns die Gestalt von Dingen nicht weiterhilft. Das ist eine falsche Vorstellung. Die Gestalt ist viel zu starr. Man meint, Gestalt sei etwas Bleibendes. Das sei ein völlig falscher Eindruck.

Die Morphologie beschreibt den ständigen Übergang. Vom Ei, das dann schließlich zu einem Insekt wird, das sich irgendwann verpuppt. Diesen ganzen Kreislauf, den ständigen Wechsel, das hat er gesehen. Ich finde, das ist schon ein tiefer Einblick in das Naturgeschehen.

Die Frage: Was ist eigentlich lebendig, was heißt lebendig sein, was heißt lebendige Kraft? Das hat ihn interessiert und fasziniert. Diesen Dingen wollte er auf den Grund gehen. Er hat das in einer großen Genauigkeit und Detailliertheit dann auch theoretisch ausgearbeitet. Man kann nur höchst erstaunt sein, mit welcher Leidenschaft und Sorgfalt der Mann hingeschaut hat.

Vossenkuhl:

Ja, es hat wirklich genau hingeschaut. Wie hätte er sonst die

Gesetzmäßigkeit feststellen können, dass „je vollkommener das Geschöpf wird, desto unähnlicher werden die Teile einander“? Er hat eine Vorstellung der sukzessiven Entwicklung des Lebendigen entwickelt, die schon in Richtung auf Darwin zeigen. Er hat drei Arten der Metamorphose der Pflanzen entdeckt, die regelmäßige, die unregelmäßige und die zufällige. Für solche Einsichten muss man wirklich sehr genau und lange schauen. Ihm standen natürlich auch Mittel und Wege zur Verfügung.

Außerdem hatte er einen guten Anlass, viele Dinge genau anzuschauen. Als Geheimer Rat in Weimar war er unter anderem für den Bergbau zuständig. Er fing an, sich immer mehr mit Mineralien zu beschäftigen, mit den Formen und Farben der Mineralien. Sagen die etwas darüber aus, ob die Mine ergiebig ist oder eher nicht? Er hatte also einen ganz konkreten Anstoß in dieser Richtung. Da sammelte sich einiges an Mineralien in seinem Haus an. Das kann immer noch besichtigt werden. Er war zu Lebzeiten praktisch seine eigene Universität. Man hat ihm zugearbeitet. Auch sein Hauspersonal hat immer mitgeholfen, nachdem er die Leute angelernt hatte.

Er selber hat Zeichnen und Stechen gelernt. Er konnte sehr gut zeichnen und hat die Pflanzen präzise abgebildet und davon Stiche gemacht. Zeichnen ist eine tätige Sehschulung. Man gewöhnt sich an, mit Hand und Auge zu arbeiten, in dieser Kombination.

Früher hat das Galilei auch schon gemacht. Wir sprachen darüber. Wenn er nicht als Zeichner gewusst hätte, dass das Schattenwirkungen sind, die er durch sein Teleskop sah, hätte er die Mondkrater nicht entdeckt. Ich finde es rundum faszinierend, wie bei Goethe diese ganzen Fähigkeiten ineinander greifen, und sich dann zu einem Gesamtwerk fügen.

Lesch:

Wie stand Goethe zu Kant?

Vossenkuhl:

Er hat „die Kritik der Urteilskraft“, die 1790 erschienen war, mit großer Aufmerksamkeit gelesen. Da geht es eben anders als in der „Kritik der reinen Vernunft" um die Erkenntnis des Einzeldings.

Die Erkenntnis des Einzelnen in Kants „Urteilskraft", aber auch die Ästhetik, die Kant in diesem Buch entwickelt, das alles interessierte Goethe sehr.

Wenden wir uns Schiller zu.

Verglichen mit Friedrich Schiller war Goethe ein wahrer Glückspilz. Zum einen hat er schon sehr viel länger gelebt als Schiller. Der ist nur 45einhalb Jahre alt geworden.

Lesch

Zehn Jahre nach Goethe geboren und schon 1805 gestorben. Er hatte beileibe kein leichtes Leben. Übrigens war auch Goethe viel krank. Er hatte schon sein Studium abgebrochen, weil es ihm nicht gut ging.

Schiller war richtig schwer krank und ist eigentlich seit den späten Achtzigern nie mehr richtig gesund geworden. Er hatte wahrscheinlich Tuberkulose und ein Lungenflügel war nicht mehr aktiv. Rippenfellentzündung. Schrecklich.

Vossenkuhl:

Die Beiden haben sich Ende der Achtziger zum ersten Mal gesehen. Ab 1794 waren sie befreundet, bis zum Tode von Schiller, also gerade mal elf Jahre.

In diesen elf knappen Jahren wurde die deutsche Klassik geboren und danach ging sie auch gleich wieder zu Ende. Die „Horen", die „Xenien", diese Schriften, die Goethe und Schiller zusammen schrieben, der große Briefwechsel, ein gewaltiges Monument des geistigen Lebens. Praktisch waren die Beiden von allen irdischen Kleingeistern verlassen.

Aber jetzt mal zu Schiller.

Lesch:

Schiller wurde 1759 in Marbach geboren und ist 1805 in Weimar gestorben. Hat er nicht anfangs Jura studiert?

Vossenkuhl:

Ja, Jura und Medizin. Er war auf der Karlsschule in Stuttgart, einer Eliteschule für das Militär. Dort wurde er zum Militärarzt ausgebildet. Er schrieb nicht weniger als drei medizinische Dissertationen über die „Philosophie der Physiologie", heute würden wir das Neurophysiologie nennen.

Lesch:

Aufgrund seines medizinischen Wissens wusste er auch relativ früh, wie es gesundheitlich um ihn steht.

Vossenkuhl:

Goethe hat ihm dann eine Professur vermittelt.

Lesch:

Beide waren unbezahlte Honorarprofessoren.

Vossenkuhl:

Also nur ein Titel, kein Geld.

Lesch:

Professor für Philosophie. Ansonsten hat er gedacht und viel geschrieben.

Vossenkuhl:

Geschichte hat er auch gelehrt.

Lesch:

Er hat eine wunderbare Antrittsvorlesung gehalten: „Warum und zu welchem Behufe studiert man Universalgeschichte" (1789)? Ein Plädoyer für die Grundlagenforschung.

Vossenkuhl:

Richtig. Aber zurück zur Philosophie.

Lesch:

Schiller war Professor für Philosophie in Jena (1788). Er gilt als jemand, der die Ideen Immanuel Kants wie kaum ein anderer verinnerlicht hat. Besonders beschäftigte er sich mit einem Thema, das Kant in seiner „Kritik der Urteilskraft“ offenbar für Schiller völlig unbefriedigend gelöst hatte. Es ging um die Frage: Was ist eigentlich Schönheit?

Vossenkuhl:

Das war der Haupt-Knackpunkt. Aber es gab da noch ein anderes Thema. Schiller hat den Kant so gut verinnerlicht, dass er eine Grundspannung fühlte, die Kant nicht aufgelöst hatte. Auf der einen Seite stehen die Naturgesetze, der strenge Determinismus, auf der anderen Seite die Willensfreiheit und mit ihr die Moral. Wie gehen diese beiden Seiten – Determinismus und Freiheit - zusammen? Schiller wollte die Spannung zwischen diesen Polen mit Hilfe der Ästhetik überwinden.

Wir konzentrieren uns nur auf dieses eine große Werk, die seit 1792 geplanten 27 Briefe über die ästhetische Erziehung des Menschen, die er an Herzog Friedrich Christian von Holstein-Augustusburg als Dank für dessen Unterstützung richtete. Darin geht es um jene Spannung zwischen Determinismus und Freiheit und um deren Auflösung. Schiller ist mit dem Determinismus nicht zufrieden. Kant übrigens auch nicht. Kant glaubt aber, dass der Determinismus und die Freiheit parallel – quasi Hand in Hand - gehen können. Da sieht Schiller keinen Weg hin. Für ihn üben beide eine unerträgliche Nötigung auf den Menschen aus. Das ursächlich allem unserem Tun Vorgehende, das uns determiniert und die Willensfreiheit zwingen ihn in die Knie.

Lesch:

Eigentlich ein Skandal.

Vossenkuhl:

Auch die moralische Nötigung – für Kant noch ein Triumph der Freiheit und Selbstbestimmung - ist für ihn unerträglich. An einer Stelle der Briefe sagt er: Es darf eigentlich gar nichts geben, was uns nötigt. Es käme einem Skandal gleich, wenn man Nötigungen irgendwelcher Art erlauben würde.

Lesch:

Der Mensch muss nichts müssen - oder so ähnlich.

Vossenkuhl:

Ich versuche es jetzt sinngemäß zu schildern: Auch die moralische Nötigung dürfen wir nicht tolerieren, weil sie uns zu etwas zwingt, was wir nicht wirklich wollen.

Er meint: Es gibt zwei menschliche Grundkräfte, die Vernunft und die Sinnlichkeit. Und diesen Grundkräften entsprechend haben wir eine Doppelnatur. Die Vernunft schafft den Formtrieb, die Sinnlichkeit den Stofftrieb. Zwischen diesen beiden Trieben herrscht kein Gleichgewicht. Das ist unsere Natur. Wir wollen Lust fühlen, wir wollen uns vergnügen und Schmerzen vermeiden. Wir haben Hunger und Durst. Wir unterliegen der Determination, dem stahlharten Naturzwang. Mit dem kommen wir aber nicht weit.

Auf der anderen Seite haben wir den Moralzwang, den wir uns selbst auferlegen. Der tut auch weh. Der nötigt uns zu etwas. Schiller sagt an einer Stelle: Warum sollen wir uns in Gottes Namen zu etwas nötigen, wo wir doch eigentlich die Freiheit haben, etwas ganz Anderes zu tun?

Es gibt aber eine Rettung und einen Ausgleich zwischen den beiden Trieben, den wir selbst herbeiführen können, und zwar ästhetisch mit dem dritten Trieb, dem Spieltrieb. Der ist sowohl formend wie die Vernunft als auch empfangend wie die Sinnlichkeit und in dieser Verbindung ist er ästhetisch. Schiller sagt: Die Ästhetik, die Schönheit, das ist das Einzige, was unser Menschsein begründet, möglich macht und zu einem Ganzen formt. Er startet den großen Versuch, die Ganzheit des Menschen wiederherzustellen. Er glaubt, dass Kant diese zerstört hat. Schiller macht klar: Mit der Schönheit, mit der ästhetischen Bildung fügt sich der ganze Mensch wieder zusammen. Der Mensch muss spielen.

Lesch:

Homo ludens. Erst der spielende Mensch ist der wahre Mensch.

Vossenkuhl:

Er ist erst ganz Mensch, wenn er spielt.

Lesch:

Wenn der wüsste, was wir heute für Spielchen spielen, dann würde er sich vielleicht auch was anderes ...

Vossenkuhl:

Das hat Schiller damit aber wohl nicht gemeint.

Lesch:

Das ist schon klar. Glasklar. Schiller hat Philosophie nicht um der Philosophie willen betrieben. Als Künstler war er vielmehr auf die Philosophie angewiesen. Er wollte wissen: Warum empfinde ich überhaupt irgendetwas als schön? Das ist das Eine.

Das zweite Anliegen war: Wie schaffe ich Schönes, also ästhetisch Ansprechendes? Da gibt es das, was in der Natur ist. Das ist aber immer determiniert, weil die Natur es eben vorherbestimmt. Besser noch: Es ist ein durch Naturgesetze gefügtes Ganzes. Was kann der Mensch noch darüber hinaus tun, also eine Veredelung von Natur, etwas Anmutiges, das dann noch dazu kommt? Unter welchen Bedingungen schaffe ich etwas Schönes?

Es ist ein bisschen so wie die Suche nach einem Schlager-Hit. Unter welchen Bedingungen schaffe ich es, immer einen Hit zu produzieren oder immer einen Bestseller, wenn ich ein Buch schreibe, oder als Maler immer ein Bild zu kreieren, das alle kaufen wollen. Was sind die Kriterien dafür, dass etwas schön ist?

Schiller hat ausgerechnet mit der dritten Kritik Kants, der „Kritik der Urteilskraft" angefangen, um sich dann mit der ersten – der „Kritik der reinen Vernunft" – zu beschäftigen. Schiller hat schon bemerkt, dass sich Kant etwas beim Aufbau seines Gesamtwerkes gedacht hatte und er nicht einfach „quer einsteigen" konnte. Schiller hat es total abgelehnt, dass Kant Moral immer als etwas verstand, was mit Sollen zu tun hat. Auch unsere

Freiheit ist eine Sollens-Freiheit. Schiller wollte aber, dass wir tun, was wir wollen. Und nicht nur das, was wir sollen.

Vossenkuhl:

Der Grund dieses Wollens ist für ihn - ähnlich wie bei Kant - die Freiheit. Aber eben nicht mehr die Freiheit, die nur gebucht ist für die Moral, sondern die wirklich frei ist, die sich, mit Blick auf die Schönheit, selbst entwickelt. Die Schönheit ist alles, was wir an Würde erreichen können. Wenn wir Schönheit sehen und erreichen können, dann ist das die höchste Stufe des Menschseins. Nicht die Einsicht in die Wahrheit ist das Höchste.

Natürlich gehört auch die Einsicht in die Pflicht mit dazu. Der Mensch kommt zur höchsten Blüte, meint Schiller, wenn er versteht, was Schönheit alles heißt: das Idealschöne, das unteilbar und einfach ist, dann das Schöne der Erfahrung und das Erhabene, schließlich die „schmelzende Schönheit", die befreit und Ruhe und Harmonie stiftet. Die Schönheit adelt und veredelt den Menschen, gibt ihm eine „Bestimmungsfreiheit". Die Schönheit, sagt er mit Inbrunst, sei unsere zweite Schöpferin, die Ästhetik erziehe uns zur wahren Geistigkeit. Diese Befreiung, meinte er weiter, die kann auch staatsbildend und gesellschaftsbildend sein.

Lesch:

Ein schöner Staat, also ein ästhetisch ansprechendes, gesellschaftliches Gebilde.

Vossenkuhl:

Freiheit durch Freiheit, das war sein Prinzip. Gleichheit muss dabei sein, Abschaffung des Leibeigentums, der Leibeigenen. Das folgte bei ihm alles aus diesem Prinzip. Weil wir den anderen frei anerkennen müssen.

Der „Spieltrieb" klingt heutzutage ein bisschen komisch. Wir sollen mit der Freiheit etwas machen, das uns keinen Zwängen unterwirft. Als Trägerin dieser Leistung sieht er die Kunst. Ihr überträgt er diese Aufgabe. Sei es als Sprachkunstwerk oder als bildendes Kunstwerk, oder als Musik.

Von all diesen Dingen hatte er sehr viel Ahnung. In unseren heutigen Ohren klingt das vielleicht merkwürdig, dass man mit der Kunst das alles erreichen will und kann.

Lesch:

Es gibt diesen wunderbaren Satz: Philosophie mit oder ohne Zahnweh macht einen großen Unterschied. Friedrich Schiller wusste das –auch weil er Arzt war – und es gesundheitlich nicht gut um ihn stand. Deshalb war der Wille für ihn eine ganz wichtige Größe. Weil der Körper zerfiel, konnte der für ihn keine allzu große Rolle mehr spielen. Er musste sich über seinen Körper hinwegsetzen, um diese phantastischen Leistungen zu erbringen.

Schauen wir uns beide Geistesgrößen an: Goethe war bestens versorgt. Er hatte sein Ein- und Auskommen. Schiller war dagegen ein Einzelkämpfertyp. „Allein gegen die Mafia". Schiller war nie saturiert. Wenn man heute sein Haus in Weimar anschaut und es mit dem Frauenplan in Weimar vergleicht, dann sieht man schon einen feinen Unterschied. Gemessen an seiner Bedeutung hätte es ihm eigentlich materiell viel besser gehen müssen.

Vossenkuhl:

Ja das stimmt. Seine „Räuber" und alles, was er danach schrieb, haben die Kasse ihres Schöpfers nicht überreichlich gefüllt.

Lesch:

Was glaubst Du: Wie stark waren die materiellen und gesellschaftlichen Einflüsse auf das, was unsere Helden denken? Wir werden ja im 19. Jahrhundert ganz andere Charaktere kennen lernen, deren Lebensläufe teilweise noch dramatischer sind.

Was schöpft eine Kultur wie die abendländische von solchen Erscheinungen wie Goethe eigentlich ab? Fragen über Fragen. Ich komme eigentlich darauf, weil ein Schulkind doch einen Lehrer fragen könnte: Diese Klassiker, das sind ja reine Lichtgestalten gewesen. Haben die tatsächlich gelebt oder sind das Figuren, die gut erfunden worden sind?

Vossenkuhl:

Ich glaube, dass die materiellen Einflüsse auf das Denken aller unserer Helden sehr groß waren, dass sie aber – jedenfalls die meisten - auch viel zäher und leidensfähiger waren, als wir uns das heute vorstellen können, geschweige denn uns selbst zumuten würden.

Was den Einfluss von Goethe und Schiller angeht: Die beiden hatten einen enormen Einfluss auf unsere Kultur. Ob sie ihn noch heute haben, ist schwer zu beurteilen.

Goethe hatte sogar Einfluss auf die Bildung von Weltanschauungen. Man denke an Rudolf Steiner. Schiller hatte einen enormen Einfluss auf die Entwicklung der ästhetischen Theoriebildung, aber auch auf die Geschichtsschreibung. Er war ein sehr profunder Historiker.

Ich würde mir wünschen, wenn in der Schule nicht nur die dichterischen Aspekte dieser beiden großen Denker in den Vordergrund gestellt würden. Vielmehr war das eigentliche Ziel der beiden, die Natur zu verstehen und ästhetisch mit der Kraft der Schönheit die Welt zu gestalten.

Fichte

Schelling

Fichte (1762 - 1814) und Schelling (1775 - 1854)

Vossenkuhl:

Zwei wichtige Philosophen des 19. Jahrhunderts, die beide noch im 18. zur Welt kamen und sehr viel von Kant gelernt haben. Sie haben ihrerseits wiederum Generationen von Philosophen bis heute beeinflusst: Johann Gottlieb Fichte und Friedrich Wilhelm Joseph Schelling.

Fichte, 1762 in Sachsen geboren, genauer in Rammenau, gestorben in Berlin 1814. Etwas älter als Schelling.

Schelling 1775 in Leonberg bei Stuttgart geboren, in Bad Ragaz in der Schweiz 1854 gestorben.

Beide waren ursprünglich von Kant, Schelling dann seinerseits wieder von Fichte beeinflusst. Aber das ist für unser Gespräch nicht so wichtig. Das sind Quisquilien.

Lesch:

Was sind das?

Vossenkuhl:

Quisquilien. Unwichtige Sachen.

Lesch:

Das merke ich mir.

Von Fichte geht die Mär, er sei ein Wunderkind gewesen. Schelling soll sogar noch eine Schippe draufgelegt haben. Mit 15 ist er in das Tübinger Stift eingetreten und hat dort mit Hölderlin und Hegel zusammen studiert.

Vossenkuhl:

Eine geballte IQ-WG.

Lesch:

Ziemlich viele kluge Köpfe auf kleinstem Raum. Und mit 23 war der Mann Professor. Was macht man, wenn man mit 23 schon Professor ist?

Vossenkuhl:

Ja, loslegen halt.

Lesch:

Mit 23? Das finde ich schon stark.

Vossenkuhl:

Aber fangen wir mit Fichte an.

Lesch:

Fichte war einer der originellsten und suggestivsten Persönlichkeiten seiner Zeit. Kräftig, gedrungen, scharf geschnittene Züge, feurig gebieterische Blicke, schneidende Stimme mit mehr diktatorischem Vortrag als demonstrativem. Das muss ein richtiger Rabauke gewesen sein.

Vossenkuhl:

Stimmt. Jaspers hat einmal angemerkt, dass es überall, wo der Fichte hinkam, Rabatz und Krach gab. Goethe war ihm deswegen auch nicht sonderlich gewogen. Er sprach sogar von einem „fratzenhaften" Benehmen Fichtes.

Lesch:

Aber er hat ihm doch 1794 in Jena zur Professur verholfen?

Vossenkuhl:

Der robuste Denker wurde eigentlich mehr oder weniger durch Zufall Professor. Er war 1791 nach Königsberg zu Kant gefahren. Er wollte den großen Meister kennen lernen. Unter Kants Einfluss hatte er schon etwas geschrieben, wofür er einen Verleger suchte. Es war der „Versuch einer Kritik aller Offenbarung" (1792), also eine religionskritische Schrift. Die hat er dann anonym veröffentlicht. Kant hat ihm dabei geholfen. Viele dachten sogar, der Text sei von Kant. Als dann raus kam, dass Fichte der Urheber war, wurde der sofort als Professor berufen (1794).

Lesch:
Kant hat zugegeben, dass es nicht von ihm war?

Vossenkuhl:
Ja. Unumwunden.

Lesch:
Feiner Mann. Das war wohl Ehrensache.

Vossenkuhl:
Kant hat ein Jahr später selbst eine religionskritische Schrift veröffentlicht. „Die Religion innerhalb der Grenzen der bloßen Vernunft."

Die Professur in Jena hat Goethe tatsächlich, wie Du schon sagtest, Fichte ermöglicht. Er blieb dort aber nicht lange in Amt und Würden. Im sogenannten „Atheismus-Streit" (1799) wurde ihm vorgeworfen, dass er glühender Atheist sei. So etwas war dort gar nicht gern gesehen. Daraufhin hat Fichte seinen Dienst quittiert und ist 1805 nach Erlangen an die dortige protestantische Universität gegangen.

Lesch:
Die konnten mit einem Atheisten offenbar mehr anfangen.

Vossenkuhl:
So ganz atheistisch im heutigen Sinne war er natürlich nicht. Es gab bei ihm schon das Göttliche.

Wir sollten einmal über sein Denken reden.

Lesch:
Das denke ich mir auch.

Vossenkuhl:
Fichte war stark von Kant beeinflusst. Dann gab es aber eine Krise.

Lesch:

Es gehört sich doch auch so, dass die Jungen besser sein wollen als die Altvorderen. Da sitzt einer in Königsberg, wie die Spinne im Netz – Kant - und zieht die geistigen Fäden auf sich. Da ist doch die Abstoss-Reaktion der nachdrängenden jungen Wilden ganz normal.

Vossenkuhl:

Verständlich schon. Aber ein bisschen Selbstkritik und Bescheidenheit wäre trotzdem angebracht gewesen. Fichte war zwar auch der Meinung, dass Kant ganz großartig und wunderbar sei. Ganz wichtig natürlich: Die Freiheit und der Verstand.

Aber: Die Dinge an sich, dass man die nicht erkennen kann, sondern dass man nur das, was sinnlich-empirisch erscheint, erkennen kann, das kann doch nicht sein!

Damit das System perfekt ist, muss man die Dinge, so wie sie wirklich sind, erkennen können. Sagte Fichte.

Es gab in seiner Entwicklung zwei große Phasen. Der Wendepunkt war interessanterweise im Jahr 1800. In der Zeit davor hat er - was dem heutigen Menschen schwer eingeht - versucht, alles, wirklich alles vom „Ich" abzuleiten. Das „Ich" als eine Setzung. Das „Ich" setzt sich und das „Nicht-Ich", also alles, was ...

Lesch:

Moment, Moment. Also ich bin ich.

Vossenkuhl:

Auf jeden Fall.

Lesch:

Du bist nicht ich.

Vossenkuhl:

So ist es. Du setzt schon mal mich.

Lesch:

Du bist schon mal nicht ich.

Vossenkuhl:

Nur gut, dass ich schon sitze.

Lesch:

Du sitzt schon, als Nicht-Ich. Aber was hat das mit dem Ding an sich zu tun, wenn ich sage: Ich bin ich?

Vossenkuhl:

Alles wird aus einem Prinzip erklärt. Das heißt die Realität ...

Lesch:

O.k. Also ich aus mir. Ich setze die Dinge.
Alles?

Vossenkuhl:

Alles.

Lesch:

Gut. Und das half Fichte weiter?

Vossenkuhl:

Zumindest bis 1800. Er war der Meinung, man sollte alles deduzieren, aus einem Grundprinzip ableiten. Er nannte das „Wissenschaftslehre". Kant hat das Wort auch einmal in einem Text geschrieben, dann aber nie veröffentlicht, weil er merkte, dass Fichte das Wort schon benutzt hatte.

Wissenschaftslehre: Endlich Philosophie als Wissenschaft, als reine Wissenschaft, aus einem Prinzip abgeleitet, ohne diesen dunklen Fleck, das Ding an sich.

Dann gab es 1800 einen großen Wendepunkt mit der Schrift: „Die Bestimmung des Menschen".

Lesch:

Donnerwetter, was für ein Titel!

Vossenkuhl:

Hier gibt es eine interessante Parallele zu Schiller. Der hatte ja versucht, mit dem Spieltrieb den Form- und den Stofftrieb zu verbinden und den Menschen wieder zu einem Ganzen zu machen, mit Determinismus und Freiheit unter dem ästhetischen Hut der Schönheit.

Einen ganz ähnlichen Versuch macht nun Fichte. Er will auch die Einheit des Menschen wiederherstellen und die Spannung zwischen Freiheit und Determinismus auflösen. Das tut er in dieser Schrift „Die Bestimmung des Menschen".

Ein sehr sympathischer Zug an ihm war, dass er immer etwas sagen und schreiben wollte, was die Menschen auch verstehen. Er sagte: Philosophie soll praktisch sein und die Menschen erreichen. Viele Kollegen bevorzugten es dagegen lieber akademischer oder esoterischer. Fichte aber wollte praktisch und verständlich sein. Das entsprach auch seiner Überzeugung, dass Philosophie und Leben eine Einheit bilden. Eine Maxime war: Was für eine Philosophie man wählt, zeigt, was für ein Menschen man ist.

Aber zurück zur „Bestimmung des Menschen", ein Buch aus drei Büchern über Zweifel, Wissen und Glauben. Im ersten geht es um den Determinismus. Gegen den spricht der Wunsch nach Freiheit, der durch unsere innere Natur bestimmt ist. Also ist es zweifelhaft, dass mit dem Determinismus ein geschlossenes System zu bauen ist.

Lesch:

Lass mich überlegen: Kant hat gesagt, dass wir in dieser dualen Welt leben. Es gibt also den Determinismus, die Naturgesetzlichkeit, und es gibt uns als freie Lebewesen. Das Außen ist zwar determiniert, aber von innen heraus empfinden wir uns als freie Lebewesen.

Jetzt kommt der Fichte und sagt: So dualistisch ist das gar nicht, sondern das „Ich", das beides empfindet, nämlich das Innen und das Außen, das ist quasi die Welt. Auf die Kurzformel gebracht: **Ich = Welt.**

Das „Ich" setzt die Welt.

Vossenkuhl:

Diese Formel reicht ihm 1800 nicht mehr, weil er einiges Neues entdeckt - er war ein sehr scharfsinniger Kerl. Er sagte nämlich: Gegen den Determinismus kann man erst mal gar nichts sagen. Die Objekte sind da, völlig unabhängig von mir. Ich nehme sie wahr. Wenn ich sie nicht wahrnehme, sind sie auch noch da. Kein Mensch zweifelt daran. Der Zweifel kommt erst, wenn wir versuchen, mit dem Determinismus ein geschlossenes Ganzes zu konstruieren, in dem es auch die Freiheit gibt, nach der wir ganz natürlich streben.

Lesch:

Also erst einmal kein Zweifel an dem, was es so gibt: Sofa, Tisch. Glas Rotwein.

Vossenkuhl:

Wir sollten es auch wahrnehmen. Prost!

Lesch:

Wenn wir´s nicht tun ... Zum Wohlsein.

Vossenkuhl:

Also, im ersten Buch geht es um den Zweifel am Determinismus. Dann sind da noch zwei Bücher. Im zweiten Buch gibt es einen interessanten Dialog zwischen dem „Ich“ und dem Geist. Der Geist versucht dem „Ich“ beizubringen, dass das „Ich“ eigentlich gar nichts ist, was man ‚Wissen’ nennen könnte. Weil es sich ständig in der Gefahr befindet, aufgelöst zu werden, weil es einfach kein Gegenstand ist. Es ist kein Ding. Eigentlich eher ein Unding.

Das klingt so ähnlich wie manche von der Hirnforschung beeinflussten Leute heutzutage meinen: Das „Ich“ gibt es nicht! Das hat Fichte in gewisser Weise schon festgestellt. Er sah nun ein, dass das Ich gar nichts weiß, weder über sich selbst noch irgendwas sonst. Was er aber erkennt, ist der konkrete Anfang des Reflexionsprozesses, über den wir zum Wissen von der Welt kommen. Den nimmt Fichte im Selbstbewusstsein an. Dieser

Prozess braucht aber eine Grenze, einen Gegenstand, der einen Gegenhalt bietet, denn ohne Begrenzung läuft sich die Reflexion tot. Die Gefahr der Selbstauflösung des „Ich“ muss also gebannt werden, und das geschieht im dritten Buch. Das „Ich“ muss sich in seiner Freiheit seine eigene Grenze setzen. Und was ist diese Grenze?

Lesch:
Du.

Vossenkuhl:
Der Andere, genau. Der Andere, und zwar nicht als abstrakte hochherrschaftliche Setzung eines omnipotenten „Ich“, sondern als freie Anerkennung. Das heißt nur die freie Anerkennung schafft es, dass dieses „Ich“ eine Grenze hat. Die Bestimmung des Menschen ist also, den Anderen und sich frei anzuerkennen.

Lesch:
Das ist aber dann doch ein Wollen.

Vossenkuhl:
Ja.

Lesch:
Fast ein Vorgriff. Es wird ja später noch einen Philosophen geben, der eines Tages erklärt, die Welt sei Wille und Vorstellung.

Fichte war offenbar ein großer Freund des Willens. Das „Ich“ setzt die Welt, aber im Grunde genommen geht es um mehr als nur eine Setzung. Es muss ein Wille her.

Vossenkuhl:
Der Wille als eine Lebenskraft.

Bleiben wir doch einmal bei dieser Bestimmung. Es ist der Versuch, ähnlich wie bei Schiller, dem Menschen wieder eine geschlossene Gestalt zu geben. Diese beiden Denker haben festgestellt, dass der Mensch sonst in zwei Teile zerfällt. Da gibt’s die wissenschaftliche Seite, den Determinismus, die Naturgesetze und auf der anderen Seite soll es Freiheit geben. Wie kommt das beides zusammen?

Lesch:

Das Problem geht sehr weit zurück in der Philosophie. Wir könnten jetzt wieder bei Descartes anfangen. Wir könnten sagen: Ich bin da und außer mir ist die Welt der Dinge. Was hat denn meine Innerlichkeit mit der äußeren Welt zu tun? Das ist ein ganz altes philosophisches Problem, wie man diese beiden Welten zusammenbringt.

Sowohl Schiller wie auch Fichte sagen jetzt: Du bist das! Du Subjekt, mit deinem „Ich".

Vossenkuhl:

Das „Ich" Fichtes geht dabei über das „Ich" des Einzelnen hinaus. Das ist fast so etwas wie ein Prinzip. Jedes „Ich" grenzt sich dadurch ab, dass es im anderen Ich auf freie Weise Halt und Standfestigkeit findet. Handeln als freie Bestimmung der Freiheit ist die Devise.

Das ist das, was später *Dialogdenken*, das Denken zwischen Ich und Du, genannt wird. Ich finde es aber noch interessanter als das Dialogdenken, weil Fichte sehr viel tiefer geht.

Ich kann keinen Einfluss auf Dich haben, darf das auch gar nicht. Ich soll Dich frei anerkennen, so wie Du bist. Das heißt, Du begegnest mir so, wie Du willst und nicht, wie ich will.

Lesch:

Na ja. Ich bemühe mich.

Vossenkuhl:

Es ist was anderes, ob man sich frei begegnet oder ob man unter irgendwelchen Prämissen …

Lesch:

… Zwängen

Vossenkuhl:

… oder irgendwelchen Zwängen und Zwecken sich begegnet. Dann ist es ja meist nicht mehr ungezwungen.

Lesch:

Dann ist man nicht mehr frei.

Vossenkuhl:

Das hat unseren Freund danach schwer beschäftigt. Er hat sein ganzes Werk umgearbeitet. Er hat auch versucht, daraus politisches Kapital zu schlagen. Du hast es am Anfang schon angedeutet: Er war ein richtiger Freiheitskämpfer und hat gegen alles Mögliche gekämpft, darunter auch gegen den großen Napoleon.

Lesch:

Denk an seine Reden an die deutsche Nation! Damit hat er eine unglaubliche Resonanz gehabt. Das war schon ausschlaggebend, wie man überall nachlesen kann.

Vossenkuhl:

Man darf bei ihm nicht übersehen, dass es – aus heutiger, rückwärtiger Sicht - diesen nationalistischen Aspekt gibt, ja sogar einen antisemitischen. Er hat *horribile dictu* - das muss man sagen - absurde antisemitische Vorurteile gepflegt so wie viele in der damaligen Zeit, was zu seinem Intellekt nicht wirklich passte.

Wegen eines Vorfalls mit einem jüdischen Studenten ist Fichte als erster Rektor der Humboldt-Universität, also der Berliner Universität, zurückgetreten. Dieser Student war von einem anderen herausgefordert worden, einem sogenannten „Honetten"-Studenten, also einem ehrenwerten d.h. nicht-jüdischen. Der Herausgeforderte wollte sich aber nicht prügeln. Fichte hat die Interessen des jüdischen Studenten sehr schlecht vertreten und musste zurücktreten.

Lesch:

Du hast vorhin erwähnt, dass es für Fichte wichtig gewesen ist, dass Philosophie praktisch wird, dass sie in die Tat umgesetzt wird.

Trotzdem würde ich wetten, dass Kant wesentlich mehr Leuten bekannt ist als Fichte. Hat das mit der unglaublichen Leuchtkraft von Kants Philosophie zu tun? Oder liegt es daran, dass sich Fichte ganz schön schwer liest?

Kant ist schon nicht leicht, aber Fichte zu verstehen, das ist ein hohes Gedankengebäude, bei dem der interessierte Laie mit Nackenschmerzen davor steht.

Vossenkuhl:

Du hast da offensichtlich eine andere Wahrnehmung als ich. Ich finde ihn leichter lesbar als Kant. Seine Überlegungen haben viel mehr Anschaulichkeit.

Lesch:

Aber sein System hat sich nicht durchgesetzt.

Vossenkuhl:

Nein, das nicht. Wahrscheinlich wegen der Nackenschmerzen.

Lesch:

Er ist nicht als der bessere Kant in die Philosophiegeschichte eingegangen.

Vossenkuhl:

Nein. Es ist aber interessant. Wenn einer anfängt, den anderen zu toppen, kommt gleich der nächste. Und das war Schelling. Der war übrigens gleichzeitig mit Fichte Professor in Jena. Goethe hat auch ihn dort untergebracht.

Lesch:

Der war ja sehr früh dran. Schelling war mit 23 Jahren schon Professor, du meine Güte!

Vossenkuhl:

Zuerst war er Fichteianer. Die Überwindung der Ding-an-sich-Systemlücke bei Kant durch Fichte hat er ganz toll gefunden und gleich enthusiastisch über das Fichte'sche System geschrieben. Bald fiel ihm jedoch auf, dass da irgendwie was nicht richtig hinhaut.

Lesch:

Was denn für ein System? Das ist jetzt ein ganz neuer Begriff. Haben wir über den Systembegriff eigentlich schon mal gesprochen?

Vossenkuhl:

Bei Spinoza.

Lesch:

Richtig! Der war der Erste, der ein ganzes System angeboten hat.

Vossenkuhl:

Jedes System ist ein geschlossenes, widerspruchsfrei zusammenhängendes Ganzes und hat ein Grundprinzip, aus dem heraus alles abgeleitet oder entwickelt wird. Das war bei Spinoza Gott oder Natur, also Gott ist Natur, sein Pantheismus.

Bei Fichte ist es das „Ich" in der ersten Phase. Später ist es bei Fichte das „Ich" auf dem Hintergrund des Göttlichen, des Seins. Das ist schon etwas komplizierter.

Jetzt kommt Schelling und sagt: Zunächst hat der Fichte Recht gehabt. Letztlich ist es aber doch nicht befriedigend, weil - was er nicht verstanden hat – er sich fragte: Wie ist die Natur als etwas, was vom Menschen unabhängig ist, zu verstehen?

Lesch:

Hatte Fichte über Naturwissenschaften gar nichts zu sagen?

Vossenkuhl:

Fichte hat das Naturverständnis vom Selbstbewusstsein her verstanden. Schelling sagt aber: Nein, das eine muss unabhängig vom anderen sein. Er hat dann auch etwas gemacht, was wiederum genial, aber schon wieder so komplex war, dass man's ganz schwer nachvollziehen kann.

Er wollte die Natur vom Subjekt her und das Subjekt von der Natur her verstehen. Schelling weist darauf hin, dass er das bei Fichte vermisst. Das hätte der, wirft er ihm vor, nicht geleistet. Die Bewegung, den Werdeprozess in der Natur, den könne man mit Fichte nicht verstehen.

Lesch:

Der hat ja gesetzt. Bei Fichte wird die Welt und die Natur durch das „Ich“ gesetzt. Da entwickelt sich nichts, sondern es wird gesetzt. Bei Schelling wird geworden.

Vossenkuhl:

Und zwar deswegen, weil er sagt: Natur ist schon selbst ursprünglich Geist.

Lesch:

Ist schon Geist? Du siehst mich entgeistert.

Vossenkuhl:

Geist ist bei Schelling als Begriff des Lebendigen in der Frühphase ganz wichtig.

Du solltest aber etwas dazu sagen, wie Fichte und Schelling versucht haben, die modernen, damals entstehenden Naturwissenschaften mit dem Idealismus in Verbindung zu bringen. Wir haben bisher zum Idealismus noch kein Wort verloren.

Lesch:

Es gab zu der Zeit, als Fichte richtig anfing zu „wirken“, in den Naturwissenschaften unterschiedliche Entdeckungen. In der Physik waren es vor allen Dingen die Elektrizität und der Magnetismus.

Auch kulturgeschichtlich ist das interessant, weil ganze Heerscharen von Hochstaplern auftauchten, die reiche Frauen damit beeindruckten, als sie vor deren staunenden Augen Blitze aus den Händen zucken ließen.

Vossenkuhl:

Die Uri Gellers des 19. Jahrhunderts.

Lesch:

Dazu der *Mesmerismus*. Die ganzen Geister-Geschichten mit samt Beschwörung. Vor all diesen Dingen sah man Wirkungen in einem Raum und verstand nicht, wie diese Wirkungen sich von einem Ort zum andern fortpflanzen konnten. Es gibt da zwei

Namen in der Physik: Örstädt und Faraday. Beide haben Schelling stark beeinflusst.

Die Vorstellung, dass etwas in der Welt, in der Natur wirkt, das ist ganz tiefe Romantik. Das findet seinen Niederschlag bei denjenigen, die sich zum allerersten Mal mit solchen elektromagnetischen Phänomenen auseinander gesetzt haben. Die sagten: Wir sehen, wie sich die Wirkung ausbreitet. Feld- oder Kraftlinien, die von einem magnetischen Pol zum anderen verlaufen. Oder wenn ein Kondensator aufgeladen wird. Diese Kräfte sind nicht materiell. Die Wirkung ist schon da.

Damit war natürlich klar, dass die Welt hier Substanz ist. In einer idealen Welt gibt es die Wirkungen. Damit hat der Idealismus - in diesem Fall würde ich schon fast sagen, die romantische, deutsche, idealistische Philosophie - praktisch den Nährboden für die Vorstellung bereitet, dass in der Natur auch Dinge wirken können, die man eben nicht anfassen kann.

Dass es so etwas geben muss, hätte eigentlich Newton schon wissen müssen. Der hatte doch schon ein Problem bei seinem Gravitationsgesetz viele, viele Jahrzehnte vorher.

Vossenkuhl:

Was passiert da zwischen zwei Körpern, die sich wechselseitig anziehen?

Es ist sehr interessant, wie Du da die Verbindung Faraday/Schelling beschreibst. Aber Faraday hat sicherlich nicht geglaubt, dass die Elektrizität und der Magnetismus geistige Phänomene sind, die sich a priori – also ohne Erfahrung und Experiment – ableiten lassen.

Lesch:

Das glaube ich auch nicht.

Vossenkuhl:

Aber Schelling hat das geglaubt.

Lesch:

Ja. Stimmt schon.

Vossenkuhl:

Für ihn war alles ein geistiges Phänomen. Auch die Materie. Das „Hier“ ist für ihn erstarrt in der Bewegung. Das Lebendige – ein romantischer Begriff - die Lebenskraft oder die Kraft des Lebendigen ist ursprünglich geistig, nicht materiell. Das Materielle selbst ist eine Erscheinungsform des Geistigen. Alles ist eigentlich „Intelligenz-Geist“. Schellings Idealismus ist in seiner spekulativen Kraft schlicht unglaublich. Er will Bewusstsein und Bewusstloses, Natur und Freiheit, Leib und Seele in eine große Einheit zusammenführen, in seine „Identitätsphilosophie“. Da werden Subjekt und Objekt, Natur und Geist identisch, die Natur als sichtbarer Geist, der Geist als unsichtbare Natur. Der Neuplatonismus mit seinem Glauben an die Welt als Manifestation Gottes kehrt zurück.

Lesch:

Das geht natürlich mit der Vorstellung von Aristoteles nicht zusammen, dass die Welt aus Substanzen zu bestehen hat, und Feierabend.

Der wichtige neue Schritt hin zum Idealismus korrespondiert aber mit Entdeckungen wie der, dass eben Leben nicht spontan entsteht. Goethe hatte noch geglaubt: Du nimmst einfach einen Haufen alter Klamotten, gibst ein bisschen Müll dazu, und 14 Tage später tummeln sich darin die Mäuse. Die sind da spontan entstanden, einfach so. In der Zeit, von der wir gerade reden,

Vossenkuhl:

Der hat das so geglaubt?

Lesch:

Ja. Goethe war noch fest davon überzeugt, dass Flöhe spontan irgendwie durch Müll entstehen.

Anfang des 19. Jahrhunderts findet man dann auf einmal heraus, dass Leben eben nicht spontan entsteht. Wenn man einen Glaskolben von der Welt isoliert, dann entsteht in seinem Inneren nichts. Sobald man ihn aber aufmacht, findet sich in ihm ein paar

Tage später organisches Material. So wurde die erste organische Säure abgeleitet.

Es war auf einmal klar, dass es neben und zwischen den toten Substanzen Leben gibt. Das wusste man natürlich auch schon vorher. Jetzt aber griffen die Naturwissenschaften in diesen Lebensbereich ein. Schelling war offenbar gut über die Vorgänge in den Naturwissenschaften unterrichtet. Eine Ausnahme in der damaligen Zeit. Seine Ausbildung im Tübinger Stift hat ihn zwar für manches prädestiniert, aber nicht dafür, dass er sich für Naturwissenschaften um deren selbst willen interessiert.

Vossenkuhl:

Er hat in Leipzig Physik studiert und kannte sich wirklich in der Physik der Zeit aus.

Lesch:

Es war ihm offensichtlich klar, dass die Wissenschaften an Bedeutung gewannen. Die kann ich für meine Philosophie möglicherweise gut brauchen, dachte er sich wohl. Dann taucht die Frage auf: Was ist eigentlich Leben?

Im 19. Jahrhundert fand sich keine Antwort. Auch wir sind im Grunde genommen heute noch nicht in der Lage, ganz genau zu sagen, was Leben genau ist und was eine lebendige Form von einer nicht lebendigen unterscheidet. Wir können Eigenschaften ablesen und auflisten. Wir können einen richtigen Katalog machen und sagen: Das und das ist Leben. Aber wie es geht, weiß keiner so recht.

Noch bis ins 20. Jahrhundert spricht man von einer Vitalkraft. Im Grunde sehen wir Schelling als den frühen Vertreter einer Ablehnung des rein rationalen Weltbildes.

Kant war verglichen mit Schelling ein richtig harter Rationalist, der die Philosophie auseinander genommen und dann wieder neu zusammengesetzt hat. Die lief dann zwar viel schneller, aber sie war nicht mehr dieser luxuriöse 1. Klasse-Wagen der Spekulation. Sie war auf einmal zusammengeschrumpft zu einem rein funktionellen Rennwagen der Formel 1. Unglaublich schnell, aber in ihm drin ist nichts, was sich irgendwie angenehm anfühlt.

Vossenkuhl:
Ein schönes Bild.

Lesch:
Schelling versuchte hingegen zu sagen: Was wir brauchen, ist immer noch ein gemütlicher Speisewagen, in dem man auch mal die Seele baumeln lassen kann.

Vossenkuhl:
Es gibt übrigens hier in München einen „Schelling-Salon", eine urgemütliche Wirtschaft. Wusstest du das?

Lesch:
Ja. Die heißt aber so, weil sie an der Schwabinger Schellingstraße liegt. Ecke Türkenstraße. Unser Philosoph hat darin aber nie Billard gespielt.

Vossenkuhl:
Wenn man in München die Denker mit nach ihnen benannten Straßen vergleicht, dann zeigt sich, dass Schelling wichtiger ist als Fichte. Die Fichtestraße ist relativ schmal und kurz. Die Goethestraße ist natürlich prächtiger und größer, liegt aber im falschen Viertel.

Schelling hatte gerade in München einen enormen Einfluss. 1806 kam er an die Isar. Damals wurde die „Akademie der Wissenschaften" gegründet. Schelling war auch an der Begründung der „Akademie der bildenden Künste" beteiligt. Seine Freiheitslehre – „Freiheit ist unser und der Gottheit Höchstes" - hat direkten Einfluss auf seine Bildungsidee gehabt. Und das hat er hier in München umzusetzen versucht. Nachdem 1826 die Universität von Landshut nach München kam, wurde er hier Professor. Davor war er in Würzburg. Zwischen 1820 und der Berufung an die Münchner Universität unterrichtete er u.a. in Erlangen.

1841 ging Schelling nach Berlin und wurde Nachfolger von seinem alten Kumpanen Hegel. Zwischenzeitlich hatten sie sich aber kräftig gestritten.

Schelling war ein Vertrauter von König Ludwig I. Er hat von 1835 bis 1840 den späteren König Maximilian II. erzogen. Der hat seinem Lehrer dann in Bad Ragaz ein großes Denkmal gesetzt. Auch in der Münchner Maximilianstraße steht ein überlebensgroßer Schelling, sehr beeindruckend.

Lesch:

Das, obwohl seine Philosophie sicherlich nicht so einfach zu verstehen war. Ist das ein Grund, warum er eher in Vergessenheit geriet?

Mit seinen Ideen führt er weg von diesem Kant'schen harten Schneidemesser, hin zu einer spekulativen, romantischen Philosophie. Er ist ein gutes Beispiel dafür, wie Menschen reagieren, wenn alle Stricke reißen, wenn Technologie den Alltag komplett niederbügelt und dominiert. Wenn sie eingenordet und auf rein quantitative Schienen gezwungen wird. Was bleibt dann eigentlich noch übrig?

Also, unter uns gesagt - wir sind ja unter uns - der Schelling war ein Hippie! Für mich ist der Schelling so'n richtiger Hippie-Denker. Der hat sich gesagt: Was die Alten da so alles gedacht haben, das ist ganz o.k. Aber jetzt ist auch genug. Höchste Zeit für einen anderen Ansatz. Schauen wir uns doch die Welt aus einem ganz anderen Blickwinkel an.

Schelling wie Fichte, beide haben verzweifelt versucht, im Garten der Philosophie wieder etwas Neues zu finden. Nachdem Kant da mehr oder weniger klare Linien gezogen hatte, mussten sich diese jungen Nachwuchsgärtner etwas einfallen lassen.

Für das gesamte 19. Jahrhundert wird es dann von großer Bedeutung für jeden Philosophen sein, seinen Standort relativ zu Kant zu definieren. Niemand konnte mehr Philosophie so betreiben wie zu der Zeit, als es Kant noch nicht gab. Mit ihm hatte die Philosophie ihre Naivität verloren.

Vossenkuhl:

Eines will ich abschließend sagen: Diese „Jungtürken“, die dann auch alt geworden sind, die haben eben doch - anders als Kant - aus einem theologischen Grundmuster heraus versucht, zu denken. Sie wollten das menschliche Denken an Gottes Stelle setzen, ihn aber weiterhin mit dabei haben, eine etwas gewagte Doppel-Konstellation.

Ich glaube, deshalb mussten sie wohl auf ihre Art scheitern. Sie begeistern aber nach wie vor viele kluge Menschen.

Wer sich heute ernsthaft mit Schelling auseinandersetzt, betritt einen Kosmos von Ideen und Philosophien. Sein Denken war ständig in Bewegung und Veränderung. Es reicht von der frühen Naturphilosophie über die Negative Philosophie, die Philosophie der Mythologie bis zur Positiven Philosophie und Theosophie und Mystik, die er – beeindruckt durch Franz von Baader und dessen Beschäftigung mit Jacob Böhme – am Ende seines Lebens entwickelte.

Die nicht leicht zu verstehende Schrift über das „Wesen der menschlichen Freiheit“ (1809) ist vielleicht die tiefste Untersuchung zu diesem auch für uns Heutige so wichtigen Thema. Unbedingt zur Lektüre zu empfehlen. Am besten mit einem Kommentar als Hilfestellung.

Hegel (1770 - 1831) und Marx (1818 - 1883)

Hegel

Marx

Vossenkuhl:

Als wir über Fichte und Schelling sprachen, haben Sie sich vielleicht gefragt: Was ist das eigentlich, was die da machen? Deutscher Idealismus. Das ist doch eigentlich völlig unverständlich!

Da wird erklärt, dass die Natur, also das, was wir anfassen können, eigentlich Geist ist. Bei meinem Freund Harald mag das ja so sein, doch nicht beim Stuhl auf dem wir so entspannt sitzen.

Lesch:

Ein Geist-Stuhl geht nicht. Bei uns zwei Brüdern im Geiste wäre das zumindest vorstellbar.

Vossenkuhl:

Wir kommen jetzt gleich zu einem, der – was den Geist angeht - noch einmal einen Gang zugelegt hat, Hegel.

Wie können Philosophen Anfang des 19. Jahrhunderts gedacht haben, dass alles, was real existiert, ursprünglich Geist ist? Und dass Materie nur erstarrter Geist ist?

Das hat mehrere Gründe. Erstens: Die Naturwissenschaften, die Schelling durchaus bekannt waren, konnten eine Menge noch nicht klären. Da gab es Lücken, Erklärungslücken, in die Philosophen mit der Geist-These hineinstießen. Was bewegt die Materie? Was sind Energien? Wo kommen Elektrizität und Magnetismus her?

Das andere ist: Seit der Antike gibt es Traditionen, siehe Plotin, Proklos, Neuplatonismus, aber auch schon Platon selbst, die genau so gedacht haben. Dass eben die materielle Wirklichkeit, die anfaßbare Wirklichkeit nur äußerer Schein ist. Dahinter steckt eine geistig-seelische Kraft, die „Lebenskraft".

Die Probleme, die die Philosophen damals hatten, haben wir bis zu einem gewissen Grade heute noch. Deswegen tun wir uns nicht leicht, über diese Dinge zu reden: Determinismus und Freiheit.

Denken wir nur daran, was früher schon Hobbes und Hume und heute einige Neuro-Wissenschaftler zu diesem Thema sagen. Wir stecken immer noch mitten in diesen Problemen. Nur dass eben die deutschen Idealisten, Fichte, Schelling, Hegel, extreme, aber auch eindeutige pro-Geist- und pro-Freiheit-Positionen bezogen haben. Das sollte mal gesagt sein, lieber Harald.

Lesch:

Schon gut. Es ist tatsächlich so. Sie haben gemerkt, so wie viele Philosophen, dass auf einmal etwas in der Welt des Erkennens und der Wissenschaften auftaucht, was der Philosophie systematisch den Rang abläuft. Nicht nur in der Art und Weise, wie über die Natur gesprochen und geschrieben wird, sondern auch in der Deutungshoheit.

Die Naturwissenschaften an sich geben sich nicht damit zufrieden, Inventur zu machen: Was ist denn alles da? Sie wollen gleichzeitig noch erklären, was das alles zu bedeuten hat. Die mischen sich in das ureigenste Geschäft der Theologen und der Philosophen ein. So wie die Theologie lange Zeit den Kampf gegen die Naturwissenschaften geführt hat, indem sie gesagt hat: Gott ist da, wo ihr nichts wisst. Jedes Mal, wenn die Naturwissenschaften wieder etwas rausgefunden hatten, schrumpfte Gott ein Stück zusammen. Heute ist er bei 10^{-35} Metern angelangt, also eine winzige Bonsai-Variante, die kaum noch zu erkennen ist.

Wenn sich die Philosophie auf so ein Wettrennen einlässt, ohne die Mittel zu haben wie sie den Naturwissenschaften zur Verfügung stehen, wird sie immer verlieren.

Vossenkuhl:

Die Theologie ist aus dem Denken der deutschen Idealisten gar nicht wegzudenken. Erstens sind alle – Fichte, Schelling, Hegel - ausgebildete Theologen …

Lesch:

… protestantische Theologen.

Vossenkuhl:

Die Theologie haben sie mit der Muttermilch eingesogen. Wenn es darum ging, wie Geist eigentlich zu verstehen ist, haben sie erst einmal an Gott gedacht, also an den göttlichen Geist. Nicht der eigene Grips, sondern der göttliche Geist. Da gab es große Rückgriffe auf die Tradition davor.

Spinoza hat den Gedanken vertreten, dass die ganze Natur Gott ist. Sein *Pantheismus* hat viele fasziniert. Wenn in den Dingen die lebendigen Kräfte geistige sind, dann ist das doch höchst wahrscheinlich Gott selbst, der da wirkt. Wenn der Mensch denkt, denkt er eben mit Gott und deswegen – im Idealfall - auch die Gedanken Gottes. Genau davon ist Hegel ausgegangen.

Lesch:

Die ganze Welt ist Geist. Und der Geist ist Gott.

Vossenkuhl:

Hegel ist überzeugt: Wenn unser Denken wahr ist, dann muss bei allem Wahren und Wirklichen, was wir denken, immer auch Gott der Inhalt der Gedanken sein. Das heißt, dass unsere Gedanken und Gottes Gedanken nicht völlig verschieden sein können.

Lesch:

Ist denn dann ein mieser Gedanke auch ein Gottesgedanke?

Vossenkuhl:

Nein, der ist ja nicht wahr.

Lesch:

Na ja, aber es könnte doch ein wahrer auch ein mieser Gedanke sein. Aber ein wahrer Gedanke ist wohl immer ein guter und schöner. Das Wahre und Gute! Schön wär´s!

Vossenkuhl:

Jetzt hast Du's endlich verstanden.

Aber zurück zu Hegel. Geboren ist er 1770 in Stuttgart und

1831 in Berlin, wahrscheinlich an Cholera, gestorben. Er gehörte zu diesem sprichwörtlichen, schwäbischen Genie-Kreis.

Lesch:

Schwäbische Genies?

Vossenkuhl:

Die Schwaben sind sehr stolz darauf. Es gibt einen Spruch, den früher jeder Stuttgarter auswendig aufsagen konnte: „Der Hegel und der Schiller, der Uhland und der Hauff, des isch bei uns die Regel, des fällt uns gar net auf." Dabei wird nicht einmal die Hälfte der Genies erwähnt. Hölderlin ist nicht dabei, Schelling auch nicht.

Aber zurück zu unserem Hegel.

Lesch:

Ich habe mir gemerkt, dass er bereits mit drei Jahren in die Schule gekommen ist. Mit sieben war er Gymnasiast und mit 18 dann im Tübinger Stift. Zweifellos war er einer von diesen Wunderkindern. Nur am Rande bemerkt: Fichte, Schelling, Hegel, wo landen sie? In Berlin!

Vossenkuhl:

Na gut. Der Schelling wäre wahrscheinlich nicht nach Berlin gegangen, wenn er nicht so enttäuscht von der bayerischen Politik gewesen wäre.

Lesch:

Es gibt wohl immer Leute, die enttäuscht von der bayerischen Politik nach Berlin gehen – wenn man sie lässt.

Vossenkuhl:

Das ist jetzt zu sehr Gegenwart.

Lesch:

Hegel. 1791 ist er in Tübingen im Stift. Die Französische Revolution ist noch im Gange. In einer Zeit, in der in Europa unglaubliche Umwälzungen passieren, wächst dieser junge Mann heran. Das hat Auswirkungen auf sein Denken.

Vossenkuhl:

Es ist für uns ja gar nicht richtig vorstellbar, was die Französische Revolution in den Köpfen und im Gemüt dieser jungen Kerle ausgelöst hat. Bei Schiller war es das Freiheitsthema. Der musste aus Stuttgart türmen, damit er die „Räuber“ aufführen und seinen Dichterberuf ausüben konnte. Die Übermacht der staatlichen Institutionen war damals für alle spürbar. Und natürlich auch die Dominanz der Kirchen.

Jetzt hören diese drei Jung-Genies, dass in Paris König und Kirche entmachtet und Menschen- und Bürgerrechte proklamiert werden. Der französische König Ludwig XVI. ist schon enthauptet worden, außerdem seine österreichische Gattin und viele Adlige, kluge Geister und viele Kleriker und Gläubige. Der Tod durch die Guillotine wütet. In der Vendée werden aufständische katholische Bauern niedergemetzelt, einschließlich ihrer Tiere. Ein Revolutionsführer nach dem anderen wird Opfer der Gewalt, die er selbst entfachte. Die französische Republik entsteht in einem Furor aus Gewalt und Gegengewalt.

Lesch:

Schon fast 50 Jahre vorher hatte es eine ganz andere Zäsur gegeben. 1755, das Erdbeben in Lissabon! Die theologischen Vorstellungen von der Macht Gottes wurden damit kräftig durchgeschüttelt. Wie konnte Gott dieses Leid zulassen? Die Frage nach dem unverschuldeten Leid stellt sich fortan immer wieder. Voltaire schickt seinen Candide durch die Hölle der „Besten aller Welten“.

Vossenkuhl:

Hegel wurde nicht so schnell berühmt wie Schelling. Er hat es schwerer gehabt. Erst war er Hauslehrer. Kam dann mit etwas Glück nach Jena (1801), wo er Fichte und Schelling antraf. In der Zeit hat er eine kleine Schrift geschrieben, die aber äußerst spannend zu lesen ist, z.B. über „Die Differenz des Fichte'schen und Schelling'schen Systems der Philosophie“ (1801). Darin hat er sehr klar gezeigt, wo da der – vom Philosophen Reinhold übersehene - Unterschied der beiden Systeme liegt, und warum nur eines – das von Schelling - das „Bedürfnis nach einer Philosophie“ - stillt, welche die Natur nicht so misshandelt wie Kant und Fichte, sondern „die Vernunft selbst in eine Übereinstimmung mit der Natur“ bringt. Hegel nimmt, wenn es gegen die Großen geht, kein Blatt vor den Mund!

Zunächst war er natürlich auf Seiten seines Freundes Schelling. Aber das hat nicht lange gedauert. Schon sechs Jahre später, 1807, erscheint seine „Phänomenologie des Geistes“. *Phänomenologie*. Die hat er förmlich ausgebrütet.

Lesch:

Ich brüte, also bin ich.

Vossenkuhl:

Es war wirklich ein Geniestreich. Er soll das Werk in 90 Tagen geschrieben haben. Ursprünglich sollte es „Wissenschaft von der Erfahrung des Bewusstseins“ heißen. Wie Schelling und Fichte wollte er ein System der Wissenschaft.

Lesch:

Wie alle Idealisten brauchte auch er ein System.

Vossenkuhl:

Er hat dem „Ich“ Fichtes misstraut und auch dem naturphilosophischen Ansatz von Schelling. Und was macht der Kerl? Er fängt völlig neu an. Die „Lehre vom spekulativen Satz“ entsteht: Aus der Einsicht, dass das Geistige allein das Wirkliche ist, entsteht die Einsicht in die geistige Bewegung, die sich im Begriff ausdrückt und schließlich die weitere Einsicht, dass im Satz, im Urteil Subjekt und Prädikat zusammenfallen und eins werden. Der spekulative Satz entsteht aus der Einheit, der Identität von Subjekt und Prädikat. Konkret bedeutet dies, dass das Einzelne, das Subjekt und das Allgemeine, das Prädikat zusammenfallen. Klar, das klingt abstrakt, wirkt sich aber sehr konkret aus.

Hegel überlegt, dass sich die Begrifflichkeit, mit der wir denken, eigentlich ständig parallel zur Entwicklung dessen bewegen muss, was ist und sich entwickelt. Sonst kann das Denken dem, was ist, gar nicht gerecht werden. Der Entwicklungsgedanke, der ständige Wechsel der Position von etwas und seiner Negation, gefolgt von einer neuen Position und Negation, ist plötzlich da und mit ihm eine bisher unbekannte Dynamik. Hegel zeigt, wie sich vom bloßen „Da" von irgendwas, das noch gar keinen Namen hat und noch keinen Ort im Bewusstsein, bis zum absoluten Wissen eine spiralförmige, dialektische Bewegung immer weiter nach oben dreht. Die ständige Veränderung der Position von etwas durch deren Negation schafft die geistige Dynamik des Wissensprozesses.

Man kann diese Dynamik gut nachvollziehen: Dieses „Da" ist erst einmal abstrakt und weit entfernt von dem, was bewusst und schließlich gewusst wird. Wenn es aber irgendwie etwas sein und bedeuten soll, muss es sich von sich selbst entfremden. Es muss sich entäußern, muss weg von dieser abstrakten Namenlosigkeit. Es muss etwas werden. Was es aber wird, kann es nur gegenüber etwas anderem werden. Diese Alternative zum anderen, diese Distanzierung von sich und vom andern, das bringt diesen Prozess erst so richtig in Schwung. Dieser Prozess geht weiter, bis aus dem, was davor ein abstraktes Etwas war, etwas wird, was bewusst wahrgenommen, schließlich von einem Bewusstsein wahrgenommen und erkannt und in das menschliche Selbstbewusstsein eingeht und damit erst zum Wissen wird. Auch das Selbstbewusstsein muss erst werden und ist nicht einfach da.

Das ist die erste theoretische Grundlegung dessen, was *Dialektik* genannt wird. Es kommt nicht auf diese Bezeichnung ‚Dialektik' an, sondern darauf, dass es eine Bewegung ist, welche der Entstehung des Wissens zugrunde liegt. Also Wissenschaft von der Erfahrung des Bewusstseins, wie …

Lesch:

… wie Wissen wirklich wird.

Vossenkuhl:

Fichte war der Meinung, das „Ich" setzt die Welt. Schelling wiederum postuliert, dass Geist und Natur Subjekte sind, dass also auch die Natur ein geistiges Werden ist. Für Hegel ist alles ein dynamischer Prozess, der immer nur neu gedacht wird und damit auch im Bewusstsein entsteht. Er ist ein Prozessdenker.

Er hat sich die Welt begrifflich werdend wie im Monitor eines Filmemachers angeschaut. Die Dinge waren ständig in Bewegung.

Lesch:

Immer im Fluss. Dabei war die Verflochtenheit der Dinge für ihn ganz wichtig. Deswegen hat ihn dann später Bertrand Russell auf den Arm genommen und gesagt: Von Hegel kann man nicht mal guten Gewissens sagen, Johann hat gerade den Thomas angerufen. Weil ja extra noch die Verflechtung der beiden Personen zu bedenken wäre.

Vossenkuhl:

Klar, das geht über alles bisherige hinaus. Daraus kann er dann den berühmten Weltgeist direkt ableiten. Hegel kann aus einem inhaltslosen, abstrakten Etwas praktisch das gesamte Werden entstehen lassen. Auch das, was die Zukunft so bringen wird, jedenfalls in seiner Phänomenologie.

Er kann also von jedem beliebigen Punkt in der Weltgeschichte aus loslaufen und …

Lesch:

Ich sehe, Du bist schon ganz ergriffen von diesem Gedanken.

Vossenkuhl:

Ich finde diese Dynamik des Denkens faszinierend. Mit Hegel verbindet man ja schwärmerische Sätze wie: Der Weltgeist ist abgestiegen. Diese nicht ganz unironische Bemerkung hatten sich die Berliner einfallen lassen, als der Meister an ihrer Universität lehrte.

Bei seinen Vorlesungen saßen neben gewöhnlichen Studierenden auch Staatsdiener Preußens, Offiziere und Damen der Gesellschaft in den ersten Reihen.

Hegel war offenbar ein sehr guter Vorlesender, er hatte was zu sagen.

Lesch:

Trotz seines schwäbischen Akzents.

Vossenkuhl:

Die haben ihn schon verstanden. Die Leute suchten gerade in jener Zeit eine neue Orientierung. Es ging ihnen nicht anders als den Philosophen selbst. Auch sie konnten mit diesen neu aufkommenden Naturwissenschaften nicht richtig was anfangen. Da kam einer und hatte ein großes System. Er sagte: Passt mal auf. Ich erzähle euch jetzt mal wie das Ganze so läuft. Er tut das auch noch sehr eindringlich. Ich denke da vor allen Dingen an Hegels Teleologie, an das Denken, das sich an den Zielen der Entwicklung des Geistes orientiert.

Hegel hat immer vom Ende her gedacht. Er hat solche Sätze losgelassen wie: **Das Wahre ist das Ganze.** Das kannst du aber nur denken, wenn die Sache im Grunde genommen entweder in deinem Kopf schon systematisch abgeschlossen ist und du das Ziel bereits im Geiste erreicht hast.

Du siehst erst nur einen Keim aus dem Erdboden rausspitzen, ein zartes Pflänzchen. Trotzdem hast Du schon eine klare Vorstellung von der ganzen Pracht samt Stengel, Knospe, Blättern und Blüte. Du denkst von der Blüte her. Das ist jetzt etwas blumig ausgedrückt, diese Weltgeistdurchdringung.

Lesch:

Das Gedankenwerk, das er dann formal in der Logik beschrieben hat, ist später in Nürnberg entstanden (1808). Durch den Krieg mit Napoleon musste er aus Berlin weg. Er ging dann erst nach Bamberg und arbeitete als Zeitungsredakteur. Anschließend war er einige Jahre Gymnasialdirektor in Nürnberg. In dieser Zeit schrieb er die Logik. Und die ist wahrlich – ich sage es Dir - eine harte Kost. Weil da das, was Du gerade eben so schön bildlich beschrieben hast, im Detail, in den Begriffsstufen entwickelt wird.

Er schafft eine ganz neue Begriffsstruktur, mit der diese Dynamik greifbar wird. Solange man in dieser Logik bleibt, hat man den Eindruck, dass das wirklich ein Instrumentarium ist, das man überall anwenden kann. Politik, Geschichte, Ästhetik, was immer. Es zeigt einfach die Entwicklung auf. Wie sich die komplizierten Strukturen des Wissens aus den einfachen entwickeln. Das ist schon sehr spannend und hatte deswegen auch einen irrsinnigen Erfolg. Weltweit.

Das große Aber: Der Weltgeist! Natürlich konnte man auch als Hegel nicht sagen: Ich denke das. Es hat aber auch keinen Sinn zu sagen: Es denkt. Das war mein Gedanke bei Fichte. Als Denkender bin ich doch Sprachrohr. Ich mache etwas manifest. Das geht nicht sofort.

Hegel war gegenüber dem normalen Menschenverstand außerordentlich skeptisch. Er sagte: Das ist nur ein Schein von Wissen, also im besten Fall der gesunde Menschenverstand.

Vossenkuhl:

Dieses Einzelbewusstsein.

Lesch:

Da war er schwer dagegen. Es bedarf eines Bildungsprozesses, den Hegel natürlich durchschritten hat. Es gilt, den Welt- und Gottesgedanken auch nachvollziehen zu können. Er ging davon aus, dass er das ordentlich absolviert hatte.

Vossenkuhl:

Jetzt könnte man natürlich eine völlig neue Tür aufmachen: Bildung und die Hoffnung darauf, dass eine Gesellschaft sich in der Geschichte weiterentwickelt. Das würde zum Beispiel bedeuten, dass man fragt: Bildung, wenn das so etwas grundlegend Wichtiges ist, dann müsste die mit der Zeit eigentlich immer besser und besser werden. Je länger es dauert, umso gebildeter wird ein Volk, eine Gesellschaft, möglicherweise alle Menschen auf der Erde. Und damit wächst die Chance, dass auf diese Art und Weise auch viel mehr Menschen am Wohlstand teilhaben können. Das ist aber ein Aspekt, der für Hegel selber gar nicht so wichtig war.

Lesch:

Er hat zwar die Französische Revolution aus der Ferne erlebt, aber natürlich nicht wissen können, dass es später ein 1914 und 1933 geben wird.

Vossenkuhl:

Aber er hatte ja Schüler.

Und einer davon hieß …

Lesch:

… Karl Marx.

Der hat sich nun überhaupt nicht damit zufrieden gegeben, die Welt nur irgendwie zu interpretieren. Er wollte sie verändern.

Ist das ein typisches Verhalten für Leute gewesen, die Hegel gehört haben? Nachdem sie sich dem Weltgeist hingegeben hatten, fragten sie sich: Wenn man nur auf dieser theoretischen Ebene bleibt, verpufft dann nicht im Grunde genommen die Philosophie zu einer Art akademischem Salon-Geplänkel ohne großer Wirkung?

Vossenkuhl:

Marx war sicherlich einer der Wenigen, wenn nicht der Einzige, der Hegel studiert und ernst genommen hat. Er hat politisch etwas daraus gemacht.

Er hat die Dialektik von Hegel komplett übernommen. Vor allem auch den historischen Ansatz.

Lesch:

Den ganzen Entwicklungsgedanken.

An Stelle des Geistes findet sich bei Marx allerdings der Materialismus. Für ihn war der Materialismus die Basis aller Entwicklungen. Er war mitnichten der Meinung, dass der Weltgeist die Steuerfunktion der Wirklichkeit und der Geschichte übernommen hat. Als Atheist hat er das, was für Hegel der Motor der Geschichte war, strikt abgelehnt.

Vossenkuhl:

Um sich das klar zu machen: Da lernt jemand bei einem Idealisten und wird zum Materialisten.

Lesch:

Na ja, so ein richtiger Schüler in dem Sinne, dass Hegel Einfluss gehabt hätte, war Marx wohl nicht. Er wird aber der sogenannten Hegel'schen Linken zugerechnet. Es gibt da ja eine Rechte und eine Linke. Das hat sich irgendjemand ausgedacht. Die Rechte versteht das Verhältnis Natur/Geist vom Geist her, die Linke von der Natur her. In diese Richtung strebte Karl Marx.

Vossenkuhl:

Also würde man sagen, dass die Linke eher materialistisch und die Rechte eher idealistisch war.

In der Rechtsphilosophie Hegels steckt vieles, was Marx dann übernommen hat. Er war der Ansicht, dass die Gesellschaft - nicht der Staat wie bei Hegel - das eigentliche Instrument der Steuerung zur Verbesserung des Lebens des Einzelnen und der Gesellschaft ist. Die materialistische Übersetzung des Hegel'schen Denkens durch Marx, diese Dialektik, geht davon aus, dass es eine kleine Gruppe von Besitzenden gibt, die Kapitalisten. Ihnen steht eine riesengroße, immer stärker wachsende Gruppe von Menschen gegenüber, die nichts haben - das Proletariat.

Zwischen diesen beiden Gruppen gibt es einen dialektischen Prozess, der schließlich zu einer Revolution und am Ende dazu führt, dass die sozialen Schranken abgeschafft werden und das Ganze in eine klassenlose Gesellschaft ohne Privateigentum übergeht.

Lesch:

Dialektisch heißt hier …

Vossenkuhl:

…. These, Antithese, Synthese.

Lesch:

Antithese, Synthese. Wir haben die Reichen und die Armen. Die Hoffnung bei Marx und seiner Philosophie war, dass sich diese Gegensätze nicht halten können. Es muss eine Veränderung geben, einen Entwicklungsschritt hin zu etwas Neuem, zu einer klassenlosen Gesellschaft, in der alles gut und menschlich ist.

Vossenkuhl:

Das ist der materialisierte Hegel, der dialektische Materialismus. Der hat aber noch ein paar andere Seiten, z.B. die historische. Das ist eigentlich eher Volkswirtschaftslehre. „Das Kapital", die berühmteste Schrift von Marx, ist eine volkswirtschaftliche Theorie. Stark vereinfacht ausgedrückt: Eine Mehrwertstheorie. Wie kommt in den industrialisierten Gesellschaften die Verelendung des Proletariats zustande?

Marx stellt dazu fest: Das liegt einfach daran, dass die Kapitaleigner die Produktionsverhältnisse steuern können. Zu den Produktionsverhältnissen gehören aber auch die Arbeiter. Die Arbeiter verkaufen ihre Arbeit an den Kapitalisten, bekommen aber nur einen Tauschwert dafür. Dieser Tauschwert wird für den Kapitalisten immer geringer. Es bleibt ihm ein Mehrwert übrig. Damit wird der immer reicher und mächtiger und kann die Löhne der Arbeiter weiter drücken. Das führt zu deren Verelendung. Dialektisch, aber auch praktisch geht auf diesem Weg wohl irgendwann der Deckel des sozialen Kochtopfs hoch und es gibt eine Revolution.

Lesch:

Vieles von dem kann man eins zu eins heutzutage nachlesen. Die Entwicklung des Kapitalismus nach dem Zusammenbruch des Sozialismus, läuft genau in diese Richtung. Man könnte in irgendeiner Internet-Suchmaschine nachschauen, oder im „Kapital" blättern. Da wird man Sätze entdecken, die Marx – so er denn noch lebte - unlängst erst als Leitartikel in einer großen deutschen Zeitung geschrieben haben könnte. Dabei ist das über

150 Jahre her. Und es ist hochaktuell! Ich finde es wirklich sehr erstaunlich. Wir sind im Jahre 1850/1860, im 19. Jahrhundert, wo man erst einmal spontan denkt: Warum reden die jetzt über diese Kameraden so lange? Warum ist das so wichtig?

Dabei sollte man sich ganz klar vor Augen halten: Das, was wir heute Anfang des 21. Jahrhunderts um uns herum an Ideenwelten vorfinden, stammt hauptsächlich aus dieser Zeit. Jemand wie Marx, und nicht zuletzt so jemand wie Hegel mit seinem Systemgedanken, mit diesem historischen Entwicklungsgedanken, das sind extrem stabile, außerordentlich tragfähige Grundgedanken. Das hat natürlich etwas damit zu tun, dass alle Evolutionsgedanken davon leben, zu jedem Ding und zu jeder Entwicklung zu fragen: Wo kommt das her?

Vossenkuhl:

Weil Du auf diese brisante Zeit und auf den Idealismus anspielst: Wir können es heute gar nicht nachvollziehen, wie schnell der Idealismus als System dann vergessen wurde. Das hat Schelling selber noch erlebt. Der hat 1841, als Nachfolger Hegels in Berlin Vorlesungen gehalten. Die haben keinen Hund mehr hinterm Ofen hervorgelockt.

Das interessierte keinen Menschen mehr. Eigentlich ist das, was Hegel erdacht hat, erst durch die rechten und die linken Hegelianer so richtig in die Welt gebracht worden. Im 20. Jahrhundert blühte der Neu-Hegelianismus. Ende des 19., Anfang des 20. wirkt er als Geschichtstheorie. Das lief immer parallel zum Marxismus. Hegel war zum Beispiel in der Sowjetunion und in China in den marxistischen Zeiten völlig akzeptiert und hoch angesehen.

Lesch:

Ist doch klar. Bei den Überzeugungen, die ein Kommunist haben muss, wenn es um die Entwicklungsschritte einer Gesellschaft geht, findet er doch keinen anderen Philosophen außer Hegel. Vielleicht bietet sich noch der Heraklit an - alles fließt.

Aber dann möchte er doch sicher noch wissen, was denn die Vision für seine Gesellschaft sein soll. Wenn man immer nur vom Ende her denken muss - und ein Kommunist müsste das eigentlich, nämlich diese klassenlose Gesellschaft, in der niemand Not leidet, es aber auch keinen Privatbesitz gibt - dann ist der Satz „Das Ganze ist das Wahre" doch genau der richtige. Es gibt gar keine andere Möglichkeit, das so zu denken. Wenn man so eine Vision für eine Gesellschaft am Horizont aufsteigen sieht, dann ist Hegel mit seinem Weltgeist offenbar bestens in der Geschichte angelangt.

Vossenkuhl:

Die Hegelianer haben das teleologische Denken natürlich übernommen, vor allem die Geschichtsphilosophen unter ihnen. Die dachten, dass alles auf ein Ziel hin läuft und dabei immer vernünftiger wird.

Lesch:

Ist stark und klingt verlockend.

Vossenkuhl:

Weil Du dieses „Das Wahre ist das Ganze" erwähnt hast. Das findet in der Rechtsphilosophie bei Hegel und interessanterweise dann auch in einer übersetzten Form bei Marx eine schreckliche Ausformung: Den Totalitarismus.

Hegel sagt:

Das Wirkliche ist vernünftig.

Aber es kann doch gar nicht vernünftig sein! Das wäre doch absurd.

Lesch:

Ja, ja, sicher. Klar.

Vossenkuhl:

Es gibt da einen Schmelzpunkt. Je näher Marx und Hegel zusammenkommen, desto brisanter wird die Ladung. Der Absolutismus, der Totalitarismus, den der Marxismus entwickelt hat, der hat schon in der Rechtsphilosophie Hegels seine Wurzeln. Wenn man sagt: „Das Wirkliche ist das Vernünftige“, dann ist es kein weiter Weg zu „die Partei weiß, was zu tun ist, die Partei ist im Besitz der Wahrheit“.

Lesch:

Und sie hat immer Recht.

Vossenkuhl:

Diese Verbrüderung von Idealismus und Materialismus ist sehr brisant und hat ja auch lange genug unsere jüngere Vergangenheit beherrscht.

Lesch:

Ich meine, dass Hegel auf jeden Fall mit seinem Entwicklungsansatz, dass die Dinge sich historisch entwickeln, in die richtige Richtung gedacht hat. Er zeigt auch, dass Philosophie nicht nur so etwas wie ein Sandkastenspiel ist. Philosophische Ideen entstehen im Zusammenhang mit Gesellschaften. Philosophische Ideen und Inspirationen kommen aus dem Recht, aus den Wissenschaften, aus der Kunst, aus der Musik, von überall her.

In einem Philosophiebuch heißt es so schön: Das wirkliche Geschäft der Philosophie ist das Formale.

Aber auf der anderen Seite hat Karl Marx mit seiner angewandten Philosophie gezeigt, dass Philosophie die Welt ganz schön verändern kann.

Vossenkuhl:

Es ist aber leider nicht gut gegangen.

Feuerbach (1804 - 1872) und Kierkegaard (1813 - 1855)

Feuerbach

Kierkegaard

Vossenkuhl:
Die Landshuter sind stolz auf: diesen Sohn ihrer Stadt Ludwig Feuerbach. Weiter beschäftigen wir uns mit einem Dänen: Søren Kierkegaard. Beide sind Religionsphilosophen.
Ludwig Feuerbach:

„Der Mensch ist, was er isst."

Den Satz steht in fast jedem Poesiealbum.

Lesch:
Schade. Ich hatte keines. Diese berühmt-berüchtigten Sprüche sind wohl deshalb alle an mir vorübergegangen.

Vossenkuhl:
Was hältst Du trotzdem von Feuerbach?

Lesch:
Ein armer Mann, würde ich sagen. Als glühender Theologe fing er an, und endete dann als unglaublich scharfer Religions- oder genauer gesagt Theologiekritiker. Er hat unglaublich darunter gelitten, dass seine Ideen so konsequent zur völligen Zerstörung seiner akademischen Laufbahn beigetragen haben.

Vossenkuhl:
Er hatte es wirklich schwer. Durch seine Religionskritik war er akademisch abgemeldet, was ihn materiell in große Schwierigkeiten gebracht hat. Um es in heutiger Terminologie zu sagen: Er war des öfteren pleite.

Lesch:

Du weißt ja, dass ich ein großer Freund der Vorstellung bin, dass Philosophie etwas mit der Person zu tun hat, für die sie steht. Feuerbach sollte man schon deswegen bewundern, weil er für seine Erkenntnisse alles gegeben hat. Er hat klipp und klar gesagt, was er für richtig, aber auch für falsch gehalten hat. In der heutigen Zeit ist Religionskritik fast der Normalfall. Religion wird gnadenlos kritisiert. Teilweise fair, teilweise unfair. Feuerbach hat eine saubere, philosophische Abarbeitung mit dem, was man im Allgemeinen unter Religionen versteht, vorgelegt.

Vossenkuhl:

Er gehört zu dieser Hegel'schen Linken, also dem materialistischen Zweig. Deswegen auch dieser Spruch: Der Mensch ist, was er isst. Aber was ist nun eigentlich das interessante, religionsphilosophische an seinem Denken?

Er hat sich in seinem Buch über das „Wesen des Christentums" (1841) mit dem Leben Jesu beschäftigt. Er hat also über das Christentum nachgedacht, dessen humanistische Seite er durchaus anerkannte. Für ihn war das Christentum eigentlich reinster Humanismus. Alles, was theologisch dahinter für wichtig gehalten wird, das hat er allerdings strikt abgelehnt. Er meinte, dass die Menschen sich gegenseitig göttlich genug sind. Man brauche nicht noch einen Gott darüber. Außerdem würden sich die Menschen ihre Götter sowieso selbst ausdenken.

Lesch:

Er hat mit seiner Vorstellung vom Absoluten Hegel kritisiert. Für Feuerbach war klar, dass das alles Unsinn ist. Alles, was passiert, hat direkt etwas mit uns zu tun. Es geht einzig und allein um den Menschen. Er postuliert: Das ganze Absolute, im wahrsten Sinne des Wortes, könnt ihr euch abschminken. Was bleibt, ist der Mensch und nicht dieses merkwürdig diffuse Absolute. Es bleibt der Mensch mit seiner Sinnlichkeit, mit seiner Körperlichkeit. Philosophie muss sich am Menschen und nicht an irgendeinem

Absoluten orientieren. Damit war seine Religionskritik schon fast ausformuliert.

Wenn Religion über das Absolute parliert, dann geht für Feuerbach das verloren, was ganz wichtig ist, nämlich der Mensch. Damit ist schon fast alles gesagt, was ihn auszeichnet.

Wenn man an sich vorüberziehen lässt, was über dieses 19. Jahrhundert alles bekannt ist, diese Bigotterie, diese Doppelzüngigkeit und Scheinheiligkeit. Das Körperliche hatte ja so ein „Gschmäckle". Das wurde im stillen Kämmerchen und privat abgehandelt.

Nun kommt einer daher und spricht offenherzig von einer Philosophie der Sinne. Der Feuerbach muss für die Gralshüter der theologielastigen Philosophie ein tiefrotes Tuch gewesen sein.

Vossenkuhl:

Dabei war er ein wahrer Humanist, ein richtiger Menschenfreund. Diese Seite des Protestantismus hat er ernst genommen, aber alles, was sonst institutionell theologisch mit dem Christentum zusammenhing, abgelehnt. Für Marx war selbst das offenbar noch nicht genug. Der hatte 1844 die sogenannten „Feuerbach-Thesen" geschrieben, deren 11. und letzte lautet: „Die Philosophen haben die Welt nur verschieden *interpretiert*, es kommt darauf an sie zu *verändern*". In der derselben Zeit schrieb Marx, dass es Feuerbachs große Tat sei, bewiesen zu haben, dass die Philosophie nichts anderes sei, als die „in Gedanken gebrachte und denkend ausgeführte Religion" und deshalb sei die Philosophie als Form der Entfremdung zu verurteilen.

Lesch:

Aha, das wusste ich nicht.

Vossenkuhl:

Das war natürlich sehr kritisch gegenüber Feuerbach gemeint. Es komme darauf an, in das Rad der Geschichte zu greifen und nicht wie Feuerbach, Veränderungen nur zu denken.

Lesch:

Die Welt richtig zu verändern.
„Wenn mein starker Arm es will, stehen alle Räder still."

Vossenkuhl:

Das kam dann noch später. Für Marx war Feuerbach einer, der den Materialismus nur im Kopf gehabt hat, der aber nicht den nächsten, entscheidenden Schritt zur Tat tun wollte.

Lesch:

Der nicht so richtig vom Idealismus lassen konnte.

Vossenkuhl:

Einer, der immer noch im bürgerlichen Denken und Dünkel verhaftet blieb.

Lesch:

Ja, was blieb ihm auch anderes übrig? Er musste sich im wahrsten Sinne des Wortes zurückziehen. Was wollte er denn schon machen?

Vossenkuhl:

Er ist übrigens nicht der Einzige in seiner Familie, der bekannt geworden ist. Sein Vater war Paul Johann Anselm von Feuerbach, Strafrechtsprofessor in Landshut und als Präsident des Appellationsgerichts in Ansbach mit der Kaspar Hauser-Geschichte konfrontiert. Er hat sie auch aufgeschrieben. Feuerbach hatte mehrere sehr begabte Brüder. Einer von ihnen hieß Anselm, dessen gleichnamiger Sohn ein berühmter Maler wurde. Es ist also schon eine sehr illustre Familie gewesen.

Aber zurück zu Ludwig.

Nach Ansicht von Karl Marx hat er die letzte Konsequenz nicht gezogen. Es sei nur so eine Art Atheismus oder Materialismus im Kopf. Da hat Marx vielleicht ein bisschen zu viel verlangt. Jemand, der in Landshut im 19. Jahrhundert auf die Welt kommt - Bayern war ja damals noch eine agrarische und feudale Gesellschaft, ohne Industrie - der konnte nicht einfach die Welt auf den Kopf stellen.

Lesch:

Feuerbach ist für jemanden wie Marx eine Provokation. Marx denkt im Gesellschaftssystem. Er will ganze Gesellschaften total verändern, weil er eben - auch wenn er Hegel noch so kritisiert - im Grunde genommen als Hegelianer die Vision von einem voranschreitenden Weltgeist hat. Der soll sich zu einer klassenlosen, richtig guten Gesellschaft im Marx'schen Sinne entwickeln.

Jetzt kommt jemand daher und sagt: Jede Art von Philosophie muss sich auf den einzelnen Menschen konzentrieren, der mit seinen Sinnen lebt und seine Erfahrungen macht. Dieses Phänomen muss Philosophie erklären.

Vossenkuhl:

Du hast völlig Recht. Das mit den Sinnen, also der *Sensualismus* von Feuerbach, das hat dem Marx überhaupt nicht gepasst.

Lesch:

Das hat ihn auch nicht interessiert. Für die Entwicklung seiner Gesellschaft ist das völlig unerheblich, was da im Einzelnen kreucht und fleucht und irgendwas tut, was völlig egal ist.

Vossenkuhl:

Es ist ja immer der Sensualismus eines Einzelnen und nicht der einer ganzen Gesellschaft.

Lesch:

Feuerbach steht am Beginn einer Philosophie, die viel mehr die Einzelperson ins Gebet nimmt. Er schaut sich den Einzelnen an, seine Eigenschaften wie die Phantasie. Er war sogar der Meinung, dass die Philosophie im Herzen vor sich geht, Liebe spielt eine ganz große Rolle. Alles das, was lustiger- oder merkwürdigerweise in der Religion auftaucht, das findet sich auch in der Feuerbach'schen Philosophie wieder, nur in einer etwas anderen Variante.

Von vornherein hat er gesagt, dass jede Art von theologischer oder kirchlicher Institution nichts anderes sei als eine reine

Machtstruktur. Das brauche der Mensch nicht. Wir könnten unseren Daseinssinn auch ohne Gott finden.

Vossenkuhl:
Richtig.

Lesch:
Ich finde es bemerkenswert, wenn ich beim Lesen fühle, dass sich einer an seinen Ideen echt abgearbeitet hat, dass ihn etwas angetrieben hat.

Vossenkuhl:
Es war sehr mutig, die atheistischen Themen in seiner Zeit so offen anzusprechen. Er hat gegen den Stachel gelöckt und hat es deswegen auch nicht leicht gehabt.

Lesch:
Das ist eigentlich komisch. Strebte das 19. Jahrhundert doch weg von religiösen Zwängen. Die Aufklärung war bereits durch. Wir sehen eine Industrialisierung und eine Verwissenschaftlichung, eine Technisierung der Welt. Zumindest in einem Teil des Abendlandes entwickeln sich säkulare Gesellschaften.

Und trotzdem, wenn dann mal einer richtig auf die Pauke haut und sagt: Hört mal, das mit der Religion ist doch alles Kappes! Das sind doch alles nur von Menschen gemachte Bilder! Das hat doch mit Gott überhaupt nichts zu tun! An das Absolute, kommen wir doch gar nicht ran!

Dann kriegt er aber gesagt: Pass auf, so nicht mit uns! Nicht mit mir.

Vossenkuhl:
Dann bekommt der Ketzer Schwierigkeiten.

Lesch:
Da muss der Andersdenker Druck aushalten können.

Vossenkuhl:
Jetzt nehmen wir Abschied von Feuerbach und ziehen weiter zu

Kierkegaard. Auch er ein Hegelianer. Aber völlig anders gestrickt. Kierkegaard lässt sich aus heutiger Sicht nicht leicht verstehen. Nicht nur weil er Däne war.

Lesch:

Er ist immerhin ins Deutsche übersetzt worden.

Vossenkuhl:

Mit 42 Jahren ist er bereits gestorben. Schon als Jugendlicher zuhause in Kopenhagen hat er Hegel studiert. Von Schelling war er tief enttäuscht. Warum? Schelling hatte, als er 1841 nach Berlin berufen wurde, die Philosophie der Mythologie, die er bereits viele Jahre zuvor geschrieben und gelehrt hatte, wieder neu aus dem Hut gezaubert, also nichts Neues angeboten. Da hatte sich unser dänischer Denker mehr erwartet. In seiner späten Phase hat sich Kierkegaard in Gnostik, Mythologie, Philosophie der Mythologie richtig hineingekniet. Er war ein richtig rigider, kompromissloser, protestantischer Christ.

Lesch:

Er hat ja auch Theologie studiert.

Nicht dass Sie jetzt denken, wir würden hier nur über Leute reden, die Theologie studiert haben. Irgendwie scheint die protestantische Theologie aber das richtige Sprungbrett für alle möglichen philosophischen Strömungen und auch Gegenströmungen im 19. Jahrhundert gewesen zu sein.

Vossenkuhl:

Das musste mal gesagt sein.

Lesch:

Jawoll!

Vossenkuhl:

Kierkegaard hat das Christentum unglaublich ernst genommen. Anders als Feuerbach hat er wirklich an Gott geglaubt. Das sieht man schon an den Titeln, die er geschrieben hat.

„Angst“, „Furcht und Zittern“, „Die Krankheit zum Tode“; das sind nur drei seiner Titel. Wie kann jemand, der an Gott glaubt und so tief überzeugter Christ ist, wie und wovor kann der solche Angst haben?

Wittgenstein hat mal geschrieben: Derjenige, der religiös ist, der weiß sich geborgen. Der muss doch keine Angst haben.

Lesch:

Der ist gut aufgehoben. Mit besten Beziehungen zu ganz oben.

Vossenkuhl:

Nicht so Kierkegaard. Er hat große Angst um sein Seelenheil. Und gibt dann noch eins drauf, indem er sich auch die Schuld an seiner Angst gibt. Er sagt: Die Sünde ist die Verzweiflung. Und die Verzweiflung, das ist das Leben. Da gibt es kein Entrinnen. Das ist ganz schwer nachvollziehbar. Einerseits, sagt er, streben wir nach uns selbst, wir wollen ganz selbst sein. Das ist dann schon mal die erste Art der Verzweiflung, denn wir kommen nie zu uns selbst. Warum nicht? Weil wir versuchen, über uns selbst Herrschaft zu bekommen. Was aber nicht geht. Denn wir sind auch in der Hand von anderen.

Die Angst hat einen dunklen Grund in dem, was uns heilig ist, in der Freiheit. Deswegen ist Gott auch nicht dafür verantwortlich, sondern wir selbst. Wie kommt er dann aber zum Glauben? Durch einen „Sprung“ hinein in das Wagnis, in freier Tat und Selbstwahl und als Akt des Gehorsams. Aber auch das ist per se kein Trost.

Denn als Gläubige wollen wir auch noch bei Gott sein, wir wollen näher zu ihm. So ist es eine Art von doppelter Verzweiflung. Verzweifelt sich haben wollen, verzweifelt sich verfehlen, beides potenziert sich. Ihm spendet der Glaube hier und jetzt keinen Trost. Im Gegenteil. Im Gegensatz zu Hegel gibt es keine Versöhnung, keine Erlösung. Im Blick auf Hegel sagt er: „Alles Reden von der höheren Einheit, die absolute Gegensätze vereinen soll, ist ein metaphysisches Attentat auf die Ethik“. Das sitzt, Hegel müsste sich im Grabe umdrehen.

Lesch:

Ich bin erst mal froh, dass es heute keinen Filmregisseur von dieser Sorte wie Kierkegaard gibt. Ich würde aus dem Kino rausgehen und zuerst gucken, wo die nächste Brücke ist.

Vossenkuhl:

Wahrscheinlich würdest Du in solche Filme gar nicht reingehen.

Lesch:

Für mich ist diese Haltung, die Kierkegaard an den Tag oder besser in die Nacht legt - ich weiß gar nicht, wann er geschrieben hat - grauenhaft, absolut grauenhaft. Und wenn ich dann höre, lese und auch selber in der Vorlesung davon erzähle, dass er als einer der Begründer der *Existenzphilosophie* gilt, in der der Mensch sich in seiner Existenz wahrnimmt als zerrissen, hineingeworfen in ein Universum, das sich nicht weiter um ihn kümmert. Weiter ist er abhängig von Menschen, die er nicht kennt, gefesselt an einen Gott, der sich nicht um ihn schert, das ist ja alles grauenhaft.

Du bist unterwegs irgendwo am Rand einer uninteressanten Galaxie, am Rand eines völlig unbeteiligten Teils des Universums. Ob du da bist oder nicht, das ist völlig egal, schnurz. Was um alles in der Welt hat der Mensch davon, nachdem er schon nichts dafür kann, dass er auf der Welt ist?

Dann soll er sich auch noch damit herumschlagen, in was für Verhältnisse er geworfen wurde. Anstatt einfach danach zu trachten, dass die Verhältnisse, in die er hineingeworfen ist, gut sind. Kierkegaards Verhältnisse waren ja beileibe nicht schlecht. Es war nicht so, dass der Mann am Hungertuch genagt hätte und sich pausenlos die Existenzfrage hätte stellen müssen.

Vossenkuhl:

Jetzt sei nicht verzweifelt. Kopf hoch und Platz gemacht für frohgemutere Gedanken.

Lesch:

Hast recht. Ich bin ja eigentlich ein fröhlicher Protestant.

Vossenkuhl:

Also, so eine Art von benediktinischem Protestanten.

Lesch:

Ein sehr katholischer Protestant. Ist schon in Ordnung. Kierkegaard - und es kommen ja noch viele hinterher - macht die eigene Existenz zum Thema und stellt fest: Mensch, was habe ich denn von meinem Hier- und Jetztsein? Nichts, aber rein gar nichts!

Vossenkuhl:

Es ist wirklich schwer nachzuvollziehen. Er hat auch viel unter Pseudonymen…

Lesch:

…sogar unter Doppel-Pseudonymen geschrieben

Vossenkuhl:

Klimakus und Anti-Klimakus

Lesch:

A und B und so weiter.

Vossenkuhl:

Ein Titel:

„Die Krankheit zum Tode“

Welche Krankheit ist das? Es ist die Verzweiflung. Man weiß doch, dass das Leben aufgrund der materiellen Gegebenheiten, der Nöte, die man hat, nie perfekt ist. Es ergibt sich immer irgendein Grund zur Verzweiflung, aber auch die Aussicht auf Erlösung.

Dieses Licht am Ende des Tunnels ist bei unserem Schwarzseher nicht zu erkennen. Es ist alles zappenduster. Kein Gedanke, dass es irgendwann einmal aus diesem Jammertal hinaus zu lichten Höhen führen könnte. Obwohl Kierkegaard Hegel scharf attackiert hat, ist erstaunlich viel von dem Geschmähten hängen geblieben. So die Verzweiflung.

Der Versuch, rauszukommen aus dieser Mühle gelingt nicht aus dialektischen Gründen. Der Mensch versucht sich von seinen Fußangeln zu befreien, kriegt das aber nicht geregelt und stolpert weiter seinen steinigen Lebensweg entlang. Die Verzweiflung hält sich dialektisch selbst am Leben, weil sie ein Dilemma ist, das sich zu sich selbst verhält. Ich weiß heute noch, wie schwer es mir als Student fiel, diese Denkfigur auch nur annähernd zu verstehen: Ein Verhältnis, das sich zu sich selbst verhält, nämlich verzweifelt man selbst sein wollen und verzweifelt nicht man selbst sein wollen.

Lesch:

Es wird ja immer schlimmer.

Vossenkuhl:

Jeder Versuch, eine Verzweiflung zu überwinden, führt zur nächsten. Das heißt, die Dialektik, diese Art von Selbst-Strangulation durch die Dialektik, ist einfach nicht zu überwinden.

Lesch:

Wir haben Kierkegaard in unsere Runde der großen Denker des Abendlandes aufgenommen, weil wir der Meinung sind, dass er Einfluss hatte und nach wie vor hat. Er gilt als der Begründer der Existenzphilosophie. Die wird im 20. Jahrhundert ja richtig dominant. Nach dem Zweiten Weltkrieg wird sie zu einer tragenden Säule, zumindest im deutschsprachigen und frankophonen Raum, nicht im Angelsächsischen.

Wie soll man sich angesichts des Elends in dieser Welt überhaupt noch mit irgendetwas sinnvoll beschäftigen. Gedanken von Kierkegaard gehen bei vielen Philosophen in deren Werk mit ein.

Bleibt von Kierkegaard am Ende nur so etwas übrig wie: Du bist als Mensch hineingeworfen in diese Welt und – egal, was du tust – fast hätte ich es mit Hans Fallada gesagt: Jeder stirbt für sich allein.

Ist das das Einzige, was bleibt? Hält er nicht wenigstens irgendwo ein Trostpflästerchen bereit, wie das Christentum?

Vossenkuhl:

Nein, kein Trost. Er ist kein Existentialist wie Sartre gewesen. Aber den Begriff Angst, den hat Martin Heidegger in „Sein und Zeit“ aufgenommen, und gedeutet - nicht um Kierkegaard historisch gerecht zu werden. Aber diesen Gedanken des Auf-sich-zurückgeworfen-Seins in der Angst, hat er übernommen, und als Angst vor dem Nicht-Sein gedeutet. Angst ist dabei nicht als Furcht zu verstehen. Wenn man Furcht empfindet, hat man irgendwas gesehen und denkt: Huh, schrecklich!

Angst ist etwas Existentielles. Es ist eine Grundsituation, eine Art von Grundbefindlichkeit. Das hat Kierkegaard als Erster so gedacht. Insofern kann man schon sagen, dass er der Begründer der Existenzphilosophie ist. Auch weil er den Einzelnen allein - ohne die Welt drum herum - in dieser Verzweiflung gedacht hat. Das wurde alles wieder bei Heidegger und bei Sartre neu aufgerollt und interpretiert.

Zum Beispiel dachte Kierkegaard, dass **die Freiheit aus dem Nichts kommt.** Siehe eines der oder das bedeutendste Werk von Sartre, das „Sein und das Nichts“. Da entsteigt die Freiheit geradewegs aus dem Nichts wie bei Kierkegaard.

Man möchte denken, dass der Sartre den Kierkegaard ganz genau gelesen hat. Die Angst lenkt dagegen ihre leisen Schritte eher in Richtung Heidegger. Die Freiheit aus dem Nichts und als Nichts, aus dem dann der Mensch erst etwas machen muss, das ist dann schon eher Sartre.

Lesch:

Bei solchen Weltentwürfen stelle ich fest, dass er nicht der Einzige ist, der mit so einer Verzweiflungsthese am Ende nackt, bloß und düster dasteht. Kann jemand wie Kierkegaard in dieser schlimmsten aller Welten überhaupt Trost finden?

Er findet sie offensichtlich nicht in einem der größten Gedanken, die jemals auf dem Planeten Erde gedacht und gesagt worden sind: **„Fürchte dich nicht!“** Für mich die Essenz des Christentums.

Es ist alles gut, du bist aufgenommen in dieser Welt. So wie es ist, ist es gut, und der Rest wird schon werden. Wenn sich ein Mensch dann immer noch allein fühlt, in seiner Existenz bedroht fühlt, dann kann er eigentlich in keinem Gedankengebäude irgendetwas finden, was ihn trägt und hält. Wenn die Menschen auf diesem Globus alle so wären, wie unser düsterer Däne, dann würde das das Ende aller Möglichkeiten einläuten.

Vossenkuhl:

Grabesglocken. Vor allem würden diese Menschen als Pessimisten nicht alt werden.

Lesch:

Auch Gespräche oder ein Dialog waren für Kierkegaard kein Thema. Sonst hätte er vielleicht tatsächlich die Frau geheiratet, mit der er bereits verlobt war. Die hat er wieder weggeschickt, weil er sich nicht für gut genug für sie befand. Vieles was von ihm veröffentlicht worden ist, setzt sich damit auseinander, ob seine Entscheidung von damals richtig gewesen ist oder nicht. Dann diese allgegenwärtige Sünde. Ich meine, wie und wo hat Kierkegaard jemals gesündigt? Er hat zwar als Dandy angefangen. Das erinnert an Augustinus, der ja auch so eine Saulus zu Paulus-Wandlung durchgemacht hat.

Vossenkuhl:

Klingt in der Tat sehr nach Augustinus. Die Erbsünde greift um sich.

Lesch:

Aber das Thema ist doch durch! Da sind wir doch schon lange darüber hinweg.

Vossenkuhl:

Über die Erbsünde nicht. Das sagst Du. Diese Urschuld, aus der kommt der Mensch nicht so einfach raus, zumindest nicht theologisch. Aber du hast Fräulein Olsen erwähnt, die verlassene Verlobte von Kierkegaard.

Vossenkuhl:

Die hat ihn sehr geliebt. Man kann nicht genau sagen, wie sehr er sie geliebt hat. Man hat den Eindruck, dass die Liebe zu dieser Frau eher eine Kopfgeburt war, die ihn mehr erschüttert als beglückt hat. Das ist etwas, was normale Mannsbilder wie wir schwer nachvollziehen können. Also dieses „Tagebuch des Verführers"…

Lesch:

Geschrieben von…

Vossenkuhl:

…von einem, der das nie in die Tat umgesetzt hat.

Lesch:

Wirklich nicht. Aber Du merkst, wie man bei diesem Mann ins Persönliche gehen muss. Es hilft hier nicht, nur seine Schriften abzufragen, sondern man muss tatsächlich nachhaken. Was um alles in der Welt bringt jemanden, der in gut situierten Verhältnissen lebt, dazu, derartig an seiner eigenen Existenz zu verzweifeln?

Vossenkuhl:

Es gibt da noch seine Familiengeschichte, ein gravierendes Vater-Sohn-Problem. Aber alle diese Dramen lösen seinen Fall nicht. Du hast vorher etwas vorwurfsvoll angemerkt, es sei ihm eigentlich ganz gut gegangen. Die ganze Verzweiflung habe ja nur im Kopf stattgefunden. Verzweiflung im Kopf ist für sich gesehen nicht nur ein schwerer Ballast, sondern das, was die Verzweiflung ausmacht. Wenn sie nicht im Kopf ist, wo soll sie denn sonst sein?

Lesch:

Um Gottes willen! Das will ich damit nicht in Abrede stellen.

Vossenkuhl:

Natürlich ging es ihm lange materiell gut. Allerdings – und das ist schon merkwürdig - war sein Vermögen exakt mit dem Tag aufgebraucht, als er starb. Und wer nimmt schon an, dass er mit 42 Jahren stirbt? Das heißt, er hätte irgendwann einmal auch ein materielles Existenzproblem gehabt. Also, so richtig toll ...

Lesch:

Zumindest hatte er, als er jung war, Gelegenheit, Theologie zu studieren, ohne dass er Pfarrer werden musste. Er konnte schreiben, ohne dass er darauf angewiesen war, dass er das auch verkauft. Das war schon ein weiches Sofa, von dem aus sich über existentielle Fragen ganz anders nachdenken ließ, als hätte er – wie Feuerbach hin und wieder - darben müssen.

Es wäre ihm sicherlich ganz anders ergangen, wenn die Welt an ihn herangetreten wäre und was von ihm gewollt und schlicht und ergreifend gesagt hätte: Hör mal, du musst deinen Lebensunterhalt verdienen. Dann wären viele von den verzweifelten Gedanken vielleicht erst gar nicht aufgetaucht.

Es entwickelt sich sicherlich eine andere Gedankenwelt, wenn man pausenlos dahinter her sein muss, um sich oder seine Familie über Wasser zu halten.

Vossenkuhl:

Oh Gott. Angestellter Pfarrer zu werden, das wäre für ihn das Allerletzte gewesen. Er war ein richtiger Hasser der dänischen Staatskirche. Er schrieb einmal sinngemäß: Wenn der Staat tausend Personen zur Abschaffung der Religion anstellen würde, dann wäre das doch verwunderlich. Aber es wäre noch besser als das, was der Staat jetzt macht. Der stellt nämlich tausend Personen zur Förderung der Religion an, nämlich die Pastoren. Und die tun genau das Gegenteil. Indem sie nämlich in Diensten des Staates diese Art von Verrichtung zelebrieren. Dabei weiß doch jeder, dass sie das eigentlich nur um des Mammons willen tun. Kirchenfreundlich klingt das nicht.

Das war praktizierte Religionskritik, nicht weniger scharf als bei Feuerbach. Der ist dem Klerus nicht direkt an die Soutane gegangen. Der Kierkegaard aber hat ordentlich vom Leder gezogen.

Lesch:

Wir hatten es hier mit zwei Herren zu tun, Feuerbach und Kierkegaard, die jeder auf seine Art und Weise mit Hegel und seinen Gedanken umgegangen sind. Feuerbach, den eigentlich alle nur als scharfen Kritiker der Religionen kennen, wurde auch als frommer Atheist bezeichnet. Weil er viel von dem in seiner Philosophie konzentriert hat, was eigentlich in eine Religion gehört. Gemüt, Phantasie, Herz und Liebe.

Auf der anderen Seite Søren Kierkegaard, der an sich selbst und an seinem Glauben verzweifelt ist und auch keinen Trost in dem gefunden hat, was ihm Religion anzubieten hatte.

Im Grunde genommen sind beide, zumindest für mich, Paradebeispiele dafür, wie Menschen in einer verweltlichten Gesellschaft mit religiösen Inhalten umgehen. Völlige Ablehnung und vehementes Draufstürzen, um dann enttäuscht zu sein.

Auch uns wird nichts anderes übrig bleiben, als selbst Entscheidungen zu treffen. Die Philosophie kann dazu Anregung und Anleitung bieten. Aber wie wir uns zu Gott stellen, das bleibt uns selbst überlassen. Gott sei Dank.

Arthur Schopenhauer (1788 - 1860) & Friedrich Nietzsche (1844 - 1900)

Schopenhauer

Nietzsche

Lesch:

Es geht um zwei durchaus wichtige Denker im Abendland, aber auch um zwei ausgesprochene Pessimisten. Zwei Männer, die derartig negativ über die Welt nachgedacht haben, dass es einen schier grausen kann. Es geht um Arthur Schopenhauer, für den die Welt Wille und Vorstellung war, und um Friedrich Nietzsche, der meinte, er sei Dynamit und Gott sowieso tot. Darüber hinaus das, woran nicht wenige denken, wenn sie überhaupt an Nietzsche denken, die Sache mit der Peitsche, die man nicht vergessen soll, wenn man zum Weibe geht.

Also, Sie merken schon, bei der Menge an pessimistischen Aussagen ist Schluss mit lustig. Ich weiß jetzt gar nicht, wie ich aus dieser Ansprache wieder rauskomme. Willi, hilf!

Vossenkuhl:

Ich rette Dich, indem ich einfach ein paar Lebensdaten nenne.

Schopenhauer steht noch mit einem Bein im 18. Jahrhundert, 1788 geboren, in Danzig, reiche Kaufmannsfamilie, Vater starb früh, vielleicht durch Selbsttötung. Das weiß man nicht so recht. Die Mutter hat den armen Arthur links liegen lassen. Sie hat viel mehr an sich selbst gedacht als an ihn.

Lesch:

Also reich und Mutter-geschädigt.
Das halten wir schon mal fest.

Vossenkuhl:

Schon in jungen Jahren wollte er ein großer Philosoph sein. In Jena wurde er mit einer ausgezeichneten und scharfsinnigen Arbeit „Über die vierfache Wurzel des Satzes vom zureichenden Grunde“ 1813 promoviert und in Berlin habilitiert (1820). Hier versucht er auch eine Karriere als Dozent. Aber - und deswegen ist er ein großer Denker - er hat sich, abgesehen von diesem erwähnten Pessimismus, heroisch gegen den Idealismus der Zeit gestellt. Vor allem gegen Hegel. Das war sein Hauptgegner.

Lesch:

Das ist kein Wunder. Er ist tief enttäuscht worden. Er hatte gehofft, dass die Massen zu seinen Vorlesungen strömen werden. Deswegen hatte er diese schon mal zur gleichen Zeit wie Hegel angesetzt. Aber es kam keiner. Oder nur ganz wenige. Hegel war klarer Sieger nach Punkten – oder Zuhörern.

Vossenkuhl:

Irgendwann hatte Schopenhauer ein Einsehen und ging dann 1833 als freier Schriftsteller nach Frankfurt. Der Titel seines größten und bekanntesten Werkes: **„Die Welt als Wille und Vorstellung“** (1819). Dieser Text präsentiert eine merkwürdige Kombination von Vorgängern. Da finden wir zunächst Kant als Repräsentant des Denkens der „Welt als Vorstellung“ und aber Schelling als Denker der „Welt als Wille“. Bei Kant macht er auch andere Anleihen, etwa den Determinismus durch die Naturgesetze.

Aber was heißt: Welt als Wille? Welt als Vorstellung scheint klar zu sein, nicht? Wir haben – das wissen wir von Kant - subjektive Zugänge zur Welt durch die Anschauungsformen von Raum und Zeit. Die sind nicht objektiv real, sondern nur subjektiv real und transzendental, sagt Kant. Heute wissen wir aus der Physik natürlich ein bisschen mehr darüber.

Lesch:

Also Raum, Zeit, Ursache-Wirkungs-Zusammenhänge. Das ist alles, was wir mit unserer Brille, durch die wir die Welt beschauen, erkennen können.

Vossenkuhl:

So ist es. Aber die Welt an sich, sagt Schopenhauer, ist Wille. Also alles das, was Dein Fachgebiet ist: Gravitation und Magnetismus, sämtliche starken und schwachen Kräfte und Energien. Auch unsere eigenen, unbewussten Antriebe sind Wille. Da nennt er schon all die Antriebe, die wir dann später bei Freud wieder finden. Etwa die menschliche Bosheit. Genauso wie das Mitleid. Das sind die Antriebe, die dem entsprechen, was er unter ‚Wille' versteht.

Lesch:

Du hast ja schon angemerkt, dass das eine Reaktion auf den Idealismus, auf eine idealistische Weltsicht ist. In diesem Zusammenhang gäbe es noch den großen Weltgeist - bei Hegel war es der große Weltgeist - und die großen Strömungen, die sich durch die Welt ziehen.

Schopenhauer ist jemand, der zum ersten Mal als Philosoph ohne idealistische Scheuklappen nüchtern in die Welt schaut und feststellt: Holla, es ist beileibe nicht alles so wunderbar, wie Leibniz gesagt hat. Es gibt jede Menge Mieses, Fieses, Schlechtes, Leidvolles. Im Grunde genommen ist er doch wohl eher ein Realist?

Vossenkuhl:

Kann man so sagen, ja, ein realistischer Pessimist. Er hat auch die Schattenseiten der Welt gesehen, die nicht zu leugnen sind.

Lesch:

Die sollte man nicht verdrängen oder darüber hinweg sehen.

Vossenkuhl:

Die Menschen sind egoistisch, sie sind böse, sie bestehlen und betrügen sich. Aber es gibt eben auch das Mitleid. Schopenhauer versucht das alles aus einem gemeinsamen Ursprung, aus einer gemeinsamen Quelle zu denken. Dieser Wille ist zunächst mal blind, er ist uns nicht bewusst. Wir haben ja auch kein Bewusstsein, kein Sinnesorgan für den Magnetismus.

Lesch:

Der Mensch ist ein Teil dieses Willens?

Vossenkuhl:

Wir sind ein Teil dieses Willens. Der Wille aber ist das Ganze. Das ist ein bisschen schwer zu verstehen. Der Wille ist alles. Wir sind auch Wille, wissen aber nicht genau, wie. Der Wille arbeitet in uns mit gegensätzlichen Kräften. Er ist nicht nur unbewusst, sondern eigentlich auch sinnlos. Er hat selbst keinen Sinn, kein vernünftiges Ziel. Der Wille ist blind und sinnlos. Das zeigt sich im ewigen Begehren, das sinnlos und leidend ist.

Lesch:

Der Wille zerstört auch.

Vossenkuhl:

In uns wirkt er ganz gegensätzlich. Einerseits wirkt er sich als Wille zum Leben aus, aber auf der anderen Seite ist dieser Wille auch Schmerz, Kummer, Leid, Krankheit. Und damit auch der Wille, das Leben zu beenden. Tod und Leben, das sind gegenläufige Kräfte. Einerseits wollen wir das Leiden loswerden und aus dem Leben fliehen. Wir pendeln zwischen Schmerz und Langeweile, jedenfalls sieht Schopenhauer das so. Einen ganz starken Einfluss hat dabei der Nirwana-Gedanken, den Schopenhauer aus der indischen Philosophie übernimmt.

Lesch:

Wie kam Schopenhauer da drauf?

Vossenkuhl:

Nicht aus den Original-Quellen, er konnte kein Sanskrit. Aber er hat sich mit Buddhismus beschäftigt. Er ist derjenige, der den

Buddhismus, das buddhistische Weltbild, in das deutsche Denken importiert hat.

Lesch:

War er der erste Philosoph, der sich mit indischer Philosophie beschäftigt hat?

Vossenkuhl:

In der deutschen Tradition, ja.

Lesch:

Aha. Sieh an.

Vossenkuhl:

In der Zeit gab es – wohl im Zuge der britischen Kolonialherrschaft auf dem indischen Subkontinent - in Oxford schon Leute, die sich intensiv damit beschäftigt haben. Schopenhauer kannte Friedrich Majer, einen deutschen Kenner des indischen Brahmanismus. Über Majer kam er mit dem Buddhismus sozusagen aus zweiter Hand in Berührung.

Lesch:

Etwas erstaunt mich an Schopenhauer. Es kann sein, dass in der Philosophie des 20. Jahrhunderts der Anspruch, das Ganze zu denken, stark zurückgeschraubt wurde. So einen Anspruch stellt heute kaum mehr jemand.

Schopenhauer sagt dagegen, der Wille ist das Ganze. Der Wille erkennt sich selbst in der Welt. Das ist - wenn wir ganz weit an den Anfang der Philosophie zurückgreifen - etwas, wo man sagen muss: Jawohl, hier hat jemand verstanden, was Philosophie sein will. Nämlich die Frage nach dem Ganzen.

Vossenkuhl:

Ja.

Lesch:

Wo Du doch mal so schön zu mir gesagt hast: Bei der Frage

nach dem Ganzen, da seid ihr Astrophysiker eigentlich die allerletzten, die diese Frage noch stellen.

Vossenkuhl:

Ja genau. Ist doch so. Ihr seid die letzten Mohikaner...äh Metaphysiker!

Lesch:

Wir haben längst aufgehört damit. Ihr seid diejenigen. Schopenhauer ist so ein Parade-Denker, der noch diesen ganz klassischen, philosophischen Ansatz pflegt.

Vossenkuhl:

Völlig richtig. Er versucht das Ganze in eine kongruente Form zu bringen, und zwar ohne ein System. Aber letztlich hat er überall was aufgeschnappt und verarbeitet. Wir finden etwas Kant und indische Philosophie, dann auch Schelling. Schelling hat in seiner ersten großen Phase das Buch „Die Weltseele" geschrieben. In einer ganz späten Phase hat er dann von dem Willen genau in der Weise gesprochen, wie Schopenhauer es aufgegriffen hat. Sehr mystisch, sehr tief und ja … man weiß nicht so richtig, was es ist.

Schopenhauer hat sich davon beeinflussen und inspirieren lassen. Das kriegt man schwer auf einen Nenner. Von Hume hat er dann noch die Psychologie übernommen. Die Antriebskräfte verstand er genau wie Hume. Deswegen ist Schopenhauer ein Psychologist. Bei seiner Suche nach den Wurzeln der strebenden Kräfte, nach den Antrieben zum Handeln, wurde er bei Hume fündig.

Lesch:

Was mich im weiteren Verlauf noch viel mehr fasziniert, aber auch völlig irritiert hat - er war ein großer Freund der Musik.

Die Musik war für ihn etwas Reines, Sauberes, die unverfälschte Idee.

Vossenkuhl:

Die Musik ist der reine Ausdruck des Willens, das Abbild des

Weltwillens selbst. Wagner war von diesem Gedanken begeistert.

Lesch:

Große Komponisten im 19. und im 20. Jahrhundert waren Schopenhauerianer. Wagner und Mahler fallen mir da ein. Aber auch jemand wie Thomas Mann schreibt mit den Buddenbrooks einen Roman vom Zerfall einer Familie im Geiste Schopenhauers. Freud wird später den Schopenhauerischen Willen als eine der Triebkraft benennen.

Dieser Pessimismus, dieser unglaubliche Pessimismus. Schopenhauer war ein – darüber hinaus - ich hab's mir so gemerkt, Frauenhasser, aber Hundeliebhaber. Er hatte einen Pudel. Ohne den konnte er nicht leben.

Vossenkuhl:

Einen Königspudel.

Lesch:

Oh, auch noch einen Königspudel.

Vossenkuhl:

Getrimmt, so mit Büschchen am Hals und an den Beinchen.

Lesch:

Arthur Schopenhauer ist eine ganz merkwürdige, widersprüchliche Persönlichkeit gewesen. Er hatte einen Hintergrund, der es ihm gestattete, sich exzentrisch zu entwickeln. Er war immerhin so wohlhabend, - wenigstens eine zeitlang - dass er als Privatgelehrter leben konnte.

Seine Philosophie war am Anfang eine völlig erfolglose, brotlose Kunst. Erst nach 1848, als die Hoffnung auf irgendwelche idealistischen Weltsichten, wie von Rousseau oder Hegel entworfen, zerstoben waren, da kam jemand wie Schopenhauer mit seiner Botschaft gerade recht. Lasset alle Hoffnung fahren!

Viele Jahre vorher hatte er schon dieses ganze Schlechte über die Welt zusammengedacht. Er entwirft eine Philosophie, die Künstler und später die Psychologie beeinflusst hat. Junge, Junge.

Vossenkuhl:

Die Musik ist für ihn die höchste Form des Ausdrucks, die der Wille sich geben kann. Das ist eigentlich bei ihm das einzig Positive, neben dem Mitleid. Es melden sich Bedürfnisse nach Befreiung aus diesem Jammertal. Ein Befreiungsweg ist eben die Musik. Mit ihr erreicht der Mensch etwas, das er mit anderen Mitteln nie erreichen könnte. Nicht mit der Philosophie, nicht mit dem Nachdenken. Die Musik trägt uns hinweg aus diesen Niederungen.

Die einzige, sittlich gute Kraft ist für ihn das Mitleid. Wir empfinden Sympathie gegenüber der leidenden Kreatur. Ich weiß nicht, ob er als Frauenhasser auch Mitleid mit diesen bedauernswerten Wesen hatte. Konsequenterweise müsste er es aber schon gehabt haben. Das Mitleid ist für ihn die einzig positive Kraft neben der Musik.

Lesch:

Mit M & M, mit Musik und Mitleid sind wir doch schon bei dem nächsten Großen. Richard Wagner könnte man dazwischen glatt in die Mitte stellen. Wagner als Schopenhauer-Fan, und dann der nächste große Denker, nämlich Friedrich Nietzsche wiederum, als erklärter Wagner-Verehrer.

Vossenkuhl:

Richard Wagner als Denker-Scharnier.

1860 starb Schopenhauer. Nietzsche war da gerade 16 Jahre alt. Er war Sohn eines Pfarrers aus Sachsen, geboren 1844 in Röcken, gestorben 1900 in Weimar. Er ging in die berühmte protestantische Schule von „Schulpforta“ bei Naumburg und war sehr früh Schopenhauer-Verehrer. Ein Musterknabe war er noch dazu. Er war ein außerordentlich gescheiter Schüler, der zunächst Theologie studieren sollte.

Lesch:

Klar, wie sein Vater. Protestantische Theologie.

Vossenkuhl:

Protestantische Theologie schon wieder. Damit hatte Schopenhauer nichts im Sinn gehabt.

Lesch:

Ja klar, der hat alles fahren lassen, dahinfahren. Hoffnung, Glaube, Liebe alles. Jetzt wird das durch Nietzsche noch einmal neu aufgekocht.

Dieser junge, gescheite Mann ist mit 24 schon Professor für Altphilologie in Basel (1869). Also für Altgriechisch. Promotion und Habilitation wurden ihm quasi ehrenhalber verliehen. 10 Jahre war er dort Professor. Dann ging es gesundheitlich mit ihm bergab. In Basel hatte er ab 1870 viel gedanklichen Austausch mit Jacob Burckhardt und viel Umgang vor allem mit Franz Overbeck, auch ein Theologe.

Nun fing er an, gegen den Strom zu schwimmen. Und das mit kräftigen Zügen.

Schon diese Selbstbeschreibung: **Ich bin kein Mensch, ich bin Dynamit** zeigt, wohin seine geistige Reise geht. Von Nietzsche gibt's viele zitierfähige Sprüche, die sich für verschiedenste Lebenslagen eignen. Hat Nietzsche aber so etwas wie eine systematische Philosophie entwickelt?

Vossenkuhl:

Nein. Aber sehr viele interessante Gedanken und großartige Texte. Wir kennen in seinem Werk drei große Abschnitte. Die Ersten finde ich am spannendsten. Das hat etwas mit der „Geburt der Tragödie aus dem Geist der Musik", einem sehr beeindruckenden programmatischen Text aus dem Jahre 1871 zu tun. Er stellt sich darin gegen Platon und Sokrates und gegen die von ihnen begründete Tradition. Er geht zurück in die vorsokratische Zeit, vor allem zur Tragödiendichtung. Der jede Tragödie begleitende Chor und mit ihm die Musik tragen das Geschehen. Nietzsche will einerseits zeigen, dass der tragische Chor das Urdrama ist und die eigentliche Tragödie, und andererseits verbindet er diesen Grundgedanken auch mit seiner Selbstdarstellung als tragischem Philosophen. Er habe das Recht sich so zu verstehen, sagt er. Der Grundgedanke ist, dass man das Tragische nur aus dem Geist der Musik verstehen könne. Sein Held dabei ist der Dichter Euripides.

Lesch:

Als Altphilologe greift er sehr weit zurück.

Steckt er mit der Geburt der Tragödie immer noch in seinem alten Arbeitsgebiet?

Vossenkuhl:

Äußerlich gesehen Ja. Aber das, was er schreibt, ist ganz unabhängig von altphilologischer Forschung. Er lehnt sich an gar nichts an. Er denkt einfach selbst, was ihm von Ulrich von Wilamowitz-Moellendorff, einem einflussreichen Großmeister der Zunft auch heftig und polemisch angekreidet wurde.

Zurück zur Geburt der Tragödie: Nietzsche beschreibt zwei große antagonistische Kräfte, das *Apollinische*, das steht für den Verstand, für die Vernunft und für die Formen - und das *Dionysische*. Im Dionysischen habe die griechische Tragödie ihre älteste Gestalt, im Leiden des Dionysos. Alle tragischen Helden von Prometheus bis Ödipus trugen, so Nietzsche, die Maske des Gottes Dionysos.

Lesch:

Als ich zum ersten Mal eine Dionysos-Büste gesehen habe, dachte ich spontan an eine Frau. Der trug richtig volle, lange Haare.

Vossenkuhl:

Ja, es ist so eine Art Mischwesen, ganz ohne männliche Merkmale. Der Apollo dagegen kommt sehr viril, männlich muskulös rüber.

Dionysos hatte keine straffe Muskulatur. Für Nietzsche ist das der Ausdruck, das Symbol des Lebens, des Leben Wollens und des Lebensgenusses, des Taumels, das Leben zu erfahren und sich dem Leben hinzugeben.

Lesch:

Als Sohn eines protestantischen Pfarrers verspürt er wohl etwas Nachholbedarf. Auch hier würde sich meine These wieder bestätigten, dass Philosophie durchaus etwas mit dem realen Leben zu tun hat, das jemand führt. Das beeinflusst sein Denken.

Vossenkuhl:

Unser früherer Freund Fichte, hat als Erster gemeint, dass das eine mit dem anderen sogar eng zusammenhängt.

Du hast gefragt, ob Nietzsche eine systematische Philosophie entworfen hat. Zumindest hat er Thesen entwickelt, die zielgerichtet in eine Richtung gehen. Man versteht, warum er die Musik und das Tragische so hervorhebt und warum ihn Wagner interessierte, den er 1868 zum ersten Mal traf. Den hat er unglaublich verehrt. Das hielt auch eine Zeitlang an, bis er in den 70er Jahren zum ersten Mal bei Wagner in Bayreuth war. Um 1876 war sein Verhältnis zu Wagner dann schon wieder beendet. In der Schrift „Menschliches allzu Menschliches" (1878) attackiert er Wagner bereits heftig.

Gut, Nietzsche hat's selten mit jemandem lange ausgehalten. Eine der wenigen Ausnahmen war Peter Gast, sein früherer Schüler. Mit ihm war er lebenslang befreundet. Wagner enttäuschte ihn früh und stand dann plötzlich als Repräsentant für den Verfall der Kultur. Hier zeigt sich Nietzsche als großer Zeitkritiker. Er ist gegen das bürgerliche Leben, gegen den Common sense, gegen das Gewöhnliche, aber auch gegen alles Schwache und vor allem gegen jede Religion, die das Schwache schützt.

Eigentlich ist er gegen alles auf die Barrikaden gegangen, was die meisten Menschen damals gut fanden. Aber in den Jahren nach der „Geburt der Tragödie" bis etwa 1876 entstanden die wichtigsten Texte seiner ersten großen Entwicklungsphase: „Die Unzeitgemäßen Betrachtungen", über „Schopenhauer als Erzieher", über „Wagner" und vor allem „Vom Nutzen und Nachteil der Historie für das Leben", ein großartiger Text, in dem er sehr überzeugend darlegt, dass Geschichte als bloße Nacherzählung (antiquarisch) oder als Glorifizierung des Vergangenen (monumentalisch) langweilig und tot ist, eine Art „angeborener Grauhaarigkeit" des Epigonentums.

Die Geschichte wird erst lebendig in einer kritischen Historie, in der wir das Vergangene „aus der höchsten Kraft der Gegenwart" deuten und auf diese Weise die Historie überwinden. Er wendet sich dabei vehement gegen Hegels Geschichtsauffassung.

Lesch:

Er rannte auch gegen die Moderne an, die aufkommende Industrialisierung. Der Kapitalismus lauerte an allen Ecken. Ich meine, das Bürgertum lebt ja von irgendetwas.

Vossenkuhl:

Ich weiß nicht, ob er auch daran dachte. Mir ist keine Kritik in dieser Richtung bekannt. Du meinst so ähnlich wie Marx?

Lesch:

Ja.

Vossenkuhl:

Ach so, Du denkst an den Übermenschen und den Willen zur Macht.

Lesch:

Das meine ich. Er hat zeitkritisch tiefer geblickt als jeder andere. Mit seiner vehementen Religionskritik, mit einer Kritik an den geistigen Zuständen der Zeit sind wir ja schon beim Übermenschen. Jegliche Moral zerfällt, jede Hoffnung löst sich auf. Es gibt keine Moral mehr. Jeder kann machen, was er will. Weil es weder Gott gibt, noch eine Moral, ist der Mensch völlig frei in seinen Handlungen.

Er hat gesehen, dass der einzelne in einer Welt, die immer rationaler wird, dem Apollinischen zum Opfer fällt. Vom Dionysischen bleibt nichts mehr übrig. Wäre das so eine gute Zusammenfassung?

Vossenkuhl:

Ja. In der Welt, in der wir leben, besiegt das Apollonische das Dionysische, das Ästhetische besiegt die Kunst, das Starke besiegt das Schwache. Und all das zu Unrecht. Damit werde das Leben, vor allem die Lebenskraft vernichtet. Diese erste Phase seines Schaffens ist sehr stark von diesen Überlegungen geprägt.

Dann gibt es eine Zwischenphase, ab 1878 in der er „Menschliches allzu Menschliches" und „Die Fröhliche Wissenschaft„ (1882) geschrieben hat. Da denkt er fast positivistisch und man meint, dass er jetzt endlich wieder die Kurve zur Normalität gekriegt hat. Aber das dauerte nicht lange.

Dann kam mit Wucht die Endphase, mit „Zarathustra" (1883/5) dem Übermenschen, mit „Jenseits von Gut und Böse" (1886), der „Genealogie der Moral" (1887) und der „Umwertung aller Werte", Texte, die teilweise aus seinem Nachlass von seiner Schwester zusammen gestellt und dabei politisch mit Überschriften wie „Der Wille zur Macht" entstellt wurden.

Lesch:

Ich habe einen Untertitel in Erinnerung, ich weiß nicht zu welchem Buch das gehört. „Ein Buch für alle und keinen". Steht das im „Zarathustra"?

Vossenkuhl:

Ja, das ist der Untertitel von „Also sprach Zarathustra".

Lesch:

Ein Buch für alle. Macht damit was ihr wollt. Ihr könnt mich kreuzweise. Was ich über Nietzsche zusammengetragen habe zeigt mir, dass er wahnsinnig verzweifelt über sein Leben und seine Zeit gewesen sein muss.

Darüber haben wir noch gar nicht gesprochen. Er hatte ja zeitlebens große gesundheitliche Probleme. Migräne-Anfälle, Probleme mit dem Sehen. Wirklich gravierende Probleme, gegen die er angekämpft hat. Letztlich ist er dann im Dämmerzustand in Weimar im Jahr 1900 gestorben. Manche behaupten, es sei eine fortschreitende Paralyse aufgrund einer früheren Syphilis gewesen.

Auf der einen Seite sagte er: Ich bin kein Mensch, ich bin Dynamit. Aber auf der anderen Seite war er nicht in der Lage, einer Frau zu sagen, ich liebe dich, lass uns zusammen leben. Lou Salomé hat seinen Heiratsantrag, den Paul Rée ihr überbrachte, abgewiesen. Er schaffte es nicht, sie selbst zu fragen. Ein unglaublich gehemmter Typ einerseits, aber in seinen Gedanken kannte er keine Hemmungen und keine Schranken. Da hat er über alle Rahmenbedingungen hinaus gedacht, eigentlich über alle Grenzen hinweg. Die Moral übergibt er seinem Übermenschen, der machen kann, was er will. Auch böse Tugenden sind Tugenden. Die haben eben auch ihre Berechtigung. Das ist sehr schräg.

Vossenkuhl:

Ja, man hält es nicht für möglich, was man bei ihm liest: „Nicht ist mehr wahr, alles ist erlaubt", steht im „Zarathustra". In der „Genealogie der Moral" ist von der 'blonden Bestie' die Rede, die dann wieder in der Nazipropaganda auftaucht. Er war begeistert von Cesare Borgia und Ivan dem Schrecklichen. Man denkt, der Friedrich muss doch selbst ein schrecklicher Mensch gewesen sein. Das Gegenteil ist richtig. Nietzsche war ein hyperempfindsamer und tief mitfühlender Mensch. Er war aber rasch beleidigt und sehr nachtragend. Es wurde ihm einmal - ob es nun stimmt oder nicht - zugetragen, dass Wagner Abfälliges über ihn gesagt haben soll.

Das nahm ihm Nietzsche sehr übel, das hat ihn tief verletzt. Er hat – Du hast eben schon darauf hingewiesen - die Lou Andreas-Salomé sehr verehrt, eine Femme fatale jener Zeit. Bei der konnte er aber nicht landen. Wagner hat sich deshalb über ihn lustig gemacht.

Lesch:

Da gibt es eine Karikatur, in der diese Frau auf einer Kutsche sitzt und eine Peitsche in der Hand hält. Nietzsche und Paul Rée sind ins Geschirr gespannt und müssen ziehen. Darauf bezieht sich wohl dieser Satz: Wenn du zum Weibe gehst, dann vergiss die …

Vossenkuhl:

Dann pass auf die Peitsche auf, die sie schwingt, müsste es wohl eher im Untertitel heißen. Karl Jaspers hat gemeint, Nietzsche habe eine Psychose gehabt. Jedenfalls war er krank und ist dann 1889 in Turin zusammengebrochen. Dabei hat er noch ein altes, klappriges Pferd tränenüberströmt umarmt. Er hatte Visionen und dergleichen. Ein sehr bedauernswerter Mensch. Seine Schwester und seine Mutter haben ihn in Weimar bis zum Ende seines Lebens gepflegt.

In dieser letzten Phase bestehen seine Texte nur noch aus Aphorismen, aus Gedankenfetzen. Die Überschriften sind oft irreführend.

Du hast schon vom Willen zur Macht gesprochen. Das ist kein Buchtitel von ihm. Er spricht zwar im Aphorismus 254 davon, dass das Leben Wille zur Macht sei und nicht etwa Glück. Hinter der Wahl der drei Wörter als programmatischer Titel steckt seine Schwester, Frau Elisabeth Förster-Nietzsche. Sie war sehr nationalistisch und eine Antisemitin. Um das Werk ihres Bruders populär zu machen, hat sie versucht, ihn in die ideologische Ecke des Nationalismus zu stellen. Damit hat sie ihm einen Bärendienst erwiesen. Wie kann man jemanden, der die Deutschen als engstirnig, als „entartet im Geschmack" und als „Spekulanten im Idealismus" charakterisierte, für den deutschen Nationalismus einspannen?

Erst die kritische Gesamtausgabe der beiden Mailänder Kollegen Giorgio Colli und Mazzino Montinari, die ab 1967 erschien, dokumentiert die Werkentwicklung zuverlässig und zeigt deutlich, dass Nietzsche kein Nazi war. Es ist eine Schande, was seine Schwester ihm da zugemutet hat. Seit 1980 gibt es die kritische – Gesamtausgabe – übrigens günstig als Taschenbuchausgabe zu kaufen.

Lesch:

Nietzsche hatte großen Einfluss.

Vossenkuhl:

Er hatte sogar enormen Einfluss auf Künstler, Architekten, Komponisten, Schriftsteller. Weniger, aber auch, auf Philosophen, nicht zuletzt auf Heidegger.

Lesch:

Es gibt selbst heute noch Leute, die sagen, dass Nietzsche einer der ganz großen Philosophen gewesen sei. Nicht zuletzt deshalb, wie einige meinen, weil er in diesem Fach keine Universitätskarriere gemacht hat. Er war zwar als Altphilologe Professor, musste das aber relativ schnell aufgeben. Er war kein akademischer Philosoph, wie viele nach oder vor ihm. Deswegen hätte er so völlig orthogonal zu aller Philosophie gedacht. Im normalen philosophischen Diskurs hätte man ihm dies nicht durchgehen lassen. Er hat die Zunftregeln der Philosophie mit Füßen getreten.

Vossenkuhl:

Das hat ihn nicht eingeschränkt oder aufgehalten.

Lesch:

Das gilt für Schopenhauer im Grunde genommen ebenso. Er ist auch ein Hasser der Philosophie-Professoren gewesen. Die Beiden waren schon eigene Köpfe und in der Philosophie wirklich originelle Denker. Sehr pessimistische und überaus kritische, aber, wie ich finde, sehr wichtige Denker, weil sie weit in die Zukunft hinein gewirkt haben.

Vossenkuhl:

Das kann man noch ein Stück weiter führen. Beide hatten kaum Ansprechpartner. Sie dachten, was sie dachten ohne Diskurs, ohne das Gespräch mit anderen, die ihnen ebenbürtig waren. Sie waren auch in keinen öffentlichen Dialog eingebunden.

Deswegen haben sie nur verkündet, was sie dachten. Sie waren die Verkünder von Pessimismus und Nihilismus.

Wenn einer sagt: **Gott ist tot!** Was willst du darauf antworten? Was kann man zu den Angriffen Nietzsches auf das Christentum sagen? Soll man darauf überhaupt antworten? Kann man das ernst nehmen? Ist es der Hilfeschrei eines Verzweifelten?

Die Stimmungslage und die Verständnismöglichkeiten des späten 19. Jahrhunderts waren für eine offene Debatte über diese intellektuellen Hammerschläge völlig ungeeignet. Heute verstehen wir sie viel besser, vielleicht weil sie uns nicht mehr so nahe gehen und wir deswegen ganz entspannt sind. Damals hat sich jeder sofort die Ohren zugehalten, der etwas von Nietzsche hörte.

Eigentlich sind Schopenhauer und Nietzsche Propheten des Untergangs einer ganzen Kultur.

Dabei hat Nietzsche den kulturellen Niedergang selber kritisiert und dafür nach Gründen gesucht. Das Christentum sei schuld am Niedergang, weil es das Leben verneine. Es schütze das Schwache, gut sei aber nur das Starke. Schlecht sei alles, was nicht alleine und aus eigener Kraft leben und sich gegen alles andere durchsetzen kann.

Lesch:

Es gab einen Graffiti. Da war zu lesen:

„Gott ist tot“

Nietzsche

Und darunter:

„Nietzsche ist tot“

Gott.

Darwin

Freud

Weber

Fundamente der Moderne – Darwin (1809 - 1882), Freud (1856 - 1939), Max Weber (1864 - 1920)

Vossenkuhl:

Was haben Evolutionstheorie, Psychoanalyse und Soziologie miteinander zu tun? Das werden Sie sich fragen. Wenn nicht, frage ich mich das. Die Antwort darauf kommt von meinem geschätzten Gesprächspartner Harald Lesch.

Lesch:

Ich soll's jetzt sagen?

Vossenkuhl:

Ja, das wäre jetzt Dein willkommener Beitrag.

Lesch:

Nun denn.

Alle drei Disziplinen sind im 19. Jahrhundert entstanden. Ihre Grundlagen haben drei Herren, namens Darwin, Freud und Weber, Vorname Max, gelegt. Alle Drei waren mit Ihren Erkenntnissen Ursachensucher durch und durch. Sie entdeckten Neues und sind damit sehr wirkungsmächtig geworden.

Mit wem wollen wir anfangen?

Vossenkuhl:
Mit Darwin.

Lesch:
Charles Darwin.

Vossenkuhl:
Vielleicht sollte man diesen Gedanken, den Du gerade vorgetragen hast, noch ein bisschen ausbreiten, damit er noch deutlicher wird.

Wir haben es mit Ursachenforschern zu tun. Das ist uns vertraut. Diese drei Wissenschaftler haben aber damals schon auf eine Art und Weise nach Ursachen geforscht, wie wir es heute noch in diesen Bereichen betreiben. Also: Was sind die Ursachen der Entwicklung des Lebens in all seinen Formen? Was sind die Ursachen und Hintergründe für psychische Erkrankungen? Und schließlich: Welche Ursachen führen in der Gesellschaft, in der Wirtschaft, im Recht und in der Politik zu den Ergebnissen, die wir kennen?

Lesch:
Und das alles durch und durch rational.
Also nicht irgendwie, sondern mit den Mitteln der Vernunft.

Vossenkuhl:
Kein Bauchgefühl und keine Mutmaßungen.

Lesch:
Es ist natürlich sehr schwierig, diese drei Männer in knapper Form überhaupt richtig würdigen zu können. Bestimmen sie doch in gewisser Weise die Fundamente der Moderne mit dem, was sie getan haben. Und das war eine Menge.

Aber fangen wir endlich an. Charles Darwin. Was fällt Dir zu Charles Darwin ein?

Vossenkuhl:
Geboren ist er im Jahre 1809. Er ist der Älteste von den

dreien.1882 ist er gestorben. Vater von zehn Kindern, von denen ihn sieben überlebt haben.

Zunächst einmal sollte er in Edinburgh Medizin studieren. Das wurde nichts, weil er unter anderen kein Blut sehen konnte und auch sonst Schwierigkeiten hatte. Sein Vater hat ihn dann nach Cambridge geschickt. Dort hat er im „Christ College“ Theologie studiert, pflichtgemäß, obwohl ihn damals schon die Biologie viel mehr interessiert hat. Dieses Fach hat er dann anschließend auch abgeschlossen.

Es folgte eine Forschungsreise, die sein Leben geprägt hat. Fünf Jahre auf dem Segler „Beagle“ (1831-36). Die Fahrt führte ihn nach Südamerika und auf die Galapagos Inseln, wo es immer noch die Darwin-Finken gibt, die davor „mockingbirds“ hießen. Schon vor der Reise hatte er Texte über die Entstehung von Populationen gelesen. So ganz unvorbereitet auf das Kommende war er also nicht.

Lesch:

Malthus.

Vossenkuhl:

Malthus. Ganz wichtig dessen “Essay on the Principle of Population”. Als er den las, hat Darwin schon gemerkt: Oh, eigentlich kommen viel zu viele Menschen auf die Welt. Die Nahrungsproduktion kommt nicht hinterher. Da gibt es ein Problem, das sich aber irgendwie reguliert. Dann hatte er Charles Lyells „Principles of Geology“ gelesen. Auch das war ein wichtiger Anstoß für ihn, weil Lyell ihm klar machte, wie wichtig die geologischen Verhältnisse sind, wenn man die Fossilien früherer Arten finden will.

Ähnliche Phänomene wie die von Malthus beschriebenen, hat Darwin dann im Tierreich festgestellt. Was ihn aber besonders interessierte, waren die Fossilien, die er gefunden hat, alte Knochen, die Überreste von Tieren, die er in geologischen Formationen ausgegraben hat. Eigentlich war die Reise auf der „Beagle“ für ihn eine geologische Expedition.

Er fragte sich: Was haben diese Überreste mit den Arten zu tun, die jetzt die Erde bevölkern?

Lesch:

Er hat angefangen, die Entwicklung von Lebewesen nicht nur von Generation zu Generation zu betrachten, sondern er hat versucht, sie in einem größeren Zusammenhang zu sehen.

Das zeichnet eigentlich alle Drei, von denen wir jetzt reden, aus. Sie sind über die Grenzen ihrer jeweiligen Wissenschaft in ihrer Zeit hinausgegangen. Darwin hat angefangen, zu überlegen: Wo kommt denn das Lebendige, das wir kennen, her? Und er hat die Fossilien mit dem verglichen, was zu seiner Zeit lebendig vor ihm kreuchte und fleuchte. Genau da dämmerte ihm: Oha, das könnte ja tatsächlich etwas miteinander zu tun haben, da hat sich etwas entwickelt. Viele Jahre später (1859) hat er dann – sehr zögerlich, aber doch entschieden – sein Werk „On the Origin of Species" veröffentlicht.

Vossenkuhl:

Das Buch ging weg wie warme Semmeln am Sonntag Morgen. Schon vier Jahre später (1863) erschien in Stuttgart die deutsche Übersetzung der dritten Auflage! Ein Bestseller!

Lesch:

Er hat immerhin eine Antwort auf die Frage gegeben: Wo kommt ein Lebewesen eigentlich her?

Vossenkuhl:

Seine Antwort hat dann einiges in der damaligen Welt durcheinander gebracht. Ist er doch der Ansicht - und das sind wir heute fast alle, leider noch nicht restlos, dass es Stämme von Vorfahren gibt, die über die Grenzen der Arten hinausgehen. Das heißt, dass mehrere Arten die gleichen Vorfahren haben. Wir Menschen haben also auch Vorfahren, die keine Menschen waren.

Lesch:

Da war der Teufel los!

Vossenkuhl:

Damit hatte Darwin ein Tabu berührt, das eng mit der christlichen Schöpfungsgeschichte verquickt war.

Lesch:

Klar. Der Mensch als Geschöpf Gottes. Ein Werk aus seiner Hand!

Vossenkuhl:

Das konnte so nicht stimmen, wenn Darwin Recht hatte. Das ist ein Stein des Anstoßes bis zum heutigen Tag geblieben. In den USA sind die Kreationisten, die Darwin ablehnen, sehr aktiv. Aber über die wollen wir nicht sprechen.

Die Grundidee hat Darwin wohl so zusammengetragen: Auf Galapagos hat er unterschiedliche Finken untersucht, auf verschiedenen Inseln. Dabei hat er gesehen, dass die sich ähneln, aber doch verschieden sind. Er hat einen Zusammenhang zwischen Genetik und Variabilität festgestellt. Es gibt eine bestimmte Menge genetischer Voraussetzungen, aber auch eine große Variabilität. Einige Finkenarten können gemeinsam Nachkommen haben, andere nicht. Auch bei den Schildkröten fand er Ausprägungen unterschiedlicher Art.

Er hatte übrigens eine Schildkröte von der Reise mitgebracht, die vor gar nicht allzu langer Zeit erst gestorben ist.

Lesch:

Im Grunde genommen hat Darwin etwas Merkwürdiges getan, als er anfing über Evolution ganz anders nachzudenken. Ein neuer Ansatz zu dem, was zu seiner Zeit an Evolutionstheorien auf dem Tisch lag. Er war ja nicht der erste, der darüber nachdachte.

Es gab die knallharte Variante: Alles ist von Gott geschaffen! Der hat das so gemacht und Feierabend. Ende der Durchsage. Dann gab es den Lamarck. Der meinte: Nein, die Eigenschaften haben sich durch Gebrauch entwickelt. Der Hals der Giraffe wurde halt immer länger, weil das arme Vieh sich ständig strecken musste, damit es an die Blätter der hohen Äste rankam.

Darwin hat das ganz anders gesehen. Er hat gesagt: Diejenigen, mit den längeren Hälsen haben einfach einen Vorteil bei der Anpassung an ihre Umgebungen gehabt. Deswegen haben sich die auch eher vermehren können. Für ihn war wichtig, dass sich die Evolution, die Entwicklung der Arten allmählich und nicht in Sprüngen vollzieht. Also nicht irgendwelche Katastrophen, die alles dramatisch in kurzer Zeit ändern.

Es gibt die Anpassung und dann die Auswahl bei der Reproduktion.

Dieses **„Survival of the Fittest“** ist von vielen ganz falsch verstanden worden. Sie meinten, fit wäre immer nur der Stärkere. Richtig verstanden, heißt fit zu sein einfach nur, sich der Umwelt besser anpassen zu können. Dazu hat Darwin ein paar Annahmen gemacht. Unter anderem, dass die Fruchtbarkeit bei einzelnen Population viel höher ist, als sie eigentlich sein müsste. Und dass nur endliche Ressourcen zur Verfügung stehen.

Es ist schon mal ein ganz wichtiger Punkt, dass jemand erkennt, dass es keinen unendlichen Pool gibt, aus dem geschöpft werden kann. Es stehen eben nur endliche Mengen an Energie oder an Futter zur Verfügung. Ein ganz realistischer Blick auf die Dinge.

Darwin gilt, genau wie Siegmund Freud, als einer, der die Menschheit gekränkt hat. Schon Kopernikus war seinen Mitmenschen, besonders den Mächtigen auf den Zeitgeist gegangen, weil er die Erde aus dem Mittelpunkt der Welt herausgenommen hat.

Darwin kränkt die überhebliche Menschheit, weil er sie auf einmal nur zu einem Teil der Natur macht. Freud erschüttert sie, weil er postuliert, dass das, was wir als Geist empfinden, offenbar auch nur auf einer materiellen Grundlage beruht.

Das sind alles gewaltige Hämmer. Damit brechen liebgewordene, alte Weltbilder zusammen.

Vossenkuhl:

Darwin hat nicht nur Beobachtungen zusammengetragen, er hat sie auch in einen Zusammenhang gebracht. Entscheidend war sein

Blick über den Tellerrand. So hat er die damals neue Wissenschaft der Geologie mit einbezogen.

Lesch:
Eine Disziplin, die gerade ihre ersten Schritte machte.

Vossenkuhl:
Deren Wissen hat er sich einfach angeeignet. Geologie studiert hat er nicht. Er hat versucht, die Teile des Puzzles, das sich ihm bot, zusammenzusetzen. Interessant ist, dass mehr oder weniger gleichzeitig ein Mann namens Wallace Ideen zur Abstammungslehre entwickelt hat. Sie haben sich ausgetauscht, aber Darwin hatte letztendlich die Nase vorne. Sein Buch hat wirklich wie eine Bombe eingeschlagen. An einem einzigen Tag war die 1. Auflage verkauft.

Lesch:
Alles weg.

Vossenkuhl:
Er hat dann noch viele andere, sehr interessante Sachen geschrieben. So über die Abstammung des Menschen (1871: „The Decent of Man") und über Gefühlsäußerungen bei Tieren und Menschen (1872: „The Expression of the Emotions in Animals and Man"). Er entdeckte Ähnlichkeiten bei Freude- und Schmerzbekundungen. Die Abstammung des Menschen ist eines der letzen Themen, die er bearbeitet hat. Das hat Furore gemacht. Seitdem heißt es immer wieder, dass der Mensch vom Affen abstamme. Was natürlich großer Blödsinn ist, weil es um die Abstammung aller Hominiden geht, von denen die Affen auf ihren eigenen Ästen des Abstammungsbaums sitzen.

Lesch:
Geradezu affig, was sich da in vielen Köpfen festgesetzt hat.

Vossenkuhl:
Wir haben zusammen mit den Affen …

Lesch:
… einen gemeinsamen Vorfahren.

Vossenkuhl:
Bei den bahnbrechenden, neuen Ideen steht unser zweiter Kandidat, Sigmund Freud, dem ersten nicht nach.

Lesch:
Ja, puh.

Vossenkuhl:
Freud, geboren 1856 in Böhmen und dann in Wien gelebt, in London 1939 im Exil, vor den Nazis geflohen. Er studierte Medizin und Neuropathologie. Promotion 1881, Habilitation 1885. Ab 1902 Professor für Neuropathologie, das Thema, über das er sich habilitierte.

Er wollte eine richtige wissenschaftliche Psychologie betreiben, in der er das Hirn und die mit dem Hirn zusammenhängenden nervlichen Strukturen als Grundlage für Erkrankungen wie Hysterie dingfest machen wollte. Er entwickelte, wenn man so will, eine hochmoderne wissenschaftliche *Heuristik*, also eine Theorie, wie man mit wenig Wissen mehr findet. Er wollte die Psychologie ganz materialistisch, aus den physiologischen Grundlagen heraus entwickeln.

Er hat dann aber 1885 auf einer Reise nach Paris bei einem dortigen Kollegen und Leiter einer psychiatrischen Klinik – Jean-Martin Charcot hieß der Mann – gesehen, dass man mit den Mitteln, die er im Sinn hatte, diesen Krankheiten nicht näher kommt.

Dieser Charcot hat versucht, durch Hypnose Menschen von bestimmten Nervenkrankheiten zu befreien. Freud erkannte, dass man da offenbar anders herangehen müsste.

Er hat ein völlig eigenständiges Analysesystem entwickelt, das „Psychoanalyse“ genannt wurde. Die Experten streiten sich, ob er selbst der Erfinder dieses Namens war. Ist auch egal. Freud hat jedenfalls dieses System entwickelt, mit dem man durch Befragung das Nicht-Bewusste zutage fördert. Es wird dadurch bewusst gemacht, in dem es die Patienten selbst aussprechen. Dadurch soll ein Heilungsprozess in Gang gesetzt werden.

Lesch:

Vorher gab es das nicht?

Vossenkuhl:

Nein.

Lesch:

Es gab also vor Freud nicht einen einzigen Psychoanalytiker? Existierte Psychologie als eigenes Fachgebiet nicht schon?

Vossenkuhl:

Ja, das gab es.

Lesch:

Aber es gab noch niemanden, der systematisch durch Befragung versucht hat, psychisch Kranke zu therapieren.

Was Freud dabei so überraschend Neues fand, ist, dass unsere Persönlichkeit, unsere psychische Persönlichkeit aus verschiedenen Teilen besteht. Er entdeckte damit praktisch einen neuen Kontinent. Das **„Es“!** Das Unterbewusste. Etwas, das in uns drin steckt, ohne dass wir es wissen. Wir wachsen offenbar nicht nur körperlich, weil wir biologische Systeme sind, sondern es gibt auch ein Wachstum oder eine Entwicklung unserer Psyche.

Zu diesen Entwicklungen gehören natürlich Erfahrungen. Von manchen unserer Erfahrungen wissen wir nichts. Die stecken irgendwo tief in uns drin. Wie es so schön heißt, „die Leichen im Keller“. Dabei wissen wir nicht einmal, dass wir einen Keller haben. Nur ab und zu geht einmal eine Tür auf, da schaut man dann rein. Bei besonders fürchterlichen Erfahrungen, so Freud, fangen diese Leichen oder diese „Dünste“, die im Unterbewusstsein drin stecken an, wieder hochzukommen.

Auf der anderen Seite des „Ich“ steht unser **„Über-Ich“**, das mehr die Außenwelt darstellt: Freunde, Verwandte, Bekannte und alles Mögliche, was uns zur Einhaltung von Werten verdonnert.

Vossenkuhl:

Das Normensystem, die gesellschaftlichen Konventionen, Vorschriften und Erwartungen.

Lesch:

Der Schiedsrichter, habe ich einmal gelesen, steckt hinter dem „Über-Ich“. Unten ist derjenige, der eigentlich Foul spielen will, und dazwischen ist …

Vossenkuhl:

Das arme „Ich“.

Lesch:

Das zerrissene „Ich“. Auf der einen Seite will es natürlich nicht, dass der Schiedsrichter was mitkriegt, aber auf der anderen Seite jagt es dem Ball hinterher und will ihn haben. Ein Foul muss dann möglicherweise schon sein. Das „Ich“ versucht das zu kontrollieren. Das „Über-Ich“ teilt dabei mit, wie es eigentlich zu sein hat. Und das „Es“ ist - fast hätte ich gesagt, die Wildsau - die da rauskommt. Kann man das so volkstümlich sagen?

Vossenkuhl:

So ungefähr, für uns interessierte Laien.

Lesch:

Volkstümlicher kann ich es nicht formulieren.

Vossenkuhl:

Für unsereins reicht das so. Ich finde es hochinteressant, wie Freud diesen riesigen Bereich - das „Es“ – in verschiedenen Zugangsweisen eruiert hat. Erst einmal der Ödipus-Komplex, ab 1897, dann die Traumdeutung, so ab 1900. Er hat Patientinnen und

Patienten befragt, was sie geträumt haben. Über Assoziation, vor allem von Sexualsymbolik hat er versucht herauszukriegen, was in diesem „Es“ nun steckt.

Die Namen sind bekannt. Der „Ödipuskomplex“, die frühkindliche Verliebtheit des kleinen Buben in die Mutter, der Neid dem Vater gegenüber. Er hat verschiedene Ideen dazu ausprobiert. Dann die Traumdeutung. Er ging davon aus, dass der Hauptantrieb unseres Verhaltens unterbewusste kindliche Sexualphantasien sind. Die können wir wegen der gesellschaftlichen Normierungen nicht ausleben. Wir müssen sie sublimieren. Dadurch wird die unterdrückte Libido in eine kulturelle Leistung umgewandelt. Sexualsymbolik und das Triebhafte spielen eine große Rolle.

Lesch:

Schopenhauer lässt grüßen. Der Wille, der Trieb!

Vossenkuhl:

Dieses Stichwort ist gut. Freud hat Schopenhauer sehr verehrt und war ähnlich atheistisch eingestellt. Obwohl er das Judentum seiner Vorfahren sehr geschätzt und auch bewusst daran festgehalten hat. Er war aber kein religiöser Jude.

Mit dieser Sexualsymbolik hat Freud – ähnlich wie Darwin mit der Abstammungslehre – öffentliches Schaudern erregt. Das war in der Zeit kein geringerer Tabu-Bruch als der Darwin'sche. Man durfte einfach nicht über die Dinge reden, die organisch unterhalb der Gürtellinie angesiedelt sind. Das hat er aber getan, und zwar ohne mit der Wimper zu zucken.

Lesch:

Obwohl er über die Psyche referiert hat, sprach er im Grunde genommen darüber, wie sich die ganzheitliche Verbindung des Organischen und Psychischen in einem Menschen so darstellt.

Vossenkuhl:

Er hat dabei sehr kreativ, assoziativ und imaginativ gedacht. Die Traumdeutung ist ein sehr populäres Buch geworden. Ich habe es als Student begierig gelesen, neugierig darauf, was ich an mir entdecken könnte. Freud hat die Traumdeutung auch als Selbstanalyse verstanden. Er hat gemeint, er hätte als kleiner Junge seine Mutter auf einer Zugreise morgens nackt gesehen und sich dann in seine Mutter, quasi unbewusst, verliebt. Wichtiger als dies sind aber seine „Psychopathologie des Alltags" (1901), seine Untersuchung menschlicher Fehlleistungen und seine „Drei Abhandlungen zur Sexualtheorie" (1905). Das sind wissenschaftliche Meilensteine der Psychoanalyse.

Lesch:

Jetzt spiele ich einfach einmal wieder den Advokaten des Teufels.

Dass die Evolutionstheorie von Darwin richtig Hand und Fuß hat, ist für mich völlig klar. Die Wirkung, die Freud, zumindest über viele Jahrzehnte, ausgelöst hat, kann man als starke Psychologisierung in allen möglichen Bereichen verstehen. Die Untersuchung der psychologischen Komponenten des menschlichen Verhaltens ist durch ihn furchtbar wichtig geworden. Dass man dabei alles andere weggelassen hat – da mache ich ein bedenkliches Gesicht. Freud war der Meinung, dass Kunst, Religion und auch Philosophie Sublimationen von Trieben und Auswirkungen von Neurosen sind, von Hysterie, Zwang und Wahn.

Wahn gehört zur Philosophie.

Vossenkuhl:

Ich fühle mich verstanden.

Lesch:

Philosophie war für Sigmund ein Irrtum des Leibes oder etwas in der Richtung. Einen, den er sehr verehrt hat, war Friedrich Nietzsche. Dessen Philosophie hat er wahrscheinlich als Freundschaftsdienst, nicht genauer psychologisch untersucht. Wer weiß, was dabei herausgekommen wäre.

Nach Freud brach eine Welle von psychologischen Theorien los. Seine Schüler waren Alfred Adler, Carl Gustav Jung und etliche andere. Auch Reich. Die haben ganz andere Arten von

Psychotherapien entwickelt. Eigentlich haben sie sich immer im Streit von ihrem Über-Ich Freud getrennt und gesagt: Das ist alles Unsinn, so kann man es nicht sehen.

Schaut man sich unsere heutige Gesellschaft so an, die psychischen und psychosomatischen Erkrankungen, dann kann man rückblickend schon staunend feststellen, dass Freud wohl einen neuen Kontinent entdeckt hat. Nein, was sage ich, eigentlich einen anderen Planeten.

Freud ist ein ganz wichtiger Meilenstein. Aber er hat eben nur die allerersten Schritte gemacht. Genau wie Darwin, der auch die ganz wichtigen ersten Wegmarken gesetzt hat. Beide waren extrem mutige Männer, die sich auf gefahrvolles Terrain begeben haben.

Vossenkuhl:

Es gibt aber einen gravierenden Unterschied zwischen der Freud´schen Theorie und der von Darwin. Die Psychoanalyse ist bis heute im Kreuzfeuer der Kritik. Sie ist keine etablierte Wissenschaft geworden. Ganz anders die Evolutionsbiologie, die sich etabliert und einen wissenschaftlichen Kanon entwickelt hat.

Die Psychoanalyse muss immer noch um Anerkennung ringen, weil es – scheinbar oder auch wirklich – Alternativen, also andere Arten der Behandlung von Psychosen gibt. Die psychiatrischen Kliniken wollen in der Regel von Psychoanalyse nichts wissen. Aber nach wie vor werden gute Ergebnisse in der psychoanalytischen Forschung und in der Psychotherapie erzielt. Insofern hat sie sich doch in diesen Bereichen durchgesetzt und schon ein ziemlich langes Leben erreicht. Viele erschrecken aber auch heute noch, wenn sie etwas vom „Todestrieb“, überhaupt von Freuds Triebtheorie, vom Spannungsverhältnis zwischen Libido und Aggression oder vom „Penisneid“ und der „Kastrationsangst“ lesen.

Lesch:

Ich denke schon, dass es nach wie vor ein Merkmal des 20., vielleicht auch des 21. Jahrhunderts ist, dass Menschen sich mit ihrer Psyche auseinander setzen.

Die Evolutionstheorie hat als Prinzip nicht nur für die Biologie Gültigkeit. Die Frage, woher etwas kommt, kann man in anderen Bereichen genauso stellen. Bis hin zum Kosmos.

Vossenkuhl:
Nun haben wir noch den Max Weber. Der hat erst einmal keinen Ärger gemacht und keine Kränkung bei seinen Zeitgenossen hervorgerufen.

Lesch:
Schauen wir mal, wie weit wir kommen. Ich glaube schon, dass einige Leute konsterniert waren von dem, was er gemacht hat.

Vossenkuhl:
Kurz ein paar Fakten zu seiner Person: 1864 geboren in Erfurt, 1920 in München gestorben, dazwischen lange in Heidelberg gelebt, gelehrt und auch krank gewesen. Er war ein sehr erfolgreicher junger Mann. Studium von Jura, Nationalökonomie, Philosophie und Geschichte. Promoviert wurde er in Jura (1889), habilitiert hat er sich in Nationalökonomie (1892). Ein vielseitig interessierter Mann mit breit angelegter Wissensbasis.

Lesch:
Seine große wissenschaftliche Vielseitigkeit wird noch sehr wichtig.

Vossenkuhl:
Früh ist er in Freiburg Professor für Nationalökonomie geworden (1894), wenig später folgte die Berufung nach Heidelberg. Er war einer der wichtigsten Protagonisten im damals tobenden Streit über die sog. „Werturteilsfreiheit“ der Wissenschaften. Ab 1897 durchlebte er sieben Jahre lang eine psychische Krise und konnte nicht mehr unterrichten. In der Zeit ist er viel gereist. Als er wieder beruflich aktiv werden konnte, ging es steil und hurtig weiter bergauf. Allerdings hat er dann nicht mehr so lange gelebt. Sein letzter Ruf als Professor war der nach München, wo er auch starb.

Was ist nun seine große Leistung für die Nachwelt? Er hat die entscheidenden und wichtigsten Stichwörter für die Wissenschaft der Soziologie geliefert. Ohne ihn wäre dieses Fach jedenfalls damals keine Wissenschaft geworden. Er ist für die Werturteilsfreiheit eingetreten, die Sozialwissenschaften sollten werturteilsfrei sein und die wirklichen Ursachen sozialer Entwicklungen objektiv untersuchen. Soziologie sollte keine Kaffeesatzleserei, sondern eine richtige Wissenschaft sein.

Lesch:

Jawoll.

Vossenkuhl:

Das soziale Handeln kann seitdem wissenschaftlich untersucht werden. Da fragt man sich natürlich gleich, was ist eigentlich soziales Handeln?

Weber stellt fest: Das ist seinem Sinn nach ein auf das Verhalten anderer bezogenes Verhalten, also ein Verhalten, in das auch das Verhalten der anderen mit einbezogen ist, und das sich in seinem Ablauf an deren Verhalten orientiert.

Lesch:

Rational. Das Verhalten ist rational, es ist vernünftig.

Vossenkuhl:

Ja, es kann wertrational sein, wenn es sich an Werten orientiert, zweckrational, wenn es sich nach der besten Mittel-Zweck-Beziehung richtet, affektuell, wenn es Empfindungen folgt und traditional, wenn es sich vom Hergebrachten ableiten läßt. Er hat sich nicht damit zufrieden gegeben, einen groben Entwurf dieser Begrifflichkeit abzuliefern. In seinem Hauptwerk „Wirtschaft und Gesellschaft", das erst zwei Jahre nach seinem Tode erschienen ist, stellt er vielmehr Stück für Stück die Ursachen sozialen Handelns dar. Zu seinen Lebzeiten waren seine Schriften über „Wissenschaft als Beruf" und über „Politik als Beruf" sehr einflussreich, auch wenn sie erst kurz vor seinem Tod erschienen.

Lesch:

Ich würde mir ehrlich gesagt wünschen, dass es heute in Deutschland noch einen solchen Mann wie Max Weber gäbe. Hat er doch auch den Berufspolitiker so fein definiert. Wie muss ein Mensch sein, der beruflich Politik betreibt? Er darf zum Beispiel keine Klientelwirtschaft betreiben. Er darf keinen Lobbyisten auf den Leim kriechen. Eigene geldwerte Interessen sollte er nicht haben. Mit diesem scharfen, argumentativen Messer ist Max Weber auch an die Soziologie herangegangen und hat jeden irrationalen Psychologismus bei seinen Erklärungen ausgeschlossen. Seine Erklärungen zur Entwicklung des kapitalistischen Wirtschaftssystems gehen von ganz klaren Rahmenbedingungen aus. Dessen Entwicklung, so entdeckte er, befördert das protestantische Arbeitsethos. Erhöhten doch der Geiz und das Pflichtbewusstsein der Protestanten die Wahrscheinlichkeit, dass ein durch und durch auf kapitalistischen Profit ausgerichtetes System auch funktioniert. Unter anderem hat er Luther zitiert. Der hatte ja gemeint: Bleibe im Lande und nähre dich redlich, hätte ich fast gesagt.

Nein, Luther sagte: Bleibe in deiner Schicht, bleibe in der sozialen Klasse, in die du hineingeboren worden bist und sei friedlich. Ein wunderbar stabilisierendes Element.

Auf der anderen Seite gab es Zeitgenossen wie Benjamin Franklin: Zeit ist Geld, Kredit ist Geld und was es alles für clevere Möglichkeiten gibt, mehr daraus zu machen. Sieh also zu, dass du möglichst schnell, möglichst viel Geld machst. Denn das gehört ja auch zur protestantischen, zumindest zu Teilen der protestantischen Ethik und Theologie, dass es nämlich eine Vorsehung gibt. Wenn du erfolgreich bist, dann zeigt sich darin das Wohlwollen Gottes.

Vossenkuhl:

Denn Gott mag Millionäre. Ach, was sage ich – er mag noch mehr die Milliardäre!

Auf alle Fälle steht er auf der Seite der Reichen und Schönen.

Lesch:

Max Weber wollte den Protestantismus nicht ursächlich für den Kapitalismus verantwortlich machen, aber er sah eine große Nähe. Weber dachte in Zusammenhängen. Ich weiß nicht, ob er heute in der Lage wäre, ähnlich klare Aussagen zu machen.

Man würde sich aber doch so einen klar denkenden Kopf wünschen, der eine komplexe Wohlstands-Gesellschaft wie die bundesrepublikanische durchleuchtet und auf den Punkt sagt, was hier gerade so läuft.

Vossenkuhl:

Vielleicht fehlt heute eine ganzheitliche Perspektive auf die Gesellschafts- und die Wirtschaftsentwicklung, die – wie Weber das noch konnte – ökonomisch und soziologisch auf der Höhe der Zeit ist. Wir haben allerdings eine wunderbare und sehr leistungsfähige Soziologie, die aufschlussreiche quantitative Analysen der Sozialentwicklungen liefert, die Entwicklung der ersten in die zweite Moderne aufschlussreich untersucht und die Probleme der Globalisierung kritisch durchleuchtet. Die ökonomische Analyse, die diese Soziologie liefert, wird allerdings von den Wirtschaftswissenschaftlern nicht wahrgenommen.

Weber war kein quantitativ denkender, sondern primär ein qualitativer Analytiker der Sozialentwicklungen. Er war der Ansicht, dass das Ganze nicht quantitativ zu erfassen sei. Man müsse einen Schritt weiter gehen und die Gesamtstruktur der Entwicklung sehen. Die könne man aber nur qualitativ einordnen.

Wir haben heute ein Auseinanderdriften von wirtschaftstheoretischen und sozialwissenschaftlichen Fragen zu beklagen. Man hat den Eindruck, dass das eine mit dem anderen nichts mehr zu tun hat. Die einen reden über Geldströme, über Märkte und über die Finanzwirtschaft mit ihren Katastrophen. Und die anderen reden über Kindesmissbrauch, über Armut und Gewalt und über andere Defekte der Gesellschaft. Wie hängt das alles miteinander zusammen? Es ist allerdings auch sehr schwer, das Ganze zusammenzudenken und als wechselseitig verbunden und verquickt zu verstehen.

Weber war wirklich das große Vorbild für einen großen, ganzheitlichen Entwurf. Ich gebe Dir völlig Recht. Wir bräuchten heute dringend jemanden, der genügend wüsste und so denken könnte. Dieser jemand sollte ein so breit angelegtes Wissen wie Weber haben.

Lesch:

Wäre nicht die deutsche Universität eigentlich der Platz, wo es Kombinations-Angebote geben müsste, in denen diese Fächer zusammengedacht werden können? Das meine ich jetzt noch nicht einmal spezifisch auf die Wirtschaft bezogen! Sondern auf die Fragen und Probleme der Gesellschaft insgesamt.

Was bedeutet welche Entwicklung für uns? Welche Werte hat eine Gesellschaft, die sich so entwickelt wie unsere? Was sind die Grundlagen für diese Gesellschaft? Technologie und Naturwissenschaften dürften dabei nicht vergessen werden, gerade auch im Blick auf die Umwelt und deren Probleme. Es müsste eine enorme psychische Deformation aufgrund der Zeitkompression untersucht werden.

Es ist schade, dass an den Universitäten unglaublich viel Spezialforschung betrieben und so wenig Wert darauf gelegt wird, an die großen Zusammenhänge zu denken. Wir könnten es uns eigentlich leisten.

Vossenkuhl:

Das ist ein Plädoyer, liebe Leserinnen und Leser, das ernst zu nehmen ist. Natürlich gibt es auch in den Sozialwissenschaften ältere und jüngere Forscher, die versuchen, das Ganze in den Blick zu bekommen. Aber das Desiderat, das Defizit heute, ist offensichtlich. Wir brauchen eine Gesamtsicht. Wir brauchen ein neues Paradigma, um die gesamte soziale Wirklichkeit zu überschauen. Sonst können wir unseren Standpunkt nicht bestimmen. Wenn wir das nicht hinkriegen, wissen wir nicht, wo wir stehen oder sitzen oder liegen.

Lesch:

Wer nicht weiß, wo er gerade steht, sollte keinen Schritt weitergehen. Vielleicht gähnt neben ihm schon der Abgrund. In diesem Sinne.

Alfred North Whitehead (1861 - 1947) und Bertrand Russell (1872 - 1970)

Whitehead

Russell

Vossenkuhl:
Seinen Namen findet man nicht in jeder Einführung in die Philosophie. Eigentlich war er Mathematiker und Physiker: Alfred North Whitehead, geboren in Ramsgate in England im Jahre 1861, gestorben in Cambridge/Massachusetts 1947. Ein bedeutender Philosoph, den wir beide sehr schätzen.

Daneben geht es um seinen zeitweiligen Freund und Partner: Bertrand Russell, dritter Earl Russell, ein Adliger, elf Jahre jünger, 1872 geboren in Trellech, Monmountshire, Wales und erst 1970 gestorben, mit knapp 98, in Penrhyndeudraeth, Gwynedd, Wales. Ein großartiger Mann. Über ihn kann man in vielen Philosophie-Einführungen etwas lesen, aber eben nicht über Alfred North Whitehead.

Lesch:

Ich kann schon einmal guten Gewissens sagen, dass er mein persönlicher Lieblingsphilosoph ist. Wundern Sie sich also nicht, dass ich jetzt vielleicht etwas emphatisch werde.

Alfred North Whitehead hatte wie kaum einer seiner Philosophie-Kollegen Ahnung von Mathematik. Die hat er richtig studiert und zusammen mit Russell ein phantastisches Werk darüber geschrieben. Genauer gesagt über die logischen Grundlagen der Mathematik, die „Principia Mathematica“, ein dreibändiges Opus, zwischen 1911 und 1913 veröffentlicht.

Er hat auch Physik betrieben. Whitehead ist von Cambridge in Großbritannien über London nach Cambridge in Massachusetts gegangen. Mit 67 wechselte er an die Harvard University, seine erste philosophische Professur, zwischendurch war er in London am Imperial College. Er hat eine unglaubliche, akademische Karriere gemacht. Zunächst Mathematiker, promovierte dann über Physik und landete mit voller Wucht in der Philosophie.

Whitehead hat etwas vollbracht, was vor ihm vielleicht nur Heraklit – Willi würde jetzt wohl noch Schelling und Hegel oder sogar Cusanus nennen - auf die Reihe gebracht hatte. Bis Heraklit muss man auf jeden Fall zurückgreifen. Er hat als Erster das Werden in die Mitte seiner Philosophie gestellt. Nicht das Sein, nicht das, was ist, sondern das Werden aus dem Sein.

Wie kommt es dazu, dass wir in einer Welt leben, die so beständig ist, in der aber ständig etwas Neues passiert? Für ihn war die zentrale Aufgabe der Philosophie, die Beständigkeit der Dinge mit dem Werden zusammenzubringen. Daraus hat er eine phantastische Kosmologie entwickelt, die leider Gottes lange Zeit ziemlich unbeachtet geblieben ist. Heutzutage bietet sie eine phantastische Hilfe, um die Quantenmechanik zu verstehen, die Kosmologie zu verstehen, die Selbstorganisation in der Physik zu verstehen. Damit würde ich Whitehead als einen der allergrößten Philosophen bezeichnen, die zumindest ich kennen gelernt habe.

Vossenkuhl:

Der Glanz in Deinen Augen bestrahlt mich. Aber ich bin auch selber sehr beeindruckt von diesem Denker, weil er so viel auf den Kopf gestellt hat oder auf die Beine, wie auch immer. Man fragt sich, warum das nicht wirksam geworden ist.

Fangen wir bei dem Einfachsten an. Er hat die *Substanzontologie*, also die Vorstellung, dass die Grundbausteine der Welt feste materielle Substanzen sind, abgelehnt. Er postulierte stattdessen: Die Grundbausteine der Welt sind nicht feste Substanzen, vor allem keine materiellen Entitäten, sondern Prozesse. Du hast gerade die Quantenphysik erwähnt. Kannst Du mal erzählen, wie so ein Prozess aus dieser Perspektive aussieht?

Lesch:

Gehen wir davon aus, dass die Welt aus Dingen, fass- und messbaren Dingen, besteht. Wir bauen also Beschleuniger oder Mikroskope, um in die Materie einzusteigen. Wir wollen herausfinden, aus was die Welt besteht. Wir stellen fest: Da gibt's Atome, in den Atomen gibt es Atomkerne, die haben eine bestimmte Eigenschaft, nämlich positiv geladen zu sein, sie werden umringt, umhüllt von Elektronen, die negativ geladen sind. Schon haben wir einen Prozess. Die Elektronen kommen aus dem Atom nicht raus, weil eine Kraft wirkt. Es gibt einen Wechselwirkungsprozess, der die Materie zusammenhält.

Jetzt können wir noch tiefer gehen. Wir gehen in die Atomkerne und stellen fest: Mensch, diese Atomteilchen, nämlich Protonen und Neutronen, die bestehen noch einmal aus Teilchen, *up and down Quarks*. Dann geht´s noch tiefer rein. Irgendwann muss doch mal Schluss sein. Und wir stellen fest: Am Ende sitzt zum Beispiel hier die Kohlenstoffeinheit Wilhelm Vossenkuhl vor mir.

Vossenkuhl:

Vorsicht. Nicht berühren! Kohlenstaub!

Lesch:

Keine Bange. Du bestehst im Wesentlichen aus Energie, nämlich aus Bindungsenergie zwischen diesen up and down Quarks in den Protonen und Neutronen. Was anderes bist Du nicht.

Vossenkuhl:

Warum fühlt sich das morgens so schlapp an?

Lesch:

Bitte?

Vossenkuhl:

Warum ist diese Energie morgens bei mir so schwach – so antriebsarm?

Lesch:

Das weiß ich nicht. Ich weiß ja auch nicht, mit welchen Energien Du sonst noch so zu tun hast. Was aber in der Tat am Ende des Tages übrig bleibt, ist gewissermaßen die Vorstellung und das Ergebnis, dass Materie nicht aus Materie besteht. Alles, was wir vor uns haben, ist ein einziger Wechselwirkungsprozess. Ohne ihn gäbe es keine Substanzen. Allerdings ist festzuhalten, dass es ohne Substanzen auch nichts gäbe, was miteinander in Wechselwirkung treten könnte. Genau darauf hat Whitehead hingewiesen. Alles was wir beobachten, **alles um uns herum ist Wechselwirkung.**

Das spielt natürlich eine überragende Rolle, wenn man später einmal wissen will, was denn bei einer Beobachtung in der Quantenmechanik passiert. Wechselwirkst du mit mir, wechselwirke ich mit dir. Das ist eine ganz wichtige Eigenschaft.

Whitehead hat versucht, aus dieser Erkenntnis - und er war ja durchaus ein großer Kenner der physikalischen Theorien seiner Zeit, in der die Relativitätstheorie und die Quantenmechanik entstanden sind - abzuleiten, dass es nicht reichen kann, festzustellen was ist, quasi Inventur zu machen. Wir müssen viel mehr auch wissen, wie die Teile miteinander in Wechselwirkung treten.

Vossenkuhl:

Eigentlich ist er, was die Ontologie angeht, der ideale Philosoph gewesen. Einfach, weil er Physiker war. Jetzt lachst Du ...

Lesch:

Lass mir meine Freude. Wann neigen sich schon einmal die Geisteswissenschaften so weit in die Niederungen des wahren Lebens hinab.

Vossenkuhl:

Unser Kollege Whitehead war der Erste, bei dem man merkte, dass es auf Wissen über die physikalische Realität ankommt. Sonst kann man keine Ontologie machen. Er war so eine Art von Anti-Aristoteles. Seit Aristoteles ist der Glaube Gang und Gäbe, dass die materiellen Substanzen, die natürlichen Entitäten, der Zement des Universums sind. Das hat Whitehead völlig auf den Kopf gestellt.

Ähnliche Gedanken gab es schon bei Schelling, den Whitehead wahrscheinlich nicht kannte. Aber den philosophischen Rufer in der Wissenswüste hat niemand gehört.

Lesch:

Weil er kein ordentlicher Physiker war.

Vossenkuhl:

Er hat schon was von Physik verstanden, aber er war eben selber kein Physiker. Ein Akzeptanzproblem. Whitehead schöpft nun aus der Physik und denkt sich dazu etwas. Er rollt das Feld von ganz woanders her auf. Das finde ich erstaunlich.

Lesch:

Obwohl es kein Wunder ist. Whitehead stellte fest, dass die Wissenschaften das Ganze immer nur in einzelnen Teilen betrachten können. Ein Biologe schaut die Welt anders an als jemand, der Chemie oder Physik betreibt. Das sind immer nur Teil-Wissenschaften. Es ist Aufgabe der Philosophie, das alles zusammenzubringen.

Die einzelnen Wissenschaften können immer nur Teilbereiche der Wirklichkeit abbilden. Um nicht hinter den wahnsinnigen Erfolgen der Naturwissenschaft zu verschwinden, muss sich die Philosophie die Aufgabe stellen, alles zusammenzudenken. Alles was über die Welt, die Natur zusammen getragen wird, muss philosophisch zusammengedacht werden.

Vossenkuhl:

Das ist ein Manifest, das man ernst nehmen muss. Es hat mich auch überzeugt, dass er sagte: Die Aufgabe der Philosophie heute, wenn sie überhaupt bestehen will, ist es, diese Verbindung zwischen der wissenschaftlichen Erklärung der Wirklichkeit, der physikalischen und dem alltäglichen Verständnis des Lebens herzustellen, und das Ganze in eine Einheit zu bringen.

Lesch:

Ein Wahnsinns-Programm. Der Mann ist rundum faszinierend! Warum hat er nicht die erhoffte, nachhaltige Breitenwirkung gehabt?

Vossenkuhl:

Was glaubst Du?

Lesch:

Seine Bücher sind nicht einfach zu verstehen. Neben sein Opus magnum, „Process and Reality“ (1929), also „Prozess und Wirklichkeit“, muss man fast ein Wörterbuch legen, in dem jeder Begriff, den er verwendet, extra erklärt ist. So schwirren da diese isolierten Einzelwesen herum. Das ist ein bisschen so wie bei Leibniz. Leibniz spricht von *Monaden.* Bei Whitehead müssen diese Einzelwesen alle in eine Wechselwirkung miteinander treten. Leibniz war hingegen der Meinung, dass die Monaden nicht miteinander interagieren.

Vossenkuhl:

Wie sie keine Fenster haben.

Lesch:

Die enthalten zwar alles - aber jetzt wird es schwierig zu verstehen. Whitehead war kein Leibnizianer. Im Grunde genommen war er Vor-Kantianer, weil es ihm überhaupt nicht geschmeckt hat, die Erkenntnis primär auf das Subjekt der Erkenntnis zu beziehen. Für ihn war es wichtig, die Welt, wie sie ist, zu erklären.

Diese Welterklärung war für ihn im Heraklit'schen Sinne eine Erklärung des Tatbestandes, dass alles sich verändert. Das wollte er nicht dadurch vernebelt sehen, dass man immer wieder davon ausgeht, dass alles was du wissen kannst nur daran liegt, welche Brille du aufhast, nämlich Zeit, Raum, Kausalität usw.

Sein „Process and Reality“ ist erst 1987 in Deutsch erschienen. Wenn man versucht, das einfach so runterzulesen, wie's da steht, dann vergeht einem nach wenigen Seiten die Lust daran, weil es heavy stuff, sehr schweres Material ist. Wenn man versucht, es auch noch in die Naturwissenschaften zu übersetzen, drängen sich gleich noch ein paar Jahrzehnte fachlicher Übersetzertätigkeit auf.

Gottseidank gibt es Philosophen, für die Whitehead eine immer größere Bedeutung gewinnt. Sie merken, dass der Mann möglicherweise der letzte im 20. Jahrhundert war, der versucht hat, eine gesamte Ontologie in direktem Kontakt mit den gerade, in ihre erste triumphale Phase tretenden Naturwissenschaften zu begründen. Das ist danach nie wieder passiert.

Danach gab es entweder Philosophen, die sich völlig von den Naturwissenschaften abgewandt haben, oder sich so sehr auf die Naturwissenschaften eingelassen haben, dass sie fast „nur noch" Wissenschaftstheorie betrieben haben. Die interessieren sich nur noch dafür, wie denn das funktioniert, was da so erfolgreich abläuft.

Vossenkuhl:

Ich habe keine große Hypothese, aber ich habe so einen gewissen Verdacht, warum er sich - abgesehen von der Schwierigkeit seines Textes – nicht so richtig durchsetzen konnte. Er ist ein *Theist* gewesen, also ein Mensch, der glaubte, dass es Gott gibt und der über ihn nachgedacht und geredet hat. Auch in „Process and Reality" redet er sehr viel über Gott. Das nehmen die Menschen – einschließlich der Philosophen - heute nicht mehr ernst. Whitehead hat auch *Teleologie*, zielgerichtete Prozesse in der Natur angenommen. Insofern blieb ihm fast nichts anderes übrig als auch über Gott zu reden.

Teleologie finden gerade die wissenschaftlich orientierten Philosophen heutzutage, die an den Kausalnexus glauben, geradezu absurd. Ich glaube, dass diese Vorbehalte seinem Denken gegenüber schon bis zu einem gewissen Grad für die Whitehead-Abstinenz verantwortlich sind. Die meisten Leute lassen, wenn sie ‚Gott' und ‚Teleologie' lesen, die Jalousien runter.

Lesch:

Das sind doch Vorurteile.

Vossenkuhl:

Ja, sehr schlichte Vorurteile.

Lesch:

Auf jeden Fall sollte man sich die inhaltlichen Argumente eines Philosophen anhören, auch wenn am Ende Gott steht. Es könnte ja sein, dass auf dem Weg dahin ein paar gute Gedanken abfallen.

Vossenkuhl:

1929 war das Erscheinungsjahr von „Process and Reality". Ein Jahr davor war „Sein und Zeit" von Martin Heidegger, über den wir noch sprechen werden, erschienen. Und 1928 war auch das Erscheinungsjahr von Rudolf Carnaps „Der logische Aufbau der Welt". Abgesehen davon gibt es noch einige andere, die exakt in diesen Jahren große und wichtige Bücher publiziert haben, z.B. erschien 1929 der dritte Band von Ernst Cassirers „Philosophie der symbolischen Formen", Carl Schmitts Der Begriff des Politischen war 1927 erschienen. Diese Bücher und Autoren hatten miteinander wenig zu tun, außer dass sie alle – auf jeweils andere Weise – mit ihren Büchern sehr einflussreich waren. Wenn man sich das überlegt, ist es schon eine merkwürdige Koinzidenz, ein merkwürdiges Zusammentreffen.

Heidegger hat auch sehr intensiv über *Relationalität,* also über eine alternative Ontologie nachgedacht, die sich nicht mehr an der Materialität der Substanzen orientiert…

Lesch:

… sondern an den Beziehungen.

Vossenkuhl:

Es ist schade, dass es zwischen diesen beiden Denkern keinen Dialog gab. Heidegger hat international viel Erfolg gehabt und hat ihn immer noch, nicht zuletzt in Japan. Ich denke, „Prozess und Wirklichkeit" hätte eine gute Chance, heute wieder ins Gespräch zu kommen.

In dem Buch gibt's hinten einen nützlichen Index, der zeigt, wen er alles erwähnt hat und wer wie oft vorkommt. Kant kommt häufig vor. Russell einmal.

Lesch:
Obwohl die beiden das schon erwähnte Mathematik-Werk verfasst haben.

Vossenkuhl:
Die „Principia Mathematica". Kein Wort jetzt darüber in „Process and Reality".

Lesch:
Nichts.

Vossenkuhl:
Whitehead hat sich völlig von seinem ursprünglichen Denken verabschiedet, in dem die Logik die eigentliche Basis von Mathematik, Geometrie und dem Rest der Wirklichkeit ist. Anfangs hatte er an ein logisches Grundgerüst der Theoriebildung in der Mathematik und in der Physik geglaubt.

Es hat mich erstaunt, dass davon nun nichts mehr zu sehen ist. War es doch gar nicht so lange her, dass er mit Russell die drei Bände der „Principia Mathematica" veröffentlicht hatte. Ein riesiges Unternehmen …

Lesch:
… unglaublich. Die Grundlagen der Mathematik.

Vossenkuhl:
1929 steht von diesen Grundlagen bei Whitehead gar nichts mehr.

Lesch:
Ja. Die beiden konnten sich nicht mehr riechen.

Vossenkuhl:
Vielleicht sollten wir jetzt einmal an seinen Freund und späteren Kontrahenten Russell denken. Die Freundschaft ging im Ersten

Weltkrieg auseinander, weil Russell Pazifist war und Whitehead seinen Sohn in jenem Großen Krieg – The Great War nennen ihn die Briten - verloren hat. Russell hat wegen seiner Gegnerschaft zum Krieg nur seine Stelle als Fellow am Trinity College, wo die beiden lehrten, verloren. Dass er wegen seines Pazifismus rausgeschmissen wurde, ist heute nicht leicht nachzuvollziehen, wo es doch so viele erklärte Pazifisten gibt.

Russell hatte aber schon vorher jede Menge schlechter Erfahrungen mit seinen Überzeugungen gemacht. So hatte er sich für das Frauenwahlrecht stark gemacht. Es gibt die köstliche Geschichte, wo er für dieses hehre Ziel in Wimbledon auftrat und mit Eiern beworfen wurde. Das steckte aber ein Earl Russell ganz cool weg. In dieser Zeit ging die Freundschaft mit Whitehead auseinander.

Russell stammte aus einer alten Familie. Sein Großvater war mehrfach Prime Minister im 19. Jahrhundert gewesen. Er und seine Gattin waren mit John Stuart Mill befreundet, also mit einem anderen großen Philosophen, den wir hier nicht behandeln. Mill (1806-1873) war Patenonkel Russells. Russell kannte Leute, die im 18. Jahrhundert schon eine große Rolle gespielt hatten. Weil er so früh geboren und so alt geworden ist, konnte er eine Gedächtnisbrücke vom 18. bis ins 20. Jahrhundert schlagen.

Er kommt also aus einer bedeutenden, hoch angesehenen Familie und stellte sich selber auch einmal als Liberaler zur Wahl für das Unterhaus, wurde aber nicht gewählt.

Zunächst hatte er sich mit der Hegel'schen Philosophie bei seinem Lehrer F. H. Bradley beschäftigt. Von dem löste er sich 1898. Bei Whitehead studierte er dann Mathematik. Die Logik wurde immer mehr sein Interessengebiet. Lehrer und Student waren zusammen der Meinung, dass alle Philosophie auf Logik basiert. Davon ist er nie wirklich abgerückt.

Lesch:

Richtig.

Vossenkuhl:

Dann haben beide dieses Riesenwerk geschrieben.

Was ist eigentlich von Russell geblieben? Nun, er gilt als einer der Begründer der analytischen Philosophie, vor allem der analytischen Sprachphilosophie. Wenn man heute über ihn spricht, denkt man zum Beispiel an die *Russell'sche Antinomie* und an solche Dinge.

Lesch:

Was ist das?

Vossenkuhl:

Er war ja zunächst einmal Realist und meinte, dass es eine größte Kardinalzahl gibt. Die ist identisch mit der Klasse aller Entitäten. Was liegt näher, als zu glauben, dass die Klasse aller möglichen Dinge die größtmögliche Anzahl hat?

Lesch:

Mit allem, was ist.

Vossenkuhl:

Cantor hat dann den Beweis geliefert, dass es keine größte Kardinalzahl geben kann.

Lesch:

Mathematiker.

Vossenkuhl:

Genau. Na ja. In der Zeit hatte Russell den eben schon benutzten Klassenbegriff eingeführt. Dann stellte er – angeregt durch Cantors Beweis - fest, dass sich aus seinem Klassenbegriff ein Widerspruch ableiten lässt. Das ist logisch natürlich eine Katastrophe. Er sah ein, dass es Klassen gibt, die sich selbst enthalten und solche, die sich nicht selbst enthalten. Eine Klasse, die sich selbst enthält ist die Klasse aller Klassen, klar. Eine, die sich nicht selbst enthält, ist die Klasse aller Menschen, denn die ist ja kein Mensch. Auch die Klassen der warmen oder roten Dinge enthalten sich nicht selbst, weil die eine ja selbst kein warmes und die andere kein rotes Ding ist.

Lesch:
Oh, hm, gut, ja, o.k.

Vossenkuhl:
Das ist ein bisschen ... aber es geht gleich vorbei. Dann hat er überlegt: Wenn es Klassen gibt, die sich selbst enthalten und solche, die sich nicht selbst enthalten, kann man doch den Begriff bilden ‚die Klassen aller Klassen, die sich nicht selbst enthalten'. Definieren wir diese Klasse einfach als ‚S' und schon haben wir den Begriff S. Dann stellt sich die Frage, ob S zu sich selbst gehört oder nicht. Und bei dieser Frage haben bei ihm die Alarmglocken geläutet: Denn wenn S zu sich selbst gehört, dann folgt aus der Definition von S, dass S nicht zu sich selbst gehört. Dann gehört S also zu sich selbst und S gehört nicht zu sich selbst. Das bedeutet Widerspruch! Denn Sätze oder Definitionen, die ihr Gegenteil implizieren, führen einfach zum Widerspruch... Ende des Klassenbegriffs. Das ist die Russell'sche Antinomie oder Paradoxie.

Lesch:
Sind Sie noch da, lieber Leser? Ist alles gut? Wir sind gleich wieder bei Ihnen.

Vossenkuhl:
Es ist interessant zu lesen, was Russell dazu einfiel. Er sagte, dass es ihm manchmal so vorkomme, als sei es was ganz Törichtes, dass sich ein erwachsener Mensch …

Lesch:
… mit solchen Fragen beschäftigt.
Das ist doch sympathisch.

Vossenkuhl:
Da ist er sehr sympathisch, indeed.

Lesch:

Also, wenn ich an Russell denke, fällt mir sofort ein, dass er auch ein paar phantastische Bücher über Philosophie geschrieben hat. Philosophiegeschichte, nämlich „Die Philosophie des Abendlandes“ (*A History of Western Philosophy*, 1946). Daraus hervorgehend ein Buch, das sehr erfolgreich verkauft worden ist „Die Denker des Abendlandes“ (*Wisdom of the West*, 1959).

Er hat sich wirklich um die Popularisierung von Philosophie verdient gemacht, indem er vor allen Dingen Philosophie niemals isoliert betrachtet hat. Er stellte sie in größere, historische Zusammenhänge.

Seine „Philosophie des Abendlandes“ erklärt wunderbar, woher eigentlich die Strömungen in der Philosophie kommen. Warum hat man damals so gedacht? Man muss ja nicht immer seiner Meinung sein. Aber was er in seinen Büchern anbietet, sind außerordentlich originelle Interpretationen. Auf der anderen Seite ist er Nobelpreisträger für Literatur (1950). Er ist bekannt gewesen für seinen phantastischen Stil - und außerdem war er ein ewiger Nörgler.

Vossenkuhl:

Weißt Du, wofür er den Nobelpreis bekommen hat?

Lesch:

Ich dachte für „Die Philosophie des Abendlandes“.

Vossenkuhl:

No.

Für „Marriage and Moral, Ehe und Moral“, wieder ein Buch aus dem Jahre 1929.

Lesch:

Ehe und …

Vossenkuhl:

… Moral.

Lesch:

Ehe und Moral. Ach. Dafür? Was steht denn da drin?

Vossenkuhl:

Das kann ich Dir nicht sagen, weil ich es nicht gelesen habe. Da ihm der Nobelpreis für seine Verdienste als „Vorkämpfer für Humanität und Gedankenfreiheit" verliehen wurde, und jenes Buch davor heftigste Kontroversen ausgelöst hatte, kann ich mir ungefähr vorstellen, was darin zu lesen ist. Unsere Frauen wären wohl kaum begeistert, wenn wir uns an diesem Werk orientieren und sie als Lebensabschnittspartnerinnen auf mögliche künftige, moralisch gut begründete, Veränderungen je nach Lage der Liebe vorbereiten würden. Er selbst hat dem libertären Geist, wie in seiner Autobiographie nachzulesen ist, sehr aktiv gehuldigt und sich dabei als Hort der Moralität empfunden. Russell war viermal verheiratet. Er war ein Vertreter einer ganz liberalen Auffassung von Ehe, die selbst heute von bekannten Politikern kaum zu toppen ist.

Lesch:

Bei diesen Aktivitäten muss man wohl sehr liberal sein.

Vossenkuhl:

Er hatte sehr liberale Vorstellungen von der Kindererziehung, obwohl er selbst bei der strengen, von viktorianischer Moral durchdrungenen Großmutter aufgewachsen war. Im Alter von vier Jahren hatte er seine beiden Eltern verloren.

Er trat natürlich für eine libertäre Sexualität ein. An einer Stelle in der Autobiographie schreibt er sinngemäß: Eines Tages - da wohnten die Russells gerade bei den Whiteheads - setzte ich mich auf mein Fahrrad und machte einen Ausflug. Wie ich so vor mich hin radelte, fiel mir ein, dass ich meine liebe Frau gar nicht mehr liebte. Ende der ersten Ehe.

Lesch:

Schlagartig. Ent-lieben aus heiterem Himmel.

Vossenkuhl:

Wie kann einem das so plötzlich kommen? Aber er war so ein Typ. Später hat er sich mit seiner ersten Ehefrau ganz gut verstanden. Ein ungewöhnlicher Mann und ein Querkopf. Wegen seines strikten Pazifismus saß er im Gefängnis und hat dort seelenruhig die Zeit zum Schreiben genutzt. Er musste furchtbar viel schreiben, weil er von seinen Büchern lebte.

Konsequent war Russell in seiner Philosophie des logischen Atomismus, oder besser gesagt in seinem logischen Konstruktivismus. Alles wird aus Logik konstruiert. Die Bauteile, die Entitäten, sind dabei materiell zu verstehen.

Er hatte auch eine Theorie, wie das Wissen zustande kommt. Es gibt zwei Typen: Das Wissen durch direkte Bekanntschaft (knowledge by acquaintance), wenn ich zum Beispiel Wissen durch Bekanntschaft mit Deiner Jacke haben will, schaue und fasse ich sie einfach an. Dann gibt es noch Wissen durch Beschreibung (knowledge by description). Würde ich zum Beispiel Physik betreiben, ergäbe sich beim besten Willen kein Wissen durch Bekanntschaft mit den Atomen, dafür aber Wissen durch Beschreibung.

Lesch:

Die Atome kannst Du wirklich nicht anfassen.

Vossenkuhl:

Also muss ich das beschreiben. Das eine, die Bekanntschaft (acquaintance) ist absolut sicher, sagt Russell. Das andere ist erst einmal nicht sicher. Sein Denken ist fast eine Art von Gegenmodell zu dem, was Whitehead vorgelegt hat.

Lesch:

Er ist offensichtlich jemand, der der Metaphysik zutiefst skeptisch gegenüber steht. Absolutes Metaphysik-Verbot.

Vossenkuhl:

Ein paar Ausnahmen hat er schon gemacht. Bei Bradley hatte er ja den *Monismus* kennen gelernt, dieses hegelianische …

Lesch:

… Ganze.

Vossenkuhl:

Ja, der Monismus will das Ganze, also wirklich alles – Denken, Wahrnehmung, das Physische und das Psychische, Werden und Vergehen - aus einer gemeinsamen Wurzel heraus denken. Man gewinnt den Eindruck, dass es Russell immer wieder auch ums Ganze geht. Programmatisch hat er zwar einen Pluralismus vertreten. Dann schlich sich aber wieder eine Art logischer Monismus ein, der das Ganze aus einer logischen Wurzel heraus denkt. So ganz konnte er sich von dem hegelianischen Denken doch nicht verabschieden.

Lesch:

Später, mit dem Russell-Tribunal, gegen die atomare Bewaffnung, und auch gegen jede Art von Militarismus ist er in einer breiten Öffentlichkeit bekannt geworden. Eigentlich war er ein Protest-Philosoph. Gegenüber dieser ganzen Entwicklung der Moderne war er extrem skeptisch. Auf der anderen Seite zeigte er sich als sehr liebenswerter Genuss-Mensch. Ein Mann, der voller Widersprüche, aber sehr originell war.

Vossenkuhl:

Du hättest ihn als Zehnjähriger gerade noch kennen lernen können. Ich habe ihn noch bewusst als sehr lebendig und beeindruckend wahrgenommen.

Lesch:

Für mich ist er so eine Art von philosophischem Rumpelstilzchen. Jemand, der temperamentvoll gegen Dinge angeht und auch als Philosoph nicht die feine Art von intellektueller Diskretion pflegt. Viele Philosophen nörgeln ja gerne rum, schreiben auch was weiß ich für Pamphlete, alles Mögliche. Aber wenn's darum geht, Farbe zu bekennen, öffentlich zu werden und sich aus dem Fenster zu hängen, und zu rufen: Freunde, das ist ja alles Kappes, was hier passiert. Das hört und sieht man doch wenig.

Vossenkuhl:

Da zeigte sich Russell wirklich als Gegenmodell.

Lesch:

Russell und Whitehead sind Zeitgenossen, deren Wirken und Werken sich im ausgehenden 19. und beginnenden 20. Jahrhundert manifestierte.

Beide erleben den Triumph der Physik und die Katastrophe des Ersten Weltkriegs. Whitehead, der 1947 stirbt, durchleidet noch die Katastrophe des Zweiten Weltkriegs und das Auftauchen des Kommunismus. Das heißt, sie erleben praktisch den Triumph und den fast-schon-Niedergang der Moderne.

Das nächste Betätigungsfeld für den umtriebigen Russell wäre wohl das Thema Ökologie gewesen, das aber erst 1972 mit dem ersten Zustandsbericht über den Planeten vom „Club of Rome" auf die globale Tagesordnung kam.

Das wäre sicherlich für ihn die nächste große Baustelle geworden, die ökologische Katastrophe, auf die wir zubrettern, wenn wir uns nicht bald am Riemen reißen.

Ist das typisch für die britische Philosophie auf der Insel, die Probleme der Welt zu thematisieren? Auf dem Kontinent, bei Heidegger zum Beispiel, wird ja in eine ganz andere Richtung gedacht.

Vossenkuhl:

Die Frage kann man mit einem „kleinen Ja" beantworten. Einfach deswegen, weil die liberale Tradition in England im 19. Jahrhundert schon sehr stark war. Die gab's damals bei uns nur in Ansätzen oder gar nicht. Bei uns hat sich selbst ein Philosoph wie Nietzsche mit seiner vehementen Kulturkritik öffentlich kaum bemerkbar machen können. Und der war nun beileibe kein Liberaler.

Wir kommen noch zu Einstein. Der hat ja auch eine große Klappe gehabt und sich öffentlich gegen vieles, was im Argen lag, gewandt. Aber diese Art, aus einem liberalen Selbstbewusstsein heraus zu sagen, was man denkt und zu protestieren, öffentlich, laut, auch wenn man dafür ins Gefängnis geht, das gab es auf dem Kontinent nicht. Diese liberale Tradition hat bei uns gefehlt.

In Deutschland gab es in der Zeit zwar große Denker. Es waren aber nicht die Persönlichkeiten, die der Öffentlichkeit und ihren Mitmenschen gesagt hätten, wo's lang geht oder was eigentlich gemacht werden soll.

Das gab es dann erst nach dem Zweiten Weltkrieg wieder.

Lesch:

Erkennt man daran auch die Bedeutung der traditionellen britischen Bildungs-Einrichtungen, der Universitäten Oxford und Cambridge?

Vossenkuhl:

Die haben sicher – gemeinsam mit den bedeutenden Privatschulen (Public Schools) Eton, Winchester, Harrow, Westminster, Marlborough - großen Einfluss auf die Entwicklung des Liberalismus gehabt, waren selber aber, was die Traditionspflege angeht, stock konservativ und selbstbewusst national. Sonst hätten sie dem Russell nicht im Trinity College in Cambridge den Laufpass gegeben.

Du darfst nicht vergessen: Noch in den siebziger, achtziger Jahren des 19. Jahrhunderts musste man, wenn man Fellow, also volles Mitglied und Dozent, an einem der Colleges in Oxford oder Cambridge wurde, die 24 Glaubensartikel der Anglikanischen Kirche unterschreiben. Kurz bevor Whitehead und Russell als Dozenten anfingen, war das noch in Kraft. Da waren unsere Universitäten damals schon längst säkularisiert.

Dennoch hielt sich das liberale Denken in diesen Anstalten sehr in Grenzen. Man muss sich nur die Menge der Professoren anschauen, die 1914 mit Begeisterung die deutschen Kriegsziele befürwortet haben. Nur wenige waren liberal genug, dagegen zu sein.

Lesch:

Also: Alfred North Whitehead und Bertrand Russell, zwei bedeutende Philosophen, zwei bedeutende Männer am Übergang vom 19. zum 20. Jahrhundert, die ganz wichtige Dinge gedacht haben. Auch wenn die beiden Gentlemen nicht gemeinsam in jedem Philosophie-Lehrbuch stehen.

Einstein

Bohr

Eine Revolution in der Naturphilosophie – Albert Einstein (1879 - 1955) und Niels Bohr (1885 - 1962)

Vossenkuhl:

Mit Recht mögen Sie bisher den Eindruck gehabt haben, dass unsere Denker ausschließlich Philosophen waren, einmal von Goethe abgesehen, der ja kein lupenreiner Philosoph war. Nun ändern sich die Zeiten. Das große Denken ändert sich spätestens mit Albert Einstein. Geboren in Ulm 1885, Sohn jüdischer Eltern. Die Familie war schon mehrere Jahrhunderte im Schwäbischen ansässig. Gestorben 1955 in Princeton. Er hat die Katastrophen des 20. Jahrhunderts miterlebt: Erster Weltkrieg, Zweiter Weltkrieg, Vernichtung der europäischen Juden. Er musste selbst darunter leiden. Auch seine Angehörigen waren davon betroffen.

Der zweite große Denker ist Niels Bohr aus Kopenhagen. Auch er ein Physiker.

Doch zuerst unser Genie aus dem Schwäbischen. 1905 war sein Druchbruch. Davor hat man nicht viel von ihm gesehen und gehört. Was war da passiert, Harald?

Lesch:

Das fragen sich viele Wissenschaftshistoriker. Wenn man die Aktenlage sichtet stellt man fest, dass der Mann einfach phantastisch gut gearbeitet hat, sehr effizient. In einem schlappen Jahr hat er die wesentlichen Arbeiten zum Fotoeffekt geschrieben, für den er auch den Nobelpreis bekommen hat. Der fotoelektrische Effekt beinhaltet die Erkenntnis, dass aus einer Metalloberfläche, wenn sie mit dem passenden Licht beleuchtet wird, Elektronen entweichen.

Dann hat er noch eine phantastische Arbeit über Statistik geschrieben, die nicht so einfach zu erklären ist. Die hat den molekularen Charakter eines Gases zur Grundlage. Mit anderen Worten, Einstein hat bewiesen, dass Gase aus Molekülen bestehen und dass deren Wechselwirkungen untereinander zu einer Diffusion von Gasen führen kann.

Und dann natürlich die spezielle Relativitätstheorie. Im Original heißt sie: „Die Elektrodynamik bewegter Medien." Da hat er sich eigentlich mit einer ganz einfachen Frage herumgeschlagen: Warum ist die Lichtgeschwindigkeit in allen Bezugssystemen, egal wie schnell die sich bewegen, konstant, nämlich immer knapp 300.000 km/s im Vakuum.

Landläufig würde man doch denken: Wenn ich mich in Richtung eines Lichtstrahles bewege, dann müsste doch diese Bewegungsgeschwindigkeit - nehmen wir an, ich hätte eine Taschenlampe in der Hand - zusätzlich zur Lichtgeschwindigkeit dazu kommen. Wenn ich mich entgegen des Lichtstrahls bewege, müsste diese Geschwindigkeit abgezogen werden.

Aber was immer man an Experimenten machte: Die Lichtgeschwindigkeit erwies sich in allen Bezugssystemen als Konstante. Das hat unsere Vorstellung von der Welt total verändert. Diese Arbeiten sind die Grundlage seines Ruhmes.

So richtig knackig wird's dann, wenn er anfängt über etwas nachzudenken, was völlig absurd ist. Was ist eigentlich Gravitation? Was ist Schwerkraft? Und dann stellte er fest: Ach, Gravitation ist wohl so was wie eine Beschleunigung. Ich kann gar nicht unterscheiden, sei es in einem Fahrstuhl irgendwo am Rande des Universums oder in der Nähe einer schweren Masse, ob der Fahrstuhl beschleunigt wird oder nicht. In beiden Fällen spüre ich mein Gewicht. Einstein stellte also fest: Beschleunigte Bezugssysteme entsprechen einem Schwerefeld, einer Gravitationsquelle. Das hat alles auf den Kopf gestellt. Danach war klar, dass Lichtstrahlen durch Massen gekrümmt werden.

Dann hat er die Vorhersage gemacht, dass auch unsere Sonne die Lichtstrahlen krümmt. Bei einer Sonnenfinsternis hat man dann genau diese Krümmung der Lichtstrahlen gemessen. Die Bilder der Sterne wurden dadurch ein wenig verändert. In der Nähe der Sonnenscheibe fingen die Sterne an, ihre Position sprunghaft zu verändern. Auf diese Art und Weise wurde der Mann zu einem sehr populären Star der Wissenschaften. Ein Stern am Himmel der Astrophysik.

Vossenkuhl:

Spätestens dann hat auch der Thomson gesagt, dass das eine der größten denkerischen Leistungen der Menschheitsgeschichte sei.

Lesch:

Der Thomson muss es ja wissen. Immerhin ist er Physiker.

Vossenkuhl:

1905. Dazu fällt mir noch der Bertrand Russell ein. 1905 hat er über die Theorie der Beschreibung, „Theory of Description " einen Aufsatz geschrieben.

Lesch:

Die Beschreibung?

Vossenkuhl:

Ja. „On Denoting" heißt der Aufsatz. In der Philosophie ist das einer der meistgelesenen Aufsätze überhaupt. Das lesen die Studenten, die Philosophie studieren, mehr oder weniger alle. Ein kleiner Aufsatz, der übrigens beinahe nicht veröffentlicht worden wäre, weil der Redakteur gemeint hat, dass das doch Quatsch sei, was da drin steht. Das hat uns Russell in seiner Autobiografie wissen lassen.

Ein kleiner Aufsatz, in dem es auch um etwas relativ Kleines geht.

Im gleichen Jahr passiert durch Einstein etwas in der Physik, das eine große Wirkung hat, eine Explosion des Wissens, des physikalischen Wissens, die leider auch zur Explosion von Bomben geführt hat.

Lesch:

Aus Einsteins spezieller Relativitätstheorie folgt die Äquivalenz von Energie und Masse. $\mathbf{E = m\,c^2.}$ Diese Formel birgt nicht nur das Geheimnis, wie Sterne funktionieren, nämlich die Verwandlung von Masse in Energie, sondern auch das Geheimnis, wie Atombomben funktionieren, ebenso eine Verwandlung von Masse in Energie.

Das mit der Bombe wusste Einstein damals nicht. Als er die Äquivalenz von Masse und Energie ausgerechnet hat, konnte er nicht ahnen, was daraus werden würde. Dazu musste noch eine ganze Menge Forschung kommen. Vor allen Dingen auch die Entdeckung der Quantenmechanik, also der Teil der Physik, von dem wir später noch reden werden, wenn es um Bohr und seine Zeitgenossen geht.

Was Einstein philosophisch gemacht hat, war, dass er Forderungen gestellt hat. Ich würde sagen, dass er für die Entwicklung jener Theorien metaphysische Grundlagen beanspruchte.

Da war zum einen die Forderung, Naturgesetze zu finden, die unabhängig vom Bezugssystem sind. *Invariant* heißt das in der Physik. Die sollten also ewig sein. Egal, wo du im Universum bist, mit welchem Raumschiff und auf welchem Planeten du dich auch immer bewegst. Es sollten Naturgesetze sein, die immer und überall gültig sind!

Eine ganz interessante Forderung, die aber zunächst einmal durch nichts gedeckt ist. Es könnte ja sein, dass sich die Naturgesetze im Universum auch verändern. Aber nein, Einstein forderte eine kontinuierliche Natur ein. Er wollte Theorien haben, die möglichst einfach sind, ontologisch sparsam, und nicht 500 verschiedene Annahmen haben. Außerdem wären Gesetzesstrukturen wünschenswert.

Er war ein richtiger theoretischer Physiker, der angelehnt an naturphilosophische Vorstellungen seine Theorien entwickelt hat.

Dass daraus dann etwas Konkretes geworden ist, das konnte Einstein nicht absehen. Das ist aber auch die Antwort auf Deine Frage.

Russell hat sich mit etwas ganz Wichtigem, nämlich der Theorie der Beschreibung, beschäftigt. Wie beschreibe ich etwas? Dahinter steckt eine logische Fragestellung.

Dagegen hat sich Einstein mit etwas beschäftigt, das auf den ersten Blick völlig abstrus erscheint. Wieso ist die Lichtgeschwindigkeit abhängig vom Bezugssystem? Da denkt man doch erst einmal, dass das völlig piepenhagen ist. Ich komme an diese 300.000 km/s sowieso nicht ran. Wie sich aber in der Folge herausstellte, ergaben sich daraus Konsequenzen für die Struktur von Raum und Zeit.

Zeit ist nicht mehr die Zeit, die einfach so abläuft. Der Raum ist nicht mehr einfach so da. Das heißt, das gesamte Weltbild schwankte plötzlich. Die alte philosophische Frage - was ist die Welt? - die wird an dieser Stelle ziemlich zittrig. Die Physiker finden da plötzlich Antworten, auf die ein Philosoph nie gekommen wäre.

Vossenkuhl:

Mit Einstein hat sich das Verständnis von Raum und Zeit total verändert. Kant sagte noch, dass der Raum der äußere Sinn, die Zeit der innere Sinn sei. Das sind zwei grundverschiedene Sinne. Außen und innen. Seit Einstein muss man wohl sagen, dass sich Raum und Zeit gar nicht voneinander trennen lassen. Es gibt nur Raum-Zeit.

Lesch:

Das kann man so sagen, muss aber vorsichtig damit umgehen. Man sollte jetzt nicht diesen etwas blödsinnigen Satz strapazieren, dass irgendwie alles relativ sei. So ist es nicht. Natürlich muss man bedenken, dass innerhalb eines Raumes, wenn ich ihn betrachte, Zeit vergeht. Das Eine lässt sich nicht vom Anderen trennen. Erkennen kann ich das nur über Strahlung. Diese vollzieht sich aber nicht schlagartig, sondern wird mit einer endlichen

Geschwindigkeit transportiert, eben mit der Lichtgeschwindigkeit. Daraus ergibt sich mein Horizont. Ich kann immer nur gewisse Dinge innerhalb meines Horizontes erfahren. Was durch Strahlung noch nicht an mich herangetragen worden ist, davon kann ich gar nichts wissen.

Bestes Beispiel ist ein Blick in den Nacht-Himmel. Da sieht man möglicherweise Sterne, deren Licht vor 200.000 Jahren losgeschickt worden ist. Jetzt gerade, heute Nacht, trifft es unseren Planeten Erde. Aber während es uns trifft, ist der Stern vielleicht schon vor 100.000 Jahren explodiert. Davon können wir beim besten Willen gar nichts wissen. Da muss man mit Schlussfolgerungen vorsichtig sein. Aber im Prinzip ist es tatsächlich eine Raum-Zeit.

Vossenkuhl:

Diese Konstanten, die überall gleich sind, egal wo im Universum. Das ist interessant. Könnte man sagen, dass diese Konstanten ein Realitätskriterium und gleichzeitig ein Intelligenzkriterium sind? Wo auch immer im Universum, es herrscht die selbe Intelligenz, sei es eine menschliche oder eine nichtmenschliche. Die Intelligenz, die das versteht, versteht auch einen wesentlichen Baustein der Wirklichkeit. Gleichzeitig liefert diese Intelligenz dadurch den Nachweis, wirklich intelligent zu sein. Das wäre sozusagen eine Art Lackmus-Test der Intelligenz.

In der Philosophie hat man oft gedacht, dass es einen Lackmus-Test der Vernunft gibt. Besonders wenn man sich bestimmte Grundprinzipien, oder die Willensfreiheit ansieht. Das ist aber sehr umstritten. Es muss nicht unbedingt eine nichtmenschliche Intelligenz geben. Aber wenn es eine nichtmenschliche Intelligenz gäbe ...

Lesch:

… gäbe, ja …

Vossenkuhl:

... oder gibt, dann wären diese Naturkonstanten doch so eine Art von Test dafür.

Lesch:

In der Tat wäre das ein möglicher Test, den uns die Physik zur Verfügung stellt. Weil wir mit der Prämisse arbeiten, dass die Naturgesetze, die wir hier auf der Erde entdecken, immer und überall im Universum gelten. Ich bezeichne das gerne als maximalen *Chauvinismus*. Chauvinismus ist der Glaube an die Überlegenheit der eigenen Gruppe.

Darin sind die Physiker sicherlich ganz stark, weil sie über die letzten 150 Jahre so viele triumphale Entdeckungen, sowohl theoretischer als auch experimenteller Natur, gemacht haben. Das ist wie eine Dampfwalze, die alle Wissenschaften überrollt, weil diese Auseinandersetzung zwischen Theorie und Experiment so unglaublich erfolgreich verläuft. Da gibt es zum Beispiel diese Sache mit den Naturkonstanten.

Wir können aber auch noch viel weiter gehen und sagen: Eine Intelligenz auf einem anderen Planeten wird irgendwann feststellen, dass es chemische Elemente gibt. Sie wird dann genau die gleichen chemischen Elemente wie wir entdecken, nämlich Wasserstoff, Helium, Lithium, Beryllium, Bor. Die intelligenten Jungs vom anderen Planeten werden feststellen, dass es Gase, Alkalimetalle und richtige Metalle gibt, Halogene usw. Und sie werden auch feststellen, dass es dafür eine Reihenfolge gibt, die keine Lücken frei lässt. Wir kennen diese Reihenfolge schon. Wir werden auch in 500 Millionen Jahren unseren Kindern und Kindes-Kindes-Kindern noch dieses Periodensystem der Elemente beibringen. Das sind die atomaren Konstituenten des Universums.

Wenn man eine außerirdische Intelligenz träfe - ein interessanter Konjunktiv - dann würde man sich sicherlich - wenn man sich überhaupt irgendwie verständigen könnte - entweder über Naturkonstanten oder über das Periodensystem der Elemente unterhalten.

Vossenkuhl:

Noch so ein schöner Test.

Du hast gerade über diese wunderbare, chauvinistische Neigung der Physiker gesprochen. Diese große Dampfwalze. Hat die nicht unten rum so kleine Rädchen? Ich meine die Mathematiker.

Lesch:

Die Sprache der Physik oder die Sprache, in der Physik transportiert wird, ist immer eine quantitative. Wir nennen diese quantitative Sprache Mathematik. Ohne diese nicht übersetzbare Sprache Mathematik kommen wir nicht aus. Physik ist rechnen und messen.

Vossenkuhl:

Wie hielt es denn Einstein mit der Mathematik?

Lesch:

Oh, Einstein hat eine ganze Weile damit zu kämpfen gehabt. Wenn er eine Invarianz der Naturgesetze forderte, konnte er die Gesetze nicht mehr so formulieren, wie das noch bei Newton und seinen Nachfolgern der Fall gewesen war. Er musste eine ganz andere Beschreibungsweise benutzen.

Bei der „Speziellen Relativitätstheorie" ließ sich das noch relativ einfach bewerkstelligen, weil die Geometrie, in der er die Gesetze entwarf, euklidisch war. Euklidische Geometrie bedeutet, dass ein Dreieck eine Winkelsumme von 180 Grad hat, und ein sogenannter flacher Raum ist. Bei der „Allgemeinen Relativitätstheorie" allerdings musste er auf gekrümmte Räume zurückgreifen. Nach der „Allgemeinen Relativitätstheorie" hätte in der Nähe von schweren Massen der Raum nicht mehr flach, sondern gekrümmt sein können.

Das Grandiose passierte dann, als Einstein anfing, sich mit dem ganzen Universum zu beschäftigen. Er stellte die Frage nach dem Ganzen und formulierte sie mathematisch mit Hilfe des tollen russischen Mathematikers Alexander Friedmann, der aus der „Allgemeinen Relativitätstheorie" ableitete, dass sie sogar Aussagen über das gesamte Universum machen kann, über das Schicksal des ganzen Universums. Für diese „Allgemeine Relativitätstheorie“ brauchte man Mathematik. Einstein hatte da enorm zu kämpfen. Er konnte sich aber auf gute Freunde stützen.

Vossenkuhl:

Es gibt dieses hartnäckige Gerücht, dass Einstein ein schlechter Schüler gewesen sein soll. Er war in München im Gymnasium, im Luitpold-Gymnasium. Heute heißt jenes Gymnasium Albert-Einstein-Gymnasium. Er war ein ziemlich schwieriger Schüler, weil die kaiserliche oder königlich-kaiserliche Ordnung in der damaligen Zeit etwas streng war und Einstein zum Widerspruch und zur Renitenz neigte. Das kam damals überhaupt nicht gut an.

Er verließ die Schule und hat das Abitur dann später in der Schweiz nachgeholt. Offenbar hat jemand, der das Schweizer Zeugnis gesehen hat, festgestellt, dass da eine Menge Sechsen drin standen. Das sind allerdings in der Schweiz Einsen, die besten Noten.

Er war wirklich ein sehr guter Schüler, aber das Märchen des schlechten Schülers hat sich hartnäckig gehalten. Später studierte er in Zürich und wurde Physiker. Ähnlich wie Russell ist er ein *Homo Politicus* gewesen. Darüber müssen wir auch kurz reden.

Wie Russell verfolgt er pazifistische Grundideen. Er war Anhänger des Zionismus und hat sich für den Staat Israel eingesetzt. Zunächst war er deutscher, dann schweizer Staatsbürger, dann österreichischer, weil er in Prag Professor wurde. 1911 berief ihn Max Planck nach Berlin. Weil er den Versailler Vertrag so ungerecht fand, wurde Einstein dann wieder deutscher Staatsbürger, bis er 1933 mit der Machtergreifung der Nazis – als er gerade in den USA war – ausgebürgert worden ist. Eine sehr wechselhafte Geschichte. Am Ende war er Professor in Princeton.

Jetzt müssen wir noch kurz über Bohr sprechen.

Lesch:

Kurz ist schwierig.

Vossenkuhl:

Warum ist der eigentlich ein großer Denker? Was ist mit Planck, Heisenberg und Pauli?

Lesch:

Oh je. Die gehören natürlich auch alle auf diesen Sockel. Die ersten 25, 30 Jahre des 20. Jahrhunderts waren für die Physik das goldene Zeitalter.

Vossenkuhl:

Und jetzt ist es das blecherne, oder?

Lesch:

Mal schauen. Vielleicht hat die Physik nur goldene Zeitalter.

Niels Bohr hat sich viele Gedanken darüber gemacht, was es eigentlich bedeutet, was wir in der Physik so machen. Er ist durch das sogenannte „Bohr'sche Atommodell" bekannt geworden, das wir alle in der Schule gelernt haben. Dass also die Elektronen in 'Energieschalen', einem Energieniveau, um den Atomkern herumkreisen. Dabei springen sie quantisiert, also in Paketen, nehmen Energie auf oder geben Energie ab. Wie sich herausstellte, waren das die ersten Schritte, die sogenannten phänomenologischen Schritte in die Quantenmechanik.

Planck war der erste, der um 1900 herum gesagt hat: Damit ich gewisse Phänomene verstehen kann, muss ich voraussetzen, dass Energie in Paketen abgegeben und aufgenommen wird. Einstein hat dann 1905 postuliert: Da geht es nicht nur um die Aufnahme und Abgabe von Strahlung, sondern die Strahlung selbst liegt in Paketen vor - der *Fotoeffekt*.

Dann stellte man fest, dass es diese Linien in den Spektren der Sterne oder überhaupt in den Spektren der Atome gibt. Energie musste in diesen Energieniveaus irgendwie aufgenommen und abgegeben werden. Das alles führte dann zu einer völlig neuen Physik.

Erst einmal die Quantisierung in Paketen. Die Welt ist gar nicht mehr kontinuierlich. Dann stellte man fest: Licht verhält sich beim Einsteinschen Fotoeffekt so, als würde es aus Teilchen bestehen. Obwohl man aus den Beugungsexperimenten, aus den Beugungsringen genau weiß, dass Licht eigentlich eine Welle ist. Ja, was ist es denn nun? Ist Licht eine Welle oder ein Teilchen oder was?

Dann stellte man fest, dass sich die Teilchen, wenn man sie durch enge Spalten schickt, wie Wellen verhalten. Es war ein dauerndes Hin und Her.

Vossenkuhl:

Also, Welle und Teilchen, Telle und Weilchen.

Lesch:

Es war alles geboten. Licht verhält sich wie Materie, Materie verhält sich wie Licht. Es war ein großes Tohuwabohu in der Physik. Erst Leute wie Bohr, aber vor allen Dingen Heisenberg, Schrödinger, Pauli, Dirac formulierten eine Theorie, mit der heute immerhin ein Drittel des Weltbruttosozialproduktes erwirtschaftet wird, nämlich die Quantenmechanik.

Vossenkuhl:

Stellvertretend für alle Physiker gratuliere ich Dir zu dieser großen Leistung.

Lesch:

Oh, das freut mich, das freut mich sehr. Danke schön.

Vossenkuhl:

Wie viel noch mal?

Lesch:

Ein Drittel des Weltbruttosozialproduktes. Denn alle digitale Elektronik auf diesem Planeten, jeder Computer, jeder Laser ist Quantenmechanik.

Vossenkuhl:

Wahnsinn!

Lesch:

Das gibt es alles nur, weil sich Leute wie Bohr und viele andere mit einer Theorie beschäftigt haben, die unserer normalen Anschauung total widerspricht. Es ist schon schwierig genug, mit der Relativitätstheorie klar zu kommen. Bei der Quantenmechanik hört es dann völlig auf.

Bohr hat versucht, für diese völlig unanschauliche Theorie über Dinge, die sich einmal wie eine Welle, dann im anderen experimentellen Zusammenhang wie ein Teilchen verhalten, einen Begriff zu finden. Er sagte, das sei *komplementär*. Das schließt sich zwar aus, ist aber im Grunde genommen so wie die zwei Seiten einer Medaille.

Wenn ich eine Münze anschaue, kann ich immer nur eine Seite sehen. Will ich die andere Seite sehen, muss ich sie umdrehen. Im Experiment bedeutet das, dass ich ein System anders präparieren muss.

Bohr gilt als einer der Urheber der sogenannten *Kopenhagener Deutung*. Gedeutet wird die Frage: Was passiert, wenn ich versuche, ein quantenmechanisches System zu messen? Deswegen steht er hier stellvertretend für all die grandiosen Leute, die vielleicht die größte Theorie hervorgebracht haben, die es auf diesem Planeten je gegeben hat.

Vossenkuhl:

Und was hat Einstein dazu gemeint?

Lesch:

Jetzt bin ich gerade mal in Wallung ...!

Vossenkuhl:

Ich muss Dich ein bisschen dämpfen.

Lesch:

Da blase ich einen großen Ballon auf, und dann kommst Du ...

Ja, was hat Einstein dazu gesagt?

Am Anfang hat er sich mit der Quantenmechanik sehr positiv auseinandergesetzt, weil er damit den Fotoeffekt erklären konnte. Nur mit den ganzen Formalismen, dass die Welt letztlich gar nicht zu greifen sei, dass es da Unbestimmtheiten gibt - so die Heisenberg'sche Unbestimmtheitsrelation - entweder man bestimmt ganz genau einen Ort, dann kennt man die Geschwindigkeit nicht genau, bestimmt man die Geschwindigkeit ganz genau, weiß man nicht, wo das Ding ist. Es bleibt also immer eine Unschärfe. Das war für Einstein völlig unhaltbar. Nie im Leben, sagte er, da muss noch etwas dahinter stecken.

Er hat immer vermutet, dass die wirkliche Welt von der Quantenmechanik verdeckt wird. Er hat die tollsten Gedankenexperimente gemacht, unter anderem eines, das sehr berühmt geworden ist. Das sogenannte *Einstein-Rosen-Podolsky-Paradoxon.* Es könne doch nicht sein, sagte Einstein, dass es Wirkungen gibt, die sich mit Überlichtgeschwindigkeit ausbreiten. Das ist ein Verstoß gegen meine Relativitätstheorie!

Dann wurde Folgendes überlegt: Zwei Teilchen, zwei Elektronen. Das eine Elektron hat den *Spin up*, also einen Drall nach oben, und das andere hat den Drall nach unten. Diese Beiden präpariere ich. Dann trenne ich diese beiden Elektronen. Das eine trage ich von München nach San Francisco und das andere von München nach Wladiwostok. So. Dann drehe ich den Spin des Elektrons in Wladiwostok um. Zack! Weiß das Elektron in San Francisco, dass es sich auch umzudrehen hat? Schlagartig wird es das auch tun! Wie kann das sein?

Die Beiden wissen erstens nichts voneinander, und in der Geschwindigkeit, in der das passiert, hätte sich die Wirkung gar nicht ausbreiten können. Das hat man gemessen, und es ist genauso eingetreten, wie Einstein es nicht wollte.

Ergo: Man darf dieses anfangs präparierte System nicht einzeln, sondern immer nur als ein Ganzes betrachten. Das ist natürlich ein Problem. Aber wenn du es wirklich messen willst, wenn du wissen willst, ob das andere Elektron sich auch tatsächlich umgedreht hat, kommst du natürlich wieder in den Bannkreis der Relativitätstheorie.

Einstein war das alles viel zu kompliziert. Er war überzeugt: So kann die Welt nicht sein. Mit Bohr hatte er immer und immer wieder ausgedehnte Diskussionen. Die sogenannte *Bohr-Einstein-Debatte*, bei der auch der berühmte Satz fiel:

Gott würfelt nicht! Und Einstein fügte hinzu: Diese ganze Statistik in der Quantenmechanik, das kann nicht stimmen. Er hat sie strikt abgelehnt.

Vossenkuhl:

Dieser Einstein-Satz steht in den Poesiealben vieler Gymnasiasten: Gott würfelt nicht. Wenn Du das so schön erzählst, so wunderbar verständlich, mit diesem Spiegeleffekt - entstehen daraus nicht so phantastische Theorien wie die mit den Parallel-Universen?

Lesch:

Ja natürlich. Das ist ein grenzenloser Tummelplatz der Phantasie für alle möglichen Geisteskinder.

Vossenkuhl:

Ist das jetzt noch im Bereich des rational Nachvollziehbaren, oder ist das pure Spekulation?

Lesch:

Im Rahmen der Quantenmechanik gab es eine Interpretation, bei der jedem Teilchen eine Wellenfunktion zugeordnet wird. Damit man erklären kann, warum es sich manchmal wie ein konkretes Teilchen und manchmal wie eine Welle verhält, muss man ihm Welleneigenschaften zuordnen. Wie viele hat es denn, bevor es gemessen wird? Im Prinzip unendlich viele. Wenn dann die Messung geschehen ist, was passiert mit den ganzen Wellenfunktionen, die es auch hätten sein können? Die zerfallen. Der Kollaps der Wellenfunktionen.

Daraufhin sagte man sich: Die zerfallen nicht! Nein, die verschwinden! Diese Möglichkeiten sterben nicht einfach, sondern es werden unendlich viele Parallel-Universen aufgemacht, Multi-Welten. Mit dieser Theorie versuchte man dieses

Problem zu lösen. Whitehead übrigens, ich weiß nicht, ob Du Dich erinnerst, Alfred North Whitehead ...

Vossenkuhl:

Ja.

Lesch:

... ein grandioser Philosoph, der schon einmal zur Sprache gekommen ist ...

Vossenkuhl:

Der ist doch ein Freund von Dir, nicht?

Lesch:

Ich verehre ihn sehr. Der hat das schon angesprochen und darauf hingewiesen, dass das völliger Unsinn sei. Er sprach sogar vom Trugschluss, vom unzutreffenden Trugschluss, von Abstraktionen. Er sagte: Das ist ja nur eine Vorstellung. Warum machen wir uns darüber so viele Gedanken? Wir sehen doch, was passiert. Die Wechselwirkung nagelt uns gewissermaßen die Wellenfunktion so fest, dass wir uns über diese Multi-Welten gar keine Gedanken machen müssen.

Auf jeden Fall sind aus diesen ganzen Paradoxa der Quantenmechanik merkwürdige Realismusdebatten entstanden. Was ist denn eigentlich da? Was ist denn nun eigentlich der Fall? Was gibt's denn eigentlich?

Vossenkuhl:

Realismus ist ein gutes Stichwort. Du weißt sicherlich, dass Nils Bohr ein ganz hervorragender Torwart war, also ein Fußballer. Er hat in der 1. Liga gespielt wie auch sein Bruder. Das ist doch ein ganz handfestes Leben, boden- und rasenständig.

Lesch:

Wobei ein Torwart auch einmal abheben muss. Fliegen!

Vossenkuhl:

Das müsste doch die Zuneigung zur Quantenphysik beflügeln.

Lesch:

Physiker sind immer Realisten.

Vossenkuhl:

Ja?

Lesch:

Immer, ja ja.

Vossenkuhl:

Auch die, die über Parallel-Universen ...

Lesch:

Aber sicher. Die natürlich auch.

Vossenkuhl:

Ja wirklich?

Lesch:

Ja sicher, klar. Auch Bohr war letztlich Realist. Alle, die wir Physik betreiben, gehen natürlich davon aus, dass es eine Realität gibt, der wir auf den Grund gehen, wenn wir irgendwelche Messungen vornehmen. Unsere Theorien über diese Realität müssen dann nicht zwingend realistisch sein. Sie sind immer erst einmal nur beschreibend.

Es gibt die tollsten Aphorismen, nicht nur über Bohr, sondern auch über andere, die sich mit der Quantenmechanik intensiver beschäftigen. Ein Aphorismus wird Richard Feynman zugeschrieben, einem großen amerikanischen Physiker, der gesagt haben soll: „Shut up and calculate", also, halt's Maul und rechne. Das ist Quantenmechanik.

Bohr soll gesagt haben: Wer meint, die Quantenmechanik verstanden zu haben, der hat sie nicht richtig verstanden.

Das sind paradoxe Aussagen, die uns im Grunde nur signalisieren: Stopp. Wir sind bei der Quantenmechanik an einem Punkt angekommen, an dem sich die Natur einer weiteren Beschreibung entzieht. Das ist eine nicht mehr weiter hinterfragbare Theorie.

Vossenkuhl:

Übrigens hat dein Freund Whitehead schon gesagt, dass man die Natur nicht vollständig beschreiben kann.

Lesch:

Sehr vorausschauend von ihm.

Vossenkuhl:

Beinahe hätten wir vergessen, zu erwähnen: Bohr war auch Nobelpreisträger. Sein Sohn Aage Niels Bohr hat auch einen Nobelpreis für Physik bekommen.

Lesch:

Vater-Sohn, eine einmalige Konstellation in der Geschichte des Nobelpreises.

Vossenkuhl:

Für den Sohn war es sicher nicht ganz einfach im Schatten eines solchen Vaters zu stehen. Bohr war in jeder Hinsicht ein überragender Physiker. Er hat nicht nur in seiner wissenschaftlichen Leistungskraft unglaubliche Dinge geliefert, sondern auch, als es darum ging, diese Theorie zu interpretieren.

Die Quantenmechanik hat unseren Horizont dramatisch erweitert. Sie zeigt aber auch Erkenntnis-Grenzen. Es könnte gut sein, dass der Mensch in seiner immerwährenden, rastlosen Suche nach Neuem, Höherem und Besserem hier demütig und bescheiden verweilen muss.

Wittgenstein

Der Wiener Kreis und Ludwig Wittgenstein (1889 - 1951)

Lesch:

1922 treffen sich Philosophen und Wissenschaftler aus allen Bereichen in Wien und gründen den „Wiener Kreis“. Ein außerordentlich einflussreicher Zusammenschluß, wie sich zeigen sollte, der die Philosophie des 20. Jahrhunderts befruchtete und auch heute noch nachwirkt.

Es ist auch eine Zeit, in der die Physik eine unglaubliche Blüte erlebt. 1905 entdeckt Einstein den fotoelektrischen Effekt und bekommt 1922 den Nobelpreis dafür. 1919 wird die „Allgemeine Relativitätstheorie“ durch eine Sonnenfinsternis bestätigt - das Licht krümmte sich tatsächlich.

1922 arbeiten auch bereits einige Leute an der Quantenmechanik. Man kennt die Struktur der einfachsten Atome und weiß, dass das Licht quantisiert ist. Die Physik schreitet voran.

In der Kosmologie wird 1929 jemand entdecken, dass das Universum expandiert. Daraufhin wird jemand anderer wiederum sagen: Aha, wenn das Universum expandiert, dann muss es einen Anfang gegeben haben! Die Naturwissenschaften beginnen also, sich mit faszinierenden Theorien die Welt zu erobern. Diese Theorien sind darüber hinaus offenbar nicht falsch, werden sie doch überall bestätigt.

Aber von Wahrheit wissen die Wissenschaftler nichts zu sagen. Und was macht die Philosophie bei all dem? Die Philosophie steht da und ist baff und bass erstaunt. Kann man das so sagen?

Vossenkuhl:

Ich bin jetzt auch bass erstaunt!

Das war Wissenschaftsgeschichte in wenigen Sätzen. Respekt, Herr Professor.

Lesch:

Hochkompression.

Vossenkuhl:

Du willst damit wohl auch sagen, dass, je unverständlicher die Physik wurde, desto mehr haben sich einige Geister bemüht, eine verständliche Philosophie anzubieten.

Lesch:

Wir werden ja noch sehen, ob das dem „Wiener Kreis" gelungen ist. Zumindest hat er versucht, auf diese Unanschaulichkeit zu reagieren. Aber auch darauf, dass die Naturwissenschaften generell so außerordentlich erfolgreich geworden sind.

Vossenkuhl:

Die Wissenschaftsgläubigkeit nahm in den zwanziger Jahren einen Riesenaufschwung. Die Menschen dachten, dass die Naturwissenschaften - allen voran natürlich die Physik – Erlösungswissen vermittelten. Damit endlich einmal Licht in das Dunkel kommt!

Lesch:

Erlösungswissen?!

Vossenkuhl:

Genau. **Erlösungswissen.** Dieses Wort stammt aus dieser Zeit, und zwar von Max Scheler, einem Schüler Husserls. Die wenigen Philosophen, die im „Wiener Kreis" aktiv waren wie Moritz Schlick, Rudolf Carnap, Friedrich Waismann u.a. - die meisten waren, zumindest zunächst, Physiker (Herbert Feigl, Philipp Frank, Hans Reichenbach), Mathematiker (Hans Hahn, Kurt Gödel) oder Soziologen (Otto Neurath) - meinten, dass die Philosophie endlich wissenschaftlich werden müsse. Dieser Drang zur Wissenschaftlichkeit ist sicher auf den großen Erfolg der Physik zurückzuführen.

Lesch:

Die Philosophie wird so nur eine von vielen anderen Wissenschaften. Nach der Vorstellung des „Wiener Kreises“ war sie noch nicht einmal primus inter pares. Oder hatte sie eine bevorzugte Stellung?

Vossenkuhl:

Ein bisschen was blieb von der ersten Geige, die die Philosophie traditionell gespielt hatte, schon noch übrig. Carnap, einer der hellsten Köpfe dieses Kreises, meinte, dass die Philosophie jetzt eine Art von Einheitswissenschaft oder Einheitssprache entwickeln müsse - eine Art von Grundlagentheorie für alle Wissenschaften.

Lesch:

Das Manifest des „Wiener Kreises“.

Vossenkuhl:

1928, ein Jahr nach dem Manifest über die wissenschaftliche Weltanschauung, hat Carnap ein Buch veröffentlicht: „Der logische Aufbau der Welt“. Da geht es darum, das Programm - von diesem „Ernst-Mach-Verein“, wie er sich ursprünglich nannte - also dem „Wiener Kreis“, in die Tat umzusetzen. Es sollte gezeigt werden, dass man die kompliziertesten, real existierenden Zusammenhänge logisch und widerspruchsfrei strukturieren kann. Carnap dachte, dass er damit ein Modell der Einheitswissenschaft angeboten hat. Damit könnte dann der Physiker genauso arbeiten wie der Chemiker, der Biologe oder wer auch immer.

Lesch:

Moment, dass ich das richtig verstehe. Die Philosophie. Ich weiß noch, wie wir uns kennen gelernt haben. Da hast Du mir erklärt, dass es in der Philosophie um’s Ganze geht. Jetzt erzählst Du mir gerade, dass es mit Carnap jemanden gab, der anfängt, das Ganze in Einzelteile zu zerlegen, um dann zu behaupten: Wenn ich alles in elementare Teile zerlege, dann würde ich damit die eigentlich richtige Philosophie betreiben.

Vossenkuhl:

Du hast völlig Recht. Da wird das Ganze komplett auf den Kopf gestellt. Diese Hinwendung zur Wissenschaftlichkeit war gepaart mit einer Ablehnung der Metaphysik, also mit allem, was traditionelle Philosophie war. Gleich in den ersten Sätzen dieses Manifests heißt es - in meinen Worten - dass es neue irrationale Strömungen gebe, dass der Einfluss von Religiosität und Theologie größer werde.

Wenn man das liest, denkt man, dass die Mächte der Finsternis und Unvernunft nach oben drängen. Dagegen soll programmatisch eine wissenschaftlich-rationale, den Idealen des Sozialismus verpflichtete Weltanschauung gestellt werden.

Lesch:

Verstehe.

Vossenkuhl:

Das Lustige ist dann, dass in dem Manifest gleich die Ahnenreihe des wissenschaftlichen Denkens vorgeführt wird. Die Wiener Herren berufen sich auf Hume, also den Empirismus, den wir schon kennengelernt haben. Sie rufen Einstein zu Hilfe. Auch den Utilitarismus, John Stuart Mill und andere.

Lesch:

Jetzt will ich noch mal fragen. Also, der „Wiener Kreis" ist eine interdisziplinäre Versammlung von durchaus hellen Köpfen, die praktisch von außen der Philosophie sagen will: Du musst ganz anders werden, deine ursprünglichen, deine klassischen Anliegen sind völlig falsch. Das zeigen diese neuen, mehr oder weniger unanschaulichen Theorien der Physik, die aber sehr erfolgreich sind. Angesichts der Tatsache, dass sich unser gesamtes Bild von der Natur völlig verändert hat, muss wohl auch die Philosophie sich verändern. Sie muss genau das werden, was die Naturwissenschaften uns vorgeben, nämlich ein axiomatisches System mit einer Einheitssprache. Das muss wiederum so sauber strukturiert sein, wie sich das für eine ordentliche Wissenschaft gehört.

Vossenkuhl:

Das ist die Forderung.

Lesch:

Und alles andere: Weg damit, ab in den Orkus!

Vossenkuhl:

Also alles, was mit Empfindungen, Ästhetik, Moral zu tun hat oder mit Glauben und Religiosität darf nicht ernst genommen werden.

Lesch:

Was darf ich hoffen? Gibt's nicht mehr.

Vossenkuhl:

Nein.

Lesch:

Was soll ich tun?

Vossenkuhl:

Gibt's auch nicht mehr.

Lesch:

Was kann ich wissen?

Vossenkuhl:

Das ist das Einzige, was bleibt.

Lesch:

Und der Mensch? Wo bleibt der Mensch?

Vossenkuhl:

Der Mensch ist einfach das, was man von ihm wissen kann.

In der Psychologie erklärt das damals programmgemäß der *Behaviorismus*, der methodisch alles auf das Verhalten reduziert, das man beobachten kann. Wer kein schmerzverzerrtes Gesicht hat und schreit oder zumindest wild gestikuliert, hat auch keine Schmerzen. Ganz einfach.

Lesch:

Es zählen nur noch die Eigenschaften.

Vossenkuhl:

Man richtet sich nur nach den empirisch feststellbaren Eigenschaften.

Lesch:

Mich schüttelt's, ehrlich gesagt.

Vossenkuhl:

Dich als Physiker muss das schütteln, weil Du ganz andere Vorstellungen von Philosophie hast. Aber zwei Grundelemente des positivistischen Denkens der Wiener sind da entscheidend, und die verhaken sich auch sehr schnell. Das eine ist der Glaube an die Kraft der logischen Analyse. Die Logik hat durch Frege und Russell einen großen Aufschwung genommen. Die neue formale siegt gegen die traditionelle aristotelische Logik. Auf der anderen Seite steht die Physik, die empirische Wissenschaft schlechthin. Zwei Grundelemente werden vereinigt: die Erfahrungswissenschaft mit der Logik. Das wollten die Wiener zusammenbasteln. Das war die Idee, von beidem das Beste. Aus heutiger Sicht erscheint das wie eine große Naivität, wie ein Kinderglaube. Die Wiener dachten, wenn man Logik und Empirie vereinigt, dann ist alles in Ordnung. Es gibt dann keine Widersprüche mehr, es ist alles glatt und wissenschaftlich klar. Alle wissenschaftlichen Einsichten, überhaupt alles, was wissenswert ist, kann empirisch bestätigt werden. Alles, was früher ‚a priori' war, taugte nix.

Wie steht es aber mit der Logik, die offensichtlich nicht empirisch zu bestätigen ist? Ist das überhaupt eine Wissenschaft, denn sie ist ja wohl a priori gültig? Und wie steht es mit der Verbindung dieser – nun ja – a priori Wissenschaft mit der empirischen? Welche Grundlage gibt es dafür?

Lesch:

Da denkt man sogleich an Popper mit seinem kritischen Rationalismus und Fallibilismus. Der sagt: Moment mal, schauen wir uns doch die Aussagen der Physik und der Naturwissenschaften überhaupt erst einmal an. Mit einem Begriff wie Wahrheit können die Wiener Neopositivisten gar nichts anfangen. Das dürfen die auch gar nicht. Sie können höchstens herausfinden, ob eine empirische Theorie falsch ist. Das ist aber auch alles.

Vossenkuhl:

Der Popper hat klar und deutlich gesehen, dass da Einiges schön gedacht und geplant, aber leider methodisch nicht realisierbar ist.

Außerdem ist den Wienern nicht aufgefallen, dass ihr Angriff gegen die traditionelle Metaphysik selber eine Metaphysik ist. Und zwar einfach deswegen, weil damit ein Gesamtheitsanspruch, ein Alleinvertretungsanspruch für alles, was man wissenschaftlich wissen kann, verbunden ist.

Wenn ich sage, dass die Wissenschaft oder die Wirklichkeit so und so untersucht werden muss und dass alles andere irrational ist, dann ist das Metaphysik. Das Lustige ist, dass die das nicht gemerkt haben. Selbst der große Carnap hat das nicht gemerkt. Mit ihren Überlegungen, dass man immer unbezweifelte, quasi atomare Grundbestandteile finden müsse, vertraten sie unzweifelhaft metaphysische Überzeugungen und eine eigene Weltanschauung. Ich wundere mich schon, dass eine selbstkritische Reflexion – der Lackmustest philosophischen Denkens - bei den Wienern überhaupt nie stattgefunden hat. Kein Schatten des Selbstzweifels. Und es waren ja wirklich große Köpfe dabei: Gödel hat sogar auf seine alten Tage noch vorgeführt, wie ein Gottesbeweis aussehen sollte…

Lesch:

… Kurt Gödel, ein großer Mathematiker.

Vossenkuhl:

Der konnte übrigens mit dem philosophischen Denken dieser Gruppe auch nicht viel anfangen. Der war eigentlich Platonist – wie Husserl - und hat sich später auch mehr oder weniger von den Wienern abgesetzt.

Aber noch einmal zurück zu der Ahnenreihe der Wiener: Einstein, Russell, Wittgenstein, vor allem zu letzterem. Über ihn wollen wir jetzt sprechen.

Wittgenstein war zu der Zeit in Österreich. Nachdem er 1919 aus der Kriegsgefangenschaft zurück gekommen war – er hatte sich 1914 freiwillig zum Kriegsdienst gemeldet - ließ er sich im Schnellverfahren zum Lehrer ausbilden. Dann hat er in Niederösterreich als Lehrer gearbeitet und Kontakt zum „Wiener Kreis" gefunden. Die haben seinen „Tractatus logico-philosophicus" (1921) gelesen - ich werde gleich etwas über dieses Werk sagen – und gemeint, dass das ein Grundlagenwerk ihrer Ideologie des logischen Positivismus sei. Wittgenstein hat aber rasch bemerkt, dass das, was die aus seinem Werk heraus lasen, mit seinen Vorstellungen überhaupt nichts gemein hatte.

Lesch:

Das soll ja schon einmal vorkommen, dass Leser einen Text ganz anders verstehen und interpretieren als der Autor. Mit dem Anschluss Österreichs ans Deutsche Nazireich endete der „Wiener Kreis" 1936. Moritz Schlick, der Vorsitzende, wurde erschossen und viele Mitglieder sind nach Nordamerika und Großbritannien gegangen… emigriert.

Mit ihnen gelangte der logische Empirismus, der mit dem „Wiener Kreis" verbunden war, über den Atlantik und hat dort die Philosophie des 20. Jahrhunderts ganz gewaltig beeinflusst.

Vossenkuhl:

Unglaublich sogar.

Lesch:

Das wurde die Keimzelle für eine philosophische Entwicklung, die auch heute noch trägt. Kann man das so sagen?

Vossenkuhl:

Heute ist das die 4. und 5. Generation der Schüler von Carnap, Reichenbach und Feigl. Man kann sagen, dass die Philosophie Nordamerikas nach dem Zweiten Weltkrieg - bis auf den indigenen

Pragmatismus, der sich vor allem in Harvard entwickelte, - stark aus dieser Ecke kam. Vorher hatte es in der Neuen Welt auch Idealisten gegeben, die sich mit Hegel beschäftigt haben. Aber nach dem Zweiten Weltkrieg finden sich fast nur noch Abkömmlinge des „Wiener Kreises".

Lesch:

Jetzt kommen wir – wie Du schon angekündigt hast - zu jemandem, den Du gut kennst und schätzt. Schließlich hast Du nicht nur ein Buch über ihn geschrieben: Ludwig Wittgenstein.

Vossenkuhl:

Geboren am 26. April 1889 in Wien.

Er kam als letztes Kind einer großen und sehr reichen Familie auf die Welt. Der Vater war der größte Stahlindustrielle Österreichs.

Lesch:

Der Krupp der alten K- und K-Monarchie.

Vossenkuhl:

Der Papa war sehr reich. Mit seinem Geld hat er die Künste gefördert. Darunter die Wiener Sezession. In seinem Haus gingen die Koryphäen der Musik wie Clara Schumann, Johannes Brahms, Gustav Mahler, Richard Strauss ein und aus. Die Mutter hatte sehr viel Musikverstand. Der nächst ältere Bruder Paul war Pianist. Als er im Ersten Weltkrieg seinen rechten Arm verlor, schrieb ihm u.a. Ravel ein Klavierkonzert für die linke ...

Lesch:

Willi, Du schweifst ab.

Vossenkuhl:

Richtig. Ludwig Wittgenstein wurde also in diesem guten Hause geboren. Nach seiner Matura hat er erst einmal in Berlin studiert. Als Ingenieur ging er nach Manchester und wollte Aeronaut werden. Dann kam ihm allerdings die Philosophie dazwischen. In Cambridge traf er Russell. Das war die Initial-Zündung.

Er hatte schon vorher das Buch von Russell *Principles of Mathematics* gelesen, das 1903 erschienen war. Als selbstbewusster Jüngling hat er von Anfang an mit Russell auf Augenhöhe diskutiert, ihn heftig kritisiert und angefangen, eine eigene Logik zu entwickeln, die er in dem einzigen Buch, das er jemals veröffentlich hat, niedergeschrieben hat. Die „Logisch-philosophische Abhandlung“, so hat er das Buch selbst genannt. Wir kennen es unter „Tractatus logico-philosophicus“. Das war der Titelvorschlag von G.E. Moore, eines Cambridger Freundes und Philosophen. Das Buch sollte mit diesem Titel ein bisschen bekannter werden.

Die logisch-philosophische Abhandlung besteht aus sieben Sätzen, die noch untergliedert sind. Wittgenstein war der Meinung, dass mit diesem Buch alle Probleme der Philosophie gelöst sind.

Lesch:

Toll. Die sieben Gebote des Ludwig Wittgenstein.

Vossenkuhl:

Die nur keiner so recht verstanden hat.

Lesch:

Das ist ja grandios. Da kommt einer aus Wien nach Cambridge, trifft dort einen Großmeister - Russell war zu dieser Zeit ein sehr bekannter Mann. Von dem lernt er was und kocht dann seine eigene Philosophie zusammen. Die war extrem streng. So rabiat, dass es mich fürchterlich schaudert davor. Dann dreht er sich um und sagt: „Alles klar. Für mich ist der Fall erledigt!“

Vossenkuhl:

Einige Jahre nach der Veröffentlichung 1921 hat er dann tatsächlich nichts weiter geschrieben. Stattdessen arbeitete er als Volksschullehrer in Niederösterreich und als diese Tätigkeit zum Erliegen kam, baute er für seine Schwester Gretl Stonborough ein Haus, arbeitete also als Architekt. Krieg und Gefangenschaft erwähnte ich schon. Erst 1929 kam er wieder nach Cambridge und blieb auch dort. 1939 avancierte er zum Professor, als Nachfolger von G. E. Moore. Weil er aus einer – nach rassistischen Regeln - teilweise jüdischen Familie stammte, konnte er nicht mehr zurück nach Österreich. Er selbst war wie seine Mutter katholisch getauft.

Nun aber wieder zum „Tractatus“. Wittgenstein unternimmt darin den mutigen Versuch, eine neue Logik auf die Beine zu stellen.

Lesch:

Warum?

Vossenkuhl:

Weil er der Meinung war, dass Logik der Schlüssel zum Verständnis der Wirklichkeit ist. Er war der Ansicht, wenn wir Wissenschaft betreiben und so die Welt wahrnehmen, brauchen wir zwei entscheidende Elemente. Wir brauchen die Logik, und wir brauchen das Verhältnis zwischen uns als Wahrnehmende und dem Wahrnehmbaren, der Wirklichkeit. Wir können über die Welt nur dann etwas mit Erfolg sagen - Erfolg heißt ‚etwas Wahres‘ - wenn es eine stabile, unwandelbare Gemeinsamkeit zwischen unserem Denken und Urteilen und der Wirklichkeit gibt...

Lesch:

... der äußeren Welt.

Vossenkuhl:

Zwischen den Sätzen der Sprache und der Wirklichkeit. Diese Gemeinsamkeit, sagt er, ist die logische Form. Wirklichkeit und Sprache haben sie als Gemeinsames, die logische Form als *missing link*. Es ging ihm darum, diese Gemeinsamkeit theoretisch darzustellen.

Lesch:

Warum dafür Philosophie strapazieren? Hätte man nicht sagen können: Darwin war auch schon da. Und die Sprache, so wie wir sie verwenden, ist sowieso angepasst an unsere Wirklichkeit. Die macht keine Aussagen über Weisheit. Wenn aber Philosophie immer noch ‚Liebe zur Weisheit‘ bedeutet, dann stellt sich die

Frage: Was ist daran Weisheit, wenn ich anfange, ein axiomatisches System festzulegen, mit dem ich eine neue Logik erfinde? Was hat die Philosophie damit gewonnen? Das verstehe ich nicht.

Vossenkuhl:

Es ist so ähnlich wie der Glaube an die Physik. Der Glaube an die Logik hat mit einem Jenaer Mathematiker, mit Gottlob Frege, eine völlig neue Dimension erreicht. Der hat nämlich versucht, die Mathematik auf eine logische Grundlage zu stellen. Er und viele nach ihm haben einfach geglaubt, die moderne Logik ist das erste scharfe, glasklare Instrumentarium, mit dem man Philosophie betreiben kann.

Dieser Glaube hat auch im „Wiener Kreis“ eine große Rolle gespielt. Der Glaube an die klärende Kraft der Logik, der steckte bei Russell ebenso im Kopf wie beim frühen Wittgenstein. Beide waren sich einig, dass ohne Logik nichts geht.

Man wollte nicht nur axiomatisieren, das ist nicht der Punkt. Die Frage ist, vielmehr: Wie tut man das, was man bisher in der Metaphysik versucht hat, in einer logisch fundierten Erkenntnistheorie? Wie tut man das endlich einmal richtig ohne irgendwelche dunklen, unklaren Ecken?

Lesch:

Alles was nicht klar zu fassen ist, wird weggelassen. Es gibt nur noch klare Kante.

Vossenkuhl:

Deswegen fällt auch bei diesem frühen Wittgenstein vieles raus. Also Ästhetik, Ethik, das ist alles erst einmal nicht im Visier.

Lesch:

Das hat alles mit unsinnigen Sätzen oder mit einer falsch verstandenen Logik zu tun.

Vossenkuhl:

Wittgenstein sagt: Philosophie ist Sprachkritik. Da war er nicht ganz der Erste. Das hatte schon Ockham gesagt. Wittgenstein will uns über die Klippen und Untiefen der Sprache führen. Die verleitet uns zu Einbildungen, macht aus Eigenschaften Dinge. Und dann vergegenständlichen wir das. Das ist falsch, sagte er. Die Sprache verleitet uns zu solchen Fehlern. Wir müssen deswegen schauen, wie wir die Sprache richtig und wann wir sie falsch verwenden. Er wollte aber auch zeigen, dass wir ohne die Sprache überhaupt kein Wirklichkeitsverständnis haben. Die Sprache ist unser einziges Erkenntnis-Vehikel.

Lesch:
Klar, Du musst sprechen. In irgendeiner Form benutzt du eine Sprache. Und warum? Weil wir natürlich mit der Welt kommunizieren wollen, weil wir Bindungssuchende sind.

Vossenkuhl:
Die Wirklichkeit ist nur mit Sprache darstellbar. Sprache ist das A und O. Wir können natürlich jetzt nicht in ein paar Minuten diese ganzen Geschichten ...

Lesch:
Zwei Sätze muss ich doch loswerden. **Die Welt ist alles, was der Fall ist.** Was bedeutet das?

Vossenkuhl:
Damit beginnt der „Tractatus“.

Lesch:
Das ist der erste Satz in dem Buch.

Vossenkuhl:
Damit beschreibt Wittgenstein die Domäne, also den Bereich, um den es geht. Die Welt, die Wirklichkeit. Und dann der nächste Gedanke: Was sind die Bestandteile der Wirklichkeit? Das sind Tatsachen.

Lesch:
Nur Tatsachen sind Bestandteile.

Vossenkuhl:

Und Tatsachen - das ist entscheidend - sind nicht Objekte, sind nicht Gegenstände.

Lesch:

Ist das so was Platonisches? Das wäre dann eine ...

Vossenkuhl:

Nein!

Lesch:

Es sind keine Ideen?

Vossenkuhl:

Nein. Tatsachen bzw. Sachverhalte, das ist das, was Sätze sagen. Sätze bringen Gedanken zum Ausdruck. Zum Beispiel: Dein Pullover ist dunkelrot. Ja. Haralds Pullover ist dunkelrot.

Lesch:

Ja. Haralds Pullover ist dunkelrot. Ist ja nett.

Vossenkuhl:

Das ist ein Gedanke. Und dieser Gedanke hat eine Form, eine Satzform. Sie bildet das ab, was ich sage. Das heißt, in diesem Satz stecken Wörter drin, die einen Teil der Gegenstände, um die es geht, abbilden. Das sind Zeichen für die Gegenstände. Aber: Was da ausgesagt wird, ist ein Sachverhalt, der besteht, nämlich dass Dein Pullover dunkelrot ist. Das ist die Grundbeziehung, um die es geht.

Tatsachen und Sachverhalte haben Satzform und werden in Sätzen dargestellt, die das abbilden, was die Sätze sagen. Wir haben es also gar nicht direkt mit den Sachen oder Dingen zu tun, sondern mit Sätzen.

Lesch:

Und das soll Philosophie sein? Das ist doch … Naiv, wie ich manchmal bin, würde ich was ganz anderes von der Philosophie erwarten, dass sie sich nämlich um etwas Wichtigeres kümmert als mir zu sagen, dass ich in einer Welt bin, und dass ich, wenn ich spreche, eine Sprache benutze, die aus Sätzen besteht, welche die Tatsachen abbilden.

Ich könnte ja auch in irgendeiner abgehakten Sprachform kommunizieren, solange man mich nur versteht und der Andere auch der Meinung ist, dass ich einen dunkelroten Pullover anhabe. Was soll das Ziel einer solchen philosophischen Untersuchung sein?

Vossenkuhl:

Reinheit, absolute Klarheit und Reinheit.

Lesch:

Damit erschlägst Du ja alles.

Vossenkuhl:

Irgendwann hat Wittgenstein dann selber gesehen, dass die Welt – nicht nur Russell - ein bisschen konsterniert war und sich fragte, wie dieser Text nun zu verstehen sei.

Lesch:

Die philosophische Welt, nehme ich an. Denn der Rest hatte ihn noch nicht wirklich wahrgenommen.

Vossenkuhl:

Und dann hat er sich, nachdem er wieder zurück in Cambridge war, erst einmal bemüht, Mathematik zu verstehen. Er hat langsam eine andere Art von Denken entwickelt, auch wieder ein Sprachdenken. Dieses Mal geht es aber nicht um Logik, sondern um Regeln und ein neues Konzept von Grammatik. Er sagt: Die Form, die die Sprache im Umgang, im Gebrauch annimmt, die hat eine grammatikalische Grundstruktur. Das sind die Regeln, nach denen wir die Wörter verwenden.

Nehmen wir ein Wort wie ‚Bank'. Eine Bank können wir zum Sitzen verwenden aber auch für Geldgeschäfte. Wir verwenden die Regeln für den Gebrauch der Wörter immer so, dass wir wissen, worum es geht. Das ist nun eine völlig andere Art zu denken: Schau den Leuten auf den Mund. Schau, wie die Leute sprechen.

Wie benutzen sie die Regeln der Sprache?

Das gilt auch für die Wissenschaft. Wittgenstein entwickelt eine neue Art von Denken, in dem es um Sprachspiele und Lebensformen geht. Die Menschen verwenden beim Sprechen immer Regelstrukturen, und zwar so, dass sie einander verstehen.

Es ging ihm also um die Frage: Wie kann es sein, dass wir uns verständigen können, obwohl wir uns nicht in den Kopf schauen können?

Lesch:

Geht er mehr Richtung Intuition?

Vossenkuhl:

Nein.

Lesch:

Ich meine, wir können doch intuitiv verstehen, ob jemand das Wort ‚Bank' für die Sitzgelegenheit im Park oder das Geldinstitut verwendet.

Vossenkuhl:

Ja gut. Wir verstehen es intuitiv, aber wir verstehen es aufgrund der Sprachverwendung. Manchmal sind wir uns vielleicht nicht ganz sicher. „Ich gehe mal rüber zur Bank." Da wissen wir es noch nicht genau. Aber wir ersehen aus dem Zusammenhang des Sprachgebrauchs, wie es gemeint ist.

Lesch:

Der Satz: Der Spieler, der ist 'ne Bank. Das ist wieder etwas ganz anderes.

Vossenkuhl:

Das ist wieder ein ganz anderes Sprachspiel.

Lesch:

Jemand, der davon überhaupt keine Ahnung hat, der würde mit dem Satz nichts anfangen können.

Vossenkuhl:

Der müsste sich einige zusätzliche Gedanken machen oder fragen.

Lesch:

Ich muss schon sagen: I'm not completely happy. Diese Art der Sezierung von Wirklichkeit, alles auseinander zu nehmen und am Ende praktisch mit der Grammatik zu enden. Das ist sicherlich ganz nett.

Wenn die Natur ein Text ist, dann sind die Naturwissenschaften zuständig, um die Grammatik dieses Textes herauszufinden. Was vor allen Dingen aber zwischen den Zeilen dieses Textes steht, das ist dann wohl der Deutung vorbehalten. Da müsste doch wieder die Philosophie ran. Aber wenn die Philosophen in Zukunft nur noch das gleiche machen, was die Naturwissenschaftler ja auch schon tun, nämlich Wirklichkeit unter kontrollierten Bedingungen gewissermaßen auseinander zu nehmen...

Vossenkuhl:

Genau das ist aber beim späten Wittgenstein überhaupt nicht mehr der Fall. Der will keine Philosophie als Wissenschaft.

Lesch:

Gar nicht mehr?

Vossenkuhl:

Im Gegenteil. Er ist außerordentlich wissenschaftskritisch. Ganz im Gegensatz zum „Wiener Kreis" sagte er, dass die Naturgesetze völlig missverstanden werden, wenn man sie als Erklärung der Wirklichkeit verstehen würde. Schon im Tractatus steht der Satz: „Der Glaube an den Kausalnexus ist der Aberglaube". Man darf Kausalaussagen nicht so deuten, als würden sie sagen, was wirklich der Fall ist und was hundert Prozent kommen wird.

Lesch:

Das sind rein sprachliche Aussagen.

Vossenkuhl:

Wittgenstein ist sehr sehr kritisch gegenüber dem Glauben an die Wissenschaften. Genauso kritisch ist er gegen die philosophische Überhöhung der Sprache.

Es ist sehr erhellend, wenn er sagt: Man muss genau hinschauen und sehen, wo die Sprache uns verhext, wo die Sprache unser Denken verdreht. Gegen diese Verhexung müssen wir eine Therapie entwickeln. Das ist Aufklärung in der verworrenen Medienwelt des 20. und 21. Jahrhunderts, die man nicht hoch genug schätzen kann.

Lesch:

Ich hoffe, unsere Botschaft war nicht noch verworrener. Ich hoffe, dass unsere Worte klar und deutlich waren. Der „Wiener Kreis“ und Ludwig Wittgenstein - zwei geistige Unternehmungen mit einem großen Einfluss auf das Denken im 20. Jahrhundert und darüber hinaus.

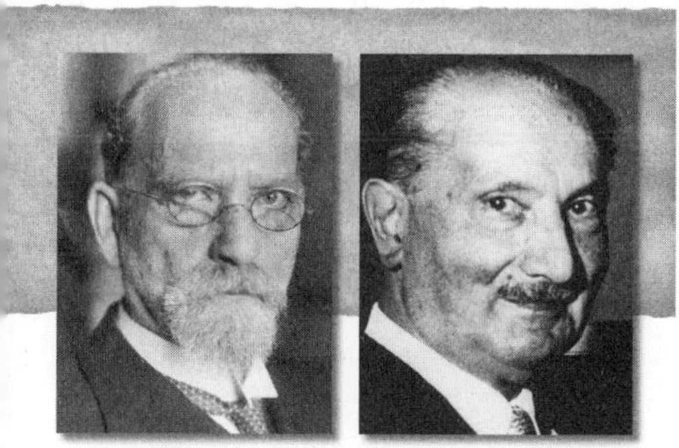

Husserl *Heidegger*

Husserl (1859 - 1938) und Heidegger (1889 - 1976)

Lesch:

Zwei Männer reagieren auf die Veränderungen ihrer Zeit. Sie reagieren auf die Krise der Wissenschaft. Zwei Männer, deren Texte zum schwierigsten gehören, was die Philosophie uns anzubieten hat. Das sage ich Ihnen aus eigener leidvoller Erfahrung. Es ist nämlich wirklich sehr schwierig, den Gedanken dieser beiden Männer zu folgen. Wir haben Gott sei Dank einen Experten hier, deswegen muss es uns nicht Bange werden. Es wird aber nicht einfach.

Es geht um Edmund Husserl und Martin Heidegger. Husserl, der Lehrer von Heidegger, ist der Erste, über den wir reden wollen. Er hat versucht, eine ganz neue Art von Philosophie zu entwickeln, und er hat es auch geschafft. Für ihn war das Phänomen entscheidend, das, was dem Bewusstsein unmittelbar zur Verfügung steht. Nur an das sollte man sich halten, wenn man Philosophie betreibt.

Wie er das dargestellt hat, das erklärt uns jetzt mein Freund Willi Vossenkuhl.

Vossenkuhl:

Ich bin beeindruckt und fast sprachlos.

Lesch:

Komm, nun sag´ schon. Also, Husserl!

Vossenkuhl:

Aber Du hast es schon sehr gut gesagt.

Lesch:

Vielleicht bin ich ein Husserlianer durch und durch.

Vossenkuhl:

Stimmt. Das könnte hinkommen.

Lesch:

Und jetzt erkläre mir einmal, warum.

Vossenkuhl:

Also gut. Warum ich Dich als Husserlianer sehe, hat eigentlich etwas mit dem zu tun, was Husserl ganz am Ende seines Lebens gedacht hat. Das war schon in der Nazizeit, da hat er ab 1933 – mitgeteilt durch den damaligen Rektor Sauer - Lehrverbot bekommen, weil er aus einer jüdischen Familie stammte. Er selbst war Protestant. 1937 mussten er und seine Frau sogar noch ihre Wohnung verlassen. Das alles ist eine bleibende Schande. Wenn nicht der belgische Franziskaner van Breda 1939 das Archiv Husserls auf Umwegen nach Löwen gebracht hätte, wüsste ich nicht, was von ihm geblieben wäre.

Zurück zu Deiner Eröffnung. Husserl hat gemeint: Wenn die Naturwissenschaften in eine Krise kommen, dann müssen sie sich auf das besinnen, woraus sie eigentlich entstanden sind, nämlich aus der Lebenswelt, der Welt, in der wir leben, in der wir die Phänomene, die Du gerade angesprochen hast, kennen lernen, verstehen lernen, und uns dabei auch gegenseitig verstehen lernen. Das ist der Nährboden, aus dem Wissenschaft entsteht. Darauf muss man sich wieder besinnen, wenn es in den Wissenschaften Probleme gibt. Die gibt es, weil die Naturwissenschaften die Lebenswelt als ihr Sinnfundament vergessen haben. Deswegen stecken sie in einer veritablen Krise.

Lesch:

Das kann ich verstehen. Das würde ich 100prozentig unterschreiben.

Vossenkuhl:

Siehste, deswegen bist Du Husserlianer.

Aber fangen wir mit Edmund Husserl von vorne an. Er ist 1859 in Mähren zur Welt gekommen. Sein Vater war Tuchhändler.

Jüdische Familie, aber nicht orthodox. Er ist Protestant geworden. Er war ein begabter junger Mann, und hat seine Studentenzeit mit Mathematik verbracht – teilweise zumindest. Denn er studierte auch Astronomie, Physik und Philosophie. Bei den damals recht bekannten Mathematikern Weierstraß und Kronecker studierte er in Berlin Mathematik. Promoviert wurde er 1883 in Wien mit einer Arbeit über die Theorie der Variationsrechnung.

Lesch:
Guter Mann.

Vossenkuhl:
Naheliegend, dass Du eine gewisse Nähe zu ihm verspürst. Schon während seiner Promotion in Mathematik hat er nebenher in Wien Philosophie bei Franz Brentano (1838-1917) gehört, einem Mann, der erst zum Priester geweiht worden war, dann aber aus Protest gegen das Unfehlbarkeitsdogma aus der Kirche austrat. Bei ihm erfuhr er, wie wichtig die psychologischen Grundlagen der Urteile über das, was ist, sind. Das ist deswegen wichtig, weil in der gleichen Zeit andere Philosophen genau das als Psychologismus abtaten. Husserl ließ sich davon – zunächst - nicht beeindrucken, weil er von den dahinter steckenden Gründen auch noch nichts wußte. Zunächst blieb er bei der Mathematik und wurde nach der Promotion Assistent von Weierstraß, machte sich also auf den Weg zu einer Karriere in diesem Fach. Irgendwann hatte er, ähnlich wie Wittgenstein, ein Erweckungserlebnis zur Philosophie. Franz Brentano, der auch eine wichtige Rolle in Heideggers Entwicklung spielte, ließ Husserl aber nicht los. Brentano hatte schon als Theologe Philosophie unterrichtet, wanderte dann aber nach seinem Austritt aus der Kirche ganz in die Philosophie ab.

Lesch:
In die Philosophie abwandern … wie das klingt.

Vossenkuhl:
Franz Brentanos Buch „Von der mannigfachen Bedeutung des

Seienden nach Aristoteles“ (1862) beeinflusste Husserl genauso wie den jungen Heidegger. Es hat auch großen Einfluss auf Leute gehabt, die dann im „Wiener Kreis“ eine Rolle spielten. Husserl wurde Brentanos Lieblingsschüler und entwickelte Brentanos Denken kräftig weiter. Worum geht's da?

Um das Phänomen des Bewusstseins.

Um die bis heute ungeklärten Fragen:

Was ist Bewusstsein? Was sind Gedanken? Wie stehen die Gedanken zur Wirklichkeit? Sind die Gedanken selber die Wirklichkeit oder - wenn ich dieses Glas in die Hand nehme, ist das Glas Teil meines Bewusstseins oder ist es getrennt davon? Wenn es vom Bewusstsein getrennt ist, wie komme ich dann überhaupt mit meinem Bewusstsein an dieses Glas ran?

Lesch:

Aber hat nicht um diese Zeit schon Sigmund Freud erklärt, was Bewusstsein ist? Damit war doch eigentlich alles klar.

Vossenkuhl:

Nein, leider nicht. Freud war zwar Zeitgenosse von Brentano und Husserl. Aber zwischen ihm und den Philosophen gab's keine direkten Beziehungen und keinen Austausch. Die eine Seite hätte die andere wohl auch kaum verstanden, obwohl es beiden um's Bewusstsein ging.

Am Anfang waren Husserls Adaptionen von Brentanos Bewusstseinslehre etwas grob psychologisch. Er meinte, dass es im Kopf – nach aristotelischem Muster - eine Art psychisches Spiegelbild dessen gibt, was man wahrnimmt. Du erinnerst Dich sicher an die antike Phantasma-Lehre. Dieses Bild spiegelt im Bewusstsein das wider, was ist. Urteile wie ‚die Hose ist blau' oder ‚die Hose ist schwarz' korrespondieren mit dem psychischen Ereignis und werden so zu einem Bewusstseins-Ereignis.

Lesch:

Gut. Irgendwas muss sich im Kopf abspielen.

Vossenkuhl:

Zunächst ging es für Husserl aber um die Frage: Was ist eigentlich Mathematik? Was sind mathematische Urteile? Die Mathematik ist ja die Wissenschaft schlechthin, die allein mit Bewusstseins-Inhalten arbeitet.

Lesch:

Das wissen wir seit Kant. Die Mathematik ist immer sein Vorbild gewesen. So muss eine ordentliche Wissenschaft sein, a priori begründet, wie in der Mathematik!

Vossenkuhl:

Die Grundfrage war, wie kommen die mathematischen Urteile zustande? Am Anfang meinte Husserl, dass psychische Entitäten dem Urteil zugrunde liegen. Wenn ich also ein mathematisches Urteil über irgendeine Zahl fälle, gibt es ein Bewusstseins-Pendant, welches diesem Urteil zugrunde liegt. Darüber hat Husserl nachgedacht und ein Buch geschrieben, die „Philosophie der Arithmetik" (1891).

Dann kam die Erleuchtung! Gottlob Frege (1848-1925), der Jenaer Mathematiker und Philosoph verriss das Buch wegen des darin vertretenen ‚Psychologismus'. Frege sagte: Kein Gedanke, der mathematisch eine Rolle spielt, kann deswegen eine Rolle spielen, weil er mit einer psychischen Entität korrespondiert. Das kann nicht sein. Es muss um einen Gehalt gehen, der unabhängig von der psychischen Lage und Befindlichkeit dessen ist, der ihn denkt.

Lesch:

Mathematik wäre sonst nur Einbildung, im wahrsten Sinne des Wortes.

Vossenkuhl:

Du hättest Deine Mathematik und ich hätte meine. Das kann nicht sein.

Lesch:

O.k. Das ist aber nicht einfach. Denn es war doch nicht so, dass das Problem auf der Hand lag.

Vossenkuhl:

Das Problem lag insofern auf der Hand, als nicht klar war: Was ist eigentlich die Grundlage eines mathematischen Urteils?

Lesch:

Damit stellt sich erneut die Frage, warum die Mathematik so erfolgreich ist.

Vossenkuhl:

Das wäre eine der nächsten Fragen. Man hätte es ja gar nicht verstehen können, dass sie so erfolgreich ist, wenn die grundlegende Basis Bewusstseinsphänomene oder psychologische Phänomene wären.

Lesch:

Bei Wittgenstein kann man lernen, dass ganz wichtige philosophische Diskrepanzen unter Umständen rein sprachlich bedingte Missverständnisse sind, weil man sich von der Sprache verwirren läßt und nicht auf das Sprachspiel achtet, das gespielt wird. Wie hat Husserl denn zur Klärung philosophischer Fragen beigetragen?

Vossenkuhl:

Zunächst sind wir noch bei der Mathematik.

Lesch:

Richtig.

Vossenkuhl:

Die Philosophie kam erst, nachdem er seinen Psychologismus erledigt und eingesehen hatte, dass psychische Entitäten nicht die Grundlage mathematischer Urteile sein können. Es muss etwas anderes sein, etwas, was wir alle gemeinsam haben.

Lesch:

Es ist also nicht nur in meinem Kopf, sondern es ist auch

in Deinem. Es ist eigentlich im Kopf von allen, die sich damit beschäftigen.

Vossenkuhl:

Es ist die Struktur des Bewusstseins überhaupt. Husserl hat gemeint, das Bewusstsein sei von ähnlichen Strukturen bestimmt wie die Logik. Mit seinem großen, beeindruckenden zweibändigen Werk „Logische Untersuchungen“ (1900) kam er endgültig in der Philosophie an. Darin entwickelt er die logischen Strukturen des Bewusstseins. Statt weiter über den Psychologismus zu streiten – das hielt er für unfruchtbar – will er nun die Grundlagen der Objektivität der Erkenntnisinhalte legen. Der erste Band hat als Untertitel: „Prolegomena zur reinen Logik“, der zweite: „Elemente einer phänomenologischen Aufklärung der Erkenntnis“.

Es ist nun nicht so, dass er wegen seines früheren Psychologismus in Sack und Asche wandelt. Er geht mit seiner früheren Unzulänglichkeit offensiv um und behandelt den Psychologismus – auch dessen Vorzüge - im ersten Band sehr ausführlich. Im zweiten Band geht es um die „Phänomenologie des Logischen“. Hier entwickelt er die Grundlagen der Phänomenologie und verbindet damit eine logisch strukturierte Aufklärung der Erkenntnis. Es geht um Fragen wie: Was ist eigentlich Wahrnehmung, was Erkenntnis? Was sind Begriffe, was Anschauung? Was sind die apriorischen Gesetze des Denkens?

Husserl entwickelt eine Grammatik unseres Denkens, die auch in der Mathematik und in der Physik gebraucht werden kann. Diese Grammatik besteht aus einer Lehre der reinen, kategorialen Formen, eine Art platonischer Entitäten. Sie haben eine abstrakte und eine inhaltliche Seite. So verbindet Husserl konkrete Anschauung und Logik.

Lesch:

O.k. Nehmen wir als Beispiel eine Kugel. Wir stellen uns eine perfekte Kugel vor, wenn wir über sphärische Geometrie nachdenken.

Vossenkuhl:

So ist es. Genau.

Lesch:

Und damit behandeln wir Probleme, die eben sphärisch sind. In der Physik zum Beispiel. Nehmen wir mal an, eine Kuh sei sphärisch symmetrisch. Weil wir sie nicht als Ganzes betrachten können, formen wir sie erst einmal zu einer Kugel. Dann setzen wir noch zwei Kugeln dran, oder vier Kügelchen, oder vier Zylinder. Wir verwenden abstakte Begriffe, um etwas Wirkliches darzustellen, dem natürlich Fehler anhaften.

Vossenkuhl:

Genau. Husserls Frage war: Was liegt eigentlich meinen Urteilen zugrunde? Was ist der Boden, was ist das Fundament? Seine Antwort: Das sind die Phänomene! Aber wo sind die Phänomene?

Lesch:

Die sind nicht einfach nur in meinem Kopf. Die sind um mich herum!

Vossenkuhl:

Ja, so ist es. Wie kommt es aber, dass die Phänomene, von denen ich erst einmal annehme, dass sie um mich herum sind, in mein Bewusstsein kommen?

Lesch:

Das wundert mich bei ihm ebenso, wie es mich bei Wittgenstein wundert. Warum kommt jemand nicht auf den Gedanken, wenn wir Teil der Evolution sind, dass unsere Begriffe von der Welt aufgrund unserer an sie angepassten Lebensform mit der Welt so unheimlich gut korrespondieren. Eben weil unser Gehirn als Erkenntnisapparat in dieser Welt entstanden ist. Warum muss man da auf eine abstrakte Ebene gehen und sagt nicht statt dessen ...

Vossenkuhl:

Weil das, was Du gerade in evolutionärer Sprache beschrieben hast, nicht erklärt, wie wir in der Lage sind, Begriffe zu verbessern.

Lesch:

Stimmt auch wieder.

Vossenkuhl:

Nehmen wir Begriffe wie ‚Identität' und ‚Differenz' in ihren unüberschaubar vielfältigen Verwendungen. Die Flexibilität und Freiheit, mit der wir diese Begriffe verwenden, kann nicht das Ergebnis der Evolution sein. Wir sind in der Lage, selbst zu entscheiden, wann sie richtig und falsch sind, und wie sie in einem neuen Zusammenhang verwendet werden. Auch wenn ein mathematischer Begriff nicht in einen bestimmten Zusammenhang passt, kann ich ihn mit Schleifarbeiten passend machen.

Lesch:

Und zwar in die richtige Richtung.

Vossenkuhl:

Ich muss auch sagen können: Oh, der hat eine interessante Idee gehabt, aber irgendwie kann sie so, wie er sie beschreibt, nicht ganz stimmen. Also muss ich sie korrigieren. Vielleicht stimmt sie dann. Diese Aktivität, das ist Bewusstseinsformung! Die kann ich nicht durch die Evolution erklären.

Husserl war nun zwar der Meinung, dass der Psychologismus falsch ist, aber er wollte nicht das Kind mit dem Bad ausschütten und die Bedeutung der psychischen Phänomene für unser Denken leugnen. Es kann nicht sein, dass nur das, was mir selber individuell durch den Kopf geht, der letzte Grund eines Urteils ist, das auch Du und alle anderen teilen können. Die eigentliche Evidenz dafür, dass ich jetzt dieses Glas sehe, und dass ich zwischen diesen beiden Gläsern, Deinem und meinem, unterscheiden kann …

Lesch:

Und?

Vossenkuhl:

Die Evidenz dafür liegt darin, dass mir das Bewusstsein genau diese Phänomene vermittelt, das heißt, das Bewusstsein liefert mir diese Phänomene. Dahinter kann ich nicht zurückgehen. Ich sehe es, ich nehme es wahr, und ich kann sogar feststellen, wenn ich mich täusche. Die Phänomene präsentieren sich im Bewusstsein. Daran wollte Husserl nicht rütteln.

Lesch:
Der Bewusstseins-Koffer nimmt also alles auf, was um mich herum ist.

Vossenkuhl:
So ist es.

Lesch:
Kollidiert das nicht mit der Metaphysik? Da gibt es doch kein Phänomen, das auf mich zukommen und sich irgendwie in meinem Bewusstsein niederlassen könnte.

Vossenkuhl:
Es geht zwar nicht ausdrücklich gegen die Metaphysik, aber Husserl präsentiert einen Ersatz für metaphysische Erklärungen, die nicht mehr akzeptabel sind. Husserls Stichwort in diesem Zusammenhang ist die *Intentionalität*, also die Absichtlichkeit. Mit der Intentionalität erklärt Husserl nicht nur, wie wir die Gegenstände und das, was sie bedeuten, erfassen. Mit der Intentionalität richten wir uns – wie mit einem Richtstrahl - auf Bedeutungen und verbinden sie. Wir lenken mit ihr unsere Aufmerksamkeit.

Schon im Mittelalter wusste man, dass das Denken eine absichtliche, intentionale Struktur hat. Ich wende beim Denken meine Aufmerksamkeit dem oder dem zu. Wenn ich das gemacht habe, trage ich zunächst nur diesen Inhalt im Bewusstsein. Den Rest, der mir zu einem Gesamtbild fehlt, kann ich nach und nach aufbauen. Ich kann sagen, woher das ist, und wohin es gehört.

Lesch:
Das hört sich für mich ein bisschen so an wie Descartes. Das Einzige, auf das ich mich verlassen kann, ist mein Bewusstsein. Bei Descartes heißt es dann: Ich bin denkend. Alles andere muss ich schwer anzweifeln.

Jetzt bin ich bei meinem Bewusstsein. Das Bewusstsein vermittelt mir die Begriffe von der Welt - auch wenn sie sich verändern - auch wenn ich weiß, dass eine vorherige Erkenntnis falsch und deswegen gar keine war. Das Bewusstsein ist keine stationäre Angelegenheit, die immer so bleibt, wie sie ist. Es ist vielmehr extrem aktiv, weil es sich ständig bemüht, die Dinge besser und besser zu verstehen.

Vossenkuhl:

Genau. Und es hat, so ähnlich wie die Grammatik, eine Grundstruktur. Das ist die Logik. Du hast zielsicher Descartes erwähnt: Husserls „Cartesianische Meditationen" zeigen, wie er Descartes' Grundanliegen phänomenologisch weiterentwickelt.

Husserl wirkte weltweit und hat bis heute eine enorme Bedeutung. Er vermittelt den Eindruck, dass er nicht nur den Kopf ins Spiel bringen will, sondern auch den Körper des Menschen, seinen Leib und mit ihm die Welt, in der lebt. Was für ein Verhältnis habe ich zur Welt, und welche Rolle spielen dabei meine Leiblichkeit und meine Stellung in der Lebenswelt? Deswegen haben sehr viele Soziologen diese Ideen aufgegriffen.

Lesch:

Die Husserl-Texte zu diesem Thema sind aber nicht einfach.

Vossenkuhl:

Harte Nüsse, in der Tat.

Lesch:

Da beiße ich mir die Zähne aus. Ich bin froh, dass Du das alles verständlich machst. Mir geht es da so, wie wenn andere Leute ein Quantenmechanik-Buch lesen. Die sagen dann schnell: Um Gottes willen, was ist denn das für eine Physik? Ich erwarte mir klare Bilder und Anschauungen.

Wenn man in die Philosophie des 20. Jahrhunderts eintaucht, wird sie - wie die Wissenschaften - immer unanschaulicher, immer abstrakter.

Vossenkuhl:

Du bemängelst mit Recht die Verständlichkeit, sicher auch mit Blick auf Heidegger. Proportional zur wachsenen Radikalität der Fragen und Antworten dieser Philosophen nimmt ihre Verständlichkeit ab. Man gewinnt den Eindruck, dass die mit dem, was bisher philosophisch so gemacht wurde, nichts mehr zu tun haben wollen. Es ist ihnen nicht gut genug. Sie wollen's endlich richtig machen.

Lesch:

Wittgenstein hat gedacht: Ich schreibe jetzt mal ein Buch, und damit ist die Philosophie zu Ende. Aus, Ende der Durchsage.

Vossenkuhl:

Finito. Genauso Heidegger.

Lesch:

Der Heidegger. Das war auch so ein Finalist. Nach mir kommt nichts mehr.

Vossenkuhl:

Er ist im gleichen Jahr wie Wittgenstein geboren, 1889, aber nicht in Wien, sondern in Meßkirch, in Baden. Zuerst wollte er Jesuit werden, begann als Novize, hatte aber bald Herzbeschwerden und setzte das Theologiestudium außerhalb des Ordens bis 1911 fort. Dann studierte er Philosophie. Alles weitere absolviert er blitzschnell. 1913 wurde er schon promoviert und 1915 habilitiert. Mitten im Krieg wurde er einberufen, tat aber als Soldat keinen aktiven Dienst. Er wurde nach 1916 Assistent von Edmund Husserl, dem er – nach eigenem Bekunden - viel verdankt. 16 Jahre lehrte er dann und machte dabei richtig Furore. 1928 wurde er Husserl Nachfolger in Freiburg, wo er Zeit seines Lebens wohnte.

1927 erschien „Sein und Zeit", ein bahnbrechendes, großes Werk, das allerdings ein Torso geblieben ist. Ich nehme an, dass Du dieses Werk meinst, mit dem Du Schwierigkeiten hast. Man kann das, was er sagt, aber auch einfacher sagen.

Lesch:

Ich bitte darum. Davor darf ich noch kurz etwas einwerfen. In dieser Zeit erschienen Bücher über die Allgemeine Relativitätstheorie, und Sir Arthur Eddington wurde gefragt: Stimmt es, dass es drei Leute auf der Welt gibt, die die Allgemeine Relativitätstheorie verstehen? Worauf er antwortete: Wer sind die beiden anderen?

Es ist also nicht so, dass die Unanschaulichkeit nur auf die Philosophie beschränkt ist. Zu dem Zeitpunkt erschienen auch literarische Werke, bei denen die Leute dachten: Allmächtiger Gott, was ist denn jetzt los! Für den Laien, für Otto Normalverbraucher, muss der Eindruck entstanden sein, dass die Intellektuellen durchdrehen. Das nur so am Rande. Es scheint eine Zeit gewesen zu sein, in der es darum ging, Revolutionen des Denkens loszutreten.

Vossenkuhl:

Genau. Das trifft schon auf das zu, was Husserl wollte, eine Revolution, und zwar eine, die zurück *zu den Sachen selbst* führen sollte.

Lesch:

… wo es schon lange hingehen sollte.

Vossenkuhl:

Genau. Du hast eben eine Verbindung zwischen Husserl und Descartes hergestellt. Husserl war Cartesianer und Platoniker. Er hat an Ideen geglaubt, an abstrakte Entitäten. Heidegger hat das dann wieder abgelehnt. Ein Kampf im rein Abstrakten. Für Heidegger dachte Husserl noch dualistisch cartesianisch. Das sollte aber nicht mehr sein.

Wie kann man denn behaupten, dass es ein Objekt und ein Subjekt gibt, und zwischen beidem nichts? Wie soll es so – dualistisch - überhaupt zu einem Urteil kommen, wenn es keine Beziehung zwischen den beiden Seiten gibt? Entweder sind sie zusammen, oder getrennt. Wenn sie aber getrennt sind, kommen sie nicht mehr zusammen. So könnte man den Einwand gegen Husserl formulieren.

Lesch:

Kommen wir zu der einfachen, kurzen Erklärung von „Sein und Zeit“, die Du angekündigt hast.

Vossenkuhl:

Die ultrakurze Erklärung besteht darin, dass **‚Sein'** seinem eigentlichen Sinn nach bisher nicht verstanden wurde.

Lesch:

Das Sein an sich.

Vossenkuhl:

Das Sein, ja. Die Philosophen haben zweieinhalb Tausend Jahre über alles Mögliche nachgedacht, vor allem über das Seiende, aber sie haben die Frage nach dem ‚Sein', also was ‚Sein' selbst bedeutet, vergessen. Sie haben nicht bemerkt, dass zwischen der Aussage ‚dies ist eine Hose' und dem Seins-Sinn, der in der Tatsache zum Ausdruck kommt, dass überhaupt etwas ist, ein grundlegender Unterschied besteht.

Die alte Frage von Leibniz: **Warum ist überhaupt etwas und nicht nichts?** Um die sollte es gehen. Diese Frage betrifft ja nicht Deine Hose. Es ist die fundamentalste Frage überhaupt: Ist überhaupt etwas? Gibt es Sein, ist Sein, und was ist das?

Lesch:

Offenbar ist was.

Vossenkuhl:

Es ist was, ja. Und dann gibt es eben noch die vielen, vielen Sachen, die auch sind. Zwischen dem, das Deine Hose ist, und dem Sein überhaupt, der Wirklichkeit, da gibt's natürlich eine Verbindung. Aber welche? Heidegger war der Meinung, dass über diese Frage in der Philosophie nicht wirklich nachgedacht worden war.

Lesch:

Aber das ist doch eine Grundfrage der Philosophie. Das ist doch Ontologie in Reinkultur. Wir sind mitten im Zentrum der Philosophie. Voll ins Schwarze getroffen.

Vossenkuhl:

Heidegger war der Meinung, die Philosophen hätten immer nur über das Seiende in seinen vielen analogen Bedeutungen gegrübelt, nie über das Sein als Sein.

Lesch:

Nicht über das Sein des Seins.

Vossenkuhl:

Genau! So ist es!

Lesch:

Ja, aber wie ...

Vossenkuhl:

Siehste, jetzt fängst Du auch schon an.

Lesch:

Ich muss aufpassen, genau. Also, wir haben das Subjekt. Der Mensch steht einer Welt gegenüber. Der Mensch hat auch ein Sein.

Was für ein Sein hat der Mensch im Vergleich zu - jetzt will ich nicht wieder mit meiner Hose ankommen …

Vossenkuhl:

Etwas anderem.

Lesch:

Er hat ein anderes Sein als das Sein des Sofas.

Vossenkuhl:

So ist es, ja.

Lesch:

Das Sofa denkt, soweit ich weiß, nicht über sich nach.

Vossenkuhl:

So ist es.

Lesch:

Obwohl wir das nicht wissen können. Das Sofa hat uns jetzt schon so oft getragen. Wer weiß, wie Philosophie auf ein blaues Sofa abfärbt. Wir wissen ja nicht, was das Sofa macht, wenn es nachts alleine ist. Ob es nicht mit sich selber redet.

Vossenkuhl:

Schweif jetzt nicht ab.

Lesch:

Entschuldigung. Also: Ich bin selbst reflexives Sein und habe deswegen ‚Dasein'. Die besondere Seins-Form des Menschen ist die, über sich selbst durchaus, nicht immer, aber doch ab und zu mal nachzudenken. Das Sofa tut das nicht. Es ist also eine andere Seins-Form. Das gehört zu dem, was Heidegger das ‚Vorhandene' und das ‚Zuhandene' nennt. Und es gibt mich. Ich gehöre nicht zum Zuhandenen.

Vossenkuhl:

Und weil Du kein Zuhandenes bist, kann ich Dich nicht mit denselben Kategorien verstehen wie dieses Sofa oder unsere Schuhe. Das menschliche Dasein ist das einzige Sein, das sich reflektieren kann. Deswegen hat Heidegger in „Sein und Zeit" eine neue philosophische Sprache entwickelt, um das menschliche Dasein, vor allem die Zeitlichkeit des Daseins in der Welt zu verstehen. An die Stelle von Kategorien, wie wir sie von Aristoteles oder Kant kennen, treten nun die *Existentiale*. Zum Beispiel heißt ein Existential „Sorge".

Lesch:

Das habe ich schon mal von Dir gehört. Die Sorge. Ein schönes Wort.

Vossenkuhl:

Was ist darunter zu verstehen? Genau das, was man schon weiß. Eine Mutter sorgt für ihr Kind, Du sorgst für Deine Familie.

Lesch:

Ich mache mir aber auch Sorgen, denke ich an das Morgen. Was wird morgen passieren? Das bereitet mir Sorge.

Vossenkuhl:

Und warum macht Dir das Sorge? Weil Du möglicherweise morgen nicht mehr da bist. Das Nicht-Sein ist eine Möglichkeit, die Du einkalkulierst. Den Tod. Die Angst vor dem Nicht-Sein. Das sind alles Wörter, mit denen wir das beschreiben, was wir denken, wenn wir über uns selber nachdenken. Die Sorge hat großen Tiefgang, denn in dieses Wort packt Heidegger die Freiheit, das Freisein für die existientiellen Möglichkeiten unseres Daseins und warum, weshalb und wieso es überhaupt da ist.

Lesch:

Aber das sind ja existentielle Aussagen. Das hat etwas mit unserer begrenzten Existenz zu tun. Könnte man das so sagen?

Vossenkuhl:

So ist es, ja.

Lesch:

Also Angst.

Vossenkuhl:

Angst.

Lesch:

Angst vor'm Tod.

Vossenkuhl:

Ja. Angst ist etwas anderes als Furcht. Ich kann fürchten, wenn ich zuviel trinke, betrunken zu werden. Aber ich habe keine Angst vor dem Betrunken-Sein.

Lesch:

Aber Moment mal! Wenn das so ist, das ist ja ... Kierkegaard! Der hat sich doch auch in diese Welt hineingeworfen gefühlt.

Vossenkuhl:

Ja, genau. So ist es.

Lesch:

Um Gottes willen! Ich bin ja ganz allein in dieser Welt, stehe vor diesem Abgrund! Bei Heidegger weiß ich nicht, ob er ... was er von den Naturwissenschaften mitgekriegt hat, aber 1927 ist das Universum schon größer geworden. Man wusste, dass es nicht nur die Milchstraße, sondern auch andere Galaxien gibt.

Wenn man Heidegger heute denkt, ist man gleich hineingeworfen in ein ganzes Universum, das so gewaltig ist, dass einem ganz anders wird. In diesem Sinne hat Heidegger von den Wissenschaften gar nichts gehalten. Er sagte sogar, dass die Wissenschaften nicht denken! Dieser Kerl! Was untersteht der sich!

Vossenkuhl:

Na ja, das klingt schon missverständlich. Er meinte damit, dass es den Wissenschaften nicht um das Ganze des Seins und nicht um die Reflexion des Dasein gehen kann, sondern um das Wissen über das Zuhandene. Das ist nicht abwertend gemeint.

Solche Überlegungen gehören in die letzte Phase seines Denkens. Heidegger hatte ursprünglich einen zweiten Band zu „Sein und Zeit“ geplant, dieses Projekt aber abgebrochen, weil er eingesehen hat, dass er den letzten Schritt über das hinaus, was sich über Zeit und Sein sagen läßt, begrifflich und in der herkömmlichen Sprache der Philosophie nicht sagen kann.

Schon die Umkehrung der Worte, also „Zeit und Sein“ deutet an, dass nicht mehr das Sein der Horizont ist, in dem alles erscheint, sondern die Zeit, dass Sein sich nur auf dem Hintergrund der Zeit verstehen läßt. Alles ist geschichtlich. Und geschichtlich heißt, dass es für alles ein Ende gibt, aber nicht notwendig jeweils einen neuen Anfang.

Jetzt kommt aber eine neue Perspektive ins Spiel. Du hast gerade eben von „Geworfenheit“ gesprochen. Wir sind einfach in unser Dasein, in diese Wirklichkeit mit dem Tod vor Augen hineingeworfen. Was heißt das für unser Daseins-Verständnis? Nichts Gutes. Wir sind nicht Herr unserer eigenen Geschichte, haben keine Autonomie, unsere Freiheit schrumpft. Das Wort ‚Geschick' taucht auf; es klingt wie ‚Schicksal'.

Es ist erstaunlich, wie die Radikalität des Denkens bei Heidegger nichts verschont hat. Er wollte sich mit nichts zufrieden geben, mit keiner vorläufigen Antwort der Philosophie.

Am Ende hat er über die Sprache nachgedacht und angefangen, Gedichte zu interpretieren. Er gelangte zu der Überzeugung, dass die Sprache spricht, nicht wir. Es ist erstaunlich, dass ein Sprachdenker nicht einfach hergeht und schaut, was Semantik, Grammatik und Syntax sind.

Stattdessen fragt er: Was sagt eigentlich die Sprache über uns aus? Wie spricht die zu uns? Er zitiert Stefan George: „So lernt ich traurig den Verzicht, kein Ding sei, wo das Wort gebricht“. Er hat Gedichte von Hölderlin und Trakl interpretiert. Warum plötzlich Gedichte?

Weil er glaubte, dass Sprache und Sein unwiederbringlich auseinandergefallen sind. Statt von Sprache spricht er von der „Sage“, die sich den Dichtern öffnet. Er glaubt, dass das Wesen der Wahrheit nicht mehr von Philosophen begrifflich erfasst werden kann, sondern – ein schwieriger Gedanke - als Freiheit der „Entbergung in der Lichtung“; d.h. die Wahrzeit zeigt sich, wir können sie dazu aber nicht mit unserem Denken zwingen.

Das Sprach-Denken des späten Heidegger wird auf diese Weise als konsequente, immer radikaler werdende Weiterführung des Seinsdenkens erkennbar. Vor allem die Verbindung zwischen Sprach-Denken und Menschenbild wird erkennbar. Dieses Denken benötigt kein Subjekt mehr. Die Sprache, nicht der Mensch, spricht, und sie spricht monologisch.

Was die Radikalität des Denkens angeht, ist Heidegger wirklich bis zur bitteren Neige gegangen.

Lesch:

Es gibt ein Bild aus dem Jahre 1966, wo Rudolf Augstein, Herausgeber des „Spiegel“ und Heidegger zu dessen Hütte in Todtnauberg marschierten. Heidegger war zu der Zeit der Meinung: Die Philosophie wird auf die großen Probleme nicht reagieren können. Sie wird keine Antworten liefern können. Es kann uns nur ein Gott helfen. Die Philosophie kann eigentlich nur helfen, die Welt auf den „kommenden Gott“ vorzubereiten, falls er kommt. Sollte kein Gott kommen, kann sie die Menschen wenigstens auf den Untergang vorbereiten. Er dachte bis zur bitteren Neige, trank aber keinen Schierlings-Becher wie weiland Sokrates.

Vossenkuhl:

Wenn man über Heidegger spricht, darf man neben seinem Denken eines nicht vergessen. 1933 war er kurze Zeit Rektor der Universität Freiburg. Am 1. Mai jenen Jahres trat er der NSDAP bei. Er hatte eine nationalsozialistische Phase. Das zeigt, dass zumindest seine politische Urteilskraft nicht über alle Zweifel erhaben war. Da hat er nicht besonders weitreichend und tief nachgedacht. Später hat er versucht, sich umzuorientieren, sich zu rehabilitieren.

Jener Makel bleibt aber auch und gerade an einem Denker haften, der sich der Radikalität des Denkens verschrieben hatte. Wenigsten in dieser einen Hinsicht, in der politisch-weltanschaulichen, war er ganz sicher nicht radikal genug.

Lesch:

Zwei tiefe Denker, ein schwerer Stoff. Ich hoffe, wir haben Sie trotzdem dazu ermuntert, sich mehr mit Edmund Husserl und Martin Heidegger zu beschäftigen, zwei außerordentlich einflussreiche Denker des 20. Jahrhunderts.

Philosophische Hauptströmungen im 20. Jahrhundert

John Dewey (1859 - 1952), William James (1842-1910), Theodor W. Adorno (1903 - 1969), Max Horkheimer (1895 - 1973), Jean Paul Sartre (1905 - 1980)

Lesch:

Was ist vom 20. Jahrhundert übrig geblieben? Das ist ja jetzt schon eine Weile her. Wir erinnern uns an das grauenhafte Geschehen der Vernichtung von Juden, Sinti, Roma, von Polen und Russen. Allein zwei verheerende Weltkriege. Aber darauf will ich nicht hinaus. Was übrig geblieben ist: Micky Mouse, die Mondlandung und McDonald's. Eine weltweite Amerikanisierung. Ich weiß, dass ich mich damit weit aus dem Fenster lehne.

Den ersten Denker, über den wir heute reden wollen, würde ich als den Philosophen des „American Way of Life" bezeichnen. Einer, der die Grenzen, die Frontiers, mit aller Macht weiter ausdehnen und weiter hinausschieben wollte. Nur das Nützliche sollte wahr sein. Es war einer, der dem Pragmatismus zum Siegeszug verhalf. Es sollte nur das gelten, was nützt. Was nützlich ist, treibt uns an. Unsere ganzen Ziele und Zwecke, also das, was persönlich nützt, ist das einzige, was uns wirklich interessiert.

In diesem Sinne ist John Dewey, um den geht es zunächst einmal, ein Mann, der zusammen mit Charles Sanders Peirce eine philosophische Richtung angestoßen hat, die, meiner Meinung nach, die Haupt-Strömung, der Mainstream des 20. Jahrhunderts geworden ist. Würdest Du mir eventuell zustimmen, lieber Willi?

Vossenkuhl:

Das klingt mir ein bisschen zu amerikanisch.

Lesch:

Na gut, einer musste den Ball ja vorlegen.

Vossenkuhl:

Der Dewey war zunächst ein richtiger Hegelianer. Es ging ihm um's Ganze. Er wollte gegen einen Trend, der sich im frühen 19. Jahrhundert schon abzeichnete, schwimmen, und zwar gegen die Diversifizierung der Wissenschaften, die erklären wollten, was das menschliche Leben ist. Er wollte wieder eine ganzheitliche, holistische Erklärung des Lebens.

Du hast natürlich Recht. Dem Pragmatismus geht's um den Nutzen. Dahinter steckt aber die These von Peirce, dem ersten Pragmatisten, der ein bedeutender Logiker und Zeichentheoretiker war, dass die Bedeutung dessen, was wir denken und tun und was wir verstehen können, immer etwas mit dem Rahmen, in dem wir uns bewegen, zu tun hat. Natürlich hat das Sprechen und das Handeln immer ein Ziel, kurzfristig, längerfristig und steht in einem größeren Zusammenhang. Das ist der Rahmen einer Aussage oder einer Handlung. Und zu diesem Rahmen gehört eben auch der vorgegebene „American Way of Life". Der gehört dazu.

Lesch:

Der speist sich aber doch ganz stark dadurch, dass so jemand wie Dewey eine Philosophie, eine Naturdefinition, oder eine Weltdefinition abgegeben hat, in der es nichts Ewiges gibt. Es gibt keine ewigen Wahrheiten. Alles vollzieht sich in Prozessen. Und diese Prozesse erzeugen neue Probleme. Wenn man einmal eine Lösung gefunden hat, gibt's sofort ein neues Problem, das wiederum neue Lösungen erfordert. Immer weiter, immer weiter. Das meinte ich eben mit „die Grenzen hinausschieben". Egal, welche Brocken sich mir in den Weg stellen, ich gebe nicht auf. Das hat doch mächtig etwas von amerikanischem Pioniergeist. Der hat eine ganze Menge hervorgebracht.

Dieser Pragmatismus ist eine Lebenshaltung. Das ist nicht nur Philosophie, sondern es ist auch eine Haltung, die der Mensch durchaus verinnerlichen kann.

Vossenkuhl:

Aber natürlich. Auch in der Forschung. Dewey hat noch als alter Mann eine Forschungslogik geschrieben und gezeigt, wie der Forschungsprozess abläuft. Der beginnt meistens mit etwas, was man nicht versteht, und ersetzt eine unpassende Erklärung durch eine bessere. Das ist ganz pragmatisch. Man nennt das ein bisschen hochgestochen *Fallibilismus*. Man ersetzt das, was man bezweifelt oder gute Gründe dagegen hat, durch etwas Besseres. Aber auch das ist nicht in Stein gemeißelt.

Lesch:

Siehst Du diese pragmatische Haltung, die die angloamerikanische Philosophie prägt, in einem Gegensatz zur kontinental-europäischen Philosophie?

Vossenkuhl:

Lange ist das bei uns genauso gesehen worden. Man hat damit aber immer eine negative, eine ablehnende Haltung verbunden. So nach dem Motto: Na ja, das sind so die Pfeffersäcke, die Krämerseelen, die Nützlichkeitsdenker eben. Die nehmen nichts ernst. Bei denen zählt nur Cash in der Täsch. Aber das ist es nicht. Es gibt schon die Bemühung Deweys, den modernen Wissenschafts- und Sozialprozess in ein Verständnis menschlichen Lebens zu integrieren.

Aber die alten und traditionellen Muster sagen dazu nichts mehr aus. Sie geben keine Richtung für diese Integration vor. Dewey hat irgendwann eingesehen - obwohl er mit Hegel begonnen hat - dass der alte Meister des Weltgeistes auf das aktuelle Geschehen keine Antworten mehr gibt. Von Hegel hat er aber immer noch dieses ganzheitliche Denken. Letztlich vertritt er doch einen metaphysischen Anspruch.

Lesch:

Er war ja auch ein sehr engagierter Sozial- und Schulreformer. Eine seiner Schriften heißt, „Democracy and Education“. Er forderte, dass der Bürger in einer Demokratie gebildet sein muss.

Deswegen muss die Schule, so gut wie es nur irgendwie möglich ist, Kinder unterrichten. Jeder hat ein Recht auf Bildung. Er war ein sehr moderner Mann, auch wenn er Mitte des 19. Jahrhunderts geboren wurde, und - wann ist er gestorben? 1952!

Er ist fast 100 Jahre alt geworden. Politisch war er außerdem sehr einflussreich. In Washington fand er offene Ohren für seine Vorstellungen ...

Vossenkuhl:

Im Übrigen war er kein Harvard-Mann so wie William James, einer, der auch zu den Pragmatisten gehört. Er war vielmehr in Chicago und in Columbia (New York) gewesen und stammte nicht aus dem großbürgerlichen Milieu wie James oder auch Peirce.

James - man muss ihn erwähnen, weil er heute fast noch interessanter ist als Dewey - hat als Arzt angefangen und dann 1902 ein erstes großes Werk über Psychologie geschrieben: „The Principles of Psychology". Das gibt's heute noch zu kaufen. Es ist ständig nachgedruckt worden. Da findet sich sehr viel Skepsis darüber, einen vollständig aufgeklärten Zusammenhang zwischen den Prozessen des menschlichen Gehirns und dem, was wir verstehen, herzustellen. Er sagt: Der Mensch lebt mit theoretischen Fiktionen. Wir denken uns zwar etwas aus, aber es ist aussichtslos, eine wirklich klare Verbindung zur Wirklichkeit herzustellen. Das ist sehr interessant.

Lesch:

Also 100 Jahre, bevor die Neurobiologen dann richtig angefangen haben, das Gehirn auseinander zu nehmen, hatte er schon diese Kritik parat.

Vossenkuhl:

So ist es. Er hat auch ein psychologisches Labor eingerichtet und war auf dem aktuellen Stand der Forschungen. Als Arzt hat er aber nie praktiziert. Von einem psychologischen Lehrstuhl wechselte er auf einen philosophischen in Harvard.

James hat etwas getan, was man gemeinhin den Pragmatisten nicht unterstellt. Er hat sich bemüht, zu verstehen, was religiöser

Glaube ist. Seine Überlegungen hatten sehr viel Einfluss auf die gerade entstehende Religionswissenschaft. James behauptete, dass die religiöse Erfahrung eine ganz normale Art der Erfahrung ist, also nicht irgendein Hirngespinst, nicht Besonderes. Es ist genauso eine Erfahrung wie Freundschaft oder Liebe.

Lesch:

Das ist natürlich eine interessante Position. Weil man damit zum Beispiel alle Wissenschaften von den jeweiligen menschlichen Erfahrungen an einen Tisch kriegen kann, ohne dass irgendjemand Minderwertigkeitskomplexe bekommen muss.

Vossenkuhl:

„The Varieties of Religious Experience" heißt das Buch, übersetzt: Die verschiedenen Arten religiöser Erfahrung. Das ist heute noch aktuell. James war ein wirklich moderner Denker. Der Schriftsteller Henry James ist übrigens sein Bruder.

Lesch:

Am Pragmatismus finde ich sympathisch, dass er im wahrsten Sinne des Wortes praktisch ist. Er orientiert sich an den Lebensumständen, am normalen Lebensvollzug. Die einzige Fundamental-Kritik, die man anbringen kann, ist: Er ist eben nur praktisch. Es richtet sich nicht an eine Welt, in der es womöglich Ideen, bleibende Werte und ewige Wahrheiten geben könnte. Alles das, was am Anfang der Philosophie gestanden hat.

Diese Amerikaner reduzieren die Philosophie auf eine ganz praktische Lebensanschauung. Das finde ich eigentlich ganz gut. Es ist eine Arbeitsplattform.

Dewey war ein Anti-Dogmatiker. Das einzige Dogma, das er zuließ, war, bloß kein Dogma zu haben. Er verstand die Philosophie als ein Instrument für die Verbesserung des Lebens, weswegen sein Denken wohl auch *Instrumentalismus* genannt wurde.

Vossenkuhl:

Das ist eine seiner Methoden.

Lesch:

Wenn man mit der Philosophie an dieser Stelle anfangen würde, könnte man doch locker sagen: Hey, das ist gar nicht schlecht! Daraus könnte man doch etwas machen!

Vossenkuhl:

Du hast völlig Recht. Der allererste der Pragmatisten, Charles Sanders Peirce (1839-1914), war aber weit davon entfernt. Er hat zwar die Maxime geprägt, um die es im Pragmatismus geht. Er hat sich aber mit Dingen beschäftigt, die erstens sehr kompliziert sind, und zweitens noch immer für interessierte Theoretiker in der Sprachforschung von großem Interesse sind. Es ist die *Semiotik.* Er hat die Zeichentheorie entwickelt. Darüber hinaus war er ein hervorragender Logiker. Er hat Sachen gedacht, die geradezu esoterisch gegenüber dem wirken, was Dewey dann gemacht hat. Peirce hatte mit seinem Denken allerdings keinen Erfolg. Er ist ziemlich verarmt gestorben.

Lesch:

Komplizierte Theorien sind immer schwer an den Mann oder an die Frau zu bringen.

Dewey ist für mich so ein Warum-nicht-Typ. In Europa gab es unglaublich viele Ja-aber-Denker. Kritik, immer Kritik. Wir kommen ja gleich auf den nächsten Großkritiker Adorno. Dewey ist für mich eher einer, der die Dinge mit „Warum-eigentlich-nicht“, angegangen ist.

Vossenkuhl:

Jetzt gehen wir in unserem doch etwas vollen Programm etwas weiter.

Die Philosophie des 20. Jahrhunderts - Du hast es ja schon sehr schön eingeführt - besteht aus verschiedenen Strömungen. Wir können uns natürlich nur ein paar Köpfe heraus picken. Jetzt also: Die kritische Theorie.

Lesch:

Ja, voll kritisch. Der alte Kontinent. Tiefstes Abendland.

Vossenkuhl:

Da haben wir den Theodor W. Adorno als eine herausragende Figur. Aber genauso muss man Max Horkheimer nennen.

Lesch:

Und Herbert Marcuse.
Der war eine Zeit lang auch dabei.

Vossenkuhl:

Und natürlich die Frankfurter Schule, das „Institut für Sozialforschung", wo das alles angefangen hat und wo die drei auch eine zeitlang arbeiteten. Die Frage ist jetzt: Was ist kritische Theorie?

Lesch:

Genau, das hätte ich Dich jetzt sofort gefragt.

Vossenkuhl:

Die kritische Theorie weist ganz starke Impulse aus der deutschen Philosophie auf, von Kant und Hegel, aber noch viel stärkere durch Marx. Die Idee war: Wie kann man auf einer Vernunftbasis, also mit rationalen Mitteln, das soziale Leben verbessern, also die Unterdrückung, die Armut, die vielen Ungleichheiten beheben und eine gute und gerechte Gesellschaft bauen?

Die kritische Theorie wendet sich gegen moderne Formen der Sklaverei, gegen die Verdinglichung und Instrumentalisierung des Menschen, gegen die **Entfremdung.** Entfremdung war ein wichtiges Stichwort von Marx.

Adorno und Horkheimer haben beide gesehen, dass die Tradition, in der Kant, und in gewisser Weise auch noch Hegel standen, sich selbst pervertiert hatte. Daher die „Dialektik der Aufklärung". Dialektik heißt: Die Aufklärung beginnt zwar mit einem positiven Ziel, kann aber in ihr Gegenteil umschlagen, weil ein Teil der Aufklärung den Technisierungsprozess mit einschließt, der für die Ausbeutung und Verdinglichung des Menschen mit verantwortlich ist.

Und der Technisierungsprozess - jetzt bist Du dran ...

Lesch:

Ich setze mich schon einmal auf die Anklagebank.

Vossenkuhl:

Genau. Du bist der Buhmann. Die modernen Wissenschaften - meinen die beiden, und nicht nur die beiden – sind schuld an der Verdinglichung, also daran, dass der Mensch als Gegenstand betrachtet und auch so behandelt wird. Wir Menschen verfehlen damit sowohl individuell als auch sozial unsere eigentliche Daseins-Form. Wir entfremden uns von uns selbst.

Lesch:

Gut. Ich will jetzt nicht das hohe Lied auf die Wissenschaften und auf die Technik singen. Aber dass die Freunde das überhaupt so denken konnten, hat ja ein gewisses „a priori", um es mal so fein zu formulieren. Sie lebten in einem Land, in dem es entsprechende Möglichkeiten gab, Technik überhaupt zu entwickeln. Ein großer Teil des Wohlstandes in Deutschland, sei es als Deutsches Reich, aber auch als Weimarer Republik und danach als Bundesrepublik hängt doch wohl mit Technik zusammen.

Gerade in diesem Teil der Erde eine Philosophie zu entwickeln, die Technik als etwas grundschlechtes – als Ideologie - darstellt, von der man am besten gleich die Finger lässt, da ziehen sich bei mir die Augenbrauen bedenklich zusammen.

Vossenkuhl:

Ganz so pauschal haben die das natürlich nicht geglaubt. Sie haben auch die Zahnbürste und einen Kühlschrank benutzt. Es zeichnete sich aber schon im Ersten Weltkrieg und in den zwanziger Jahren ab, dass die Technologieentwicklung für die Waffenproduktion und damit für die Vernichtung von Menschen ein verheerendes Instrumentarium bereitstellt. Im und nach dem Zweiten Weltkrieg, da haben vor allem Horkheimer und Adorno Texte geschrieben – eben die „Dialektik der Aufklärung" - in denen sie den Massenmord an den europäischen Juden mit einbeziehen. Sie fragen: Was ist eigentlich mit der Vernunft los? Wo bleibt die

Vernunft in dieser ganzen Entwicklung? Was ist eigentlich mit den humanen, mit den ethischen Errungenschaften? Was ist da passiert? Hegel hat noch geglaubt, dass es immer weiter bergauf geht mit der Vernunft. Aber irgendwie war es seit Beginn des 20. Jahrhunderts im freien Fall bergab gegangen.

Lesch:

Ganz gewaltig sogar.

Vossenkuhl:

Dieser plötzliche Durchbruch der Unmenschlichkeit hat die beiden stark beschäftigt und bewegt, ja schockiert. Es ging Ihnen um die Frage: Wie ist vernünftiges menschliches Denken und Humanität nach Auschwitz überhaupt noch möglich?

Adorno hat dann ein Buch mit dem Titel „Minima Moralia" veröffentlicht, eine Sammlung von Aphorismen. Eine der Einsichten darin ist: Wir wissen überhaupt nicht, was das Gute ist. Wir wissen aber, was das Böse ist, denn das haben wir erfahren. Bei beiden ist das Grundmuster die Dialektik. Dieses Umschlagen von Identität in Nicht-Identität. Dass wir uns immer verfehlen, wenn wir uns ergreifen wollen. Vor allem durch Wissen und Wissenschaft. Das ist ein Kennzeichen für Adorno. Nicht von ungefähr erinnert dieses Umschlagen an Kierkegaard. Über ihn schrieb er auch ein Buch.

Lesch:

Das ist alles so grundnegativ. Adorno und Horkheimer sprechen dann von „Apparaten", von dieser völlig geistlosen Verwaltungsbürokratie, die uns alle in den Fängen hat. Das System, in dem wir drinstecken.

Haben sie denn auch Lösungen angeboten, abgesehen von der negativen Dialektik, dass man praktisch immer dagegen sein muss. Gegen den allgemeinen, technisierten, gesellschaftlichen Umgang. Das sei die einzige Hoffnung. So steht es zumindest in einer der Schriften. Die einzige Hoffnung ist etwas grundlegend Neues. Irgendwann soll es genügend Leute geben, die sich darüber im Klaren sind, dass die Welt, in der sie leben, schlecht ist. Nur dann kann etwas Neues entstehen.

Adorno selber hat seine Philosophie als **„Flaschen-post-Philosophie"** bezeichnet. Er wirft sie in das Meer der Zeit. Vielleicht wird sie irgendwann aufgefischt werden, um dann etwas Neues zu begründen. Sind das die Vorläufer der ökologischen Bewegung? Die Anfänge von Technik-Kritik im weitesten Sinne?

Vossenkuhl:

Ganz sicher. Ich glaube, dass die kritische Theorie dazu starke Impulse gegeben hat. Vor allem in den sechziger Jahren. Du hast gerade gefragt, ob es denn nur Negativität und Pessimismus gab. Das trifft zumindest für die philosophische Arbeit von Adorno zu.

Nicht so bei Horkheimer. Der hat sich am Ende doch wieder eher mit Dingen beschäftigt, die Hoffnung machen, auch mit religiösen Themen.

Bei Adorno blieb es auch nicht bei dieser negativen Dialektik. Sein eigentlich konstruktives Gebiet ist die Musik, die Komposition und die Musikästhetik. Er hat nicht nur beachtliche Stücke für Klavier und Quartette komponiert, sondern auch eine „Ästhetische Theorie" veröffentlicht, die sehr lesenwert ist und der auch die zeitgenössische Ästhetik sehr viel verdankt.

Es gibt noch einen Denker, der auch im Frankfurter Institut für Sozialforschung groß geworden ist, jedenfalls teilweise, und aus dieser Tradition stammt. Das ist Jürgen Habermas. Er hat zunächst auf der Basis vieler Einsichten, die Adorno und Horkheimer gewonnen hatten, eine Theorie entwickelt, die nicht nur ein zusammenhängendes, widerspruchsfreies Ganzes bildet, sondern auch die Grundlagen einer gewaltfreien, egalitären Gesellschaft entwerfen sollte.

Habermas hat eine neue Theorie sozialen Handelns entwickelt, in der neben neuen auch die alten Anliegen der kritischen Theorie enthalten sind. Das tut er vor allem in seinem großen Werk „Theorie des kommunikativen Handelns“. Eine seiner Grundideen darin ist, dass die menschliche Vernunft eine kommunikative Vernunft darstellt und dass alles das, was vernünftig und gut für die Gesellschaft ist, in einem offenen, kritisch und rational geführten sozialen Diskurs gewonnen werden kann.

Lesch:

Das ist gut. Kommunikation ist immer gut. Sprechen wir darüber.

Vossenkuhl:

Da geht es wieder um die positiven Möglichkeiten, die wir haben.

Lesch:

Ich muss gestehen, dass ich persönlich mit Adorno im Clinch liege, weil ich weiß, dass alles, was in Thomas Manns „Doktor Faustus“ über Zwölftonmusik zu lesen ist, von Adorno stammt. Es ist das einzige Buch von Thomas Mann, das ich bis jetzt noch nicht schaffte, zu Ende zu lesen. Ich habe es mehrfach versucht. Aber bei den musiktheoretischen Teilen, bei denen ich aus der Biographie von Thomas Mann weiß, dass die im Austausch mit Adorno entstanden sind, komme ich in an meine Grenzen. Ich verstehe überhaupt nichts mehr.

Vossenkuhl:

Adorno war ein Spezialist für Schönberg und hat bei Alban Berg, einem Schüler von Schönberg, Musikwissenschaft und Kompositionslehre studiert. Er hatte wirklich eine Ahnung von der Zwölftonmusik. Ohne Adorno hätte Thomas Mann dieses Buch nicht schreiben können. Aber das solltest Du jetzt nicht dem armen Adorno anlasten. Dessen Verdienst um den „Doktor Faustus“wollte Thomas Mann lange nicht zugeben.

Lesch:

Wenn ich über einen Philosophen wie Dewey spreche, ist es mir klar: He is my man! Bei der kritischen Theorie der Frankfurter

Schule habe ich im Gegensatz dazu große Schwierigkeiten. Nur immer Kritik, Kritik und noch mal Kritik. Ein bisschen hatte ich beim Lesen so das Gefühl, dass es in etwa so ist, wenn man sich andauernd über das Wetter beschwert. Was hatten die denn in den sechziger Jahren gerade der jungen Generation zu sagen, wenn sie praktisch alles in Grund und Boden verdammten?

Vossenkuhl:

Sie haben die großen Stichworte geliefert. Dann allerdings hat sich die Revolution der 68er auch gegen Adorno gestellt.

Lesch:

Adorno und Horkheimer konnten im Grunde genommen mit den 68ern überhaupt nichts anfangen.

Vossenkuhl:

Schon wahr. Sie waren aber deren geistige Väter. Wie hältst Du es mit Sartre? Wir wollen ja noch über eine Strömung reden, die sich *Existentialismus* nennt. Ist Sartre auch dein Mann?

Lesch:

Ich weiß es nicht so recht. Was ich an Sartre interessant finde, ist, dass er offenbar sehr genau hingeschaut hat. Was macht der Mensch, wo steht er? Sartres Satz: **„Die Hölle, das sind die andern“,** finde ich schon sehr bemerkenswert. Wir können uns noch so großartig fühlen, wenn die Mitmenschen um uns herum das nicht so sehen, schrumpfen wir auf ein Häuflein Elend zusammen.

Vossenkuhl:

In gewisser Weise sind wir den anderen ausgeliefert. Natürlich kämpfen wir dagegen an. Das ist schon ein merkwürdiger Gedanke, die anderen erst einmal als Feinde zu sehen. Ich bezweifle aber, dass das so generell stimmt.

Lesch:

Freundschaften sind doch das klassische Gegenbeispiel. Was Sartre auch sagt: **Der Mensch ist zur Freiheit verurteilt.**

Vossenkuhl:

Reingeworfen ins Leben und – weil es ja keinen Schöpfer Vater mit gestrengen Erziehungsregeln gibt – natürlich auch in die Freiheit. Mensch, jetzt mach´ was aus deinem Leben! Du hast ja nur eins!

Lesch:

Das ist ein Satz, der noch lange nachklingt.

Vossenkuhl:

Und nach wem klingt der? Den kennen wir doch: Heidegger! Reingeworfen ins Dasein.

Lesch:

Ja, richtig. Ich wäre sogar bis Kierkegaard gesprungen. Bei dem wäre es allerdings ein Hineingeworfensein in ein irdisches Jammertal.

Vossenkuhl:

Jetzt wieder zu Sartre.

Lesch:

Du bist reingeworfen und musst zusehen, wie du mit deinem Leben klar kommst. Du musst dich vor allen Dingen, so Sartre weiter, selbst entwerfen. Die Ausgestaltung deines Daseins liegt einzig an dir.

Vossenkuhl:

Die ganze Last der Welt – Höhenflug oder Absturz - liegt auf deinen Schultern. Sartre konnte das sehr gut in Worte fassen. Er war auch ein bedeutender Schriftsteller.

Lesch:

Ja. Ein grandioser Dramatiker.

Vossenkuhl:

Und er war ein politischer Mensch, der zum Teil widersprüchliche Meinungen und Positionen vertreten hat. Zeitweise neigte er sehr stark dem Sowjetkommunismus zu. Dann war für ihn Fidel Castro der große Held. Gegen Ende seines Lebens hat er Sympathie für Revolutionäre entwickelt, und anderem für die Bader-Meinhof-Bande. Im Hintergrund stand aber immer eine philosophische Idee.

Sartre meinte, dass es um das Spontane gehe. Sein Ideal war, dass wir uns selbst am Ende allen Ringens durchaus in Zuneigung aufnehmen sollten. Die Freiheit hat also eine Zukunft. Dazu brauchen wir aber gewaltfreie Verhältnisse. Keine Herrschaftsinstrumente, keine Hierarchien. Eine schöne Utopie.

Davor hat er zum Teil ganz merkwürdige Sachen gedacht. In einer Phase seines Lebens - nach dem Zweiten Weltkrieg wohl gemerkt – postuliert er: Gewalt, ja, aber nur wenn sie vom Volke ausgeht. Man denke da nur an Kambodscha! Eine grauenvolle Vorstellung. Gut, da war es natürlich eine Clique, die sich als das Volk ausgab und Millionen tötete.

Für sein philosophisches Werk steht das riesige Werk: „Das Sein und das Nichts“. Es ist nicht leicht zu verstehen. Was ist das Sein und was ist das Nichts? Wir Menschen sind. Das ist etwas, was er von Heidegger übernommen hat. Wir sind nicht so geartet wie Tische, Stühle, Bänke.

Lesch:

Das ist das „Ansich“.

Vossenkuhl:

Wir sind das „Fürsich“.

Lesch:

Das hat was für sich.

Vossenkuhl:

Wir sind etwas in einer Weise, die ganz eigenartig ist, weil wir uns auf das beziehen können, was wir nicht sind. Auch das Denken ist nur so erklärbar, dass wir uns auf etwas beziehen können. Wir kennen Husserls Gedanken der Intentionalität. Husserl hat Sartre sehr beeindruckt, weil er lehrte, dass wir etwas tun können im Denken. Wir können unsere Aufmerksamkeit auf Inhalte richten, uns auf sie beziehen und sie reflektieren. Wir nehmen etwas auf, was eigentlich nicht ist. Dabei sind wir eine Art Klammer für das Ansich- und das Fürsich-Sein. Wir bringen das zusammen. Ein ganz starkes Argument gegen alle materialistischen Theorien.

Wie kann ein Mensch, der so denkt, Kommunist sein?

Lesch:

Das verstehe ich auch nicht.

In Sartres Umfeld müsste man noch Simone de Beauvoir, seine Gefährtin, und Albert Camus nennen.

Zusammenfassend lässt sich sagen: Bei Adorno und auch bei Dewey haben wir gesehen, dass die Philosophie wieder anfängt, sich über die Dinge, die Gedanken, die Geschehnisse und Gegebenheiten in der Welt den Kopf zu zerbrechen. Da, wo Otto Normalverbraucher sagen würde: Ja, das ist doch sonnenklar, dass man darüber nachdenken muss!

Sie machten wieder etwas, was eigentlich ganz am Anfang stand. Sie wunderten sich über Dinge, machten sich Gedanken über Gegebenheiten, die offenbar im wahrsten Sinne des Wortes gegeben sind. Dass man sich zum Beispiel alleine fühlt und trotzdem in Beziehung zu anderen steht. Dass man sich fragt: Was ist denn mein Nutzen?

Man fängt an, sich über das ganze technologische und naturwissenschaftliche Weltgeschehen mit Bürokratie, Verwaltung und Technologie zu wundern. Und kritisiert das auch. Damit beginnt für mich Philosophie im 20. Jahrhundert so etwas wie ein Erreger zu werden, ein Virus. Sie ist nicht mehr nur dazu da, irgendwas zu beschreiben. Sie wird zum hochtourigen Motor gesellschaftlicher Veränderungen.

Vossenkuhl:

Philosophie engagiert sich, bringt sich ein ins soziale Leben, in Politik und Gesellschaft. Schon im Pragmatismus, aber auch im Existentialismus und vor allem in der kritischen Theorie. Philosophie wird so ein Teil des Lebens, des sozialen Lebens und ein Teil der Politik. Sie wird enorm praktisch und spielt eine Rolle im öffentlichen Diskurs, in den Auseinandersetzungen, die wichtig sind. Als Philosophin oder als Philosoph kann man nicht abseits stehen, man ist entweder dafür oder dagegen. Man argumentiert, provoziert andere Meinungen, und macht sich damit bei den einen beliebt, bei den anderen eben nicht. Das verstärkt das Philosophen-Schicksal, aber es befruchtet vor allem das philosophische Leben.

Lesch:

Wer sich aus dem Fenster lehnt, kann auch eine reife Tomate aufs Auge kriegen oder ein faules Ei. Sterben muss er aber nicht. Das Risiko hält sich in Grenzen.

Vossenkuhl:

Ja, bei uns schon. Es gibt aber Gesellschaften, in denen es lebensgefährlich ist, kritisches Denken über ungerechte, soziale Verhältnisse öffentlich zu äußern. Diesen philosophischen Ernstfall kennen wir hier nicht. Wir haben es bequem, sollten es uns gerade deshalb aber nicht bequem machen.

2500 Jahre Philosophie-Geschichte – eine Bilanz

Vossenkuhl:

Wir haben nun 2500 Jahre Denker-Geschichte hinter uns.

Wir erklommen lichte Höhe und durchstreiften düstere Jammertäler. Sie haben mit uns gefragt, gezweifelt, gedacht und sicher auch viel verstanden (und einige gute Tropfen genossen). Keine Angst. Wir ziehen jetzt kein großes Resümee. Wir wollen das Ganze nicht noch einmal wiederholen. Wir fragen uns vielmehr: Was lernen wir aus diesen zweieinhalbtausend Jahren? Was hat sich herauskristallisiert, das uns heute noch bedeutsam ist? Also eher eine Art Bilanz.

Das erste, was uns als eingebildete Rationalisten, also Menschen, die denken, sie seien gescheiter als andere, einfällt, ist, dass wir uns sehr viel klüger vorkommen als zum Beispiel die Vorsokratiker. Einige kommen sich klüger vor als Platon oder Augustinus oder Thomas von Aquin. Liegen die damit richtig?

Lesch:

Du hast Humor und willst mir auch noch den Schwarzen Peter rüber schieben. Als typischer Vertreter derjenigen, die meinen, sie wüssten alles besser, also als Physiker soll ich jetzt was dazu sagen.

Vossenkuhl:

Ich musste mal Luft holen, nur deswegen.

Lesch:

Ehrlich gesagt wissen wir tatsächlich eine ganze Menge mehr. Aber ob wir klüger sind, da bin ich mir nicht so sicher. Unser Dialog soll ein Hinweis darauf sein: Liebe Leute, beschäftigt euch mit Philosophie. Das ist eine prickelnde Sache. Man kommt auf gute Gedanken und wird auch noch alt dabei.

In dem Teil der Welt, den man das Abendland nennt, ist eine ganz bestimmte Art des Denkens erfunden worden. Das hat sich so gut etabliert und bestätigt, dass es kaum noch jemand gibt, der in irgendeiner Art und Weise nicht etwas verwendet, was in der abendländischen Philosophie zuerst gedacht worden ist. Insofern sind wir eine ganze Strecke weiter als die ersten Philosophen. Die hatten wiederum den Vorteil, dass das Einfache noch nicht gedacht, zumindestens noch nicht publiziert worden war. Auch hatten sie nicht die Methoden und Mittel zur Verfügung, um zu prüfen, ob denn ihre Fragen in irgendeiner Art und Weise überhaupt beantwortbar sind.

Vossenkuhl:

Das ist richtig. Der Gestus der Fragen ist aber ähnlich geblieben. Gründe suchen, den Dingen auf den Grund gehen wollen. Das tun wir heute noch.

Es gibt viele schmückende Attribute, die den Menschen charakterisieren: Das Wesen, das Bindung sucht, das soziale Wesen, das Wesen mit Sprache oder der „Homo ludens", der spielende Mensch. Auf jeden Fall sind wir kausalitätssüchtig.

Es ist nicht so, dass man immer gleich die Gründe findet, weshalb die Welt so ist wie sie ist. Aber wissen würden wir es schon gerne. Es scheint sich in uns etwas entwickelt zu haben, das uns nicht ruhen lässt. Nennen wir es eine genetisch verankerte Grund-Neugier. Wenn wir etwas vor uns haben, sei es ein Phänomen, sei es eine Gesellschaft, was auch immer, wir würden gerne wissen, wo das her gekommen ist. Wie ist es zustande gekommen? Und dann gleich die nächste Frage: Was machen wir damit? Was hat das für Konsequenzen?

In der Philosophie sind wir dabei Gast und Mitspieler. Man sitzt praktisch auf der Tribüne und wird mit allen möglichen Utensilien ausgerüstet, um sich das Schauspiel der Welt anzuschauen. Man beobachtet mit einem sehr scharfen Opernglas. Unversehens steht man plötzlich selber auf der Bühne, wird von andern angeguckt und ist mittendrin im Spiel. Wenn man von der Philosophie ein bisschen was verstanden hat, geht man wieder etwas zurück. Distanz schadet nicht.

Lesch:

Stimmt. Ich greife gerne den Gedanken mit der Kausalitäts-Süchtigkeit auf. Ich überlege: Was haben wir heute denn unter Kausalität besser verstanden als - sagen wir mal Aristoteles. Dabei fällt mir auf: Wir reden eigentlich nur noch über einen Typ Kausalität, während Aristoteles über vier geredet hat.

Vossenkuhl:

Richtig, ja.

Lesch:

Wir reden nur über die *causa efficiens*, also die Wirk-Ursächlichkeit. Wir denken nicht mehr an die Zwecke. Wir denken nicht mehr an das große Ganze, das verbindend wirkt. Ist das nicht eigentlich eine, na ja, Verkürzung der Kausalität? Holen wir doch mit allen möglichen anderen Figuren im Denken das wieder ein, was uns der Blick auf das Ganze gestattet.

Vossenkuhl:

Klar. Ich sag's nicht gern, aber da muss ich Dir zustimmen.

Lesch:

Aristoteles hatte den großen Vorteil, dass er vieles noch nicht wusste. Er ahnte offenbar schon einiges, wusste vieles aber nicht. Das Fatale ist nun, dass er mit am Beginn einer Entwicklung steht, die diese unterschiedlichen Gründe sehr stark gesammelt und sortiert hat.

Aristoteles hatte auch eine *causa finalis*, eine Zielursache. Was ist denn der Grund und was ist das Ziel für alles, was da ist? Diese Frage haben wir ganz zu den Akten gelegt. Das ist nicht mehr angesagt. Im Rückblick der Philosophiegeschichte möchten wir glasklar sehen: Was hat denn den meisten Erfolg gebracht? Es ist die Suche nach den Wirk-Ursachen. Weil damit ein Programm verbunden ist, wie man diesen Wirk-Ursachen nachgehen kann. Diese positive Rückkopplung darf man nicht vergessen: Mensch, daraus lässt sich ein Programm machen! Da sind wir ja ganz schnell dabei.

Von der Antike springen wir ins Mittelalter. Da gab es zwar noch die Auseinandersetzung mit der Religion. Wie kriegen wir Gott mit der Vernunft zusammen? Das ist, würde ich fast sagen, geschenkt.

Interessant ist der Moment, an dem man angefangen hat dieses Programm wirklich abrollen zu lassen. Die Welt hat sich völlig und total verändert. Dann ist es auch kein Wunder, wenn alles so unglaublich gut läuft - never change a running system - dann veränderst du es auch nicht. Ob das gut ist, das ist eine ganz andere Frage.

In der Philosophie des 20. Jahrhunderts setzt auf einmal diese Reflektion ein: Mensch, was hast du gemacht? Ist das, was du gemacht hast, wirklich das, was du willst? Oder müssen wir vielleicht in eine ganz andere Richtung gehen?

Ich würde sagen: Heute muss sich die Philosophie der Aufgabe stellen, das Undenkbare zu denken. Einen Systemwechsel zum Beispiel. Können wir es uns weiter leisten, so auf die causa efficiens zu setzen oder müssen wir vielleicht ganz andere Gründe für unser Tun finden?

Vossenkuhl:

Das ist auch mein Vorschlag. Wenn ich überlege, was für einen Reichtum an Detailwissen wir haben, und diesen Reichtum mit der Armut und Unfähigkeit vergleiche, ihn für ein Gesamtbild zu nutzen, das Aristoteles noch mit seiner Vier-Ursachen-Lehre herstellen konnte, dann läuft doch irgendetwas falsch. Ich plädiere jetzt nicht dafür, dass wir den Aristoteles wieder auferstehen lassen. Der wusste über vieles, was wir heute besser wissen, einfach zu wenig. Wir haben aber irgendwie einige Äste abgeschnitten, die uns das Gesamtbild von Mensch und Natur wieder präsentabel machen.

Lesch:

Richtig.

Vossenkuhl:

Kann man denn sagen – für die Philosophie und die Naturwissenschaften gleichermaßen – dass die Chancen, das Ganze zu verstehen, umso geringer wurden, je mehr Detailwissen gewonnen wurde? Sind wir durch immer mehr Wissen erblindet?

Lesch:

Es gibt dieses Bild von den „Autobahnen der Erkenntnis", bei denen es um das große Ganze geht. Wo es darum geht, zu sagen: O.k., das ist das, was uns antreibt. Wenn man von dieser Autobahn abfährt, dann landet man auf einer Bundesstraße. Da ist weniger Verkehr. Wenn man von der Bundesstraße runterfährt, kommt man auf schmale, kommunale Wege. Ganz am Ende wartet vielleicht ein Feldweg, Waldweg – hoffentlich kein Holzweg. Der große Vorteil dieser ganz kleinen Wege ist, dass man niemandem mehr begegnet. Verkehrskonflikte finden nicht mehr statt. Man ist allein.

Der Weg zum Detail ist ein Weg weg von der Autobahn, vom ganz Großen, über die Bundesstraße, über die kommunalen Straßen bis hin zum Feldweg. Möglicherweise findet man nicht einmal mehr eine versprengte Seele, der man erzählen kann, wo man hergekommen ist. Die Details führen häufig zu einer Sprachlosigkeit, weil keiner etwas vom anderen mitbekommt. Wo warst du?

Leider sind sehr viele Menschen von diesen großen Straßen abgebogen. Sie haben gemerkt, dass sie abseits schneller weiter kommen. Auf der großen Straße gibt es unter Umständen jede Menge Stau.

Vossenkuhl:

Schönes Bild, weiter.

Lesch:

Das heißt, der Weg zu den kleinen Straßen, zu den Details ist die Lösung, bei der man sich - zumindest gefühlt – gut bewegen kann. Da tut sich was. Auch wenn man hinterher feststellt: Mensch, jetzt bin ich vier Stunden lang über so eine kommunale Straßen gegondelt. Wäre ich doch besser auf der Autobahn geblieben. Da wäre ich wahrscheinlich schon viel weiter.

Vossenkuhl:

Man will doch eigentlich dahin, wo man sich wohl fühlt. Nicht auf den Waldweg, schon gar nicht auf den Holzweg. Am liebsten würde ich möglichst schnell einen Biergarten finden.

Lesch:

Na denn Prost!

Vossenkuhl:

Den finde ich aber nicht. Ich bin dann irgendwie einsam und …

Lesch:

… abgeschnitten, isoliert.

Vossenkuhl:

Die Probleme werden immer kleiner, immer miniaturartiger. Es ist auch in der Philosophie leider so, dass die Probleme immer kleinteiliger werden. Die Hyper-Spezialisierungen der Fragen. Wo soll das denn enden? Nirgends, nehme ich an. Es kommt mir ein bisschen wie die Entropie vor, diese Umwandlung von Bewegungsenergie in Wärmeenergie, die nicht mehr zurück verwandelt werden kann. Alles verflüchtigt sich.

Lesch:

Man kann doch denjenigen, die Wissenschaft betreiben - in dem Falle würde ich einfach die Philosophie einmal unter das Dach der Wissenschaften holen - man kann den Wissenschaftlern keinen Vorwurf machen, weil es zur Karriere gehört, dass man sich in irgendeiner Art und Weise erfolgreich selbst darstellt. Weil man das Ganze nicht mehr überblicken kann, muss man darauf verzichten und sich auf die Details konzentrieren. In der alltäglichen Arbeit als Philosoph, als Physiker, Biologe oder sonst irgendwas, bedeutet das erst mal den Verzicht auf die Frage nach dem Ganzen. Indem man sich einer Detailfrage zuwendet, legt man das Ganze erst einmal zur Seite.

Von einer Strukturwissenschaft wie der Philosophie, die ja zunächst einmal kein eigenes Fachgebiet besitzt, die sich eher über Strukturen von Erkenntnis Gedanken macht, würde ich aber erwarten, dass sie sich eben gerade nicht so entwickelt wie eine konkrete Wissenschaft wie die Physik. Von der Philosophie würde ich erhoffen, dass sie mitteilt: Wie kann man überhaupt mit Problemen umgehen, welche Klasse von Problemen gibt es, welche Probleme gibt es mit und nach den Lösungen von Problemen? Sie soll sich nicht in immer kleinere Unterteilungen zerfasern, wo dann am Ende der Blick fürs Ganze komplett verloren geht.

Vossenkuhl:

Das ist ein ganz wichtiger Punkt. Ursprünglich waren die Ideen einmal sehr nahe zusammen. Ein großer, dicker Stamm von Ideen. Deine Autobahn. Dann verzweigte es sich. Ende des 19., Anfang des 20. Jahrhunderts nahm das Wissen der Naturwissenschaften explosionsartig zu. Exakt in dieser Zeit wurde in der Philosophie der Ruf nach Wissenschaftlichkeit laut. Man hat wohl aus lauter Verunsicherung gemeint, dass man nur noch bestehen kann, wenn man eine ähnliche Zuverlässigkeit und Exaktheit wie in der Physik und in der Mathematik erreicht. Was für ein katastrophales Missverständnis. Schon Kant hat am Ende der „Kritik der reinen Vernunft" gezeigt, dass die Philosophie nicht die Gewissheit der Mathematik erreichen kann, weil sie keine Beweise wie die Mathematik liefern, also nicht demonstrativ, sondern nur diskursiv verfahren könne.

Die philosophische Erkenntnis betrachtet das Besondere im Allgemeinen, die mathematische umgekehrt das Allgemeine im Besonderen. Die philosophische hat damit aber den großen Vorteil, mit dem begrifflichen Denken die Qualität der Dinge zu verstehen. Die Mathematik, meint Kant, kann nur in Größen, also quantitativ, denken. Das ist aber äußerst genau.

Das Bedürfnis nach Genauigkeit hatte es in der Philosophie immer schon gegeben. Aber der Wissenschaftlichkeit nacheifern, die man aus eigenen Mitteln gar nicht erreichen und verantworten kann, ist ein gewaltiger Irrtum, ein Selbstmissverständnis. Das ist eine Einbahnstraße, eine Sackgasse, aus der man nur schwer heraus kommt.

Lesch:

Auf der einen Seite hat sich die Philosophie damit zu einer Wissenschaft unter vielen gemacht. Von der Methodik her ist sie auf der naturwissenschaftlichen Ebene gelandet. Auf der anderen Seite hat sie damit bei den Naturwissenschaftlern der Meinung Vorschub geleistet, dass die Philosophie das gleich wolle, das sie selbst sowieso schon machen, nur eben mit schlechteren Mitteln.

Es ist ein enormer Bedeutungsverlust, wenn die Philosophie auf ihr ureigenes Terrain verzichtet. Getreu dem schönen Motto: Die andern haben offenbar großen Erfolg. Dann machen wir das eben genauso wie die.

Man müsste doch eher so etwas wie eine große Plattform haben, auf die man zurückgreifen und sagen kann: So, hier sind wir Philosophen! Das Geschäft der Philosophen ist es, sich mit möglicherweise unlösbaren Fragen so auseinanderzusetzen, dass Antworten darauf transparent nachvollziehbare Erkenntnisprozesse aufzeigen können. Da tut sich was, da kannst du was machen!

Das Schlimmste, was ich in den Naturwissenschaften beobachte, ist, dass sie, obschon sie die Philosophie ablehnen, namentlich die Naturphilosophie, viele Grenzüberschreitungen Richtung Philosophie begehen. Man möchte ihnen wünschen, dass sie sowohl die begriffliche und argumentative Klarheit der Philosophie als auch deren methodische Strenge kennen. Du kannst nicht – wie viele meinen - irgendwie „rumlabern“, sondern es gibt sehr wohl Regeln, nach denen es sich zu richten gilt, wenn philosophiert wird.

Vossenkuhl:

Du bist ein guter Anwalt der Philosophie.

Lesch:
Ich bin ein Freund der Philosophie.

Vossenkuhl:
Ein *philos*. Nicht zu verwechseln mit Filou.

Lesch:
Ich sehe mit Freude, dass viele Studenten, die zum Beispiel das Fach Physik studieren, sehr gerne Philosophie nicht als Nebenfach - das hört sich ein bisschen nach nebenbei an - sondern als Begleitfach belegen. Während des Studiums ist es eine phantastische Motivation, dass die Naturphilosophie einem sagen kann, warum man eigentlich Physik treibt und das neben all dem Wust von Übungsblättern und Praktika. Auch wird damit der Blick geschärft: Was für eine Wissenschaft ist Physik eigentlich? Welche Grenzen hat sie, und wo passieren Grenzüberschreitungen? Bei der Physik oder bei den Neurowissenschaften muss man sich immer wieder sagen: Moment! Was da gemacht wird, ist vielleicht höchst fragwürdig und ganz schlechte Philosophie.

Vossenkuhl:
Gottseidank ist der kritische Blick, den Du eben beschreibst, gleichzeitig mit dem *Szientismus*, der Wissenschaftsgläubigkeit, entstanden. Du erinnerst Dich an Wittgenstein, der schon in seiner ersten Phase der Ansicht war, dass die Naturwissenschaften über Wahrheit und Falschheit nur innerhalb ihres eigenen Terrains entscheiden können. Alles, was über den Rand des naturgesetzmäßig Erfassbaren und über das hinausgeht, was in der eigenen Forschung klar erwiesen werden kann, also Religion, Kultur, Ethik, Kunst – all das kann nicht Gegenstand der Naturwissenschaften sein. Wenn das so ist, kann es auch keine naturwissenschaftlichen Beweise oder Widerlegungen in diesen Bereichen geben.

Einem Denker wie Einstein war das intuitiv klar. Deswegen haben wir ihn auch zu den großen Denkern gestellt.

Wir dürfen nun aber nicht den Fehler machen und nur in den

Rückspiegel schauen. Die Geschichte verändert alles mehr oder weniger rasch, auch in der Philosophie. Es gibt einen neuen Typus von Philosophie in den Wissenschaften. Philosophie ist als Universitätsfach nicht mehr nur Philosophie. Wir müssen erkennen, dass es Fragestellungen in vielen Wissenschaften gibt, die im Kern philosophischer Natur sind. Sie werden dennoch in den Naturwissenschaften oder auch in den Geisteswissenschaften gestellt. Das ist wie bei den Kartoffeln, die sich durch *Parthenogenese*, durch die sog. „Jungfernzeugung" vermehren und nach allen Seiten Triebe und Knospen bilden. Die Philosophie wächst auch an allen möglichen Enden und beschränkt sich nicht mehr nur auf sich selbst.

Stichwort *Geschichte*. Ich frage mich: Gibt es – ähnlich wie Hegel das dachte - eine Kurve der Vernunft, die nach oben strebt? Zu immer besserem und höherem philosophischen Wissen? Erst kürzlich las ich im Buch eines Oxforder Philosophen, dass es den philosophischen Fortschritt gebe, dass wir heute Kant besser verstehen als er sich selbst und deswegen auch die Ethik besser machen können als er.

Lesch:

Eine Wachstumskurve der Erkenntnis?

Vossenkuhl:

Eine Zunahme der Vernunft?

Ich glaube, dass davon nicht die Rede sein kann. Natürlich gibt es viele kleinere und größere Irrtümer, die man in philosophischen Texten da und dort findet und die man beseitigen kann. Es gibt aber auch erstaunliche Einsichten, die kein Verfallsdatum haben. Denk an Augustinus und seine Untersuchung der Zeit. Von da aus kannst du einen großen Sprung zu Husserls nicht weniger genialen Zeitanalyse machen. Der Spätere schließt beim Früheren an, als wäre es gestern gewesen …

Lesch:

… dann liest sich das wie bei Augustinus.

Vossenkuhl:

Es ist erstaunlich, wie frisch sich diese Untersuchung gehalten hat. Auf der anderen Seite verlieren – als Opfer der Wissenschaftsgläubigkeit - plötzlich große Themen der Philosophie, die einmal als Lackmustest des Denkens galten, ihre Anziehungskraft. Ein Beispiel ist die philosophische Gotteslehre und die mit ihr verbundenen Versuche, Gottesbeweise auszudenken. Man kann heute - zumindest im deutschsprachigen Raum, nicht jedoch im angelsächsischen - den Eindruck gewinnen, dass Gott kein Thema der Philosophie mehr ist. Er scheint – von wenigen Versuchen abgesehen - irgendwie vom Tisch zu sein. Für mich zeigt sich an diesem Beispiel, dass wir – ohne es zu merken – in selbstherrlichem Gestus meinen, wir wären heute einfach klüger und vernünftiger und müssten über Gott nicht mehr nachdenken. Dabei war die Frage nach Gott viele Jahrhunderte eine enorme, vielleicht die größte intellektuelle Herausforderung.

Warum dies nicht mehr so ist, kann man kaum verstehen. Vielleicht liegt es an unserer Selbstüberschätzung, die uns dazu veranlasst, bestimmte Fragen als abgehakt, nicht mehr interessant und erledigt zu betrachten.

Lesch:

Das umfassende Verdrängen von Gott aus dem intellektuellen Bewusstsein hat viel damit zu tun, dass man offenbar denkt, alles sei machbar. Damit meine ich jetzt nicht, dass wir alles machen können, sondern dass alles im Prinzip machbar ist. Man muss auf keine höhere Instanz mehr verweisen, die alles ermöglicht. Ich drücke das so neutral wie nur möglich aus. Das hat wiederum sehr viel damit zu tun, dass viele, die Philosophie treiben, sehr erfahrungsarm sind.

Ich glaube, dass ... und schon beginne ich den nächsten Satz wieder mit „ich glaube". Daran siehst Du, wie vorsichtig ich jetzt argumentiere, weil ich da durchaus meine ganz persönliche Position einbringe. Ich glaube, dass sehr viele meinen, dass die Welt im Ganzen eine rein rationale Angelegenheit sei. Sie ist im Prinzip vollständig zu verstehen. Wenn wir nur genügend Zeit und Mittel aufwenden, kriegen wir das völlig in den Griff. Entsprechend können wir dann eben auch alles machen. Der klassische Holzweg. Man kann viele Sachen beeinflussen, manche aber eben nicht.

Sätze wie „Religion ist Opium fürs Volk“ und Gott sei wohl der größte Dealer, drücken nicht die richtige Haltung aus. Vielmehr ergeben sich aus der Vision oder aus dem Glauben an einen Gott ethische Grundsätze, die fundamental sind. Diese sind offenbar von einer solchen Tragweite und Beständigkeit, dass es ein Riesenfehler wäre, wenn eine aufgeklärte Gesellschaft darauf verzichten würde. Ich halte das für die Grundausstattung unseres Denkens.

Vossenkuhl:

Verliert man das aus dem Blickfeld, ist schnell nicht mehr klar, woher die Grundimpulse und Maßstäbe für das herkommen, was wir heute für ganz normal halten, für Menschenrechte, Demokratie und die Gerechtigkeitsforderungen.

Lesch:

Warum soll ich mich um die Zukunft kümmern? Warum trage ich Verantwortung für die Zukunft? Die Leute von morgen kenne ich doch gar nicht, die sind ja noch gar nicht geboren. Die kümmern sich auch nicht um mich. Ich könnte mich auf eine Grundposition zurückziehen und sagen: Das ist mir doch alles völlig egal. Nach mir die Sintflut und jetzt erst einmal „mein Wille geschehe“. Aus. Ende der Durchsage. Das wäre doch eine Katastrophe.

Vossenkuhl:

Ich bin froh, dass wir uns da einig sind.

Noch einmal zum Stichwort *Entropie,* zur Verflüchtigung. Wir kennen das Phänomen kulturell und intellektuell unter dem Begriff des Pluralismus. Der hat eine negative Seite und bringt eine gewisse Verunsicherung mit sich. Man weiß nicht mehr so richtig, was denn jetzt das große Ganze ist. Auf der anderen Seite bietet der Pluralismus auch einen Riesenvorteil, wenn es um die Koexistenz, das friedliche Mit- und Nebeneinander von Lebensformen geht. Dieser Vorteil wäre ohne die Philosophie gar nicht denkbar geworden.

Es gibt den Beitrag der Philosophie für eine Verbesserung des menschlichen Lebens, eine philosophische Infusion, die dazu führen kann, dass Menschen toleranter, duldsamer und verständnisvoller miteinander leben. Die Philosophie kann uns klar machen, dass wir Menschen auch dann, wenn wir einfach ins Dasein geworfen sind und die Geschichte und das Weltall auf dem Buckel haben, doch tolerant sein und akzeptieren können, dass es völlig andere Lebensauffassungen als die eigene gibt, und dass die nicht weniger wert sind als unsere.

Das ist ein starker praktischer Impuls, der in unserem Bildungssystem noch nicht so richtig aufgenommen wurde. Jedenfalls ist der Punkt noch nicht erreicht, an dem das Zusammenleben von jener Einsicht profitiert.

Lesch:

Wenn man sich fragt, was denn Bildung ist, würde ich als Ausgangspunkt für eine Antwort das Bewusstsein herausstellen, dass die eigene Existenz der blanke Zufall ist. Du könntest aus einer ganz anderen Kultur stammen und würdest ganz anders denken. Das ist der Ausgangpunkt für die Anerkennung von multikulturellem Pluralismus, nicht zu verwechseln mit der Multikulti Folklore. Und diese Anerkennung sollte bereits in der Schule zu der Einsicht führen, dass es gleichberechtigte, unterschiedliche Kulturen gibt, die man dann allerdings auch kennen lernen sollte. Erst dann können Kinder, Jugendliche und Erwachsene verstehen, wie diese Kulturen entstanden und wie wertvoll sie sind.

Diese Zusammenhänge zu erkennen und zu vermitteln, könnte eine der großen Aufgaben für die Philosophie des 21. Jahrhunderts werden. Wenn die Philosophie im großen Chor der ungeheuer erfolgreichen Wissenschaften weiterleben und ihre Stimme erheben will, dann muss sie sich ein neues Feld suchen, auf dem sie Bestätigung finden kann. Dazu muss sie noch praktischer werden. Sie kann sich nicht mehr nur auf theoretische Felder zurückziehen. Mit dem Pluralismus sind völlig neue Probleme entstanden, die es vorher nicht gab.

Vossenkuhl:

Man könnte das vielleicht in einen neuen Namen integrieren. Die „Liebe zur Weisheit", der alte Name, könnte heute mit dem Namen **„Liebe zur Menschlichkeit"** ergänzt werden. Das wäre ein Titel für die neue Aufgabe. Was die Philosophie heute tun kann, ist eine Neubestimmung dessen, was ‚Menschlichkeit' bedeutet. Was heißt es eigentlich, menschlich zu denken und zu handeln?

Wir haben über Adorno und die kritische Theorie geredet. Adorno sagte einmal: Wir wissen nicht, was das Gute ist, aber wir wissen durch Auschwitz, was das Schlechte und das Böse ist. Sich Gedanken darüber zu machen, was menschenwürdiges Leben sein könnte, das ist eine wichtige Aufgabe.

Lesch:

Unbedingt. Schau Dir an, was die Naturwissenschaften für Möglichkeiten liefern. Die Gentechnologie, und alles, was mit Veränderungen zu tun hat, die in uns stattfinden, weil unsere Natur genetisch manipuliert werden kann. Wie viel Mensch steckt noch im Menschen, wenn große Teile von ihm technologisch austauschbar sind? Die Organverpflanzung ist ein tägliches Geschäft in Kliniken geworden. Vielleicht wird es irgendwann auch möglich sein, das Gehirn zu verpflanzen, ohne dass der Mensch vom Hals an abwärts gelähmt sein wird. Wer kann denn dann noch sagen, wer die Person nach der Operation ist?

Was machen wir bezüglich der Lebensverlängerung? Welche Technologien wollen wir einsetzen, wenn es darum geht, Leben zu retten? Wann retten wir das Leben des Einzelnen? Wann dürfen wir sagen: Den lassen wir lieber sterben, weil dann andere Menschenleben gerettet werden können? Bei all diesen Fragen muss der

Philosoph mit dabei sein. Für mich ist Philosophie so etwas wie eine Innenrevision, die überprüft: Machen wir noch das, was wir eigentlich wollen und sollen?

Vossenkuhl:

Eine gute Idee. Innenrevision!

Lesch:

Innenrevisoren sind nicht besonders beliebt, das weiß ich wohl. Sie sind aber notwendig.

Vossenkuhl:

Das setzt aber voraus, dass die Zerstreutheit und Zerfaserung des Denkens, die leider auch in der Philosophie um sich gegriffen hat, überwunden wird und – soweit es eben geht – das Ganze des menschlichen Lebens in der Natur wieder Thema wird.

Fassen wir zusammen: Wir haben rückblickend in den Spiegel von 2500 Jahren geschaut. Wir haben Großartiges gesehen und wir müssen zerknirscht erkennen, wie wenig wir im Augenblick zu bieten haben. Es wurde uns dabei aber auch bewusst, wie groß die Aufgaben sind, die wir zu bewältigen haben.

Lesch:

Tja, meine Damen und Herren, 2500 Jahre Philosophiegeschichte. Wir beide sitzen erschöpft in unseren Polstern. Manche von Ihnen werden sagen: Da habt Ihr aber den und die und das vergessen. Stimmt. Wir haben uns mit unserem Gespräch weit aus dem Fenster gelehnt. Die großen Denker sind nun einmal ein großes Feld mit vielen Furchen. Da gäbe es noch viel anzumerken.

Am Ende will ich es einmal ganz persönlich sagen. Für mich hat Philosophie vor allen Dingen etwas mit denen zu tun, die Philosophie betreiben. In meinem Fall ist es die Freundschaft eines Physikers mit einem Philosophen, die - zumindest was mich betrifft - den Kern von meinem Philosophieren bildet. Ohne einen Philosophen an meiner Seite hätte ich mich mit Philosophie nie so intensiv beschäftigt.

Philosophie im Dialog macht allemal mehr Freude als alleine im stillen Studier-Kämmerlein. Danke, mein lieber Willi.

Weitere gute Gedanken bei einem guten Gespräch mit Freunden und – nicht zu vergessen – bei einem guten Rotwein, wünschen wir auch Ihnen, die Sie uns an langen Abenden Gesellschaft geleistet haben.

Unsere Lieblingsphilosophen und ihre Werke

Wilhelm Vossenkuhl

Vorsokratische Denker *(Hg.v. Walther Kranz)*
Platon: *Symposion, Phaidon, Theaetet, Der Staat*
Aristoteles: *Metaphysik, Nikomachische Ethik*
Augustinus: *Bekenntnisse*
Thomas von Aquin: *Summa theologiae*
Wilhelm von Ockham: *Summa Logicae*
Descartes: *Meditationen, Von der Methode*
Spinoza: *Tractatus Theologico-Politicus*
Hobbes: *Leviathan*
Locke: *An Essay Concerning Human Understanding*
Leibniz: *Monadologie*
Hume: *A Treatise of Human Nature*
Kant: *Die Religion innerhalb der Grenzen der bloßen Vernunft*
Schiller: *Über die ästhetische Erziehung des Menschen,*
Über Anmut und Würde
Fichte: *Die Bestimmung des Menschen*
Hegel: *Phänomenologie des Geistes*
Schelling: *Über das Wesen der menschlichen Freiheit*
Kierkegaard: *Die Krankheit zum Tode, Der Begriff Angst*
Schopenhauer: *Die Welt als Wille und Vorstellung*
Nietzsche: *Die Geburt der Tragödie*
Sidgwick: *The Methods of Ethics*
Frege: *Funktion und Begriff*
Russell: *On Denoting*
Whitehead: *Process and Reality*
Husserl: *Logische Untersuchungen*
Heidegger: *Sein und Zeit, Nietzsche*

Wittgenstein: *Tractatus logico-philosophicus, Philosophische Untersuchungen*

Sartre: *Das Sein und das Nichts*

Adorno: *Ästhetische Theorie*

Gadamer: *Wahrheit und Methode*

Habermas: *Theorie kommunikativen Handelns*

Rawls: *Eine Theorie der Gerechtigkeit*

Harald Lesch

Nikolaus von Kues: *Philosophisch-theologische Werke, hrsg. Karl Bormann, 4 Bände, Meiner, Hamburg 2002 (lateinische Texte ohne kritischen Apparat mit deutscher Übersetzung)*

Immanuel Kant: *Allgemeine Naturgeschichte und Theorie des Himmels Kritik der reinen Vernunft; Prolegomena (zu einer jeden künftigen Metaphysik, die als Wissenschaft wird auftreten können, Beantwortung der Frage: Was ist Aufklärung?) Kritik der praktischen Vernunft Kritik der Urteilskraft; (Die Religion innerhalb der Grenzen der bloßen Vernunft)*

Karl Popper: *Logik der Forschung*

Alfred North Whitehead: *Wissenschaft und moderne Welt*

Karl Jaspers: *Vom Ursprung und Ziel der Geschichte; Die Atombombe und die Zukunft des Menschen*

Gerhard Vollmer: *Evolutionäre Erkenntnistheorie, (Was können wir wissen?, Wissenschaftstheorie im Einsatz, Auf der Suche nach der Ordnung, Biophilosophie, Wieso können wir die Welt erkennen?)*

Bernulf Kanitscheider: *Auf der Suche nach dem Sinn; Im Innern der Natur*

Bernd-Olaf Küppers: *Nur Wissen kann Wissen beherrschen*

Bildnachweis:

Albertus Magnus
Foto: akg-images

Johann G. Fichte
Foto: akg-images

Sigmund Freud
Foto: akg-images

Ludwig Feuerbach
Foto: akg-images

Goethe
Foto: akg-images

G.F.W. Hegel
Foto: akg-images

Martin Heidegger
Foto: akg-images

Immanuel Kant
Foto: akg-images

Gottfried Wilhelm Leibnitz
Foto: akg-images

Karl Marx
Foto: akg-images

Friedrich Schelling
Foto: akg-images

Schiller
Foto: akg-images

Arthur Schopenhauer
Foto: akg-images

Max Weber
Foto: akg-images

Niels Bohr
Foto: akg-images

Kirkegaard
Foto: akg-images

Charles Darwin
Foto: akg-images

Isaac Newton
Foto: akg-images

Bertrand Russell
Foto: akg-images

Ludwig Wittgenstein
Foto: akg-images

Alfred North Whitehead
Foto: akg-images

Anselm vom Canterbury
Foto: akg images

René Descartes
Foto: akg-images

Voltaire
Foto: akg-images

M. de Montaige
Foto: akg-images

Blaise Pascal
Foto: akg-images

Demokrit
Foto: akg-images/Nimatallah

Pythagoras
Foto: akg-images

Heraklit
Foto: akg-images

Thomas von Aquin
Foto: akg-images/Gerard Degeorge

Einstein
Foto: Bildarchiv Pisarek/akg-images

Anaxagoras
Foto: IAM/akg

John Locke
Foto: IAM/akg

David Hume
Foto: IAM/akg

John Duns Scotus
Foto: akg/De Agostini Pict.Lib.

Edmund Husserl
Foto: akg/Imago

Spinoza
Foto: Album/Oronoz/akg

Thomas Hobbes
Foto: akg/North Wind Pictures Archiv

Cicero
Foto: Roy Hessing / Museum für Abgüsse Klassischer Bildwerke (MfA), München

Platon
Foto: Roy Hessing / MfA, München

Aristoteles
Foto: Roy Hessing / MfA, München

Sokrates
Foto: Roy Hessing / MfA, München

Epikur
Foto: Roy Hessing / MfA, München

Diogenes
Foto: Roy Hessing / MfA, München